守住底线

HOLD THE BOTTOM LINE

娄秋琴企业合规必修课

娄秋琴／著

法律出版社 LAW PRESS · CHINA

图书在版编目(CIP)数据

守住底线：娄秋琴企业合规必修课 / 娄秋琴著. --
北京：法律出版社，2021
ISBN 978-7-5197-5539-3

Ⅰ. ①守… Ⅱ. ①娄… Ⅲ. ①企业法-研究-中国
Ⅳ. ①D922.291.914

中国版本图书馆CIP数据核字(2021)第069448号

守住底线
——娄秋琴企业合规必修课
SHOUZHU DIXIAN
—LOUQIUQIN QIYE HEGUI BIXIUKE

娄秋琴 著

责任编辑 冯雨春 张 颖
装帧设计 汪奇峰

出版发行 法律出版社
编辑统筹 法律应用出版分社
责任校对 周合芝
责任印制 吕亚莉
经　　销 新华书店

开本 710毫米×1000毫米 1/16
印张 37.75 **字数** 635千
版本 2021年6月第1版
印次 2021年6月第1次印刷
印刷 固安华明印业有限公司

地址：北京市丰台区莲花池西里7号(100073)
网址：www.lawpress.com.cn
投稿邮箱：info@lawpress.com.cn
举报盗版邮箱：jbwq@lawpress.com.cn

销售电话：010-83938349
客服电话：010-83938350
咨询电话：010-63939796

书号：ISBN 978-7-5197-5539-3
定价：148.00元

凡购买本社图书，如有印装错误，我社负责退换。电话：010-83938349

刑事合规是企业管理的必修课

（代序）

近年来，企业合规已经成为一个热门的话题，受到各界广泛关注。如果从字面来看，合规的英文表述是 compliance，是指遵循规定的意思，这里的规定既包括国家层面的法律法规，也包括国际层面的公约条例；既包括社会层面的行业规则、商业惯例及商业道德，也包括企业层面的内部规章和制度。但这样的理解还是过于形式化，因为任何人都应当遵纪守法，企业也不例外，如果在这个层面上谈合规意义不大。目前各界所探讨的企业合规，主要是指企业合规管理，它本质上是一种企业治理机制，要求企业加强自我监督、控制和管理，主动防止违规违法犯罪行为，使企业能够健康持续发展。建立企业合规制度，不仅是企业自身的治理机制，还逐渐成为国家的一种监管手段，因为这不但有利于企业自身的发展，而且有利于国家治理。因为企业作为经济活动的重要参与者，在任何国家都发挥着举足轻重的作用。企业作为人、财、物的集合，有着周密的组织体系，尤其是当企业发展到上万名员工，几十家甚至几百家分支机构时，与外部各机构有着千丝万缕的联系，如果其内部不加强自我管控，为了追逐利益绞尽脑汁地进行违法犯罪，国家根本无力也无法对其进行监管，因为企业很多违法犯罪行为的实施非常隐蔽，又有强大的组织体系进行掩护，对国家监管和执法都是巨大的挑战，也容易成为国家治理的难题。因此，为了激发企业在内部进行自我监管的动力，国家通常采取建立以合规换取宽大处理的激励机制。这种机制在以美国为首的西方国家取得了一定的成效，已经具有丰富的理论研究和实践经验。但我国目前对此的研究尚处于起步阶段，还需要一个逐步发展的过程。

鉴于企业合规涉及企业经营过程的各个方面，不但跨学科跨领域跨专业，还需要将法律与业务相融合，需要软件和硬件相配合，需要自上而下的文化引领，因此企业要建立全面的合规管理体系，也不是一蹴而就的。但由于不合规容易引发各类法律风险，包括民事赔偿、行政处罚和刑事处罚，其中，刑事处罚是最严重甚至可能是“致命”的风险，一旦被追究刑事责任，企业可能面临高额的罚金，相关人员可能丧失自由乃至生命，并被贴上“罪犯”的标签，企业商誉和个人声誉都将面临巨大的损害。因此，企业即使不能在短时间内建立全面的合规管理体系，也应当以防范刑事风险为切入点，做好刑事合规。由于刑法属于后盾法，刑事风险通常是因为各种不合规行为的累积和质变而导致的，所以要防范刑事风险，通常也需要把前置的其他不合规风险也纳入考察范围。因此，做好刑事合规，不但可以直接防止和控制犯罪行为，还可以提前识别和控制各种可能引发刑法评价的违规违法行为，防微杜渐，避免违规违法行为向犯罪行为转化。因此，笔者认为，刑事合规是企业管理的必修课。

一、合规建设是大势所趋，企业应提前做好准备

从全球视野来看，企业合规发端于20世纪70年代的美国，最初是为了配合国际反商业贿赂的开展而产生的。美国在1977年制定了全球范围内首个反腐专门法律《反海外腐败法》（Foreign Corrupt Practices Act，FCPA），并推动和促成经济合作与发展组织颁布了《反贿赂公约》以及联合国历史上第一个指导国际反腐败斗争的法律文件——《联合国反腐败公约》的通过，之后英国在2011年通过了《反贿赂法》，甚至规定了商业组织未能预防贿赂罪，将预防贿赂规定为企业的法定义务，法国在2016年通过了《萨宾第二法案》，这些反腐败法，确立了着眼于防范企业商业贿赂犯罪的合规机制，将企业合规计划的建立作为是否起诉、是否定罪或者是否从轻减轻处罚的依据，有利于推动国际社会反腐尤其是企业反腐的深入发展。鉴于在反商业贿赂方面取得的成效，合规管理体系也逐渐渗入更广泛的领域，如出口管制、数据合规、反洗钱等，越来越多的国家开始积极探索企业合规立法。

我国在近几年开始兴起对企业合规的探讨，掀起了构建企业合规制度的浪潮，起初的动力是因为在经济全球化的驱动下，越来越多的中国企业不断走出国门，到海外投资、经营或者上市，它们不但被要求遵守公司所在国、经营所在国和业务所在国的法律，还要求遵守相关国际公约。由于世界各国对企业监管和惩罚的力度在不断加大，加上以美国为代表的西方国家将执法重点逐渐转向中国企业，导致这几年中国企业在海外遭受制裁的案例越来越多，主要发生在出口管制、数据合规、反腐败和反洗钱等领域，这引起了我国企业和政府的高度重视，尤其是在2018年中兴通讯被美国商务部开出10亿美元罚金外加4亿美元保证金的巨额罚单事件之后，我国社会各界开始意识到合规制度对企业经营管理、社会治理及国家经济发展的重要性和迫切性。2018年，国务院国资委发布了《中央企业合规管理指引（试行）》，成为我国推进合规管理机制的重要规范性文件，随后，国家发改委会同外交部、商务部、人民银行、国资委、外汇局、全国工商联发布了《企业境外经营合规管理指引》，对我国企业在境外经营的合规管理提出了全面系统的要求，这一系列的举动，意味着我国开始了企业合规的推行之路，有人因此将2018年称为中国企业的合规元年。其实在2018年之前，中国金融行业早已率先开展合规管理，原中国银监会在2006年颁布了《商业银行合规风险管理指引》，原中国保监会在2007年颁布了《保险公司合规管理指引》（已失效），中国证监会在2017年颁布了《证券公司和证券投资基金管理公司合规管理办法》。这些文件试图通过强制合规、合规报告、合规评估、合规监管等措施，来督促企业按照要求建立合规管理体系，对那些未按要求建立合规管理体系或者在建立合规体系方面存在违法违规行为的企业，甚至还可以采取行政处罚措施，这些行政手段对企业合规体系的建设起到了一定的推动作用，但由于这些强制合规的要求主要集中在金融行业和中央企业中，适用范围有限，且主要规定在行政规章甚至法律效力更低的规范性文件或者规章制度中，法律位阶低，强制力不足，加上内容相对宽泛，缺乏可以落地的实操性，很难对企业形成强有力的推动。很多企业为了迎合国家的要求虽然被动建立了合规制度，但在实际经营过程中并未有效地执行，与合规制度建立的初衷相去甚远。

为了使企业从被动转为主动，从“要我合规”转为“我要合规”，我国正在不断探索合规激励机制。在行政监管环节，我国已经开始以合规换取宽大行政处罚的制度和实践。例如，2015年，中国证监会发布了《行政和解试点实施办法》，在证券期货监管领域试点行政和解制度，根据这一制度，中国证监会可以根据涉嫌行政违法企业的申请与其达成行政和解协议，终止调查执法程序，但前提条件是涉嫌行政违法的企业要提出纠正违法行为或者减轻、消除违法行为危害后果的方案，将企业合规引入行政和解过程中，发挥了行政监管激励机制的作用。又如，根据2017年修订的《反不正当竞争法》，公司员工的贿赂行为应当视为“经营者”公司的行为，但“有证据证明该工作人员的行为与为经营者谋取交易机会或者竞争优势无关的”，公司可以不负法律责任。该项规定引入了严格责任制度，根据该项制度，在员工存在贿赂行为的情况下，公司要免除法律责任，就必须承担证明责任，证明员工的行为与为经营者谋取交易机会或者竞争优势无关。要激活这样的条款，也需要引入企业合规，只要企业能证明自己已经建立并有效执行了反商业贿赂的合规计划，就可以以此抗辩。除了行政监管激励机制外，我国理论界和实务界也在积极探索刑法激励机制。相比于行政处罚，刑事处罚具有更大的威慑力，如果将建立完善有效的合规计划作为减轻责任甚至出罪的事由或者暂缓起诉的事由，在定罪或者量刑上给予激励，可能更有利于推动企业构建合规体系。这种刑法激励机制在海外得到了广泛的推广。在借鉴西方国家经验的基础上，我国学者也在呼吁构建合规不起诉制度。这种呼吁得到了国家层面的反馈，2020 年 3 月，最高人民检察院启动涉案违法犯罪依法不捕、不诉、不判处实刑的企业合规监管试点工作，并确定 6 个基层检察院为试点单位。2020 年 12 月，最高人民检察院召开企业合规试点工作座谈会，张军检察长强调：“要加强理论研究，深化实践探索，稳慎有序扩大试点范围，以检察履职助力构建有中国特色的企业合规制度。”2021 年 3 月 8 日，探索督促涉案企业合规管理写进了最高人民检察院工作报告。2021 年 3 月 14 日，最高人民检察院理论研究所所长谢鹏程透露，企业合规不起诉制度改革试点 2021 年将扩大范围，拟扩至 10 个省份约上百家检察院。2021 年 3 月 18 日，企业合规师正式进入《中华人民共和国职业分类大典》，得到国家认可。

由此可见，不管是从国际社会的经验还是从国内现状来看，不管是从理论的支持还是司法的践行，“要我做合规”在外界环境因素的驱动下，大家已经达成广泛共识，推进合规制度建设已是大势所趋，中国企业应当顺势而为，提前做好应对和准备，这样才能尽早享受改革的红利。此外，就企业自身而言，还要尽早扭转合规建设是单向的成本支出，不能创造价值的传统观念。事实上，合规制度虽然无法直接创造商业价值，但良好的合规管理体系可以帮助企业事前预防、事中识别、事后应对不合规产生风险，避免因不合规而遭受处罚或陷入刑事犯罪的泥沼，从而减少因不合规遭受的损失，间接创造了商业价值。与此同时，合规建设还可以彰显一个企业的经营管理能力和实力，有利于吸引人才，建立良好的商业信誉、社会形象，增强企业的竞争力，帮助企业获得更多的商业机会，也可以为企业直接创造价值。因此，企业不但要被动合规，更要主动合规。

二、构建合规制度是项大工程，需要做长期规划

我国目前正处在企业合规制度建设的起步阶段，不但要借鉴其他国家一些成熟的经验和做法，更要立足本国国情，结合中国的企业文化、社会环境、经济水平、法学理论、立法和司法现状等方面，构建具有中国特色的企业合规制度。但一项制度从构想到落地生根，需要一个过程。当下至少应当解决以下几方面的问题。

首先是合规理念问题。因为理念是行动的指引，不树立合规理念，再好的制度也不可能推行。企业具有逐利的天性，难免为了利益铤而走险。企业要防范和控制在经营过程中违法违规行为受到监管部门处罚的合规风险，就应当树立全员合规的理念，倡导建立合规文化，强调合法合规经营，使合规贯穿于决策、投资、经营、管理、监控各个环节。如果没有树立良好的合规理念，即使企业迫于行政压力起草了一堆的合规文件，做到了表面上和形式上的合规，但由于缺乏合规理念的指引，这些合规文件很难真正贯彻落实，无法做到实质上的合规。

其次是人才储备问题。企业进行合规管理，离不开人才建设。不管是设计合规计划，还是识别合规风险，或是应对合规危机，都需要合规人才。而企业合规又是一个跨领域跨学科的前沿课题，不但要懂法律还要懂业务，这样才能根据业务情况设置合理的合规计划，同时根据法律规定指引业务合规发展。此外，企业合规还涉及多个法学学科，包括但不限于公司法、民法、行政法、刑法、刑事诉讼法、国际经济法等。由此可见，合规人才还必须是复合型人才，这在我国企业人才培养体系中还是非常欠缺的，需要加大合规人才的培养。如果欠缺合规人才，就无法组建合格的合规团队，也就无法有效地设计和运行合规计划，做好合规管理。目前理论界正在如火如荼地研究企业合规激励机制，提倡将企业建立合规计划作为行政监管或刑法激励机制的因素，给予企业以合规换取宽大行政处理或者刑事处罚的机会，吸引和督促企业建立合规机制。作为对理论研究的回应，目前一些检察机关也在试行合规不起诉制度，采取附条件不起诉模式，即检察机关对于那些涉嫌犯罪的企业，发现其具有建立合规体系意愿的，作出暂缓起诉、合规考察或者附条件不起诉的决定，设定一定的考验期，责令其聘请合规监管人，由合规监管人对企业合规进展情况进行全流程监管，并定期提交合规进展报告，在考验期结束后，检察机关根据企业合规的推进情况，作出是否提起公诉的决定。这里的合规监管人，也应当是合规人才，要有能力识别企业合规计划是否完善和是否有效，并且督促企业完善和落实合规计划。只有这样，合规监管人才能做到对企业合规进展情况进行全流程监管。可见，如果欠缺合规人才，合规激励机制也很难贯彻落实。目前企业合规师刚刚被纳入国家认可的职业范围，未来需要继续出台关于企业合规官的职业指引和职业培训，培养这方面的合规人才，需要一个过程。

再次是理论基础问题。目前理论界探讨的作为刑法激励机制的合规，尤其是以合规作为无罪抗辩事由或者从轻量刑事由时，与《刑法》中单位犯罪责任理论密切相关，涉及企业到底是因为自己的罪过而承担自我责任，还是因为其员工的违法犯罪行为而承担连带或者转嫁责任。这个问题是长期以来困扰单位犯罪论的关键。如果认为企业属于法律上的拟制人格，不具备刑法意义上的意识和行为，不能像自然人一样承担以辨认和控制能力为前提的刑事责任，其受罚是为员工的违法行为承担的代位责任或者说是员工转嫁的责任，那么就不可能通过出罪或者量刑激励来刺激企业进行合规建设。因为企业不管如何进行合规建设，都无法摆脱因为其员工的违法行为而承担代位责任或者员工转嫁责任的厄运。作为刑法激励机制的合规，需要将企业犯罪责任的研究重心从代位责任转移到企业自身责任上来，承认企业犯罪与其自身不完善的企业管理体制或者存在缺陷的企业组织结构有关，其受罚不是代员工受罚，而是因为其管理体制或组织结构诱发、容忍甚至激励员工违法犯罪故而受罚。如果企业构建了明确、有效的合规计划，即使企业员工实施了违法行为，企业也可以无须对其员工的行为承担责任，企业可以将有效的企业合规计划作为抗辩的理由。但目前这样的理论尚未达成广泛的共识，还需要不断深入研究。

最后是解决立法修改和衔接的问题。在行政监管方面，目前关于合规的法律文件较多，且存在多头管理、新旧并存、彼此重叠、不协调等问题，导致很多企业无所适从或者疲于应付，严重降低了合规机制建立的效率。因此，要推行强制合规制度，应当尽快完善目前的合规立法，整合现有合规文件，提高立法的位阶，使其具有更强的法律强制力。在刑事监管方面，目前很多检察机关在试点合规不起诉制度，并采取附条件不起诉模式，该模式在理论上虽然具有一定的制度优势，但由于我国《刑事诉讼法》等相关法律并没有发生实质性的调整，检察机关在现有法律框架下引入企业合规机制，容易与现行公诉制度发生不兼容、不衔接的问题。考虑到合规不起诉制度改革刚刚开始推行，不少检察机关只是发布了相关的改革方案或规范性文件，尚未出现大量典型性的合规不起诉案例，需要经过长时间的跟踪观察才能评估效果，只有通过不断试错，淘汰不合理的制度，才能使富有生命力的制度脱颖而出。

三、防范刑事风险是当务之急，认清风险很关键

目前我国检察机关在试点合规不起诉制度，主要是针对已经涉嫌犯罪的企业，通过设定考验期，责令聘请合规监管人，监控合规进展情况，然后由检察机关作出是否提起公诉的决定，国家通过这种程序上的设计来推动和激励涉案企业构建合规体系。这样不但可以将涉案犯罪行为的社会危害性降到最低，还可以预防涉案企业再犯罪。但这样的制度设计不只是针对涉案企业，更大的价值在于激励更多的未涉案企业提前做好合规管理，用以提高国家综合治理能力。我们知道不合规可能会引发民事赔偿的风险、行政处罚的风险以及刑事处罚的风险。相比之下，刑事风险是最严重的。企业一旦构成犯罪，不但要对企业判处罚金，使其遭受经济损失，还要对企业的主管人员和直接责任人员判处刑罚，使其丧失自由乃至生命，给企业的打击可能是“致命”。一方面，如果企业作为犯罪单位被起诉或者被宣告有罪，经营资格可能被剥夺，即使未被剥夺，其社会声誉也将大大降低，无法在市场上继续生存下去；另一方面，就中国企业而言，尤其是民营企业，公司治理结构尚不完善，企业的生存与发展与企业的创始人及核心团队密切相关，一旦创始人或核心团队成员触碰刑事风险被剥夺人身自由，无法继续经营，企业一般也很难存活下去。三鹿集团和安邦保险都是惨痛的例证，这些企业不管之前做得多么辉煌，作为曾经的行业巨头，皆因触发了刑事风险而轰然崩塌，最终退出了历史的舞台。因此，对企业来说，防范刑事风险是“头等大事”。

很多企业家总是认为刑事风险离自己和企业很远，只要自己不主动去实施犯罪，就不会引发刑事风险。但实践中大量存在企业家主观上没有犯罪意识，但却引发刑事风险的案例。笔者曾经代理大量企业或企业家犯罪的案件，其中虽然有近十起无罪辩护成功了，但综观其行为，虽然最终不构成犯罪，但仍然存在不合规的地方，诱发了刑事风险，有些企业家虽然最终被判无罪或者未被起诉，但也仍然遭遇了被羁押的窘境。笔者从多年的执业经验来看，企业引发刑事风险的因素很多，既有国家和社会层面的，也有企业和企业家自身层面的。第一，就国家层面而言，存在立法、执法和司法三方面的原因。首先，模糊性立法诱发的刑事风险。立法是一个国家法治的根基，应当明确、具体，让公众可预知，但目前我国《刑法》规定的有些犯罪在立法上存在一定的模糊性，尤其是一些兜底条款的立法，经常出现使用司法解释进行堵漏的情形。其次，选择性执法诱发的刑事风险。立法的不确定性和企业盲目追逐利益而容易导致部分违法行为具有普遍性。例如，使用行贿的手段开拓市场，这为执法者提供了选择性执法的空间。此外，有些地方的执法者在利益驱动下也存在选择性执法的现象。这容易诱发企业及企业家从众和侥幸心态，从而引发刑事风险。也有企业家为了不被选择性执法而向执法者进行权力“寻租”，由此又引发了新的刑事风险。最后，司法不公正引发的刑事风险。司法公正是法治的最后一道防线，但实践中仍存在司法不公的现象，导致司法资源成为竞争对手或者生意伙伴用以解决债权债务等民事纠纷的手段，因合同纠纷案件被冠以合同诈骗罪从而引发刑事风险的不在少数。第二，就社会层面而言，企业要经营，不可避免地要与外界打交道，生意场上的竞争对手、合作方、客户，甚至是一起创业打拼的搭档，在产生纠纷的情况下，都有可能利用企业或者企业家不合规之处动用刑事手段进行控告或者举报，由此引发刑事风险。比如，雷士照明和真功夫皆因控制权之争而最终导致两家公司原董事长吴某江和蔡某标以被判刑而收场。第三，就企业自身而言，很多企业存在管理上的漏洞，或者在岗位设置时权责不明，或者没有树立合规的企业文化，容易诱发企业高管或者工作人员侵占、挪用企业财产或资金，或者通过商业贿赂、虚假广告等非法手段开拓市场进行营销，由于缺乏隔离墙的构建，导致员工个人犯罪行为给企业带来刑事风险。第四，就企业家个人而言，很多企业家虽然是经营能手、管理能手、业界精英，但对法律尤其是刑事法律可能是“无知者”，虽然其主观上不想犯罪，但由于其对很多法律并不了解，尤其是一些不常发的犯罪，如背信损害上市公司利益罪，签订、履行合同失职被骗罪，拒不履行网络安全管理义务罪，准备网络违法犯罪活动罪，帮助网络犯罪活动罪等，所以很容易在无知中引发刑事风险。由此可见，企业和企业家的刑事风险并不全是因为主动行为，很多时候是在“被动”和“无知”中引发的。因此，做好以防范刑事风险为目的的刑事合规是企业的当务之急，也是企业管理的必修课。

四、守住刑事法律的底线，做好企业的刑事合规

刑法的制裁手段最严厉，被称为是其他部门法的后盾法或者保障法，遵守刑法的规定也被认为是一切行为最后的底线。就像刑法涉及社会生活的各个方面一样，刑事法律风险也涵盖和涉猎企业经营的各方各面。从企业的设立开始到最后的清算破产，从劳动用工到人员治理，从融资到投资，从产品质量管理到知识产权管理，从财务管理到市场运作，每一个环节每一个模块，如果没有守住刑法的底线，都有可能引发刑事风险。在各界的广泛呼吁下，刑事合规成为这几年热门的探讨话题，对企业进行刑事合规的必要性也基本达成了广泛的共识，但如何才能做好刑事合规，理论和实践都尚无直接的经验，因为企业的性质不同、规模大小不同、发展阶段不同、所处行业不同，都可能导致合规计划具体内容的不同。

一般说来，企业合规计划通常要包含以下五大要素，一是行为准则，即把企业在运营过程中需要遵守的外部法律、法规根据企业具体的特点内化为企业的规章制度，使所有员工能够遵照执行，成为员工行为的准则和指南，这是企业合规体系的核心。要防控刑事风险，则应当根据企业实际情况，在容易引发刑事风险的环节和模块有针对性地制定更为详尽的行为准则要求，比如，针对容易产生商业贿赂的销售环节，应当对礼品、招待、商务宴请、馈赠、公益赞助、慈善捐助、差旅费、折扣、佣金以及与政府、咨询公司、承包商、代理商、供应商、经销商、业务合作伙伴等第三方之间的往来等提供指引或者制定相应的标准，使员工有章可循，让反腐败合规政策具有针对性和实操性；针对容易产生质量问题的生产环节，则应当建立健全内部产品质量管理制度，严格实施岗位质量规范、质量责任以及相应的考核办法。二是合规组织，因为合规计划要想得到有效的实施，必须有较为成熟的合规组织，包括设立合规委员会或合规部门，设置合规师，配备合规专员，提供充足的资源，并保障合规风险报告渠道的顺畅，为了避免利益冲突和保持合规管理的独立性，合规官或合规专员应当由专职人员担任。为了防范刑事风险，在合规官或合规专员的配备方面，要挑选具有刑事法律理论和实践经验丰富的人才，才能更好地预防、识别、应对刑事风险。三是合规防范，即针对合规风险采取预防性措施，包括合规风险的识别和评估，合规风险的调查和报告，合规培训、教育和沟通，而要防范刑事合规风险，必须要有刑事合规风险意识，要清楚地知道哪些人，哪些行为以及行为达到什么程度就会产生风险。只有清楚地知道风险的界限，才能识别和评估刑事合规风险，才能知道如何对刑事合规风险进行尽职调查，才能制定和实施降低刑事合规风险的措施，才能设计刑事合规的培训内容和方案，才能对员工进行持续的刑事合规的指导，帮助其了解处理刑事合规风险的方法和经验，解答有关刑事合规风险的疑问和难题。四是合规监控，即通过审计、监察、处理投诉等办法实时监督和控制企业可能出现的合规风险。如果监控缺乏刑事合规意识，就无法识别潜在的刑事风险，比如，通过审计发现没有及时支付员工工资，相关主体认为只是普通劳动纠纷，在收到人力资源和社会保障部等部门限期整改指令书等文书后仍不积极整改最终引发拒不支付劳动报酬罪的刑事风险。五是合规应对，即对发生的违规行为进行惩戒并对发现的制度漏洞和缺陷进行补救和完善。在掌握企业各类犯罪的主体范围、行为界限和追诉标准后，能够有效地识别违规行为、违法行为和犯罪行为，对于已经构成犯罪的，应当将涉嫌犯罪的员工及时移送司法机关，划清企业责任和员工责任，对于企业构成犯罪的，看能否采取有效的措施积极补救，如及时转变商业模式，积极补缴国家税款或者弥补损失等，以此降低甚至消除刑事法律风险。

鉴于目前理论界对企业合规的概念、价值、标准、在西方的发展历程、在中国的本土化等问题作了较多的阐述和研究，司法界对合规不起诉制度进行试点，并颁布了不少规范性文件，本书对这些内容没有展开详尽的论述，而是根据笔者自己多年在刑事法律风险防控领域的执业经验，根据笔者多年与大量企业和企业家打交道所获悉的信息，针对企业设立、劳动用工、人员治理、税务管理、融资、市场运作、质量管理、知识产权、清算破产九大板块，全面系统地总结和梳理了企业和企业家可能面临的常见的刑事风险，并针对每一个风险详尽阐述了主体范围、行为界限以及追诉标准，从人、事、度三个维度对这些刑事风险进行分析，然后在这个基础之上，告知企业和企业家应当如何进行刑事合规管理，以识别和防范相应的刑事风险。当然，囿于篇幅所限和企业情况不同，这里的刑事合规只能谈一些共性的和原则性的措施，实践中还需要根据企业自身的实际情况，制订有针对性的合规计划，通过大数据分析、法律法规梳理、业务模式分析、风险调查等手段，量体裁衣式地提供合规解决方案，而不能是一种大而全的模式。笔者在近16年的执业生涯中，办理了大量企业犯罪和企业家犯罪的案件，虽然也取得了近十起无罪辩护成功的案例，但也深感企业和企业家合规意识的严重不足，由于合规意识的不足，辛辛苦苦经营了二十多年的企业最终走向了末路；由于合规意识的不足，白手起家驰骋于商场的商界精英最终身陷囹圄；在代理案件的过程中，笔者感到无比的惋惜和痛心，无数次产生如果能够在刑事案件启动之前介入也许能避免悲剧发生的想法，于是在十几年研究成果的基础上形成了本书，希冀为对企业和企业界人士提供一本刑事合规的指南，帮助企业和企业界人士树立底线意识，确定红线边界，识别刑事法律风险，并通过刑事合规这种内控机制，防范企业犯罪的风险。

娄秋琴

2021年6月1日

目录

第三篇　人员治理最关键——警惕企业的贪官污吏

第八篇　知识产权要重视——永葆市场核心竞争力

第一篇

把好企业设立关

——迈好扬帆启航第一步

第一章　企业设立中的风险提示

设立是公司、企业存续的起始阶段，也是公司、企业成立的必经阶段。我国对公司、企业的设立实行登记制度，只有在合法登记并领取相关证照的前提下，公司、企业的成立才属于合法成立。因此，在公司、企业的设立过程中，申请登记是一个重要环节。而在这个环节中，申报注册资本及出资又是重要的步骤之一，尤其是对那些实行注册资本实缴登记制的公司，一旦处理不当，可能引发刑事风险。

我国的《公司法》自 1993 年 12 月 29 日经第八届全国人民代表大会常务委员会第五次会议通过以来，历经 1999 年、2004 年、2013 年以及 2018 年四次修正。现行《公司法》对注册资本及出资的规定发生了很大变化，如将注册资本实缴登记制改为认缴登记制。也就是说，除法律、行政法规以及国务院决定对公司注册资本实缴有相关规定的以外，取消了关于公司股东（发起人）应自公司成立之日起 2 年内缴足出资，投资公司在 5 年内缴足出资的规定；取消了一人有限责任公司股东应一次足额缴纳出资的规定；转而采取公司股东（发起人）自主约定认缴出资额、出资方式、出资期限等，并记载于公司章程的方式。与此同时，还放宽了注册资本登记条件。除对公司注册资本最低限额有另行规定的以外，取消了有限责任公司、一人有限责任公司、股份有限公司最低注册资本应达 3 万元、10 万元、500 万元的限制，不再限制公司设立时股东（发起人）的首次出资比例以及货币出资比例。此外，还简化了登记事项和登记文件。有限责任公司股东认缴出资额、公司实收资本不再作为登记事项。公司登记时，不需要提交验资报告。

尽管《公司法》经过多次修改，但也并不意味着虚报注册资本和虚假出资、抽逃出资等行为就不存在任何刑事风险了。虽然我国将公司注册资本实缴登记制改为了认缴登记制（法律、行政法规以及国务院决定对公司注册资本实缴另有规定的除外）。2013 年 10 月 25 日国务院第 28 次常务会议决定也进一步明确了 27 类暂不实行注册资本认缴登记制的公司和企业，申请设立这些公司企业的注册资本必须达到法定的最低限额，且必须为实缴资本（见表 1－1）。

表 1－1　不实行注册资本认缴登记制的公司和企业

名称	注册资本最低限额	出资方式	依据
采取募集方式设立的股份有限公司		注册资本为在公司登记机关登记的实收股本总额	《公司法》第 80 条
全国性商业银行	10 亿元人民币	注册资本应当是实缴资本	《商业银行法》第 13 条
城市商业银行	1 亿元人民币		
农村商业银行	5000 万元人民币		
外商独资银行	10 亿元人民币或者等值的自由兑换货币	注册资本应当是实缴资本	《外资银行管理条例》第 8 条
中外合资银行			
金融资产管理公司	100 亿元人民币	由财政部核拨	《金融资产管理公司条例》第 5 条
信托公司	3 亿元人民币或等值的可自由兑换货币	注册资本为实缴货币资本	《信托公司管理办法》第 10 条
财务公司	1 亿元人民币	注册资本金应当是实缴的人民币或者等值的可自由兑换货币	《企业集团财务公司管理办法》第 10 条
经营外汇业务的财务公司	500 万美元或者等值的可自由兑换货币		
金融租赁公司	1 亿元人民币或等值的可自由兑换货币	注册资本为一次性实缴货币资本	《金融租赁公司管理办法》第 7 条
汽车金融公司	5 亿元人民币或等值的可自由兑换货币	注册资本为一次性实缴货币资本	《汽车金融公司管理办法》第 10 条
消费金融公司	3 亿元人民币或等值的可自由兑换货币	注册资本应当为一次性实缴货币资本	《消费金融公司试点管理办法》第 12 条
货币经纪公司	2000 万元人民币或者等值的自由兑换货币	注册资本为实缴货币资本	《货币经纪公司试点管理办法》第 11 条

续表

名称	注册资本最低限额	出资方式	依据
县（市）设立的村镇银行	300 万元人民币	注册资本为实收货币资本，且由发起人或出资人一次性缴足	《村镇银行管理暂行规定》（已失效）第 8 条
乡（镇）设立的村镇银行	100 万元人民币		
贷款公司	50 万元人民币	注册资本为实收货币资本，由投资人一次足额缴纳	《贷款公司管理暂行规定》（已失效）第 8 条
农村信用社省（自治区、直辖市）联合社	500 万元人民币	农村信用社省（自治区、直辖市）联合社以发起方式设立，发起人认购农村信用社省（自治区、直辖市）联合社发行的全部股份	《农村信用社省（自治区、直辖市）联合社管理暂行规定》第 8、9 条
在乡（镇）设立的农村资金互助社	30 万元人民币	注册资本应为实缴资本	《农村资金互助社管理暂行规定》第 9 条
在行政村设立的农村资金互助社	10 万元人民币		
经营证券经纪、证券投资咨询以及与证券交易、证券投资活动有关的财务顾问的证券公司	5000 万元人民币	注册资本应当是实缴资本	《证券法》第 120、121 条
经营证券承销与保荐、证券融资融券、证券做市交易、证券自营以及其他证券业务之一的证券公司	1 亿元人民币		
经营证券承销与保荐、证券融资融券、证券做市交易、证券自营以及其他证券业务中两项以上的证券公司	5 亿元人民币		

续表

名称	注册资本最低限额	出资方式	依据
期货公司	3000 万元人民币	注册资本应当是实缴资本	《期货交易管理条例》第 16 条
管理公开募集基金的基金管理公司	1 亿元人民币	注册资本必须为实缴货币资本	《证券投资基金法》第 13 条
保险公司	2 亿元人民币	注册资本必须为实缴货币资本	《保险法》第 69 条
保险经纪公司	5000 万元人民币	注册资本必须为实缴货币资本	《保险经纪机构监管规定》（已失效）第 8 条
保险专业代理公司	5000 万元人民币	注册资本必须为实缴货币资本	《保险专业代理机构监管规定》（已失效）第 7 条
合资保险公司、独资保险公司	2 亿元人民币或者等值的自由兑换货币	注册资本最低限额必须为实缴货币资本	《外资保险公司管理条例》第 7 条
直销企业	8000 万元人民币	实缴注册资本	《直销管理条例》第 7 条
对外劳务合作企业	600 万元人民币	实缴注册资本	《对外劳务合作管理条例》第 6 条
融资性担保公司	500 万元人民币	注册资本为实缴货币资本	《融资性担保公司管理暂行办法》第 10 条
劳务派遣企业	200 万元人民币		《劳动合同法》第 57 条
典当行	实施公司资本实缴制度		《注册资本登记制度改革方案》
保险资产管理公司			
小额贷款公司			

申请设立以上实行注册资本实缴登记制的公司、企业，必须掌握注册资本的最低限额要求，按照要求准备充足的资金，然后根据法定程序申请设立登记，发起人、股东还应当按法定要求和期限按时足额地缴付注册资本。如果虚

报注册资本骗取公司登记；或者虚假出资；或者在公司成立后又抽逃其出资，不但会遭受行政处罚，严重的还可能引发刑事处罚。

一、虚报注册资本罪[①]

依据		罪状	法定刑
《刑法》	第158条第1款	申请公司登记使用虚假证明文件或者采取其他欺诈手段虚报注册资本，欺骗公司登记主管部门，取得公司登记，虚报注册资本数额巨大、后果严重或者有其他严重情节	处3年以下有期徒刑或者拘役，并处或者单处虚报注册资本金额1%～5%的罚金
	第158条第2款	单位犯前款罪的	对单位判处罚金，并对其直接负责的主管人员和其他直接责任人员，处3年以下有期徒刑或者拘役

二、虚假出资、抽逃出资罪

依据		罪状	法定刑
《刑法》	第159条第1款	公司发起人、股东违反公司法的规定未交付货币、实物或者未转移财产权，虚假出资，或者在公司成立后又抽逃其出资，数额巨大、后果严重或者有其他严重情节的	处5年以下有期徒刑或者拘役，并处或者单处虚假出资金额或者抽逃出资金额2%～10%的罚金
	第159条第2款	单位犯前款罪的	对单位判处罚金，并对其直接负责的主管人员和其他直接责任人员，处5年以下有期徒刑或者拘役

需要特别注意的是，自2014年3月1日《公司法》修订后，以上这两类刑事风险仅发生于依法实行注册资本实缴登记制的公司，实行注册资本认缴登

① 本书为方便读者理解相关罪名的具体适用，通过表格的方式予以分解，本书就罪名理解的表格，非常规格式表格，后文不再赘述。

记制公司的发起人、股东即使存在虚报注册资本或者虚假出资、抽逃出资的行为，也不能以虚报注册资本罪或者虚假出资、抽逃出资罪追究刑事责任。对发生在2014年3月1日以前尚未处理或者正在处理的虚报注册资本和虚假出资、抽逃出资刑事案件，按照从旧兼从轻的原则，一般也不能以虚报注册资本罪或者虚假出资、抽逃出资罪追究刑事责任。可见，《公司法》修改后，企业在设立环节引发刑事风险的概率大幅度降低，但若要设立金融类企业或者公司以及涉及直销、劳务派遣方面的公司、企业，相关人员还是要注意防范这两类刑事风险，在设立环节做好刑事合规。

第二章　企业设立中的风险分析

风险提示

△《公司法》将注册资本实缴登记制改为认缴登记制后，是否还有虚报注册资本和虚假出资、抽逃出资罪的刑事风险?

△委托中介公司设立公司，是否需要为中介公司虚报注册资本等行为负刑事责任?

△是否只有设立登记时才有虚报注册资本和虚假出资、抽逃出资罪的刑事风险，企业设立后进行变更登记就不会再有上述刑事风险?

一、虚报注册资本的风险

◎案例1－1①

场景回放

2009年8月5日，甲公司注册成立，谢某某为法定代表人，邵某某、唐某为股东，公司注册资本300万元，实缴资本60万元。2010年7月下旬，谢某某通过从事会计工作的荣某某帮忙从丙公司借款1000万元给谢某某用于增加注册资本，借款利息为3万元。2010年7月26日，丙公司在事先扣除3万元利息后，向谢某某个人账户转入现金共计997万元，后谢某某连同其个人账户内的现金共计1000万元，通过其本人及其他股东账户转入甲公司的账户。验资完毕后，甲公司更名为乙公司，注册资本1000万元，实收资本1000万元，法定代表人为谢某某，股东为邵某某、唐某、曹某、李某乙。次日，谢某某将1000万元归还丙公司法定代表人张某甲。

---

① 参见（2014）吴刑初字第2号刑事判决书。

审理结果

人民法院经审理认为，被告人谢某某在申请公司登记过程中，采取欺诈手段虚报注册资本，欺骗公司登记主管部门，取得公司登记，虚报注册资本1000万元，数额巨大，其行为已构成虚报注册资本罪。人民法院于2014年5月29日作出一审判决：谢某某犯虚报注册资本罪，判处有期徒刑1年，并处罚金人民币10万元。

（一）虚报注册资本罪的主体范围（Who）

1. 自然人和单位

虚报注册资本罪的主体，既可以是自然人，也可以是单位。如果单位构成本罪，对单位判处罚金，对其直接负责的主管人员和其他直接责任人员判处3年以下有期徒刑或者拘役。在案例1－1中，被告人谢某某是自然人犯罪，如果谢某某以另外一家戊公司作为股东注册成立甲公司，并操作戊公司实施上述行为，则构成虚报注册资本罪的就可能是戊公司，谢某某作为直接负责的主管人员承担刑事责任。

2. 股东和发起人

申请公司登记的自然人或者单位，一般都是公司的股东或者发起人。根据《公司法》第29条的规定："股东认足公司章程规定的出资后，由全体股东指定的代表或者共同委托的代理人向公司登记机关报送公司登记申请书、公司章程等文件，申请设立登记。"根据《公司法》第79条第1款的规定："股份有限公司发起人承担公司筹办事务。"因此，全体股东指定的代表或者共同委托的代理人或者股份有限公司发起人容易引发这类风险，在申请设立登记时一定要加强警惕。

需要特别注意的是，由于《公司法》的修正，全国人民代表大会常务委员会还针对虚报注册资本罪作出了专门的立法解释，即该罪的规定只适用于实行注册资本实缴登记制的公司。故如果案例1－1发生在《公司法》修订之后，甲公司不是实行注册资本实缴登记制的公司，被告人谢某某则不构成虚报注册资本罪，但不构成犯罪不代表虚报注册资本的行为就是合法合规的，仍要面临行政处罚的风险。

3. 其他人员

在实践中，申请公司登记一般会涉及一些中介机构或者人员，如资产评估事务所、会计师事务所、审计师事务所或评估师、会计师、审计师等。这些中介机构或人员如果与公司登记申请人相互勾结、恶意串通，虚报注册资本，也可以与申请人共同引发本罪的刑事风险。在案例 1－1 中，答应帮忙借款用于增加注册资本的从事会计工作的荣某某，如果与被告人谢某某存在共谋并为其虚报注册资本提供资金帮助，也存在构成共同犯罪的风险。只是在实践中，因为虚报注册资本罪原本就是一个轻罪，所以较少对帮助犯或者从犯追究刑事责任，但不代表不存在任何刑事风险。

（二）虚报注册资本罪的行为界限（What）

1. 行为方式

虚报注册资本是构成本罪的前提，也是本罪的本质特征，行为人如果没有虚报注册资本，就不可能构成本罪。这里的“虚报注册资本”，一般包括两种情况：

第一种，明知无实缴资本或实缴资本未达到法律规定的注册资本的最低限额，而虚报其实有资本已达法律规定的最低限额。我国《公司法》自颁布实施以来，历经几次修正，之前对有限责任公司和股份有限公司注册资本的最低限额都有明确规定，如有限责任公司注册资本的最低限额是 3 万元人民币，其中一人有限责任公司的注册资本最低限额为 10 万元人民币，而股份有限公司注册资本的最低限额是 500 万元人民币。但这些规定在 2013 年 12 月 28 日被修正，新的《公司法》取消了对有限责任公司和股份有限公司注册资本实缴、注册资本最低限额的一般性规定，并通过法律、行政法规以及国务院决定对银行、证券、期货、基金、信托、劳务派遣、直销等公司注册资本进行最低限额的规定，要求注册资本必须是实缴资本。因此，在申请登记实行注册资本实缴登记制的公司时，如果实缴资本未达到法定最低限额，采取欺诈手段虚报注册资本的，就可能会引发相关刑事风险。

第二种，虽然实缴资本已经达到法律规定的注册资本最低限额，但故意加大注册数额，这种情况也属虚报注册资本，是司法实践中常见的情形，也会引发本罪的刑事风险。在案例 1－1 中，被告人谢某某注册成立甲公司，一开始的注册资本是300万元，已经达到了法定的最低限额，但仍通过借资的手段虚报了1000万元的注册资本，也构成虚报注册资本罪。

2. 行为手段

行为人虚报注册资本时使用了虚假证明文件或者其他欺诈手段。这里的"使用虚假证明文件"，是指向公司登记主管部门提供与实际情况不相符合的、不真实的、伪造的或隐瞒了重要事实的证明文件。这些证明文件既可以是公司登记申请人伪造或篡改的，也可以是与验资机构等中介人员恶意串通取得的，文件的来源不影响本罪的成立。至于"其他欺诈手段"，是指使用虚假证明文件以外的虚报注册资本的手段，如使用虚假的股东姓名、虚构生产经营场所、隐瞒真相骗用无支配权的资金进行虚报等。无论是使用虚假证明文件还是使用其他欺诈手段，都是为了虚报注册资本。如果这些手段与虚报注册资本无关，则不属于本罪的行为手段。

3. 行为结果

行为人取得了公司登记。行为人虽有虚报注册资本、欺诈登记的行为，但被公司登记主管部门发现，最终没有取得公司登记，不构成本罪，主管部门可依照有关行政法规的规定予以行政处罚。

对于此处公司登记，有人认为仅限于设立登记，认为只有在公司设立环节才能引发虚报注册资本罪的刑事风险。但事实上，根据我国《公司登记管理条例》的规定，公司登记不但包括设立登记，还包括变更登记和注销登记。因此，在公司成立后变更注册资本时，使用虚假证明文件或者其他欺诈手段谎称增加注册资本，实际并未增加；或者不当减少实有资本使其低于法定最低限额的，也属于虚报注册资本的行为，也会引发本罪的刑事风险。

（三）虚报注册资本罪的追诉标准（How）

行为人符合本罪的主体范围和行为界限也不必然就构成犯罪，虚报注册资本还必须达到数额巨大、后果严重或者有其他严重情节的程度，才能进行立案追诉。具体标准参见2010年5月7日最高人民检察院、公安部《关于公安机关管辖的刑事案件立案追诉标准的规定（二）》（以下简称《追诉标准的规定（二）》）第3条的规定，实施了虚报注册资本的行为人要注意审查有无达到犯罪的程度。

1. 超过法定出资期限，实缴注册资本不足法定注册资本最低限额，有限责任公司虚报数额在30万元以上并占其应缴出资数额60%以上的，股份有限公司虚报数额在300万元以上并占其应缴出资数额30%以上的。

2. 超过法定出资期限，实缴注册资本达到法定注册资本最低限额，但仍虚报注册资本，有限责任公司虚报数额在100万元以上并占其应缴出资数额60%以上的，股份有限公司虚报数额在1000万元以上并占其应缴出资数额30%以上的。

3. 造成投资者或者其他债权人直接经济损失累计数额在10万元以上的。

4. 虽未达到上述数额标准，但具有下列情形之一的：（1）2年内因虚报注册资本受过行政处罚2次以上，又虚报注册资本的；（2）向公司登记主管人员行贿的；（3）为进行违法活动而注册的。

5. 其他后果严重或者有其他严重情节的情形。

根据《追诉标准的规定（二）》第88条的规定，“虽未达到上述数额标准”，是指接近上述数额标准且已达到该数额的80%以上。

◎法律法规链接

◆《刑法》（2020年修正）第158条

◆全国人民代表大会常务委员会《关于〈中华人民共和国刑法〉第一百五十八条、第一百五十九条的解释》（2014年4月24日实施）

◆最高人民检察院、公安部《关于公安机关管辖的刑事案件立案追诉标准的规定（二）》（2010年5月7日实施）第3条

◆最高人民检察院、公安部《关于严格依法办理虚报注册资本和虚假出资抽逃出资刑事案件的通知》（2014年5月20日实施）

◆《公司法》（2018年修正）第29条、第79条、第80条、第198条

◆《公司登记管理条例》（2016年2月6日实施）第65条

◆《公司注册资本登记管理规定》（2014年3月1日实施）第2条、第15条

◆国务院《关于印发注册资本登记制度改革方案的通知》（2014年2月7日实施）

二、虚假出资、抽逃出资的风险

◎案例1－2①

场景回放

2006年6月至9月，被告人欧某雄在广州市设立和为信诚总公司增资过程中，其本人不实际缴纳注册资本，而是通过中介公司代为缴纳注册资本并办理公司设立和变更登记事宜。中介公司筹集资金到信诚总公司的注册资本专用账户，在完成设立和增资的验资，取得验资报告后立即将相关的资金转走。之后，信诚总公司顺利完成设立和变更登记并取得营业执照。信诚总公司的注册资本从2006年6月设立的1000万元至同年9月增资为9999万元，实缴注册资本均为0。2007年3月，被告人区某灵经被告人欧某雄同意，在肇庆市成立了信诚肇庆分公司，挂靠在信诚总公司名下，以信诚总公司书面授权的形式，在肇庆市开展担保业务。后检察机关以被告人欧某雄涉嫌虚假出资罪向人民法院提起公诉。

审理结果

一审法院认为，被告人欧某雄违反《公司法》的规定，在申请公司登记过程中使用虚假证明文件虚报注册资本，欺骗公司登记主管部门，取得公司登记，虚报注册资本巨大，其行为构成虚报注册资本罪，公诉机关指控其构成虚假出资罪不当，于2014年11月26日作出（2014）肇中法刑一初字第1号刑事判决，以虚报注册资本罪判处被告人欧某雄有期徒刑2年，并处罚金100万元。被告人欧某雄提起上诉。

二审法院经查，欧某雄于2006年注册成立信诚总公司，其并没有实际出资，2007年信诚总公司在肇庆市设立信诚肇庆分公司，该公司于2007年11月至2008年12月也从事为企业或个人向农信社贷款担保的业务。鉴于信诚肇庆分公司从事担保贷款的行为并未违反当时法律、法规的禁止性规定，2010年以后，信诚肇庆分公司未向广东省人民政府金融办申请融资性担保许可资格，该公司也不再从事融资性担保业务。由于立法机关对《刑法》有关虚报注册

① 参见（2015）粤高法刑二终字第91号刑事判决书。

资本罪的认定标准、范围作了修订，信诚总公司也不再从事融资性担保业务，根据新的立法解释的规定，该公司注册资本应只需认缴，无须实缴，依照《刑法》溯及力原则及最高人民法院和最高人民检察院关于《刑法》时间效力的解释，对于欧某雄虚报注册资本成立信诚总公司的行为，不认定为构成虚报注册资本罪。故于2015年11月10日作出二审判决。

（一）虚假出资、抽逃出资罪的主体范围（Who）

1. 自然人和单位

不管是虚假出资罪还是抽逃出资罪，其主体既可以是自然人，也可以是单位。如果单位构成本罪，对单位判处罚金，对其直接负责的主管人员和其他直接责任人员判处5年以下有期徒刑或者拘役。在案例1－2中，一审判决认定被告人欧某雄是自然人犯罪，但他是通过中介公司代为缴纳注册资本并办理公司设立和变更登记事宜的，如果能认定这家中介公司与其存在共谋，属于共同犯罪的话，中介公司则构成单位犯罪，中介公司直接负责的主管人员和其他直接责任人员也要承担刑事责任。

2. 股东和发起人

虚假出资、抽逃出资罪的主体是特殊主体，仅限于公司发起人和股东。这里的发起人、股东既包括单位，也包括个人。公司发起人，是指股份有限公司的创立筹建人员；公司股东，是指向有限责任公司投入资金并依法享有公司权利、承担义务的人或者持有股份有限公司股份并依其股份享有权利、承担义务的人。在案例1－2中，被告人欧某雄作为信诚总公司的股东，既符合虚假出资、抽逃出资罪的主体要求，也属于虚报注册资本罪的主体范围。

需要特别注意的是，由于《公司法》的修正，全国人民代表大会常务委员会还针对虚假出资、抽逃出资罪作出了专门的立法解释，即该罪的规定只适用于实行注册资本实缴登记制的公司。因此，在案例1－2中，二审法院就是以信诚总公司没有从事融资性担保业务，该公司注册资本应只需认缴，无须实缴的理由认定其不够构成犯罪。

（二）虚假出资、抽逃出资罪的行为界限（What）

1. 行为前提

无论是虚假出资还是抽逃出资，都违反了《公司法》的规定。不管是修改之前的《公司法》，还是修改之后的《公司法》，对于有限责任公司的股东应当按期足额缴纳公司章程中规定的各自所认缴的出资额并在公司成立后不得抽逃出资；以发起设立方式设立股份有限公司的发起人应当认足公司章程规定其认购的股份，并按照公司章程规定缴纳出资；以及发起人、认股人缴纳股款或者交付抵作股款的出资后，除未按期募足股份、发起人未按期召开创立大会或者创立大会决议不设立公司的情形外，不得抽回其股本等规定都是一致的。违反上述《公司法》的规定，进行虚假出资或者抽逃出资罪的可以引发本罪的刑事风险。但鉴于《公司法》的修正，本罪的刑事风险只能发生在依法实行注册资本实缴登记制的公司里。

2. 行为方式

行为人实施了虚假出资的行为或者在公司成立后实施了抽逃出资的行为。

（1）虚假出资。虚假出资，是指未交付货币、实物或者未转移财产权。根据出资方式的不同，虚假出资行为具体表现为以下几种形式：①未将货币出资存入公司在银行开设的账户，既包括未全部存入，也包括未足额存入。②未将实物（如房屋、机器、设备、原材料、半成品）全部或者部分交付给成立的公司。③未按法律规定的手续转移财产所有权给成立的公司。④在价值评估过程中，故意高估或低估价格，然后以高估或低估后的作价出资。

（2）抽逃出资。抽逃出资，是指在公司设立时，依法足额缴纳了自己的出资，但在公司成立后又将已投入的出资撤回的情形，可以是撤出全部出资，也可以是撤出部分出资。抽逃出资的形式多种多样，实践中常见的表现有两种：①在公司设立时，依法缴纳了自己的出资，在公司成立后，为减少出资风险又抽回已投入的出资。②为达到设立公司的目的，通过向他人借款或向银行贷款等手段取得资金作为出资，待公司成立后再将这些资金抽回还贷。

（3）两者的竞合。一般而言，虚假出资与抽逃出资界限明确，较易区分，比如虚假出资通常发生在公司的组建过程中，而抽逃出资通常发生在公司成立以后。但如果行为人在公司组建过程中采用欺诈手段，未履行甲项出资义务，在公司成立后又暗中抽回自己已经交付的乙项货币出资，这时就会发生两种风险的竞合。司法实践中通常直接以虚假出资、抽逃出资罪一罪论处，无须以虚假出资罪和抽逃出资罪数罪并罚。对于行为人在虚假出资成立公司后，又利用该公司实施诈骗会引发什么刑事风险，需要根据实际情况来确定。如果行为人虚假出资成立公司的目的就是利用公司骗取他人钱财，则构成刑法上的牵连犯，按照虚假出资罪与诈骗罪中较重的罪处断；如果行为人虚假出资成立公司后才产生诈骗他人钱财的意图的，则按虚假出资罪与诈骗罪实行数罪并罚。

（三）虚假出资、抽逃出资罪的追诉标准（How）

行为人符合本罪的主体范围和行为界限，虚假出资或者抽逃出资还必须达到数额巨大、后果严重或者有其他严重情节的程度，才能进行立案追诉。具体标准参见 2010 年 5 月 7 日最高人民检察院、公安部《追诉标准的规定（二）》第 4 条的规定，实施虚假出资、抽逃出资的行为人要注意审查有无达到犯罪的程度：

1. 超过法定出资期限，有限责任公司股东虚假出资数额在 30 万元以上并占其应缴出资数额 60% 以上的，股份有限公司发起人、股东虚假出资数额在 300 万元以上并占其应缴出资数额 30% 以上的。

2. 有限责任公司股东抽逃出资数额在 30 万元以上并占其实缴出资数额 60% 以上的，股份有限公司发起人、股东抽逃出资数额在 300 万元以上并占其实缴出资数额 30% 以上的。

3. 造成公司、股东、债权人的直接经济损失累计数额在 10 万元以上的。

4. 虽未达到上述数额标准，但具有下列情形之一的：（1）致使公司资不抵债或者无法正常经营的；（2）公司发起人、股东合谋虚假出资、抽逃出资的；（3）2 年内因虚假出资、抽逃出资受过行政处罚 2 次以上，又虚假出资、抽逃出资的；（4）利用虚假出资、抽逃出资所得资金进行违法活动的。

5. 其他后果严重或者有其他严重情节的情形。

根据《追诉标准的规定（二）》第 88 条的规定，“虽未达到上述数额标准”，是指接近上述数额标准且已达到该数额的 80% 以上。

◎**法律法规链接**

◆《刑法》(2020 年修正) 第 159 条

◆全国人民代表大会常务委员会《关于〈中华人民共和国刑法〉第一百五十八条、第一百五十九条的解释》(2014 年 4 月 24 日实施)

◆最高人民检察院、公安部《关于公安机关管辖的刑事案件立案追诉标准的规定(二)》(2010 年 5 月 7 日实施) 第 4 条

◆最高人民检察院、公安部《关于严格依法办理虚报注册资本和虚假出资抽逃出资刑事案件的通知》(2014 年 5 月 20 日实施)

◆《公司法》(2018 年修正)

◆《公司登记管理条例》(2016 年 2 月 6 日实施)

◆《公司注册资本登记管理规定》(2014 年 3 月 1 日实施) 第 16 条、第 17 条

◆国务院《关于印发注册资本登记制度改革方案的通知》(2014 年 2 月 7 日实施)

第三章　企业设立中的刑事合规

通过前面的分析，我们看到企业在设立过程中主要会涉及虚报注册资本罪和虚假出资、抽逃出资罪这两类刑事风险，风险一旦发生并被追究刑事责任，企业不但很难继续做下去，发起人和股东还要面临囹圄之苦，所以，做好设立环节的刑事合规，可以帮助企业迈好扬帆启航的第一步。

一、审查申请设立的公司性质

根据我国《公司法》的规定，公司主要分有限责任公司和股份有限公司两种形式，两者设立的条件和程序各有不同。就股东和发起人而言，首先要弄清楚自己设立的公司属于哪一种形式，然后按照《公司法》和《公司登记管理条例》及相关规定进行设立申请，特别要重点审查自己申请设立的公司实行的是注册资本认缴登记制还是实缴登记制，如果申请设立的是实行注册资本实缴登记制的公司，那股东和发起人就要引起特别重视，因为虚报注册资本罪和虚假出资、抽逃出资罪这两类刑事风险只发生在实行注册资本实缴登记制公司的设立环节，要继续审查公司是否属于国务院《关于印发注册资本登记制度改革方案的通知》中不实行注册资本认缴登记制公司中的一种，如果属于，不但要掌握这类公司注册资本的最低限额，还要掌握注册资本是否必须是实缴资本，是必须实缴货币资本还是可以实缴其他实物或者财产权，这是防控刑事风险的第一步。

二、掌握哪些主体容易引发风险

审查申请设立公司的性质之后，然后就是审查哪些主体容易引发刑事风险了，这些我们前面针对不同的罪名已经做了分析，即主要集中在股东和发起人身上。但实践中，还是会有很多人陷入误区。例如，不清楚单位犯罪还要追究个人的刑事责任，误认为只要没有追求个人私利就不会引发刑事风险。又如，自认为找代理公司或者中介公司出资成立公司就不会有刑事风险，误认为代理公司或者中介公司收了代理费或者中介费就可以免除自己的刑事责任，这些误区应当及时予以厘清，避免陷入风险却不自知。

三、自查容易引发风险的行为

虚报注册资本罪的风险主要发生在登记环节，这里的登记不但包括设立登记，还包括变更登记，不管是设立登记时申报注册资本，还是变更登记时增资或者减资，只要涉及注册资本，都要特别加以注意，确保递交的关于注册资本方面的材料，如验资证明等是真实、完整、合法的。验资证明是申请公司登记的必备文件，股东、发起人缴纳出资后或者发行股份的股款缴足之后，都必须由依法设立的验资机构验资并出具证明文件。这个验资证明虽然是由发起人或者股东以外的第三方验资机构作出的，但验资所依据的材料一般都是由发起人或者股东提供的，而且最终使用验资证明的也是发起人或者股东，所以发起人或者股东在申请公司登记时一定要避免使用虚假证明文件或者存在其他欺诈手段，严控刑事风险。

虚假出资、抽逃出资罪的风险主要发生在出资环节，对于实行注册资本实缴登记制度的公司，注册资本不仅有最低限额的要求，还要求出资必须到位。作为这类公司的发起人、股东，应当自查是否按期、足额、真实地缴纳公司章程中规定的各自所认缴、认购的出资额、股本额，杜绝进行虚假出资或者在公司成立后又抽逃出资，严防刑事风险。

四、评估违规行为产生的后果

在实践中，不是所有的虚报注册资本的行为或者虚假出资、抽逃出资的行为都会被追究刑事责任，只有在数额巨大、后果严重或者有其他严重情节的情况下才能进行刑事追责，所以如果发现存在刑事风险的行为，还要审查评估这个行为所产生的后果，如有没有给公司、股东、债权人造成直接经济损失，有没有致使公司资不抵债或者无法正常经营，等等。如果已经产生这些后果或者后果即将发生，应当积极采取相应的措施进行补救，消除这些后果或者将损失降低，降到未达到司法解释所要求的追诉标准，由此来控制相应的刑事风险。

五、了解行为产生的法律责任

虚报注册资本的行为（见表1－2）或者虚假出资、抽逃出资的行为（见表1－3）要达到一定的程度才能进行刑事追责，但这并不意味着没有达到追诉标准就不存在任何法律风险，事实上，这两类行为违反了《刑法》的规定，就必然违反了《公司法》的相关规定，如果无法追究行为人的刑事责任，还可能追究其行政责任或者民事责任，所以要杜绝所有的法律风险，应当对这些法律责任的规定有所了解和把握。

表1－2　虚报注册资本的行为

责任类型	依据	行为方式	处罚措施
行政责任	《公司法》第198条	违反本法规定，虚报注册资本、提交虚假材料或者采取其他欺诈手段隐瞒重要事实取得公司登记的	由公司登记机关责令改正，对虚报注册资本的公司，处以虚报注册资本金额5%～15%的罚款
		对提交虚假材料或者采取其他欺诈手段隐瞒重要事实的公司	处以5万～50万元的罚款
		情节严重的	撤销公司登记或者吊销营业执照
刑事责任	《刑法》第158条第1款	申请公司登记使用虚假证明文件或者采取其他欺诈手段虚报注册资本，欺骗公司登记主管部门，取得公司登记，虚报注册资本数额巨大、后果严重或者有其他严重情节	处3年以下有期徒刑或者拘役，并处或者单处虚报注册资本金额1%～5%的罚金

表1－3　虚假出资、抽逃出资的行为

责任类型	依据	行为方式	处罚措施
行政责任	《公司法》第199～200条	公司的发起人、股东虚假出资，未交付或者未按期交付作为出资的货币或者非货币财产的，或者在公司成立后，抽逃其出资的	由公司登记机关责令改正，处以虚假出资金额或者抽逃出资金额5%～15%的罚款

续表

责任类型	依据	行为方式	处罚措施
刑事责任	《刑法》第 159 条第 1 款	公司发起人、股东违反《公司法》的规定未交付货币、实物或者未转移财产权，虚假出资，或者在公司成立后又抽逃其出资，数额巨大、后果严重或者有其他严重情节的	处 5 年以下有期徒刑或者拘役，并处或者单处虚假出资金额或者抽逃出资金额 2% ~10% 的罚金

总体说来，要控制和防范公司设立中的刑事风险，除了应了解公司设立中涉及的虚报注册资本罪和虚假出资、抽逃出资罪的主体范围、行为界限和追诉标准外，还应当认真学习有关公司设立方面的法律法规，掌握公司设立的法定条件和程序，不断提高法律意识，树立依法经营的理念，防患于未然。

第二篇

劳动用工莫小视

——不发工资引牢狱之灾

第一章　劳动用工中的风险提示

公司、企业设立之后，便是招人、用人了，这属于劳动用工的范畴，产生的纠纷和争议一般由《劳动法》、《劳动合同法》及相应的司法解释和规章制度进行调整，通过民间调解、劳动仲裁、民事诉讼等手段加以解决。所以公司、企业管理者通常认为这个环节不会有刑事风险，容易掉以轻心，认为出了事用钱就可以解决。事实上，在劳动用工这个环节，拒不支付劳动报酬、雇用童工从事危重劳动、强迫他人劳动或者强令、组织他人违章冒险作业，都有可能产生刑事风险，尤其是拒不支付劳动者的劳动报酬，是《刑法修正案(八)》新增加的罪名，已经纳入刑法规制的范围，不再单纯受劳动法规调整。具体而言，这一环节的刑事风险如下所列：

一、拒不支付劳动报酬罪

<table>
<tr><th colspan="2">依据</th><th colspan="2">罪状</th><th>法定刑</th></tr>
<tr><td rowspan="4">《刑法》（由修正案八增设）</td><td rowspan="2">第 276 条之一第 1 款</td><td rowspan="2">以转移财产、逃匿等方法逃避支付劳动者的劳动报酬或者有能力支付而不支付劳动者的报酬</td><td>数额较大，经政府有关部门责令支付仍不支付的</td><td>处 3 年以下有期徒刑或者拘役，并处或者单处罚金</td></tr>
<tr><td>造成严重后果的</td><td>处 3 ~ 7 年有期徒刑，并处罚金</td></tr>
<tr><td>第 276 条之一第 2 款</td><td colspan="2">单位犯前款罪的</td><td>对单位判处罚金，并对其直接负责的主管人员和其他直接责任人员，依照前款的规定处罚</td></tr>
<tr><td>第 276 条之一第 3 款</td><td colspan="2">有前两款行为，尚未造成严重后果</td><td>在提起公诉前支付劳动者的劳动报酬，并依法承担相应赔偿责任的，可以减轻或者免除处罚</td></tr>
</table>

二、雇用童工从事危重劳动罪

<table>
<tr><th colspan="2">依据</th><th colspan="2">罪状</th><th>法定刑</th></tr>
<tr><td rowspan="2">《刑法》（由修正案四增设）</td><td rowspan="2">第 244 条之一第 1 款</td><td rowspan="2">违反劳动管理法规，雇用未满 16 周岁的未成年人从事超强度体力劳动的，或者从事高空、井下作业的，或者在爆炸性、易燃性、放射性、毒害性等危险环境下从事劳动</td><td>情节严重的</td><td>对直接责任人员，处 3 年以下有期徒刑或者拘役，并处罚金</td></tr>
<tr><td>情节特别严重的</td><td>处 3～7 年有期徒刑，并处罚金</td></tr>
</table>

三、强迫劳动罪

<table>
<tr><th colspan="2">依据</th><th colspan="2">罪状</th><th>法定刑</th></tr>
<tr><td rowspan="4">《刑法》（修正案八修订）</td><td rowspan="2">第 244 条第 1 款</td><td rowspan="2">以暴力、威胁或者限制人身自由的方法强迫他人劳动的</td><td></td><td>处 3 年以下有期徒刑或者拘役，并处罚金</td></tr>
<tr><td>情节严重的</td><td>处 3～10 年有期徒刑，并处罚金</td></tr>
<tr><td>第 244 条第 2 款</td><td colspan="2">明知他人实施前款行为，为其招募、运送人员或者有其他协助强迫他人劳动行为的</td><td>依照前款的规定处罚</td></tr>
<tr><td>第 244 条第 3 款</td><td colspan="2">单位犯前两款罪的</td><td>对单位判处罚金，并对其直接负责的主管人员和其他直接责任人员，依照第 1 款的规定处罚</td></tr>
</table>

四、强令、组织他人违章冒险作业罪

<table>
<tr><th colspan="2">依据</th><th colspan="2">罪状</th><th>法定刑</th></tr>
<tr><td rowspan="2">《刑法》（修正案十一修订）</td><td rowspan="2">第 134 条第 2 款</td><td rowspan="2">强令他人违章冒险作业，或者明知存在重大事故隐患而不排除，仍冒险组织作业</td><td>因而发生重大伤亡事故或者造成其他严重后果的</td><td>处 5 年以下有期徒刑或者拘役</td></tr>
<tr><td>情节特别恶劣的</td><td>处 5 年以上有期徒刑</td></tr>
</table>

第二章 劳动用工中的风险分析[①]

风险提示

△拒不支付劳动报酬罪只能由单位构成，个人不承担该罪的刑事风险?

△虽欠工资，但没有转移财产，而只是避而不见，也会有刑事风险吗?

△如果被拖欠劳动报酬的劳动者想要去司法机关控告拒不支付劳动报酬罪，需要人力资源社会保障部门或者政府有关部门先出具限期整改指令书或者行政处理决定书等文书吗?

△雇用童工从事危重劳动罪没有规定单位犯罪，所以单位雇用童工从事危重劳动没有刑事风险吗?

△只要自己不强迫他人劳动，为他人招募、运送人员就不会有什么刑事风险?

一、拒不支付劳动报酬的风险

公司、企业作为用人单位，按照劳动合同约定和国家规定，向劳动者及时足额支付劳动报酬是法定义务之一，如果用人单位拖欠或者未足额支付劳动报酬的，《劳动法》、《劳动合法》以及其他法规规定了很多救济途径。例如，劳动者可以单方解除劳动合同，可以依法向当地人民法院申请支付令，可以由劳动行政部门责令支付劳动者的劳动报酬、经济补偿，甚至赔偿金。一般情况

① 对于劳动用工中产生的民事纠纷如何应对，参见娄秋琴、徐小媛在法律出版社出版的《这样做HR最有效——最新企业劳动人事管理全书》的相关内容。

下，这类行为由劳动法律法规进行调整规制，但是，如果用人单位通过转移财产、逃匿等方法逃避支付或者有能力支付而拒不支付，且拒不支付劳动报酬的数额较大或者造成严重后果的，就有可能引发刑事风险。

◎案例 2－1①

场景回放

2011 年 4 月 29 日至 6 月 20 日，务工人员赵某某等 33 人在被告人贺某春经营的嘉峪关市宏迈预制品加工厂务工期间，双方口头约定每人日工资 100 元，并按月结算，但被告人贺某春未能如期支付，拖欠 33 人工资共计 65,175 元。2011 年 6 月 20 日，经嘉峪关市人力资源和社会保障局劳动监察部门督促，被告人贺某春支付工资 2 万元，并承诺剩余 45,175 元于 2011 年 7 月 20 日之前一次性付清。2011 年 7 月 12 日，嘉峪关市人力资源和社会保障局向被告人贺某春发出劳动保障监察限期整改指令书，指令其于 2011 年 7 月 20 日之前将剩余 45,175 元工资一次性付清。指令书送达后，被告人贺某春不但不接电话，反而租住酒泉市新世纪花园房屋后，藏匿数月。2012 年 3 月 28 日，被告人贺某春到公安局投案，并付清了 45,175 元工资。后被告人贺某春因涉嫌拒不支付劳动报酬罪被移送起诉。

审理结果

在庭审过程中，被告人贺某春及其辩护人提出，贺某春未拒接劳动局工作人员的电话，在酒泉市新世纪花园租房是方便治病而不是藏匿，而且确实无支付能力，主观上无拒不支付劳动报酬的故意，要求认定其无罪。但法院经审理认为，被告人贺某春不支付劳动者的劳动报酬，数额较大，经嘉峪关市人力资源和社会保障局责令支付仍不支付，且藏匿，其行为已构成拒不支付劳动报酬罪。贺某春手部受伤住院是在 2011 年 10 月 6 日，此时距其承诺支付拖欠工资的期限已近 3 个月，辩解理由不能成立。最后认定被告人贺某春犯拒不支付劳动报酬罪，判处有期徒刑 6 个月，并处罚金人民币 2000 元。

---

① 参见（2013）甘刑三终字第 67 号刑事裁定书。

（一）拒不支付劳动报酬罪风险的主体范围（Who）

1. 单位和个人

对于拒不支付劳动报酬罪，主体既可以是自然人，也可以是单位。就公司、企业而言，一般都是单位犯罪，构成犯罪的，对单位判处罚金，对其直接负责的主管人员和其他直接责任人员判处有期徒刑或者拘役，并处或者单处罚金。

2. 不具备用工主体资格的单位和个人

一般来说，具备用工主体资格的单位或者个人，才能合法地招工用工并依法向劳动者支付劳动报酬，因此，拒不支付劳动报酬罪的主体多为具备用工主体资格的单位或者个人，但这并不意味着不具备用工主体资格的单位或者个人就不存在本罪的刑事风险。根据2013年1月16日最高人民法院《关于审理拒不支付劳动报酬刑事案件适用法律若干问题的解释》第7条的规定，不具备用工主体资格的单位和个人，同样可以构成拒不支付劳动报酬罪。

3. 用工单位和劳务派遣单位

由于劳动合同用工是公司企业的基本用工形式，所以拒不支付劳动报酬案件多发生在实际的用工单位。除了劳动合同用工外，还有劳务派遣的用工形式，这是一种补充形式，但只能在临时性、辅助性或者替代性的工作岗位上实施。临时性工作岗位，是指存续时间不超过6个月的岗位；辅助性工作岗位，是指为主营业务岗位提供服务的非主营业务岗位；替代性工作岗位，是指用工单位的劳动者因脱产学习、休假等原因无法工作的一定期间内，可以由其他劳动者替代工作的岗位。对这些岗位中采用劳动派遣形式的，由劳务派遣单位与被派遣劳动者订立劳动合同，由劳务派遣单位向劳动者支付劳动报酬，其不得克扣用工单位按照劳务派遣协议支付给被派遣劳动者的劳动报酬，如果存在拒不支付劳动报酬的行为，劳务派遣单位也是拒不支付劳动报酬罪的主体。

4. 实际控制人和其他人员

拒不支付劳动报酬罪的主体是一般主体，没有身份上的要求，在司法实践中，通常是具有向劳动者支付劳动报酬义务的人员，如公司的老板、法定代表人、股东或者责任人。公司的财务人员、行政人员或者其他人员如果帮助上述人员转移财产、逃匿，目的是不支付劳动者的劳动报酬，也可以构成拒不支付劳动报酬罪。

需要特别注意的是，有一些人员虽然名义上不一定是公司的法定代表人或者股东，但通过投资关系、协议或者其他安排，能够实际支配、控制单位的人，我们称为实际控制人，其也可以触犯本罪，这在最高人民法院《关于审理拒不支付劳动报酬刑事案件适用法律若干问题的解释》第 8 条中有明确的规定。

（二）拒不支付劳动报酬罪风险的行为界限（What）

1. 行为表现

根据《刑法》的规定，拒不支付劳动报酬罪主要表现为两种情形：一种是以转移财产、逃匿等方法逃避支付，另一种是有能力支付而拒不支付。前者采用的是积极的手段，后者采用的是消极的手段。根据司法解释的规定，具有以下情形之一的，应当认定为“以转移财产、逃匿等方法逃避支付劳动者的劳动报酬”：

（1）隐匿财产、恶意清偿、虚构债务、虚假破产、虚假倒闭或者以其他方法转移、处分财产的；

（2）逃跑、隐匿的；

（3）隐匿、销毁或者篡改账目、职工名册、工资支付记录、考勤记录等与劳动报酬相关的材料的；

（4）行为人拖欠劳动者劳动报酬后，人力资源和社会保障部门通过书面、电话、短信等能够确认其收悉的方式，通知其在指定的时间内到指定的地点配合解决问题，但其在指定的时间未到指定的地点配合解决问题或者明确表示拒不支付劳动报酬的；

（5）以其他方法逃避支付劳动报酬的。

在第 4 项中，如果有证据证明因自然灾害、突发重大疾病等非人力所能抗拒的原因造成其无法在指定的时间内到指定的地点配合解决问题的，不能作为犯罪处理。在案例 2 - 1 中，被告人贺某春为了逃避支付拖欠的务工人员工资，逃到其他城市租房隐匿，属于第 2 项的情形。

2. 行为对象

拒不支付劳动报酬罪中拒不支付的对象是劳动者的劳动报酬，这是指劳动者根据《劳动法》和《劳动合同法》等法律的规定应得的劳动报酬，其范围不仅局限于工资，还包括奖金、津贴、补贴、延长工作时间的工资报酬及特殊情况下支付的工资等，拒不支付其中一种或者几种的，都属于拒不支付劳动者劳动报酬，不要误以为只有拒不支付工资才会引发本罪的风险。当然，因解除劳动合同而产生的经济补偿金和赔偿金，不属于劳动报酬的范围，拒不支付经济补偿金和赔偿金的，只能通过民事手段解决，而不能追究刑事责任。在案例2－1中，被告人贺某春拒不支付的就是务工人员的工资，属于本罪的行为对象。

3. 前提条件

就拒不支付劳动报酬罪而言，存在拒不支付劳动者劳动报酬的行为并不必然引发刑事风险，还必须同时具备“经政府有关部门责令支付而仍不支付”的条件才具备追究刑事责任的基础。行为人拖欠劳动者劳动报酬后，政府有关部门并不知情或者即使知情但并未下达责令支付的通知，那么，不管是逃避支付还是拒不支付，都不能直接追究相关主体刑事责任。这里的政府有关部门，通常是指人力资源和社会保障部门，在案例2－1中，被告人贺某春是在嘉峪关市人力资源和社会保障局责令其支付拖欠的民工工资后逃匿的，具备了前提条件。

具有下列情形的，应当认定为或者应当视为“经政府有关部门责令支付”：

（1）经人力资源和社会保障部门或者政府其他有关部门依法以限期整改指令书、行政处理决定书等文书责令支付劳动者的劳动报酬后，在指定的期限内仍不支付的，但有证据证明行为人有正当理由未知悉责令支付或者未及时支付的除外。

（2）行为人逃匿，无法将责令支付文书送交其本人、同住成年家属或者所在单位负责收件的人，如果有关部门已通过在行为人的住所地、生产经营场所等地张贴责令支付文书等方式责令支付，并采用拍照、录像等方式记录的。

（三）拒不支付劳动报酬罪风险的追诉标准（How）

拒不支付劳动报酬的数额必须达到“较大”的程度才能构成犯罪，处3年以下有期徒刑或者拘役，并处或者单处罚金，如果造成的后果到达“严重”

的程度，则处3年以上7年以下有期徒刑，并处罚金。所以，我们还需要掌握这两个量刑幅度内各自的追诉标准：

1. 数额较大的标准

（1）拒不支付1名劳动者3个月以上的劳动报酬且数额在5000～2万元以上的；

（2）拒不支付10名以上劳动者的劳动报酬且数额累计在3万～10万元以上的。

在5000～2万元、3万～10万元的数额幅度内，具体以哪个作为具体的执行数额标准，各省、自治区、直辖市高级人民法院可以根据本地区经济社会发展状况研究确定，但需要报最高人民法院备案。在案例2－1中，被告人贺某春拒不支付33名务工人员的劳动报酬达45,175元，达到了法律要求的立案追诉的标准，构成刑事犯罪。

2. 严重后果的标准

（1）造成劳动者或者其被赡养人、被扶养人、被抚养人的基本生活受到严重影响、重大疾病无法及时医治或者失学的；

（2）对要求支付劳动报酬的劳动者使用暴力或者进行暴力威胁的；

（3）造成其他严重后果的。

◎法律法规链接

◆《刑法》（2020年修正）第276条之一

◆《劳动法》（2018年修正）第2条、第32条、第50条、第91条

◆《劳动合同法》（2012年修正）第30条、第38条

◆最高人民法院《关于审理拒不支付劳动报酬刑事案件适用法律若干问题的解释》（2013年1月16日实施）

◆最高人民法院、最高人民检察院、人力资源和社会保障部、公安部《关于加强涉嫌拒不支付劳动报酬犯罪案件查处衔接工作的通知》（2014年12月23日实施）

二、雇用童工从事危重劳动的风险

招聘人员是公司、企业用工的首要环节，一般说来，用人单位可以根据自

身的需求进行自主招聘，但对于未成年人的招聘，我国《劳动法》有明确禁止性的规定，即禁止用人单位招用未满16周岁的未成年人，对于文艺、体育和特种工艺单位需要招用未满16周岁的未成年人时，必须依照国家有关规定，履行审批手续，并保障未成年人接受义务教育的权利才可以进行招用。另外，我国《劳动法》虽然没有禁止用人单位招用已满16周岁未满18周岁的未成年工，但对这些人群实行了特殊的劳动保护，明确规定用人单位不得安排未成年工从事矿山井下、有毒有害、国家规定的第四级体力劳动强度的劳动和其他禁忌从事的劳动。

以上两条规定是《劳动法》明文禁止的规定，如果用人单位非法招用未满16周岁的未成年人的，由劳动行政部门责令改正，处以罚款；情节严重的，由工商行政管理部门吊销营业执照；如果用人单位违反对未成年工保护的规定，侵害其合法权益的，由劳动行政部门责令改正，处以罚款；对未成年工造成损害的，应当承担赔偿责任。这些都在劳动法律法规调整规制的范围。但用人单位如果同时违反上述两条规定，既招用了未满16周岁的未成年人，同时还让其从事超强度体力劳动的，或者从事高空、井下作业的，或者在爆炸性、易燃性、放射性、毒害性等危险环境下从事劳动的，则可能进入《刑法》调整的视野，引发雇用童工从事危重劳动罪的风险。

◎案例2－2①

场景回放

被告人陈某是汕头市金泰华印务有限公司法定代表人、总经理。2007年3月11日，被告人陈某非法雇用童工被害人李某某（1992年10月31日出生）到其公司工作，在明知该公司仓库存放易燃和具有危险性的甲苯或乙苯等溶剂的情况下，仍安排李某某进入仓库工作。李某某在无任何安全保护措施之下，抽取甲苯或乙苯等溶剂提供给印刷车间使用。同年4月15日下午2时许，李某某在上述仓库内抽取上述溶剂，因操作不慎导致溶剂发生燃烧并蔓延，造成李某某受伤。经鉴定，李某某的伤残等级为三级。

① 参见（2014）汕龙法刑初字第126号刑事判决书。

审理结果

法院经审理认为，被告人陈某作为企业负责人，违反劳动管理法规，雇用未满16周岁的未成年人在易燃性危险环境下从事劳动，致被害人三级伤残，其行为已触犯《刑法》，构成雇用童工从事危重劳动罪，属于情节特别严重。鉴于被告人陈某是初犯，归案后如实供述自己的罪行，当庭自愿认罪，并已对被害人进行赔偿，取得被害人的谅解，主动向国家预缴罚金，有悔罪表现，遂判处有期徒刑3年，缓刑3年6个月，并处罚金人民币3000元。

（一）雇用童工从事危重劳动罪风险的主体范围（Who）

1. 仅限自然人

根据《刑法》的规定，雇用童工从事危重劳动罪的主体仅限于自然人，虽然没有规定单位可以成为本罪的犯罪主体，但并不代表单位就不存在任何刑事风险。实践中大多数情况都是以单位名义雇用童工，让童工从事危重劳动也是为了单位的利益，虽然《刑法》没有规定追究单位的刑事责任，但仍然可以追究单位直接责任人员的刑事责任。一旦单位直接责任人员被判刑，单位的声誉也必将受到严重影响。

2. 直接责任人员

用人单位雇用童工从事危重劳动，承担刑事责任的仅限于直接责任人员，通常是指对雇用童工从事危重劳动负有组织、指挥、决定或者管理职责的企业负责人、管理人员、实际控制人、投资人等，如厂长、法定代表人、经理、人力资源部的负责人等。还有一些不以单位为依托的，如矿主、包工头等，也可以成为本罪的犯罪主体。

（二）雇用童工从事危重劳动罪风险的行为界限（What）

1. 行为前提

违反劳动管理法规是本罪成立的前提。这里的“劳动管理法规”，是指调整和规制劳动关系的《劳动法》和其他法律法规。在本罪中，《劳动法》和《禁止使用童工规定》都明确规定，禁止招用未满16周岁的未成年人，禁止安排未成年工从事矿山井下、有毒有害、国家规定的第四级体力劳动强度的劳动和其他禁忌从事的劳动。如果雇用未满16周岁的未成年人从事超强度体力劳动的，或者从事高空、井下作业的，或者在爆炸性、易燃性、放射性、毒害性等危险环境下从事劳动的从事危重劳动，必然违反了劳动管理法规。

2. 行为对象

本罪的行为对象是童工，童工不是一般意义上的儿童（一般为6~12周岁），也不同于未成年工。童工，是指被雇用从事劳动的，在国家允许就业法定最低年龄以下的未成年人。在我国，主要是指被雇用从事劳动的，未满16周岁的未成年人。与童工概念相近的还有未成年工。未成年工，是指达到法定最低就业年龄的，被雇用从事劳动的未成年人。在我国，未成年工，是指被雇用从事劳动的，年满16周岁未满18周岁的未成年人。法律除了对未成年工允许从事的工作性质、内容有所限制外，并不禁止用人单位雇用未成年工。在案例2-2中，被害人李某某被雇用时才14周岁零5个月，属于未满16周岁的未成年人，符合本罪的对象要求。

3. 行为方式

虽然《劳动法》和《禁止使用童工规定》都禁止雇用未满16周岁的未成年人，但雇用了童工并不必然一定引发刑事风险，还要看公司、企业如何安排这些童工，看这些童工所从事的劳动工种、劳动时间、劳动强度和保护措施等方面的状况，只有安排童工从事以下危重劳动的，才会引发刑事风险。

（1）从事超强度体力劳动

根据2008年6月25日最高人民检察院、公安部《关于公安机关管辖的刑事案件立案追诉标准的规定（一）》的规定，这里的超强度体力劳动，是指国家规定的第四级体力劳动强度的劳动，这应当参照国家标准化管理委员会公布的《体力劳动强度分级》（已失效）标准进行认定。

（2）从事高空、井下作业

国家标准中国家治理监督检验检疫总局、国家标准化管理委员会在2008年发布的《高处作业分级GB/T3608—2008》规定了高处作业是在距坠落高度基准面2米或者2米以上有可能坠落的高处进行的作业，高度分为2米至5米、5米以上至15米、15米以上至30米及30米以上四个区段。目前《刑法》及相关司法解释尚未对高空作业的标准进行界定，上海市劳动局《关于〈上海市女职工劳动保护办法〉中有关问题的解释》（已失效）曾经将“高空作业”解释为从事国家标准《高处作业分级》规定的二级以上（含二级）的高处作业，即在坠落高度基准面5米以上（含5米），有可能坠落的高处进行的作业，该解释虽然已经失效，但可以作为一个参考标准。“井下作业”则一般包括矿山井下作业和潜水、涵洞、涵道作业。

（3）在爆炸性、易燃性、放射性、毒害性等危险环境下从事劳动

“爆炸性”危险环境下劳动，具体是指雇用童工在具有爆炸性能、能够引起爆炸的各种爆破物质的环境下从事劳动，如炸弹、手榴弹、地雷、雷管、导火索、炸药以及各种固体、液体、气体易爆物品等；“易燃性”危险环境下劳动，是指雇用童工在具有各种极易引起燃烧的化学物品、液剂的环境下从事劳动，如汽油、液化石油、酒精、丙酮、橡胶水等；“放射性”危险环境下劳动，是指雇用童工在具有放射性能的化学元素或者其他物质的环境下从事劳动，如铀、钴、镭等；“毒害性”危险环境下工作，是指雇用童工在具有能致人死亡的毒性的有机物或者无机物的环境下从事劳动，如砒霜、敌敌畏、氰化钾、剧毒农药、毒气等。在案例2－2中，被害人李某某就是被安排在易燃性危险环境下从事劳动。

（三）雇用童工从事危重劳动罪风险的追诉标准（How）

根据《刑法》的规定，本罪属于情节犯。雇用童工从事危重劳动的行为，必须达到情节严重的程度才能引发刑事风险。根据2008年6月25日最高人民检察院、公安部《关于公安机关管辖的刑事案件立案追诉标准的规定（一）》第32条的规定，雇用童工从事危重劳动，涉嫌下列情形之一的，应予立案追诉：

1. 造成未满16周岁的未成年人伤亡或者对其身体健康造成严重危害的；
2. 雇用未满16周岁的未成年人3人以上的；
3. 以强迫、欺骗等手段雇用未满16周岁的未成年人从事危重劳动的；
4. 其他情节严重的情形。

在案例2－2中，陈某雇用未满16周岁的李某某在易燃性危险环境下从事劳动，最终导致李某某三级伤残，已经达到上述第1项的追诉标准。

◎法律法规链接

◆《刑法》（2020年修正）第244条之一

◆《劳动法》（2018年修正）第15条、第58条、第64条、第94条、第

95 条

◆《劳动合同法》(2012 年修正) 第 88 条

◆《未成年人保护法》(2020 年修订) 第 61 条

◆最高人民检察院、公安部《关于公安机关管辖的刑事案件立案追诉标准的规定 (一)》(2008 年 6 月 25 日实施) 第 32 条

◆《禁止使用童工规定》(2002 年 12 月 1 日实施) 第 2 ~ 13 条

三、强迫劳动的风险

过了招聘这一关，接下来便是解决如何用工的问题，用人单位应当依法建立和完善规章制度，保障劳动者享有劳动权利和履行劳动义务，构建和发展和谐稳定的劳动关系。如果以暴力、威胁和限制人身自由的方法强迫他人劳动，劳动者可以立即解除劳动合同，无须事先告知用人单位，此外，用人单位还将遭受行政处罚，责任人员还将被处以 15 日以下拘留、罚款或者警告，情节严重的，还将引发刑事风险。

◎案例 2 – 3

场景回放

2014 年 2 月 27 日被告人韩某经人介绍在太原市火车站将被害人高某接到白沟镇于家庄村自己家中经营的拉杆箱厂工作，未签订劳动合同。2014 年 3 月 10 日被害人高某要求离开，被告人韩某采取禁止高某出工厂大门、扣押高某身份证、手机、索要中介费等方式阻止，强迫高某继续在其工厂劳动。后高某于 2014 年 3 月 12 日夜间翻墙逃离了被告人的拉杆箱厂。

审理结果

法院经审理认为，被告人韩某以胁迫、限制人身自由的方法，强迫他人劳动，其行为构成强迫劳动罪，判处拘役 6 个月，缓刑 8 个月，并处罚金人民币 5000 元。

(一) 强迫劳动罪风险的主体范围 (Who)

1. 自然人和单位

对于强迫劳动罪，主体既可以是自然人，也可以是单位。对于公司、企业

构成强迫劳动罪的，不但要对单位判处罚金，还要对其直接负责的主管人员和其他直接责任人员判处有期徒刑或者拘役，并处罚金。案例2－3中所涉及的在家中经营的拉杆箱厂，属于个体户，不能成立单位犯罪，所以对韩某以个人犯罪进行了追诉。

2. 主体身份的要求

在《刑法修正案（八）》颁布之前，本罪主体要求的是直接责任人员，《刑法修正案（八）》修订之后，本罪的主体成了一般主体，没有身份上的要求和限制。但在实践中，引发风险的主体是多为决定或者组织实施强迫劳动的领导人员、管理人员以及其他负有直接责任的人员。如果明知是为了强迫他人劳动，而帮助其招募、运送人员或者有其他协助行为的，也可以构成本罪，属于共同犯罪。

（二）强迫劳动罪风险的行为界限（What）

1. 行为手段

根据《刑法》的规定，强迫他人劳动的手段有以下几种：

（1）暴力，是指对他人人身实施强制，如捆绑、殴打、伤害、侮辱等，足以使他人的身体受到强制而不能反抗或者不敢反抗。

（2）威胁，是指对他人使用暴力相威胁，以没收押金、集资款相威胁，进行精神上的强制，使他人产生恐惧而不敢反抗。

（3）限制人身自由，是指对他人采用禁闭、扣发工资、扣留身份证等方法限制他人人身自由。这里是“限制”而非“剥夺”，如果剥夺他人的人身自由，则可能引发非法拘禁罪的风险。如果只是对职工进行严格要求，导致职工自感超时间、超负荷劳动，但行为人并未强迫劳动的，不应构成本罪。

在实际案例中，行为人有的使用其中一个手段，有的使用其中两个手段，也有可能三个手段同时使用。在案例2－3中，被告人韩某采取禁止高某出工厂大门、扣押高某身份证、手机、索要中介费等方式，即属于限制他人人身自由的手段。

2. 行为目的

无论采取以上哪一种手段，行为人的目的都是强迫他人劳动，如果基于其他目的而使用以上手段的，不能构成本罪。“强迫他人劳动”，主要是指违背他人的意愿，强迫他人进行超体力的劳动，或者强迫他人进行长时间劳动而不给予必要的休息时间，或者强迫他人劳动而不给报酬或者只给少量报酬等。

3. 行为对象

《刑法修正案（八）》颁布之前，强迫劳动的对象必须是职工，后来修订为“他人”，没有了身份上的要求。由于我国对女职工和未成年工实行特殊的劳动保护，所以涉及这两类群体的时候，要特别加以重视，如果强迫女职工和未成年工从事危重劳动的，不管是否造成人员伤亡或者患职业病，都可能引发本罪的刑事风险。

（三）强迫劳动罪风险的追诉标准（How）

根据《刑法》的规定和2008年6月25日最高人民检察院、公安部《关于公安机关管辖的刑事案件立案追诉标准的规定（一）》第31条的规定，强迫他人劳动，涉嫌下列情形的，应予立案追诉：

1. 强迫他人劳动，造成人员伤亡或者患职业病的；

2. 采用殴打、胁迫、扣发工资、扣留身份证等手段限制人身自由，强迫他人劳动的；

3. 强迫妇女从事井下劳动、国家规定的第四级体力劳动强度的劳动或者其他禁忌从事的劳动，或者强迫处于经期、孕期和哺乳期妇女从事国家规定的第三级体力劳动强度以上的劳动或者其他禁忌从事的劳动的；

4. 强迫已满16周岁未满18周岁的未成年人从事国家规定的第四级体力劳动强度的劳动，或者从事高空、井下劳动，或者在爆炸性、易燃性、放射性、毒害性等危险环境下从事劳动的；

5. 其他情节严重的情形。

◎法律法规链接

◆《刑法》（2020年修正）第244条

◆《劳动法》（2018年修正）第32条、第96条

◆《劳动合同法》（2012年修正）第31条、第38条、第88条

◆《未成年人保护法》（2020年修订）

◆最高人民检察院、公安部《关于公安机关管辖的刑事案件立案追诉标

准的规定（一）》（2008年6月25日实施）第31条

四、强令、组织他人违章冒险作业的风险

公司、企业作为用人单位，除了不能以暴力、威胁和限制人身自由的方法强迫他人劳动之外，还不得强令他人违章冒险作业，这是劳动管理法规明确要求的。劳动者不但有权拒绝用人单位管理人员违章指挥、强令冒险作业，不得视为违反劳动合同，且对于用人单位违章指挥、强令冒险作业危及劳动者人身安全的，劳动者还有权立即解除劳动合同，无须事先告知用人单位。由此可见，法律赋予了劳动者自行救济的途径。与此同时，对于用人单位违章指挥或者强令冒险作业危及劳动者人身安全的，依法给予行政处罚；构成犯罪的，依法追究刑事责任；给劳动者造成损害的，应当承担赔偿责任。除了积极的强令他人违章冒险作业外，消极的冒险作业也被禁止，甚至也可以引发刑事风险。《刑法修正案（十一）》就将明知存在重大事故隐患而不排除，仍冒险组织作业的行为，纳入本罪的范围内。

◎案例2－4[①]

场景回放

被告人蒋某系淮沪煤电有限公司丁集煤矿开拓二区201队喷浆拔拔长，2015年1月4日上午，蒋某带领工人王某某、魏某某、邹某某到丁集煤矿井下63#钻场喷浆作业。当日上午11时50分许，蒋某在完成当班作业后，私自决定并强制工人违章冒险工作将63号钻场的叉车移动到62号钻场下方。在操作的过程中，蒋某等4人因未按照规定操作导致叉车脱手下滑冲出轨道，致使在场工人吴某丙、盛某受伤，吴某丙后经抢救无效死亡。蒋某于2015年1月19日主动到淮南市公安局投案。

审理结果

法院经审理认为，被告人蒋某违反操作规定，强令他人违章冒险作业，发生一人死亡、一人受伤的重大伤亡事故，其行为已构成强令他人违章冒险作业罪，鉴于其有自首、事发后积极抢救被害人，且被告人蒋某所在单位已经赔偿

---

① 参见（2015）淮刑终字第00129号刑事附带民事裁定书。

被害人亲属经济损失等情节，以强令违章冒险作业罪判处其有期徒刑2年。

（一）强令、组织他人违章冒险作业罪风险的主体范围（Who）

1. 仅限自然人

根据《刑法》的规定，强令、组织他人违章冒险作业罪的主体仅限于自然人，《刑法》没有规定单位可以构成本罪。在司法实践中，自然人虽然有的是为了单位的利益强令、组织他人违章冒险作业，但一旦发生伤亡事故或者严重后果，也只能追究自然人的刑事责任。

需要注意的是，单位虽然不承担刑事责任，但一般也要承担民事赔偿责任。在案例2－4中，被告人蒋某的侵权行为使被害人吴某丙受到伤害，并致其死亡，被告人所在单位淮南东华劳务有限公司最终赔偿了吴某丙家人一次性工亡补助金、丧葬补助金等共61万余元。

2. 直接责任人员

根据《刑法》的规定，强令、组织他人违章冒险作业罪的主体为一般主体，没有身份上的限制和要求。在实践中，多为那些具备强令、组织他人冒险作业能力的人才能引发本罪的风险，如对生产、作业负有组织、指挥或者管理职责的负责人、管理人员、实际控制人、投资人等。在案例2－4中，被告人蒋某系淮沪煤电有限公司丁集煤矿开拓二区201队喷浆拨拨长，因决定并强制工人违章冒险工作将63号钻场的叉车移动到62号钻场下方，最终引发了本罪。

（二）强令、组织他人违章冒险作业罪风险的行为界限（What）

1. 行为前提

强令违章冒险作业罪规定在我国《刑法》第134条第2款，其第1款规定的是重大责任事故罪，一般认为，重大责任事故罪有两个前提条件：一个是在生产、作业中，另一个是违反有关安全管理的规定；这两个前提条件也同样适用于强令、组织他人违章冒险作业罪。认定行为人是否违反有关安全管理规定，应当根据相关法律、行政法规，参照地方性法规、规章及国家标准、行业标准，必要时可参考公认的惯例和生产经营单位制定的安全生产规章制度、操作规程。想要避免引发这类刑事风险，就要做好相关的合规管理，掌握相关规定的要求。

2. 行为方式

根据《刑法修正案（十一）》的修订，本罪行为方式既包括积极地强令他人违章冒险作业，也包括消极地明知隐患而不排除的冒险作业。对于前者的“强令”，主要是指采用暴力、威胁（如以扣除奖金、工资或者下岗相威胁）、罚款、没收保证金等方式。在实际劳动用工中，单位虽然有一定的权利克扣员工工资、奖金、罚款甚至裁员，但必须合理合法，如果以此为由进行威胁，逼迫他人违章冒险作业，则可能被认定为“强令”。对于后者，要求必须明知存在重大事故隐患而不排除，仍然组织冒险作业。这里包括几种情形：（1）利用组织、指挥、管理职权；（2）采取威逼、胁迫、恐吓等手段；（3）故意掩盖事故隐患而组织。如果不知道存在重大事故隐患而没有排除就组织作业，不能认定构成本罪。

（三）强令、组织他人违章冒险作业罪风险的追诉标准（How）

根据《刑法》的规定，本罪是结果犯，行为人强令、组织他人违章冒险作业，必须“发生重大伤亡事故”或者“造成其他严重后果”的，才能立案追诉，如果情节特别恶劣的，则应当在5年以上有期徒刑这个幅度内量刑。根据2008年6月25日最高人民检察院、公安部《关于公安机关管辖的刑事案件立案追诉标准的规定（一）》第9条的规定和2015年12月16日最高人民法院、最高人民检察院《关于办理危害生产安全刑事案件适用法律若干问题的解释》第6条的规定，本书将本罪的追诉标准总结如下：

1. 造成死亡1人以上，或者重伤3人以上的；

2. 造成直接经济损失100万元以上的；

3. 其他造成严重后果或者重大安全事故的情形（这里的其他严重后果，既包括经济损失，也包括非经济损失）。

在案例2-4中，被告人蒋某强令他人违章冒险作业造成一死一伤的重大伤亡事故，达到了本罪的追诉标准，构成刑事犯罪。

◎法律法规链接

◆《刑法》（2020年修正）第134条第2款

◆《劳动法》(2018 年修正) 第 56 条、第 92 条、第 93 条

◆《劳动合同法》(2012 年修正) 第 32 条、第 88 条

◆《安全生产违法行为行政处罚办法》(2015 年修正) 第 43 条、第 44 条

◆最高人民检察院、公安部《关于公安机关管辖的刑事案件立案追诉标准的规定 (一)》(2008 年 6 月 25 日实施) 第 9 条

◆最高人民法院、最高人民检察院《关于办理危害生产安全刑事案件适用法律若干问题的解释》(2015 年 12 月 16 日实施) 第 2 条、第 5 条、第 6 条、第 12 条、第 13 条

◆最高人民法院《关于进一步加强危害生产安全刑事案件审判工作的意见》(2011 年 12 月 30 日实施)

第三章　劳动用工中的刑事合规

拒不支付劳动报酬罪、雇用童工从事危重劳动罪、强迫劳动罪和强令、组织他人违章冒险作业罪，是公司、企业在劳动用工中容易引发的刑事风险，要控制和防范这类的风险，除了把握这四个罪名的主体范围、行为界限和追诉标准之外，还应当加强日常人力资源的管理和劳动规章制度的建设，做好刑事合规。具体可以从以下几个方面入手：

一、把好招聘录用关

公司、企业作为用人单位，招聘和录用是首要环节，而把好“年龄关”又是其中的最初环节。除了文艺、体育和特种工艺等单位外，其他单位一律禁止招用未满16周岁的人员，尤其是对那些从事危重劳动的单位而言，更要特别引起注意，避免引发雇用童工从事危重劳动罪的风险。而对于已满16周岁但未满18周岁的未成年人，虽然法律没有一律禁止招用，但他们毕竟属于未成年人，需要给予特殊保护，如果强迫他们从事危重劳动，即使没有造成伤亡或者职业病，也可能引发强迫劳动罪的风险。

1. 必须核查被招用人员的身份证

核查被招用人员的身份证是《禁止使用童工规定》中明文要求的，用人单位应该根据身份证来确定被招用人员的真实年龄，不能为了省事而忽略这个必备的程序，不能仅凭长相、外貌、谈吐、他人介绍来估算年龄，防止被招用人员虚报年龄进入企业，这是防控风险的第一关。

2. 被招用人员的年龄以“周岁”为界定标准

我国《刑法》对于年龄都是以“周岁”为标准的，“周岁”是按照公历的年、月、日，从周岁生日第2天起算。在我国很多地方，尤其是农村，通常以

“虚岁”表述年龄，因为用人单位在招聘录用的时候最好能进一步核实身份证上的出生日期是公历还是农历，防止按照农历计算已满16周岁或者18周岁，但按照公历计算尚未满的情况发生，从而引发风险。

3. 妥善制作、保管录用登记和核查材料

在招聘和录用环节，应当对被招用人员的个人信息，尤其是年龄做好完整全面的登记和备案，并将登记备案与核查的材料妥善保管，以便在管理环节随时调用查看。

二、把好薪酬管理关

薪酬管理是劳动关系中最核心的部分，不管是劳动合同用工、劳务派遣用工还是其他用工形式，都应当明确劳动报酬的金额和支付，不允许拖欠或者克扣劳动者的劳动报酬。把好这一关需要从以下几个方面切入：

1. 明确劳动报酬的范围

劳动报酬是用人单位按照劳动合同或者其他约定，定期以货币形式支付给劳动者的，主要形式有：计时工资、计件工资、奖金、津贴、补贴、加班加点工资及特殊情况下支付的工资等。实践中，特殊情况下支付的工资包括公假工资等。以上都属于劳动报酬的范围，应当按期足额向劳动者支付。

在现实生活中，用人单位以货币形式向劳动者支付的项目还有很多，如有关劳动保险和职工福利方面的各项费用，有关离休、退休、退职人员待遇的各项支出，劳动保护的各项支出，出差或是补助费，误餐补助，调动工作的旅费和安家费，计划生育独生子女补贴，等等。这些不属于劳动报酬的范围，虽然没有按期足额支付不会引发刑事风险，但也会引发其他法律纠纷。

2. 按期足额支付劳动报酬

明确了哪些属于劳动报酬的范围，则应当提示人力资源部或者财务部加以重视，对于属于劳动报酬范围的项目，做到按期足额地向劳动者支付，以控制和防范拒不支付劳动报酬罪的刑事风险。另外，对于那些不愿意违章冒险作业的人员，也不能以克扣工资、奖金等方式进行威胁和强迫，避免引发强令、组织他人违章冒险作业罪的风险。

3. 留意查收责令支付文书

要引发拒不支付劳动报酬罪的刑事风险，必须具备“经政府有关部门责令支付仍不支付”这一条件，所以用人单位对于经人力资源和社会保障部门或者政府其他有关部门依法下达的限期整改指令书、行政处理决定书等责令支付劳动者劳动报酬的文书，要特别重视，不能不管不顾，单位负责收件的人收到这类文书后，要第一时间交给或者告知单位负责人，以便单位及时处理。如果有正当理由没有知悉责令支付，也应当及时反映给政府有关部门。

4. 不能忽略事后补救措施

根据司法解释的相关规定，拒不支付劳动者的劳动报酬，尚未造成严重后果，在刑事立案前支付劳动者的劳动报酬，并依法承担相应赔偿责任的，可以认定为情节显著轻微危害不大，不认为是犯罪；在提起公诉前支付劳动者的劳动报酬，并依法承担相应赔偿责任的，可以减轻或者免除刑事处罚；在一审宣判前支付劳动者的劳动报酬，并依法承担相应赔偿责任的，可以从轻处罚；拒不支付劳动者的劳动报酬，但在宣判前支付劳动者的劳动报酬，并依法承担相应赔偿责任的，可以酌情从宽处罚。由此可见，即使已经构成拒不支付劳动报酬罪并已经进入刑事诉讼程序，如果继续积极支付劳动者的劳动报酬，并依法承担相应赔偿责任，仍然可以不作犯罪处理或者从轻处罚，所以仍要重视事后补救措施，抓住最后的自救机会，这也是企业刑事合规的重要内容之一。

三、用工方式要得当

公司、企业将人员招聘录用之后，就是用工的环节，这是实现劳动价值的关键环节。倘若处理不当，则可能引发雇用童工从事危重劳动罪、强迫劳动罪和强令、组织他人违章冒险作业罪的刑事风险，具体合规措施如下：

1. 危重劳动的分配

所谓危重劳动，是指超强度体力劳动，或者从事高空、井下作业，或者在爆炸性、易燃性、放射性、毒害性等危险环境下从事劳动。这类危重劳动，法律并非禁止从事，而是出于对未成年人及妇女的保护，对这类人员从事危重劳动作出了限制或者禁止性规定。因此，用人单位在分配危重劳动时，对于分配的对象要特别加以重视。

（1）对于未满 16 周岁的未成年人，是绝对禁止从事这类危重劳动，因此，用人单位应当禁止将这类危重劳动分配给未满 16 周岁的未成年人，否则会引发雇用童工从事危重劳动罪的刑事风险。

（2）对于已满16周岁未满18周岁的未成年人，法律禁止强迫他们从事这类危重劳动，如果他们自愿从事这类危重劳动，法律并未禁止，因此，用人单位注意不应当采用暴力、威胁或者限制人身自由的方法进行强迫，否则会引发强迫劳动罪的刑事风险。

（3）对于未处于经期、孕期和哺乳期的妇女，法律禁止强迫她们从事井下劳动、国家规定的第四级体力劳动强度的劳动或者其他禁忌从事的劳动，自愿从事的不在法律禁止的范围，所以用人单位要禁止强迫他人从事这类危重劳动，避免引发强迫劳动罪的刑事风险。

（4）对于处于经期、孕期和哺乳期妇女，法律禁止强迫她们从事国家规定的第三级体力劳动强度以上的劳动或者其他禁忌从事的劳动，用人单位要禁止分配这类危重劳动给上述主体，避免引发强迫劳动罪的刑事风险。

2. 强迫方式不可取

用人单位与劳动者之间订立和变更劳动合同，应当遵循平等自愿、协商一致的原则。劳动合同是明确劳动合同双方当事人的权利和义务，保护劳动者的合法权益，构建和发展和谐稳定的劳动关系的重要保障。因此，劳动者从事劳动，应当本着自愿的原则，用人单位不得采用暴力、胁迫或者限制人身自由的方法强迫他人劳动。除了提高这样的意识之外，用人单位还应当注意以下几点：

（1）不得扣押身份证件

扣押身份证件属于限制人身自由的方式之一，有强迫他人劳动之嫌，为了杜绝这样的风险，对身份证件不应予以扣押。其实《劳动合同法》第9条明确规定："用人单位招用劳动者，不得扣押劳动者的居民身份证和其他证件，不得要求劳动者提供担保或者以其他名义向劳动者收取财物。"

（2）不得扣发劳动报酬

拒不支付劳动者的劳动报酬，有可能构成拒不支付劳动报酬罪，还有可能具有以限制人身自由的方法强迫他人劳动的嫌疑，所以用人单位应当尽量杜绝。

四、安全规程要重视

在劳动安全卫生方面，劳动者一方面享有获得劳动安全卫生保护的权利，另一方面具有执行劳动安全卫生规程的义务。为了防控强令、组织他人违章冒险作业的刑事风险，用人单位应当从以下方面入手：

1. 建立健全劳动安全卫生制度，严格执行国家劳动安全卫生规程和标准，对劳动者进行劳动安全卫生教育，防止劳动过程中的事故，减少职业危害。

2. 劳动安全卫生设施必须符合国家规定的标准。新建、改建、扩建工程的劳动安全卫生设施必须与主体工程同时设计、同时施工、同时投入生产和使用。

3. 用人单位必须为劳动者提供符合国家规定的劳动安全卫生条件和必要的劳动防护用品，对从事有职业危害作业的劳动者应当定期进行健康检查。

4. 告知劳动者在劳动过程中必须严格遵守安全操作规程，对用人单位管理人员违章指挥、强令冒险作业，有权拒绝执行；对危害生命安全和身体健康的行为，有权提出批评、检举和控告。

5. 制定安全检查制度，规定检查的主体、时间、内容和频次，并严格按制度对安全隐患进行排查，及时收集、查找并上报发现的事故隐患，积极采取措施对隐患进行整改。

第三篇

人员治理最关键

——警惕企业的贪官污吏

第一章　人员治理中的风险提示

在现代公司、企业治理过程中，人员管理是核心，因为任何公司、企业，不论其是否具备法人资格，都要靠人来具体运作，都要通过人员的职务行为来实现。为了保障公司、企业的正常运转，公司、企业人员，尤其是公司、企业的董事和高级管理人员，在执行职务时应当遵守法律、行政法规和公司章程，忠于公司，忠于职业，廉洁自律，勤勉尽职，这是公司、企业正常运转的保障，也是社会主义市场经济健康发展的重要保证。我国《公司法》专设第六章“公司董事、监事和高级管理人员的资格和义务”，明确了相关人员的忠实勤勉义务，同时还规定了股东对公司高管人员违法执行公司职务给公司造成损失时的救济权利，如咨询权、监督权和提起诉讼的权利，进一步增大了公司、企业人员在执行职务时违反忠实勤勉义务所面临的责任风险，甚至是刑事风险，笔者将这些风险分为侵占、挪用、受贿、行贿、背信、渎职、瓜分及其他等八大类。

一、侵占类犯罪

（一）职务侵占罪

<table>
<tr><th colspan="2">依据</th><th colspan="2">罪状</th><th>法定刑</th></tr>
<tr><td rowspan="3">《刑法》</td><td rowspan="3">第 271 条第 1 款</td><td rowspan="3">公司、企业或者其他单位的工作人员，利用职务上的便利，将本单位财物非法占为己有</td><td>数额较大的</td><td>处 3 年以下有期徒刑或者拘役，并处罚金</td></tr>
<tr><td>数额巨大的</td><td>处 3 ~ 10 年有期徒刑，并处罚金</td></tr>
<tr><td>数额特别巨大的</td><td>处 10 年以上有期徒刑或者无期徒刑，并处罚金</td></tr>
</table>

（二）贪污罪

<table>
<tr><th colspan="2">依据</th><th colspan="2">罪状</th><th>法定刑</th></tr>
<tr><td rowspan="4">《刑法》</td><td rowspan="4">第382条、第383条</td><td rowspan="4">国家工作人员利用职务上的便利，侵吞、窃取、骗取或者以其他手段非法占有公共财物的</td><td>贪污数额较大或者有其他较重情节的</td><td>处3年以下有期徒刑或者拘役，并处罚金</td></tr>
<tr><td>贪污数额巨大或者有其他严重情节的</td><td>处3~10年有期徒刑，并处罚金或者没收财产</td></tr>
<tr><td>贪污数额特别巨大或者有其他特别严重情节的</td><td>处10年以上有期徒刑或者无期徒刑，并处罚金或者没收财产</td></tr>
<tr><td>贪污数额特别巨大，并使国家和人民利益遭受特别重大损失的</td><td>处无期徒刑或者死刑，并处没收财产</td></tr>
</table>

二、挪用类犯罪

（一）挪用资金罪

<table>
<tr><th colspan="2">依据</th><th colspan="2">罪状</th><th>法定刑</th></tr>
<tr><td rowspan="4">《刑法》</td><td rowspan="3">第272条第1款</td><td rowspan="3">公司、企业或者其他单位的工作人员，利用职务上的便利，挪用本单位资金归个人使用或者借贷给他人</td><td>数额较大、超过3个月未还的，或者虽未超过3个月，但数额较大、进行营利活动的，或者进行非法活动的</td><td>处3年以下有期徒刑或者拘役</td></tr>
<tr><td>挪用本单位资金数额巨大的</td><td>处3~7年有期徒刑</td></tr>
<tr><td>数额特别巨大的</td><td>处7年以上有期徒刑</td></tr>
<tr><td>第272条第3款</td><td colspan="2">有第1款行为</td><td>在提起公诉前将挪用的资金退还的，可以从轻或者减轻处罚。其中，犯罪较轻的，可以减轻或者免除处罚</td></tr>
</table>

（二）挪用公款罪

<table>
<tr><th colspan="2">依据</th><th>罪状</th><th>法定刑</th></tr>
<tr><td rowspan="3">《刑法》</td><td rowspan="3">第 384 条</td><td>国家工作人员利用职务上的便利，挪用公款归个人使用，进行非法活动的，或者挪用公款数额较大、进行营利活动的，或者挪用公款数额较大、超过 3 个月未还的</td><td>处 5 年以下有期徒刑或者拘役</td></tr>
<tr><td>情节严重的</td><td>处 5 年以上有期徒刑</td></tr>
<tr><td>挪用公款数额巨大不退还的</td><td>处 10 年以上有期徒刑或者无期徒刑</td></tr>
</table>

三、受贿类犯罪

（一）非国家工作人员受贿罪

<table>
<tr><th colspan="2">依据</th><th colspan="2">罪状</th><th>法定刑</th></tr>
<tr><td rowspan="3">《刑法》</td><td rowspan="3">第 163 条第 1 款</td><td rowspan="3">公司、企业或者其他单位的工作人员利用职务上的便利，索取他人财物或者非法收受他人财物，为他人谋取利益</td><td>数额较大的</td><td>处 3 年以下有期徒刑或者拘役</td></tr>
<tr><td>数额巨大或者有其他严重情节的</td><td>处 3 ~ 10 年有期徒刑并处罚金</td></tr>
<tr><td>数额特别巨大或者有其他严重情节的</td><td>处 10 年以上有期徒刑或者无期徒刑，并处罚金</td></tr>
</table>

（二）受贿罪

依据		罪状		法定刑
《刑法》	第383条、第385条、第386条	国家工作人员利用职务上的便利，索取他人财物的，或者非法收受他人财物，为他人谋取利益的	受贿数额较大或者有其他较重情节的	处3年以下有期徒刑或者拘役，并处罚金
			受贿数额巨大或者有其他严重情节的	处3～10年有期徒刑，并处罚金或者没收财产
			受贿数额特别巨大或者有其他特别严重情节的	处10年以上有期徒刑或者无期徒刑，并处罚金或者没收财产
			受贿数额特别巨大，并使国家和人民利益遭受特别重大损失的	处无期徒刑或者死刑，并处没收财产（对被判处死刑缓期执行的，人民法院根据犯罪情节等情况可以同时决定在其死刑缓期2年期满依法减为无期徒刑后，终身监禁，不得减刑、假释）

（三）单位受贿罪

依据		罪状		法定刑
《刑法》	第387条第1款	国家机关、国有公司、企业、事业单位、人民团体，索取、非法收受他人财物，为他人谋取利益	情节严重的	对单位判处罚金，并对其直接负责的主管人员和其他直接责任人员，处5年以下有期徒刑或者拘役

（四）利用影响力受贿罪

<table>
<tr><th colspan="2">依据</th><th colspan="2">罪状</th><th>法定刑</th></tr>
<tr><td rowspan="4">《刑法》</td><td rowspan="3">第 388 条之一第 1 款</td><td rowspan="3">国家工作人员的近亲属或者其他与该国家工作人员关系密切的人，通过该国家工作人员职务上的行为，或者利用该国家工作人员职权或者地位形成的便利条件，通过其他国家工作人员职务上的行为，为请托人谋取不正当利益，索取请托人财物或者收受请托人财物</td><td>数额较大或者有其他较重情节的</td><td>处 3 年以下有期徒刑或者拘役，并处罚金</td></tr>
<tr><td>数额巨大或者有其他严重情节的</td><td>处 3 ~7 年有期徒刑，并处罚金</td></tr>
<tr><td>数额特别巨大或者有其他特别严重情节的</td><td>处 7 年以上有期徒刑，并处罚金或者没收财产</td></tr>
<tr><td>第 388 条之一第 2 款</td><td colspan="3">离职的国家工作人员或者其近亲属以及其他与其关系密切的人，利用该离职的国家工作人员原职权或者地位形成的便利条件实施前款行为的，依照前款的规定定罪处罚</td></tr>
</table>

四、行贿类犯罪

（一）对非国家工作人员行贿罪

<table>
<tr><th colspan="2">依据</th><th colspan="2">罪状</th><th>法定刑</th></tr>
<tr><td rowspan="3">《刑法》</td><td rowspan="2">第 164 条第 1 款</td><td rowspan="2">为谋取不正当利益，给予公司、企业或者其他单位的工作人员以财物</td><td>数额较大的</td><td>处 3 年以下有期徒刑或者拘役，并处罚金</td></tr>
<tr><td>数额巨大的</td><td>处 3 ~ 10 年以下有期徒刑，并处罚金</td></tr>
<tr><td>第 164 条第 3 款</td><td colspan="2">单位犯前 2 款罪的</td><td>对单位判处罚金，并对其直接负责的主管人员和其他直接责任人员，依照第 1 款的规定处罚</td></tr>
</table>

（二）行贿罪

<table>
<tr><th colspan="2">依据</th><th colspan="2">罪状</th><th>法定刑</th></tr>
<tr><td rowspan="3">《刑法》</td><td rowspan="3">第389条、第390条</td><td rowspan="3">为谋取不正当利益，给予国家工作人员以财物</td><td></td><td>处5年以下有期徒刑或者拘役，并处罚金</td></tr>
<tr><td>因行贿谋取不正当利益，情节严重的，或者使国家利益遭受重大损失的</td><td>处5～10年下有期徒刑，并处罚金</td></tr>
<tr><td>情节特别严重的，或者使国家利益遭受特别重大损失的</td><td>处10年以上有期徒刑或者无期徒刑，并处罚金或者没收财产</td></tr>
</table>

（三）单位行贿罪

<table>
<tr><th colspan="2">依据</th><th>罪状</th><th>法定刑</th></tr>
<tr><td>《刑法》</td><td>第393条</td><td>单位为谋取不正当利益而行贿，或者违反国家规定，给予国家工作人员以回扣、手续费，情节严重的</td><td>对单位判处罚金，并对其直接负责的主管人员和其他直接责任人员，处5年以下有期徒刑或者拘役，并处罚金</td></tr>
</table>

（四）对有影响力的人行贿罪

<table>
<tr><th colspan="2">依据</th><th colspan="2">罪状</th><th>法定刑</th></tr>
<tr><td rowspan="4">《刑法》</td><td rowspan="3">第390条之一第1款</td><td rowspan="3">为谋取不正当利益，向国家工作人员的近亲属或者其他与该国家工作人员关系密切的人，或者向离职的国家工作人员或者其近亲属以及其他与其关系密切的人行贿</td><td></td><td>处3年以下有期徒刑或者拘役，并处罚金</td></tr>
<tr><td>情节严重的，或者使国家利益遭受重大损失的</td><td>处3～7年以下有期徒刑，并处罚金</td></tr>
<tr><td>情节特别严重的，或者使国家利益遭受特别重大损失的</td><td>处7～10年有期徒刑，并处罚金</td></tr>
<tr><td>第390条之一第2款</td><td colspan="2">单位犯前款罪的</td><td>对单位判处罚金，并对其直接负责的主管人员和其他直接责任人员，处3年以下有期徒刑或者拘役，并处罚金</td></tr>
</table>

（五）对外国公职人员、国际公共组织官员行贿罪

依据		罪状		法定刑
《刑法》	第164条第2款	为谋取不正当商业利益，给予外国公职人员或者国际公共组织官员以财物	数额较大的	处3年以下有期徒刑或者拘役，并处罚金
			数额巨大的	处3～10年以下有期徒刑，并处罚金
	第164条第3款	单位犯前2款罪的		对单位判处罚金，并对其直接负责的主管人员和其他直接责任人员，依照第1款的规定处罚

（六）对单位行贿罪

依据		罪状	法定刑
《刑法》	第391条第1款	为谋取不正当利益，给予国家机关、国有公司、企业、事业单位、人民团体以财物的，或者在经济往来中，违反国家规定，给予各种名义的回扣、手续费的	处3年以下有期徒刑或者拘役，并处罚金
	第391条第2款	单位犯前款罪的	对单位判处罚金，并对其直接负责的主管人员和其他直接责任人员，依照前款的规定处罚

五、背信类犯罪

（一）背信损害上市公司利益罪

依据		罪状		法定刑
《刑法》	第169条之一第1款	上市公司的董事、监事、高级管理人员违背对公司的忠实义务，利用职务便利，操纵上市公司从事下列行为之一：（1）无偿向其他单位或者个人提供资金、商品、服务或者其他资产的；（2）以明显不公平的条件，提供或者接受资金、商品、服务或者其他资产的；（3）向明显不具有清偿能力的单位或者个人提供资金、商品、服务或者其他资产的；（4）为明显不具有清偿能力的单位或者个人提供担保，或者无正当理由为其他单位或者个人提供担保的；（5）无正当理由放弃债权、承担债务的；（6）采用其他方式损害上市公司利益的	致使上市公司利益遭受重大损失的	处3年以下有期徒刑或者拘役，并处或者单处罚金
			致使上市公司利益遭受特别重大损失的	处3～7年有期徒刑，并处罚金

续表

依据		罪状	法定刑
《刑法》	第169条之一第2款	上市公司的控股股东或者实际控制人，指使上市公司董事、监事、高级管理人员实施前款行为的	依照前款的规定处罚
	第169条之一第3款	犯前款罪的上市公司的控股股东或者实际控制人是单位的	对单位判处罚金，并对其直接负责的主管人员和其他直接责任人员，依照第1款的规定处罚

（二）非法经营同类营业罪

依据		罪状		法定刑
《刑法》	第165条	国有公司、企业的董事、经理利用职务便利，自己经营或者为他人经营与其所任职公司、企业同类的营业，获取非法利益	数额巨大的	处3年以下有期徒刑或者拘役，并处或者单处罚金
			数额特别巨大的	处3~7年有期徒刑，并处罚金

（三）为亲友非法牟利罪

依据		罪状		法定刑
《刑法》	第166条	国有公司、企业、事业单位的工作人员，利用职务便利，有下列情形之一：（1）将本单位的盈利业务交由自己的亲友进行经营的；（2）以明显高于市场的价格向自己的亲友经营管理的单位采购商品或者以明显低于市场的价格向自己的亲友经营管理的单位销售商品的；（3）向自己的亲友经营管理的单位采购不合格商品的	使国家利益遭受重大损失的	处3年以下有期徒刑或者拘役，并处或者单处罚金
			致使国家利益遭受特别重大损失的	处3~7年有期徒刑，并处罚金

六、渎职类犯罪

（一）国有公司、企业人员失职、滥用职权罪

<table>
<tr><th colspan="2">依据</th><th colspan="2">罪状</th><th>法定刑</th></tr>
<tr><td rowspan="2">《刑法》</td><td rowspan="2">第 168 条</td><td rowspan="2">国有公司、企业的工作人员，由于严重不负责任或者滥用职权，造成国有公司、企业破产或者严重损失</td><td>致使国家利益遭受重大损失的</td><td>处 3 年以下有期徒刑或者拘役</td></tr>
<tr><td>致使国家利益遭受特别重大损失的</td><td>处 3 ~ 7 年有期徒刑</td></tr>
</table>

（二）签订、履行合同失职被骗罪

<table>
<tr><th colspan="2">依据</th><th colspan="2">罪状</th><th>法定刑</th></tr>
<tr><td rowspan="2">《刑法》</td><td rowspan="2">第 167 条</td><td rowspan="2">国有公司、企业、事业单位直接负责的主管人员，在签订、履行合同过程中，因严重不负责任被诈骗</td><td>致使国家利益遭受重大损失的</td><td>处 3 年以下有期徒刑或者拘役</td></tr>
<tr><td>致使国家利益遭受特别重大损失的</td><td>处 3 ~ 7 年有期徒刑</td></tr>
</table>

七、瓜分类犯罪

（一）徇私舞弊低价折股、出售国有资产罪

<table>
<tr><th colspan="2">依据</th><th colspan="2">罪状</th><th>法定刑</th></tr>
<tr><td rowspan="2">《刑法》</td><td rowspan="2">第 169 条</td><td rowspan="2">国有公司、企业或者其上级主管部门直接负责的主管人员，徇私舞弊，将国有资产低价折股或者低价出售</td><td>使国家利益遭受重大损失的</td><td>处 3 年以下有期徒刑或者拘役</td></tr>
<tr><td>致使国家利益遭受特别重大损失的</td><td>处 3 ~ 7 年有期徒刑</td></tr>
</table>

（二）私分国有资产罪

依据		罪状		法定刑
《刑法》	第396条第1款	国家机关、国有公司、企业、事业单位、人民团体，违反国家规定，以单位名义将国有资产集体私分给个人	数额较大的	对其直接负责的主管人员和其他直接责任人员，处3年以下有期徒刑或者拘役，并处或者单处罚金
			数额巨大的	处3～7年有期徒刑，并处罚金

八、其他类犯罪

（一）巨额财产来源不明罪

依据		罪状		法定刑
《刑法》	第395条第1款	国家工作人员的财产、支出明显超过合法收入，差额巨大的，可以责令说明来源	不能说明来源的，差额部分以非法所得论	处5年以下有期徒刑或者拘役，财产的差额部分予以追缴
			差额特别巨大的	处5～10年有期徒刑，财产的差额部分予以追缴

（二）隐瞒境外存款罪

依据		罪状		法定刑
《刑法》	第395条第2款	国家工作人员在境外的存款，应当依照国家规定申报	数额较大、隐瞒不报的	处2年以下有期徒刑或者拘役
			情节较轻的	由其所在单位或者上级主管机关酌情给予行政处分

第二章　人员治理中的风险分析

第一节　侵占类犯罪的风险①

风险提示

△作为非国有公司的实际控制人、大股东，认为单位本来就是自己的，从公司划拨资金没有刑事风险?

△任何非国有公司、企业的员工，只要在单位侵占了单位资产就是职务侵占罪，不会构成盗窃罪?

△在经济往来中，只要是以收取好处费的方式，都只具有商业贿赂的风险，不会构成职务侵占罪?

△职务侵占罪是针对非国有单位的，最高刑期只能判处15年有期徒刑?

△只有将单位财物占为自己所有，才能构成职务侵占或者贪污既遂?

△非国有单位的人员侵占了单位财物，只能构成职务侵占罪，不可能构成贪污罪?

△将职务侵占或者贪污所得的财物用于单位公务支出或者用于社会捐赠，自己没有从中获利，就不会引发刑事风险?

公司、企业的财物是受法律保护的，任何单位和个人都不得随意侵占、侵

① 引发侵占类犯罪刑事风险进入刑事诉讼程序后如何进行辩护，参见娄秋琴在北京大学出版社出版的《常见刑事案件辩护要点》第四章的相关内容。

吞。公司、企业的人员利用主管、管理、经营、经手本单位财物的便利条件非法占有单位财物，就会引发侵占类犯罪的风险。在不同性质的公司、企业，由于公司、企业人员身份的不同，即使实施了相同的侵占行为，引发的刑事风险也是不同的，一个是职务侵占罪，另一个是贪污罪。

一、职务侵占的风险

（一）职务侵占罪风险的主体范围（Who）

1. 仅限公司、企业或者其他单位工作人员

根据《刑法》的规定，本罪的主体是特殊主体，仅限于公司、企业或者其他单位的工作人员，不具备该身份的人员不构成本罪。根据理论界的通说，“公司工作人员”，是指依法设立的有限责任公司、股份有限公司和一人责任公司的所有职工。“企业工作人员”，是指在依法设立的从事经营活动的经济实体中不具有国家工作人员身份的所有职工。“其他单位人员”，是指公司、企业人员以外的其他单位工作人员。

2. 仅限非国家工作人员

本罪的主体仅限于公司、企业或者其他单位的人员，但这些人员应当不具备国家工作人员的身份，即不能包括国有公司、企业或者其他国有单位中从事公务的人员和国有公司、企业或者其他国有单位委派到非国有公司、企业以及其他国有单位从事公务的人员，这些人员如果侵占了公司、企业的财物，构成的是贪污罪，而非职务侵占罪。

3. 公司、企业人员的身份和职位

在实践中，能引发本罪风险的公司、企业工作人员一般都有职务便利可利用，他们既可以是公司、企业的高层管理人员，如董事、经理、监事或者其他主管人员；也可以是一般的工作人员，如仓储、物流、财务、销售人员。

4. 特殊企业工作人员

掌握职务侵占罪主体范围，除了把握以上内容以外，还要特别注意实践中几类特殊的企业类型，如个人独资企业、个体工商户、个人合伙等，这类企业的人员如果实施了侵占本单位财物的行为，不必然引发职务侵占罪的刑事风险。例如，个人独资企业的投资人因其是以其个人财产对企业债务承担无限责

任的，理论上不存在占有企业财物的情形，不符合本罪的主体范围，但投资人以外的人员则仍然可以构成本罪；再如，个体工商户在《刑法》上属于实质的个人，其聘用的雇员、帮工、学徒，也不能构成职务侵占罪；又如，个人合伙虽然是民事主体，但不具有企业资格，不属于《刑法》上的单位，不管是合伙人还是聘用人员，都不能成为本罪的主体。但对于普通合伙企业而言，其是一种经营实体，虽然合伙人对企业债务承担的是连带无限责任，但由于普通合伙企业必须由两个以上的合伙人设立，如果其中一个合伙人利用职务上的便利侵占合伙企业财物，侵犯了合伙企业的管理秩序，也侵犯了其他合伙人的利益，仍然存在构成职务侵占罪的风险。

◎**案例3－1**

场景回放

张某和秦某合伙成立了一家不锈钢加工厂，属于普通合伙企业，登记部门发给了营业执照。后张某因赌博输了钱，在代表不锈钢加工厂销售一批价值8万元的不锈钢卷带的过程中，将该批货物变卖后所得的8万元货款直接归还了赌博所欠下的个人债务，并未告诉合伙人秦某。后张某被检察机关以职务侵占罪被移送起诉。

审理结果

在庭审过程中，张某认为不锈钢加工厂是一家普通合伙企业，合伙人对合伙企业债务承担的是无限连带责任，所以其不可能构成职务侵占罪。但法院经审理认为，该不锈钢加工厂取得营业执照，属于一种企业形式，张某的行为不但侵犯了秦某的利益，也扰乱了合伙企业的管理秩序，应当构成职务侵占罪。

（二）职务侵占罪风险的行为界限（What）

1. 行为条件

利用职务之便，是职务侵占罪的行为条件，如果没有“职务上的便利”可利用，或者没有利用其具有的“职务上的便利”侵占公司、企业财物的，一般不能引发本罪的风险，构成犯罪的，可以其他罪名进行处罚，如盗窃罪、诈骗罪或侵占罪。这些罪名的行为方式与职务侵占罪的行为方式存在一致性，区别的关键就在于是否利用了职务上的便利。

所谓“利用职务之便”，是指利用自己主管、经手或者管理公司、企业财物的便利。“主管”主要是指在职务上对公司、企业财物的购置、调配、流向等具有决定的权力。“经手”则是指因执行职务而具有支取、使用、支配公司、企业财物的权力，如采购员在采购中经手货款和物资。“管理”主要是指对公司、企业财物的保管和管理，如会计、出纳等人员对钱财的管理，保管人员对物资的保管等。“利用职务之便”不仅包括利用自己职务上形成的权力上的便利，还可以是自己执行职务而持有单位财物的便利。如果公司、企业人员只是利用其在本单位工作，熟悉工作环境等条件，不能视为利用职务上的便利。例如，财务人员利用仓库保管员吃饭不在岗的时机，将仓库里的单位财物拿走占为己有，不构成职务侵占罪，而构成盗窃罪。

2. 行为手段

职务侵占行为的手段可以说是多种多样，根据《刑法》规定和司法实践，主要包括：

（1）侵吞，一般是指行为人利用合法主管、管理、经手、使用公司、企业财物的便利，将财物非法占为己有。例如，财会人员收款不入账、业务人员截留货款。在实践中，除直接侵吞公司财物行为之外，还包括将公司财物赠与他人、故意抬高商品购价从中赚取差价的方式。案例3－1中，张某采用的就是截留货款的手段。

（2）窃取，是指将自己合法主管、经手、管理的公司财物秘密占为己有。行为人实施这类行为时往往采取做假账、伪造现场、谎称被盗、丢失、被人抢劫等方法。这也是职务侵占中常见的行为方式。最典型的是公司财物的保管人员，利用职务之便，窃取公司财物，据为己有。

（3）骗取，是指利用职务之便，采取虚构事实或者隐瞒真相的方法，将公司财物占为己有。例如，某公司经理以虚假的投资项目为名，将公司资金转入自己账户，占为己有。案例3－2中，左某某采用的就是虚假刷单的方式骗取补贴款。

（4）其他方法，是指采取侵吞、窃取、骗取等方法以外的手段非法占有公司、企业财物。

◎案例3－2①

场景回放

2015年12月至2016年1月，被告人左某某在达疆网络科技（上海）有限公司工作期间，伙同他人利用职务上的便利，将虚假店铺加盟至公司旗下的“派乐趣”订餐平台后，通过虚假刷单的方式，骗取公司补贴款共计人民币104,128元。

审理结果

法院经审理认为，被告人左某某利用职务上的便利，伙同他人骗取本单位财物，数额较大，其行为已构成职务侵占罪。被告人左某某犯罪后自动投案，如实供述自己的罪行，是自首，依法可以从轻处罚；涉案赃款均已退还，酌情从轻处罚。故以职务侵占罪判处其拘役3个月。

3. 行为对象

公司、企业财物是职务侵占罪的行为对象，这里的财物既包括物资，也包括资金；既包括动产，也包括不动产。针对不动产的职务侵占一般是指对不动产的所有权进行变更，变为自己所有或者将他人交付给公司、企业的不动产截留，划归自己名下。如果只是暂时的占用不能构成本罪。但是，如果利用职务之便，在占用期间，以不动产获取经济利益，并将这些利益占为已有的，仍可构成职务侵占罪。例如，利用占用的不动产出租将所获租金占为已有。

◎案例3－3②

场景回放

2008年至2015年1月，被告人许某某担任长庆公司嘉禾管理处项目经理，负责嘉禾广场物业及所属物业公司管理的店面出租。2011年4月，许某某将嘉禾广场94号房屋出租给董某并签订租房合同。2012年4月至2014年，许某某先后6次收取租金共计人民币15万元并占为己有。2015年1月，许某某从该公司离职。后许某某被检察机关以涉嫌职务侵占罪被移送起诉。

① 参见（2017）苏0213刑初23号刑事判决书。
② 参见（2017）苏0214刑初592号刑事判决书。

审理结果

法院经审理认为，被告人许某某利用职务便利，将本单位财物非法占为己有，数额较大，其行为已构成职务侵占罪。被告人许某某在公安机关侦查阶段虽没有自动投案，但归案后如实供述了自己的罪行，依法予以从轻处罚。被告人许某某退赔被害单位经济损失，酌情予以从轻处罚。故以职务侵占罪判处有期徒刑9个月，缓刑1年。

4. 行为表现

为进一步明确职务侵占罪的行为界限，下面列举几种常见的以资金为侵占对象的职务侵占行为，实施此类行为的主体多为公司、企业财务人员。

（1）虚列凭证，虚构内容

改动凭证或直接虚列支出，例如，财务人员利用单位偷逃个人所得税的做法，在工资名单中多列名字和金额，并将多列的支出据为已有。

（2）记录错误，侵占长款

实际工作中，由于会计数字繁多加之会计人员的粗心大意，致使记账发生错误，总账和明细账不符，出现实际库存现金多于账面现金的长款，将其据为已有。

（3）毁灭收据，侵占收入

出纳员或收款员利用单位内部控制混乱，将开具的非正式收据隐藏或撕毁。这时发票存根、发票记账联、记账凭证、账簿和报表一致，公司、企业无法发现收入的动向，相关主体从而可以将该笔款项据为已有。

（4）公款私存，侵占利息

财务人员利用自己掌握现金和单位内部制度不健全的机会，将单位现金擅自以个人名义存入银行，侵吞存款利息。

（5）修改已下账的付款进账单日期

会计人员将以前年度已下账的付款进账单修改日期后作为报账年度的原始凭证下账，然后提现进行侵吞。

◎**案例3－4**

场景回放

汇源公司系镇办集体企业，被告人高某某于2015年9月被任命为该公司机械动力处副处长，负责该公司设备配件供应计划及对外签订采购、加工合同工作。2016年5月，汇源公司需要加工一批设备配件，高某某让在汇源公司承包土建工程的张某某为其联系加工单位，并对张说明“可以从中弄点钱花”。张某某遂找到其表哥周某某让他帮忙联系加工单位，许诺事成之后有“好处费”。张某某后通过关系联系到一家更生厂加工该批配件。在双方商谈过程中，高某某多次授意张某某让更生厂提高加工费用预算，从中索要“好处费”15万元。后更生厂根据高某某的授意提高了加工费用预算。2016年6月，汇源公司与更生厂签订加工合同后，按照合同规定预付给更生厂加工费15万元。后张某某通过更生厂财务科办理了取款手续，交给高某某12万元，自己留得3万元。后高某某被检察机关以涉嫌职务侵占罪被移送起诉。

审理结果

在庭审过程中，辩护律师提出涉案的15万元是更生厂给予被告人高某某的回扣、“好处费”，高某某没有利用职务侵占汇源公司财物。但法院经审理认为，被告人高某某最终索取到的“好处费”并不是更生厂直接提供的，而是更生厂经过被告人高某某授意，通过提高汇源公司支付给更生厂的加工费用而获得的。换句话说，被告人高某某获取的“好处费”应当属于其工作单位汇源公司所有，只是以“好处费”的名义从更生厂提取，其所侵犯的是企业资金的所有权，故认定被告人高某某构成职务侵占罪。

（三）职务侵占罪风险的追诉标准（How）

由于职务侵占罪侵占的对象是非国有单位的财物，原来的《刑法》只规定了两个量刑幅度，最高刑期是15年有期徒刑，但2020年发布的《刑法修正案（十一）》对该罪进行了大幅度的调整，从两个量刑幅度修改为三个量刑幅度，从最高刑期15年有期徒刑改为了无期徒刑，即职务侵占公司、企业财物，达到“数额较大”标准的，处3年以下有期徒刑或者拘役；达到“数额巨大”标准的，处3～10年以上有期徒刑；达到“数额特别巨大”标准的，处10年以上有期徒刑或者无期徒刑。此外，每一档量刑幅度都增加并处罚金，这意味着利用职务侵占单位财物，刑事风险大幅提高，民营企业家应当特别注意，不要认为在国企贪污才能判重刑，在民营企业职务侵占，不但可能被判无期徒刑，还要判处财产刑。

最高人民检察院、公安部《追诉标准的规定（二)》虽然规定了本罪的追诉标准，但已被最高人民法院、最高人民检察院《关于办理贪污贿赂刑事案件适用法律若干问题的解释》进行了修改，具体标准如下：

1. 数额较大，是指职务侵占数额6万元以上不满100万元。

2. 数额巨大，是指职务侵占数额在100万元以上。

由于数额特别巨大是《刑法修正案（十一)》增加的，目前还没有出台相关司法解释规定“特别巨大”的标准。

◎**法律法规链接**

◆《刑法》(2020年修正）第271条

◆最高人民检察院、公安部《关于公安机关管辖的刑事案件立案追诉标准的规定（二)》(2010年5月7日实施）第84条

◆最高人民法院、最高人民检察院《关于办理贪污贿赂刑事案件适用法律若干问题的解释》(2016年4月18日实施）第11条

◆最高人民法院《关于审理贪污、职务侵占案件如何认定共同犯罪几个问题的解释》(2000年7月8日实施）第2条、第3条

◆最高人民法院《关于在国有资本控股、参股的股份有限公司中从事管理工作的人员利用职务便利非法占有本公司财物如何定罪问题的批复》(2001年5月26日实施)

◆最高人民法院《关于常见犯罪的量刑指导意见》(2017年4月1日实施)

二、贪污的风险

◎**案例3－5**

场景回放

甲公司系国有企业与集体企业共同投资的联营企业，被告人王某某受国有企业委派担任甲公司董事兼法定代表人。此外，甲公司董事会根据章程聘用王某某担任总经理一职。2010年6月，经王某某提议，甲公司出资成立了属于集体所有制企业的乙试验所，由王某某负责经营。2014年期间，甲公司收到

货款800余万元，王某某指使甲公司财务主管人员宋某某利用其兼任乙试验所会计的职务便利，在开具甲公司销售发票后，采取虚设科目的方法，将该款的银行进账单、甲公司的销售发票等作为收款凭证记入乙试验所账上，并用于乙试验所购买12辆进口搅拌车，共计600余万元，有关凭证均记入乙试验所管理费用账户和固定资产账户。此外，宋某某还根据王某某的要求，篡改甲公司的财务账户，隐匿并减少了甲公司应收款共计600余万元。

2015年1月，乙试验所吸收职工个人股金120万元（其中王某某及亲属集资计69万元），将甲公司原投入折算为30万元，经工商管理部门批准，变更为集体与个人投资的股份合作制企业，王某某为法定代表人、董事长。2017年10月，甲公司转让原在乙试验所的30万元股权，由乙试验所职工个人集资充抵，经工商管理部门批准，变更为个人投资的股份合作制企业，其中王某某及其亲属共计投资104万元，占总投资的69%，王某某为法定代表人、董事长。至此，王某某使用甲公司资金600余万元给乙试验所购买的12辆搅拌车，被其利用担任甲公司总经理的职务之便隐匿不予收回，非法转归他及其亲属绝对控股的乙试验所占有。后王某某被检察机关以涉嫌贪污罪被移送起诉。

审理结果

在庭审过程中，王某某及其辩护律师提出，王某某担任甲公司总经理是由甲公司董事会根据章程聘任的，不属于国家工作人员，此外，2014年期间，乙试验所属于甲公司的全资下属单位，王某某指使财务人员将甲公司财产转到乙试验所，即使账目上没有如实反映记录，也不能构成贪污罪。乙试验所虽然后来转制为个人股份合作制企业，但不应再对2014年发生的事情负责。故不构成贪污罪。但法院经审理认为，甲公司系国有企业和集体企业共同投资组成的联营企业，被告人王某某是受国有企业委派担任甲公司董事兼法定代表人，具备贪污罪主体要件，甲公司董事会聘任王某某担任总经理是根据联营双方的约定履行有关的手续，不能因此否定王某某是受国有公司委派并代表国有投资主体行使管理权的事实。此外，王某某在2014年指使财务人员将甲公司财产转到乙试验所且没有如实记账，违反了财务管理制度，但因为乙试验所尚属于甲公司的全资下属单位，甲公司尚没有丧失对600余万元的控制，所以尚不能以贪污罪论处。王某某作为甲公司总经理，深知其于2014年曾使用甲公司的600余万元为乙试验所购买了12辆搅拌车，但王某某却隐匿没有返回，导致这12辆搅拌车非法转归他及其亲属绝对控股的乙试验所占有，应以贪污罪论处。

（一）贪污罪风险的主体范围（Who）

区别贪污罪与职务侵占罪刑事风险的关键就在于主体，职务侵占罪是特殊主体，仅限于公司、企业和其他单位的工作人员，而贪污罪的主体更为特殊，仅限于国家工作人员和受国家机关、国有公司、企业、事业单位、人民团体委托管理、经营国有财产的人员。就公司、企业而言，引发贪污罪刑事风险的主体主要包括：

1. 国有公司、企业中从事公务的人员

“国有公司”，是指公司财产完全归属于国家所有的公司，国家参股、国家控股或者国有成分与其他经济成分合资、合作的公司，都不是国有公司。“国有企业”，是指企业财产完全属于国家所有的从事生产、经营活动的经济实体。“从事公务”，是指代表国家对公共事务履行组织、领导、监督、管理等职责。只有在身份标准和公务标准都吻合的情况下，才能引发贪污罪的风险。在案例3-5中，甲公司聘请的其他工作人员，只要不是国有企业委派的，就不属于贪污罪的主体。

2. 国家机关、国有公司、企业、事业单位、人民团体委派到非国有公司、企业从事公务的人员

所谓委派，即委任、派遣，其形式多种多样，如任命、指派、提名、批准等。一般具有以下特征：（1）委派的主体是国家机关、国有公司、企业、事业单位、人民团体，是以单位名义委派，而非个人名义；（2）委派人与受委派人之间是一种行政隶属关系，受委派人要接受委派人的监督、管理和领导；（3）委派人应有委派权限，如果越权委派的，则受委派人不能因此具备国家工作人员的身份；（4）委派的内容是从事公务。不论被委派的人身份如何，只要是接受国家机关、国有公司、企业、事业单位、人民团体委派，代表它们在非国有公司、企业、事业单位、社会团体中从事组织、领导、监督、管理等工作，都可以成为贪污罪的风险主体。在案例3-5中，被告人王某某在甲公司担任董事兼法定代表人是受国有企业委派，并在甲公司从事公务，故属于贪污罪的主体。

需要注意的是，国有公司、企业被改制为股份有限公司后，原国有公司、企业的工作人员和股份有限公司新任命的人员就不再具有国家工作人员的身份，也不再是贪污罪的风险主体，但在被改制后的股份有限公司中，代表国有投资主体行使监督、管理职权的人员，仍然可以构成贪污罪。

3. 受国有公司、企业委托管理、经营国有财产的人员

“委托”不同于“委派”，委托的方式更加多样，可以是承包、租赁、临时聘用等方式。受国有公司、企业委托管理、经营国有财产的人员，本身不是国家工作人员，不具有国家工作人员的身份，但依照法律规定可以成为贪污罪的主体。例如，这些人员利用职务上的便利，挪用国有资金归个人使用的，仍以挪用资金罪定罪处罚，而非挪用公款罪。

（二）贪污罪风险的行为界限（What）

1. 行为条件

同职务侵占罪一样，贪污罪也要求“利用职务上的便利”。这里的“利用职务上的便利”，是指利用职务上主管、管理、经手公共财物的权力及方便条件，既包括利用本人职务上主管、管理、经手公共财物的职务便利，也包括利用职务上隶属关系的其他国家工作人员的职务便利。

（1）主管，行为人本人虽然不直接管理、经手公共财物，但对公共财物具有调拨、统筹、使用的决定权和决策权。

（2）管理，行为人对公共财物直接负有保管、使用的权限。

（3）经手，行为人虽无决定对公共财物进行调拨、统筹、使用的权力，也不具有管理、处置公共财物的职权，但因为工作需要由其经手，对公共财物具有实际控制权。

2. 行为对象

根据《刑法》的规定，贪污罪的行为对象是公共财物。具体包括：

（1）国有财产；

（2）劳动群众集体所有的财产；

（3）用于扶贫和其他公益事业的社会捐助或者专项基金的财产；

（4）在国有公司、企业管理、使用或者运输中的私人财产。

由此可知，公司、企业人员贪污的对象可以是国有财产以外的其他公共财

物。但是，受国有公司、企业委托管理、经营国有财产的人员要成立贪污罪，贪污的对象必须是国有财产。

3. 行为手段

同职务侵占罪一样，贪污罪的行为手段主要包括侵吞、窃取、骗取和其他非法占有的手段，这里不再赘述。现根据司法实践的总结，简单列举一些行为手段（见表3-1）。

表3-1　贪污罪常见的行为手段

类型	行为手段
侵吞	(1) 收入不入账，据为己有； (2) 涂改账目、单据，缩小收入，加大支出，从中侵吞； (3) 多报消耗，加大报废物资数量，从中贪污
窃取	窃取自己保管、经手的财物，即监守自盗
骗取	(1) 用虚假票据、单据报账； (2) 伪造支款凭证套取现金； (3) 故意记错账，盗支款物； (4) 伪造结算凭证，偷盖业务用章
其他非法占有的手段	(1) 内外勾结； (2) 白条抵库； (3) 利用计算机侵入系统贪污； (4) 用彩票、福利抽奖作弊贪污； (5) 以借用、试用的名义贪污

4. 行为方式

贪污罪的行为方式一般是作为，但不排除特殊情况下的不作为。

(1) 作为方式。这是贪污行为的基本方式。一般包括：

①通过制作、涂改等行为，先改变公共财物的所有权关系，然后据为己有。如通过侵吞手段。

②通过窃取行为，将自己保管、经手的公共财物秘密变为自己所有。如通过盗窃手段。

③通过编造、涂改、填报、虚假陈述等行为，将不应该由自己所得的公共财物非法获取。如通过诈骗手段。

④通过其他积极的作为手段，将公共财物据为己有。如以借用、试穿、试

用的名义非法占有。

（2）不作为方式。只能出现在一些特殊的情况下，因为单纯的不作为，很难将公共财物据为己有。根据司法实践，特殊情况下的不作为方式包括：

①共同贪污犯罪中，一些负有管理、经营职责的人员故意不履行职责，致使自己所管理、经营的公共财物被其他同案人侵吞、盗窃、骗取，自己从中分成。这些人的不履行职责，是一种不作为方式，与同案人的作为方式互相配合，共同构成贪污行为。

②下属财会人员为了巴结一些负责人、领导者，故意为其虚报冒领差旅费、工资、补贴等，这些负责人、领导者事后明知是冒领，但无异议或者默认，将冒领的财物据为己有。这也是通过不作为方式进行的贪污。

5. 行为目的

就贪污罪而言，不管行为人采用哪种行为方式，采取哪种行为手段，其目的都是非法占有公共财物，但不一定要求必须占为己有，为他人非法占有的也可以构成。贪污罪是否既遂。换句话说，贪污的行为是否得逞，也不是看是否将公共财物据为己有，而是看是否实际控制公共财物，如果公共财物尚未实际转移或者尚未被行为人控制就被查获，属于贪污未遂。

在案例3－5中，贪污既遂的时间要具体分析。2014年期间乙试验所尚属甲公司全资下属单位，被告人王某某将甲公司财产转到乙试验所不如实记账，尚不具备“非法占有”的要件，不能以贪污罪论处。但2017年乙试验所转制为个人股份合作制企业后，被告人王某某利用担任甲公司总经理的职务便利，隐匿公司对乙试验所12辆搅拌车资产的所有权，使本属甲公司所有的公共财产被王某某及其亲属绝对控股的乙试验所非法占有，则贪污既遂。

至于非法占有公共财物后如何处置公共财物以及公共财物的去向，不影响贪污罪的成立，有些行为人认为将贪污所得的财物用于单位支出或者用于社会捐赠，自己没有从中直接获利，就不构成贪污罪，这种想法是错误的，根据最高人民法院、最高人民检察院《关于办理贪污贿赂刑事案件适用法律若干问题的解释》第16条的规定，出于贪污的故意，非法占有公共财物将赃款赃物用于单位公务支出或者社会捐赠的，不影响贪污罪的认定，只是在量刑时可以酌情考虑。

（三）贪污罪风险的追诉标准（How）

贪污罪是典型的经济犯罪，因此贪污的数额是认定该罪的重要标准，但不是唯一的标准，《刑法修正案（九）》对贪污罪的量刑标准进行了较大调整，由原来刚性的数额标准改为更有弹性的“数额加情节”标准，2016年4月18日开始实施的最高人民法院、最高人民检察院《关于办理贪污贿赂刑事案件适用法律若干问题的解释》对法条中“数额较大”“其他较重情节”“数额巨大”“其他严重情节”“数额特别巨大”“其他特别严重情节”分别作出了明确的规定，现将追诉标准使用列表的方式展示如下（见表3-2）：

表3-2　贪污罪的量刑标准

<table>
<tr><th>量刑</th><th>罪状</th><th colspan="2">“数额+情节”标准</th></tr>
<tr><td rowspan="2">3年以下有期徒刑或者拘役，并处罚金</td><td>数额较大</td><td colspan="2">3万元≤贪污数额<20万元</td></tr>
<tr><td>其他较重情节</td><td>1万元≤贪污数额<3万元</td><td>（1）贪污救灾、抢险、防汛、优抚、扶贫、移民、救济、防疫、社会捐助等特定款物的；
（2）曾因贪污、受贿、挪用公款受过党纪、行政处分的；
（3）曾因故意犯罪受过刑事追究的；
（4）赃款赃物用于非法活动的；
（5）拒不交代赃款赃物去向或者拒不配合追缴工作，致使无法追缴的；
（6）造成恶劣影响或者其他严重后果的</td></tr>
<tr><td rowspan="2">3～10年以下有期徒刑，并处罚金或者没收财产</td><td>数额巨大</td><td colspan="2">20万元≤贪污数额<300万元</td></tr>
<tr><td>其他严重情节</td><td>10万元≤贪污数额<20万元</td><td>（1）贪污救灾、抢险、防汛、优抚、扶贫、移民、救济、防疫、社会捐助等特定款物的；
（2）曾因贪污、受贿、挪用公款受过党纪、行政处分的；
（3）曾因故意犯罪受过刑事追究的；
（4）赃款赃物用于非法活动的；
（5）拒不交代赃款赃物去向或者拒不配合追缴工作，致使无法追缴的；
（6）造成恶劣影响或者其他严重后果的</td></tr>
</table>

续表

量刑	罪状	“数额+情节”标准	
10年以上有期徒刑、无期徒刑或者死刑，并处罚金或者没收财产	数额特别巨大	数额≥300万元	
	其他特别严重情节	150万元≤贪污数额<300万元	（1）贪污救灾、抢险、防汛、优抚、扶贫、移民、救济、防疫、社会捐助等特定款物的； （2）曾因贪污、受贿、挪用公款受过党纪、行政处分的； （3）曾因故意犯罪受过刑事追究的； （4）赃款赃物用于非法活动的； （5）拒不交代赃款赃物去向或者拒不配合追缴工作，致使无法追缴的； （6）造成恶劣影响或者其他严重后果的

◎法律法规链接

◆《刑法》（2020年修正）第93条、第183条第2款、第271条第1款、第382条、第383条、第394条

◆最高人民法院、最高人民检察院《关于办理贪污贿赂刑事案件适用法律若干问题的解释》（2016年4月18日实施）

◆最高人民法院、最高人民检察院《关于办理国家出资企业中职务犯罪案件具体应用法律若干问题的意见》（2010年11月26日实施）

◆最高人民法院、最高人民检察院《关于办理职务犯罪案件认定自首、立功等量刑情节若干问题的意见》（2009年3月12日实施）

◆最高人民法院《关于印发〈全国法院审理经济犯罪案件工作座谈会纪要〉的通知》（2003年11月13日实施）

◆最高人民法院《关于在国有资本控股、参股的股份有限公司中从事管理工作的人员利用职务之便非法占有本公司财物如何定罪问题的批复》（2001年5月26日实施）

◆最高人民法院《关于审理贪污、职务侵占案件如何认定共同犯罪几个问题的解释》（2000年7月8日实施）

第二节　挪用类犯罪的风险[①]

风险提示

△公司、企业如果还没有成立，就不会引发挪用类犯罪的刑事风险?

△私营企业不存在挪用类犯罪的风险?

△挪用不体现在公司财务账上的小金库资金不会引发刑事风险?

△不管挪用资金还是公款只要能及时还上就不会引发刑事风险?

△个人未经合法审批手续，将公款擅自划拨、挪借给党政机关、事业团体等单位使用的，至多违反规章制度，不会引发刑事风险?

资金是公司、企业生存和发展的重要基础，被视为公司、企业生产经营的“血液”，一直受到公司、企业的高度重视。为了维护资金的安全与完整、防范资金活动风险、提高资金效益，促进企业健康发展，法律、行政法规以及公司章程都禁止挪用企业资金，违反规定给企业造成损失的，应该承担赔偿责任。如果挪用行为达到了刑事立案的标准，则还会引发挪用类犯罪的刑事风险。根据公司、企业性质以及公司、企业人员身份的不同，实施相同的挪用行为，引发的刑事风险也是不同的，具体包括挪用资金罪和挪用公款罪。下面分别进行分析。

一、挪用资金的风险

◎案例3－6

场景回放

被告人向某某系某供电公司出纳员，在2012年5月至12月，先后多次擅

① 引发挪用类犯罪刑事风险进入刑事诉讼程序后如何进行辩护，参见娄秋琴在北京大学出版社出版的《常见刑事案件辩护要点》第五章的相关内容。

自动用自己保管的供电公司账上资金19万元用于赌博。2012年10月28日，向某某因害怕会计对账而使自己擅自挪用公司资金的事被暴露，便私自从自己保管的供电公司的“小金库”（总额为75万元）中取出5万元，用于填补挪用差款，后在自查过程中发现差款14万元。向某某认为，供电公司的“小金库”管理松懈，且系违规资金，若自己私自侵吞，公司领导也不敢声张，遂产生侵吞供电公司“小金库”资金的念头。之后，向某某与其丈夫刘某某共谋侵吞供电公司的“小金库”资金70余万元，然后计划将存折及密码予以销毁并制造存折及密码被盗的假象。商议之后，刘某某通过佩戴眼镜进行伪装后，持供电公司余额为70余万元的“小金库”存折，先后12次到邮政储蓄所取款共计40万元。2012年12月，向某某将40万元中的14万元填补了挪用的供电公司账上的资金，其余的26万元存入银行，据为己有。嗣后，向某某和刘某某共同将供电公司“小金库”存折及密码单销毁。

审理结果

一审法院经审理认为，被告人向某某利用职务之便，多次挪用公司资金用于赌博；为填补挪用差款，单独或伙同被告人刘某某侵占公司“小金库”资金45万元，数额较大，其行为已构成职务侵占罪。被告人向某某虽然实施了挪用资金和职务侵占两个独立的犯罪行为，但是挪用资金行为是职务侵占行为的所经阶段，职务侵占行为是挪用资金行为的自然结果，两个犯罪行为之间具有吸收关系，按照吸收犯的定罪量刑原则，职务侵占行为的量刑幅度比挪用资金行为的量刑幅度要重，重行为吸收轻行为，故本案只定一罪，不实行数罪并罚。

后二审法院认为，被告人向某某利用职务上的便利，挪用单位资金19万元的行为完全符合挪用资金罪的构成要件，其行为已构成挪用资金罪。其后被告人向某某又单独和伙同刘某某侵占单位资金45万元的行为与前挪用资金行为不存在密切联系，挪用资金的行为既不是职务侵占行为发展的必然阶段，职务侵占行为也非挪用资金行为发展的自然结果。因此，挪用资金行为不能被职务侵占行为所吸收。故被告人向某某不但构成职务侵占罪，也构成挪用资金罪，应数罪并罚。

(一)挪用资金罪风险的主体范围(Who)

1. 仅限公司、企业或者其他单位人员

根据《刑法》的规定，本罪的主体是特殊主体，仅限于公司、企业或者其他单位的工作人员，不具备该身份的人员不构成本罪。根据理论界的通说，“公司人员”，是指依法设立的有限责任公司、股份有限公司和一人责任公司的所有职工。“企业人员”，是指在依法设立的从事经营活动的经济实体中不具有国家工作人员身份的所有职工。“其他单位人员”，是指公司、企业人员以外的其他单位人员。

2. 仅限非国家工作人员

本罪的主体仅限于公司、企业或者其他单位的人员，但这些人员应当不具备国家工作人员的身份，即不能包括国有公司、企业或者其他国有单位中从事公务的人员和国有公司、企业或者其他国有单位委派到非国有公司、企业以及其他国有单位从事公务的人员，这些人员如果挪用了公司、企业的资金，构成的是挪用公款罪，而非挪用资金罪。

3. 公司企业人员的身份和职位

在实践中，挪用资金罪的主体多为公司、企业的中高层管理人员，如董事长、总经理、法定代表人。他们一般对公司、企业的财务状况比较了解，又具有资金使用、划拨、调动的权力，在职务上具有挪用资金的便利条件。另外，保管、经手资金的工作人员，如财务人员、业务员，具有利用企业监管措施上的漏洞和自身职务上的便利，将企业资金挪作他用，也是挪用资金罪的高风险人员。案例3-6中的被告人向某某作为出纳，就属于后者。

4. 筹建公司的工作人员

有些人认为，公司、企业如果还没有成立，其身份就不属于公司、企业工作人员，将准备设立的公司在银行开设的临时账户上的资金挪给个人使用或者借贷给他人，不存在挪用类的犯罪风险，这是对法律机械的理解。公司、企业在设立之初，由于各项规章制度尚未建立起来，缺乏有效的监管措施，对于资金的使用容易出现随意性，如果将临时账户上的资金挪作他用，一样可以构成挪用资金罪。

5. 受托管理经营国有财产的人

公司、企业的工作人员受国家机关、国有公司、企业、事业单位、人民团体委托，管理、经营国有财产的，如果利用职务上的便利侵占国有资产，涉嫌的是贪污罪而非职务侵占罪，但需要注意的是，这些人员如果挪用国有资金归个人使用的，涉嫌的则是挪用资金罪而非挪用公款罪，这是最高人民法院《关于对受委托管理、经营国有财产人员挪用国有资金行为如何定罪问题的批复》中的规定。

（二）挪用资金罪风险的行为界限（What）

1. 行为条件

利用职务之便，是挪用资金罪的行为条件，它是指利用经手、管理和主管本单位资金的便利条件。经手、管理和主管的含义前文已有论述，在此不再赘述。如果挪用资金与职务上的便利无关，一般不会引发本罪的刑事风险。

2. 行为对象

本罪的行为对象必须是行为人单位的资金，如果挪用行为人单位资金外的财物，如挪用公司、企业的物资，不构成挪用资金罪。前面我们已经提及，挪用准备设立的公司在银行开设的临时账户上的资金，归个人使用或者借贷给他人的，也可以引发本罪的风险。换句话说，公司在成立之前在银行开设的临时账户上的资金也是本罪的行为对象。此外，单位“小金库”资金虽然不直接体现在单位正常的财务账上，属于违规资金，但仍属于单位资金，如果挪用，同样会引发本罪的刑事风险。在案例3－6中，被告人职务侵占的是“小金库”资金，但如果其对“小金库”资金进行挪用，同样构成挪用资金罪。

3. 行为指向

挪用本单位资金归个人使用或者借贷给他人。对此，根据2000年6月30日最高人民法院《关于如何理解刑法第二百七十二条规定的“挪用本单位资金归个人使用或者借贷给他人”问题的批复》，公司、企业或者其他单位的非国家工作人员，利用职务上的便利，挪用本单位资金归本人或者其他自然人使用，或者挪用人以个人名义将所挪用的资金借给其他自然人和单位，构成犯罪的，应当以挪用资金罪定罪处罚。因此，挪用资金存在两种情况：一是挪用单位资金归个人使用；二是挪用单位资金借贷给他人。其中，“个人”包括本人和其他自然人；“他人”包括其他自然人和法人等单位。在实践中，公司、企业及其管理人员也可以将单位资金借贷给其他个人或单位，形成债权债务关系。该借贷行为只要履行了正当的手续，如经过股东或投资者的同意，签订符合国家规定的借款合同，就属于合法的民间借贷行为，不会涉及刑事风险。

4. 行为方式

挪用资金归个人使用或者借贷给他人，具体分为三种情形：

（1）数额较大、超过 3 个月未还的。这种情况没有对所挪用的资金的用途作出限定，一般指用于消费、还贷、娱乐等活动。

（2）虽未超过 3 个月，但数额较大、进行营利活动的。这里的营利活动，是指以单位资金作为资本牟取利润的活动，如购买股票、债券、基金、设立公司或其他能给挪用人带来利润的活动；另外，将单位资金借给他人收取利息的行为，也属于营利活动。

（3）进行非法活动的。这里的非法活动，是指违法或犯罪活动，如赌博、嫖娼、行贿、走私等。构成这种类型的挪用不受数额、归还时间的限制，只要挪用资金用于非法活动，即可引发刑事风险。

在案例 3 - 6 中，被告人向某某在 2012 年 5 月至 12 月多次挪用公司账上资金共计 19 万元进行赌博，2012 年 10 月 28 日，向某某因害怕事情暴露，便私自从自己保管的“小金库”中取款 5 万元，用于填补挪用差款。2012 年 12 月，向某某又用侵占的 40 万元中的 14 万元填补了挪用的账上资金。也就是说，在 2012 年 12 月，被告人向某某已经全部归还了所挪用的 19 万元单位资金。但被告人向某某挪用资金是用于赌博这样的非法活动，所以挪用资金罪的构成不受挪用时间、数额以及是否归还的限制。换句话说，挪用的 19 万元中即使存在 3 个月内归还的情形，也不影响挪用资金罪的成立。

（三）挪用资金罪风险的追诉标准（How）

《刑法修正案（十一）》颁布之前，挪用资金罪只有 3 年以下有期徒刑或者拘役和 3～10 年有期徒刑这两个量刑档，我国司法解释针对挪用资金的 3 种情况，即非法活动型、营利活动型和超期未还型，规定了不同的追诉标准和量刑幅度，具体情况如下（见表 3 - 3）：

表3－3　挪用资金罪的量刑标准

量刑	罪状	挪用类型	“数额＋情节”标准
3年以下有期徒刑或者拘役	数额较大	非法活动型	6万元≤挪用资金数额＜200万元
		营利活动型和超期未还型	10万元≤挪用资金数额＜400万元
3～10年有期徒刑	数额巨大	非法活动型	挪用资金数额≥200万元
		营利活动型和超期未还型	挪用资金数额≥400万元
	数额较大不退还	非法活动型	挪用资金不退还数额≥6万元
		营利活动型和超期未还型	挪用资金不退还数额≥10万元

但《刑法修正案（十一）》颁布之后，挪用资金罪根据数额较大、数额巨大、数额特别巨大分出了三个量刑档，分别是3年以下有期徒刑或拘役、3～7年有期徒刑以及7年以上有期徒刑，目前尚未颁布新的司法解释对量刑标准进行界定，需要加以关注。

但不管是《刑法修正案（十一）》颁布之前还是之后，挪用资金数额的计算都直接影响到定罪和量刑。如果行为人仅仅实施了一次挪用行为，则挪用数额的计算非常简单，但是，如果存在多次挪用资金的情形，资金数额的计算则要根据挪用的情形具体分析，主要有以下几种情形：

第一，挪用资金用于除营利活动和非法活动以外的其他活动，超过3个月未还的，应当将多次挪用的数额累积计算。如果多次挪用中有的还没有超过3个月之期的，则不计入挪用数额。

第二，挪用资金用于除营利活动和非法活动以外的其他活动，每次挪用都在3个月以内归还的，不构成犯罪。如果连续挪用，并以后一次挪用归还前一次所挪用的资金，数额则以最后一次挪用未归还的数额计算。

第三，挪用资金进行营利活动或者非法活动的，法律对此没有时间上的限制，因此，数额则以每次挪用数额累积计算。

第四，挪用资金用于上述两种以上的活动的，如果只有其中一种或两种构成犯罪，则以构成犯罪的挪用行为计算挪用数额。

◎案例3-7

场景回放

李某在某公司担任会计，于2003年4月7日将自己保管的5000元单位资金用于个人赌博，于5月10日将挪用的钱归还。后表妹余某向其借钱，其又在2003年5月29日将公司2万元资金借给了余某，余某在9月10日将2万元资金还给李某后，李某即刻将钱归还给了公司。公司在2008年5月审计时发现了李某的挪用行为并向公安机关举报，后李某被移送审查起诉。

审理结果

在庭审过程中，李某认为自己挪用单位资金5000元进行赌博，又挪用单位资金2万元借贷给他人，自己确实不应该这么做，但时间已经过去这么多年了，早已过了追诉时效，不应再对其追究刑事责任。

法院经审理认为，李某有两次挪用行为，第一次是挪用5000元进行赌博，第二次是挪用2万元借贷他人，对其挪用行为的追诉期限应当按照最后一次挪用行为实施完毕之日或者犯罪成立之日起计算。李某于2003年5月29日挪用2万元借贷给他人，到9月10日将2万元全部归还给单位，归还的时间已经超过3个月，故犯罪的追诉时效应当从挪用公款罪成立之日起计算，即在李某5月29日挪用之后的3个月，2003年8月30日时挪用资金罪成立。根据李某挪用的数额和情节，当时法定最高刑为不满5年有期徒刑，那么经过5年则不应再追诉。换句话说，如果李某的行为在2008年8月30日之后才发现，对其可不再追诉，但本案于2008年5月案发，尚未超过5年，故仍在追诉期限内。

◎法律法规链接

◆《刑法》(2020年修正) 第185条、第272条

◆《公司法》(2018年修正) 第148条

◆最高人民法院、最高人民检察院《关于办理贪污贿赂刑事案件适用法律若干问题的解释》(2016年4月18日实施) 第11条

◆最高人民检察院、公安部《关于公安机关管辖的刑事案件立案追诉标准的规定（二)》(2010年5月7日实施) 第85条

◆最高人民检察院《关于挪用尚未注册成立公司资金的行为适用法律问题的批复》(2000年10月9日实施)

◆最高人民法院《关于如何理解刑法第二百七十二条规定的“挪用本单位资金归个人使用或者借贷给他人”问题的批复》(2000年7月27日实施)

◆最高人民法院《关于对受委托管理、经营国有财产人员挪用国有资金行为如何定罪问题的批复》(2000年2月24日实施)

二、挪用公款的风险

◎**案例3-8**

场景回放

2007年7月,被告人孔某某利用担任中信实业银行某分行信贷员的职务便利,采用本票转账的方法,将某市农村社会养老保险事业管理处在该行的存款共计人民币900万元挪至某证券公司用于其个人炒作股票。2008年7月,孔某某采用私刻某进出口集团公司印章并冒用该公司名义的方法,在本行设立账户,以“贷款”的名义将该行1500万元挪出,用于个人炒作股票600万元,归还2007年7月某市农村社会养老保险事业管理处的存款900万元。2008年9月,被告人孔某某又采用同样的方法,以“贷款”的名义从该行挪出900万元用于归还2008年7月挪用的900万元的本息。2009年5月,孔某某因炒作股票造成巨额亏损,携带挪用的公款人民币300万元潜逃。公安机关于2010年1月抓获被告人孔某某并缴获了300万元赃款。孔某某后被检察机关以涉嫌挪用公款罪和贪污罪移送起诉。

审理结果

在庭审过程中,被告人孔某某辩称,中信实业银行不属于国有商业银行的范围,其不属于国家工作人员,不应当构成挪用公款罪和贪污罪。另外,在三次挪用行为中,第二次挪用的1500万元公款中有900万元是为了归还第一次挪用的公款,第三次挪用的900万元是为了归还第二次挪用的公款,扣掉案发时追缴的300万元,未归还的挪用的款项系1200万元,故挪用的数额应认定为1200万元。

法院经审理认为,被告人孔某某的工作单位中信实业银行系国有企业兴办的全资子公司，某分行是中信实业银行设置的分支机构，同样属于国有企业，被告人孔某某作为其中从事公务的人员，应当依照国有企业中从事公务的人员来确定其身份。此外，在孔某某的三次挪用行为中，有900万元是以后次挪用的公款归还前次挪用的公款，所以数额应以案发时未还的实际数额认定，加上用于个人炒作股票的600万元和转化为贪污的300万元，挪用数额应认定为1200万元。

（一）挪用公款罪风险的主体范围（Who）

根据《刑法》的规定，本罪的主体是特殊主体，仅限于国家工作人员。在国有公司、企业从事公务的人员以及国家机关、国有公司、企业、事业单位、人民团体委派到非国有公司、企业、事业单位、社会团体从事公务的人员以国家工作人员论，符合挪用公款罪的主体要求。

在司法实践中，掌握挪用公款罪的主体范围还需要注意以下几个问题：

1. 我国《刑法》目前还没有规定单位挪用公款罪，如果国有公司、企业经过集体研究决定挪用公款，虽然行为和结果都符合挪用公款罪的罪状，但仍然不能以犯罪处理，只能通过行政手段加以调整。换句话说，国有公司、企业本身不能构成挪用公款罪。如果其工作人员打着国有公司、企业的旗号挪用公款，从中捞取好处的；或者个人决定以单位名义将公款供其他单位使用，谋取个人利益的，则其个人就会引发挪用公款罪的风险。

2. 非国家工作人员如果受国有公司、企业委托，管理、经营国有财产的，由于其不具有国家工作人员的职务，即使利用职务上的便利，挪用国有资金归个人使用的，也不能构成挪用公款罪，但可以构成挪用资金罪。

（二）挪用公款罪风险的行为界限（What）

1. 行为条件

挪用公款罪属于职务型犯罪，除了主体上有特殊要求，还必须具备特定的行为条件，即“利用职务之便”，这里的“利用职务之便”，专指利用主管、经手、管理公款的便利，既包括直接经手、管理公款的便利条件，也包括因其职务关系而具有的调拨、支配、使用公款的便利条件。其内涵与贪污罪所要求的“利用职务之便”略有区别。

2. 行为对象

本罪的行为对象必须是公款，既包括国有财产中的公款，也包括在国家机关、国有公司、企业、事业单位、人民团体管理、使用或者运输中的私人财产中的货币，还包括用于救灾、抢险、防汛、优抚、扶贫、移民、救济等特定款物。其中的特定款物既包括款也包括物。挪用特定款物归个人使用，构成挪用公款罪的，从重处罚。但如果只是改变这些特定款物的用途，挪作他用的，不能构成挪用公款罪，符合挪用特定款物罪构成要件的，可以构成挪用特定款物罪。除了上述特定款物中的特定公物，挪用其他公物的，不构成挪用公款罪。除了公款和特定公物，国库券等有价证券也可以成为挪用公款罪所侵犯的对象。根据1997年最高人民检察院《关于挪用国库券如何定性问题的批复》，国家工作人员利用职务上的便利，挪用公有或本单位的国库券的行为以挪用公款论。

在案例3－8中，被告人孔某某挪用的储户存款虽然属于私人财产，但通过储蓄，经由国有银行管理、使用，就已经具备了公款的性质，属于挪用公款罪的对象。

3. 行为指向

根据《刑法》的规定，要构成挪用公款罪，须将挪用的公款归个人使用。这里的“归个人使用”不仅包括挪用者本人使用，还包括借给他人使用。根据全国人民代表大会常委会《关于〈中华人民共和国刑法〉第三百八十四条第一款的解释》，将公款供本人、亲友或者其他自然人使用的；以个人名义将公款供给其他单位使用的；个人决定以单位名义将公款供其他单位使用，谋取个人利益的，都属于《刑法》所规定的“归个人使用”。

国有公司、企业的工作人员，违反财经制度，未经合法审批手续，将公款擅自划拨、挪借给党政机关、事业团体等单位使用的，如果行为人从该挪用行为中谋取了个人利益，则可以构成挪用公款罪；否则，不能构成犯罪，因为该行为虽然违反财经管理制度，但仍然属于公款公用，不属于归个人使用。

4. 行为方式

（1）挪用公款归个人使用，进行非法活动

进行非法活动，包括进行合法活动以外的所有活动，包括违法活动和犯罪活动，如走私、嫖娼、赌博等。挪用公款后进行非法活动，其社会危害性要比其他挪用公款的行为严重，因此这类挪用行为不受“数额较大”和挪用时间的限制。“进行非法活动”必须是行为人明知的，如果挪用公款给他人使用，不知道使用人将公款用于非法活动，则还需要同时具备其他要件，才能引发挪用公款罪的风险。

（2）挪用公款数额较大，进行营利活动

进行营利活动，是指投资经营以牟利的活动。营利活动仅指进行合法的营利活动，不包括前项中的非法营利活动。为营利活动做准备也属于营利活动，如用来作为私有公司、企业的资信证明以取得工商登记等；以获取利息、股息、红利为目的，将挪用的公款存入银行、用于集资、购买股票、基金和债券等，也属于营利活动。是否营利不影响本罪的认定，如果营利了，营利部分应当收归国库，不计入挪用公款的数额。该项行为相比一般的挪用行为社会危害性更严重，因此不受挪用时间和是否归还的限制，但相比挪用公款进行非法活动的行为社会危害性又要轻一些，因此，立法上有数额的限制，要求挪用公款数额较大，才能引发刑事风险。挪用公款数额不大，进行营利活动的，不能构成犯罪。

（3）挪用公款数额较大，超过3个月未还

行为人挪用公款后，既没有进行非法活动，也没有进行营利活动，而是将挪用的公款用于非法活动和营利活动之外的其他活动，如用于个人生活消费，借贷给他人等。相比前两项的挪用行为，该项行为的社会危害性要轻一些，要引发刑事风险，必须同时具备数额和时间两方面的要求，即“数额较大”和“超过3个月未还”。这里，3个月的计算，应从开始挪用之日起，到全部还清之日止。如果从挪用之日起到案发之时尚未超过3个月，则不会引发本罪的刑事风险。

此外，不管是哪一种情形，如果多次挪用公款，并以后次挪用的公款归还前次挪用的公款，挪用公款的数额都要以案发时未还的实际数额认定。

（三）挪用公款罪风险的追诉标准（How）

针对挪用公款的三种情况，即非法活动型、营利活动型和超期未还型，法律和司法解释规定了不同的追诉标准和量刑幅度（见表3－4），具体情况如下：

表 3 – 4　挪用公款罪的量刑标准

量刑	罪状	挪用类型	“数额 + 情节” 标准
5 年以下有期徒刑或者拘役	数额较大	非法活动型	3 万元≤挪用公款数额 < 100 万元
		营利活动型和超期未还型	5 万元≤挪用公款数额 < 200 万元
5 年以上有期徒刑	情节严重	非法活动型	（1）挪用公款数额≥100 万元； （2）50 万元≤挪用特定款物数额 < 100 万元； （3）50 万元≤挪用公款不退还数额 < 100 万元； （4）其他严重的情节
		营利活动型和超期未还型	（1）挪用公款数额≥200 万元； （2）100 万元≤挪用特定款物数额 < 200 万元； （3）100 万元≤挪用公款不退还数额 < 200 万元； （4）其他严重的情节
10 年以上有期徒刑或者无期徒刑	数额巨大不退还	非法活动型	挪用公款数额≥300 万元
		营利活动型和超期未还型	挪用公款数额≥500 万元

◎法律法规链接

◆《刑法》（2020 年修正）第 185 条第 2 款、第 272 条第 2 款、第 384 条

◆《公司法》（2018 年修正）第 148 条

◆最高人民法院、最高人民检察院《关于办理贪污贿赂刑事案件适用法律若干问题的解释》（2016 年 4 月 18 日实施）第 5 条、第 6 条

◆最高人民法院、最高人民检察院《关于办理国家出资企业中职务犯罪案件具体应用法律若干问题的意见》（2010 年 11 月 26 日实施）

◆最高人民法院《全国法院审理经济犯罪案件工作座谈会纪要》（2003 年 11 月 13 日实施）

◆最高人民法院《关于挪用公款犯罪如何计算追诉期限问题的批复》（2003 年 10 月 10 日实施）

◆最高人民检察院《关于挪用失业保险基金和下岗职工基本生活保障资

金的行为适用法律问题的批复》(2003 年 1 月 30 日实施)

◆全国人民代表大会常务委员会《关于〈中华人民共和国刑法〉第三百八十四条第一款的解释》(2002 年 4 月 28 日实施)

◆最高人民检察院《关于认真贯彻执行全国人民代表大会常务委员会〈关于刑法第二百九十四条第一款的解释〉和〈关于刑法第三百八十四条第一款的解释〉的通知》(2002 年 5 月 13 日实施)

◆最高人民检察院《关于国家工作人员挪用非特定公物能否定罪的请示的批复》(2000 年 3 月 6 日实施)

◆最高人民法院《关于对受委托管理、经营国有财产人员挪用国有资金行为如何定罪问题的批复》(2000 年 2 月 24 日实施)

◆最高人民检察院《关于人民检察院直接受理立案侦查案件立案标准的规定(试行)》(1999 年 9 月 16 日实施)

◆最高人民法院《关于审理挪用公款案件具体应用法律若干问题的解释》(1999 年 5 月 9 日实施)

◆最高人民检察院《关于挪用国库券如何定性问题的批复》(1997 年 10 月 13 日实施)

第三节 受贿类犯罪的风险[①]

风险提示

△中国是人情社会，过年过节或者喜丧事给红包是正常的往来，不会引发刑事风险?

△只要不是主动要的，被动收的财物，就不会引发刑事风险?

△只要没有为他人办事，即使收点礼也不会引发刑事风险?

△只要不直接给钱，通过借车、买房、打牌、给干股、委托理财、提供服务等方式输送利益就可以规避刑事风险?

---

① 引发受贿类犯罪刑事风险进入刑事诉讼程序后如何进行辩护，参见娄秋琴在北京大学出版社出版的《常见刑事案件辩护要点》第六章的相关内容。

△只要不是利用自己手中的职权，而是通过向其他领导干部或者朋友打招呼帮忙，收点好处费是不会引发刑事风险的？

△受贿类犯罪的量刑只会考虑受贿数额的大小，只要数额没达到立案标准，就不会引发刑事风险？

△离职了，没有职权了，就不会有任何受贿类犯罪的刑事风险了？

一、非国家工作人员受贿的风险

◎案例3－9

场景回放

被告人张某某利用其担任中国石化胜利油田有限公司海洋石油开发公司维修大队大队长的职务之便，为行贿人谋取利益，收受他人贿赂22次，共计315万元，后张某某被检察机关以受贿罪移送起诉。在法庭审理过程中，辩方和控方分歧的焦点在于被告人张某某是否具有国家工作人员的身份。被告人的辩护人出示了中国石化股份有限公司和中国石化胜利油田有限公司相关文件，海洋石油开发公司营业执照及证明，证明海洋石油开发公司属于上市公司的分支机构，不属于全民所有制企业。公诉人认为以上证据只能证明海洋石油开发公司的公司性质，而被告人张某某担任的职务是由海洋石油开发公司党委任命的，其系党委委派到海洋石油开发公司维修大队从事公务的人员，对其应以国家工作人员论。

审理结果

法院经审理查明，被告人张某某所在单位维修大队是海洋石油开发公司的下属单位，海洋石油开发公司早已改制成为上市公司的分支机构，被告人张某某的犯罪事实均发生在本单位改制以后，其担任的职务虽是由上市公司分支机构的海洋石油开发公司党委任命，海洋石油开发公司党委系本单位中共党员选举产生的组织机构，非共产党机关的派出机构，其不具有《刑法》意义上国家工作人员委派主体的性质，其任命干部代表的是本单位的意志。根据2001年5月22日最高人民法院《关于在国有资本控股、参股的股份有限公司中从事管理工作的人员利用职务便利非法占有本公司财物如何定罪问题的批复》

的精神，上市公司的工作人员不属于国家工作人员，被告人张某某在本单位改制后已不属于国家工作人员，其不具备受贿罪的主体资格，被告人张某某的行为应构成非国家工作人员受贿罪，判处有期徒刑6年6个月。

（一）非国家工作人员受贿罪风险的主体范围（Who）

根据《刑法》的规定，本罪的主体是公司、企业或者其他单位的工作人员，但不包括国有公司、企业或者其他国有单位中从事公务的人员和国有公司、企业或者其他国有单位委派到非国有公司、企业以及其他国有单位从事公务的人员，如果这些人员收受贿赂，构成的是受贿罪，而不是非国家工作人员受贿罪。

在案例3－9中，被告人张某某是否具有国家工作人员身份是本案争议的焦点，如果认定为国家工作人员，罪名为受贿罪，量刑将是10年以上有期徒刑；如果认定为非国家工作人员，罪名为非国家工作人员受贿罪，量刑则是3年以上10年以下有期徒刑，两者差异很大。因此，作为公司、企业或者其他单位的工作人员，首先要明白自己的身份，审查是否具有国家工作人员的性质，不但要从自己所在单位是否具有国有性质进行考察，也要从自己职务的任免、委派情况入手。

（二）非国家工作人员受贿罪风险的行为界限（What）

1. 行为条件

◎案例3－10

场景回放

刘某某系某民营企业的法务总监，一家办公家具企业的老总秦某某得知这家民营企业更换的办公地点正在装修，于是通过关系找到刘某某，希望刘某某向其所在的单位推销办公家具，碍于情面，刘某某向公司负责采购的采购总监宋某某推荐了这家办公家具企业，宋某某接受了刘某某的建议从企业采购了总价款300万元的办公家具，事后为了表示感谢，秦某某分别给刘某某和宋某某送去人民币10万元。后刘某某和宋某某均被人民检察院以非国家工作人员受贿罪提起公诉。

审理结果

法院经审理认为，刘某某系公司法务总监，负责的是法务工作，并不负责采购。采购办公家具并非刘某某职权范围内的事项，而系宋某某职权范围内的事项。因此，刘某某收受10万元并未利用职务上的便利，但宋某某收受10万元却是利用了其职务上的便利，因此，刘某某不构成非国家工作人员受贿罪。宋某某构成非国家工作人员受贿罪。

利用职务上的便利是本罪必不可少的一个前提条件，它是指行为人利用自己所任职务赋予的职权或者同职务有关的便利条件。所谓职权是指本人职务、岗位范围的权力。行为人在自己职务范围内享有了解公司、企业内幕信息，处理公司、企业事务的权力。这种权力一般包括人事权、物权、财权以及了解公司、企业资金、生产和经营、盈亏及股金、红利情况等权力。所谓同职务有关的便利条件则是指虽然没有直接利用职务、岗位的权力，但却利用了职权、岗位形成的地位，通过他人利用职务上的便利条件。总体来说，利用职务上的便利的内涵应当包括以下几个方面：（1）利用自己主管、分管、经手等工作职务、岗位范围内的权限，为行贿人谋取利益；（2）利用自己的权力去指挥、影响下属及利用其他人员与职务有关的权限，为行贿人谋取利益；（3）利用、凭借权限、岗位、地位控制、左右其他人员，或者利用其他有求于己的人员职务上的权限，为行贿人谋取利益。后两种行为虽然是利用第三者的权限，但仍是以自己的职务、岗位、地位为基础的。

在案例3－10中，因为刘某某系法务总监，并不主管、分管、经手采购工作，其法务总监的职位，也无法控制和影响采购总监宋某某的决策，所以不具备利用职务便利这个条件。但如果公司的岗位设置中，采购合同都必须经过法务总监审批，法务总监对采购具有一定的影响力时，刘某某也有可能构成非国家工作人员受贿罪。此外，如果刘某某系公司副总，分管采购工作，能够直接影响、指挥、左右宋某某的决策时，刘某某就具有职务上的便利了。

2. 行为方式

◎案例3－11

场景回放

2014年上半年，被告人焦某某任A公司法定代表人、董事长期间，利用

A公司与B公司合作开发房地产的机会，以明显低于市场的价格购买B公司开发的房屋一套。2014年7月30日A公司与B公司签订关于A公司地块第二期工程的合作意向。2014年8月12日，被告人焦某某配偶刘某某与B公司签订商品房买卖合同，支付房款总价为人民币28万元，并于2015年6月13日开具与该合同相应的房地产业统一发票。2015年6月24日，为办理房屋产权证书，该套房屋被评估的总价为人民币56万元。案发后，评估事务所对该房产进行价值鉴定，认定该套房产（以2014年8月12日为基准日）评估总价值为人民币60万元，与购房款差价为人民币32万元。后被告人焦某某被检察机关以涉嫌非国家工作人员受贿罪被移送起诉。

审理结果

法院经审理认为，被告人焦某某是否曾经承诺为B公司谋取利益的事实不清，证据不足；焦某某以相对低价购买的房屋是否利用了其职务便利，是否是B公司给其的利益，证据不足。另即使B公司的负责人有通过以较便宜的价格将房屋出售给被告人，为日后合作开发房产提供便利的考虑，但并未与被告人本人形成合意或心照不宣的默契，在之后的房产开发过程中，焦某某也没有为B公司谋取利益，关于合作开发事宜甚至连续引发民事诉讼。故认定被告人作为非国家工作人员利用职务便利受贿，为他人谋取利益的事实不清，证据不足，法院对公诉机关的该项指控不予支持。

（1）索取他人财物，为他人谋取利益

所谓索取，既包括强索硬取，也包括明示或暗示的索要。例如，公司、企业工作人员在他人有困难或者有求于己时，以为他人谋取利益作为交换条件，主动向他人索求财物。

（2）非法收受他人财物，为他人谋取利益

所谓非法收受，是指他人有所请托而主动给予财物，行为人基于为请托人谋取利益的目的予以收纳。

主动索要和被动收受是受贿的两种方式，只要实施了其中一种行为，就可以构成本罪，如果两者同时具备，也不需要数罪并罚。相比之下，主动索要的主观恶性较被动收受更深。在后文提及的受贿罪中，主动索要和被动收受引发刑事风险的标准都有所不同，主动索要的，不要求为他人谋取利益，但被动收受的，还要求为他人谋取利益才能引发刑事风险。但要构成非国家工作人员受贿罪，不论是主动索要还是被动收受，都要求必须为他人谋取利益。这里的利益包括正当利益也包括不正当利益。至于为他人谋取的利益最终是否实现，不影响本罪的成立。在案例3－11中，法院就是围绕被告人焦某某是否为B公司谋取利益这一要件进行审查并最终否定了公诉机关的指控。

◎案例3－12

场景回放

2015年11月10日，被告人李某某被聘任为民营企业某矿副矿长，分管机动科和设备等工作。2016年至2017年，蔡某某代表某机电有限公司向该矿供应机电设备。蔡某某担心其供应机械设备时受李某某为难，听说李某某儿子马上要结婚了，于是在李某某办公室给李某某送去“红包”，说是听说李某某儿子结婚了，特定来表示祝贺。待蔡某某走后，李某某打开红包，发现是5万元现金并收下了。后被告人李某某被检察机关以涉嫌非国家工作人员受贿罪被移送起诉。

审理结果

在庭审过程中，李某某辩称，蔡某某送的5万元是给其儿子结婚的红包，属于正常的人情往来，也是当地的礼节习俗，不应认定其构成犯罪。但法院经审理认为，李某某与蔡某某是因工作关系才认识不久，两人之间并无其他的感情基础，虽然是借着李某某儿子结婚的由头给李某某送的红包，但从送5万元这个数额来看，与当地礼节习俗明显不匹配，也与两人之间的感情基础不匹配，蔡某某送红包是希望得到李某某的关照，李某某明知自己所在单位与蔡某某之间有业务往来，蔡某某需要其提供关照，因此，李某某构成非国家工作人员受贿罪。

在司法实践中，经常出现行贿人以“礼物”“馈赠”“红包”等方式进行贿赂的情形，而中国是一个重视礼尚往来的人情社会，如何将贿赂与出于礼尚往来或者基于深厚的友情、亲情无条件的馈赠区分开来至关重要。一般说来，司法机关会结合以下几个方面进行综合考察：

第一，从给予和收受财物的原因来看。贿赂的实质是权钱交易，一方收受财物，为他人谋利，另一方给予财物，获取利益；而馈赠是不求回报的无偿给予，而非基于利益的纠葛。

第二，从双方的关系来看。贿赂双方多是一时的相互利用关系，不排除这种相互利用关系可能会维持很长时间，但其始终无法摆脱功利的性质；而馈赠是基于双方之间深厚的亲情、友情或者礼仪。

第三，从给予和接受财物的行为是否与职务活动或者经济业务有关来看。贿赂中的财物收受行为通常与双方职务活动或经济业务有关；馈赠一般是出于亲情、友情或者礼仪，抑或无私的援助，与双方的职务活动或经济业务无关。

第四，从财物给予的方式来看。贿赂行为中的财物给予多采取掩人耳目的方式秘密进行；而馈赠多是公开进行，行为人一般不会采取掩盖措施。

第五，从财物的价值来看。贿赂中财物相对于当地生活水平而言通常价值较大，甚至超常的大；而馈赠中的财物通常与当地礼节习俗和双方感情的深浅以及赠与者的经济状况直接关联。

（3）在经济往来中，违反国家规定，收受各种名义的回扣、手续费，归个人所有

所谓"违反国家规定"，是指违反全国人民代表大会及其常务委员会制定的法律和决定、国务院制定的行政法规、规定的行政措施、发布的决定和命令，本罪涉及的"国家规定"主要体现在《反不正当竞争法》和国家工商行政管理局（已更名为国家市场监督管理总局）《关于禁止商业贿赂行为的暂行规定》。关于"回扣"，根据上述暂行规定第5条的规定，是指经营者销售商品时在账外暗中以现金、实物或者其他方式退还给对方单位或者个人的一定比例的商品价款。关于"手续费"，是指在经济活动中，除回扣以外，违反国家规定支付给公司、企业人员的各种名义的钱款，如信息费、顾问费、劳务费、辛苦费、好处费等。

收受上述回扣、手续费的过程中，为了逃避公司、企业的监管以及有关部门的查处，行为人一般采取账外暗中收受的方式，即是指未在依法设立的反映其生产经营活动或者其行政事业经费收支的财务账上并按照财务会计制度规定明确如实记载的方式，包括不计入财务账，转入其他财务账或者做假账等。如果收受回扣、手续费之后，上缴本单位入账，而没有归个人所有的，则不会引发本罪的刑事风险，因为根据《反不正当竞争法》第7条第2款规定："经营者在交易活动中，可以以明示方式向交易相对方支付折扣，或者向中间人支付

佣金。经营者向交易相对方支付折扣、向中间人支付佣金的，应当如实入账。接受折扣、佣金的经营者也应当如实入账。”因此，在经济往来中，公司、企业工作人员收受各种名义的折扣、佣金等，如实入账的，不违反法律规定，不会引发刑事风险。

◎**案例3－13**

场景回放

被告人郑某某在一家建材公司外贸出口部担任主管，负责公司出口业务中与物流、货运方面的协调和联系工作。2014年4月，他负责甄选合适的货运公司运输货物，开始频繁和多家货运代理接触。其中一家货运公司与他来往逐渐频繁起来，对方业务员一再暗示，该货运公司代理有一个“退佣政策”，可以根据业务量给客户单位相关负责人“好处费”，希望郑某某多照顾他们生意。经不住再三诱惑，郑某某向该货运代理公司提供了自己的银行账户，并在2014年10月至2017年1月，他以每箱40～50元的退佣提成多次收受“好处费”，共计15万元。

审理结果

法院经审理认为，被告人郑某某利用自己担任建材公司外贸出口部主管的职务上的便利，收受对方货运公司给予的回扣款，构成非国家工作人员受贿罪，被判处有期徒刑1年。

3. 行为对象

（1）货币

货币是本罪常见的贿赂对象，就是老百姓常说的“钱”。根据不同的分类标准，可以分为纸币和硬币，也可以分为现金和储蓄货币，还可以分为本国货币和外国货币。不管是哪一种，都属于财物的范围。

（2）物品

物品是另一类常见的贿赂对象，范围非常广泛，是一种客观存在的有形的实体，通常可以折算为货币或者需要支付货币才能取得，价格按照有效价格证明认定或者按照有关规定委托估价机构估价认定。

（3）财产性利益

财产性利益包括：①可以折算为货币的物质利益：这些利益可以直接折算

为货币，数额以折算出的货币计算，如房屋装修、债务免除等。②需要支付货币的其他利益：这些利益虽然不能直接折算为货币，但需要支付货币才能取得，数额以实际支付或者应当支付的数额计算，如会员服务、旅游等。

（三）非国家工作人员受贿罪风险的追诉标准（How）

根据《刑法》的规定，公司、企业或者其他单位的工作人员利用职务上的便利，索取他人财物或者非法收受他人财物，为他人谋取利益，达到“数额较大”标准的，处3年以下有期徒刑或者拘役，并处罚金；达到“数额巨大或者有其他严重情节”标准的，处3～10年有期徒刑，并处罚金；达到“数额特别巨大或者有其他特别严重情节”标准的，处10年以上有期徒刑或者无期徒刑，并处罚金。

2016年4月18日最高人民法院、最高人民检察院《关于办理贪污贿赂刑事案件适用法律若干问题的解释》对本罪“数额较大”和“数额巨大”的标准进行了规定，数额较大是指受贿数额6万元以上不满100万元，数额巨大是指受贿数额在100万元以上，但由于《刑法修正案（十一）》对本罪进行了修订，从原来两个量刑档改为三个量刑档，目前尚未出台最新的司法解释。

◎法律法规链接

◆《刑法》（2020年修正）第163条、第184条

◆最高人民法院、最高人民检察院《关于办理贪污贿赂刑事案件适用法律若干问题的解释》（2016年4月18日实施）第11条

◆最高人民法院《关于常见犯罪的量刑指导意见》（2017年4月1日实施）

◆最高人民检察院、公安部《关于公安机关管辖的刑事案件立案追诉标准的规定（二）》（2010年5月7日实施）第10条

◆最高人民法院《关于办理商业贿赂刑事案件适用法律若干问题的意见》（2008年11月20日实施）

◆最高人民法院《关于充分发挥审判职能作用切实做好治理商业贿赂专项工作的通知》（2006年4月5日实施）

◆《反不正当竞争法》（2019年修正）

二、受贿的风险

（一）受贿罪风险的主体范围（Who）

根据《刑法》的规定，本罪的主体是特殊主体，即国家工作人员。对于在国有公司、企业的人员，如果从事公务的，属于国家工作人员。在非国有公司、企业、事业单位、社会团体的人员，如果他们是受国家机关、国有公司、企业、事业单位、人民团体的委派到非国有公司、企业、事业单位、社会团体从事公务的，也是以国家工作人员论，符合受贿罪的主体要求。

不管是哪一类人员，在职务上一般都有实施受贿的便利条件，掌握着一定的权力，对人事、财务、物资、生产、供销、就业等方面有一定的决定权和处置权。

◎案例 3－14

场景回放

2012 年 7 月，全民所有制企业 A 公司与集体企业 B 厂共同投资成立合营企业 C 公司，根据合营合同，A 公司委派鲁某某担任 C 公司法定代表人、总经理。同年 11 月 9 日，C 公司董事会根据章程规定，颁发了聘用鲁某某为总经理的聘任书。2015 年 2 月，鲁某某利用担任 C 公司总经理的职务便利，收取了 D 公司给予的好处费 30 万元。后鲁某某被检察机关以受贿罪移送起诉。在庭审过程中，被告人鲁某某对收受 30 万元供认不讳，但他认为自己是合营企业的总经理，其总经理的职务源于 C 公司董事会，与 A 公司的委派没有关系，不应构成受贿罪。

审理结果

法院经审理认为，鲁某某系国有企业 A 公司委派到非国有企业 C 公司担任法定代表人兼总经理，具体负责某公司的生产经营，代表国有投资主体行使管理权，属于受国有企业委派至非国有企业从事公务的人员，应以国家工作人员论。最后以受贿罪判处鲁某某有期徒刑 3 年，并处罚金。

（二）受贿罪风险的行为界限（What）

1. 行为条件

受贿罪的行为条件与贪污罪、挪用公款罪都是相同的，即“利用职务上的便利”。但从实质上看，受贿者所利用的职务之便与贪污者、挪用者所利用的职务之便侧重点不同，贪污、挪用者偏重于职权活动中的操作行为，而受贿者偏重于职权活动中公权力的应用行为，如决策、决定、审批等。根据立法的规定，受贿罪的“利用职务上的便利”包括利用本人所担任职务的便利和利用本人职权或者地位形成的便利条件两种情况。

在实际工作中，有些企业的领导干部认为“协调”“打招呼”“说情”是很平常的，认为只要不在自己主管或分管的职权范围内，自己没有动用手中的权力，只是向其他领导干部甚至是朋友“打个招呼”，给别人卖了个“人情”，收了一些财物，并没有触碰法律的“红线”。这种对法律的理解，很容易使自己陷入刑事法律风险，因为受贿罪中，还包括斡旋受贿，即利用本人职权或者地位形成的便利条件，通过其他国家工作人员职务上的行为，为请托人谋取不正当利益而收受贿赂。当然，如果不是直接利用本人职务上的便利，而是进行斡旋行为的，要求必须为请托人谋取不正当利益，如果谋取的是正当利益，不构成受贿罪。

◎案例 3－15

场景回放

被告人王某某系某大型国有集团公司甲公司的副总经理，全面主管公司业务。张某某在甲公司的下属子公司乙公司担任某项目部经理。某建筑企业为了拿下乙公司的一个项目，找到王某某，希望其向乙公司打个招呼给予关照。后王某某给张某某打了招呼，让其对该建筑企业给予照顾。张某某听了王某某的话，将自己负责的一个项目交给了建筑企业承接。事后，建筑企业给王某某送去 50 万元作为感谢费。后王某某被人民检察院以受贿罪提起公诉。在庭审过程中，王某某认为自己并不负责乙公司的任何项目，不主管也未分管，将项目交给建筑企业承接并不是其决定的，不存在利用职务便利，其可以退还 50 万元，但不应该作为犯罪处理。

审理结果

法院经审理认为，王某某虽然没有直接利用其本人职务上的便利，但已经利用了其担任集团公司副总经理形成的对子公司项目经理影响的便利条件，通过张某某职务上的行为，为建筑企业谋取了不正当利益，依法构成受贿罪。

2. 行为方式

（1）收受他人财物，为他人谋取利益

这是受贿罪的一般形式，通常包括两种情形：一种是先收受财物，再为他人谋利益。行贿人通过给予“贿赂”，得到“利益”，受贿人通过出卖“权力”，得到“贿赂”。另一种是先为他人谋利益，再收受他人的财物。这种方式隐蔽性更强，通常通过收受感谢费、礼品等方式收取贿赂，有的甚至是在离退休之后再收取。需要注意的是，不论是先收受财物还是后收受财物，要引发受贿罪的刑事风险，都必须以为他人谋取利益为条件。这里的“为他人谋取利益”，包括实际上为他人谋取了利益，也包括许诺为他人谋取利益，许诺可以是明示，也可以是默许。至于行为人是否实际为行贿人谋取了利益，不影响犯罪的成立。此外，为他人谋取的“利益”可以是不正当利益也可以是正当利益，但斡旋受贿中要求谋取的必须是不正当利益。

（2）索取他人财物，也即通常所说的索贿

索贿不是一个罪名，只是受贿的另一种行为方式。它是指主动地向他人索要、逼取或者公开、半公开地讨价还价，以自己利用职权为别人办某事为由，要求别人给自己一定数额的财物。索取他人财物者，立法规定不要求必须为他人谋取到利益，即可构成受贿罪。

在现实生活中，索贿的手段多种多样，有的甚至很隐晦。例如，有人用暗示的方法索取贿赂，表面上是别人主动送上贿赂，实质上是索要的结果；有人用拖着不办的方法索要贿赂，只要别人所送的财物达不到自己想要的数额，就不给办事，直到收到自己满意的数额为止。对于索贿行为，立法规定应当从重处罚。

（3）在经济往来中，违反国家规定收受各种名义的回扣、手续费，归个人所有

首先，“在经济往来中”是指在单位的经济往来中。如果在非公务经济往

来中，如私人经商活动中收受回扣、手续费的，不会引发本罪的刑事风险。其次，“归个人所有”是指收受的回扣、手续费未记入单位账目之中，而是在暗中账外据为己有。如果收受回扣、手续费之后，上缴本单位入账，而没有归个人所有的，也不会引发本罪的刑事风险。最后，回扣、手续费是违反国家规定收受的。如果国家规定回扣、手续费可以留给个人而进行的收受行为也不会引发犯罪风险。

（4）利用本人职权或者地位形成的便利条件，通过其他国家工作人员职务上的行为，为请托人谋取不正当利益，索取请托人财物或者收受请托人财物

这种行为被称为“斡旋受贿”或者“居间受贿”，是行为人利用延伸了的权力获取贿赂的行为方式。行为人并不直接利用自己的职务之便，而是利用本人职权或者地位所形成的便利条件，从中斡旋或者“牵线搭桥”，由其他国家工作人员为请托人谋取不正当利益。这里要求谋取的必须是不正当利益，如果行为人从中斡旋，由其他国家工作人员为请托人谋取正当利益，不会引发受贿罪的刑事风险。但以下两种情况应排除在斡旋受贿的行为之外：其一，利用其他关系形成的便利条件，如亲戚、朋友、同学、老乡、战友等关系，而不是本人职权或者地位形成的便利条件，为请托人谋取不正当利益，不是斡旋受贿行为。在这种情况下，如果不是共同受贿或介绍贿赂，不会引发刑事风险。其二，行为人通过的其他国家工作人员是行为人的直接下级或者是受行为人直接指挥的，不是斡旋受贿行为，而是直接受贿，为请托人谋取的利益不以“不正当”为必要。

以上就是国家工作人员犯受贿罪的四种行为方式，如果行为人收受财物后及时退还或者上交的，不是受贿。但如果是因为自身或者与其受贿有关联的人、事被查处，为掩饰犯罪而退还或者上交的，不影响受贿罪的成立。

◎案例3－16

场景回放

被告人黎某某系某国有煤炭公司总会计师，在某银行行长刘某某的请求下，在该银行开设煤炭公司的账户，并将2亿元的资金存放在这个银行的账户里，帮助刘某某完成揽储任务，后刘某某为了表示感谢，送给其20万元。后黎某某听说纪委因此事对其开始进行调查，于是找到刘某某，把20万元退给

了刘某某，并与刘某某补签了一个借款协议，约定如果纪委进行调查，就说这20万元是刘某某借给黎某某的，已经归还了。后黎某某被人民检察院以受贿罪提起公诉。在庭审过程中，黎某某认为自己在案发后就已经将款项归还给刘某某，不应再认定为犯罪。

审理结果

法院经审理认为，黎某某虽然是在案发之前将20万元退还给刘某某的，但是因为该事件是在受到纪委查处的情况下才退还的，而且为了掩饰犯罪还补签借款协议，订立攻守同盟。因此，退还行为不改变受贿罪的成立。

3. 行为表现

在司法实践中，收受贿赂的表现非常复杂多样，特别是近几年来，打击腐败犯罪的力度加大，犯罪分子为了逃避制裁，收受贿赂的形式变得更加狡猾、隐蔽，使司法机关调查取证也更加困难。2007年7月8日最高人民法院、最高人民检察院联合发布了《关于办理受贿刑事案件适用法律若干问题的意见》，进一步明确了实践中收受贿赂的形式。

（1）以交易形式收受贿赂

一般包括以明显低于市场的价格向请托人购买房屋、汽车等物品的形式，以明显高于市场的价格向请托人出售房屋、汽车等物品的形式，以其他交易形式非法收受请托人财物的形式。以上述形式收受贿赂的，其受贿数额按照交易时当地市场价格与实际支付价格的差额计算。这里的市场价格包括商品经营者事先设定的针对不特定人的最低优惠价格。行为人如果根据商品经营者事先设定的各种优惠交易条件，以优惠价格购买商品的，不会引发受贿罪的风险。

◎案例3－17

场景回放

被告人田某某系某国有银行行长，主管发放贷款，某房地产开发公司系该银行客户，为了获得田某某的关照，该房地产开发公司以各种打折优惠的名义，按每平方米1.6万元的价格将一套200平方米的房屋销售给田某某的儿子，总房款320万元。据了解，该房地产开发商同期对外的销售均价为每平方米2万元，一次性付款可以享受9.8折优惠，老业主可以再享受9.9折优惠，前期交过意向金的还可以抵1万元，折算下来最低的优惠价格为每平方米1.8

万元。在这种情况下，虽然买房是一种正常的市场行为，但被告人田某某的儿子却是以明显低于市场的价格购得的，差额是40万元。

（2）收受请托人提供的干股

这里的“干股”是指未出资而获得的股份，如果对请托人提供的干股进行了工商登记，或者有证据证明股份发生了实际的转让，受贿数额按股份转让时的价值计算，所分红利按受贿的孳息处理。如果股份尚未实际转让，但以股份分红名义获取利益的，受贿数额以实际获利的数额计算。

◎案例3－18

场景回放

被告人田某某系某国有银行行长，主管发放贷款，某典当公司系该银行客户，为了获得田某某的关照，该典当公司董事长关某某同意将公司10%的股东送给田某某，每年可以获得10万～20万元的分红。后田某某答应，为了避嫌，没有在工商登记部门登记该股份，但在5年的时间内，田某某从汽车销售公司里总共收取了40万元的分红款。

（3）以开办公司等合作投资名义收受贿赂

利用职务上的便利为请托人谋取利益，由请托人出资，“合作”开办公司或者进行其他“合作”投资的，可以引发受贿罪的风险。受贿数额按请托人给国家工作人员的出资额计算。如果以合作开办公司或者其他合作投资的名义获取“利润”，没有实际出资也没有参与管理、经营的，同样可以构成受贿罪，受贿数额以实际获利的数额计算。

◎案例3－19

场景回放

被告人田某某系某国有银行行长，主管发放贷款，某汽车销售公司系该银行客户，该汽车销售公司董事长张某某了解到田某某的儿子也在某汽车公司工作，为了获得田某某的关照，张某某提议与田某某的儿子合作成立一家实缴注册资本金1000万元的汽车贸易公司，田某某儿子到这家公司工作，不用出资，但占20%的股份。之后，张某某使用汽车销售公司的资金成立了汽车贸易公司，工商登记上田某某的儿子占20%股份。之后田某某儿子到该贸易公司上班，除了每月领取1万元的工资外，每年还获得10万~20万元的分红，领取的工资和分红款共计40万元。

（4）以委托请托人投资证券、期货或者其他委托理财的名义收受贿赂

利用职务上的便利为请托人谋取利益，以委托请托人投资证券、期货或者其他委托理财的名义，未实际出资而获取"收益"，或者虽然实际出资，但获取"收益"明显高于出资应得收益的，可能引发受贿罪的风险。前一种情形的受贿数额，以"收益"额计算；后一情形的受贿数额，以"收益"额与出资应得收益额的差额计算。

◎案例3-20

场景回放

被告人田某某系某国有银行行长，主管发放贷款，某上市公司系该银行客户，该上市公司总经理李某某善于精通炒股炒期货，为了取得田某某的关照，李某某跟田某某说他炒股炒期货一般都可以获利，可以帮田某某进行理财，后田某某给了李某某50万元，但遇到股灾，50万元亏掉了大半，但李某某事后支付给田某某90万元，本金50万元，另40万元说是炒股赚到的钱。

（5）以赌博形式收受贿赂

利用职务上的便利为请托人谋取利益，通过赌博方式收受请托人财物的，可以构成受贿罪。实践中应注意区分此种形式的贿赂与赌博活动、娱乐活动的界限。具体认定时，主要应当结合以下因素进行判断：赌博的背景、场合、时间、次数，赌资来源，其他赌博参与者有无事先通谋，输赢钱物的具体情况和金额大小。

◎案例3-21

场景回放

被告人田某某系某国有银行行长，主管发放贷款，某贸易公司系该银行客户，该贸易公司董事长蔡某某获知田某某喜欢打麻将，于是经常邀请田某某一起出去打麻将，并与一起打麻将的另外两个人串通好，故意做局输给田某某，半年下来，输给田某某共计40万元。

（6）通过特定关系人挂名领取薪酬收受贿赂

利用职务上的便利为请托人谋取利益，要求或者接受请托人以给特定关系人安排工作为名，使特定关系人不实际工作却获取所谓薪酬的，也会引发受贿罪的风险。受贿数额按特定关系人实际获取的薪酬数额计算。这里的“特定关系人”，是指与国家工作人员有近亲属、情妇（夫）以及其他共同利益关系的人。

◎案例3－22

场景回放

被告人田某某系某国有银行行长，主管发放贷款，某商业公司系该银行客户，为了取得田某某的支持，该商业公司老总得知田某某女儿大学毕业还未找到工作，于是跟田某某说他们公司能解决工作，工作很清闲，愿意去就去，不愿去在家也可以，但工资还是比较高的，每个月2万元，田某某同意了这个提议，随后其女儿并未实际到公司上班，仍每月收到公司打来的工资，20个月共领取了40万元。

（7）在职时为请托人谋利，离职后收受财物

利用职务上的便利为请托人谋取利益之前或者之后，约定在其离职后收受请托人财物，并在离职后收受的，可以构成受贿罪。利用职务上的便利为请托人谋取利益，离职前后连续收受请托人财物的，离职前后收受部分均计入受贿数额。

◎案例3－23

场景回放

被告人田某某系某国有银行行长，主管发放贷款，59岁，马上要退休了，某企业董事长林某某找到田某某让其帮忙发放一笔贷款，两人商量好，等田某某退休后，林某某再找合适的机会给予感谢。在田某某退休后过62岁生日时，林某某给田某某送了一个40万元的红包。

（8）通过特定关系人收受贿赂

利用职务上的便利为请托人谋取利益，授意请托人以前述7种形式，将有关财物给予特定关系人的，也可以构成受贿罪。可见，收受财物不限于本人，

通过特定关系人收受也可以成立受贿罪。如果特定关系人与国家工作人员通谋，共同实施前列行为的，对特定关系人也应以受贿罪论处。

◎**案例 3－24**

场景回放

被告人田某某系某国有银行行长，主管发放贷款，某公司老板赵某某为了感谢田某某在发放贷款中给予的帮助，打电话说想登门拜访表示感谢，田某某表示自己不方便接待他，便将其情妇王某某的地址给了赵某某，赵某某于是将40万元现金放在茶叶盒里送给了王某某，王某某后将这40万元告诉了田某某。

在案例3－17至案例3－24中，行贿人虽然不是直接将40万元现金送给被告人田某某，而是通过各种市场行为或者经济交往，自己或者通过其特定关系人获利40万元，如果能认定田某某为行贿人在发放贷款中谋取了利益，不管是正当利益还是不正当利益，就都可以将这40万元认定为受贿款，一样可以引发受贿罪的刑事风险。所以，在社会生活中，不要认为通过各种市场行为或者经济交往输送利益就可以规避刑事风险。

（三）受贿罪风险的追诉标准（How）

◎**案例 3－25**

场景回放

被告人吴某某系某国有公司财务经理，其利用与客户单位进行财务结算的职务便利，多次索取他人财物共计12万元，产生的影响比较恶劣，检察机关将其移送起诉，建议在3年以上10年以下有期徒刑的幅度内进行量刑。吴某某认为法律已经发生变化，20万元以上才能判处3年以上的刑期，其只是受贿12万元，应该在3年以下有期徒刑的幅度内进行量刑。

审理结果

法院经审理认为，被告人吴某某受贿的数额虽然是12万元，没有达到“数额巨大”的标准，但其多次索贿，产生的影响恶劣，属于具有“其他严重情节”，仍然应当在3～10年有期徒刑的幅度内进行量刑。

受贿数额是认定受贿罪的一个非常重要的标准，但不是唯一的标准，《刑法修正案（九）》对受贿罪的量刑标准进行了较大调整，由原来刚性的数额标准改为更有弹性的“数额加情节”标准，2016 年 4 月 18 日开始实施的最高人民法院、最高人民检察院《关于办理贪污贿赂刑事案件适用法律若干问题的解释》对法条中“数额较大”“其他较重情节”“数额巨大”“其他严重情节”“数额特别巨大”“其他特别严重情节”分别作出了明确的规定，现将追诉标准和量刑幅度使用列表的方式展示如下（见表 3－5）：

表 3－5　受贿罪的量刑标准

量刑	罪状	“数额＋情节”标准	
3 年以下有期徒刑或者拘役，并处罚金	数额较大	3 万元≤受贿数额＜20 万元	
	其他较重情节	1 万元≤受贿数额＜3 万元	（1）多次索贿； （2）为他人谋取不正当利益，致使公共财产、国家和人民利益遭受损失； （3）为他人谋取职务提拔、调整； （4）曾因贪污、受贿、挪用公款受过党纪、行政处分的； （5）曾因故意犯罪受过刑事追究的； （6）赃款赃物用于非法活动的； （7）拒不交代赃款赃物去向或者拒不配合追缴工作，致使无法追缴的； （8）造成恶劣影响或者其他严重后果的
3～10 年有期徒刑，并处罚金或者没收财产	数额巨大	20 万元≤受贿数额＜300 万元	
	其他严重情节	10 万元≤受贿数额＜20 万元	（1）多次索贿； （2）为他人谋取不正当利益，致使公共财产、国家和人民利益遭受损失； （3）为他人谋取职务提拔、调整； （4）曾因贪污、受贿、挪用公款受过党纪、行政处分的； （5）曾因故意犯罪受过刑事追究的； （6）赃款赃物用于非法活动的； （7）拒不交代赃款赃物去向或者拒不配合追缴工作，致使无法追缴的； （8）造成恶劣影响或者其他严重后果的

续表

<table>
<tr><th>量刑</th><th>罪状</th><th colspan="2">“数额＋情节”标准</th></tr>
<tr><td rowspan="2">10年以上有期徒刑、无期徒刑，并处罚金或者没收财产</td><td>数额特别巨大</td><td colspan="2">受贿数额≥300万元</td></tr>
<tr><td>其他特别严重情节</td><td>150万元≤受贿数额<300万元</td><td>（1）多次索贿；
（2）为他人谋取不正当利益，致使公共财产、国家和人民利益遭受损失；
（3）为他人谋取职务提拔、调整；
（4）曾因贪污、受贿、挪用公款受过党纪、行政处分的；
（5）曾因故意犯罪受过刑事追究的；
（6）赃款赃物用于非法活动的；
（7）拒不交代赃款赃物去向或者拒不配合追缴工作，致使无法追缴的；
（8）造成恶劣影响或者其他严重后果的</td></tr>
<tr><td>无期徒刑或者死刑</td><td>数额特别巨大，并使国家和人民利益遭受特别重大损失</td><td colspan="2">—</td></tr>
</table>

◎法律法规链接

◆《刑法》（2020年修正）第163条第3款、第184条第2款、第383条、第385条、第386条、第388条

◆最高人民法院、最高人民检察院《关于办理贪污贿赂刑事案件适用法律若干问题的解释》（2016年4月18日实施）

◆最高人民法院、最高人民检察院《关于办理国家出资企业中职务犯罪案件具体应用法律若干问题的意见》（2010年11月26日实施）

◆最高人民法院、最高人民检察院《关于办理职务犯罪案件认定自首、立功等量刑情节若干问题的意见》（2009年3月12日实施）

◆最高人民法院、最高人民检察院《关于办理受贿刑事案件适用法律若干问题的意见》（2007年7月8日实施）

◆最高人民法院《关于印发〈全国法院审理经济犯罪案件工作座谈会纪要〉的通知》（2003年11月13日实施）

◆最高人民法院《关于国家工作人员利用职务上的便利为他人谋取利益

离退休后收受财物行为如何处理问题的批复》(2000 年 7 月 21 日实施)

三、单位受贿的风险

◎案例 3 –26

场景回放

上海 A 实业公司是一家全民所有制企业，设立 B 房产公司作为其子公司，主营房地产业务，被告人王某某出任 B 房产公司的法定代表人兼总经理。2014 年至 2015 年，B 房产公司在经营期间，利用发包本单位工程给上海 D 建筑有限公司之便，由王某某决定，收受对方贿赂款 23 万元，之后将其中 13 万元在公司内部职工中私分，另 10 万元用于公司其他费用开支。2016 年年初，B 房产公司经营陷入困境，股东大会经研究决定，将上海 A 实业公司及其子公司 B 房产公司有偿转让 E 集团，E 集团在出资 260 万元取得两公司的全部资产权、经营权、管理权和债权债务后，向工商行政管理机关申请变更，并于 2016 年 8 月将 B 房产公司更名为 C 房产公司，并继续聘用王某某担任公司法定代表人兼总经理。后人民检察院将 C 房产公司作为被告单位，王某某作为被告人，以单位受贿罪提起公诉。

审理结果

法院经审理认为，实施受贿行为的是 B 房产公司，但 B 房产公司因依法转让而已经不存在，无法追究刑事责任，而 C 房产公司的前身虽是 B 房产公司，但并非同一主体，C 房产公司并无犯罪行为，不应追究其刑事责任。因此决定对被告单位 C 房产公司终止审理。在单位犯罪中，被告单位和直接责任人员分属两个独立的诉讼主体，对被告单位的终止审理并不影响追究直接责任人员的刑事责任。据此，法院判决被告人王某某犯单位受贿罪，判处有期徒刑 1 年 6 个月，缓刑 2 年。

(一) 单位受贿罪风险的主体范围 (Who)

根据《刑法》的规定，本罪的主体是特殊主体，仅限于国家机关、国有公司、企业、事业单位、人民团体。相比国家机关、事业单位、人民团体，国有公司、企业是单位受贿罪的“高发地带”。

我国《刑法》对单位受贿罪采取双罚制的立法例。也就是说，单位构成犯罪的，不但对单位判处罚金，还要对单位直接负责的主管人员或者直接责任人员判处相应的刑罚。

在案例3－26中，被告单位C房产公司的前身是B房产公司，B房产公司具有全民所有制企业的性质，属于国有企业，满足单位受贿罪的主体资格。但案发时，B房产公司已合法有偿转让给E集团，并经过工商管理机关登记且更名为C房产公司。本案的犯罪事实发生在B房产公司未被收购之前，受贿行为是由B房产公司单位决定的，其理所应当地对此受贿行为负责，承担相应的刑事责任。C房产公司虽然是B公司民事权利义务的承受体，但刑事责任和民事责任不同，不能因民事责任的转移推导出刑事责任也可以转移。因此，B房产公司虽然应对受贿行为负责，但由于该公司已于2016年8月被合法收购，在法律上实际已经死亡，根据《刑事诉讼法》第16条的规定，不应再承担刑事责任。法院裁定终止对C房产公司的审理是正确的。此外，在单位犯罪中，被告单位和直接责任人员分属两个独立的诉讼主体，对被告单位的终止审理并不影响追究直接责任人员的刑事责任，法院最终单独追究被告人王某某的刑事责任，也是符合法律规定的。可见，单位的消亡并不能免除责任人员的刑事责任，实践中那些希望通过注销公司、变更法定代表人、公司名称等方式来逃避刑事责任的做法都是徒劳的。

（二）单位受贿罪风险的行为界限（What）

根据《刑法》的规定，本罪的行为表现为索取、非法收受他人财物，为他人谋取利益或者在经济往来中，在账外暗中收受各种名义的回扣、手续费。这些表现与受贿罪相似，但略有区别。相比之下，单位受贿罪的索取或者收受行为要比受贿罪简单一些，一般都是直接的索取或者收受，不像受贿罪中有那么多形式的变相索取或者收受。为他人谋取利益，也与受贿罪一样，既包括谋取合法利益也包括谋取非法利益。但是，单位受贿罪与受贿罪毕竟是两个不同的罪名，两者之间仍存在一定的差异，例如，单位受贿罪没有利用职务之便的要求，但有情节严重的限制，这与受贿罪是不同的。

在案例3－26中，B房产公司在经营期间，利用发包本单位工程给上海D建筑有限公司之便，收受对方贿赂款23万元，之后将其中13万元在公司内部职工中私分，另10万元用于公司其他费用开支，完全符合单位受贿罪的行为要件。在这里，我们需要注意，如果王某某以公司名义作出决定收受贿赂款，但收受贿赂款后，并没有将贿赂款用于公司费用开支或者私分给职工，而是占为己有，那么王某某将构成受贿罪，而不是单位受贿罪，其面临的处罚将会更重。

（三）单位受贿罪风险的追诉标准（How）

根据1999年最高人民检察院《关于人民检察院直接受理立案侦查案件立案标准的规定（试行）》，单位受贿涉嫌下列情形之一的，应予立案：

1. 单位受贿数额在10万元以上的；

2. 单位受贿数额不满10万元，但具有下列情形之一的：（1）故意刁难、要挟有关单位、个人，造成恶劣影响的；（2）强行索取财物的；（3）致使国家或者社会利益遭受重大损失的。

需要注意的是，这个立案标准是在1999年颁布的，在当时的情况下，单位受贿罪的立案标准远高于受贿罪，1999年，个人受贿数额5000元以上的就可以构成犯罪，而单位犯罪数额要达到10万元以上才可以构成犯罪，单位受贿的追诉数额是个人受贿追诉数额的20倍。2015年《刑法修正案（九）》和2016年最高人民法院、最高人民检察院出台的司法解释对个人受贿的追诉数额进行了调整，但没有对单位受贿罪的立案标准进行调整，这个需要大家引起注意，不要想当然地认为所有受贿类犯罪的立案标准都调整了。

在案例3-26中，B房产公司受贿23万元，已经达到了单位受贿罪10万元的追诉标准。

◎法律法规链接

◆《刑法》（2020年修正）第387条

◆最高人民法院、最高人民检察院《关于办理贪污贿赂刑事案件适用法律若干问题的解释》（2016年4月18日实施）

◆最高人民法院、最高人民检察院《关于办理国家出资企业中职务犯罪案件具体应用法律若干问题的意见》（2010年11月26日实施）

◆最高人民法院、最高人民检察院《关于办理职务犯罪案件认定自首、立功等量刑情节若干问题的意见》（2009年3月12日实施）

◆最高人民法院、最高人民检察院《关于办理受贿刑事案件适用法律若干问题的意见》(2007 年 7 月 8 日实施)

◆最高人民法院《关于印发〈全国法院审理经济犯罪案件工作座谈会纪要〉的通知》(2003 年 11 月 13 日实施)

◆最高人民检察院《关于人民检察院直接受理立案侦查案件立案标准的规定（试行)》(1999 年 9 月 16 日实施）第 4 条

四、利用影响力受贿的风险

◎案例 3－27①

场景回放

被告人耿某某，系贵州高速公路开发总公司原总经理，曾任贵州高速公路集团有限公司董事长，2017 年年初退休。2016 年年初，商人高某为了让顺康公司参与六盘水至威宁高速公路桥隧检测业务的招标项目找到耿某某请求帮助，耿某某承诺帮忙并给其原下属、六威高速项目建设办公室主任何某打电话，请其予以关照，何某承诺帮忙，但因顺康公司不符合招标公告要求的条件而未能参与投标。在耿某某退休后，高某为了继续保持与耿某某的关系并希望以后继续得到耿某某的帮助，于 2017 年 4～5 月，在耿某某家送给耿某某 30 万元。2017 年上半年，遵义至贵阳公路扩容工程（青山至羊昌段）及羊昌互通桥梁荷载试验、桥梁外观与实体检测及交（竣）工验收试验检测服务项目准备开始招标后，高某再次找到耿某某，耿某某承诺帮忙并给其原下属、遵贵扩容工程项目办主任朱某打电话，请其予以关照。接受请托后，朱某提前透露了标书内容，帮助顺康公司取得该项目第 ZGF－14 标段的桥梁荷载试验，桥梁外观与实体检测业务。

审理结果

法院经审理认为，耿某某离职后，利用原职权形成的便利条件，通过其他国家工作人员职务上的行为，为请托人谋取不正当利益，收受请托人数额巨大的财物的行为构成利用影响力受贿罪，判处有期徒刑 2 年，并处罚金人民币

① 参见（2019）黔刑终 79 号刑事裁定书。

20 万元。

（一）利用影响力受贿罪风险的主体范围（Who）

根据《刑法》的规定，本罪的主体是特殊主体，存在以下几种情形：

1. 国家工作人员的近亲属；
2. 其他与该国家工作人员关系密切的人；
3. 离职的国家工作人员；
4. 离职的国家工作人员的近亲属；
5. 其他与离职的国家工作人员关系密切的人。

就公司、企业的人员而言，首先看看自己是否属于离职的国家工作人员，有些人认为只要自己离职了，手上没有职权了，收受他人财物就不会有任何刑事风险了，但实质上，即使是离职的国家工作人员，也仍然存在构成利用影响力受贿罪的刑事风险，案例 3－27 中的耿某某就属于这类情形；其次要看看自己是否属于在职或者离职的国家工作人员的近亲属或者其他与该国家工作人员关系密切的人，审查自己是否有可能触犯这个罪名；如果自己本人就属于国家工作人员，还要警惕自己的近亲属或者与自己关系密切的人有无可能触犯这个罪名。

（二）利用影响力受贿罪风险的行为界限（What）

1. 行为条件

由于国家工作人员的近亲属或者与该国家工作人员关系密切的人，自己本身并不具有职务上的便利，也不可能利用自己的职务便利为他人谋利，利用的只能是国家工作人员的影响力，这种影响力的利用可以通过以下方式实现：

（1）通过该国家工作人员职务上的行为。

（2）利用在职的国家工作人员职权或者地位形成的便利条件，通过其他国家工作人员职务上的行为。

（3）利用离职的国家工作人员原职权或者地位形成的便利条件，通过其他国家工作人员职务上的行为。

在案例 3－27 中，被告人耿某某实施了上述第 2 种和第 3 种方式，在离职之前，利用自己职权或地位形成的便利条件，通过其原下属、六威高速项目建设办公室主任何某的职务行为为他人谋取不正当利益，只是最终没有谋成；在离职之后，继续利用自己职权或地位形成的便利条件，通过其原下属、遵贵扩容工程项目办主任朱某的职务行为为他人谋取不正当利益，最终使顺康公司中标，谋得了不正当利益。

2. 行为方式

根据《刑法》的规定，利用影响力受贿罪的行为方式也是两种：一种是收受请托人财物，另一种是索取请托人财物。不管是哪种方式，都要求为请托人谋取的是不正当利益，如果是为请托人谋取正当利益，即使收受财物，也不能认定为这个罪名。

（三）利用影响力受贿罪风险的追诉标准（How）

利用影响力受贿罪是 2009 年《刑法修正案（七）》增加的罪名，2016 年 4 月 18 日开始实施的最高人民法院、最高人民检察院《关于办理贪污贿赂刑事案件适用法律若干问题的解释》对法条中“数额较大”“其他较重情节”“数额巨大”“其他严重情节”“数额特别巨大”“其他特别严重情节”分别作出了明确的规定，现将追诉标准和量刑幅度使用列表的方式展示如下（见表 3－6）：

表 3－6　利用影响力受贿罪的量刑标准

量刑	罪状	“数额＋情节”标准	
3 年以下有期徒刑或者拘役，并处罚金	数额较大	3 万元≤受贿数额＜20 万元	
	其他较重情节	1 万元≤受贿数额＜3 万元	（1）多次索贿； （2）为他人谋取不正当利益，致使公共财产、国家和人民利益遭受损失； （3）为他人谋取职务提拔、调整； （4）曾因贪污、受贿、挪用公款受过党纪、行政处分的； （5）曾因故意犯罪受过刑事追究的； （6）赃款赃物用于非法活动的； （7）拒不交代赃款赃物去向或者拒不配合追缴工作，致使无法追缴的； （8）造成恶劣影响或者其他严重后果的

续表

量刑	罪状	“数额+情节”标准	
3~7年有期徒刑，并处罚金	数额巨大	20万元≤受贿数额<300万元	
	其他严重情节	10万元≤受贿数额<20万元	(1) 多次索贿； (2) 为他人谋取不正当利益，致使公共财产、国家和人民利益遭受损失； (3) 为他人谋取职务提拔、调整； (4) 曾因贪污、受贿、挪用公款受过党纪、行政处分的； (5) 曾因故意犯罪受过刑事追究的； (6) 赃款赃物用于非法活动的； (7) 拒不交代赃款赃物去向或者拒不配合追缴工作，致使无法追缴的； (8) 造成恶劣影响或者其他严重后果的
7年以上有期徒刑，并处罚金或者没收财产	数额特别巨大	受贿数额≥300万元	
	其他特别严重情节	150万元≤受贿数额<300万元	(1) 多次索贿； (2) 为他人谋取不正当利益，致使公共财产、国家和人民利益遭受损失； (3) 为他人谋取职务提拔、调整； (4) 曾因贪污、受贿、挪用公款受过党纪、行政处分的； (5) 曾因故意犯罪受过刑事追究的； (6) 赃款赃物用于非法活动的； (7) 拒不交代赃款赃物去向或者拒不配合追缴工作，致使无法追缴的； (8) 造成恶劣影响或者其他严重后果的

在案例3-27中，被告人耿某某利用影响力受贿的受贿数额为30万元，依法应当在3~7年有期徒刑的幅度内进行量刑，但考虑其具有自首情节，最终判处2年有期徒刑。

◎**法律法规链接**

◆《刑法》(2020年修正)第388条之一

◆最高人民法院、最高人民检察院《关于办理贪污贿赂刑事案件适用法律若干问题的解释》(2016年4月18日实施)

◆最高人民法院、最高人民检察院《关于办理受贿刑事案件适用法律若

干问题的意见》(2007 年 7 月 8 日实施)

◆最高人民法院《关于印发〈全国法院审理经济犯罪案件工作座谈会纪要〉的通知》(2003 年 11 月 13 日实施)

◆最高人民法院《关于国家工作人员利用职务上的便利为他人谋取利益离退休后收受财物行为如何处理问题的批复》(2000 年 7 月 21 日实施)

第四节　行贿类犯罪的风险[①]

风险提示

△只要是为了单位利益去行贿，就是单位的事情，与自己无关，个人不会有刑事风险?

△其他人都在通过送礼开拓市场，如果自己不送，就会丧失市场，所以就是送礼是一种潜规则，是无奈之举，不存在刑事风险?

△单位实力最强，本来就应当中标，为了保险起见而行贿不算是谋取不正当利益?

△作为单位的打工者，只要不是老板，就不需要为行贿行为承担刑事责任?

△对不拥有直接职权的人行贿不存在刑事风险?

△不管是认定为哪一种行贿类的罪名，量刑上没有什么影响?

一、对非国家工作人员行贿的风险

◎案例 3－28

场景回放

2013 年 3 月 28 日，森众公司获得某建筑公司某处工业划拨用地，用于商业开发。由于该建筑公司未积极履约，导致该宗土地办理转换使用性质的相关

① 引发行贿类犯罪刑事风险进入刑事诉讼程序后如何进行辩护，参见娄秋琴在北京大学出版社出版的《常见刑事案件辩护要点》第六章的相关内容。

手续没有办理。森众公司的法定代表人杜某某为尽早获得该宗土地使用权，在建筑公司的要求下，将支付给建筑公司土地净收入增加到500万元。建筑公司法定代表人姬某某安排公司人员向市国土局递交申请，正式把该宗工业用地申报给政府收购，纳入土地资源储备库。2017年年底，市政府在对该宗土地使用权按照“招、拍、挂”政策组织拍卖时，森众公司依法获得该宗土地使用权。2018年1月8日，建筑公司与森众公司签订拆迁协议书，约定：“由建筑公司负责拆除森众公司所拍土地上的房屋。”之后，建筑公司却迟迟不予配合，为确保拆迁工作的顺利进行，杜某某在姬某某的要求下给了姬某某个人50万元好处费。后森众公司及其法定代表人杜某某被检察机关以涉嫌对非国家工作人员行贿罪移送起诉。

审理结果

法院经审理认为，森众公司经合法程序取得了工业划拨用地土地开发资格，又与建筑公司签订拆迁协议书，约定由建筑公司负责拆除森众公司所拍土地上的房屋，但在建筑公司迟迟不配合不履行约定的情况下，森众公司才给予姬某某50万元好处费，谋取的是合法正当利益而非不正当利益，因此森众公司及杜某某不构成对非国家工作人员行贿罪。

（一）对非国家工作人员行贿罪风险的主体范围（Who）

根据《刑法》的规定，本罪的主体是一般主体，包括自然人和单位。自然人主体只要达到刑事责任年龄具有刑事责任能力就可以引发本罪的刑事风险，没有特定身份的要求。放到公司、企业来说，公司、企业的工作人员以及公司、企业自身都可能成为本罪的主体。

在案例3-28中，给予姬某某50万元好处费虽然是杜某某给的，但杜某某是基于森众公司的利益，且50万元的款项也源于森众公司，所以属于单位犯罪，杜某某是作为主管人员陷入刑事风险中。

（二）对非国家工作人员行贿罪风险的行为界限（What）

1. 行为目的

行为人行贿的目的是谋取不正当利益。如果是为了谋取正当利益，则不构成本罪。“不正当利益”包括以下两种情况：一是违法利益，根据最高人民法院、最高人民检察院在 1999 年 3 月 4 日联合发布的《关于在办理受贿犯罪大要案的同时要严肃查处行贿犯罪分子的通知》，“不正当利益”是指违反法律、法规、国家政策和国务院各部门规章规定的利益，以及要求公司、企业人员或者有关单位提供违反法律、法规、国家政策和国务院各部门规章规定提供帮助或者便利条件。二是违反社会主义道德观念的利益，也属于不正当利益。在刑法中，行贿与受贿是一种相对行为，前文我们讲到，公司、企业人员不论是索要还是非法收受他人财物，只要是为他人谋取利益，无论是正当利益还是不正当利益，都可以构成非国家工作人员受贿罪。而对公司、企业人员行贿，则必须是为了谋取不正当利益才能构成对非国家工作人员行贿罪。

在案例 3－28 中，森众公司给予姬某某 50 万元系为了让姬某某所在的建筑公司尽快按照拆迁协议的约定履行义务，是为了获取其依法依约应得的合法利益，而非为了谋取不正当利益，最终被法院认定为不构成对非国家工作人员行贿罪。而姬某某收取 50 万元是为了为森众公司谋取正当利益，但不影响其非国家工作人员受贿罪的成立。

2. 行为对象

本罪的行为对象是公司、企业的工作人员。这里的公司、企业的工作人员与非国家工作人员受贿罪中的公司、企业的工作人员的范围完全相同，也不包括国有公司、企业或者其他国有单位中从事公务的人员和国有公司、企业或者其他国有单位委派到非国有公司、企业以及其他单位从事公务的人员。如果为谋取不正当利益而给予这些人员以财物的，将构成行贿罪，而不是对非国家工作人员行贿罪。在案例 3－28 中，森众公司给予好处费的对象是建筑公司的法定代表人姬某某，其属于非国家工作人员，因此检察机关起诉的罪名是对非国家工作人员行贿罪而不是行贿罪。

3. 行为方式

本罪的行为方式表现为给予公司、企业人员以财物。所谓“给予”既包括行为人主动给予，也包括经公司、企业人员的明示或暗示而被动给予财物。但是，行为人如果是因被勒索而给予公司、企业人员以财物，又没有获得不正当利益的情况下，一般不会引发本罪的刑事风险；倘若因被勒索给予公司、企业人员以财物，但获得了不正当利益，则属于被动给予公司、企业人员以财物，仍可以构成本罪，但在量刑时可以适当从轻处罚。

（三）对非国家工作人员行贿罪风险的追诉标准（How）

根据《刑法》的规定，为谋取不正当利益，给予公司、企业或者其他单位的工作人员以财物，达到“数额较大”标准的，处3年以下有期徒刑或者拘役，并处罚金；达到“数额巨大”标准的，处3～10年有期徒刑，并处罚金。最高人民检察院、公安部《追诉标准的规定（二）》虽然对本罪规定了立案追诉标准，但已被最高人民法院、最高人民检察院《关于办理贪污贿赂刑事案件适用法律若干问题的解释》进行了修改，具体标准如下（见表3－7）：

表3－7　对非国家工作人员行贿罪的量刑标准

<table>
<tr><th>量刑</th><th colspan="2">“数额＋情节”标准</th></tr>
<tr><td rowspan="2">3年以下有期徒刑或者拘役，并处罚金</td><td colspan="2">6万元≤行贿数额<200万元</td></tr>
<tr><td>2万元≤行贿数额<6万元</td><td>（1）向3人以上行贿的；
（2）将违法所得用于行贿的；
（3）通过行贿谋取职务提拔、调整的；
（4）向负有食品、药品、安全生产、环境保护等监督管理职责的国家工作人员行贿，实施非法活动的；
（5）向司法工作人员行贿，影响司法公正的；
（6）造成经济损失数额在50万元以上不满100万元的</td></tr>
<tr><td rowspan="2">3～10年有期徒刑，并处罚金</td><td colspan="2">行贿数额≥200万元</td></tr>
<tr><td>100万元≤行贿数额<200万元</td><td>（1）向3人以上行贿的；
（2）将违法所得用于行贿的；
（3）通过行贿谋取职务提拔、调整的；
（4）向负有食品、药品、安全生产、环境保护等监督管理职责的国家工作人员行贿，实施非法活动的；
（5）向司法工作人员行贿，影响司法公正的</td></tr>
</table>

◎法律法规链接

◆《刑法》（2020年修正）第164条

◆最高人民法院、最高人民检察院《关于办理贪污贿赂刑事案件适用法律若干问题的解释》（2016年4月18日实施）第11条

◆最高人民法院《关于常见犯罪的量刑指导意见》（2017年4月1日实施）

◆最高人民检察院、公安部《关于公安机关管辖的刑事案件立案追诉标

准的规定（二）》（2010年5月7日实施）第11条

◆最高人民法院《关于办理商业贿赂刑事案件适用法律若干问题的意见》（2008年11月20日实施）

◆最高人民法院《关于充分发挥审判职能作用切实做好治理商业贿赂专项工作的通知》（2006年4月5日实施）

◆最高人民法院、最高人民检察院《关于在办理受贿犯罪大要案的同时要严肃查处行贿犯罪分子的通知》（1999年3月4日实施）

◆《反不正当竞争法》（2019年修正）

二、行贿的风险

◎**案例3－29**

场景回放

2011年年初至2012年4月，喻某某在担任某报社总经理期间，为了谋取不正当利益，以感谢分管该报社调研员李某某（国家工作人员）对报社开拓广告业务的支持，以发放年终奖为名，先后2次贿送给李某某15万元。其间，李某某在审核报社违规业绩报告文件和奖金等方面，给予了喻某某关照和便利。

审理结果

法院经审理认为，被告人喻某某为谋取不正当利益，给予国家工作人员以财物，构成行贿罪。

（一）行贿罪风险的主体范围（Who）

根据《刑法》的规定，本罪的主体也是一般主体，但与对非国家工作人员行贿罪不同的是，本罪的主体仅限于自然人，不包括单位。如果单位向国家工作人员实施行贿行为，构成的不是行贿罪，而是单位行贿罪，相比于行贿罪，单位行贿罪的量刑更低。因此，就个人防范风险的角度而言，认定为单位行贿罪更有利于个人；但就单位防范风险的角度而言，也要防止个人行贿行为牵扯到单位的情形。

在案例3－29中，被告人喻某某虽然是借着发年终奖的名义给李某某送的15万元，但这15万元并非经报社集体讨论决定的，相关证据体现，虽然报社曾经讨论过是否给李某某发放奖金，但最终被否决了，因此，给李某某 15 万元系喻某某个人行为，而李某某利用职务便利也是给喻某某个人谋取了利益，所以法院最终认定喻某某行贿罪，而非单位行贿罪。

（二）行贿罪风险的行为界限（What）

1. 行为目的

为了谋取不正当利益是行贿类犯罪的一个共同的行为目的，行贿罪也不例外。根据司法解释的规定，谋取不正当利益，是指行贿人谋取的利益违反法律、法规、规章、政策规定，或者要求国家工作人员违反法律、法规、规章、政策、行业规范的规定，为自己提供帮助或者方便条件。此外，在经济、组织人事管理等活动中，如果违背公平、公正原则，谋取竞争优势，也应当认定为谋取不正当利益。当然，行贿人是否实际获得了不正当利益，并不影响刑事风险的发生。相比之下，国家工作人员非法收受行贿人的财物，并不以为行为人谋取不正当利益为前提，为行贿人谋取正当利益而收受财物的，同样可以引发受贿罪的刑事风险。

在案例 3 - 29 中，被告人喻某某给予李某某金钱的行为系为了谋取不正当利益，经庭审查明，被告人喻某某在担任报社总经理期间，每年都有将预收款项计入当年广告收入，以虚增业绩提前领取奖金的事实，这与李某某供述其知道此事且予以默许的事实也是相一致的。可见，喻某某违规、违法的做法，得到了李某某的默许和关照，也证明了李某某在客观上为被告人喻某某确实谋取了不正当利益，故被告人喻某某构成行贿罪。

2. 行为对象

行贿罪与对非国家工作人员行贿罪最大的区别就在于行贿对象的不同，对非国家工作人员行贿罪的对象是非国家工作人员，而行贿罪的对象是国家工作人员。可见，行贿对象的不同，直接影响到罪名的确定，且产生的量刑结果也不同，这也是企业及企业家应当把握的风险点。在案例 3 - 29 中，被告人喻某某给予财物的对象是李某某，李某某作为分管报社的调研员，属于国家工作人员，因此，喻某某构成的是行贿罪，而不是对非国家工作人员行贿罪。

3. 行为方式

（1）主动给予。这是指行为人为谋取不正当利益，主动给予国家工作人员以财物，给予财物的形式多种多样，最常见的是直接给予国家工作人员“钱”和“物”，钱包括人民币、外汇等，物的种类更多样，一般为贵重物品，如金银珠宝、玉器、字画、古董、汽车、房屋等。除了钱物之外，还包括其他形式：如提供费用让国家工作人员旅游、出国考察、娱乐等；为国家工作人员提供具有现金消费功能的所谓的会员卡、打折卡、购物卡等；以赌博形式，在此过程中故意输钱给国家工作人员；送给国家工作人员干股或者以开办公司等合作投资名义给予分红；以安排工作为名让国家工作人员的特定关系人挂名领取薪酬；等等。

（2）被动给予。这主要是指行为人被索贿或被勒索给予国家工作人员以财物。在这种情况下，只有实际获得了不正当利益才能构成行贿罪，如果没有获得不正当利益的，不会引发行贿罪的刑事风险。相比之下，国家工作人员只要实施索贿行为的，就可以引发受贿罪的刑事风险，而不以是否为行贿人谋取利益，更不论是正当利益还是不正当利益。

（3）在经济往来中，违反国家规定，给予国家工作人员以财物或者各种名义的回扣、手续费。

（三）行贿罪风险的追诉标准（How）

对于行贿罪的量刑，一是考察情节，二是考察对国家利益遭受的损失。对于情节方面，行贿数额是认定情节的一个非常重要的标准，但也不是唯一的标准，2016 年 4 月 18 日开始实施的最高人民法院、最高人民检察院《关于办理贪污贿赂刑事案件适用法律若干问题的解释》对行贿罪的追诉标准做了比较详尽的规定（见表 3 - 8），之前最高人民检察院《关于人民检察院直接受理立案侦查案件立案标准的规定（试行）》关于行贿罪的标准则不再适用，企业和企业家对此要及时了解。

表3－8　行贿罪的量刑标准

<table>
<tr><th>量刑</th><th colspan="2">“数额＋情节”标准</th></tr>
<tr><td rowspan="2">5年以下有期徒刑或者拘役，并处罚金</td><td colspan="2">3万元≤行贿数额＜100万元</td></tr>
<tr><td>1万元≤行贿数额＜3万元</td><td>（1）向3人以上行贿的；
（2）将违法所得用于行贿的；
（3）通过行贿谋取职务提拔、调整的；
（4）向负有食品、药品、安全生产、环境保护等监督管理职责的国家工作人员行贿，实施非法活动的；
（5）向司法工作人员行贿，影响司法公正的；
（6）造成经济损失数额在50万元以上不满100万元的</td></tr>
<tr><td rowspan="2">5～10年有期徒刑，并处罚金</td><td colspan="2">（1）100万元≤行贿数额＜500万元
（2）100万元≤经济损失＜500万元</td></tr>
<tr><td>50万元≤行贿数额＜100万元</td><td>（1）向3人以上行贿的；
（2）将违法所得用于行贿的；
（3）通过行贿谋取职务提拔、调整的；
（4）向负有食品、药品、安全生产、环境保护等监督管理职责的国家工作人员行贿，实施非法活动的；
（5）向司法工作人员行贿，影响司法公正的</td></tr>
<tr><td rowspan="2">10年以上有期徒刑或者无期徒刑，并处罚金或者没收财产</td><td colspan="2">（1）行贿数额≥500万元
（2）经济损失≥500万元</td></tr>
<tr><td>250万元≤行贿数额＜500万元</td><td>（1）向3人以上行贿的；
（2）将违法所得用于行贿的；
（3）通过行贿谋取职务提拔、调整的；
（4）向负有食品、药品、安全生产、环境保护等监督管理职责的国家工作人员行贿，实施非法活动的；
（5）向司法工作人员行贿，影响司法公正的</td></tr>
</table>

◎法律法规链接

◆《刑法》（2020年修正）第389条、第390条

◆最高人民法院、最高人民检察院《关于办理贪污贿赂刑事案件适用法律若干问题的解释》（2016年4月18日实施）第7～9条

◆最高人民法院、最高人民检察院《关于办理行贿刑事案件具体应用法律若干问题的解释》（2013年1月1日实施）

◆最高人民法院、最高人民检察院《关于在办理受贿犯罪大要案的同时要严肃查处行贿犯罪分子的通知》（1999年3月4日实施）

三、单位行贿的风险

◎案例3－30[①]

场景回放

2014年至2015年9月，被告单位蓝汛公司及该公司法定代表人、董事长王某以及该公司天津分公司首鸣国际数据中心事业部副总裁陈某红请托时任北京市供销合作总社党委书记、理事长高某1为该公司向北京市供销合作总社出售蓝汛天竺互联网产业园项目首鸣数据中心机房楼提供帮助。为此，王某、陈某红代表蓝汛公司，伙同被告人徐某青，通过徐某青实际控制的七彩公司，先后给予高某1共计人民币1600万余元。在庭审过程中，陈某红辩护人提出，陈某红是一个合同制的打工人员，听从王某、徐某青指令行事，在犯罪中起到次要、辅助作用，属于从犯。

审理结果

法院经审理认为，蓝汛公司向高某1行贿的具体方式经陈某红、徐某青与王某共同商定后，由陈某红、徐某青具体实施完成，特别是陈某红在整个行贿过程中，始终与受贿人高某1保持密切接触，积极实施了单位行贿犯罪的相应行为，其在共同犯罪中均起到主要作用，并不属于从犯。法院最终以单位行贿罪，判处陈某红有期徒刑2年6个月，王某有期徒刑2年6个月。

（一）单位行贿罪风险的主体范围（Who）

单位行贿罪与行贿罪的主体都是一般主体，均不要求具有特殊身份。两者的区别在于行贿罪的主体是自然人，单位行贿罪的主体是单位。因此，公司、企业的工作人员可以引发行贿罪的风险，公司、企业可以引发单位行贿罪的风险。需要注意的是，单位行贿罪实行的是双罚制，不但要对单位判处罚金，还要追究直接负责的主管人员和其他直接责任人员的刑事责任。很多企业的负责人经常误认为，既然是单位犯罪，那就应该与个人无关，这是对法律理解不够。因此，公司、企业的责任人员也可以成为单位行贿罪的风险主体。

---

① 参见（2020）京刑终57号刑事判决书。

在案例 3-29 中，被告人喻某某是为了谋取个人不正当利益给予李某某财物，属于个人行为，所以引发的是行贿罪的刑事风险。如果给予国家工作人员李某某 15 万元是经过该报社编委会集体讨论决定的，并且是为报社谋取不正当利益，那么该报社可能构成单位行贿罪，被告人喻某某作为主管人员也可能涉嫌单位行贿罪。

在案例 3-30 中，在蓝汛公司向市供销社出售首鸣项目的过程中，为规避蓝汛公司行贿犯罪，经陈某红提出，徐某青同意配合，王某予以认可，蓝汛公司与徐某青实际控制的七彩公司签订了合作协议，采用给付中介公司高额中介费，再从中介费中提取部分钱款支付好处费的方式向市供销社相关领导行贿。因此，给予该社党委书记、理事长高某 1 的 1600 万元贿赂款虽出自七彩公司账户，但实际源于蓝汛公司，因行贿所获取的不正当利益亦由蓝汛公司享有，因此，被告单位是蓝汛公司，而非七彩公司。此外，被告人陈某红虽然不是蓝汛公司的法定代表人、董事长，但与受贿人保持密切接触，积极实施单位行贿行为，最终被认定为起到与该公司法定代表人、董事长一样的主要作用，最终获得了一样的量刑。因为在对刑事责任进行判定的追诉过程中，不是按照职务大小来衡量，而是按照其在犯罪中所起的作用进行衡量。

（二）单位行贿罪风险的行为界限（What）

单位行贿罪的行为界限与行贿罪是一样的，行为目的都是谋取不正当利益，行为对象都是针对国家工作人员而不是非国家工作人员，行为方式都包括主动给予和被动给予两种，具体内容可以参考行贿罪的行为界限部分，在此不再赘述。单位行贿罪与行贿罪的罪主要的区别就在于主体的不同，由此产生的追诉标准也不相同。

（三）单位行贿罪风险的追诉标准（How）

根据《刑法》第 393 条的规定，单位行贿罪只有一个量刑幅度，就是对单位判处罚金，对直接负责的主管人员和其他直接责任人员处 5 年以下有期徒刑或者拘役，并处罚金。相比于最高可以判处无期徒刑的行贿罪，单位行贿罪的量刑要低得多，因此，认定为单位行贿罪还是行贿罪，直接影响行为人的量刑。此外，这两个罪名的起刑点也是不一样的，一般来说，行贿 1 万～3 万元即可立案追诉，而单位行贿需达到10万~20万元才能立案追诉。具体的立案追诉标准如下：

1. 单位行贿数额在20万元以上的；

2. 单位为谋取不正当利益而行贿，数额在10万元以上不满20万元，但具有下列情形之一的：（1）为谋取非法利益而行贿的；（2）向3人以上单位行贿的；（3）向党政领导、司法工作人员、行政执法人员行贿的；（4）致使国家或者社会利益遭受重大损失的。

在案例3-29中，被告人喻某某给予李某某15万元，已经达到了个人行贿3万元的追诉标准，可以构成行贿罪。但如果认定系单位行贿，则尚未达到20万元的追诉标准，不能构成单位行贿罪。

◎法律法规链接

◆《刑法》（2020年修正）第393条

◆最高人民法院、最高人民检察院《关于办理行贿刑事案件具体应用法律若干问题的解释》（2013年1月1日实施）

◆最高人民法院、最高人民检察院《关于在办理受贿犯罪大要案的同时要严肃查处行贿犯罪分子的通知》（1999年3月4日实施）

◆最高人民检察《关于人民检察院直接受理立案侦查案件立案标准的规定（试行）》（1999年9月16日实施）

四、对有影响力的人行贿的风险

◎案例3-31

场景回放

55岁的裴某大学文化，系某建筑企业老板，通过朋友介绍认识了聂某某，经接触了解到聂某某刚从某市民防局局长的位置上退休，在交往过程中，多次向聂某某提出请托，希望其能帮忙承揽一些工程，并表示会给予重谢。后聂某某又通过某市民防局工程建设处处长韦某某向一些房地产开发公司打招呼，帮裴某某承揽工程。在2014年至2016年，裴某某共向聂某某给予190万元的感谢费，其中2015年11月至2016年，共给予聂某某110万元。2016年9月20

日，裴某某被传唤到案，其辩解聂某某已经退休，让其帮忙承揽工程而给予其感谢费，不存在权钱交易，不认为自己构成犯罪。

审理结果

一审法院经审理认为，裴某某为谋取不正当商业利益，向离职的国家工作人员行贿，已经构成对有影响力的人行贿罪。鉴于裴某某是为了单位利益，且行贿款来自单位，可认定为单位犯罪；鉴于《刑法修正案（九）》于2015年11月1日开始生效，行贿的数额认定为110万元。最终，法院以对有影响力的人行贿罪，判处裴某某所在建筑企业40万元罚金，判处裴某某有期徒刑2年，并处罚金10万元。

（一）对有影响力的人行贿罪风险的主体范围（Who）

这个罪名是《刑法修正案（九）》增加的罪名，能构成这个犯罪的主体是一般主体，主体身份没有特殊限制，既可以是自然人，也可以是单位。换句话说，公司、企业以及公司、企业的人员都可以构成这个犯罪。

需要特别注意的是，对于本罪，如果是自然人犯罪，最高的刑期是有期徒刑10年，而如果是单位犯罪，对主管人员和直接责任人员的最高刑期则是3年有期徒刑。因此，认定为自然人犯罪还是单位犯罪，直接影响到刑期。在案例3－31中，如果裴某某系个人犯罪，应当在3～7年有期徒刑这个幅度进行量刑，而认定为单位犯罪，最高的刑期也不能超过3年有期徒刑。

（二）对有影响力的人行贿罪风险的行为界限（What）

1. 行为目的

谋取不正当利益是行贿类犯罪的一个共同的行为目的，对有影响力的人行贿罪也不例外，需要行贿人谋取的利益违反法律、法规、规章、政策规定，或者要求国家工作人员违反法律、法规、规章、政策、行业规范的规定，为自己提供帮助或者方便条件。行贿人是否实际谋取到这些不正当利益不影响犯罪的成立。

2. 行为对象

行贿类犯罪的罪名有很多，区别这些罪名最重要的一个标准就是行贿行为的对象，向非国家工作人员行贿的是对非国家工作人员行贿罪，对国家工作人员行贿的是行贿罪或者单位行贿罪，对外国公职人员或国际公共组织官员行贿的是对外国公职人员、国际公共组织官员行贿罪，对国家机关、国有公司等单位行贿的是对单位行贿罪。这些对象都有一个共同的特征，就是具有利用职务便利为行贿人谋取利益的条件。

但对有影响力的人行贿罪的对象有所不同，他们分别可以是：①国家工作人员的近亲属；②与该国家工作人员关系密切的人，如情妇、情夫等特定关系人或者好友等；③离职的国家工作人员；④离职的国家工作人员的近亲属；⑤与离职的国家工作人员关系密切的人。这些人员没有直接的职务，也不可能自己利用职务便利为行贿人谋取利益，但他们可以利用国家工作人员职务上的行为，或者他们可以利用该国家工作人员职权或者地位形成的便利条件，通过其他国家工作人员职务上的行为，为行贿人谋取不正当利益。在实践中，很多企业或者企业家认为给上述根本不具有职权的人以财物不可能构成犯罪，这种理解在2015年11月1日之前是正确的，但在2015年11月1日之后仍然抱有这样的理解，刑事风险就大了，因为这类的行为已经在2015年被《刑法修正案（九）》纳入了刑事处罚的范围。

在案例3－31中，聂某某退休后虽然已经没有了直接的职权，但其在退休前担任某市民防局局长形成了一定的影响和便利条件，被告人裴某某正是利用了这样的影响和便利条件，然后通过某市民防局工程建设处处长韦某某向一些房地产开发公司打招呼承揽了工程。聂某某符合本罪的行为对象。对于离职的国家工作人员，除了退休，还包括离休、辞职、辞退等方式。

3. 行为方式

本罪的行为方式与其他行贿类犯罪的行为方式并无差异，在此不再赘述。

（三）对有影响力的人行贿罪风险的追诉标准（How）

对于对有影响力的人行贿罪的量刑，也要考察两个方面：一是情节，二是国家利益遭受的损失。对于情节方面，行贿数额是认定情节的一个非常重要的标准，但也不是唯一的标准，2016年4月18日开始实施的最高人民法院、最高人民检察院《关于办理贪污贿赂刑事案件适用法律若干问题的解释》对本罪的追诉标准作了比较详尽的规定（见表3－9）。

表3-9 对有影响力的人行贿罪的量刑标准

<table>
<tr><th>量刑</th><th colspan="2">“数额+情节”标准</th></tr>
<tr><td rowspan="2">3年以下有期徒刑或者拘役，并处罚金</td><td colspan="2">3万元≤行贿数额<100万元</td></tr>
<tr><td>1万元≤行贿数额<3万元</td><td>（1）向3人以上行贿的；
（2）将违法所得用于行贿的；
（3）通过行贿谋取职务提拔、调整的；
（4）向负有食品、药品、安全生产、环境保护等监督管理职责的国家工作人员行贿，实施非法活动的；
（5）向司法工作人员行贿，影响司法公正的；
（6）造成经济损失数额在50万元以上不满100万元的</td></tr>
<tr><td rowspan="2">3～7年有期徒刑，并处罚金</td><td colspan="2">（1）100万元≤行贿数额<500万元
（2）100万元≤经济损失<500万元</td></tr>
<tr><td>50万元≤行贿数额<100万元</td><td>（1）向3人以上行贿的；
（2）将违法所得用于行贿的；
（3）通过行贿谋取职务提拔、调整的；
（4）向负有食品、药品、安全生产、环境保护等监督管理职责的国家工作人员行贿，实施非法活动的；
（5）向司法工作人员行贿，影响司法公正的</td></tr>
<tr><td rowspan="2">7～10年有期徒刑，并处罚金</td><td colspan="2">（1）行贿数额≥500万元
（2）经济损失≥500万元</td></tr>
<tr><td>250万元≤行贿数额<500万元</td><td>（1）向3人以上行贿的；
（2）将违法所得用于行贿的；
（3）通过行贿谋取职务提拔、调整的；
（4）向负有食品、药品、安全生产、环境保护等监督管理职责的国家工作人员行贿，实施非法活动的；
（5）向司法工作人员行贿，影响司法公正的</td></tr>
<tr><td>对单位判处罚金，并对直接负责的主管人员和其他直接责任人员，处3年以下有期徒刑或者拘役，并处罚金</td><td colspan="2">单位行贿数额≥20万元</td></tr>
</table>

在案例3－31中，裴某某共给予聂某某190万元，但法院最终只认定行贿的数额为110万元，对于在《刑法修正案（九）》实施之前给予的80万元没有认定为犯罪。由于本案属于单位犯罪，行贿数额超过了20万元的立案标准，应当认定构成犯罪。如果系为自然人犯罪，不但达到了立案标准，而且应当在3～7年有期徒刑这个量刑幅度进行量刑。

◎法律法规链接

◆《刑法》（2020年修正）第390条之一

◆最高人民法院、最高人民检察院《关于办理贪污贿赂刑事案件适用法律若干问题的解释》（2016年4月18日实施）第10条

◆最高人民法院、最高人民检察院《关于办理行贿刑事案件具体应用法律若干问题的解释》（2013年1月1日实施）

◆最高人民法院、最高人民检察院《关于在办理受贿犯罪大要案的同时要严肃查处行贿犯罪分子的通知》（1999年3月4日实施）

五、对外国公职人员、国际公共组织官员行贿的风险

（一）对外国公职人员、国际公共组织官员行贿罪风险的主体范围（Who）

根据《刑法》的规定，本罪的主体是一般主体，包括自然人和单位。自然人主体只要达到刑事责任年龄具有刑事责任能力就可以引发本罪的刑事风险，没有特定身份的要求。具体到公司、企业，其工作人员以及公司、企业自身都可能成为本罪的主体。

（二）对外国公职人员、国际公共组织官员行贿罪风险的行为界限（What）

1. 行为目的

与其他行贿类犯罪不同的是，本罪要求行为人行贿的目的是谋取不正当商业利益。除了同样要求“不正当”之外，还限定在了“商业利益”，如果谋取商业利益之外的其他不正当利益，则不构成本罪。

2. 行为对象

本罪是2011年5月1日施行的《刑法修正案（八）》增设的罪名，也是我国履行《联合国反腐败公约》相关国际义务的重要体现。根据《刑法》的规定，本罪的行贿对象有两类：一类是外国公职人员，根据《联合国反腐败公约》第2条第2项的规定，“外国公职人员”，系指外国无论是经任命还是经选举而担任立法、行政、行政管理或者司法职务的任何人员；以及为外国，包括为公共机构或者公营企业行使公共职能的任何人员。另一类是国际公共组织官员，根据《联合国反腐败公约》第2条第3项的规定，“国际公共组织官员”系指国际公务员或者经此种组织授权代表该组织行事的任何人员。可见，国际公共组织官员包括两类：一是国际公务员，也称国际职员，是联合国及其他国际组织聘用的工作人员，其职务高低、任职年限等均不影响其国际公务员的身份性质。二是经国际公共组织授权的人，这类人员不是国际公共组织的工作人员，但由于其受国际公共组织授权代表该组织行使职权，因此被视为国际公共组织官员。

3. 行为方式

本罪的行为方式与其他行贿类犯罪的行为方式并无差异，在此不再赘述。

（三）对外国公职人员、国际公共组织官员行贿罪风险的追诉标准（How）

虽然对外国公职人员、国际公共组织官员行贿罪的量刑与对非国家工作人员行贿罪适用的是同一个法条，但在立案标准上，对非国家工作人员行贿罪适用的是最高人民法院、最高人民检察院《关于办理贪污贿赂刑事案件适用法律若干问题的解释》的规定，最高人民检察院、公安部《追诉标准的规定（二）》关于对非国家工作人员行贿罪的立案标准不再适用，但是对外国公职人员、国际公共组织官员行贿罪的立案标准目前尚未被最高人民法院、最高人民检察院《关于办理贪污贿赂刑事案件适用法律若干问题的解释》予以修改，所以只能适用2011年11月14日最高人民检察院、公安部《关于公安机关管辖的刑事案件立案追诉标准的规定（二）的补充规定》，即为谋取不正当商业利益，给予外国公职人员或者国际公共组织官员以财物，个人行贿数额在1万元以上的，单位行贿数额在20万元以上的，应予立案追诉。

◎法律法规链接

◆《刑法》（2020 年修正）第 164 条

◆最高人民检察院、公安部《关于公安机关管辖的刑事案件立案追诉标准的规定（二）的补充规定》（2011 年 11 月 14 日实施）第 1 条

◆最高人民法院《关于办理商业贿赂刑事案件适用法律若干问题的意见》（2008 年 11 月 20 日实施）

◆最高人民法院《关于充分发挥审判职能作用切实做好治理商业贿赂专项工作的通知》（2006 年 4 月 5 日实施）

◆最高人民法院、最高人民检察院《关于在办理受贿犯罪大要案的同时要严肃查处行贿犯罪分子的通知》（1999 年 3 月 4 日实施）

◆《联合国反腐败公约》（2005 年 10 月 27 日中国批准加入）

六、对单位行贿的风险

◎案例 3－32

场景回放

2015 年年底，某市安监局发文暂时停止该市范围内的安全培训机构开展培训工作。该市某职业培训学院院长方某某通过该市安监局综合科科长高某某联系到了安监局局长陈某某，商议由该学院作为市安监局定点培训机构之一，然后以每向培训学员颁发一个证件就向市安监局支付 15 元至 200 多元不等的标准，以收费分成的名义给予市安监局回扣。双方就回扣的标准达成合意后，市安监局便为该培训学院安排各镇区安监分局组织的生源，从而大幅增加该校的业务量及收入。2015 年年底至 2017 年年中，市安监局的账外小金库从培训学院处收取现金回扣合计约 603 万元。

审理结果

法院经审理认为，某职业培训学院为谋取不正当利益，给予某市安全生产监督管理局培训费回扣 603 余万元，其行为已构成对单位行贿罪。被告人方某某作为直接负责的主管人员也应承担刑事责任。最终，法院以对单位行贿罪，判处某职业培训学院 40 万元罚金，判处方某某有期徒刑 2 年，并处罚金 10 万元。

（一）对单位行贿罪风险的主体范围（Who）

根据《刑法》的规定，本罪的主体也是一般主体，既包括自然人，也包括单位。在案例3-32中，被告单位是某职业培训学院，被告人方某某是作为单位直接负责的主管人员承担的刑事责任。

（二）对单位行贿罪风险的行为界限（What）

本罪的行为目的也是谋取不正当利益，行为方式也是给予财物或者各种名义的回扣、手续费，与其他行贿类犯罪最关键的区别就在于行贿对象有所不同，前面五个行贿类犯罪的对象都是自然人，包括非国家工作人员、国家工作人员、有影响力的人、外国公职人员、国际公共组织官员等，都不包括单位，而对单位行贿罪的对象是单位，包括国家机关、国有公司、企业、事业单位、人民团体。当然，这些单位都是拟制的人，单位自身不可能直接接受贿赂，一般也要通过能代表单位意志的自然人进行联络与沟通。在案例3-32中，603余万元是某职业培训学院给予市安全生产监督管理局的回扣，某职业培训学院行贿的对象是国家机关，不是其中的某几个公职人员，所以构成的是对单位行贿罪。

（三）对单位行贿罪风险的追诉标准（How）

根据《刑法》第391条的规定，对单位行贿罪只有一个量刑幅度，最高刑期是3年有期徒刑，对于本罪的立案标准，1999年9月16日最高人民检察院《关于人民检察院直接受理立案侦查案件立案标准的规定（试行）》有明确的规定，见表3-10：

表3-10　对单位行贿罪的量刑标准

<table>
<tr><th>量刑</th><th colspan="2">“数额+情节”标准</th></tr>
<tr><td rowspan="2">3年以下有期徒刑或者拘役，并处罚金</td><td colspan="2">个人行贿数额≥10万元</td></tr>
<tr><td>个人行贿数额<10万元</td><td>（1）为谋取不正当利益而行贿；
（2）向3个以上单位行贿；
（3）向党政机关、司法工作、行政执法机关行贿；
（4）致使国家或者社会利益遭受重大损失</td></tr>
</table>

续表

<table>
<tr><th>量刑</th><th colspan="2">“数额＋情节”标准</th></tr>
<tr><td rowspan="2">对单位判处罚金，对主管人员和直接责任人员按前款规定处罚</td><td colspan="2">单位行贿数额≥20 万元</td></tr>
<tr><td>10 万元≤单位行贿数额＜20 万元</td><td>（1）为谋取不正当利益而行贿；
（2）向 3 个以上单位行贿；
（3）向党政机关、司法工作、行政执法机关行贿；
（4）致使国家或者社会利益遭受重大损失</td></tr>
</table>

◎法律法规链接

◆《刑法》（2020 年修正）第 391 条

◆最高人民法院、最高人民检察院《关于办理贪污贿赂刑事案件适用法律若干问题的解释》（2016 年 4 月 18 日实施）

◆最高人民法院、最高人民检察院《关于办理行贿刑事案件具体应用法律若干问题的解释》（2013 年 1 月 1 日实施）

◆最高人民法院、最高人民检察院《关于在办理受贿犯罪大要案的同时要严肃查处行贿犯罪分子的通知》（1999 年 3 月 4 日实施）

◆最高人民检察《关于人民检察院直接受理立案侦查案件立案标准的规定（试行）》（1999 年 9 月 16 日实施）

第五节　背信类犯罪的风险

风险提示

△独立董事不负责企业具体工作，就一定不会成为背信类犯罪的主体?

△上市公司的“离职高管”，无须对在任期间的“背信”行为承担责任?

△上市公司的董高监，只要经过股东大会决议通过或者董事会讨论，就不会引发背信类犯罪的风险?

△国有公司的高管经营与所在国有公司相同的业务只是违纪，不

存在刑事风险?

△国有公司的高管与自己亲友经营的企业发生业务往来是正常的市场行为，没有什么风险?

一、背信损害上市公司利益的风险

◎案例3-33①

场景回放

GTXJ公司是一家国有全资公司，于2007年12月上市。1998年8月至2011年8月，刘某1担任该公司总经理，2011年9月至2014年1月担任该公司董事长。2007年12月，GTXJ公司欲采取招标形式采购PDC钻头及配件，该设备的原供货商安徽省ZW公司因不符合要求，不能参加招投标而被停止供货。后ZW公司的经营者刘某2通过丈夫曹某（时任淮南市代市长）向刘某1打招呼，最终刘某2的ZW公司（后变更为安徽省ZJ公司）以议价形式，用明显高于市场价格的售价向GTXJ公司供应PDC钻头及配件直至2012年。经鉴定，自2009年至2012年，GTXJ公司以上述明显不公平的条件，接受ZW公司及之后变更的ZJ公司销售的钻头，造成公司直接经济损失1844.64万元。在审理过程中，刘某1提出自己的行为是为了公司的利益，妥善解决GTXJ公司在发展过程中亟须淮南市委、市政府协调处理的重大问题，未违背对公司的忠实义务，并且自己自2011年9月继任董事长一职起，便不再直接管理公司事务，因此不应承担2012年GTXJ公司的损失。

审理结果

法院经审查认为，公司经营业绩理应交由市场决定，即使在公司发展中需要政府支持，也应依法进行，被告人刘某1所实施的行为本身已经违背了作为一名公司高管应对公司担负的诚实信用基本守则。此外，虽然刘某1在2011年9月不再担任公司总经理而继任董事长，但对ZW公司及之后变更的ZJ公司供货的情况是明知的，影响力一直存在，故对其辩解不予采纳。在本案中，被告人刘某1作为上市公司的高级管理人员，利用职务便利，在明知刘某2经

① 参见（2017）皖0208刑初10号刑事判决书。

营的公司向CTXJ公司提供的产品价格远高于市场价格的情况下，仍同意其通过议价的方式向公司供货，属于以明知不公平条件接受他人商品，违背了对公司的忠实义务，致使公司利益遭受重大损失，破坏了市场经济秩序。法院最终认定被告人刘某1构成背信损害上市公司利益罪，判处有期徒刑10个月，并处罚金人民币10万元。

（一）背信损害上市公司利益罪风险的主体范围（Who）

根据《刑法》的规定，本罪的主体是特殊主体，仅限于上市公司的董事、监事、高级管理人员、上市公司的控股股东或者实际控制人。根据《公司法》第120条的规定，上市公司是指其股票在证券交易所上市交易的股份有限公司。因此，本罪的主体实际上只能是那些股票在证券交易所上市交易的股份有限公司的董事、监事、高级管理人员、控股股东和实际控制人，股票尚未上市交易的股份有限公司、有限责任公司或者其他公司、企业的高管人员不会引发本罪的刑事风险。如果是上市公司的子公司或参股公司的董事、监事、高级管理人员、控股股东和实际控制人，由于上市公司的子公司或参股公司不具有上市公司的身份，也不能引发本罪的刑事风险，但这些人员如果在上市公司有兼任职务的，则风险仍然存在。在案例3－33中，被告人刘某1不管是作为公司的总经理还是董事长，都符合本罪的主体要件。

根据《公司法》的规定，董事是公司董事会的组成人员，由股东大会选举产生，是公司重大决策制定和执行的参与者，代表股东对公司进行管理是董事的基本职责。监事是公司监事会的组成人员，也是由股东大会选举产生，有权对董事会、董事以及经理、财务负责人等高级管理人员执行公司职务的行为进行监督。高级管理人员，是指公司的经理、副经理、财务负责人，上市公司董事会秘书和公司章程规定的其他人员。控股股东，是指其持有的股份占股份有限公司股本总额50%以上的股东或者持有股份的比例虽然不足50%，但依其持有的股份所享有的表决权已足以对股东大会的决议产生重大影响的股东。实际控制人，是指虽不是公司的股东，但通过投资关系、协议或者其他安排，能够实际支配公司行为的人。这里的控股股东和实际控制人既可以是自然人，也可以是单位。他们虽然不能同公司董事、监事和高级管理人员一样直接控制上市公司，但可以指使公司董事、董事和高级管理人员间接地操纵上市公司。

可见，无论是董事、监事、高级管理人员，还是控股股东、实际控制人，他们有一个共同的特点，那就是能够直接或者间接地掌控上市公司的运作或者影响公司的决策。因此，《公司法》明确规定了以上这些主体对公司的忠实义务。

一般说来，这些主体明知在执行公司职务时应当履行忠实义务，如果违背忠实义务，给公司造成损失的，要承担赔偿责任，所以很多企业高管认为即使出现问题再坏的后果也就是经济上的赔偿责任。殊不知，如果产生法律规定的重大损失，是可以构成犯罪，引发牢狱之灾的，很多企业高管甚至根本不知道还有一个罪名叫作背信损害上市公司利益罪。

实践中，很多高管认为只要经过股东大会决议通过或者董事会讨论通过而操纵上市公司从事相关行为就一定不会构成背信损害上市公司利益罪，这仍然需要具体情况具体分析。如果上市公司的董事、监事、高级管理人员或者控股股东、实际控制人直接左右股东大会或董事会的决议结果，通过股东大会或董事会决议操纵上市公司从事相关行为，是其利用职务便利的表现，仍然有引发本罪的风险。

（二）背信损害上市公司利益罪风险的行为界限（What）

根据《刑法》的规定，本罪的客观方面表现为违背对公司的忠实义务，利用职务便利，操纵上市公司从事不正当关联交易，损害上市公司利益的行为。

1. 违背对公司的忠实义务

为了维护公司、企业正常的管理秩序，任何工作人员都应当对公司、企业负有忠实义务，不得利用职务便利侵占公司的财产，不得收受贿赂或者其他非法收入，不得挪用公司资金等。由于上市公司的董事、监事、高级管理人员、控股股东、实际控制人可以直接或者间接掌控上市公司的运作或者影响公司的决策，他们更应当严格履行对公司的忠实义务，在执行职务或者行使职权时，忠于公司，为公司利益工作。违背对公司的忠实义务，可能是为了私利，可以同其他工作人员一样构成职务类、挪用类及贿赂类犯罪；也可能不是为了私利，但却损害了上市公司的利益，从而引发特有的背信损害上市公司利益罪的风险。需要注意的是，对公司忠实义务的履行应符合市场经济规律，通过合法途径获得合法利益，即使是基于通过非法途径为公司取得利益的动机而操纵上市公司从事不正当关联交易，也不能成为违背对公司的忠实义务的抗辩理由。比如，在案例3－33中，被告人刘某1以公司在发展过程中急需淮南市委、市政府协调处理的重大问题为由，以明知不公平条件接受他人商品，通过领导私交大开“方便之门”，严重损害了公司和其他股东利益，仍属于违背了对公司的忠实义务。

2. 利用职务便利

在操纵上市公司从事不正当关联交易时，行为人总是利用自身所具有的职权或者与职权相关的便利条件。因为行为人一般也只有利用职务便利，才能实际操纵上市公司，这是本罪的另一个重要特征。

根据《公司法》第108条和第46条的规定，股份有限公司设董事会，公司董事会对股东大会负责，行使下列职权：召集股东会会议，并向股东会报告工作；执行股东会的决议；决定公司的经营计划和投资方案；制订公司的年度财务预算方案、决算方案；制订公司的利润分配方案和弥补亏损方案；制订公司增加或者减少注册资本以及发行公司债券的方案；制订公司合并、分立、解散或者变更公司形式的方案；决定公司内部管理机构的设置；决定聘任或者解聘公司经理及其报酬事项，并根据经理的提名决定聘任或者解聘公司副经理、财务负责人及其报酬事项；制定公司的基本管理制度；公司章程规定的其他职权。可见，董事作为董事会的成员，在公司经营、日常运作、人事等方面具有决策权和执行权。

根据《公司法》第117条和第53条的规定，股份有限公司设监事会，监事会行使下列职权：检查公司财务；对董事、高级管理人员执行公司职务的行为进行监督，对违反法律、行政法规、公司章程或者股东会决议的董事、高级管理人员提出罢免的建议；当董事、高级管理人员的行为损害公司的利益时，要求董事、高级管理人员予以纠正；提议召开临时股东会会议，在董事会不履行本法规定的召集和主持股东会会议职责时召集和主持股东会会议；向股东会会议提出提案；依照本法第151条规定，对董事、高级管理人员提起诉讼；公司章程规定的其他职权。可见，监事作为监事会的成员，对董事会、董事及高级管理人员执行职务的行为具有监督的权力。

根据《公司法》第113条和第49条的规定，股份有限公司设经理，由董事会决定聘任或者解聘。经理对董事会负责，行使下列职权：主持公司的生产经营管理工作，组织实施董事会决议；组织实施公司年度经营计划和投资方案；拟订公司内部管理机构设置方案；拟订公司的基本管理制度；制定公司的具体规章；提请聘任或者解聘公司副经理、财务负责人；决定聘任或者解聘除应由董事会决定聘任或者解聘以外的负责管理人员；董事会授予的其他职权。公司章程对经理职权另有规定的，从其规定。经理列席董事会会议。从上述规定可以看出，经理具有执行、实施董事会决议的职权，并且享有一定的人事任免权。其他高级管理人员，例如，副经理、财务负责人，上市公司董事会秘书以及公司章程规定的其他人员在各自的职权范围内也对公司日常经营、财务管理、执行董事会决议等方面具有决定权，他们与公司经理一起，实施公司的各种决议和方案。如董事会秘书负责公司股东大会和董事会会议的筹备、文件保管以及公司股东资料的管理，办理信息披露事务等事宜。

综上所述，董事、监事、高级管理人员拥有公司的决策权、监督权、执行权，直接控制着上市公司的运营，他们如果违背对公司的忠实义务，往往也是利用自身具有的以上职权或者与职权有关的便利条件，实施操纵上市公司从事不正当关联交易的行为。上市公司的控股股东和实际控制人虽然不能直接控制上市公司，但也可以指使公司董事、监事、高级管理人员利用职权便利实施操纵上市公司的行为。

实践中，很多高管认为只要离职了，就不需要对其在任期间实施的“背信”行为负责。这种错误认识要及时消除，否则很容易引发风险。因为按照我国现行法律法规，相关主体在任职期间实施了本罪危害行为，达到了立案追诉标准，只要没有超过追诉时效，即使在其离职后，也可以追究其刑事责任。

3. 具体的行为方式

（1）无偿向其他单位或者个人提供资金、商品、服务或者其他资产的

“无偿”是指无对价地向其他单位或者个人提供资金、商品、服务或者其他资产。“个人”是指自然人，多为关系人；“其他单位”是指除上市公司以外的任何单位，多为关联公司。这里的关联公司，是指上市公司的控股股东、实际控制人、董事、监事、高级管理人员直接或者间接控制的公司，以及与之存在可能导致公司利益转移的其他关系的公司。这一类的行为方式具体表现为：上市公司的董事、监事、高级管理人员、控股股东和实际控制人，利用对上市公司的控制权或者影响力，将上市公司资金或者其他资产直接划拨到关联

公司供其使用；控股股东、实际控制人以自己或者关联公司的名义，在无任何交易基础的情况下，占用上市公司资金或者其他资产，在上市公司与关联企业之间进行没有实质交易的资金划拨；由上市公司代关联公司支付费用；由上市公司现金出资、关联方资产出资共同设立子公司，或者通过资产重组，占用上市公司资金等行为。① 利用这种关联交易损害上市公司利益是引发本罪的高风险行为。

随着市场经济的发展完善，企业之间的并购、联合、相互参股等行为较为经常和普遍，大型企业集团建立母子公司、集团公司、财团公司和跨国公司，以不断提高自身的竞争能力。通过企业集团内部适当的交易安排，可以降低成本，扩大经营规模，有利于实现企业集团利润的最大化，提高其市场竞争能力，从而有助于企业集团整体战略目标的实现。因此，在公司实际运作中，关联交易普遍存在。从我国的法律、法规、规章及政策导向来看，并不禁止正当的关联交易。产生刑事风险主要来自不正当的关联交易。判断一项关联交易是否正当，关键看是否按照等价有偿的市场竞争原则进行，是否符合正常的或者公认的市场交易条件，以及在交易的决定过程中，上市公司的董事、监事、高级管理人员、控股股东和实际控制人是否利用了他们的控制权和重大影响力。

（2）以明显不公平的条件，提供、接受资金、商品、服务或者其他资产的

这种行为方式主要表现为：以不合理的高价收购关联公司商品或者不良资产；向关联公司提供明显的低息贷款；或者以不合理的低价将上市公司的商品或者其他资产出售；向关联公司进行明显的高息借款；或者表面上双方提供的对价相当，不存在明显的不公平条件，但额外附加了可能致使本公司利益遭受重大损失的其他条件，如要求为其提供担保。在案例3－33中，被告人刘某1在明知刘某2经营的公司向GTXJ公司提供的产品价格远高于市场价格的情况下，仍同意其通过议价的方式向公司供货，属于以明知不公平条件接受他人商品。

（3）向明显不具有清偿能力的单位或者个人提供资金、商品、服务或者其他资产的

“明显不具有清偿能力”是指债务人根本就不能够按照约定偿还债务，根

---

① 参见黄太云：《立法解读：刑法修正案及刑法立法解释》，人民法院出版社2006年版，第124页。

本不具备履约的能力。这不同于一般的违约，它是在合同签订之时，债务人就不具备清偿能力。如果在合同签订之时债务人有清偿能力，或者综合债务人的财产状况、经营状况、非财产因素（如商誉）能够预见其具备清偿能力而向其提供资金、商品、服务或者其他资产，日后由于不能预见的原因导致债务人丧失了清偿能力，不能构成本罪。本项所规定的行为要求行为人主观上明知对方不具有清偿能力这一事实，但却明知故犯，利用其对上市公司的控制权或者影响力，向这些单位或者个人提供资金、商品、服务或者其他资产。如果上述人员受蒙蔽或者由于过失没有能够及时发现债务人不具有清偿能力，也不会引发本罪的刑事风险。

（4）为明显不具有清偿能力的单位或者个人提供担保，或者无正当理由为其他单位或者个人提供担保的

根据《民法典》的规定，担保物权人在债务人不履行到期债务或者发生当事人约定的实现担保物权的情形，依法享有就担保财产优先受偿的权利。为不具有清偿能力的单位或者个人担保，会导致上市公司的资产不当减少或者处于高风险的状态，严重损害上市公司的利益。公司对外担保，《公司法》在总则及上市公司的特别规定中都对此做了严格限制规定，公司向其他企业投资或者为他人提供担保，依照公司章程的规定，由董事会或者股东会、股东大会决议；公司章程对投资或者担保的总额及单项投资或者担保的数额有限额规定的，不得超过规定的限额。公司为公司股东或者实际控制人提供担保的，必须经股东会或者股东大会决议。没有任何正当理由，也没有经过董事会或者股东会、股东大会的决议，行为人就操纵上市公司为其他单位或者个人提供担保的，如果致使公司利益遭受重大损失的，则会引发本罪的刑事风险。

（5）无正当理由放弃债权、承担债务的

无论是放弃债权还是承担债务实质上都是减少了上市公司的财产，损害了上市公司的利益。行为人操纵上市公司放弃债权、承担债务要引发本罪的刑事风险，还要求放弃债权、承担债务不具有正当的理由。因此，是否具有正当理由对防范本罪刑事风险至关重要。一般说来，需要从以下几个方面综合考量：首先，理由是否合法，是否损害国家、集体利益或者损害社会公益，或者是否违反国家法律、法规强制性规定。如果理由不合法，当然也是不正当的。其次，看是否是从维护公司利益的角度出发。这里的利益不能单看眼前利益、物

质利益，还要顾及公司发展的长远利益以及一些非物质利益，如企业形象、公司信誉等。如果是为了维护公司的利益放弃债权、承担义务的，属于正当理由，不能构成本罪。

（6）采用其他方式损害上市公司利益的

这是一项“兜底条款”，由于社会生活千变万化，而法律又不可能完全涵盖社会生活各个方面，也不可能随时对社会生活中出现的各种新事物作出相应的规定，为了避免法律滞后的缺陷，立法者就在法律条文中设置这样的兜底条款。但对兜底条款的解释应当遵照体系解释、目的解释的相关原则，并非所有损害上市公司利益的行为可以归入第6项行为，从前5项的行为来看，主要是通过不正当交易掏空上市公司的行为，所以在解释第6项行为时，也应当限制在其他通过与关联公司不正当交易掏空上市公司的行为范围中。

◎案例3－34①

场景回放

博元公司系境内上市公司，公司股票于1990年12月19日在上海证券交易所上市交易。2010年3月，李某甲和余某妮夫妇注册成立华信泰公司，并以华信泰公司的名义通过司法拍卖取得博元公司原第一大股东勋达公司3997万股限售流通股，成为博元公司新的控股股东，取得公司的控制权。由于博元公司原控股股东勋达公司和第二大股东许某曾对股权分置改革后公司2008年、2009年的股改业绩作出承诺，实际净利润与承诺净利润之间的差额部分将由勋达公司和许某以现金方式补足。2009年归属于上市公司股东的净利润与其股改业绩承诺的净利润之间的差额为5.26亿元。2010年4月，勋达公司、许某所持有的限售流通股分别通过司法拍卖、司法划转给华信泰公司等8名新股东，勋达公司和许某没有按期支付上述股改业绩承诺，8名新股东必须承接支付上述股改业绩承诺款的义务。2010年5月，广东证监局多次催促，要求控股股东华信泰公司牵头尽快支付和督促林某等8名股改义务人支付5.26亿元股改业绩承诺款。截至2011年4月尚有3.84亿余元的股改业绩承诺款没有兑付，其中包括华信泰公司的1.386亿元。李某甲、余某妮以华信泰公司名义承

① 参见（2016）粤04刑初131号刑事判决书。

诺支付并代其他股改义务人支付全部股改业绩承诺款，并称由于博元公司账号被冻结，为保证资金安全，相关款项支付到博元子公司信实公司和裕荣华公司账号。为了完成股改业绩承诺款的支付，使限售流通股能尽快解禁上市流通，李某甲和余某妮、博元公司总裁被告人陈某共同商议，由李某甲负责筹集款项，华信泰公司代全部股改义务人支付3.84亿余元股改业绩承诺款。2011年4月26日、27日，由李某甲安排向东莞的龙某1借款1亿元，并通过循环转账形式转入华信泰公司3.84亿余元，从华信泰公司累计转至裕荣华公司账号3.84亿余元，制造由裕荣华公司代收股改业绩承诺虚构华信泰公司已支付剩余股改业绩承诺款，并已代林某等股改义务人支付共3.84亿余元股改业绩承诺款的假象，再虚构将3.84亿余元借款给东莞景瑞公司的方式通过再次循环转账将1亿元还款给东莞科汇公司，并制造已将3.84亿余元用于借款投资理财的假象，以应对广东证监局的检查。博元公司总裁陈某在转款前将上述借款1亿元进行循环转账形成3.84亿余元记录情况告知博元公司的财务总监伍某清，并与伍某清共同策划转款的金额，由陈某带裕荣华公司的出纳罗某元前往银行完成上述转账过程，并由罗某元将进账单交给会计邓某、财务经理张某萍、财务总监伍某清等财务人员做账。2011年4月29日，博元公司隐瞒上述情况，发布临时公告披露股改业绩承诺已全部缴付至博元公司及其子公司信实公司、裕荣华公司相关账号的虚假信息。

由于广东证监局在对股改业绩承诺款进行检查的过程中不同意将3.84亿余元款项出借给东莞景瑞公司，为了应对广东证监局，李某甲和余某妮向深圳利明泰公司借款4亿元存放在裕荣华公司账户，制造账上有钱的假象，虚构已从东莞景瑞公司收回借款3.84亿余元的事实，导致博元公司虚增银行存款3.84亿余元，虚增资本公积3.84亿余元。2011年8月25日，余某妮、伍某清、张某萍依据该虚假财务报表制作和发布博元公司的2011年半年度报告，对股改业绩承诺款的履行情况进行虚假公告披露。为掩盖上述股改业绩承诺款未实际履行的虚假事实，余某妮、伍某清、张某萍、罗某元伙同李某甲于2011年12月，通过1亿元循环转账，虚构以博元公司名义使用股改业绩承诺款购买面额37张面额共计3.47亿元银行承兑汇票的事实，并在2011年年报中进行披露。余某妮、张某萍于2012年至2014年多次虚构将相关银行承兑汇票进行贴现、票据置换等交易，虚增银行存款、资产及营业收入和利润，并在珠海博元公司的2012年至2013年的半年报、年报、2014年的半年报中进行披露。

2014年6月18日广东证监局对博元公司立案调查，发现该公司涉嫌违规披露、不披露重要信息罪和伪造、变造金融票证罪并移交公安机关，上海证券交易所于2015年5月15日对该公司的股票实施停牌，同月28日对该公司的股票暂停上市，2016年3月21日对该公司股票作出终止上市的决定。后人民检察院以余某妮、伍某清、张某萍、陈某、罗某元涉嫌违规披露、不披露重要信息罪、背信损害上市公司利益罪提起公诉。

审理结果

法院经审理认为，李某甲伙同余某妮等人为实现股票上市流通的目的，掩盖没有完成3.84亿余元股改业绩承诺款缴纳的事实，以博元公司实际控制人、高级管理人员的身份，指使财务人员伪造财务报表，实际操纵公司，致使公司被证监部门稽查并被终止上市，客观上损害了博元公司利益，致使博元公司遭受重大损失。就各被告人行为的定性问题，《刑法修正案（六)》增加了“上市公司的董事、监事、高级管理人员违背对公司的忠实义务，利用职务便利，操纵上市公司从事下列行为之一，致使上市公司利益遭受重大损失的，处……”的规定，该条采用列举式的方式描述了该罪的罪状，同时在第6项中采用兜底方式规定了“采用其他方式损害上市公司利益的”行为。根据《刑法》体系解释和目的解释的方法，该条款列举的前5项均系公司高级管理人员通过与关联公司不正当交易“掏空”上市公司的行为，第6项兜底条款的解释应当采用相当性解释，即限制在其他通过与关联公司不正当交易“掏空”上市公司的行为，而非所有损害公司利益的行为。故各被告人的行为不构成背信损害上市公司利益罪。同时，综上所述，本案实质就一个行为，也不应定性为违规披露、不披露重要信息罪、背信损害上市公司利益罪两个罪名。故以违规披露、不披露重要信息罪对各被告人进行了定罪处罚。

（三）背信损害上市公司利益罪风险的追诉标准（How）

根据《刑法》的规定，背信损害上市公司利益罪是结果犯，只有在给上市公司造成重大利益损失的情况下才能引发本罪的刑事风险，如果造成的损失没有达到重大损失的标准或者没有造成损失抑或只造成轻微损失，都不能构成本罪。那么，造成多少的损失才能达到刑事立案的标准呢？2010 年5 月7 日最高人民检察院、公安部《追诉标准的规定（二）》第 18 条对本罪的立案标准作出了明确的规定：

1. 无偿向其他单位或者个人提供资金、商品、服务或者其他资产，致使上市公司直接经济损失数额在 150 万元以上的；

2. 以明显不公平的条件，提供或者接受资金、商品、服务或者其他资产，致使上市公司直接经济损失数额在 150 万元以上的；

3. 向明显不具有清偿能力的单位或者个人提供资金、商品、服务或者其他资产，致使上市公司直接经济损失数额在 150 万元以上的；

4. 为明显不具有清偿能力的单位或者个人提供担保，或者无正当理由为其他单位或者个人提供担保，致使上市公司直接经济损失数额在 150 万元以上的；

5. 无正当理由放弃债权、承担债务，致使上市公司直接经济损失数额在 150 万元以上的；

6. 致使公司发行的股票、公司债券或者国务院依法认定的其他证券被终止上市交易或者多次被暂停上市交易的；

7. 其他致使上市公司利益遭受重大损失的情形。

◎法律法规链接

◆《刑法》（2020 年修正）第 169 条之一

◆《证券法》（2019 年修订）第 48 条

◆《公司法》（2018 年修正）第 16 条、第 115 条、第 120 条、第 147 条、第 148 条

◆《民法典》第 386 ~ 393 条

◆最高人民检察院、公安部《关于公安机关管辖的刑事案件立案追诉标准的规定（二）》（2010 年 5 月 7 日实施）第 18 条

◆中国证券监督管理委员会《关于在上市公司建立独立董事制度的指导意见》（2001 年 8 月 16 日实施）第 1 ~ 7 条

二、非法经营同类营业的风险

◎案例3－35[①]

场景回放

湖南ZX公司是一家国有全资公司，薛某1分别于2001年5月、2006年3月担任该公司副总经理、总经理，负责该公司的广告营销工作。2004年7月至2007年年初，经薛某1联系，ZX公司与长沙JY厂及BX公司先后签订15份合同，约定由ZX公司提供品牌策划、广告宣传等服务，长沙JY厂及BX公司向其支付相应费用。在此期间，薛某1为取得更多个人利益，以其亲属郑某、薛某2等人名义先后成立了四家私营公司分摊ZX公司的上述业务，并由薛某某代表四家公司履行了部分合同义务。经鉴定，直到2006年合作终止之日，薛某某通过四家私营公司进行上述业务获取的非法利润达到873.662801万元人民币。

审理结果

法院经审理认定，被告人薛某1利用担任湖南ZX公司副总经理、总经理的职务便利，自己经营与其所任职公司同类的营业，谋取非法利益人民币873.662801万元，数额特别巨大，其行为已构成非法经营同类营业罪。最终判处被告人薛某1有期徒刑4年，并处罚金100万元。

（一）非法经营同类营业罪风险的主体范围（Who）

根据《刑法》的规定，本罪的主体是特殊主体，只限于国有公司、企业的董事、经理。刑法意义上的国有公司仅指国有独资公司、企业，不包括国有资本控股、参股的股份有限公司，对于国有公司、企业与非国有公司、企业共同出资成立的下级公司也不属于国有公司、企业的范畴。根据《公司法》的规定，董事是经股东大会选举的董事会的成员，其范围在实践中不难界定。《公司法》虽然没有对经理作出明确概念，但却对其职权、地位和义务作出了详尽的规定，最常引发风险的主体主要是国有公司、企业中负责全面经营管理

---

① 参见（2016）湘01刑初96号刑事判决书。

工作的经理，即国有公司总经理以及国有企业中负责全面工作的经理（厂长），但对于公司、企业其他的经理，如副总经理、部门经理是否能引发本罪的风险，理论和实践存在争议，为了杜绝刑事风险，其他经理也应主动杜绝非法经营同类营业的行为，因为即使不引发刑事风险，也容易产生其他法律风险。

在现代企业制度中，公司、企业的管理者并非公司、企业的所有者，而是代表所有者管理公司、企业。管理者和所有者之间存在委托、信托关系。公司、企业的董事、经理作为管理者基于这种关系衍生出忠实义务。因为董事、经理掌握着公司、企业事务的决策权和执行权，了解公司、企业具体的运作，同时还掌握着公司、企业的商业秘密。如果他们违背忠实义务，经营与所任职公司、企业同类的营业，必然会攫取本属于所任职公司、企业的市场和商业机会，劫取本属于所任职公司、企业的利益，从而损害其他股东或者公司、企业所有者的利益。因此，《公司法》明确禁止董事、经理经营同类营业，这被法律称为竞业禁止义务。董事、经理违背这种竞业禁止义务所从事营业的收益应当归公司所有，其行为还可能遭受公司、企业内部的处分，如职务降级或者解雇等。而国有公司、企业的董事、经理由于负有管理国有资产的职责，如果他们违背竞业禁止义务，遭受损失的将是国家的利益，这较非国有公司、企业董事、经理实施非法经营同类营业行为的后果更加严重，他们除了承担民事责任以外，还可能要承担刑事责任。

（二）非法经营同类营业罪风险的行为界限（What）

根据《刑法》的规定，本罪客观方面表现为利用职务便利，自己经营或者为他人经营与其所任职公司、企业同类的营业，获取非法利益的行为。

1. 行为条件

利用职务之便，是非法经营同类营业的行为条件。在实践中，国有公司、企业的董事、经理自己经营或者为他人经营与其所任职公司、企业同类的营业，一般都需要利用其职务上的便利。这里的利用职务之便，是指利用职权以及与职务相关的便利条件。具体而言，是指国有公司、企业董事、经理利用手中所掌握的公司、企业的材料、物资、人事安排等方面的决策权以及因其职务关系而知悉的公司、企业的生产、销售计划、企业投资方向等重大信息这样的便利条件，不过，若行为人虽然利用职务便利经营了与其所任职公司、企业同类的营业，且获利巨大，但这一行为与其所任职的职务无关，亦不能构成本罪。

2. 行为方式

非法经营同类营业的行为具体表现为自己经营或者为他人经营与其所任职的国有公司、企业同类营业。这里的“经营”不同于个人普通的、短期的商品买卖，它具有规模性和长期性。所谓“自己经营”，是指为自己独资或者担任股东的公司、企业或者其他经济组织进行经营，包括以他人名义注册公司，但自己是实际控制人的情形，在案例3－35中，薛某某以其亲友的名义注册公司从事经营的行为就属于“自己经营”。行为人参与经营活动的目的是获得经营收益或者参与利润分配，其是否在公司、企业中担任一定的职务或者参与日常的管理，不影响本罪的成立。所谓“为他人经营”，是指为自己虽非出资者，但为从中获取经营报酬的公司、企业或者其他经济组织进行经营。在本罪的认定中，只要具备“为自己经营”和“为他人经营”二者之一即可。“同类营业”就是指经营业务属于同一类别或者相似类别。例如生产、销售同一类商品或者提供同一种服务，或者生产销售相似商品或者提供相似服务。此外，如果经营的业务为两类以上，只要其中的一类与自己所任职的国有公司、企业属于同一类别或者相似类别，即可认定为经营了与自己所任职的国有公司、企业的同类营业。在案例3－35中，被告人薛某某作为国有公司的管理人员，利用职务之便，开设私营公司经营与其任职国有公司业务范围同类的业务，从中谋取非法利益，损害了国有公司的利益，已违反竞业禁止义务，其行为完全满足非法经营同类营业罪的行为界限。

（三）非法经营同类营业罪风险的追诉标准（How）

根据《刑法》的规定，本罪是结果犯，行为人实施非法经营同类营业的行为必须获取了非法利益而且“非法利益”的数额还必须达到“巨大”的程度，才能够构成犯罪。不过需要注意的是，即使无法构成犯罪，根据我国《公司法》的相关规定，行为人实施非法经营同类业务的行为所取得的“非法利益”也要全部归公司所有。这里的“非法利益”并不是指经营所获得的净利润，只要行为人通过经营同类营业获得了利益，就符合本罪的结果要求，而不管经营是否实际产生了利润，也不计自己实际投入的经营成本。也就是说，即使经营产生的利益刨去投入的成本一直处于亏损状态，仍然可以构成本罪。至于“数额巨大”的具体标准，根据最高人民检察院、公安部《追诉标准的规定（二）》，非法获利的数额在10万元以上的，就可以予以追诉。

◎法律法规链接

◆《刑法》（2020年修正）第165条

◆最高人民检察院、公安部《关于公安机关管辖的刑事案件立案追诉标准的规定（二）》（2010年5月7日实施）第12条

◆《公司法》（2018年修正）第46条、第147条、第148条、第215条

◆最高人民法院《关于如何认定国有控股、参股股份有限公司中的国有公司、企业人员的解释》（2005年8月11日实施）

◆最高人民法院《关于在国有资本控股、参股的股份有限公司中从事管理工作的人员利用职务便利非法占有本公司财物如何定罪问题的批复》（2001年5月26日实施）

三、为亲友非法牟利的风险

◎案例3-36①

场景回放

云南省YC公司是一家国有全资公司，2001年至2016年，余某某担任该党组书记、局长、总经理，在2013~2014年，余某某利用职务之便，以“华叶”卷烟配套宣传用礼品的名义，安排YC公司下属的JCK有限公司总经理徐某分两次向殷某某（余某某的特定关系人，另案处理）控制的西双版纳ZX公司购买茶叶313.49余万元；另通过下属的HY公司总经理张某要求某酒店向ZX公司购买茶叶162.9万元。ZX公司累计收到采购茶叶货款人民币476.39余万元。根据云南省发展和改革委员会价格认证中心出具的《价格认定结论书》确认，ZX公司销售该批茶叶的价格高于昆明市场零售单价，其超出市场

① 参见（2019）云刑终378号刑事判决书。

价格部分的获利累计人民币244.39余万元。

审理结果

二审法院审理后认为，余某某利用职务之便，以明显高于市场价格向其特定关系人采购商品并为特定关系人获利人民币244.39余万元，其行为已构成为亲友非法牟利罪，判处有期徒刑3年，并处罚金人民币30万元。

（一）为亲友非法牟利罪风险的主体范围（Who）

根据《刑法》的规定，本罪的主体是特殊主体，仅限于国有公司、企业、事业单位的工作人员。此外，根据最高人民法院《关于如何认定国有控股、参股股份有限公司中的国有公司、企业人员的解释》，国有公司、企业委派到国有控股、参股公司从事公务的人员，以国有公司、企业人员论，因此，上述人员也可以构成本罪的主体。

由于国有公司、企业相对于事业单位具有经营性和营利性，其工作人员，尤其是高管，是本罪的高发人群，应当特别加以重视。在案例3-36中，被告人余某某身为国有公司的党组书记、局长、总经理，符合本罪的主体范围。

（二）为亲友非法牟利罪风险的行为界限（What）

1. 行为条件

利用职务之便是本罪要求的行为条件，在司法实践中，行为人要为亲友牟利一般都须利用其职务上的便利，否则难以达到为亲友非法牟利的目的。这里的“利用职务之便”，是指利用行为人在国有公司、企业中的职权、地位或者由前两者所带来的便利条件。

2. 行为方式

本罪的行为主要体现在以下3种具体的方式：（1）将本单位的盈利业务交由自己的亲友进行经营；（2）以明显高于市场的价格向自己的亲友经营管理的单位采购商品或者以明显低于市场的价格向自己的亲友经营管理的单位销售商品；（3）向自己的亲友经营管理的单位采购不合格商品的。

其中，“本单位的盈利业务”既要求其是“盈利业务”，又要求是“本单位的业务”，具体是指能为本单位产生经济效益，获得利润的业务。此外，“亲友”的范围也是理解本罪的关键，顾名思义，“亲友”是亲属、亲戚与朋友的合称。“亲属”是指与行为人有血缘关系或婚姻关系的人；“亲戚”是指同自己家庭有婚姻关系的家庭或成员；“朋友”，是指彼此有交情的人。

需要注意的是，只要实施了将本单位的盈利业务交由自己的亲友进行经营就满足了本罪的行为界限。如果实施以高于市场的价格向自己的亲友经营管理的单位采购商品的行为，还必须达到明显高于市场价格的程度才能构成本罪。那何种程度属于“明显”高于或低于市场价格呢？《刑法》及相关司法解释对此没有明确规定，在判断时，不能单纯地以商品市场单价作为衡量标准，应综合各种因素进行具体分析，包括但不限于市场价格的差额比例、交易数量、交易习惯等。比如，虽然商品的交易单价与市场价差别不大，但是交易数量巨大，也存在引发本罪的风险。

（三）为亲友非法牟利罪风险的追诉标准（How）

根据《刑法》的规定，本罪属于结果犯，实施为亲友非法牟利的行为，必须导致国家利益遭受重大损失的结果，才能构成本罪。至于其亲友盈亏情况，不影响本罪的成立。那么，多大的“损失”才属于“重大损失”呢？最高人民检察院、公安部《追诉标准的规定（二）》对此作出了规定，只要达到其中任何一项，就应以为亲友非法牟利罪予以追诉：

（1）造成国家直接经济损失数额在10万元以上的；

（2）使其亲友非法获利数额在20万元以上的；

（3）造成有关单位破产，停业、停产6个月以上，或者被吊销许可证和营业执照、责令关闭、撤销、解散的；

（4）其他致使国家利益遭受重大损失的情形。

在案例3－36中，被告人余某某利用职务便利，以明显高于市场价的价格收购为亲友牟利的行为，使其特定关系人非法获利244.39余万元，已经达到了本罪的追诉标准，可以构成本罪。

◎法律法规链接

◆《刑法》（2020年修正）第166条

◆《公司法》（2018年修正）第148条

◆最高人民检察院、公安部《关于公安机关管辖的刑事案件立案追诉标

准的规定（二）》（2010年5月7日实施）第13条

◆最高人民法院《关于如何认定国有控股、参股股份有限公司中的国有公司、企业人员的解释》（2005年8月11日实施）

第六节　渎职类犯罪的风险[①]

风险提示

△渎职罪的风险只与国家机关工作人员有关，公司、企业不存在这类刑事风险？

△国有控股、参股股份有限公司不是纯国有公司，所以这些公司的工作人员不会引发渎职类犯罪的风险？

△签订、履行合同如果被骗，应当追究施骗者合同诈骗罪的责任，被骗的人不可能还要被追究刑事责任？

一、国有公司、企业人员失职、滥用职权的风险

◎案例3－37[②]

场景回放

江苏省WM公司成立于1992年，系江苏省HQ公司（国有全资公司）参股的公司，属国家出资企业。夏某经国有HQ公司推荐，于2008年至2014年任该公司董事长、总经理，并兼任WM公司下属子公司江苏LT公司董事长、总经理。夏某在上述公司任职期间，明知LT公司严重亏损、财务报表不真实，不正确行使职权，以不真实的财务报表为依据，报经WM公司董事会通过奖金分配、股东分红方案，致WM公司经济损失累计达人民币1716.37万元。后夏某被移送起诉，一审判决认定夏某作为国有公司的工作人员，滥用职权，造成国有公司严重损失，致使国家利益遭受特别重大损失，其行为构成国

① 引发渎职类犯罪刑事风险进入刑事诉讼程序后如何进行辩护，参见娄秋琴在北京大学出版社出版的《常见刑事案件辩护要点》第七章的相关内容。

② 参见（2019）苏01刑终675号刑事判决书。

有公司人员滥用职权罪，判处有期徒刑3年6个月。夏某不服一审判决提出上诉，其认为发放奖金和分红都是经过董事会决议，不应让自己来承担单位的集体责任，并且自己是经过WM公司股东大会及董事会民主选举产生，不属于国家机关工作人员，不应当对其追究刑事责任。

审理结果

二审法院经审查认为，根据最高人民法院、最高人民检察院《关于办理国家出资企业中职务犯罪案件具体应用法律若干问题的意见》第6条规定，经国有公司、企业提名、推荐、任命、批准等，在国有控股、参股公司中从事公务的人员，应当认定为国家工作人员。上诉人夏某经国有公司推荐，在国有参股公司WM公司担任董事长、总经理，并兼任WM公司下属子公司LT公司董事长、总经理，代表国有公司在国有参股公司中从事管理等公务活动，依法应当认定为国家工作人员，又根据意见第4条规定，国家出资企业中的国家工作人员在公司、企业改制或者国有资产处理过程中严重不负责任或者滥用职权，致使国家利益遭受重大损失的，按国有公司人员滥用职权罪定罪处罚，因此夏某符合国有公司人员滥用职权罪的犯罪主体身份。此外，虽然涉案奖金分配决议、股东分红方案经过了董事会研究通过，但是夏某作为LT公司的管理者滥用职权的行为在造成国家利益遭受损失中起到了十分重要的作用，该行为与犯罪后果之间存在必然因果关系，最终二审法院维持了原审法院关于国有公司人员滥用职权罪的定罪量刑内容。

（一）国有公司、企业人员失职、滥用职权罪风险的主体范围(Who)

根据《刑法》的规定，本罪的主体是特殊主体，仅限于国有公司、企业的工作人员（国有事业单位的工作人员可以构成本罪，在此不再详述）。换句话说，只要是在国有公司、企业内从事公务的人员，都可以引发本罪的刑事风险，而不限于国有公司、企业直接负责的主管人员，这是1999年12月25日《刑法修正案》对1997年《刑法》的修订，扩大了主体范围，应当引起国有公司、企业工作人员的注意。

此外，国有控股、参股股份有限公司虽然不属于国有公司、企业，但国有公司、企业委派到国有控股、参股公司从事公务的人员，是以国有公司、企业人员论，也可以引发本罪的风险。例如，在案例3－37中，夏某就属于经国有HQ公司推荐至国有参股公司WM公司及其下属公司LT公司从事公务的人员，符合本罪的主体范围。

（二）国有公司、企业人员失职、滥用职权罪风险的行为界限（What）

本罪是一个选择性罪名，包括两种行为方式：一是严重不负责任，即不履行职责或者不认真履行职责，该行为构成国有公司、企业人员失职罪；二是滥用职权，即超越职权或者不正当行使职权，该行为构成国有公司、企业人员滥用职权罪。如果两个行为都存在，则构成国有公司、企业人员失职、滥用职权罪。不管是哪一种行为，都必须造成国有公司、企业的破产或者严重损失，致使国家利益遭受重大损失的结果才能引发本罪的刑事风险。因此，要认定犯罪，考察严重不负责任或者滥用职权的行为与国家利益遭受重大损失的结果之间是否具有因果关系非常重要。因为国有公司、企业亏损、破产的原因可能是多方面的，有主观原因，也有客观原因，如宏观经济政策，国内外经济形势等。在确定因果关系的时候首先应当考虑行为人的行为与结果之间是否存在必然的内在联系，是否是结果产生的主要原因，如果不是，则不能引发刑事风险。在案例3－37中，被告人夏某滥用职权，以不真实的财务报表为依据，报经WM公司董事会通过奖金分配、股东分红方案，致WM公司管理层累计超额发放奖金、分红数据巨大，因此法院认定其滥用职权的行为与犯罪后果之间存在必然因果关系。

（三）国有公司、企业人员失职、滥用职权罪风险的追诉标准（How）

根据《刑法》的规定，本罪是结果犯，必须发生“致使国家利益遭受重大损失”的结果才能构成本罪，但国有公司、企业人员失职罪和国有公司、企业人员滥用职权罪的追诉标准是不同的，根据最高人民检察院、公安部《追诉标准的规定（二）》分别对严重不负责任的行为和滥用职权的行为规定了不同的追诉标准（见表3－11）：

表 3－11 国有公司、企业人员失职、滥用职权罪追诉标准

国有公司、企业人员失职罪	国有公司、企业人员滥用职权罪
造成国家直接经济损失数额在 50 万元以上的	造成国家直接经济损失数额在 30 万元以上的
造成有关单位破产，停业、停产 1 年以上，或者被吊销许可证和营业执照、责令关闭、撤销、解散的	造成有关单位破产，停业、停产 6 个月以上，或者被吊销许可证和营业执照、责令关闭、撤销、解散的
其他致使国家利益遭受重大损失的情形	其他致使国家利益遭受重大损失的情形

◎法律法规链接

◆《刑法》（2020 年修正）第 168 条

◆《企业破产法》第 131 条

◆最高人民法院、最高人民检察院《关于办理国家出资企业中职务犯罪案件具体应用法律若干问题的意见》（2010 年 11 月 26 日实施）第 1 条、第 4 条、第 6 条

◆最高人民检察院、公安部《关于公安机关管辖的刑事案件立案追诉标准的规定（二）》（2010 年 5 月 7 日实施）第 15 条、第 16 条

◆最高人民法院《关于如何认定国有控股、参股股份有限公司中的国有公司、企业人员的解释》（2005 年 8 月 11 日实施）

◆最高人民法院、最高人民检察院《关于办理妨害预防、控制突发传染病疫情等灾害的刑事案件具体应用法律若干问题的解释》（2003 年 5 月 15 日实施）第 4 条

◆最高人民检察院研究室《关于中国农业发展银行及其分支机构的工作人员法律适用问题的答复》（2002 年 9 月 23 实施）

◆最高人民法院《关于审理扰乱电信市场管理秩序案件具体应用法律若干问题的解释》（2000 年 5 月 24 日实施）第 6 条

二、签订、履行合同失职被骗的风险

◎案例 3－38①

场景回放

上海市KT公司是国有独资公司，张某某于2009年1月起担任公司开发部经理。2010年4月起，杭州市HJ公司与KT公司商谈购买本市同叶大厦办公用房，KT公司指派张某某、沈某负责房屋出售事宜。2010年9月，KT公司和HJ公司签订了出售同叶大厦701－702、706－722、801－822、901－922室协议，HJ公司支付了房款总价的20%，KT公司委派张某某具体办理房屋过户手续，同时负有对剩余房款6700余万元的催收职责。其间，HJ公司提出将全部房屋过户到其他5名自然人名下，KT公司总经理杨甲要求HJ公司提供相关证明，HJ公司出具书面材料称5名自然人均系HJ公司及分公司股东，张某某在未对5名自然人的股东身份进行核实情况下即向公司总经理杨某进行了汇报，杨某亦予认可后，张某某办理过户手续，将上述房屋过户到名下。之后，张某某未经公司领导许可，又先后两次私自协助HJ公司办理上述房屋的相关贷款抵押登记手续，事后也未向单位领导汇报及核实相关房屋的贷款放款情况，致KT公司未能掌握HJ公司已将房产抵押办理贷款等情况。2011年5月至同年底，HJ公司先后两次以资金周转困难为由向KT公司申请延期付款，KT公司因对HJ公司将房产抵押办理贷款及真实资金状况不明，故同意其延期付款，致KT公司剩余房款6000万余元被骗。后经民事诉讼及执行，至今仅追回100余万元。一审法院以签订、履行合同失职被骗罪判处被告人张某某有期徒刑5年。

审理结果

二审法院经审理后认为，张某某具有涉案房屋销售、经办产权过户、后续催款等工作职责。张某某在办理过户手续的过程中，未尽审查职责，致使产权没有严格依照协议约定过户到HJ公司、相关企业及分公司股东个人名下，增加了国有资产的不安全性；张某某在落实后续催款的过程中，明知HJ公司既

① 参见（2014）沪二中刑终字第1225号刑事判决书。

未支付大部分房款，又未提供相应担保，要在交易房产上设立抵押权，不仅失职不报，还帮助办理加急手续，放任足以危及合同履行的重大事项的发生，且在HJ公司两次申请延期付款时，没有全面调查汇报HJ公司的履约能力，以致KT公司在不清楚HJ公司真实资产状况的情况下，同意延期付款，错失最佳救济时间及途径，张某某属于严重失职。基于张某某仅是经办人，并非起领导、决策、指挥作用的单位主管人员，张某某的行为应以国有公司、企业、事业单位人员失职罪论处。遂改判张某某犯国有公司、企业、事业单位人员失职罪，判处有期徒刑4年。

（一）签订、履行合同失职被骗罪风险的主体范围（Who）

根据《刑法》的规定，本罪的主体是特殊主体，仅限于国有公司、企业、事业单位直接负责的主管人员。因为这部分人员对国有公司、企业拥有一定的经营决策权，具备构成本罪的条件，不具有经营决策权的普通员工一般不会引发本罪的刑事风险。在案例3－38中，二审法院就是认为张某某仅是经办人，并非起领导、决策、指挥作用的单位主管人员，所以认为张某某不构成签订、履行合同失职被骗罪，而最终按照国有公司、企业、事业单位人员失职罪进行定罪处罚。

无论是国有公司、企业还是非国有公司、企业，在对外经济往来的过程中都难免需要签订、履行合同，为了防止被骗，防止公司、企业利益遭受损失，直接负责的主管人员都应当尽职尽责，严格审查合同相对方的主体资质，履约能力等，就国有公司、企业而言，直接负责的主管人员更应当加以注意，勤勉尽职，杜绝严重不负责任，避免引发刑事风险。

（二）签订、履行合同失职被骗罪风险的行为界限（What）

根据《刑法》的规定，本罪的客观方面表现为直接负责的主管人员在签订、履行合同过程中，因严重不负责任被诈骗，致使国家利益遭受重大损失的行为。

首先，本罪的风险发生在签订、履行合同的过程中。如果履行其他职务活动，严重不负责任，不能构成本罪。其次，“严重不负责任”，是指行为人在履行主管、分管、经办合同的职责时，滥用职权或者放弃职守，本来能够防止被诈骗，却上当受骗的情形。例如，签订合同时，应该调查对方的身份与资信状况，而没有调查；履行合同时，应当验货，而没有验货；发现对方有重大诈骗嫌疑，应当采取措施而不采取措施或者不及时采取措施；等等。[①] 此外，根据最高人民检察院、公安部《追诉标准的规定（二）》，对方当事人涉嫌诈骗类犯罪是认定本罪的要件，但是不以其被法院判决犯诈骗类犯罪为前提，即司法机关在办理案件中，只要认定对方当事人的行为已经涉及诈骗类犯罪，就可依法认定行为人构成本罪，而无须等待对方当事人被法院审理并判决犯诈骗类犯罪。最后，本罪还要求发生致使国家利益遭受重大损失的结果，否则也不能构成本罪。

在案例3－38中，被告人张某某在签订、履行合同时未尽审查职责，致使产权没有严格依照协议约定过户，在后续催款过程中，又放任足以危及合同履行的重大事项的发生，且在没有核实清楚的情况下同意HJ公司的延期付款请求等。这一系列严重不负责任的失职行为，最终导致公司共计6000万余元的房款无法追回，致使国家利益遭受重大损失。从张某某的行为来看，完全符合签订、履行合同失职被骗罪的行为要件，但因为主体没有满足要求，后被二审法院改判其他罪名。

（三）签订、履行合同失职被骗罪风险的追诉标准（How）

签订、履行合同失职被骗必须发生致使国家利益遭受重大损失的结果才能构成犯罪。根据最高人民检察院、公安部《追诉标准的规定（二）》，这里“致使国家利益遭受重大损失”的标准是：（1）造成国家直接经济损失数额在50万元以上的；（2）造成有关单位破产，停业、停产6个月以上，或者被吊销许可证和营业执照、责令关闭、撤销、解散的；（3）其他致使国家利益遭受重大损失的情形。只要达到其中一个标准，就可以引发本罪的刑事风险。上述案例中被告人张某某的失职行为导致国家直接经济损失6000万余元，已经远远超出了50万元的追诉标准，如果主体符合本罪要件的话，足以在3～7年有期徒刑的档次中进行量刑，故一审法院判处了5年有期徒刑。

需要注意的是，如果是金融机构、从事对外贸易经营活动的公司、企业的工作人员，严重不负责任，造成国家外汇被骗购或者逃汇，造成外汇被骗购

---

① 参见何秉松主编：《刑法教科书》，中国法制出版社2000年版，第779页。

100 万美元以上或者逃汇 1000 万美元以上的，也可以引发本罪的刑事风险。

◎**法律法规链接**

◆《刑法》（2020 年修正）第 167 条

◆全国人大常委会《关于惩治骗购外汇、逃汇和非法买卖外汇犯罪的决定》（1998 年 12 月 29 日实施）第 7 条

◆最高人民检察院、公安部《关于公安机关管辖的刑事案件立案追诉标准的规定（二）》（2010 年 5 月 7 日实施）第 14 条

第七节　瓜分类犯罪的风险

风险提示

△只要不是为了个人私利，折股或者出售国有资产就算弄虚作假，也不会涉及刑事犯罪？

△发奖金是公司的自主行为，公司怎么发奖金不存在刑事风险的问题？

△私分国有资产罪是单位犯罪，与个人无关，个人无须为此承担刑事责任，尤其是在个人没有分得任何财产的时候，更不会由此承担刑事责任？

一、徇私舞弊低价折股、出售国有资产的风险

◎案例 3 – 39①

场景回放

Z 公司是一家国有独资公司，辛某某于 1999 年 11 月至 2014 年 4 月担任 Z 公司董事长、党委书记和总经理，分管房产分公司、财务审计部门。2013 年 10 月，辛某某明知上海市浦东新区 × × 路、× × 路处的 66 套商铺已由“库

① 参见（2018）沪 01 刑初 2 号刑事判决书。

存”转为“其他长期资产”，转让等处置需经过国有资产评估等程序，仍徇私舞弊，违反上述规定，利用其系该公司领导地位，假借集体讨论的形式，决定将上述商铺以43,000～48,000元每平方米私下低价出售给特定关系户。经评估，已完成产权变更的31套商铺成交总价低于市场价2182万余元。其间，辛某某利用职务上的便利，借用他人名义低价购买4套商铺，并帮助特定关系人吴某低价购买1套商铺，非法占有国有财物298万余元。

审理结果

法院审理后认为，被告人辛某某身为国家工作人员，利用职务上的便利，徇私舞弊低价出售国有资产，致使国家利益遭受特别重大损失；并从中牟取私利，侵吞公共财物，数额巨大；符合徇私舞弊低价出售国有资产罪和贪污罪的构成要件，遂认定被告人辛某某犯徇私舞弊低价出售国有资产罪，判处有期徒刑4年；犯贪污罪，判处有期徒刑8年，并处罚金人民币50万元。

（一）徇私舞弊低价折股、出售国有资产罪风险的主体范围（Who）

根据《刑法》的规定，本罪的主体是特殊主体，仅限于国有公司、企业直接负责的主管人员或者国有公司、企业上级主管部门的直接负责的主管人员。对国有公司、企业来说，只有公司、企业直接负责的主管人员才能引发本罪的刑事风险，非国有公司、企业的人员以及国有公司、企业中不负有直接责任的人员都不能构成本罪。在案例3－39中，辛某某案发时系国有Z公司负责人，分管房产分公司和财务审计部门，故辛某某应属国有公司直接负责相关事务的主管人员，符合本罪的主体范围。

（二）徇私舞弊低价折股、出售国有资产罪风险的行为界限（What）

根据《刑法》的规定，本罪的客观方面表现为徇私舞弊，将国有资产低价折股或者低价出售，致使国家利益遭受重大损失的行为。参照最高人民法院《全国法院审理经济犯罪案件工作座谈会纪要》的规定，本罪的“徇私”也可理解为“徇个人私情、私利”。所谓“徇私舞弊”，就是指为了一己私情、私利而弄虚作假。“低价折股或者低价出售”，是指在国有公司、企业股份制改造以及产权交易过程中，对国有资产不进行资产评估，或者所评估的价值偏离实际价值，进行低价折股或者低价出售。从司法实践来看，本罪的刑事风险多发生在国有公司、企业股份制改造或者以建立现代产权制度为目标的产权改革过程中，相关的主管人员应当加强控制和防范。

在具体行为方式上需要引起注意的是，根据最高人民法院、最高人民检察院《关于办理国家出资企业中职务犯罪案件具体应用法律若干问题的意见》，国家出资企业中的国家工作人员在公司、企业改制或者国有资产处置过程中徇私舞弊，将国有资产低价折股或者低价出售给其本人未持有股份的公司、企业或者其他个人，致使国家利益遭受重大损失的，依照《刑法》第169条的规定，以本罪定罪处罚。不过，如果在此过程中，上述行为人将国有资产低价折股或者低价出售给特定关系人持有股份或者本人实际控制的公司、企业，致使国家利益遭受重大损失的，应当依照《刑法》第382条、第383的规定，以贪污罪定罪处罚。

在案例3－39中，商铺出售的原因、商铺的定价较市场价偏低、形式上公开出售但实际上主要经辛某某决定出售给特定关系户等事实，充分体现辛某某主观上明知低价而出售商铺的徇私目的。而且，辛某某未报请国有资产管理部门审批，客观上违反国有资产处置的相关规定，致使国家利益遭受特别重大损失，侵害了国有资产管理制度，其行为符合本罪的行为界限。

（三）徇私舞弊低价折股、出售国有资产罪风险的追诉标准（How）

根据《刑法》的规定，徇私舞弊低价折股、出售国有资产的，还必须造成国家利益遭受重大损失的结果才能引发本罪的刑事风险。根据最高人民检察院、公安部《追诉标准的规定（二）》第15条的规定，徇私舞弊低价折股或者低价出售国有资产的行为，涉嫌下列情形之一的，应予追诉：（1）造成国家直接经济损失数额在30万元以上的；（2）造成有关单位破产，停业、停产6个月以上，或者被吊销许可证和营业执照、责令关闭、撤销、解散的；（3）其他致使国家利益遭受重大损失的情形。

上述案例中被告人辛某某的徇私舞弊行为导致国家直接经济损失2000万余元，已经远远超出了30万元的追诉标准，达到本罪的立案追诉标准。

◎法律法规链接

◆《刑法》（2020年修正）第169条

◆最高人民检察院、公安部《关于公安机关管辖的刑事案件立案追诉标准的规定（二）》（2010年5月7日实施）第17条

◆最高人民法院、最高人民检察院《关于办理国家出资企业中职务犯罪案件具体应用法律若干问题的意见》（2010年11月26日实施）第4条

◆最高人民法院《全国法院审理经济犯罪案件工作座谈会纪要》（2003年11月13日实施）

◆国务院《国有资产评估管理办法》（2020年11月29日实施）第3条

二、私分国有资产的风险

◎案例3－40①

场景回放

安徽省ZK研究所是国有事业单位法人，黄某某、孙某分别任所长、副所长。2001年年底，根据安徽省人民政府的要求，ZK研究所实行企业化转制，黄某某、孙某时任省冶科所长、副所长。2004年3月，ZK研究所改制完成，成立了包括黄某某、孙某在内的原ZK研究所部分职工持股的安徽省YJ公司。在改制过程中，黄某某、孙某通过隐瞒银行免息事实，致国有资产421万元流入改制后的安徽省YJ公司，具体如下：1991年，ZK研究所从原工商银行合肥市分行获得科技开发贷款280万元，后该笔贷款转入工商银行合肥市某支行，ZK研究所一直未予清偿，截至2001年年底，此笔贷款本息合计741万元。ZK研究所进行改制资产评估时，该741万元被作为债务纳入了评估。2002年上半年，该支行开始与ZK研究所就还款免息一事展开谈判，黄某某安排孙某等人经办谈判具体事项。2002年8月，ZK研究所与该支行签订还款免息意向书，并于2002年9月与ZK研究所又签订了正式还款免息协议书，约定ZK研究所只需在2003年3月31日之前归还本息合计320万元，其余利息减免。至2003年4月，ZK研究所按协议偿还了320万元，还款免息协议履行完毕。黄某某、孙某未如实向评估机构、主管部门披露、汇报上述还款免息事实，致使被免除的421万元利息一直被当作债务纳入评估范围，最终使相应的

① 参见（2015）皖刑终字第00071号刑事判决书。

国有资产流入改制后的YJ公司。

审理结果

二审法院审理后认为，上诉人黄某某、孙某作为国有事业单位直接负责的主管人员，违反国家规定，在改制过程中通过隐瞒银行免息事项的方式隐匿单位财产421万元，并转为包括其二人在内的职工集体持股的改制后公司所有，属于以单位名义将国有资产集体私分给个人，其行为均已构成私分国有资产罪，在共同犯罪中，黄某某起主要作用，系主犯，应当按照其所参与的全部犯罪处罚；孙某起次要作用，系从犯，依法对其减轻处罚。最终判处上诉人黄某某有期徒刑3年，缓刑5年，并处罚金人民币10万元；判处上诉人孙某有期徒刑2年，缓刑3年，并处罚金人民币3万元。

（一）私分国有资产罪风险的主体范围（Who）

根据《刑法》的规定，本罪是单位犯罪，其主体仅限于国家机关、国有公司、企业、事业单位、人民团体。非国有公司、企业不是本罪的主体范围。国有参股、控股公司、企业不属于我国《刑法》意义上的国有公司、企业，不能成为本罪的主体，但是如果其工作人员违反国家规定，以单位名义私分国有资产给个人，致使单位和国家遭受严重损失的，依然可以引发国有公司、企业人员滥用职权罪。此外，以国有公司、企业的分支机构或者内设机构、部门的名义实施犯罪，违法所得亦归分支机构或者内设机构、部门所有的，也应认定为单位犯罪。《刑法》规定私分国有资产罪是单罚制，单位构成犯罪，只处罚私分国有资产的直接负责的主管人员和其他直接责任人员。

所谓“直接负责的主管人员”，是指在该犯罪活动中有主要决策责任的国有单位负责人或其他领导人员，如直接作出私分决定的单位负责人、直接作出私分决定的单位分管领导、参与集体研究并同意研究决定的领导或者具体指挥私分行为的领导。

所谓“其他直接责任人员”，是指除直接负责的主管人员外，其他对该类犯罪行为负有责任的人员，也就是单位犯罪行为的直接实施或协助实施者，如提出私分建议并具体策划私分行为的人员或者具体组织实施私分行为的人员。

在案例3-40中，涉案的ZK研究所属于国有事业单位，由于《刑法》对私分国有资产罪规定的是单罚制，单位构成犯罪的，由其直接负责的主管人员和其他责任人员承担刑事责任。本案中，黄某某和孙某均属于国有事业单位直接负责的主管人员，因此，法院以私分国有资产罪对两人进行定罪处罚。对于孙某提出其没有和黄某某合谋，对免息事项没有汇报义务的辩解，法院认为，孙某作为省 ZK 研究所分管财务工作的副所长，在省 ZK 研究所改制过程中，为了能多评估债务，向评估机构隐瞒了与银行达成免息意向协议的事实，致使资产评估报告未对该事项予以披露，对省 ZK 研究所最终完成隐瞒免息一事起帮助作用，应当认定为其他直接责任人员，也可以引发本罪的刑事风险。

（二）私分国有资产罪风险的行为界限（What）

1. 行为前提

违反国家规定是私分国有资产罪成立的前提条件，这里的国家规定是指国家对国有公司、企业中的国有资产分配管理的规定。如果没有违反国家规定，而是有依据地分配国有资产，不会引发本罪的刑事风险。

2. 行为对象

“私分”的对象必须是国有资产。这是构成本罪的重要方面，如果私分对象不属于国有资产的范围，不能构成本罪。国有资产的范围具体可以参照国务院国有资产监督管理委员会发布的《国有资产产权界定和产权纠纷处理暂行办法》的相关规定，国有公司、企业中的国有资产大致可以分为以下部分：（1）投资，包括国家以货币、实物形式的投资，也包括以国家拥有所有权的土地、知识产权等无形资产的投资所形成的国有资产；（2）收益，是指国有公司、企业运用国家资本金及经营中借入的资金等所形成的税后利润经国家批准留给企业作为增加投资的部分以及税后利润中提取的盈余公积金、公益金和未分配利润等；（3）以国有公司、企业担保，完全用国内外借入资金投资创办的或完全由其他单位借款创办的全民所有制企业，其收益累积的净资产；（4）国有公司、企业接受馈赠形成的资产；（5）在实行《企业财务通则》《企业会计准则》以前，全民所有制企业从留利中提取的职工福利基金、职工奖励基金和“两则”实行后用公益金购建的集体福利设施而相应增加的所有者权益；（6）国有公司、企业中党、团、工会组织等占用企业的财产，不包括以个人缴纳党费、团费、会费以及按国家规定由企业拨付的活动经费等结余购建的资产。上述的财产都可以构成本罪的行为对象，私分上述国有资产都可能引发本罪的刑事风险。在司法实践中，鉴于国有资产界定的专业性、政策性很强，一般可商请国有资产管理部门进行专门界定或委托专业人员鉴定。

3. 行为方式

要引发本罪的刑事风险，行为方式方面要求以国有公司、企业的名义，集体私分国有资产。所谓“以国有公司、企业名义”是指由国有公司、企业领导、管理层集体决策，体现了单位的整体意志。如果只是个别领导或者管理人员私自决定，不能代表单位意志的情况下，不构成本罪，但可能引发其他罪的风险。所谓“集体私分给个人”是指将国有资产擅自分给国有公司、企业中的每位成员或者绝大多数成员。如果仅仅是在少数管理人员或少数员工中私分则不构成本罪，但可能引发贪污罪的风险。如最高人民法院、最高人民检察院《关于办理国家出资企业中职务犯罪案件具体应用法律若干问题的意见》中明确指出，国有公司、企业违反国家规定，在改制过程中隐匿公司、企业财产，转为职工集体持股的改制后公司、企业所有的，对其直接负责的主管人员和其他直接责任人员，以私分国有资产罪定罪处罚；改制后的公司、企业的管理人员或者少数职工持股，改制前公司、企业的多数职工未持股的，以贪污罪定罪处罚。此外，本罪的成立也不以作出决策的领导或管理人员和其他直接负责人员是否实际分得了财物为要件，只要他们将国有资产私分给单位里绝大多数成员，即使自己没有分得任何财物也不影响本罪的构成。

实践中，很多国有公司、企业、事业单位的管理人员认为按照公司章程规定进行奖金发放不会引起本罪的刑事风险，其实不然，虽然发放奖金属于公司自主经营范围，但是如果将不属于公司自身经营所得的资产私下以发放工资奖金等形式下发给员工，也可能引发本罪的风险。在“巩某等私分国有资产一案”① 中，北大资源管理集团是一家国有独资企业，2004 年改制为北京北大资源集团有限公司，北大资产经营公司持有 70% 的股权，巩某等是北大资源管理集团的高管人员。公司章程规定，“企业可以按劳分配，可结合职工的贡献、表现，发放工资和按时进行工资调整，奖金和福利待遇的发放要同企业的盈利情况和个人表现相挂钩”。巩某负责管理北京大学校内房产出租，2002 年 1 月至 2004 年 7 月，巩某等人将北大资源集团经营所得的大量房租收入置于集团

---

① 参见（2014）一中刑终字第 1493 号刑事判决书。

私设的某银行账户中，先后五次以单位名义共将人民币1938万余元作为奖金分发给该集团员工个人。法院审理后认为，虽然章程规定，公司管理人员有日常自主经营的权利，发放奖金属于公司经营自主范围，但是，公司对于应当上缴北京大学的房租经营收入予以截留，通过违规做账的手段发放奖金，使上述资金脱离国家税务部门及上级主管单位财务部门监管的行为，构成私分国有资产罪。因此，提醒相关管理人员在制定或审批奖金发放计划的过程中，应充分了解资产性质，合理决策。

4. 私分形式

私分国有资产的形式可以是多种多样的，从实践中的情况来看，有以下五种比较常见的类型：（1）直接私分型。这一般表现为国有公司、企业经集体研究或主要领导决定，违反国家规定，利用过年过节或其他喜庆日子，直接从单位财务上将国有资产进行集体私分。这是一种相当明显的私分国有资产的犯罪行为。这些单位之所以会这么明目张胆地进行国有资产私分，大多因为单位领导法治观念淡薄，甚至根本就不知道这会引发刑事风险。（2）私设小金库私分型。这一般表现为，国有公司、企业在工程建设、物品采购等过程中，以施工单位或被采购单位造假工程或提高造价，或造假工资表（零工工资、停薪留职人员工资）、开假发票等各种形式将单位的国有资金套现，然后转入单位私设的小金库。这种私分类型比较常见，刑事风险也很高。（3）体外循环私分型。这体现为部分国有公司、企业在本地或外地与其他非国有性质的企业合股投资办企业，由吸股企业截留股金利润，利用非国有性质外单位的财务给干部、职工发奖金搞福利进行私分。而在本单位财务上股金投资一直挂在往来账上，但没有或很少有利润收入入账。这种手段比较隐蔽。（4）关联交易私分型。所谓“关联交易”是指国有公司、企业以所有在职的干部、职工的名义入股成立有限责任公司，该公司的董事会、监事会成员都是该单位领导成员，甚至公司的董事长和单位的法人就是同一个人，然后，该公司又与自己本单位（自己和自己）进行非正常的贸易往来，本单位为了让公司赚取更多的“利润”，故意抬高价格向该公司采购物品或降低价格出售物品给该公司，恶意串通，损害国家利益，在该公司赚取一定的非法“利润”之后，以股金分红的形式集体私分给全体股民（全体干部、职工）。（5）转移国有资产私分型。此类形式与“关联交易私分型”有相似的地方，但又不完全相同。相同点都是利用全体干部、职工入股的形式成立有限责任公司，然后以股金分红的形式进行私分；不同的是，“关联交易私分型”毕竟在形式上与本单位存在贸易关系（虽然是不正当贸易），而“转移国资私分型”则根本没有利用公司与单位做生意、进行贸易往来，而是国有单位故意将属于单位收入的国有资产（如本单位的营业外收入、固定资产变卖收入、房租收入等）直接或间接转移到由职工入股的非国有性质的公司。这实质上是利用公司进行“洗钱”的犯罪行为，使资产的性质由国有资产变成了公司的利润，发生了“质”的变化，然后该公司以股金分红的形式进行集体私分。①

（三）私分国有资产罪风险的追诉标准（How）

根据《刑法》的规定，私分国有资产要数额较大才能引发刑事风险。根据最高人民检察院《关于人民检察院直接受理立案侦查案件立案标准的规定（试行）》，涉嫌私分国有资产，累计数额在10万元以上的，应予立案。在案件3－40中，被私分的国有资产高达421万元，已经达到了私分国有资产罪10万元的追诉标准，应当立案追究主管人员和直接责任人员的刑事责任。

◎法律法规链接

◆《刑法》（2020年修正）第396条第1款

◆最高人民法院、最高人民检察院《关于办理国家出资企业中职务犯罪案件具体应用法律若干问题的意见》（2010年11月26日实施）第2条

◆最高人民检察院《关于人民检察院直接受理立案侦查案件立案标准的规定（试行）》（1999年9月16日实施）

◆最高人民法院《全国法院审理金融犯罪案件工作座谈会纪要》（2001年1月21日实施）

◆国务院国有资产监督管理委员会《国有资产产权界定和产权纠纷处理暂行办法》（1993年11月21日实施）第8条

---

① 参见刘生荣、张相军、许道敏：《贪污贿赂罪》，中国人民公安大学出版社2003年版，第279～280页。

第八节　其他类犯罪的风险

风险提示

△只要不是贪污贿赂来的钱，有些资产就算说不清楚来源，也不会构成犯罪?

△国家机关要指控构成犯罪，必须举证证明不明的巨额财产来源是不合法的，如果国家机关不能举证，则不能指控巨额财产来源不明罪?

△在说明巨额财产来源时，随便编一些来源就可以了?

△隐瞒境外存款最多是违纪行为，不会引发刑事风险?

△《领导干部报告个人有关事项规定》只规定了大、中型公司、企业的负责人才需要依法申报收入，其他人不需要申报境外存款?

一、巨额财产来源不明的风险

◎案例3－41①

场景回放

2006年，湖北省人民政府根据中央要求对农村信用社管理体制进行改革，全省农村信用社的管理由省人民政府负责，具体方式为组建湖北省农村信用社联合社（以下简称省联社），履行省政府对全省农村信用社的管理、指导、协调和服务职能。经湖北省银监局批准，2007年2月，湖北省天门市农村信用合作社联合社改制为股份合作制的社区性地方金融机构，即天门市信用合作联社（以下简称天门联社），由自然人股本金21,106万元和法人股本金352万元构成注册资本，由社员代表大会选举理事组成理事会，由理事会聘任联社主任。根据中共湖北省委组织部、省联社党委相关文件，各市县联社理事长、副理事长、主任、副主任、监事长、党委书记、副书记、纪委书记、党委委员属

① 参见（2013）鄂荆州中刑终字第00090号刑事判决书。

省联社党委管理的干部，由省联社党委进行考察和任免。2009 年 12 月，省联社党委明确朱某某为天门联社党委委员，提名主任人选。2010 年 1 月，天门联社理事会聘任朱某某为联社主任。2010 年 11 月，省银监局核准朱某某天门联社主任的任职资格。2008 年至 2013 年案发时，朱某某的个人和家庭财产及支出总额为人民币 603.6779 万元，而朱某某能说明来源的收入为 231.407112 万元，朱某某对于差额人民币 372.270788 万元的财产不能说明来源。一审法院认为，被告人朱某某任职的单位性质为股份合作制企业，不属于国有单位，但综合分析朱某某的任职方式，省联社经省政府授权承担对全省农村信用社进行管理的职能，其对朱某某的人事任免在省政府授权的职能范围之内，朱某某符合“受委派从事公务”的特征，应以国家工作人员论。据此，犯巨额财产来源不明罪，判处有期徒刑 3 年，连同受贿罪决定执行有期徒刑 12 年，并处没收个人财产人民币 100 万元。朱某某认为自己其不属国家工作人员，指控其犯巨额财产来源不明罪不能成立，提出上诉。

审理结果

二审法院经审理后认为，省联社、天门联社均不属国有企业或国家出资企业，省联社党委不构成法定的“委派”主体，朱某某的职位不具有“从事公务”性质，因而朱某某的主体身份不能以国家工作人员论。一审判决认定受贿罪罪名不当，认定朱某某构成巨额财产来源不明罪有误。据此，于 2015 年 4 月 24 日判决撤销原审判决，仅以朱某某犯非国家工作人员受贿罪，判处其有期徒刑 9 年，并处没收财产人民币 100 万元。

（一）巨额财产来源不明罪风险的主体范围（Who）

根据《刑法》的规定，本罪的主体是特殊主体，必须是国家工作人员才能构成本罪。根据《刑法》第 93 条的规定，在国有公司、企业、事业单位、人民团体中从事公务的人员以及国家机关、国有公司、企业、事业单位、人民团体委派到非国有公司、企业、事业单位、社会团体从事公务的人员，以国家工作人员论，可以引发本罪的风险。受国有公司、企业委托管理经营国有财产的人员，因为不具有国家工作人员的身份，即使可以构成贪污罪，但不在本罪的主体范围内，不会引发本罪的刑事风险。在案例 3－41 中，朱某某虽然接受省联社党委的“委派”到天门联社担任主任，但是省联社并非国有公司、企业，省联社党委也自然不能构成“委派”的主体，因此，朱某某不符合本罪的主体要件，无法构成本罪。

（二）巨额财产来源不明罪风险的行为界限（What）

根据《刑法》的规定，本罪的客观方面表现为国家工作人员的财产或者支出明显超过合法收入且差额巨大，经责令说明来源，不能说明其来源是合法的行为。

1. 国家工作人员的财产或者支出明显超过正常收入，且差额巨大

这里所说的财产，是指行为人实际拥有的财产，具体包括房产、生活用品、学习用品、交通工具、银行存款、持有的股票、债券、国库券等有价证券、现金以及债权等。支出，指的是行为人实际对外支付的款项，包括合法支出，如日常生活、工作、学习支出的费用；也包括不合法支出，如向他人行贿的财款、所输的赌资、违法所受的罚款等。正常收入应当是行为人能作出圆满说明的合法收入，主要包括工资、奖金、津贴、补贴、福利、劳务报酬等所得，或者接受的馈赠和继承所得，以及其他通过合法途径所获得的收入。差额巨大指的是拥有的财产或者支出大幅度高于合法收入。结合《刑法》第395条相关规定及最高人民法院《全国法院审理经济犯罪案件工作座谈会纪要》，巨额财产无法说明来源的，以非法所得论，常用计算公式为：非法所得 =（现有财产 + 所有支出）- 有真实来源的所得，在计算时应把国家工作人员个人财产同与其共同生活的家庭成员的财产、支出等一并计算，而且一并减去他们所有的合法收入以及确属与其共同生活的家庭成员个人的非法收入。为了便于计算，对于行为人的财产和合法收入，一般可以从行为人有比较确定的收入和财产时开始计算。

2. 行为人不能说明财产的合法来源

（1）“不能说明”的含义。有人认为，《刑法》上的“不能说明”指的是“拒不说明”，即拒绝向有关部门说明巨额财产的真实来源；也有人认为，“不能说明”指的是虽然有向有关部门说明的行为，但其说明的内容不圆满、不真实。从一般语义上讲，“不能”指的是客观上的不能够。但是综合《刑法》增设巨额财产来源不明罪的立法意图，笔者认为，《刑法》规定的“不能说明”应当理解为“未能说明”，包括主观上不愿说明、客观上不能说明或者虽

然说明但是经有关部门查证不属实等各种情况。最高人民法院发布的《全国法院审理经济犯罪案件工作座谈会纪要》中就明确指出，“不能说明”主要包括以下情况：①行为人拒不说明财产来源；②行为人无法说明财产的具体来源；③行为人所说的财产来源经司法机关查证并不属实；④行为人所说的财产来源因线索不具体等原因，司法机关无法查实，但能排除存在来源合法的可能性和合理性的。因此，只要行为人未能对财产来源的合法性作出说明，不论何种原因，都有可能引发巨额财产来源不明罪的风险。

（2）说明的程度。行为人不仅需要对巨额财产的来源作出说明，还必须充分证明其来源的合法性。如果只是对该财产的来源作出一些解释，而对重要的细节予以隐瞒，甚至以此来掩盖其他的犯罪事实，或者干脆就将该财产的来源往已经死亡的人身上搪塞，但就是提供不了证据，致使有关部门对此根本无法查实。这种情况下，行为人仍无法证明该财产来源的合法性，可以引发本罪的刑事风险。

3. 司法机关无法查清巨额财产的真正来源

行为具备了以上两个条件，司法机关就应当立案侦查，如果通过细致的侦查，尽了最大的努力，调查了已知的线索和疑点，仍不能查明行为人的差额部分系通过何种犯罪行为所得，才能以巨额财产来源不明罪定罪。如果司法机关查实了差额部分财产系其他犯罪所得，应以其他罪名追究行为人的刑事责任。

（三）巨额财产来源不明罪风险的追诉标准（How）

根据《刑法》的规定，国家工作人员的财产或者支出明显超过合法收入，差额巨大的，才能引发巨额财产来源不明罪的风险。对于“差额巨大”具体的数额标准，最高人民检察院《关于人民检察院直接受理立案侦查案件追诉标准的规定（试行）》进行了明确：涉嫌巨额财产来源不明，数额在30万元以上的，应予立案。

在上述案例中，上诉人朱某某不能说明来源的资产高达人民币300余万元，符合本罪的追诉标准，应当予以立案追诉。

◎法律法规链接

◆《刑法》（2020年修正）第395条第1款

◆最高人民检察院《关于人民检察院直接受理立案侦查案件立案标准的规定（试行）》（1999年9月16日实施）

◆最高人民法院《全国法院审理经济犯罪案件工作座谈会纪要》（2003年11月13日实施）第5条

二、隐瞒境外存款的风险

◎案例3－42①

场景回放

谢某某为原从化市公路管理局财务科科长，在未向有关部门申报的情况下，以其本人、其第二任妻子、李某、大儿子谢某1的名义在境外的美国银行开设个人银行账户，并于2013年2月至2014年5月间，以其本人的名义及借用多人的名义，到中国银行从化各网点开设账户，利用每人每年5万美元的购汇额度购买美元后，分多次向其掌管的上述四个美国银行的账户汇款共计126.6万美元。案发后，谢某某辩称自己仅是一名普通股级干部，没有申报境外存款的义务，也不知道自己负有申报境外存款的义务，不存在明知需要申报却隐瞒不报的主观故意，所以不构成隐瞒境外存款罪。

审理结果

法院经审理后认为，首先，从本罪的犯罪主体上来说，隐瞒境外存款罪的犯罪主体为国家工作人员，并未限定国家工作人员的级别，被告人谢某某身为原从化市公路局财务科科长，属于国家工作人员，符合该罪的主体特征。其次，根据国务院发布的《国际收支统计申报办法》第7条之规定：中国居民和在中国境内发生经济交易的非中国居民应当按照规定及时、准确、完整地申报国际收支信息。该条规定说明凡是中国居民对其国际收支信息均有申报的义务，同时，《外汇管理条例》亦明确了该申报的义务，故被告人谢某某具备申报境外存款的义务，其作为公职人员，应清楚国家规定的收入申报制度，尤其是个人在境外存款和投资、收益的申报，其辩称不知道自己有申报义务并不能成为解脱此罪名的理由。最后，被告人谢某某在自己的额度用完之后，多次以

---

① 参见（2017）粤0184刑初805号刑事判决书。

他人的名义向境外其个人及其家属的账户汇款，故意规避国家关于个人对外汇款的相关规定，并且不按规定进行申报，该客观行为亦反映出其主观上具备隐瞒其境外存款的故意。综上所述，法院最终判决被告人谢某某的行为构成隐瞒境外存款罪，判处有期徒刑7个月。

（一）隐瞒境外存款罪风险的主体范围（Who）

本罪的主体范围与巨额财产来源不明罪一致，仅限于国家工作人员，具体到公司、企业来看，只有在国有公司、企业中从事公务的人员以及国家机关、国有公司、企业、事业单位、人民团体委派到非国有公司、企业、事业单位、社会团体从事公务的人员才能引发本罪的刑事风险，受国有公司、企业委托管理经营国有财产的人员，不是国家工作人员，不在本罪的主体范围内。

有人根据2017年中共中央办公厅、国务院办公厅修订后的《领导干部报告个人有关事项规定》提出在国有公司、企业中，只有那些大、中型公司、企业的负责人才需要依法申报收入，除此之外的其他人员不是收入申报的主体，因此也就不会引发本罪的刑事风险。何况从《领导干部报告个人有关事项规定》的内容上看，它规定的只是一般的财产申报制度，而并非专门针对境外存款。需要注意的是，《领导干部报告个人有关事项规定》要求国有大、中型公司、企业的负责人要定期申报其财产收入的规定并不否定其他在国企中从事公务的人员申报境外存款的义务，不仅如此，根据我国国务院发布的《外汇管理条例》以及《国际收支统计申报办法》的相关规定，所有中国居民对其国际收支信息均有申报的义务，其中自然地包含了所有在国企中从事公务的人员。因此两者并无冲突。而且从法律效力层级上看，《刑法》属于基本法律，效力远高于《领导干部报告个人有关事项规定》，即使存在冲突，也应当以《刑法》规定为准。

综上所述，公司、企业中的国家工作人员均可能引发本罪的刑事风险，而不局限于国有大、中型企业的负责人。同样的，其他单位的国家工作人员的职级高低也不影响本罪的成立，例如，案例3-42中，被告人谢某某虽然只是在国家机关中担任科长，仍然在本罪的主体范围内，可以引发本罪的风险。

（二）隐瞒境外存款罪风险的行为界限（What）

根据《刑法》的规定，本罪的客观方面表现为行为人在境外的存款数额较大，应当依照国家规定予以申报却隐瞒不报的行为。

在司法实践中，对境外存款的认定应注意以下3个方面的问题。首先是关于“境外”的范围是否包括我国港澳台地区，一种观点认为包括，另一种观点认为不包括，还有一种观点认为只包括台湾地区，不包括港澳特区。笔者认为此处将“境外”理解为我国国境或边境外的国家或地区更为妥当，即包括我国港澳台地区。

其次是对“境外”的理解，“境外”是指资本概念还是地域概念。行为人存入中资银行在境外开设的分支机构或者存入外资银行在我国境内开设的分支机构的存款是否属于境外存款。对此，笔者认为，随着经济全球化的发展，各主体之间兼并、持股等资本活动日益增多，“境外”应是地域概念，即凡是存入我国国（边）境以外的国家和地区（包括港澳特区、台湾地区）开设的金融机构的存款都属于境外存款。

最后是“境外存款”是否包括人民币。有人认为，鉴于人民币在国外还不能自由兑换，因此本罪中的存款仅指外汇而不包括人民币。但从《刑法》条文上看，《刑法》对“存款”的范围并没有作出任何限制，从立法意图上讲，设立隐瞒境外存款罪所要保护的是境外存款的申报制度，而不是外汇的管理制度，因此，国企工作人员对境外的人民币存款隐瞒不报，仍然可以引发本罪的刑事风险。

值得注意的是，本罪只规制了隐瞒存款不报的行为，隐瞒其他财产不报则不在本罪的行为界限内。这是立法上的一个缺陷。从立法本意上讲，国家工作人员隐瞒境外其他财产的行为，同样侵犯了其职务的廉洁性，将申报的范围局限于存款无疑给不法分子制造钻法律漏洞的机会。但就目前的法律而言，隐瞒存款以外的其他财产不报，一般不会引发本罪的刑事风险。

此外，对于行为人既实施了违反有关国家工作人员境外存款申报规定的行为，并且在有关国家机关责令行为人说明其合法收入以外的差额部分时，行为人又不能说明其合法来源的，不适用数罪并罚，因为虽然行为人实施了隐瞒不报和拒不说明财产来源合法的两个行为，但隐瞒境外存款并拒不说明其来源合法的行为对象是同一的，行为所指向的标的物本身不是能够单独构成犯罪构成要件的两个事实，对行为人数罪并罚将违背禁止重复评价的原则。

（三）隐瞒境外存款罪风险的追诉标准（How）

国家工作人员隐瞒境外存款不报的行为，并不必然会引发本罪的刑事风险，只有在所隐瞒的存款达到一定数额的情况下，才具有刑法意义上的社会危害性，才纳入刑法所规制的范围。根据最高人民检察院《关于人民检察院直接受理立案侦查案件立案标准的规定（试行）》第1条第10项的规定，涉嫌隐瞒境外存款，折合人民币数额在30万元以上的，应予立案。因此，如果境外存款数额超过30万元，但是故意隐瞒的数额尚未达到30万元，或者故意隐瞒和过失未能申报的数额总计已超过30万元，但是故意隐瞒的数额未达到30万元的，都不会引发本罪的刑事风险；如果行为人误以为自己的境外存款折合人民币已达到30万元，隐瞒不报，但实际上按照人民币汇率折算，尚不足30万元的，亦不会引发本罪的刑事风险。

◎法律法规链接

◆《刑法》（2020年修正）第395条第2款

◆最高人民检察院《关于人民检察院直接受理立案侦查案件立案标准的规定（试行）》（1999年9月16日实施）第1条第10项

◆中共中央办公厅、国务院办公厅《领导干部报告个人有关事项规定》（2017年2月8日实施）第4条

◆《国际收支统计申报办法》（2014年1月1日实施）第7条

◆《外汇管理条例》（2008年8月5日实施）第17条、第48条

第三章　人员治理中的刑事合规

就公司、企业管理而言，人员治理是非常重要的内容，因为不管什么类型、什么阶段、什么行业的公司、企业都需要靠人来运行，如果人员治理不得当，对内侵占、挪用、私分单位资产，对外滋生腐败或者进行不当的关联交易，一旦构成刑事犯罪，不但使公司、企业相关人员身陷囹圄，还将严重损害单位利益，造成单位财产、声誉、人才等各方面的损失。因此，做好人员治理方面的合规管理，尤其是刑事合规管理是非常必要的。从全球视野来看，企业合规发端于20世纪80年代，最初是为了配合国际反商业贿赂的开展而产生的，与人员治理密切相关。美国在1977年制定了全球范围内首个反腐专门法律《反海外腐败法》（Foreign Practices Act，FCPA），并推动和促成经济合作与发展组织颁布了《反贿赂公约》以及联合国历史上第一个指导国际反腐败斗争的法律文件——《联合国反腐败公约》，之后英国在2011年通过了《反贿赂法》，甚至规定了商业组织未能预防贿赂罪，将预防贿赂规定为企业的法定义务，法国在2016年通过了《萨宾第二法案》，这些反腐败法，确立了着眼于防范企业商业贿赂犯罪的合规机制，将企业合规计划的建立作为是否起诉、是否定罪或者是否从轻减轻处罚的依据，有利于推动国际社会反腐尤其是企业反腐的深入发展。除了反商业贿赂外，合规管理体系也逐渐渗入到更广泛的领域，也有越来越多的国家开始积极探索企业合规立法。目前，我国尚未作出类似规定，但理论和实务界都在积极推动相关立法，就公司、企业而言，要掌握大势，提前做好合规管理，以防范相应的刑事风险。

一、树立企业廉洁和忠诚文化

企业文化是一个企业所塑造并传播推广的共同的认知、价值观念、态度和信仰，是一种组织风气，会直接影响个人的行为。如果企业文化的价值观和规则与法律体系的价值观和规则一致，就会支持员工的合法行为；如果不一致，则会腐蚀和阻碍员工的合法行为。在人员治理方面，企业应当树立廉洁和忠诚文化，提倡诚实、正直、透明、忠诚，通过文化的树立和渗透，防止腐败和欺诈。为了使这些文化能够贯彻，企业可以制定文化政策或者进行道德指引，指导和规范员工日常行为，增强公司、企业人员尤其是高级管理人员的自律意识和员工的监督意识，在企业内部形成廉政从业和忠诚从业的良好氛围，使企业人员从思想上自觉杜绝实施有损廉洁和忠诚的行为，从源头上防范刑事风险。对于企业文化的构建，尤其是反腐文化，领导层的态度和决心是非常重要的，因为员工通过贿赂开拓市场，增加业绩，在一定程度上会为企业增加利益，领导层应当在不同的重要场合（如年会或业绩报告会）声明反腐的重要性，并建立顺畅的渠道让员工了解和查询领导层的承诺，传达领导层对腐败“零容忍”的态度和决心。

二、制定并执行科学的治理结构

内部治理结构，是根据权力机构、决策机构、执行机构和监督机构相互独立、权责明确、相互制衡的原则实现对公司的治理，决定公司内部决策过程和利益相关者参与公司治理的办法。我国《公司法》虽然对股东大会、董事会、监事会和管理层的职权范围有规定，但都是原则性的，很多公司在制定章程时也并未细化。有的公司为了省事在设立公司时直接使用工商登记部门提供的范本，亦没有明确细化各机构的职责和权限，如没有规定资金审批权限和额度，导致实践中无法执行或者执行混乱，还可能使高管层引发挪用类或者侵占类的刑事风险；又如没有明晰各机构的职责和权限，导致实践中争夺权力或者推诿责任，甚至引发背信类、渎职类或者瓜分类的刑事风险。因此，就公司、企业而言，要做好人员治理的合规管理，首先在设立时就应当制定科学合理的治理结构，并落实到章程及其他规章制度中，以便实务中遵照执行。

三、建立健全内控制度和监督机制

有了科学合理的治理结构后，还要建立健全内控机制，使相关人员在客观上无法实施违法犯罪行为。因为不论是侵占类、挪用类还是瓜分类犯罪，内部人员能得手往往都是因为本单位对资金、财物的内部控制制度不健全、存在漏洞，或者是监管措施不力，尤其是财务制度和资产管理制度方面。具体而言，首先，在岗位设置方面，就应当明确各个岗位的职权和职责范围，明确权责义务与免责事由，使员工在各自岗位积极履职，既避免其滥用职权，也可防范其玩忽职守。此外，还要根据不相容职务相分离的原则，合理设置会计、出纳、库管、收银以及其他相关工作岗位，明确岗位职责和权限分工，定期实行岗位轮换制度，形成相互制衡和内部牵制的机制。对于不相容的职务，由不同的人担任，例如，将记账与经营和保管的职务分离，会计与出纳的职责分离，以防主管、经手、保管资产的人员侵占、挪用或者瓜分单位资产。其次，在财务审批方面，要加强财务收支的管理控制，人员治理中产生的很多刑事风险都与财务管理密切联系，利用财务管理中的漏洞侵占、挪用、瓜分单位财产。例如，对财务收支要明确审批人员及其权限，明确审批的流程，不得越权审批，不得违规审批，使业务与财务部门之间能够相互监督制约。再次，在资产管理方面，要定期或者不定期地组织人员进行资产盘点，保证账物、账实相符，确保公司、企业资产的安全和完整。另外，还要加强现金管理，严格控制现金结算，核定库存现金限额，现金及时送存银行；严格执行钱、账分管；严格制定现金借款和报销制度等。最后，还可以建立有效的违规报告制度，对于违法违规的行为，员工可以通过开设的举报电话、邮箱或者举报平台进行举报，且要做好举报人的保密工作和激励机制，避免举报人担心因举报遭到报复，使内部监督有效运行。此外，还要构建良好的授权制度，由董事会给各级高管人员、各部门给内部员工出具明确的书面授权，明确权责义务与免责事由，为员工拒绝实施上级管理者安排的违法任务提供合理合法的依据。

四、制定员工行为规范手册

员工的行为规范手册是对员工提出的基本行为要求，是企业合规制度的基础，内容必须清晰、完整、具体、有约束力；要求员工必须遵守经营所在国的法律法规，不得从事违法犯罪行为，必须诚实、诚信、廉洁从业，要对单位的声誉承担责任，不得损害单位利益；对人员治理中容易产生的刑事风险，明令禁止实施侵占、挪用、受贿、行贿、背信、瓜分等违法犯罪行为，并针对容易产生刑事风险的环节，制定相应的政策。例如，针对反腐败的问题，应当对礼品、招待、商务宴请、馈赠、公益赞助、慈善捐助、差旅费、折扣、佣金以及与政府、咨询公司、承包商、代理商、供应商、经销商、业务合作伙伴等第三方之间的往来等提供指引或者制定相应的标准，使员工有章可循，让反腐败合规政策具有针对性和实操性。此外，公司、企业在员工行为规范手册中还可以提出员工在作出决策时应以单位最佳利益为原则，避免可能产生的利益冲突。例如，不得经营与本单位同类的业务，不得协助其他单位与本单位进行竞争，不得从事与本单位相竞争的兼职工作，不得将公司财产用于个人目的，不得将公司财产用来从事任何违法活动、导致利益冲突的活动或者导致增加成本、对单位造成不利影响的活动等。员工行为规范手册不但要准确、清晰，而且应当在员工入职时就让员工签收知悉，并由员工签署回执，用以表明员工已经阅读、理解并将遵守政策所含的指引，平时还要进行宣传和实施，鼓励员工就履行政策过程中产生的问题，咨询企业合规部门。

五、组织员工培训

组织员工培训是企业合规计划的重要内容，因为制定了好的规范和制度还远不够，重要的是使这些规范和制度能得到贯彻落实，而培训则是贯彻落实的具体步骤之一。通过培训，让员工明确知悉规范和制度，使其能遵照执行；通过培训，让员工知道应当如何具体遵照执行，明确具体的操作方式；通过培训，让员工知悉违反规范和制度会产生的不利后果，使其不敢违反。为了达到良好的培训效果，应当设计好合规培训课程体系，包括培训时间、培训内容、培训次数、培训频率、培训形式等，不仅要进行常态化和制度化的全员培训，还应当针对高风险人员（销售人员、采购人员、与政府或客户打交道的人员）进行集中强制性培训。除此之外，还应当对培训的情况进行评估、测试和认证，如评估培训的专业性、规模、水平，对参与培训的员工进行签到、考核、颁发证书、存档等。组织员工培训除了能够督促员工严格遵照执行规范和制度外，也是公司、企业执行合规计划的内容，在特定情况下可以作为已经履行了合规责任的证据，在单位犯罪和个人犯罪之间起到隔离的作用。例如，企业的员工行为规范中明令禁止通过贿赂的方式开拓市场，并组织员工进行了培训，要求员工签署不通过贿赂方式开拓市场的承诺函，并对员工的每一次培训进行签到记载，如果员工为了业绩而使用单位给予的业绩奖金实施了行贿行为，从而引发行贿类的刑事风险，员工为了减轻自己的责任，通常会辩解是为了单位利益而实施的行贿行为，应当认定为单位犯罪，在这样的情况下，企业可以通过举证，一方面举证证明该行为是企业的制度所禁止的，另一方面举证证明企业对员工进行了培训，落实了该项制度，虽然员工的行贿行为客观上帮助企业拓展了市场，增加了业绩，但也不能认定为是单位行为，不应构成单位行贿，而应当认定为个人行贿。

六、定期开展风险识别和评估工作

做好人员治理中的刑事合规，首先要会识别刑事风险，即企业内哪些活动最容易滋生违法犯罪行为和引发刑事风险。其次要会识别的刑事风险有哪些，这是进行刑事合规管理的基础，如果不了解刑事法律规定，不清楚哪些环节会引发哪些刑事风险，是很难做到合规管理的，例如，上市公司高管根本不知道《刑法》中有背信损害上市公司利益罪，虽然知道进行不公平的关联交易违背了忠实义务，但认为最多只需要承担民事赔偿责任，不会引发任何刑事风险，那他就很难针对该行为做到刑事合规管理。最后，在识别刑事风险发生的环节和种类的基础上，要定期开展风险评估工作，综合企业的区域化组织、企业的历史、企业与外国政府之间的往来、企业经营的具体行业等因素，针对容易引发刑事风险的产品销售环节、招投标环节、合同履行环节、关联交易环节、财务管理环节、市场拓展环节等，重点进行风险评估，对于高风险的环节，要采取有针对性的措施进行保护，避免违法犯罪的发生，还应有针对性地制定相关政策，优化预防性措施。这些风险评估工作应当定期进行，评估方法要科学得当，并对评估结果进行登记并做好归档工作。

七、建立健全内部稽核和审计制度

内部稽核和审计是企业合规管理重要的手段。内部稽核工作着眼于企业日常财务内部的审核把关，对资金、会计核算、财务报告、财务管理和经济活动领域中存在的财务风险进行防范，可以将潜在的刑事风险遏制在萌芽中。做好内部稽核工作，要注意组建稽核机构，建立稽核工作体系，明确统一规范的财务稽查内容、关注风险点和操作流程，明晰工作的方式方法，同时还要推进稽核信息建设，将队伍管理、计划管理、业务交流、财务数据预警、案例分析、工作考核嵌入稽核管理平台，实现信息共享。除了内部稽核外，还要进行内部审计，设置内部审计机构或者审计人员对会计工作进行再检查，与内部稽核制度相比，更具有全面性、公正性、独立性和权威性，内部审计可以控制公司、企业的各项经济活动，使各项管理职能更有序、更高效地进行，能够有效防范各方面的风险。

八、积极应对刑事合规危机

对于已经发现和披露的合规风险和违规事件，要积极应对，通过补救整改，将风险扼杀在摇篮里，避免财产、声誉、人才等损失进一步扩大。具体的做法是，在违规行为发生后，企业要及时开展内容合规调查，对于违规行为及时进行披露，对违规责任人及时进行挽救和惩戒，不能任由事态继续恶化，甚至通过违法违规手段进行掩盖。比如，对于员工实施商业贿赂的行为，应当在通过合规调查后，对已经构成犯罪的员工移送司法处置，而不是采取包庇袒护的做法，更不能为了掩盖犯罪而毁灭相关证据。对于员工挪用单位资金的行为，应当对其进行劝说，使其及时归还所挪用的款项，对其进行惩戒，即使其最终构成挪用资金罪，及时退还资金的情节也可以使挪用人从轻或者减轻处罚甚至免除处罚。公司、企业在违规行为引发的危机出现后，还应当针对企业存在的合规管理制度中的漏洞和缺陷进行弥补，甚至积极进行整改，并公示企业高管和员工，使其从中吸取经验教训，让违法违规行为得到有效控制。例如，企业会计人员利用企业“小金库”管理中存在的漏洞进行职务侵占或者挪用，企业调查发现后，应当对小金库进行梳理，将“小金库”资金纳入正常的财务管理中，并不再设立“小金库”，用以杜绝员工侵占或挪用“小金库”资金的行为。

第四篇

税务管理风险大

——平稳度过企业重灾区

第一章　税务管理中的风险提示

税收是国家主要的收入来源，一直受到严格的监管。公司、企业是主要的纳税主体，承担着重要的纳税义务，因此税务管理成为公司、企业管理中非常重要的环节，从成立到运营甚至到解散都可能涉及，包括税务登记、纳税申报、账簿凭证管理、发票管理、缴纳税款、配合税务检查等内容。但由于社会环境和经济环境复杂，税收监管体制和法律体系并不完善，加上很多公司、企业法律意识淡薄，习惯于出了问题“找关系”摆平，并不重视自身的税务合规管理，往往容易置身于巨大的涉税风险中。税务类犯罪的追诉标准低、量刑幅度大，甚至有些罪名对涉案金额都不作要求，只要具备法定的行为就构成犯罪，公司、企业所面临的刑事风险较大。

税务管理主要包括两项内容：一项是缴税，针对的是税收征管制度；另一项是发票管理，针对的是发票管理制度。如果税务管理违反了对应的管理制度，就有可能触犯税务类犯罪。因此，我国《刑法》上的税务类犯罪包括两类：一类是缴税类犯罪，另一类是发票类犯罪。随着经济的发展和税制的改革，《刑法》对税务类犯罪的规定不断地进行修订，相比于1979年《刑法》只有4个法条的规定，1997年《刑法》单列了“危害税收征管罪”一节，对缴税类犯罪和发票类犯罪作出详细规定，明确了不同档次的法定刑，并将刑罚提高，最高至死刑。后来随着刑法理论的发展以及司法实践中适用法条出现的问题，《刑法修正案（七）》将偷税罪改成了逃税罪，对犯罪行为由正向列举改为模糊描述，对量刑标准也进行了修改，并设置了初犯免责条款，《刑法修正案（八）》废除了税务类犯罪中的死刑规定，从这些修订来看，逃税罪，虚开增值税专用发票，用于骗取出口退税、抵扣税款发票罪以及伪造、出售伪造的增值税专用发票罪的刑事风险有所降低，但与此同时，《刑法修正案（八）》

又增加了虚开发票罪和持有伪造的发票罪，虚开增值税专用发票，用于骗取出口退税、抵扣税款发票以外的其他发票也可以构成犯罪，并首次对伪造发票增加了持有类犯罪，很多公司、企业以前都存在这些现象，《刑法修正案（八）》将这些行为入刑后，刑事风险大幅度提升。此外，随着2016年“营改增”的改革，增值税缴纳的主体范围大大扩展，历来发票问题很大的建筑业、服务业等均已纳入增值税范畴，2020年1月1日实施的《税收违法行为检举管理办法》还对逃避追缴欠税，骗税，虚开、伪造、变造发票以及其他与逃避缴纳税款相关的税收违法行为规定了一系列检举办法，建立了完善的检举激励机制，这些变化，都将导致公司、企业税务犯罪的刑事风险有增无减。而且从数据反映来看，近年以来无论是缴税类犯罪还是发票类犯罪，数量总体上都呈现上升趋势，具体而言，发票类犯罪案件数量多丁缴税类犯罪，逃税罪是缴税类犯罪中的高发罪名，虚开增值税专用发票、用于骗取出口退税、抵扣税款发票罪是发票类犯罪中的高发罪名，公司、企业要特别加以重视。

一、缴税类犯罪

公司、企业作为纳税主体，应当按时自觉缴纳应纳税款，这是税务管理中的一项基本工作，如果违反税收征管制度，企图通过做假账少缴或不缴税款、通过暴力、威胁手段抗拒缴纳税款、通过转移或隐匿财产逃避缴纳欠税或者通过欺诈手段骗取国家出口退税款，都会引发相应的刑事风险。

（一）逃税罪

<table>
<tr><th colspan="2">依据</th><th colspan="2">罪状</th><th>法定刑</th></tr>
<tr><td rowspan="4">《刑法》</td><td rowspan="2">第201条第1款</td><td rowspan="2">纳税人采取欺骗、隐瞒手段进行虚假纳税申报或者不申报</td><td>逃避缴纳税款数额较大并且占应纳税额10%以上的</td><td>处3年以下有期徒刑或者拘役，并处罚金</td></tr>
<tr><td>数额巨大并且占应纳税额30%以上的</td><td>处3~7年有期徒刑，并处罚金</td></tr>
<tr><td>第201条第2款</td><td colspan="2">扣缴义务人采取前款所列手段，不缴或者少缴已扣、已收税款，数额较大的</td><td>依照前款的规定处罚</td></tr>
<tr><td>第201条第3款</td><td colspan="3">对多次实施前两款行为，未经处理的，按照累计数额计算</td></tr>
</table>

续表

依据		罪状	法定刑
《刑法》	第 201 条第 4 款	有第 1 款行为，经税务机关依法下达追缴通知后，补缴应纳税款，缴纳滞纳金，已受行政处罚的，不予追究刑事责任；但是，5 年内因逃避缴纳税款受过刑事处罚或者被税务机关给予 2 次以上行政处罚的除外	

（二）抗税罪

依据		罪状		法定刑
《刑法》	第 202 条	以暴力、威胁方法拒不缴纳税款的		处 3 年以下有期徒刑或者拘役，并处拒缴税款 1 ~5 倍罚金
			情节严重的	处 3 ~7 年有期徒刑，并处拒缴税款 1 ~5 倍罚金

（三）逃避追缴欠税罪

依据		罪状		法定刑
《刑法》	第 203 条	纳税人欠缴应纳税款，采取转移或者隐匿财产的手段，致使税务机关无法追缴欠缴的税款	数额在 1 万 ~10 万元的	处 3 年以下有期徒刑或者拘役，并处或者单处欠缴税款 1 ~5 倍罚金
			数额在 10 万元以上的	处 3 ~7 年有期徒刑，并处欠缴税款 1 ~5 倍罚金

（四）骗取出口退税罪

依据		罪状		法定刑
《刑法》	第 204 条第 1 款	以假报出口或者其他欺骗手段，骗取国家出口退税款	数额较大的	处 5 年以下有期徒刑或者拘役，并处骗取税款 1 ~5 倍罚金
			数额巨大或者有其他严重情节的	处 5 ~10 年有期徒刑，并处骗取税款 1 ~5 倍罚金
			数额特别巨大或者有其他特别严重情节的	处 10 年以上有期徒刑或者无期徒刑，并处骗取税款 1 ~5 倍罚金或者没收财产

二、发票类犯罪

发票是企业、公司财务收支和会计核算的原始凭证，是税务稽查的重要依据。因此国家要求企业、公司在发票的开具、制造、出售、购买及持有等各环节均要合法合规。如违法从事虚开、伪造、非法制造、出售、购买、非法持有发票等违法行为，均可能引发相应的刑事风险。

（一）虚开增值税专用发票、用于骗取出口退税、抵扣税款发票罪

<table>
<tr><th colspan="2">依据</th><th colspan="2">罪状</th><th>法定刑</th></tr>
<tr><td rowspan="6">《刑法》</td><td rowspan="3">第205条第1款</td><td rowspan="3">虚开增值税专用发票或者虚开用于骗取出口退税、抵扣税款的其他发票的</td><td></td><td>处3年以下有期徒刑或者拘役，并处2万～20万元罚金</td></tr>
<tr><td>虚开的税款数额较大或者有其他严重情节的</td><td>处3～10年有期徒刑，并处5万～50万元罚金</td></tr>
<tr><td>虚开的税款数额巨大或者有其他特别严重情节的</td><td>处10年以上有期徒刑或者无期徒刑，并处5万～50万元罚金或者没收财产</td></tr>
<tr><td rowspan="3">第205条第2款</td><td rowspan="3">单位犯本条规定之罪的</td><td></td><td>对单位判处罚金，并对其直接负责的主管人员和其他直接责任人员，处3年以下有期徒刑或者拘役</td></tr>
<tr><td>虚开的税款数额较大或者有其他严重情节的</td><td>对单位判处罚金，并对其直接负责的主管人员和其他直接责任人员，处3～10年有期徒刑</td></tr>
<tr><td>虚开的税款数额巨大或者有其他特别严重情节的</td><td>对单位判处罚金，并对其直接负责的主管人员和其他直接责任人员，处10年以上有期徒刑或者无期徒刑</td></tr>
</table>

（二）虚开发票罪

<table>
<tr><th colspan="2">依据</th><th colspan="2">罪状</th><th>法定刑</th></tr>
<tr><td rowspan="2">《刑法》</td><td rowspan="2">第205条之一第1款</td><td rowspan="2">虚开本法第205条规定以外的其他发票</td><td>情节严重的</td><td>处2年以下有期徒刑、拘役或者管制，并处罚金</td></tr>
<tr><td>情节特别严重的</td><td>处2～7年有期徒刑，并处罚金</td></tr>
</table>

续表

<table>
<tr><th colspan="2">依据</th><th>罪状</th><th>法定刑</th></tr>
<tr><td>《刑法》</td><td>第 205 条之一第 2 款</td><td>单位犯前款罪的</td><td>对单位判处罚金，并对其直接负责的主管人员和其他直接责任人员，依照前款的规定处罚</td></tr>
</table>

（三）伪造、出售伪造的增值税专用发票罪

<table>
<tr><th colspan="2">依据</th><th colspan="2">罪状</th><th>法定刑</th></tr>
<tr><td rowspan="6">《刑法》</td><td rowspan="3">第 206 条第 1 款</td><td rowspan="3">伪造或者出售伪造的增值税专用发票的</td><td></td><td>处 3 年以下有期徒刑、拘役或者管制，并处 2 万～20 万元罚金</td></tr>
<tr><td>数量较大或者有其他严重情节的</td><td>处 3～10 年有期徒刑，并处 5 万～50 万元罚金</td></tr>
<tr><td>数量巨大或者有其他特别严重情节的</td><td>处 10 年以上有期徒刑或者无期徒刑，并处 5 万～50 万元罚金或者没收财产</td></tr>
<tr><td rowspan="3">第 206 条第 2 款</td><td rowspan="3">单位犯本条规定之罪的</td><td></td><td>对单位判处罚金，并对其直接负责的主管人员和其他直接责任人员，处 3 年以下有期徒刑、拘役或者管制</td></tr>
<tr><td>数量较大或者有其他严重情节的</td><td>对单位判处罚金，并对其直接负责的主管人员和其他直接责任人员，处 3～10 年有期徒刑</td></tr>
<tr><td>数量巨大或者有其他特别严重情节的</td><td>对单位判处罚金，并对其直接负责的主管人员和其他直接责任人员，处 10 年以上有期徒刑或者无期徒刑</td></tr>
</table>

（四）非法出售增值税专用发票罪

<table>
<tr><th colspan="2">依据</th><th colspan="2">罪状</th><th>法定刑</th></tr>
<tr><td rowspan="3">《刑法》</td><td rowspan="3">第 207 条</td><td rowspan="3">非法出售增值税专用发票的</td><td></td><td>处 3 年以下有期徒刑、拘役或者管制，并处 2 万 ~20 万元罚金</td></tr>
<tr><td>数量较大的</td><td>处 3 ~ 10 年有期徒刑，并处 5 万 ~ 50 万元罚金</td></tr>
<tr><td>数量巨大的</td><td>处 10 年以上有期徒刑或者无期徒刑，并处 5 万 ~50 万元罚金或者没收财产</td></tr>
</table>

（五）非法购买增值税专用发票、购买伪造的增值税专用发票罪

<table>
<tr><th colspan="2">依据</th><th>罪状</th><th>法定刑</th></tr>
<tr><td>《刑法》</td><td>第 208 条第 1 款</td><td>非法购买增值税专用发票或者购买伪造的增值税专用发票的</td><td>处 5 年以下有期徒刑或者拘役，并处或者单处 2 万 ~ 20 万元罚金</td></tr>
</table>

（六）非法制造、出售非法制造的用于骗取出口退税、抵扣税款发票罪

<table>
<tr><th colspan="2">依据</th><th colspan="2">罪状</th><th>法定刑</th></tr>
<tr><td rowspan="3">《刑法》</td><td rowspan="3">第 209 条第 1 款</td><td rowspan="3">伪造、擅自制造或者出售伪造、擅自制造的可以用于骗取出口退税、抵扣税款的其他发票的</td><td></td><td>处 3 年以下有期徒刑、拘役或者管制，并处 2 万 ~20 万元罚金</td></tr>
<tr><td>数量巨大的</td><td>处 2 ~ 7 年以下有期徒刑，并处 5 万 ~50 万元罚金</td></tr>
<tr><td>数量特别巨大的</td><td>处 7 年以上有期徒刑，并处 5 万 ~50 万元罚金或者没收财产</td></tr>
</table>

（七）非法制造、出售非法制造的发票罪

依据		罪状		法定刑
《刑法》	第209条第2款	伪造、擅自制造或者出售伪造、擅自制造的前款规定以外的其他发票的		处2年以下有期徒刑、拘役或者管制，并处或者单处1万~5万元罚金
			情节严重的	处2~7年以下有期徒刑，并处5万~50万元罚金

（八）非法出售用于骗取出口退税、抵扣税款发票罪

依据		罪状		法定刑
《刑法》	第209条第3款	非法出售可以用于骗取出口退税、抵扣税款的其他发票的		处3年以下有期徒刑、拘役或者管制，并处2万~20万元罚金
			数量巨大的	处2~7年以下有期徒刑，并处5万~50万元罚金
			数量特别巨大的	处7年以上有期徒刑，并处5万~50万元罚金或者没收财产

（九）非法出售发票罪

依据		罪状		法定刑
《刑法》	第209条第4款	非法出售刑法第209条第3款规定以外的其他发票的		处2年以下有期徒刑、拘役或者管制，并处或者单处1万~5万元罚金
			情节严重的	处2~7年以下有期徒刑，并处5万~50万元罚金

（十）持有伪造的发票罪

<table>
<tr><th colspan="2">依据</th><th colspan="2">罪状</th><th>法定刑</th></tr>
<tr><td rowspan="3">《刑法》</td><td rowspan="2">第210条之一第1款</td><td rowspan="2">明知是伪造的发票而持有</td><td>数量较大的</td><td>处2年以下有期徒刑、拘役或者管制，并处罚金</td></tr>
<tr><td>数量巨大的</td><td>处2～7年以下有期徒刑，并处罚金</td></tr>
<tr><td>第210条之一第2款</td><td colspan="2">单位犯前款罪的</td><td>对单位判处罚金，并对其直接负责的主管人员和其他直接责任人员，依照前款的规定处罚</td></tr>
</table>

综上所述，公司、企业在缴税工作和发票管理中会引发以上一系列的刑事风险。对于公司、企业管理人员来说，在激烈的市场竞争中用较少的成本追求较多的利润是他们的最大目标。但如果引发刑事风险，付出的代价和成本是巨大的，有时甚至是公司、企业所无法承受的。为了防范这方面的刑事风险，公司、企业的管理人员除了需要在特定的情况下将缴税和发票事务交由专业人员处理，还要通过自身的学习，了解掌握各类涉税和发票犯罪成立的要件，明确罪与非罪的界限，减少法律认识上的误区，将税务领域的刑事风险降到最低。

第二章 税务管理中的风险分析

第一节 缴税类犯罪的风险[①]

风险提示

△受单位领导支配下的职务行为是否可以免除刑事责任?

△未取得税务登记的公司、企业或者其他非法经营者能否成为涉税类犯罪的主体?

△企业被注销、吊销、撤销后，企业及企业负责人的涉税类犯罪的刑事风险能否“一销了之”?

△企业逃税不用怕，只要积极接受行政处罚就可以避免承担刑事责任?

△逃避追缴欠税罪的主体仅限纳税人，所以扣缴义务人一定不会引发该罪的刑事风险?

△拥有出口经营权的企业从事“四自三不见”业务，只要动机正当，就可以免除刑事责任?

△不同性质企业的出口退税标准差别不大，无须专门学习相关政策?

① 引发缴税类犯罪刑事风险进入刑事诉讼程序后如何进行辩护，参见娄秋琴在北京大学出版社出版的《常见刑事案件辩护要点》第八章的相关内容。

一、逃税的风险

◎案例4-1[①]

场景回放

唐山市FY公司是一家房地产开发公司，陈某系法定代表人，王某某系总经理，2011年以前，公司会计为刘某，2011年至2014年年初由钱某担任会计，2014年至2015年会计是亢某，2011年至2015年的出纳一直是张某某，并负责主管部分财务工作。经税务机关认为，唐山市FY公司自2011年至2015年应缴税款6,898,529.17元，逃避缴纳税款3,688,003.09元，2011年度至2015年度每年度的逃避缴纳税款比例均超过30%，后经唐山市地方税务局送达了税务处理决定书及税务行政处罚书且多次催收后，该公司在规定时间内仍未足额缴纳税款及罚款，截至2018年12月3日，该公司未缴税款、滞纳金、罚款、罚金共计6,461,380.06元。案发后，该公司补缴税款2,878,533.06元，滞纳金2,136,818.17元。后陈某和张某某被移送起诉，一审判决认定唐山市FY公司构成逃税罪，被告人陈某和张某某作为该公司直接责任人和主管人员，其行为构成逃税罪，认定张某某虽然受法定代表人陈某的管理和支配，但不能认定为从犯，判处张某某有期徒刑3年，并处罚金5万元。张某某不服一审判决提出上诉，其认为FY公司记账、报税、缴纳税款的实际操作人均为会计，具体如何申报缴纳由法定代表人陈某决定，其担任出纳工作，没有和主管人员合谋筹划逃税一事，不应当对其追究刑事责任。

审理结果

二审法院经查认为，张某某在FY公司的职务虽然只是出纳，但公司的其他会计在处理税款申报等工作时，均会向其汇报请示，实质上主管了FY公司部分财务工作，属于逃税罪犯罪主体的其他直接责任人员，但张某某签字的财务部意见均为用款申请及报销清单，与本案逃缴税款并无关联性，对法定代表人陈某决定采取欺骗、隐瞒手段进行虚假纳税申报或者不申报逃避缴纳税款虽然提供了帮助，但在整个案件中只是起次要作用，系从犯，依法应当减轻处

① 参见（2019）冀02刑终708号刑事判决书。

罚。遂改判被告人张某某犯逃税罪，判处有期徒刑2年，并处罚金人民币3万元。

（一）逃税罪的主体范围（Who）

逃税罪的主体限于纳税人或者扣缴义务人，由于公司、企业通常负有纳税义务和代扣代缴、代收代缴税款的义务，所以属于逃税罪的主体，且根据税种的不同，公司、企业的范围有所区别。比如，在2016年5月1日中国全面推开“营改增”试点之前，建筑业、房地产业、金融业、生活服务业的公司、企业可以成为营业税的逃税主体，全部纳入“营改增”试点后，则成为增值税的逃税主体。

通常而言，公司、企业构成逃税罪，属于单位犯罪，很多员工认为逃税是单位行为，就算追究责任也只能追究老板或者领导的责任，与自己无关。事实上，单位构成逃税罪的，我国《刑法》采用的是双罚制，既要对单位判处罚金，还要对单位直接负责的主管人员和其他直接责任人员判处相应的刑罚。也就是说，不但要处罚单位，还要处罚个人。这里的单位直接负责的主管人员，是指在逃税犯罪中起决定、批准、授意、纵容、指挥等作用的人员，一般是单位的主管负责人，包括法定代表人、董事长、执行董事或者总经理。如案例4－1中的陈某，是FY公司的法定代表人，也是决定、批准、授意逃税的人员，属于单位直接负责的主管人员，所以也要承担刑事责任。而王某某虽然是FY公司的总经理，职务上虽然也属于公司主管人员，但因为对公司的逃税行为并不知情，所以无须承担刑事责任。对于单位的逃税行为，除了单位直接负责的主管人员要承担刑事责任外，其他直接责任人员也要承担刑事责任。这里的其他直接责任人员，是在单位犯罪中具体实施逃税行为并起较大作用的人员，既可以是单位的经营管理人员，也可以是单位的职工，包括聘任、雇用的人员。在司法实践中，是否要对单位聘任、雇佣的单位职工追究刑事责任，主要评估其对逃税行为所起作用的大小。如在案例4－1中，FY公司在2011年至2015年共有三任会计，分别是刘某、钱某和亢某，虽然直接负责报税，也知道公司没有缴税，但在向单位财务主管请示后明确要求不缴纳，其行为属于根据领导指示下的职务行为，不需要承担刑事责任。但FY公司财务主管兼出纳张某某，其行为虽然也是受法定代表人陈某的管理和支配，但在法定代表人陈某与会计之间起到承上启下的作用，作用较大，所以被认定为其他直接责任人员，也要承担刑事责任，但相比于法定代表人陈某而言，只起到帮助作用，最终被认定为从犯，得到减轻处罚。因此，受单位领导支配下的职务行为不是全部都能免除刑事责任的，要根据具体情况具体分析。

实施逃税等违法犯罪行为后，很多公司、企业的负责人认为可以通过注销公司、企业的方式来规避刑事责任，认为只要公司、企业不存在了，刑事责任便可以“一销了之”。事实上，根据最高人民检察院《关于涉嫌犯罪单位被撤销、注销、吊销营业执照或者宣告破产的应如何进行追诉问题的批复》（高检发释字〔2002〕4号）的规定：涉嫌犯罪的单位被撤销、注销、吊销营业执照或者宣告破产的，应当根据《刑法》关于单位犯罪的相关规定，对实施犯罪行为的该单位直接负责的主管人员和其他直接责任人员追究刑事责任，对该单位不再追诉。可见，对逃税行为负责的主管人员和其他直接责任人员的刑事责任，不会随着公司、企业的消亡而消除。

需要注意的是，前面所说的公司、企业，通常是指办理了税务登记的经营者，那么没有进行税务登记的经营者是否就不能成为逃税罪的主体呢？答案是否定的。根据《税收征收管理法》第37条的规定，应当办理税务登记手续而没有办理的经营者具备实质上的纳税人主体资格，因此，无税务登记的经营者仍然属于本罪的主体，可以构成逃税罪。此外，还有一些公司、企业是就是以实施违法犯罪行为为目的而成立的，如就是为了进行集资诈骗或者专门为了进行洗钱。由于这些经营行为本身就为法律所禁止，不属于应税活动，所以不具备实质的纳税义务，不能成为逃税罪的主体，而应当直接追究其集资诈骗罪或洗钱罪的刑事责任。当然，还有一些公司、企业虽然在成立过程中没有完全合法合规，比如，尚未领取到营业执照就开始从事经营行为，但经营行为是合法的，属于应税活动，就负有纳税义务，属于逃税罪的主体。因此，对于非法经营者是否能够成为逃税罪的主体，也应当根据情况进行具体分析。

在实务中，很多公司、企业因为规模或者人员所限，经常存在委托税务代理人代为办理税务事宜的现象，在这种情况下，税务事宜虽然是由税务代理人代为办理，并不能因此完全免除公司、企业涉嫌逃税罪的风险，仍需要根据具体情况进行综合判定：（1）如果公司、企业向税务代理人提供虚假的应税事实，税务代理人在不知情的状况下按照虚假的材料办理税务事宜，由委托的公司、企业单独构成逃税罪。如果税务代理人明知应税事实虚假仍为其办理税务事宜的，税务代理人与委托人可以构成逃税罪的共同犯罪。（2）如果公司、企业为税务代理人所提供的各项应税事实均完整无误，税务代理人在委托人不知情的状况下进行申报，从委托人处骗取款项的，税务代理人可以构成诈骗罪。但如果公司、企业知道虚假申报后认可该行为且不补缴税款的，也可能涉嫌逃税罪。

有这样一些地区，它们在国际活动中参与度不高，却是成千上万公司注册时的首选之地，如百慕大、英属维尔京群岛与开曼群岛等，这些地方靠很低的税收和简单的注册程序吸引外来投资，成为全球的避税港，也成为我国很多企业和个人非法逃税避税的重灾区，他们认为在这些地方，即使实施了逃税行为也不会被中国政府得知。但是在2014年，国际社会开始针对此类现象采取行动，经济合作与发展组织（Organization for Economic Co－operation and Development，OECD）提出了共同申报准则（Common Reporting Standard，CRS），加入CRS的国家可以向其他成员之间提出要约，两两组队，相互交换对方税收居民的金融资产账户信息，截至2017年7月，CRS启动了近2000个双边交换关系，50万自然人的离岸资产浮出水面。中国于2015年加入CRS，并于2018年9月完成了第一次信息互换，此后上述信息会在每年定期自动交换。截至目前，中国已经与100多个国家和地区建立了交换关系。其中，CRS的涉及人群包括：（1）持有境外资产的中国税务居民；（2）拥有境内资产的外国税务居民。CRS交换的内容包括所有海外实体，包括个人账户、离岸公司、离岸信托等。因此，税务全球透明化势不可当，通过海外资产转移手段偷逃税款存在极大风险，唯有依法纳税才是正途。

（二）逃税罪的行为界限（What）

根据2009年《刑法修正案（七）》的规定，本罪客观方面表现为采取欺骗、隐瞒手段进行虚假纳税申报或者不申报，逃避缴纳税款的行为。这里包含三层含义：

1. 采取欺骗或者隐瞒的手段

所谓欺骗，是指弄虚作假，虚构编造，如伪造、变造账簿、记账凭证等。这里的伪造，是指无中生有，制作虚假的账簿、记账凭证。变造，是指采取篡改、删除、挖补、拼凑等手段，对真实账簿、记账凭证进行改造，从而使他人对其经营数额和应收税项目产生误解。

所谓隐瞒，是指隐讳其事，不表露真相，如隐匿、擅自销毁账簿、记账凭证等。这里的隐匿，是指故意隐藏账簿、记账凭证，造成无收入或者收入减少的现象。擅自销毁，是指违反财会制度，未达到法定期限、未经法定程序、未经有关单位批准，故意毁灭、丢弃账簿、记账凭证。

此外，在账簿上多列支出或者不列、少列收入，采取的也是一种欺骗、隐瞒的手段。所谓多列支出，是指在账簿上记入超过实际支出的数额。所谓不列、少列收入，是指将取得的收入不计入账簿，或者只将少量收入记入账簿，而将大部分收入置于账外的行为。

2. 进行虚假纳税申报或者不申报

纳税申报是国家税收征收管理的一项重要制度，纳税人和扣缴义务人应当依法定期地办理纳税申报，而且必须进行真实的纳税申报。如果纳税人、扣缴义务人具备法定纳税申报的情形，经税务机关通知申报，而拒不依法定期就计算缴纳税款的有关事项向税务机关提出书面报告的，属于“不申报”；如果纳税人、扣缴义务人向税务机关报送虚假的纳税申报表，财务报表，代扣代缴、代收代缴税款报告表或者其他纳税申报资料，如提供虚假申报，编造减税、免税、抵税、先征收后退还税款等虚假资料等，则属于“进行虚假纳税申报”。

3. 目的是逃避缴纳税款

行为人采取欺骗、隐瞒手段进行虚假纳税申报或者不申报的目的必须是逃避缴纳税款，如果是基于别的目的，不能构成逃税罪。例如，如果不是为了不缴或少缴应纳税款而伪造、变造、隐匿、擅自销毁账簿、记账凭证的，可能构成隐匿、故意销毁会计凭证、会计账簿罪。又如，纳税人、扣缴义务人缴纳税款后，以假报出口或者其他欺骗手段，骗取所缴纳的税款的，具有逃避缴纳税款的目的，属于逃税行为。但如果没有缴纳税款，而采用以上方式假报出口或者其他欺骗手段，目的是骗取出口退税，引发的则是骗取出口退税罪的风险。

为了区别逃税行为，实践中还应当明确以下概念：（1）漏税行为。漏税，是指纳税人或者扣缴义务人无意识而发生的漏缴或少缴应纳税款的行为，如由于不了解、不熟悉税法规定和财务制度或因工作粗心大意，错用税率，漏报应税项目，不计应税数量、销售金额和经营利润等。漏税不是故意实施的，也没有采取欺骗、隐瞒的手段，不会构成刑事犯罪。（2）避税行为。避税，是指利用税法规定的漏洞或模糊之处，通过对经营活动和财务活动的安排，以达到免税或者少缴税款目的的行为。从与税法的关系上看，避税行为一般表现为以下四种情况：一是利用选择性条文避税；二是利用不清晰的条文避税；三是利用伸缩性条文避税；四是利用矛盾性、冲突性条文避税。第一种行为并不违法，其他三种行为虽然违反税法精神，但由于这些行为不符合逃税罪的构成要件，故只能根据税法的有关规定作补税处理，不能认定为逃税罪。也就是说，避税行为有违法与合法之分。通过熟悉法律的有关规定并且合法运用，的确可以达到减轻企业税负的目的。（3）企业税务筹划。所谓企业税务筹划，是指企业通过做适当的财务安排或税收策划，在不违反税法规定的情况下，达到减轻或解除税负的目的。通过合法的税务筹划，无疑可以使企业集中更多资金用于生产经营，从而提升企业的经济效益。从本质上看，税务筹划是一种避税手段，是企业充分利用法律谋求自身权益的表现。如利用法律、法规上的税收优惠政策，利用税法上的选择性规定等。只要是合法合理的税务筹划，就不会引发逃税罪的风险。

在 1994 年分税制改革以后，我国采用分税制税收政策，通过税种的划分形成中央与地方的收入体系。在全国绝大部分省份，分税制的实施是通过国税、地税两个税务部门来实现的。国税与地税机构双方在数据资料的共享上并没有做到即时互联，即使是双方都纳入征管的纳税人，对于对方的具体纳税情况及征管情况也缺乏足够了解。不过，2018 年 7 月 20 日，中共中央办公厅、国务院办公厅印发了《国税地税征管体制改革方案》，自此我国开始实行国税地税征管体制改革，省级和省级以下国税地税机构合并，具体承担所辖区域内各项税收、非税收入征管等职责。所有税种的缴纳信息真正实现了互联互通，更便于监管。因此，企业在纳税申报时，应当坚持合法合规的基本原则，避免引发刑事风险。

（三）逃税罪的追诉标准（How）

不是所有的逃税行为都会构成逃税罪，必须达到《刑法》所要求的追诉标准的程度才会引发刑事风险。根据《刑法修正案（七）》及 2010 年 5 月 7 日最高人民检察院、公安部《追诉标准的规定（二）》的规定，逃避缴纳税款必须达到数额5万元且占应纳税额10%以上，数额和比例必须同时达标，才可能构成犯罪。但如果多次实施逃税行为，未经处理的，数额是累计计算的。这里的“应纳税额”，是指某一法定纳税期限或者税务机关依法核定的纳税期间内应纳税额的总和。

同时达到了数额和比例的标准，是否就一定会被追究刑事责任呢?《刑法修正案（七)》对于逃税的初犯设置了免责条款，明确规定即使逃税行为达到了立案标准，但经税务机关依法下达追缴通知后，补缴应纳税款，缴纳滞纳金，已受行政处罚的，不予追究刑事责任。但有两种情况例外，一种是5年内因逃避缴纳税款受过刑事处罚的；另一种是被税务机关给予2次以上行政处罚的。这个免责条款是否意味着在承担刑事责任前必须先走行政程序呢？换句话说，公安机关能否不经税务机关直接对逃税行为进行立案侦查呢？理论和实务界对此观点不一，虽然主流观点认为应当行政前置，才能发挥免责条款的功效，但由于法律条文并未明确予以规定，仍然存在公安机关不经税务机关作出行政处罚直接立案侦查的风险。对于税务机关对逃税行为已经作出行政处罚的状况下，公司、企业应当积极补缴税款、缴纳滞纳金，如果等到公安机关立案后再补缴应纳税款、缴纳滞纳金或者接受行政处罚的，根据最高人民检察院、公安部《追诉标准的规定（二)》的规定，则不影响刑事责任的追究，而只能影响到量刑。比如，在案例4-1中，FY公司在立案后补缴税款和滞纳金，只能作为从轻处罚的情节，但如果该公司在刑事立案之前补缴税款和滞纳金，则可以适用免责条款不被追究刑事责任。如2018年的范某冰逃税事件，最终的处理结果是由税务机关对其行政处罚结案而免受了刑事责任的追究。因此，公司、企业应当掌握时机，运用好该免责条款，将风险降到最小。

◎法律法规链接

◆《刑法》(2020年修正）第201条

◆《税收征收管理法》(2015年修正）第4条、第15条、第37条、第63条、第64条、第80条

◆最高人民法院、最高人民检察院《关于办理妨害武装部队制式服装、车辆号牌管理秩序等刑事案件具体应用法律若干问题的解释》(2011年8月1日实施）第6条

◆最高人民检察院、公安部《关于公安机关管辖的刑事案件立案追诉标准的规定（二）》（2010年5月7日实施）第57条

◆最高人民法院《关于审理偷税抗税刑事案件具体应用法律若干问题的解释》（2002年11月7日实施）第1~4条

◆最高人民检察院《关于涉嫌犯罪单位被撤销、注销、吊销营业执照或者宣告破产的应如何进行追诉问题的批复》（2002年7月15日实施）

◆公安部《关于对未依法办理税务登记的纳税人能否成为偷税犯罪主体问题的批复》（2007年5月23日实施）

◆公安部《公安机关办理危害税收征管刑事案件管辖若干问题的规定》（2004年2月19日实施）

◆公安部《关于如何理解〈刑法〉第二百零一条规定的"应纳税额"问题的批复》（1999年11月23日实施）

◆海关总署《关于偷税、逃税的走私案件如何处理税款问题的批复》（1986年12月3日实施）

二、抗税的风险

◎案例4－2①

场景回放

2010年4月，被告人王某以其姐夫的名义开办淮滨县HZ驾驶员培训学校。2010年7月至9月，淮滨县地税局多次给HZ驾校下发催缴税款通知等相关文书。2010年9月16日，淮滨县地税局向HZ驾校送达了《催交税款通知书》，核定2010年4月至8月的税款为5000元，限2010年9月18日前缴纳。2010年10月，淮滨县地税局工作人员杜某某、饶某某带着行政处罚告知书来到HZ驾校，见到王某，王某拒不在通知书上签字，并威胁说："你们回去告诉郐某某，等回头我安排手下几个小弟到学校帮他接小孩。"事后，饶某某将王某威胁的话告诉局长郐某某。2010年11月，王某交给饶某某1300元，称是HZ驾校一年的税款。至案发，HZ驾校没有再交过税。后河南省南阳市人民

① 参见（2014）南刑二初字第00015号刑事判决书。

检察院以抗税罪提起公诉。被告人王某辩解自己是按照税务部门要求交税，只是说话难听，并不构成抗税罪。

审理结果

法院经审理认为，王某的辩解理由与查明的事实不符，不能成立，以抗税罪，判处其有期徒刑6个月，并处罚金人民币1万元。

（一）抗税罪的主体范围（Who）

抗税罪的主体是特殊主体，仅限于负有纳税义务或扣缴义务的自然人。这里有两个问题需要注意：一是限于负有纳税义务或扣缴义务，因为本罪的目的是逃避缴纳税款而非法获利，所以主体需要负有纳税义务或扣缴义务，不负有这些义务的人帮助、教唆纳税人、扣缴义务人实施抗税行为，可以构成共犯，引发本罪的刑事风险。二是限于自然人，因为暴力、威胁等抗税手段都是有形的物理力，单位本身不具有这样的行为能力，只有自然人能够实施，所以，我国《刑法》并未规定单位可以构成抗税罪，但单位的主管人员和直接责任人员仍然可以构成本罪。在单位负有纳税义务或扣缴义务的情况下，实践中发生集体抗税事件的，抗税的发动者、组织者、主要参与者都可以单独构成抗税罪，公司、企业的人员如果认为抗税是为了单位的利益，责任应当由单位承担，个人不会引发刑事风险那就大错特错了。如案例4－2中，负有纳税义务的是HZ驾校，不缴纳税款最终的获益者是HZ驾校，王某作为该驾校的开办人，属于直接责任人员，其为了驾校利益实施抗税行为，也可以成为抗税罪的主体。

（二）抗税罪的行为界限（What）

根据《刑法》的规定，本罪的客观方面表现为以暴力、威胁方法拒不缴纳税款的行为。可见，抗税行为应当由两部分行为组成，且必须同时具备，缺一不可。

1. 使用暴力、威胁的方法，且必须针对税务机关或税务人员

这里的“暴力”包括对人的暴力和对物的暴力，前者即指对税务人员实施人身打击或强制等有形力，使其不能正常履行职责，如殴打、捆绑、强行禁闭；后者即指砸毁税务人员使用的交通工具，冲击、打砸税务机关，使税务机

关不能从事正常的税收活动。显著轻微的暴力，一般不会被认定为抗税罪的“暴力”方法。例如，处于一时冲动，在争辩或者口角中实施的推拉行为。但抗税罪的暴力也有度的要求，如果使用暴力致人重伤、死亡的，则可能直接构成故意伤害罪、故意杀人罪，而不只是抗税罪。

这里的“威胁”，是指对履行税收职责的税务人员实施精神上的强制，使其不敢正常履行税收职责，如以杀伤其身体、毁坏其财产、毁害其名誉或加害其亲属相威胁。威胁一般要达到使税务人员不敢或难以正常履行税收职务的程度。行为人由于法治观念淡薄，对税收法规有偏见，只是出言不逊不属于本罪的“威胁”方法。在案例4－2中，被告人王某所述的“你们回去告诉邬某某（税务局局长），等回头我安排手下几个小弟到学校帮他接小孩”，是以加害税务局局长的亲属相威胁，属于一种精神上的强制，其所辩解的“只是说话难听”没有得到法院的认可。因此，在与税务人员沟通的过程中，要注意语言的分寸，避免陷入刑事风险。

2. 拒不缴纳税款的行为

这是本罪的本质特征。对税务机关或者税务人员使用暴力、威胁的方法，是为了拒不缴纳税款。如果为了其他目的，如为泄私愤对税务人员使用暴力、进行威胁，或者因对社会不满而聚众冲击税务机关，引发的不是抗税罪的刑事风险，而可能构成其他犯罪，如故意伤害罪、妨害公务罪、聚众冲击国家机关罪等。

（三）抗税罪的追诉标准（How）

抗税罪是行为犯，其成立与否，与抗拒缴纳税款的大小无关，只要实施了以暴力、威胁的方法拒不缴纳税款的行为，不论税款多少，均可能引发抗税罪的刑事风险。例如，上海市黄浦区人民法院作出的（1994）黄刑初字第289号判决，被告人杜某诚由于抗拒缴纳8元钱的税款，使用暴力手段将征税人员打成轻伤的行为构成抗税罪。需要注意的是，抗税罪的成立虽然与抗拒缴纳税款的大小无关，但与抗税行为的程度有关，当抗税行为不足以阻碍税务机关的正常征管活动且没有造成明显危害后果时，可认定为情节显著轻微危害不大，可视为一般抗税行为，按《税收征收管理法》给予行政处罚即可，不一定非要按照犯罪处理。此外，抗拒缴纳税款的数额虽然不影响抗税罪的成立，但可以直接影响量刑幅度，根据最高人民法院《关于审理偷税抗税刑事案件具体应用法律若干问题的解释》第5条的规定，抗税数额在10万元以上的，属于抗税罪中的“情节严重”，适用“3～7年有期徒刑”的量刑幅度，这意味着抗税数额在10万元以下的，适用的是“3年以下有期徒刑或者拘役”的量刑幅度。

◎法律法规链接

◆《刑法》(2020年修正）第202条

◆《税收征收管理法》(2015年4月24日实施）第4条、第67条

◆最高人民法院《关于审理偷税抗税刑事案件具体应用法律若干问题的解释》(2002年11月7日实施）第5条、第6条

◆最高人民检察院、公安部《关于公安机关管辖的刑事案件立案追诉标准的规定（二)》(2010年5月7日实施）第58条

◆公安部《公安机关办理危害税收征管刑事案件管辖若干问题的规定》(2004年2月19日实施)

三、逃避追缴欠税的风险

◎案例4－3[①]

场景回放

2013年11月，黎某某以人民币2325万元的价格转让名下的厂房给袁某，双方约定由黎某某缴纳税费。同年，黎某某分别通过其本人、中介谭某、丈夫欧某2和儿子欧某1及经营公司的账户、债权人账户收取了2325万元房款。黎某某为了少交税款，于2013年12月在中山市国土局以虚假的交易价格11,478,697元签订备案登记广东省房地产买卖合同，只申报税款5739.3元，少缴税费5,825,389.61元，逃税数额占应纳税额30%以上。2016年8月，中山市地方税务局向被告人黎某某送达税务处理决定书和税务行政处罚决定书，要求黎某某缴纳税费人民币5,825,389.61元及罚款人民币2,897,980.69元。多次催告无果后，中山市地方税务局于2016年11月、12月对黎某某进行税收

---

① 参见（2018）粤2017刑初2314号刑事判决书。

强制执行，但因黎某某事先将转让工业厂房款项 2325 万元转移至中山市某针织厂等公司及个人，造成中山市地方税务局仅强制执行税费 3624.25 元，尚欠税费 5,821,765.36 元及全部罚款。至2018 年1 月案发，黎某某仍未缴纳税费、罚款和滞纳金。中山市检察院以黎某某涉嫌逃税罪和逃避追缴欠税罪移送起诉。被告人黎某某在庭审中辩解：（1）其在出售厂房时听从中介的安排采用虚构成交价格申报缴税，导致少缴税，但其主观上没有逃税的故意。（2）其出售工厂的原因是经营困难，急需资金周转，所以出售厂房所得款项是直接转给债权人或者与其生产经营有关的人员，其没有逃避缴税而转移财产。

审理结果

法院经审理后认为，第一，被告人黎某某采取欺骗、隐瞒手段进行虚假纳税申报，逃避缴纳税款，并没有如实申报，其行为实质是“逃税”而非“欠税”。第二，被告人黎某某出售上述房产分别通过其本人、中介谭某、丈夫欧某2 和儿子欧某1 及经营公司的账号、债权人账户收取款项 2325 万元，针对上述收款，黎某某均作了合理解释：一是家人代收款，用于共同生活和公司经营；二是中介代收；三是直接支付给债权人，能省略中间流程和费用。黎某某收取款项是在 2013 年，而税务机关催缴、作出行政处罚决定、强制执行税款却是在 2016 年，收款在前、催缴在后，且没有其他证据可以佐证黎某某为了逃避追缴欠税而隐匿财产。因此，黎某某不构成逃避追缴欠税罪。最终，法院认定被告人黎某某采取欺骗、隐瞒手段进行虚假纳税申报，逃避缴纳税款数额巨大并且占应纳税额 30% 以上，构成逃税罪。遂判决被告人黎某某犯逃税罪，判处有期徒刑 4 年，并处罚金人民币 30 万元。

（一）逃避追缴欠税罪主体范围（Who）

根据《刑法》的规定，本罪的主体是特殊主体，仅限纳税人。这里的纳税人，包括法律、行政法规规定的负有纳税义务的单位和个人。如果是单位构成本罪，不但要对单位判处罚金，还要对逃避追缴欠税负有直接责任的主管人员和其他直接责任人员追究刑事责任。

由于《刑法》条文只规定纳税人是本罪的主体，所以很多人认为扣缴义务人不会产生逃避追缴欠税罪的刑事风险。因为根据《税收征收管理法》第 69 条的规定，扣缴义务人应扣未扣、应收未收税款的，税务机关只能向纳税人追缴税款。所以，即使扣缴义务人隐匿或者转移自身财产，也达不到致使税务机关无法追缴欠缴税款的目的。不过，近年来不乏出现扣缴义务人因受经济利益的诱惑，在代扣、代收税款后，没有向税务机关依法纳税，并采取隐匿、转移财产的手段，致使税务机关无法追缴欠缴税款的情形，从而导致扣缴义务人是否构成本罪在理论界产生争议，有观点认为如果扣缴义务人的转移或隐匿行为导致税务机关无法追缴欠缴税款，扣缴义务人也可以构成逃避追缴欠税罪。因此，扣缴义务人在代扣、代收税款后，应当依法向税务机关缴税，不能通过隐匿、转移财产的手段逃避应缴的税款，否则也有可能刑事风险。

（二）逃避追缴欠税罪的行为界限（What）

根据《刑法》的规定，本罪的客观方面表现为欠缴应纳税款，采取转移或者隐匿财产的手段，致使税务机关无法追缴欠缴的税款的行为。

1. 存在欠税的事实

欠税事实是逃避追缴欠税罪赖以成立的前提条件。欠税，是指纳税人超过税务机关核定的纳税期限或延长的纳税期限经过后，没有按时缴纳税款，拖欠税款的行为。是否超过纳税期限是判定欠税的标准。根据我国《税收征收管理法》第31条的规定，纳税人因有特殊困难不能按期缴纳税款的，经法定程序批准，可以延期缴纳税款，但是最长不得超过3个月。至于纳税人具体的纳税期限，《企业所得税法》《增值税暂行条例》《消费税暂行条例》等相关法律法规根据纳税人的经营特点、经营规模、应缴税款、核算水平等因素分别针对不同税种作出了不同的规定。如果行为人未缴纳应纳税款还未超过核定或延长后的最后期限的，不能认定为欠税。在案例4－3中，被告人黎某某采取欺骗、隐瞒手段进行虚假纳税申报，逃避缴纳税款，并没有如实申报，其行为实质是“逃税”而非“欠税”，不符合逃避追缴欠税罪的前提条件。

2. 实施了转移或者隐匿财产的行为

这里的转移或隐匿行为，是针对财产而言，而不是针对人，如果纳税人欠税后转移、逃跑到其他地方或者隐匿、躲藏起来，让税务机关无法找到，不属于逃避追缴欠税罪的行为。转移或隐匿财产的方式多种多样，只要达到使税务机关无法追踪到财产即可，如将款项从账户中支取或者转账、将银行账户销户或者变更、将货物运走或者隐匿等。如果公司、企业的主管人员只是公开拖欠或消极地不缴纳欠税款，没有转移、隐匿财产的，不会构成本罪，因为在这种情况下，税务机关仍然可以对其财产采取行政强制措施，从而达到追缴欠款的目的。一般情况下，行为人实施的转移或隐匿财产的逃避追缴欠税的行为是在税务机关核定的纳税期限届满以后，也就是在具备了“欠税”条件以后。但这并不意味着转移或者隐匿财产的行为一定要发生在产生“欠税”事实之后才能构成本罪，如果行为人在纳税期限届满之前，企图逃避缴纳税款，将财产已经转移、隐匿，那么在纳税期届满之后，仍可以追究行为人逃避追缴欠税罪的刑事责任。在案例4－3，法院在判决中认定被告人将账户资金转给其他企业和个人早于税务机关的催交行为，是为了佐证被告人将款项转移的合理性，为了证明这些行为不是为了逃避追缴欠税，不是说将账户资金转给其他企业和个人早于税务机关的催交行为就不构成本罪。倘若被告人真的存在欠税的前提，其将账户资金转给其他企业和个人就是为了逃避追缴欠税，即使这个行为发生在税务机关的催交行为之前，也仍然可以构成逃避追缴欠税罪。

3. 致使税务机关无法追缴欠缴的税款

这是构成本罪的结果要件，也是行为人追求的目的所在。换句话说，转移、隐匿财产的行为与税务机关无法追缴欠缴税款的结果之间要存在因果关系。如果实施了转移、隐匿财产的行为，税务机关仍然可以追缴到欠缴的税款的，或者纳税人实施转移、隐匿财产的行为是为了逃避其他债务而不是为了逃避追缴欠税，不能认定构成本罪。

（三）逃避追缴欠税罪的追诉标准（How）

根据《刑法》的规定，本罪是“数额犯”，犯罪的成立须以达到一定数额为条件。这里的数额不是指行为人欠税的数额，也不是纳税人转移或者隐匿财产的数额，而是致使税务机关无法追缴欠税的数额。根据最高人民检察院、公安部《追诉标准的规定（二）》第59条的规定，纳税人欠缴应纳税款，采取转移或者隐匿财产的手段，致使税务机关无法追缴欠缴的税款，数额在1万元以上的，应予追诉。该标准既适用于个人，也适用于单位。可见，本罪的追诉标准是非常低的，极易引发刑事风险，公司、企业要特别加以注意。

◎**法律法规链接**

◆《刑法》(2020年修正) 第203条

◆《企业所得税法》(2018年修正) 第54条、第55条

◆《税收征收管理法》(2015年修正) 第4条、第31条、第32条、第40条、第65条、第68条、第69条

◆最高人民检察院、公安部《关于公安机关管辖的刑事案件立案追诉标准的规定(二)》(2010年5月7日实施) 第59条

◆《增值税暂行条例》(2017年11月19日实施) 第23条、第24条

◆《增值税暂行条例实施细则》(2011年11月1日实施) 第39条

◆《消费税暂行条例》(2009年1月1日实施) 第14条、第15条

◆国家税务总局《关于合理简并纳税人申报缴税次数的公告》(2016年4月1日实施)

四、骗取出口退税的风险

◎**案例4-4**[①]

场景回放

三明市DF公司系有自营和代理商品进出口权的贸易公司，陈某为该公司法定代表人。2011年间，为了获取非法利益，陈某伙同魏某某(另案处理)、柯某某(另案处理)利用DF公司具有自营和代理商品进出口权，办理虚构代理货物出口业务，骗取出口退税款。为能达到向税务机关申报货物出口退税的目的，3人约定由DF公司提供代理货物出口所需手续和空白单证，由魏某某及柯某某提供国内供货商增值税专用发票、货物出口相关单据等，虚构DF公司有代理货物出口业务的假象，再以DF公司的名义向税务机关申报货物出口退税，DF公司收到税务机关退税款后，陈某按出口1美元收取人民币5分的代理费，将剩余的款转给魏某某、柯某某或两人指定的账户。3人通过实施上述行为骗取国家出口退税款共计8,665,824.54元。一审判决被告单位DF公司犯骗取出口退税罪，判处罚金人民币1000万元；被告人陈某犯骗取出口退税

① 参见(2016)闽04刑终46号刑事裁定书及(2018)闽04刑终298号刑事裁定书。

罪，判处有期徒刑 11 年，并处没收财产人民币 50 万元。陈某不服一审判决，称其主观上不具有骗取出口退税的故意，其对柯某某、魏某某实施骗取出口退税的行为不知情，客观上没有实施骗取国家出口退税款的行为，其开设 DF 公司是为了赚取代理费而帮助柯某某、魏某某进行出口代理业务，不应当追究其刑事责任。

审理结果

二审法院经审查认为，根据我国《对外贸易法》的规定，没有取得出口许可证的公司、企业或个人需要出口货物的，可以委托有出口经营权的公司、企业代理出口。但是禁止外经贸公司以“四自三不见”（自带客户、自带货源、自带汇票、自行报关和不见出口产品、不见供货货主、不见外商）的方式，从事借权经营和挂靠经营。根据最高人民法院《关于审理骗取出口退税刑事案件具体应用法律若干问题的解释》第 6 条的规定，有进出口经营权的公司、企业，明知他人意欲骗取国家出口退税款，仍违反国家有关进出口经营的规定，仍违反国家有关进出口经营的规定，允许他人自带客户、自带货源、自带汇票并自行报关，骗取国家出口退税款的，依照《刑法》第 204 条第 1 款、第 211 条的规定定罪处罚。此外，该条还规定只要有事实和证据证明有进出口经营权的公司、企业或个人明知他人可能要骗取出口退税，仍违反规定从事“四自三不见”业务，造成国家税款流失，即可推定其主观上明知，而不要求有证据证明这些公司、企业明知他人必然要骗取出口退税。本案中，陈某所称的出口代理业务实质就是国家明令禁止的“四自三不见”业务，陈某安排员工伪造缺少的单证、谎称曾实地考察厂家等行为不符合正常出口业务交易习惯的操作流程。因此，被告单位 DF 公司及被告人陈某应当知道可能存在骗取出口退税的行为，但其却仍然办理了出口退税行为，造成国家税款被骗取，应推定 DF 公司及陈某主观上是明知的。客观上，DF 公司通过伙同他人虚构业务，利用虚假单据谎报出口，实施了骗取出口退税款的行为。据此，法院认定被告单位 DF 公司及其直接负责的主管人员被告人陈某的行为，构成骗取出口退税罪。遂依法驳回上诉，维持原判。

（一）骗取出口退税罪的主体范围（Who）

根据《刑法》的规定，本罪的主体为一般主体，既包括自然人，也包括单位；既可以是纳税人，也可以是非纳税人。在司法实践中，具有进出口经营权的公司、企业是本罪风险的高危主体，那些不具有进出口经营权的企业也可能构成本罪，但通常会先骗取进出口经营的资格然后再骗取出口退税，或者与具有出口经营权的企业进行合作共同骗取出口退税。因为出口退税是一项涉及税务、海关、外汇管理、外经贸、银行等多个部门，历经收购货物、报关出口、外汇核销、税务管理等多个环节的业务政策性很强的工作，所以要骗取出口退税，往往需要利用或者借助有进出口经营权的企业。

很多拥有出口经营权的企业违规从事“四自三不见”业务，自己不但可以完成创汇任务，还可以帮助到别人，且自己并没有骗取出口退税的故意，只是收取了相关的手续费、代理费、劳务费等，认为不会存在刑事风险。这是对骗取出口退税罪认识上的误区，如果不及时消除，很容易引发骗取出口退税罪的风险。一方面，为了完成创汇任务而做“四自三不见”业务不能免责。为了鼓励出口商品生产，扩大出口创汇，有的地方将出口创汇额列为对企业进行考核的主要指标，有些企业即使是为了完成创汇任务而做“四自三不见”业务也是不能免责的，因为企业原本就应该通过合法途径和实施合法行为来完成创汇任务，创汇任务不是免责的理由。另一方面，骗取出口退税罪所要求的主观上必须具有非法占有国家出口退税款的目的，既包括行为人本人非法占有，也包括为第三者非法占有。在以“四自三不见”方式骗取出口退税款的情况下，有进出口经营权的企业自身虽然没有实际获得骗取的出口退税的利益，但明知他人意欲骗取国家出口退税款，仍违反国家有关进出口经营的规定，帮助他人骗取出口退税的，仍然可以构成骗取出口退税罪。

（二）骗取出口退税罪的行为界限（What）

根据《刑法》的规定，本罪的客观方面表现为以假报出口或者其他欺骗手段，骗取出口退税的行为。根据有关规定，申请退税，必须提供有关凭证、单据，税务机关根据这些凭证、单据，依法对出口企业办理退税。如果行为人采取假报出口或者其他欺骗手段，骗取出口退税的，就可以引发本罪的刑事风险。

1. 假报出口

所谓“假报出口”，是指行为人根本没有出口产品，但为了骗取国家的出口退税款，而采取伪造、骗取有关单据、凭证等手段，谎报产品出口，从而骗取出口退税。通常表现为：(1) 伪造或者签订虚假的买卖合同；(2) 以伪造、变造或者其他非法手段取得出口货物报关单、出口收汇核销单、出口货物专用缴款书等有关出口退税单据、凭证；(3) 虚开、伪造、非法购买增值税专用发票或者其他可以用于出口退税的发票；(4) 其他虚构货物出口事实的行为。

根据法律规定，办理出口退税必须提供购进出口货物的增值税专用发票（税款抵扣联）或普通发票；出口货物销售明细账；盖有海关验讫章的《出口货物报关单（出口退税联）》；出口收汇单证等，具体如图4－1所示。

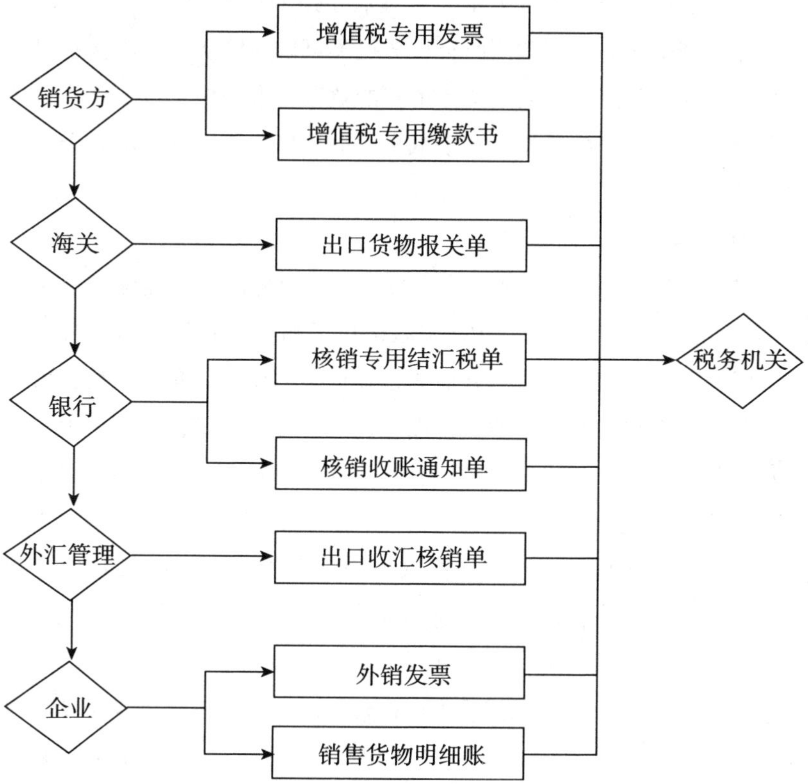

图4－1　出口退税凭证流转示意

只有具有以上单证，才能申请办理出口退税。因此，要骗取出口退税，一般也是从这些单证入手，如开具虚假的增值税专用发票或普通发票；开具虚假专用缴款书或税收缴款书；签订虚假的外贸合同；开出虚假报关单；炒卖外汇；进行外汇核销，开出虚假结汇单。实践中，行为人一般会实施以上多项行为，最后申请出口退税。

企业在办理出口退税业务时，烦琐的凭证收集过程使企业收到退税款的时间较长，无形之中会挤占企业的流动资金。因此，为了优化出口退税服务，国家税务总局在出台的《关于加快出口退税进度有关事项的公告》中要求，2018 年 12 月 31 日前，全国范围内推广实施无纸化退税申报，无纸化企业申报出口退税只需提供数字证书签名的正式申报电子数据，无须提供纸质申报表、纸质退税凭证，并借助国税局网站出口退税远程申报系统将电子数据传输到税务部门即完成退税申报。实行无纸化管理后，退回税款的发放速度大大提高，减轻了企业的资金压力。与此同时，税务机关可以在网上受理申报信息，由系统自动比对、筛查疑点，提高了税务稽查的效率与准确性，也使违法违规的退税操作无处遁形，这样的操作有利于减少骗取出口退税罪的风险，企业应当提前做好合规管理。

2. 其他欺骗手段

所谓“其他欺骗手段”，是指“假报出口”以外的其他能够骗取国家出口退税款的手段。通常表现为：（1）骗取出口货物退税资格，是指行为人出口了货物，但并不具备退税的资格，而通过虚构事实使自己具备退税资格来骗取退税。例如，没有出口货物退税资格而通过伪造退税登记证申请退税，将未纳税或者免税货物作为已税出口货物或者将不退税货物改变成退税货物申请退税的。（2）重复申请退税，是指利用税务机关审查把关不严的漏洞，或贿赂买通税务人员，以一次出口资料进行多次申报，重复退税。（3）虚报出口，是指虽有货物出口，并符合申请出口退税条件的情况下，采取伪造、变造合同、账簿、增值税专用发票或出口报关单等手段，虚构该出口货物的品名、数量、单价等要素，骗取未实际纳税部分出口退税款。一般表现为以少报多、以低报高、抬高出口商品成本等。（4）一货多用，是指行为人租用他人的货物，出境后通常又以走私手段或者以较低价报关入境，然后又出口，一批货物多次使用，实践中被称为“货物旅行”。如震惊全国的“羊毛变羊绒”骗税案，行为人将普通的羊毛纱线谎报“羊绒纱线”高价出口，再以“棉纱线”低价进口，“空转”往返，仅 4 年左右的时间，累计出口金额近 70 亿元，骗取出口退税款 8 亿余元。（5）其他手段。

总之，公司、企业在没有实际货物出口，或者即使有货物出口，在没有缴纳税款的情况下，虚构事实、隐瞒真相欺骗税务机关取得退税款的，就有可能引发本罪的刑事风险。但如果纳税人缴纳税款之后，再采取假报出口等欺骗方法，骗回缴纳税款的部分，应当按逃税罪定罪处罚；如果纳税人骗取的退税款超过所缴纳的税款，超过的部分则应按骗取出口退税罪定罪处罚。例如，某外贸公司在缴纳了100万元的税款后，采取虚报出口的手段，骗取税务机关退税180万元，后被查获。对该外贸公司，其中的100万元按逃税罪处罚，余下的80万元按骗取出口退税罪处罚。此外，如果公司、企业为达骗取国家税款的目的所采取的手段行为同时构成了其他犯罪，例如，行为人伪造国家机关印章、虚开增值税专用发票并以此骗取出口退税，同时构成伪造国家机关公文、印章罪、虚开增值税专用发票罪和骗取出口退税罪。此时，根据2002年最高人民法院《关于审理骗取出口退税刑事案件具体应用法律若干问题的解释》第9条的规定，应当依照《刑法》处罚较重规定定罪处罚。

在实务中，部分人认为出口退税款是国家给出口企业的政策性补贴，对每个拥有退税资格的企业实行一样的退税标准。但这种认识是错误的，出口退税所退的其实是企业在采购过程中已缴纳的增值税和消费税，而并非国家额外给出口企业的“补贴”或“奖励”。并且，我们国家的出口退税的计算方法也是根据企业性质的不同而有所差异，增值税的退税方法具体可分为三种：（1）出口“免”税，此种计税方法主要指小规模纳税人，即其出口销售额免征增值税，但是企业为购进货物而取得的进项部分，不退不抵。（2）出口“退、免”税，此种计税方法主要指外贸型企业，即外贸企业出口销售额增值部分不征收国内增值税，用于出口且当期认证通过的增值税专用发票准予退税。（3）出口“免、抵、退”税，此种计税方法主要指生产性企业，即生产型企业出口销售额增值部分不征国内增值税，当期本企业所有的进项税先与当期内贸销项相抵扣，抵不完的部分参与退税。消费税退税方法可分为三种：（1）出口免税并退税，此种计税方法主要针对外贸型企业，即外贸型企业出口应税消费品时免征消费税并退还购进应税消费品时所缴纳的增值税。（2）出口免税不退税，主要针对生产型企业，即外贸型企业出口应税消费品时免征消费税。此时企业生产出的应税消费品直接对外出售，没有消费税可退。（3）出口不免税不退税，主要针对商贸公司委托外贸公司代理出口应税消费品的情形。可见，不同性质企业的退税方法差别较大，因此在办理有关出口退税的相关业务时，企业一定要根据自身经营的性质与相关政策规定，合理开展相关的退税工作，方可将税务风险降到最低。

（三）骗取出口退税罪的追诉标准（How）

根据《刑法》的规定，本罪是“数额犯”，犯罪的成立须以骗取国家出口退税款达到“数额较大”为前提。根据2002年最高人民法院《关于审理骗取出口退税刑事案件具体应用法律若干问题的解释》第3条的规定，骗取国家出口退税款5万元以上的，为本罪规定的“数额较大”。同时，依据2010年5月7日实施的最高人民检察院、公安部《追诉标准的规定（二）》，骗取国家出口退税款达到5万元以上的，应予立案追诉。对于实施了骗取出口退税行为，没有实际取得出口退税款的，可以比照既遂犯从轻或减轻处罚。

◎**法律法规链接**

◆《刑法》（2020年修正）第204条

◆《税收征收管理法》（2015年修正）第66条

◆最高人民检察院、公安部《关于公安机关管辖的刑事案件立案追诉标准的规定（二）》（2010年5月7日实施）第60条

◆最高人民法院《关于审理骗取出口退税刑事案件具体应用法律的若干问题的解释》（2002年9月23日实施）第1~9条

◆《增值税暂行条例》（2017年11月19日实施）第25条

◆《税收征收管理法实施细则》（2016年2月6日实施）第93条

◆《消费税暂行条例》（2009年1月1日实施）第11条

◆国家税务总局《关于加快出口退税进度有关事项的公告》（2018年10月15日实施）第2条

◆财政部、税务总局《关于调整增值税税率的通知》（2018年5月1日）第4条、第5条

◆国家税务总局《关于印发〈出口货物退（免）税管理办法（试行)〉

的通知》(2005 年 5 月 1 日实施) 第 23 ~26 条①

第二节 发票类犯罪的风险②

风险提示

△不担任公司的法定代表人也不担任管理层，就可以不对公司虚开发票的行为负责了吗?

△只要辩称让他人为自己虚开的发票系善意取得，便可逃脱法律的制裁?

△不以骗取国家税款为目的虚开增值税专用发票，就不会引发刑事风险?

△被挂靠单位为挂靠单位代开增值税专用发票一定不会引发虚开的刑事风险?

△通过伪造“三流一致”的方法实施虚开行为，难以被查处?

△发票印制单位超量印制增值税专用发票不属于伪造?

在税务管理中，除了缴税类犯罪外，还有一大类刑事风险，即发票类犯罪。由于发票可以根据是否具有抵扣税款功能，分为增值税发票与普通发票。其中，增值税发票，又可以根据是否具有专有格式分为增值税专用发票和其他可以抵扣税款的发票，而其他可以抵扣税款的发票又可按抵扣税率的不同，分为海关进口增值税专用缴款书、农产品收购发票、运输发票，以及废旧物资收购凭证（现已取消抵扣功能）（具体的分类关系见图 4 -2）。实践中，发票又有真伪之分。因此，我国《刑法》根据发票的开具、制造、出售、购买和持

① 第 25 条第 2 款修改为“对骗取国家出口退税款的出口商，经省以上（含本级）税务局批准，可以停止六个月以上的出口退税权。在出口退税权停止期间自营、委托和代理出口的货物，一律不予办理退（免）税”。

② 引发发票类犯罪刑事风险进入刑事诉讼程序后如何进行辩护，参见娄秋琴在北京大学出版社出版的《常见刑事案件辩护要点》第八章的相关内容。

有等环节，针对不同种类的发票以及发票的真伪设置了不同的罪名。

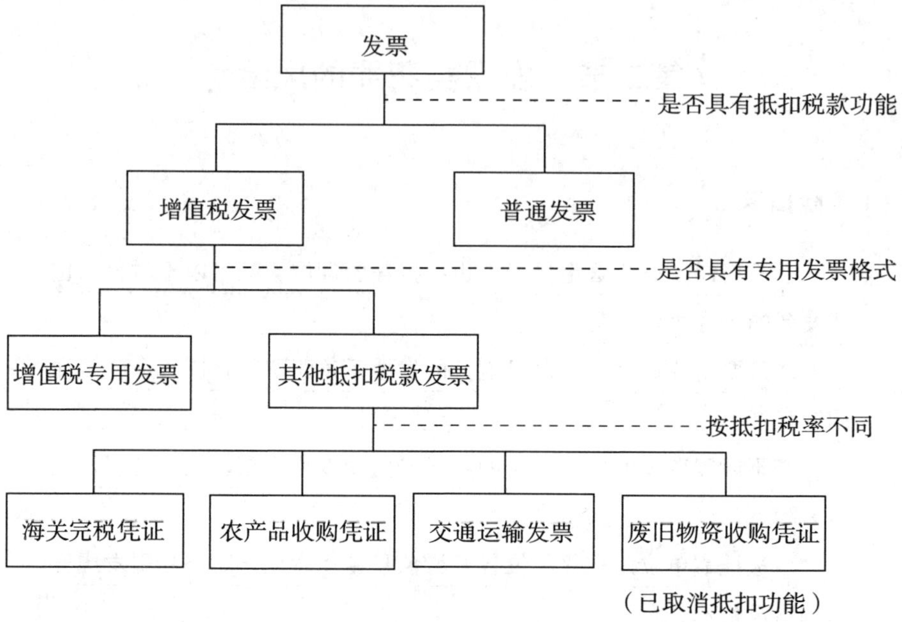

图4－2　发票分类关系

在开具环节，刑事风险体现为虚开三种真发票，即虚开增值税专用发票，用于骗取出口退税、抵扣税款的其他发票以及普通发票；在制造环节，刑事风险体现为制造三种假发票及三种真发票，即伪造增值税专用发票，用于骗取出口退税、抵扣税款的其他发票和普通发票以及擅自制造增值税专用发票，用于骗取出口退税、抵扣税款的其他发票和普通发票；在出售环节，刑事风险体现为出售三种真发票及三种假发票，即出售增值税专用发票，用于骗取出口退税、抵扣税款的其他发票、普通发票以及出售伪造的增值税专用发票，用于骗取出口退税、抵扣税款的其他发票以及普通发票；在购买环节，刑事风险体现为购买一种真发票及一种假发票，即购买增值税专用发票以及购买伪造的增值税专用发票；在持有环节，刑事风险体现为持有三种假发票，即持有伪造的增值税专用发票，用于骗取出口退税、抵扣税款的其他发票以及普通发票。为便于理解，后文按照顺序对具体罪名展开叙述。

一、虚开增值税专用发票、用于骗取出口退税、抵扣税款发票的风险

◎案例4－5[①]

场景回放

2010年1月至2012年12月，永州GMNH公司向银行申请办理以应收账款债权作质押的国内发票融资贷款及申请办理以转让应收账款债权取得保理预付款的保理业务贷款。王某某是永州GMNH公司的法定代表人，为达到向银行贷款的目的，伙同公司财务科负责人苏某某等人伪造了公司股东会决议、董事会决议，并在无实际货物往来的情况下与三家公司（衡阳DL公司、福建HL公司、湖南HL公司）虚构草甘膦原药交易，自2010年1月至2012年12月，先后19次向上述三家公司虚假销售草甘膦原药共计6299吨，虚开增值税专用发票150份6299吨，价税合计金额1.45782亿元，税额16,771,380.43元。2010年2月至2012年12月，王某某、苏某某用上述虚假资料，骗取银行贷款共计1.1598亿元。为了与虚构销售的6299吨草甘膦原药相对应，以抵扣因虚开增值税专用发票而产生的增值税款，王某某又指使苏某某具体运作GMNH公司从五家公司（衡阳HE公司、福建HL公司、长沙LX公司、福建XHA公司、宜昌XB公司）虚假购进相同数量草甘膦原药，并以GMNH公司虚开的增值税专用发票的数量、金额为基础，从上述五家公司取得进项增值税专用发票，采取将草甘膦原药由GMNH公司"销售"最后又被GMNH公司"购进"的方式，使虚假交易形成循环。2010年1月至2012年12月，GMNH公司从上述五家公司虚假购进草甘膦原药合计6299吨，已取得草甘膦原药增值税专用发票830份6159.4吨，价税合计金额1.4494亿元，税额16,674,604.49元。一审法院以骗取贷款罪与虚开增值税专用发票罪对被告单位及两名被告人数罪并罚。其中，被告人单位永州GMNH公司犯虚开增值税专用发票罪，判处罚金人民币50万元；犯骗取贷款罪，判处罚金人民币30万元，决定执行罚金人民币80万元；被告人王某某犯虚开增值税专用发票罪，判处有期徒刑10年，并处罚金人民币20万元；犯骗取贷款罪，判处有期徒刑2年，并处罚金

① 参见（2015）永中法刑二终字第166号刑事判决书。

人民币3万元；苏某某犯虚开增值税发票罪，判处有期徒刑4年，并处罚金人民币3万元；犯骗取贷款罪，判处有期徒刑1年，并处罚金人民币1万元。被告人王某某、苏某某不服，提起上诉。王某某提出，根据《全国法院经济犯罪案件审判工作座谈会综述》（2004年）的观点，不应构成虚开增值税专用发票罪，同时，开具增值税专用发票的主观故意是为了取得贷款，从属于贷款过程，贷款有真实的贸易基础和相应的保障措施，从犯罪构成分析，也不构成骗取贷款罪。苏某某提出，永州GMNH公司虚开增值税发票是为了骗取贷款，虚开增值税专用发票的犯罪行为是以骗取贷款为目的所实施的犯罪手段，系牵连犯，请求法院以实现犯罪目的所实施的骗取贷款罪定罪量刑。此外，他不是单位犯罪的直接责任人，且系从犯，有立功表现，量刑过重。

审理结果

二审法院经审理认为，王某某作为永州GMNH公司的法定代表人，苏某某作为该公司的原财务科负责人，以永州GMNH公司名义对外虚构购销合同，虚假的货物提货单、收货凭证，虚开增值税专用发票，该虚开行为是为了扩大销售收入或者制造虚假繁荣的一种环开行为，目的是骗取银行贷款，而不是为了骗取国家税款，且涉案的环开行为未对国家税收造成损失。因此，二审法院认为被告单位永州GMNH公司与被告人王某某和苏某某均不构成虚开增值税专用发票罪，仅认定为骗取贷款罪，维持了一审判决关于骗取贷款罪的定罪量刑部分。

（一）虚开增值税专用发票、用于骗取出口退税、抵扣税款发票罪的主体范围（Who）

根据《刑法》的规定，本罪的主体是一般主体，任何单位和自然人都能构成本罪。在司法实践中，实施虚开增值税专用发票罪的主体多为增值税一般纳税人，在2016年8月1日国家开放小规模纳税人自开发票试点以前，只有增值税一般纳税人才能领购并使用增值税专用发票，增值税小规模纳税人或者非增值税纳税人由于不能领购并使用增值税专用发票，不具备为自己虚开也不具备为他人虚开增值税专用发票的条件。只有在他们让他人为自己虚开或者介绍他人虚开的情形下，才可以引发本罪的刑事风险。不过，在“放管服”理念的指导下，小规模纳税人不能自开专票的制度约束不断被突破。2016年7

月6日，国家税务总局发布《关于部分地区开展住宿业增值税小规模纳税人自开增值税专用发票试点工作有关事项的公告》（已失效），开展小规模纳税人自开增值税专用发票的试点工作，首次突破了原有小规模纳税人不能自开增值税发票的限制。紧接着，国家税务总局又先后出台了《关于在境外提供建筑服务等有关问题的公告》（部分失效），《关于开展鉴证咨询业增值税小规模纳税人自开增值税专用发票试点工作有关事项的公告》（已失效），《关于进一步明确营改增有关征管问题的公告》（部分失效），《关于增值税发票管理若干事项的公告》（部分失效），《关于扩大小规模纳税人自行开具增值税专用发票试点范围等事项的公告》（部分失效），五次对增值税小规模纳税人自开增值税专用发票范围进行扩大。直至2019年10月1日，国家税务总局《关于增值税发票管理等有关事项的公告》（部分失效）出台，规定自2019年2月1日起，我国开始全面推行小规模纳税人自行开具增值税专用发票政策。同时需要引起重视的是，随着“营改增”改革的推进，自2016年5月1日起，我国全面放开“营改增”试点，将建筑业、房地产业、金融业、生活服务业全部纳入营改增试点，将以前缴纳营业税的应税项目改成缴纳增值税，为了抵扣税款，这些领域的企业对增值税专用发票的需求增加，容易引发虚开增值税专用发票罪的刑事风险。此外，自2015年4月1日起，企业办理增值税一般纳税人资格认定，税务机关不再实施行政审批制，而改为登记制，这意味着有条件出具增值税专用发票的企业将增多，虚开增值税专用发票罪的风险也将变大。

对于用于骗取出口退税、抵扣税款的发票，一般是指海关进口增值税专用缴款书、农产品收购发票、运输发票等，具有行业上的限制。实践中，只有那些有条件购领用于骗取出口退税、抵扣税款发票的单位和个人才能引发虚开用于骗取出口退税、抵扣税款发票罪的风险。对于那些既虚开了增值税专用发票，又虚开了用于骗取出口退税、抵扣税款的发票的单位和个人，只构成虚开增值税专用发票、用于骗取出口退税、抵扣税款发票罪一个罪，不数罪并罚，因为这是一个选择性罪名。

◎案例4-6[①]

场景回放

2012年3月，卫某某伙同他人委托日喀则市AY公司代理注册成立了YX公司，并任监事，法定代表人姜某某，股东姜某某、赵某某；2012年4月，卫某某伙同他人注册成立了WL公司，法定代表人赵某某，股东姜某某、赵某某；2012年5月，卫某某伙同他人以月工资2000元的报酬借用刘某1和刘某2的身份证注册成立了XL公司，法定代表人刘某1，股东刘某1、刘某2。三家公司分别被认定为增值税一般纳税人。2012年5月至6月，YX公司、WL公司、XL公司从西藏日喀则市税务局领购农副产品收购发票后，姜某某、刘某1根据被告人卫某某收集的农牧民身份信息，为YX公司、WL公司、XL公司虚开农副产品收购发票673份，税额456.97494万元，均已抵扣。一审法院依法判决被告人卫某某犯虚开用于抵扣税款发票罪，判处有期徒刑15年，并处罚金40万元人民币。卫某某不服，提出上诉称，本案的犯罪主体是公司，卫某某既不是上述三家公司的法定代表人，又不在公司履行职务，仅为YX公司、XL公司的投资人，故卫某某不是应承担刑事责任的主管人员和其他直接责任人员，不应追究其刑事责任。

审理结果

二审法院审理后认定本案不构成单位犯罪，因为虚开农副产品收购专用发票虽然以YX、WL、XL公司名义开具，但三家公司一起办公，不分彼此，从公司设立直至案发，除涉案的虚开发票行为之外，无其他正常经营活动。根据最高人民法院《关于审理单位犯罪案件具体应用法律有关问题的解释》第2条关于“个人为进行违法犯罪活动而设立的公司、企业、事业单位实施犯罪的，或者公司、企业、事业单位设立后，以实施犯罪为主要活动的，不以单位犯罪论处”之规定，依法认定为个人犯罪行为。但由于卫某某系初犯，认罪态度好，二审法院认为原判量刑未能充分体现罪责刑相适应的原则，量刑偏重，遂改判卫某某犯虚开用于抵扣税款发票罪，判处有期徒刑10年6个月，并处罚金人民币40万元。

---

① 参见（2014）藏法刑二终字第6号刑事判决书。

虚开增值税专用发票、用于骗取出口退税、抵扣税款发票罪在理论上虽然既可以由单位构成，也可以由自然人构成，但在实践中，通常多是以单位的名义对外出具发票，为了获取非法利益，有些人设立公司专门用来虚开发票，但在名义上既不担任法定代表人，也不担任管理职务，认为通过这种方式便可以规避刑事风险，误以为就算东窗事发也只是公司承担责任。案例4－6就是一个典型的例子，被告人卫某某辩解涉案的虚开行为属于单位犯罪，他只是其中两家公司的投资人，不是应当承担刑事责任的主管人员和其他直接责任人员，但这样的辩解并未得到法院的支持，因为个人为进行违法犯罪活动而设立的公司实施犯罪的，或者公司设立后，以实施犯罪为主要活动的，都不以单位犯罪论处，而认定为个人犯罪行为。

（二）虚开增值税专用发票、用于骗取出口退税、抵扣税款发票罪的行为界限（What）

1. 行为对象

虚开增值税专用发票罪的行为对象是增值税专用发票，虚开用于骗取出口退税、抵扣税款发票罪的行为对象是用于骗取出口退税、抵扣税款发票，如海关进口增值税专用缴款书、农产品收购发票、运输发票等。如果既虚开了增值税专用发票又虚开了用于骗取出口退税、抵扣税款发票，只引发一个罪名，即虚开增值税专用发票、用于骗取出口退税、抵扣税款发票罪，这在《刑法》中是一个选择性罪名。那么，虚开除了增值税、用于骗取出口退税、用于抵扣税款发票之外的不具有抵扣税款功能的其他发票是否还会引发刑事风险呢？在2011年出台《刑法修正案（八）》之前不会，只能进行行政处罚，但在2011年《刑法修正案（八）》出台之后，则可以构成虚开发票罪，这是《刑法修正案（八）》新增的罪名。由此可见，虚开发票的种类不同，涉嫌的罪名也是不同的，处罚也会不同。

2. 行为方式

本罪的行为方式表现为虚开，如何认定虚开，是本罪的关键，也是防范本罪风险的关键。由于虚开增值税专用发票罪的虚开与虚开用于骗取出口退税、抵扣税款罪的虚开在行为方式上是一致的，为了叙述方便，下面主要以虚开增值税专用发票罪的虚开为例进行阐述。

(1) 虚开行为的情形

根据1996年10月17日最高人民法院《关于适用〈全国人民代表大会常务委员会关于惩治虚开伪造和非法出售增值税专用发票犯罪的决定〉的若干问题的解释》第1条的规定，具有下列情形之一的，属于虚开增值税专用发票：(1) 没有货物购销或者没有提供或接受应税劳务而为他人、为自己、让他人为自己、介绍他人开具专用发票；(2) 有货物购销或者提供或接受了应税劳务但为他人、为自己、让他人为自己、介绍他人开具数量或者金额不实的专用发票；(3) 进行了实际经营活动，但让他人为自己代开专用发票。

(2) 虚开行为的表现

根据《刑法》第205条第4款及其他相关规定，虚开行为主要表现为以下四种情况（见图4-3）：①为他人虚开，通常称为“代开”。为他人代开通常有两种情况：一是行为人在他人有商品或劳务交易的情况下，用自己领购的增值税专用发票为他人代开，即“有货虚开”；二是行为人在他人没有商品或劳务交易的情况下，用自己领购的增值税专用发票为他人代开，即“无货虚开”。②为自己虚开。这是指行为人在没有商品交易或只有部分商品交易的情况下，在开具增值税专用发票时，虚构商品交易内容提要或虚增商品交易的数量、价款和销项税款。③让他人为自己虚开。这是指行为人在没有商品交易或只有部分商品交易的情况下，让发票领购人为自己虚开增值税专用发票，行为人通常是虚开增值税专用发票的接收方。④介绍他人虚开。通常包括两种情况：一是行为人介绍开票人与受票人双方接洽，自己充当中介而获取非法利益；二是行为人指使开票人将发票开给指定的人，自己从中牟利。

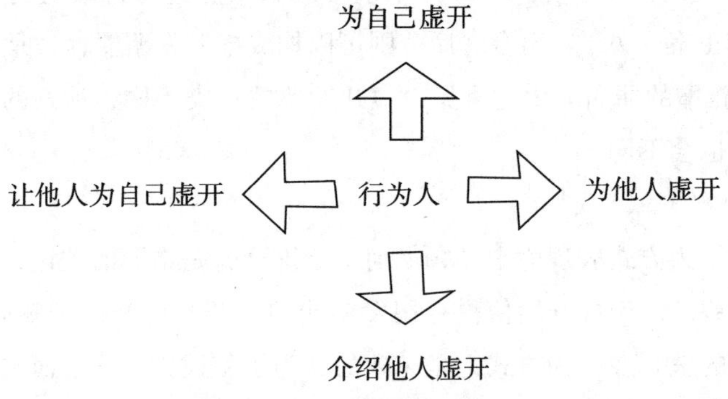

图4-3 虚开的行为表现

（3）虚开常见的手段

虚开常见的手段如下：①末端不开票引发的虚开：行为人在购货环节取得进项增值税专用发票，而在销售货物时不向客户开具销项增值税专用发票。例如，个体加油站（一般纳税人），他们的产品大多面向的是小规模纳税人或者最终消费者，上述主体大多数不需要增值税专用发票，于是个体加油站在经营活动中产生了冗余票。在进项税额固定的情况下，必然需要一定的销项税额来进行配比，此时行为人往往利用自己在税务部门的留存抵扣税款，对外进行虚开牟利。②初始端自开票引发的虚开：行为人在无真实业务往来的情况下，虚构交易事实，与第三方串通，对外虚开发票作为进项抵扣，从而逃避税款。如虚开农产品收购发票、海关进口缴款书等。③注册“开票公司”进行虚开：行为人注册公司骗购增值税专用发票进行虚开，也就是所谓的“开票公司”。自“五证合一”等商事制度改革后，注册办理企业取消了原来对公司注册资本、出资方式、出资额、出资时间等的硬性规定，大大简化了公司注册流程，也出现了很多不法分子注册公司后领用大额增值税专用发票，对外虚开后跑路的现象。④税收优惠政策引发的虚开：享受税收优惠政策的公司利用自身税收优势，对外虚开发票，通过非法方式牟利等。

社保入税后，部分企业为了规避个税基数与社保基数不一致的问题，利用部分劳务公司享受核定税率等税收优惠政策，将企业内部员工的部分或者全部的工资通过劳务公司代发，后收取劳务公司所开具的劳务派遣、咨询服务费或者代发业务费用等发票进行企业所得税的税前列支。不少企业认为诸如此类的行为属于税收筹划，是合理合法的，但事实上如果员工与劳务公司之间不具有真实的劳动关系，企业与劳务公司之间也没有真实的业务往来，取得劳务公司所开具的发票属于接受虚开的行为，存在虚开的刑事风险，即使打擦边球最终没有被定性为虚开，也可能因不合规而遭受行政处罚。

（4）不构成虚开的情形

我国各类企业、公司的应税经营活动千变万化，加之相关政策规定不断出台，往往会存在各地的财税部门及司法机关在认定企业是否构成虚开行为时适用标准不一的情况。笔者依据司法实践以及国家财税部门相关政策，对不构成虚开的情形做一些列举：

①开具增值税专用发票时同时符合三个条件不构成虚开：国家税务总局

《关于纳税人对外开具增值税专用发票有关问题的公告》（国家税务总局公告 2014 年第 39 号）明确，纳税人通过虚增增值税进项税额偷逃税款，但对外开具增值税专用发票同时符合以下情形的，不属于对外虚开增值税专用发票：A. 纳税人向受票方纳税人销售了货物，或者提供了增值税应税劳务、应税服务；B. 纳税人向受票方纳税人收取了所销售货物、所提供应税劳务或者应税服务的款项，或者取得了索取销售款项的凭据；C. 纳税人按规定向受票方纳税人开具的增值税专用发票相关内容，与所销售货物、所提供应税劳务或者应税服务相符，且该增值税专用发票是纳税人合法取得，并以自己名义开具的。受票方纳税人取得的符合上述情形的增值税专用发票，可以作为增值税扣税凭证抵扣进项税额。

②实质挂靠下由被挂靠方开具的增值税专用发票不构成虚开：挂靠经营，是我国目前普遍存在的一种经营方式，其目的是规避无相应资质的限制和无法开具发票的影响。那么，以挂靠方式经营并开具或接受增值税专用发票是否属于虚开？这需要根据不同情况分别处理。挂靠分为实质挂靠和形式挂靠两种情况："实质挂靠"主要指挂靠方以被挂靠方名义，向受票方纳税人销售货物、提供增值税应税劳务或者应税服务，被挂靠方为纳税人，向受票方开具增值税专用发票，并收取款项、取得索取销售款项的凭据；"形式挂靠"又称"名义挂靠"，主要指挂靠方以自己名义向受票方纳税人销售货物、提供增值税应税劳务或者应税服务，被挂靠方与此项业务无关，则应以挂靠方为纳税人，但却由被挂靠方向受票方纳税人就该项业务开具增值税专用发票。上述两种挂靠形式，只有实质挂靠才符合国家税务总局公告 2014 年第 39 号的规定，形式挂靠则不属于。此外，根据最高人民法院研究室《〈关于如何认定以"挂靠"有关公司名义实施经营活动并让有关公司为自己虚开增值税专用发票行为的性质〉征求意见的复函》的规定："挂靠方以挂靠形式向受票方实际销售货物，被挂靠方向受票方开具增值税专用发票的，不属于刑法第二百零五条规定的'虚开增值税专用发票'。"

③先开具增值税专用发票后付款的交易方式不构成虚开：经营过程中，企业为保证货物交易的顺利或规避价格风险，经常会使用"先开票、后付款"的交易方式，此种行为与虚开增值税专用发票认定没有直接关系。如果双方发生了真实的交易，开具的发票与实际经营的业务相符合，就不属于虚开增值税

发票的行为。

④善意取得增值税专用发票不构成虚开：实务中，经常出现企业、公司在不知情的情况下取得了虚开的增值税专用发票的情况，根据国家税务总局《关于纳税人善意取得虚开的增值税专用发票处理问题的通知》（国税发〔2000〕187号）的规定，购货方与销售方存在真实的交易，销售方使用的是其所在省（自治区、直辖市和计划单列市）的专用发票，专用发票注明的销售方名称、印章、货物数量、金额及税额等全部内容与实际相符，且没有证据表明购货方知道销售方提供的专用发票是以非法手段获得的，对购货方不以偷税或者骗取出口退税论处。取得虚开的增值税专用发票并认证抵扣，其对专用发票的虚开情况并不知情不构成虚开。由此，很多人认为只要辩称自己在取得发票时对虚开的情况不知情便可以逃脱法律的制裁，由此铤而走险，事实上，是否属于善意取得，是由司法机关综合各方证据和事实进行认定的。

◎案例4－7①

场景回放

姚某某是温州HLY公司和温州YJ公司的实际经营人。2007年10月至2010年3月，在温州HLY公司和温州YJ公司与常州DG公司、宿迁JC公司没有真实货物交易的情况下，姚某某共取得常州DG公司、宿迁JC公司开具的增值税专用发票118份，价税合计13,092,672元，税额1,902,353.99元，均已抵扣。一审法院以虚开增值税专用发票罪判处被告人姚某某有期徒刑10年，剥夺政治权利1年，并处罚金人民币10万元。姚某某不服提起上诉，称HLY公司、YJ公司因为部分进货单位不能提供增值税专用发票，所以从DG公司、JC公司开具等额增值税发票，并未骗取国家税款，故不构成虚开增值税专用发票罪，且其事后也已经补缴税款，未给国家造成损失，且自己是受两家公司业务员“黄某某”蒙骗，善意取得虚开的增值税发票，不应被追究刑事责任。

审理结果

法院经审理查明，姚某某未能提供“黄某某”的个人身份信息以及其为常州DG公司、宿迁JC公司业务员的证据，亦不能提供自己收到这两家货物

① 参见（2015）浙温刑终字第708号刑事判决书。

等证据。此外，常州DG公司、宿迁JC公司除了为他人虚开增值税专用发票，并未经营其他实业，在收到所谓“货款”也是扣除手续费后就将余款还给受票公司。故法院没有采纳姚某某系受“黄某某”系善意取得增值税专用发票的意见。不过，法院认为温州HLY公司和温州YJ公司在没有真实货物交易的情况下，以单位名义实施让他人为自己虚开增值税专用发票犯罪，犯罪所得归于公司，应认定为单位犯罪，而原判认定姚某某系自然人犯罪，并根据自然人犯罪量刑标准认定其犯罪行为情节特别严重存在不当。遂改判被告人姚某某犯虚开增值税专用发票罪，判处有期徒刑7年。

⑤“变名销售”不一定构成虚开：顾名思义，变名销售是指变更了商品名称的销售行为。在实务中，最常见的变名销售即石油炼化企业联合关联石化贸易企业，通过一系列交易与发票变名等形式，将原油、沥青等非应税消费品的发票变更为汽油、柴油等应税消费品发票，进而达到偷逃或虚假抵扣消费税的目的。石化企业利用“变名销售”的方式开具增值税专用发票的行为是否认定为虚开增值税专用发票罪在理论存有争议。有观点认为，行为人构成虚开增值税专用发票罪应当以行为人在主观上具有骗取国家增值税税款的目的，在客观上造成国家税款损失的后果。但从主观上看，“变名销售”的买卖双方发生了真实的油品买卖，交易情况在增值税发票上真实记载，并且变名前后的油品增值税率一致，因此不能认定行为人具有骗抵增值税税款的目的。从客观上看，“变名销售”导致的危害后果是偷逃消费税，但不会造成国家增值税税款的流失。因此，以偷逃或虚假抵扣消费税为目的的“变名销售”行为一般不宜认定为虚开行为。但也有观点认为，只要具有造成国家税款损失的目的就可以认定为虚开，而不限于国家增值税税款的损失。司法实践中也不乏有罪判例的出现，如下述案例，因此，相关企业在开具业务发票时应真实记载相关信息，不应抱有侥幸心理。

◎案例4-8①

场景回放

2012年2月，刘某注册成立了六安市XX公司（于2013年3月注销），

---

① 参见（2014）六刑初字第00032号刑事判决书。

2013 年 1 月注册成立了六安市 BJ 公司。XX 公司、BJ 公司与第三方 JP 公司“合作”，由 JP 公司联系销售甲基叔丁基醚、混合芳茎等化工产品的供货企业，供货企业再与 XX 公司、JB 公司签订购货合同，而后 JP 公司提供购货资金给 XX 公司和 JP 公司，通过这两家公司将购货资金支付给供货企业，供货企业收到货款后由 JP 公司安排运输工具到供货企业提货或由供货企业直接将货物运输到 JP 公司指定的地点。交易完成后，供货企业为 XX 公司、JB 公司开具货款一致的增值税专用发票，两家公司收到发票后再按每吨 50 元至 70 元不等的标准加价后，为 JP 公司开具货物名称为汽油及柴油的增值税专用发票。此外，2012 年 12 月，YH 公司因需要货物名称为汽油的增值税专用发票，通过 JP 公司总经理徐某与刘某取得联系，刘某的 XX 公司以相同的手段为 YH 公司开具货物名称为汽油的增值税专用发票。经统计，刘某合计为他人虚开增值税专用发票计 1764 份，价税合计 1, 945, 054, 622. 55 元，税款合计 282, 614, 773. 59 元，上述行为造成应税消费品的汽柴油未征消费税 324, 052, 525. 29 元。另查明，用甲基叔丁基醚、混合芳烃、二甲苯、碳五、碳九等化工产品生产汽油、柴油应缴生产环节消费税。被告人刘某采取将甲基叔丁基醚等化工产品转换成汽、柴油的方式为他人虚开增值税专用发票，隐瞒了生产环节，致使国家消费税损失 324, 052, 525. 29 元。检察院以被告人刘某涉嫌虚开增值税专用发票罪移送起诉。被告人刘某辩称其所开具的增值税专用发票都有真实交易，仅仅是将货物名称开错了，其行为没有造成国家税收损失，不构成虚开增值税专用发票罪。其辩护人还提出被告人刘某不是消费税的纳税主体，其开票行为不会造成国家消费税损失，不具有实质上的社会危害性。另外，国家税务总局《消费税有关政策的公告》（部分失效）规定对将外购的非应税产品采取变名方式对外销售的行为开征消费税。国家对该行为征税意味着刘某的变票行为不构成刑事犯罪，只属于行政违法行为。

审理结果

法院经审理认为，汽油、柴油属应当缴纳消费税的应税产品，实行从量定额计征消费税。刘某虚开汽油、柴油等消费税应税产品增值税专用发票，造成应税消费品的汽柴油未征消费税 324, 052, 525. 29 元，其虚开增值税专用发票的行为不但使国家发票管理体制和税收征管体制遭受侵害，而且造成国家税款的巨额损失，其行为具有社会危害性。另外，《关于消费税有关政策问题的公告》的规定是税收政策方面的规定，不具有限制《刑法》效力的意义。刘某为其他公司开具的增值税专用发票无真实的货物交易背景，其行为不仅具有行政违法性，且具有刑事违法性，构成虚开增值税专用发票罪。遂判决刘某犯虚开增值税专用发票罪，判处有期徒刑12年，并处罚金30万元，并对违法所得11,552,036元予以追缴。

⑥不符合"三流一致"[1] 标准不一定构成虚开：实务中，无论税务机关还是司法机关，普遍以"三流一致"作为判断增值税专用发票是否虚开的标准。根据国家税务总局《关于加强增值税征收管理若干问题的通知》（国税发〔1995〕192号，部分失效）的规定，将认定标准总结如图4-4所示：

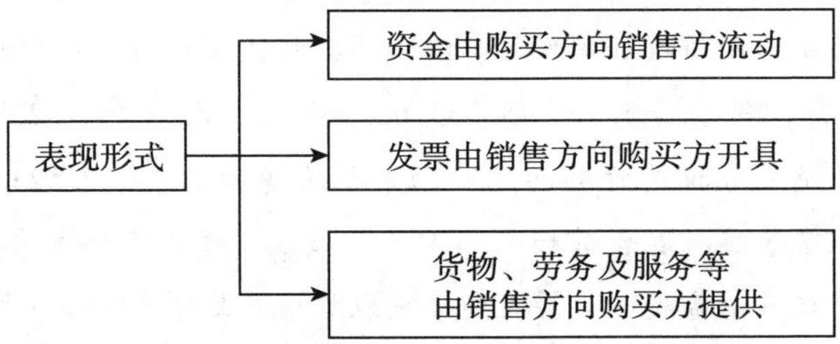

图4-4 "三流一致"的认定标准示意

根据"三流一致"的标准，在表现形式上，资金须由购买方向销售方流动，发票须由销售方向购买方开具，货物、劳务及服务等须由销售方向购买方提供。在行为主体的关联性上，要求收款方、开票方和销售方必须是同一个经济主体，付款方、受票方和购买方必须是同一个经济主体。不过，"三流一致"的认定标准沿用至今，不乏诸多弊端。例如，将货物、劳务及服务交付仅局限于买卖双方的实际交付，致使大量符合民法要求的交易被排除在交易之外。假设在进行某笔实际货物交易时，双方采用指示交付的交付方式，此时货物并不是直接从销售方到购买方，虽然其他交易过程均符合法律规定，但不符合"三流一致"中对"货物流"的规定。相反，通过双方或者多方的串通，也很容易将虚假的交易伪造成符合的"三流一致"标准的"真实业务"。如实

① "三流一致"指的是货物、资金、发票的流动指向同一主体。"三流"即货物流、资金流、发票流。

务中常见的三方恶意串通达到“三流一致”的操作方式：A 公司向 B 公司购买虚假发票，A 公司先将拟定的货款通过银行支付给 B 公司，再由 B 公司以现金方式退回，以此方式虚构“资金流”；双方通过制造虚假的货物出库、入库及运输记录，或者在货物不发生位移的前提下直接交付仓单等手段，虚构“货物流”；在 A 公司与 B 公司有“真实”交易，C 公司向 A 公司代开增值税专用发票的情形下，经三方串通，通过 B 公司与 C 公司以虚构代理、挂靠协议或者代销协议的方式，虚构“发票流”，达到符合“三流一致”的要求。因此，是否符合“三流一致”的标准并非认定虚开行为存在的唯一标准，相关行政机关或司法机关应当综合考虑各方交易因素进行认定。

随着我国税收制度的不断完善和发展，国家税务总局力推的“金税三期工程”已于 2016 年完成全部推广工作。国家税务总局运用“互联网”，借助“网络爬虫”技术，对企业税务信息进行全方位无死角监管，在纳税人税号下，进项发票与销项发票的行业相关性、同一法人的相关性、同一地址相关性等数据都在“金税三期”的掌控之中。这从根本上改变了发票流转等日常行为，也改变了税务机关发票领购与使用的管理方式，传统的税务稽查已经由“人查”“账查”全面进入了大数据税务稽查时代，使一心想通过合法形式掩盖非法目的的违法分子无处遁形。因此，企业和个人在经营活动中应依法开展涉税类工作，加强自我监督和控制，远离违法犯罪的红线。

3. 行为目的

对于虚开增值税专用发票是否要以骗取国家税款为目的，理论界存在争议。有的学者认为，我国《刑法》没有明确规定本罪的目的要件，主张虚开增值税专用发票罪应当属于行为犯，只要实行了虚开增值税专用发票的行为就可以构成犯罪。还有的学者认为，本罪属于抽象的危险犯，司法机关应以一般的经济运行方式为根据，判断是否具有骗取国家税款的可能性。如果虚开、代开增值税专用发票的行为根本不具有骗取国家税款的可能性，则不宜认定为本罪。实务中经常出现如案例 4 - 5 中，公司，企业为虚增营业额、扩大销售收入或制造虚假的贸易繁荣状况，相互对开或环开增值税专用发票或者为夸大企业经济实力，通过虚开进项增值税专用发票虚增企业资产，但没有利用增值税专用发票抵扣税款等行为。诸如此类不以骗税为目的的虚开增值税专用发票有罪还是无罪，此前虽然有很多判例和文章，甚至最高人民法院的个案批复认为是无罪，但在实践中仍不乏有罪判例。司法实务中裁判结果不一，也就造成了大家对此问题认知的不明确。但2018年12月4日，最高人民法院公布了《人民法院充分发挥审判职能作用保护产权和企业家合法权益典型案例（第二批）》，以指导案例的形式明确显示出该罪的成立必须具有目的要件，不具有骗取国家税款的目的不构成该罪。鉴于该指导案例必将作为日后裁判的重要参考，在此特将该案进行回顾：

◎案例4-9

场景回放

2004年，张某与他人合伙成立个体企业某龙骨厂，张某负责生产经营活动。因某龙骨厂系小规模纳税人，无法为购货单位开具增值税专用发票，张某遂以他人开办的XY公司名义对外签订销售合同。2006年至2007年，张某先后与六家公司签订轻钢龙骨销售合同，购货单位均将货款汇入XY公司账户，XY公司并为上述六家公司开具增值税专用发票共计53张，价税合计4,457,701.36元，税额647,700.18元。某州市人民法院一审认定被告人张某构成虚开增值税专用发票罪，判处张某有期徒刑3年，缓刑5年，并处罚金人民币5万元。张某在法定期限内没有上诉，检察院未抗诉。某州市人民法院依法逐级报请最高人民法院核准。

审理结果

最高人民法院经复核认为，被告人张某以其他单位名义对外签订销售合同，由该单位收取货款、开具增值税专用发票，不具有骗取国家税款的目的，未造成国家税款损失，其行为不构成虚开增值税专用发票罪。据此，最高人民法院裁定：不核准并撤销某州市人民法院一审刑事判决，将本案发回重审。该案经某州市人民法院重审后，依法宣告张某无罪。

（三）虚开增值税专用发票、用于骗取出口退税、抵扣税款发票罪的追诉标准（How）

根据2010年5月7日最高人民检察院、公安部《追诉标准的规定（二）》第61条的规定，虚开增值税专用发票、用于骗取出口退税、抵扣税款发票，虚开的数额在1万元或者致使国家税款被骗数额在5000元以上的，应予立案追诉。这与1996年最高人民法院《关于适用〈全国人民代表大会常务委员会关于惩治虚开、伪造和非法出售增值税专用发票犯罪的决定〉的若干问题的解释》中虚开增值税专用发票罪的追诉标准是一致的。此外，1996年的这个解释还分别对虚开增值税专用发票罪中的“虚开的税款数额较大”“有其他严重情节”“虚开的税款数额巨大”“有其他特别严重情节”“骗取国家税款数额特别巨大”“给国家利益造成特别重大损失”进行了解释。但根据2014年11月27日最高人民法院研究室《关于如何适用法发〔1996〕30号司法解释数额标准问题的电话答复》，虚开增值税专用发票案件的量刑数额标准，可以不再参照适用1996年最高人民法院《关于适用〈全国人民代表大会常务委员会关于惩治虚开、伪造和非法出售增值税专用发票犯罪的决定〉的若干问题的解释》。在新的司法解释制定前，对于虚开增值税专用发票案件的定罪量刑标准，可以参照最高人民法院《关于审理骗取出口退税刑事案件具体应用法律若干问题的解释》的有关规定执行。据此，虚开的税款数额较大、虚开的税款数额巨大可以适用50万元、250万元的标准。

◎法律法规链接

◆《刑法》（2020年修正）第205条

◆《税收征收管理法》（2015年修正）第21条

◆全国人民代表大会常务委员会《关于惩治虚开、伪造和非法出售增值税专用发票的决定》（1995年10月30日实施）第1条、第5条

◆最高人民法院研究室《关于如何适用法发〔1996〕30号司法解释数额标准问题的电话答复》（2014年11月27日实施）

◆最高人民检察院、公安部《关于公安机关管辖的刑事案件立案追诉标准的规定（二）》（2010年5月7日实施）第61条

◆最高人民法院《关于适用〈全国人民代表大会常务委员会关于惩治虚开、伪造和非法出售增值税专用发票的决定〉若干问题的解释》（1996年10月17日实施）第1条

◆《发票管理办法实施细则》（2019年7月24日实施）第28条

◆《发票管理办法》（2019年3月2日实施）第16条、第22条、第37条

◆《增值税暂行条例实施细则》（2011年11月1日实施）第28条

◆国家税务总局《关于增值税发票管理等有关事项的公告》（2019年10月1日实施，部分失效）

◆财政部、国家税务总局《关于全面推开营业税改增值税试点的通知》（2016年5月1日实施，部分失效）

◆最高人民法院研究室《〈关于如何认定以“挂靠”有关公司名义实施经营活动并让有关公司为自己虚开增值税专用发票行为的性质〉征求意见的复函》（2015年6月11日实施）

◆国家税务总局《关于纳税人对外开具增值税专用发票有关问题的公告》（2014年7月8日实施）

◆国家税务总局《关于纳税人善意取得虚开的增值税专用发票处理问题的通知》（2000年11月16日实施）

◆国家税务总局《关于加强增值税征收管理若干问题的通知》（1995年10月18日实施，部分失效）

二、虚开发票的风险

◎案例4－10①

场景回放

2014年3月至4月，孙某某为与延边大学HQ集团结清其供应延边大学采暖用煤账目，以支付开票费的形式，让他人为自己虚开普通运输发票，虚开发票的票面金额共计476.46万元。其中，张某某为孙某某虚开普通运输发票，票面金额共计80.569万元，又指使郝某某为孙某某虚开普通运输发票，票面金额共计58.91万元。张某某、郝某某分别得到孙某某给予的开票费6万元、3万元。

审理结果

法院经审理认为，被告人孙某某违反国家发票管理法规，要求他人为自己虚开普通发票，情节特别严重，构成虚开发票罪，依法对其判处有期徒刑2年2个月，缓刑3年，并处罚金5万元；被告人张某某、郝某某违反国家发票管理法规，为他人虚开普通发票，情节严重，构成虚开发票罪，遂依法判处张某

① 参见（2019）吉2424刑初96号刑事判决书。

某拘役5个月，缓刑8个月，并处罚金2万元，判处郝某某拘役3个月，缓刑4个月，并处罚金1万元。

（一）虚开发票罪的主体范围（Who）

根据《刑法》的规定，本罪的主体是一般主体，任何单位和自然人都能构成本罪。本罪虚开的对象是增值税专用发票或者用于骗取出口退税、抵扣税款的发票以外的其他普通发票，办理了税务登记的各种纳税人和未办理税务登记的纳税人都可以向税务机关申请领购使用。因此在司法实践中，一般纳税人、小规模纳税人以及个人是本罪的常见主体。在案例4－10中，孙某某、张某某和郝某某都属于个人犯罪。

（二）虚开发票罪的行为界限（What）

1. 行为对象

本罪是《刑法修正案（八）》新增的罪名，该修正案实施之前，只有虚开增值税专用发票或者用于骗取出口退税、抵扣税款的发票才构成犯罪，虚开其他普通发票的只能进行行政处罚。但由于通过各种虚开发票的方式逃税、诈骗、侵占、贪污等违法犯罪行为泛滥，《刑法修正案（八）》增设了虚开发票罪，将虚开增值税专用发票或者用于骗取出口退税、抵扣税款发票以外的其他普通发票的行为纳入刑法规制的范围。普通发票是相对于增值税发票而言的，两者的主要区别如下：（1）使用主体及范围不同：增值税发票通常用于一般纳税人之间从事生产经营增值税应税项目；而普通发票则可以用于所有纳税人的全部经营活动。（2）功能不同：普通发票只是一种商事凭证；而增值税发票既是一种商事凭证，又是记载该发票开具应纳税额和受票方抵扣进项税款的合法证明，具有双重功能作用。

2. 行为方式

对于虚开增值税专用发票或者虚开用于骗取出口退税、抵扣税款的其他发票，我国《刑法》第205条明确规定包括了四种方式：即为他人虚开、为自己虚开、让他人为自己虚开、介绍他人虚开。而对于虚开普通发票，我国《刑法》第205条之一对虚开的方式并未作出这样的规定。如何界定虚开发票罪中的“虚开”呢？理论和实务界存在一定的争议。有人认为，虚开发票罪中的

"虚开"与虚开增值税专用发票、用于骗取出口退税、抵扣税款发票罪的"虚开"是一致的，也包括四种方式，《发票管理办法》第22条第2款也规定了，任何单位和个人不得有下列虚开发票行为：（1）为他人、为自己开具与实际经营业务情况不符的发票；（2）让他人为自己开具与实际经营业务情况不符的发票；（3）介绍他人开具与实际经营业务情况不符的发票。这个规定也佐证了"虚开"就包括了四种方式。但也有人认为，虚开发票罪的"虚开"仅限于为他人虚开和为自己虚开两种，不包括让他人为自己虚开和介绍他人虚开，因为《刑法》在虚开发票罪中没有像虚开增值税专用发票、用于骗取出口退税、抵扣税款发票罪那样对虚开进行法律界定，《发票管理办法》虽然规定了四种虚开普通发票的方式，但不能当然适用于《刑法》对虚开发票罪中"虚开"的界定。介绍他人虚开可以根据共犯原理认定为虚开发票罪的教唆犯或帮助犯，虚开是否包括介绍他人虚开不会实际影响定罪。存在较大争议的是让他人为自己虚开普通发票是否构成虚开发票罪，即接受他人虚开的普通发票是否会引发虚开发票罪的刑事风险？目前很多公司、企业都存在这种现象，造成这种现象的原因很多，有的用虚开的发票来逃税，有的是因为交易方无法出具发票而找第三方出具虚开的发票，有的是由于财务制度的限制而找第三方出具虚开的发票进行报销，如果将接受虚开也认定为虚开，无疑会打击面过宽。但在司法实践中，让他人为自己虚开普通发票而被追究刑事责任的并不少，如在案例4－10中，被告人孙某某就是让他人为自己虚开普通发票而被定罪。就公司、企业而言，从合规的视角，也应当尽量避免接受虚开的普通发票，因为即使有些司法机关不认定为刑事犯罪，这样的行为也将面临行政处罚。

实践中为他人虚开发票的状况下，通常会收取开票费或者手续费等费用，实际上又符合了非法出售发票的特征，因此，行为人如果虚开发票又出售的，构成虚开发票罪和非法出售发票罪的牵连，虚开发票是手段行为，出售发票是目的行为，在都达到立案标准的情况下，应从一重罪处罚。在案例4－10中，张某某、郝某某在虚开发票后均收取了孙某某给予的开票费，属于虚开发票后又非法出售，且都达到了立案标准，构成虚开发票罪和非法出售发票罪的牵连，应从一重罪处罚。

3. 行为目的

以普通发票为犯罪对象的虚开发票罪是否需要以骗取国家税款为目的在理

论界中存在分歧，主流观点认为虚开发票罪是《刑法修正案（八）》的新增罪名，目的是打击通过虚开的发票进行逃税、诈骗、侵占、贪污等其他犯罪行为，且普通发票没有抵扣功能，与设置虚开增值税专用发票罪是为了严厉打击骗取国家税款行为的目的不同，所以虚开发票罪不宜以主观上具有骗取国家税款的目的为要件。如案例 4－10 中孙某某让他人为自己虚开发票的行为是为了结算账目，不具有骗取国家税款的目的，也仍然构成虚开发票罪。

（三）虚开普通发票罪的追诉标准（How）

2011 年 11 月 14 日，最高人民检察院、公安部《关于公安机关管辖的刑事案件立案追诉标准的规定（二）的补充规定》第 2 条明确了本罪的追诉标准：（1）虚开发票 100 份以上或者虚开金额累计在 40 万元以上的；（2）虽未上述数额标准，但 5 年内因虚开发票行为受过行政处罚 2 次以上，又虚开发票的；（3）其他情节严重的情形。根据（2018）皖 0422 刑初 299 号刑事判决书，被告人仅虚开 7 张增值税普通发票，由于金额达到 64 万元，达到追诉标准，最终法院认定被告人犯虚开发票罪，判处拘役 3 个月，缓刑 4 个月，并处罚金 5000 元。

◎法律法规链接

◆《刑法》（2020 年修正）第 205 条之一

◆《税收征收管理法》（2015 年修正）第 21 条

◆最高人民检察院、公安部《关于公安机关管辖的刑事案件立案追诉标准的规定（二）的补充规定》（2011 年 11 月 14 日实施）第 2 条

◆《发票管理办法》（2019 年 3 月 2 日实施）第 16 条、第 22 条、第 37 条

三、伪造、出售伪造的增值税专用发票的风险

◎案例 4－11①

场景回放

2016 年 2 月至 7 月，岳某 2 伙同岳某 1（另案处理）利用“帝龙查码”软

① 参见（2017）冀 0502 刑初 69 号刑事判决书。

件及通过网上购买的空白发票，使用电脑内已制作好的发票模板，伪造增值税专用发票、非法制造增值税普通发票并出售。在岳某2住所查获已开具的增值税专用发票169份，价税合计22,348,222.85元；已开具的增值税普通发票11份，价税合计1,155,121.31元；空白增值税专用发票4886份；空白增值税普通发票3835份，地税定额发票350份，空白发票917份；24枚通过网上私刻的公章及他人银行卡，并在其家中电脑发现“帝龙查码”软件及伪造发票使用的模板，根据查询查获的银行卡的资金流水，共获利44,000元。

审理结果

法院经审理查明，被告人岳某2伪造、出售伪造的增值税专用发票，数量巨大，其行为已构成伪造、出售伪造的增值税专用发票罪，依法判处有期徒刑10年6个月，并处罚金人民币6万元，剥夺政治权利1年；岳某2非法制造、出售非法制造的发票，亦构成非法制造、出售非法制造的发票罪，判处有期徒刑6个月，并处罚金人民币1万元。决定合并执行有期徒刑10年6个月，并处罚金人民币7万元，剥夺政治权利1年。同时还依法没收非法获利44,000元，上缴国库。

（一）伪造、出售伪造的增值税专用发票罪的主体范围（Who）

根据《刑法》的规定，本罪的主体是一般主体，任何单位和自然人都能构成本罪。为了加强发票的管理，保障国家税收收入，我国法律对发票印制的主体、条件、程序都做了严格的限定，要求增值税专用发票由国务院主管部门确定的企业印制；其他发票，由省、自治区、直辖市税务机关确定的企业印制，并要求印制发票企业必须具备一定的条件，对印制发票企业的设备、技术水平、管理制度设有一定的要求，禁止私自印制、伪造、变造发票。任何单位和个人如果私自印制、伪造增值税专用发票，就可能引发伪造增值税专用发票罪的刑事风险。伪造的增值税专用发票不得进入市场，更不能进行买卖，任何单位和个人将伪造的增值税专用发票进行出售，则可以构成出售伪造的增值税专用发票罪。由于实践中伪造增值税专用发票通常是为了出售获利，两个行为都存在时，则构成伪造、出售伪造的增值税专用发票罪，这是一个选择性罪名。由于这里的伪造包括了私自印制，所以实践中引发本罪风险的单位除了没有发票印制资格的公司、企业，也包括具有发票印制资格的公司、企业。

（二）伪造、出售伪造的增值税专用发票罪的行为界限（What）

1. 行为对象

伪造增值税专用发票罪的行为对象是增值税专用发票。增值税专用发票由国务院主管部门确定的企业印制，而增值税专用发票以外的其他发票，则由省、自治区、直辖市税务机关确定的企业印制，如果私自印制、伪造、变造增值税专用发票以外的发票，也会引发刑事风险，只是罪名有所不同，如非法制造用于骗取出口退税、抵扣税款发票罪和非法制造发票罪。而出售伪造的增值税专用发票罪的行为对象是伪造的增值税专用发票，不是真的增值税专用发票，也不是伪造的增值税专用发票以外的其他发票，对象不同，引发的罪名也不同。如出售真的增值税专用发票，构成非法出售增值税专用发票罪；出售伪造的用于骗取出口退税、抵扣税款的发票，构成出售非法制造的用于骗取出口退税、抵扣税款发票罪；出售伪造的其他普通发票，构成出售非法制造的发票罪。

2. 行为方式

伪造增值税专用发票罪的行为方式表现为伪造。这里的伪造，既包括行为人仿照增值税专用发票的图案、色彩、形状、式样包括发票所属的种类、各联用途、内容、版面排列、规格、使用范围等事项，使用印刷、复制、复印、描绘、拓印、蜡印、石印等方法，非法制造假增值税专用发票的行为，还包括印制发票企业未经税务机关批准私自印制增值税专用发票或者未按批准超量印制增值税专用发票的行为。前者的伪造，不仅包括制造使一般人误认为是真实增值税专用发票的假增值税专用发票，还包括对真实增值税发票进行加工的变造的增值税专用发票；后者的擅自制造的增值税专用发票，与经过批准印制的增值税专用发票是相同的，与真的增值税专用发票无异，但仍然属于伪造增值税专用发票。出售伪造的增值税专用发票罪的行为方式为出售，这个通常没有什么争议。在案例 4－11 中，被告人岳某 2 既实施了伪造增值税专用发票的行为，也实施了出售伪造的增值税专用发票的行为，构成伪造、出售伪造的增值税专用发票罪。

（三）伪造、出售伪造的增值税专用发票罪的追诉标准（How）

2010年5月7日，最高人民检察院、公安部《追诉标准的规定（二）》第62条明确了本罪的追诉标准，即“伪造或者出售伪造的增值税专用发票25份以上或者票面额累计在10万元以上的，应予立案追诉”。如果只实施了伪造增值税专用发票的行为或者只实施了出售伪造的增值税专用发票的行为，按照上述标准进行追诉。如果既实施了伪造增值税专用发票，又实施了出售伪造的增值税专用发票的行为，只构成伪造、出售伪造的增值税专用发票罪一个罪名，但是否追诉，要区分伪造的增值税专用发票和出售的伪造的增值税专用发票是否是同一宗发票，如果是同一宗，数额或者票面额不重复计算；如果不是同一宗，虽然只定一个罪名，不实行数罪并罚，但数额或票面额应累计计算。

◎法律法规链接

◆《刑法》（2020年修正）第206条

◆《税收征收管理法》（2015年修正）第21条、第22条、第71条

◆全国人民代表大会常务委员会《关于惩治虚开、伪造和非法出售增值税专用发票的决定》（1995年10月30日实施）第2条、第4条

◆最高人民检察院、公安部《关于公安机关管辖的刑事案件立案追诉标准的规定（二）》（2010年5月7日实施）第62条

◆最高人民法院《关于适用〈全国人民代表大会常务委员会关于惩治虚开、伪造和非法出售增值税专用发票的决定〉若干问题的解释》（1996年10月17日实施）第2条

◆《发票管理办法实施细则》（2019年7月24日实施）第33条

◆《发票管理办法》（2019年3月2日实施）第7条、第10条、第38条

◆国家税务总局《关于印发〈增值税防伪税控系统管理办法〉的通知》（2000年1月1日实施）

四、非法制造、出售非法制造的用于骗取出口退税、抵扣税款发票的风险

◎案例 4－12①

场景回放

2018 年 6 月，贲某某以本公司在国家税务总局某税务分局开出的三份税收缴款书为样板，在广州市通过他人非法伪造了三张税收缴款书，票面金额合计人民币 650,810.02 元，各种税费合计人民币 35,637.11 元。次月，贲某某派公司员工钟某携带虚假的三张税收缴款书前往不动产登记管理中心办理公司商品房的产权转移登记手续，因工作人员发现所持完税凭证涉嫌造假而未能办理。

审理结果

法院经审理后认定，被告人贲某某非法制造用于抵扣税款发票，构成非法制造用于抵扣税款发票罪，遂判处拘役 3 个月，缓刑 8 个月，并处罚金人民币 35,000 元（已缴纳）。

本罪与伪造、出售伪造的增值税专用发票罪在主体和行为方面大体相同，都是一般主体，既包括单位也包括自然人，行为中的非法制造既包括伪造也包括擅自制造，所以涉嫌犯罪的单位既包括无权印制发票的企业也包括有权印制发票的企业，详细内容参见伪造、出售伪造的增值税专用发票罪即可。两个罪名最大的区别点在于行为对象不同，伪造、出售伪造的增值税专用发票罪针对的是增值税专用发票，而非法制造、出售非法制造的用于骗取出口退税、抵扣税款发票罪针对的是增值税专用发票以外的用于骗取出口退税、抵扣税款的发票，因为这个差异，导致追诉标准存在区别，根据最高人民检察院、公安部《追诉标准的规定（二）》第 65 条的规定，本罪达到 50 份以上或者票面额累计 20 万元以上才能立案追诉，而《追诉标准的规定（二）》第 62 条规定，伪造、出售伪造的增值税专用发票罪只需达到 25 份或者票面额累计 10 万元以上即可。

---

① 参见（2019）桂 0330 刑初 20 号刑事判决书。

五、非法制造、出售非法制造的发票的风险

◎案例4-13[①]

场景回放

自2016年以来，陈某某利用从网上购买的软件和半成品火车票，根据买家提供的信息，伪造过期火车票并通过快递公司将成品票寄送给买家，用作单位财务报销凭证。2018年1月，公安机关在陈某某的住处当场查获并扣押伪造的成品火车票182张及用于伪造火车票的半成品火车票2033张。剔除重复、错误的成品火车票，当场查获的伪造的成品火车票共计138张。后公安机关又查实被告人陈某某伪造并已出售火车票104张。

审理结果

法院经审理后认定，被告人陈某某非法制造发票，已构成非法制造、出售非法制造的发票罪，遂判处有期徒刑8个月，罚金人民币2万元。

本罪与伪造、出售伪造的增值税专用发票罪以及非法制造、出售非法制造的用于骗取出口退税、抵扣税款发票罪在主体和行为方面大体相同，都是一般主体，既包括单位也包括自然人，行为中的非法制造既包括伪造也包括擅自制造，所以涉嫌犯罪的单位既包括无权印制发票的企业也包括有权印制发票的企业，详细内容参见伪造、出售伪造的增值税专用发票罪即可。本罪与前两个罪最大的区别点在于行为对象不同，伪造、出售伪造的增值税专用发票罪针对的是增值税专用发票，非法制造、出售非法制造的用于骗取出口退税、抵扣税款发票罪针对的是增值税专用发票以外的用于骗取出口退税、抵扣税款的发票，而非法制造、出售非法制造的发票罪针对的是增值税专用发票、用于骗取出口退税、抵扣税款发票以外的其他普通发票，正因如此，本罪的追诉标准是最高的，要求非法制造或者出售非法制造的普通发票需要达到100份以上或者票面额累计在40万元以上的，才予以立案追诉。

---

① 参见（2018）苏8602刑初51号刑事判决书。

◎**法律法规链接**

◆《刑法》(2020 年修正) 第 209 条第 2 款

◆《税收征收管理法》(2015 年修正) 第 21 条、第 22 条、第 71 条

◆最高人民检察院、公安部《关于公安机关管辖的刑事案件立案追诉标准的规定(二)》(2010 年 5 月 7 日实施) 第 66 条

◆《发票管理办法实施细则》(2019 年 7 月 24 日实施) 第 33 条

◆《发票管理办法》(2019 年 3 月 2 日实施) 第 7 条、第 10 条、第 38 条

六、非法出售增值税专用发票的风险

◎**案例 4-14**[①]

场景回放

2017 年上半年,黄某 1、许某某(另案处理)开始在西安帮助他人代办公司营业执照、税务登记等手续。后为谋取非法利益,两人串通开始从事非法出售增值税专用发票的犯罪行为,具体先由黄某 1、许某某联系需要购买增值税专用发票的“客户”,再由黄某 1 指使黄某 2、赵某某等人使用购买来的他人居民身份证注册空壳公司,然后黄某 1 指使他人使用办理的公司营业执照等资料从税务机关骗取增值税专用发票,最后黄某 1、许某某将办理的公司营业执照、空白增值税专用发票等成套工商、税务资料以每套 2.5 万~5 万元的价格非法对外销售,并约定事后均分非法收益。经统计,被告人黄某 1 伙同许某某等人共计注册成立西安 PF 公司、西安 MMD 公司等 5 家公司,并领取增值税专用发票与普通发票共计 160 份(其中增值税专用发票 60 份、普通发票 100 份)用于非法出售。

审理结果

法院经审理认为,被告人黄某 1 为牟取非法利益,伙同他人非法注册公司、骗领增值税专用发票及普通发票对外出售,构成非法出售增值税专用发票罪与非法出售发票罪。遂判决被告人黄某 1 犯非法出售增值税专用发票罪,判处有期徒刑 2 年 10 个月,并处罚金人民币 18 万元;犯非法出售发票罪,判处

① 参见(2019)陕 01 刑初 56 号刑事判决书。

有期徒刑9个月，并处罚金人民币2万元，决定执行判处有期徒刑3年3个月，并处罚金人民币20万元。

（一）非法出售增值税专用发票罪的主体范围（Who）

根据《刑法》的规定，本罪的主体是一般主体，任何单位和自然人都能构成本罪。根据相关的法律法规，增值税专用发票由主管税务机关统一管理，需要领购发票的单位和个人，应当持税务登记证件、经办人身份证明、按照国家税务主管部门规定式样制作的发票专用章的印模，向主管税务机关办理领购手续。任何单位和自然人不得非法出售，也不得非法购买，否则都会引发刑事风险，对于非法出售增值税专用发票的，就会构成非法出售增值税专用发票罪。由于出售的增值税专用发票必须是真实的增值税专用发票，若要非法出售增值税专用发票，行为人必须先获得真的增值税专用发票，获取有多个途径，可以从税务机关正常领购也可以通过设立公司从税务机关骗购，还可以从其他一般纳税人处购买或取得。案例4－14中，被告人黄某1就是通过非法注册公司从税务机关骗领到增值税专用发票从而对外出售。

（二）非法出售增值税专用发票罪的行为界限（What）

1. 行为对象

本罪的行为对象是增值税专用发票，而且是真实的增值税专用发票。如果出售伪造的增值税专用发票，构成出售伪造的增值税专用发票罪。出售增值税专用发票以外的其他发票或者是伪造的发票，同样可以引发刑事风险，如非法出售用于骗取出口退税、抵扣税款发票罪，非法出售发票罪，出售非法制造的用于骗取出口退税、抵扣税款发票罪，出售非法制造的发票罪。

2. 行为方式

本罪的行为方式就是非法出售增值税专用发票。我国对增值税专用发票实行严格的管理制度，只能由主管税务机关统一出售，任何单位或者个人违反规定，非法出售增值税专用发票，都可以引发本罪的风险。发票的来源不影响本罪的构成。

（三）非法出售增值税专用发票罪的追诉标准（How）

2010年5月7日，最高人民检察院、公安部《追诉标准的规定（二）》第63条明确了本罪的追诉标准，即非法出售增值税专用发票25份以上或者票面额累计在10万元以上的，应予追诉立案。只要非法出售的增值税专用发票的份数和票面额达到了上述任意一项标准，就可以引发本罪的刑事风险。

◎法律法规链接

◆《刑法》（2020年修正）第207条

◆《税收征收管理法》（2015年修正）第21条

◆全国人民代表大会常务委员会《关于惩治虚开、伪造和非法出售增值税专用发票的决定》（1995年10月30日实施）第2条

◆最高人民检察院、公安部《关于公安机关管辖的刑事案件立案追诉标准的规定（二）》（2010年5月7日实施）第63条

◆最高人民法院《关于适用〈全国人民代表大会常务委员会关于惩治虚开、伪造和非法出售增值税专用发票犯罪的决定〉的若干问题的解释》（1996年10月17日实施）第3条

◆《发票管理办法》（2019年3月2日实施）第15条

七、非法出售用于骗取出口退税、抵扣税款发票的风险

◎案例4-15①

场景回放

2016年3月至4月，孙某在担任上海LS公司清关部门客服人员期间，为牟取非法利益，以个人名义承接了浙江CM公司的进口货物代理报关业务，并通过上海ZG公司完成报关手续，取得该批货物的海关进口增值税专用缴款书。随后孙某将上述海关进口增值税专用缴款书非法出售给深圳KX公司，用于非法抵扣税款人民币279,645.48元，致使浙江CM公司无法申报抵扣。

① 参见（2017）沪0115刑初4558号刑事判决书。

审理结果

法院经审理后认为，被告人孙某违反国家发票管理法规，非法出售可以用于骗取出口退税或抵扣税款的发票，造成国家税款损失计人民币 27 万余元，构成非法出售用于骗取出口退税、抵扣税款发票罪。遂判决被告人孙某犯非法出售用于骗取出口退税、抵扣税款发票罪，判处有期徒刑 1 年 2 个月，缓刑 1 年 2 个月，罚金人民币 2 万元。

本罪与非法出售增值税专用发票在主体和行为方面大体相同，区别仅在于行为对象不同，本罪是针对用于骗取出口退税、抵扣税款的发票，而非法出售增值税专用发票罪则是针对增值税专用发票，但两个罪名针对的都是真实的发票，而非伪造的发票。从追诉标准来看，本罪的高于非法出售增值税专用发票罪，根据 2010 年 5 月 7 日最高人民检察院、公安部《追诉标准的规定（二）》第 67 条的规定，非法出售可以用于骗取出口退税、抵扣税款的非增值税专用发票 50 份以上或者票面额累计 20 万元以上才可以引发刑事风险，而增值税专用发票只需达到 25 份以上或者票面额累计 10 万元以上即可构成犯罪。

八、非法出售发票的风险

◎案例 4 – 16①

场景回放

2017 年 10 月至 2018 年 1 月，詹某某先后安排他人利用其从网上购买的身份资料申请注册登记了咸宁市 TL 公司、咸宁市 FFY 公司、咸宁市 MT 公司等 6 家空壳公司，并以 6 家公司的名义向税务部门领取增值税普通发票，后将其领取的空白增值税普通发票在互联网上以 70 元至 300 元不等的价格进行出售。经税务部门统计，詹某某的上述 6 家公司出售普通发票共计 122 份，发票金额共计 1, 005, 193. 31 元，价税合计 1, 035, 349 元。

审理结果

法院经审理后认定，被告人詹某某非法出售发票，构成非法出售发票罪，遂判处有期徒刑 9 个月，并处罚金人民币 2 万元（已缴纳）。

---

① 参见（2019）鄂 1202 刑初 25 号刑事判决书。

本罪与非法出售增值税专用发票以及非法出售用于骗取出口退税、抵扣税款发票罪在主体和行为方面大体相同，区别仅在于行为对象不同，本罪是针对增值税专用发票、用于骗取出口退税、抵扣税款的发票以外的其他普通发票，根据2010年5月7日，最高人民检察院、公安部《追诉标准的规定（二）》第68条的规定，非法出售普通发票100份以上的或者票面额累计40万元以上的，应予追诉立案。

◎法律法规链接

◆《刑法》（2020年修正）第209条第4款

◆《税收征收管理法》（2015年修正）第21条

◆最高人民检察院、公安部《关于公安机关管辖的刑事案件立案追诉标准的规定（二）》（2010年5月7日实施）第68条

◆《发票管理办法》（2019年3月2日实施）第15条

九、非法购买、购买伪造的增值税专用发票的风险

◎案例4－17①

场景回放

2010年8月，SDF公司与SDHJ集团签订合作开发协议，由SDF公司负责建设山东黄金时代广场。为解决山东黄金时代广场的建设资金问题，SDF公司的经理赵某与中国CT公司的李某1、刘某，商议决定由中国CT公司通过贸易方式为SDF公司融资。方式为：SDF公司向中国CT公司购买钢材并以货款名义开具商业承兑汇票，利用中国CT公司在银行的信用将汇票贴现，再由中国CT公司向赵某实际控制的HHWY公司购买钢材以货款名义将贴现款转给HHWY公司，HHWY公司收到款后再以往来款名义转给SDF公司或直接购买钢材交给SDF公司用于建设。汇票到期后由SDF公司将到期应归还的钱款还给中国CT公司，中国CT公司再归还给银行。在上述贸易融资过程中，HHWY公司因给中国CT公司开具了1.2亿余元的增值税专用（进项）发票，HHWY

① 参见（2019）京02刑终113号刑事判决书。

公司因此留下了相应金额的增值税专用（销项）发票，需要缴纳相应的增值税。为此，HHWY 公司找到刘某某任法定代表人的 TZBL 公司和 EBZ 公司，以销售钢材的名义，由 TZBL 公司于 2012 年 8 月至 2013 年 3 月，给 HHWY 公司开具增值税专用（进项）发票 103 份，税额合计 16,150,052.28 元，价税合计 111,150,360.6 元；EBZ 公司于 2012 年 11 月，给 HHWY 公司开具增值税专用（进项）发票 52 份，税额合计 661,797.47 元，价税合计 4,554,724.1 元。HHWY 公司将上述 TZBL 公司和 EBZ 公司开具的进项发票全部认证抵扣。在此过程中，HHWY 公司以支付货款名义转给 TZBL 公司 90,241,794.78 元，经 EBZ 公司后转回 HHWY 公司 85,491,794.78 元；2012 年 12 月 25 日，HHWY 公司支付 EBZ 公司 4,554,724.1 元，当日全部转回 HHWY 公司。TZBL 公司、EBZ 公司在给 HHWY 公司虚开增值税专用（进项）发票交易过程中，获取非法利益共计 475 万元。赵某作为 HHWY 公司的实际负责人、被告人刘某作为 TZBL 公司、EBZ 公司的法定代表人全面负责上述公司的经营，并由其决策、指派公司员工从事相关活动。一审法院判决 HHWY 公司、TZBL 公司、EBZ 公司与赵某、刘某均构成虚开增值税发票罪，分别判处了相应的刑罚。被告单位及被告人不服并提起上诉，辩称上述虚开增值税发票行为的真实目的是融资而非偷逃税款，主观上没有虚开也没有出售增值税专用发票的故意，故不构成虚开增值税专用发票罪。

审理结果

二审法院经审查认为，增值税是以商品或应税劳务在流转过程中产生的增值额为计税依据而征收的一种流转税，增值税的征收以有实际商品流转或应税劳务发生且有增值为事实基础，同样开具增值税专用发票也应以实际发生商品流转或应税劳务为事实基础，在没有真实贸易的情况下开具增值税专用发票，就是一种虚假开具的行为，本质上属于虚开增值税专用发票行为，此种行为严重扰乱了增值税专用发票的正常管理秩序，已构成行政违法。但作为刑事犯罪的虚开增值税专用发票罪，不仅要从形式上把握是否存在虚假开具增值税专用发票的行为，还要从实质上把握行为人虚开增值税专用发票的主观心态以及客观后果。本案中，从 HHWY 公司找 TZBL 公司、EBZ 公司虚开增值税专用发票的起因看，HHWY 公司找 TZBL 公司、WBZ 公司虚开增值税专用发票主观上并非出于骗取国家税款的目的。上述虚开的增值税专用（进项）发票虽已全部认证抵扣，但考虑到之前HHWY公司因给中国CT公司开具增值税专用发票而留下的大量销项发票，该部分发票因为没有实际发生商品流转，没有产生真实的商品增值，也就没有缴纳增值税的事实基础，不缴纳该部分税款也不会给国家造成实际的税款损失，现有证据不能排除HHWY公司获取的虚开增值税专用（进项）发票就是抵扣了上述虚开的增值税专用（销项）发票的可能，也不足以证实所抵扣的增值税专用（销项）发票中包含有因存在真实交易而应当缴纳增值税的情况，故而，客观上认定HHWY公司将虚开的增值税专用（进项）发票进行认证抵扣造成国家税款损失的证据不足。与之对应，负责开具相应增值税专用发票的TZBL公司、EBZ公司基于同样的原因也不构成虚开增值税专用发票罪。

但在整个交易过程中，TZBL公司、EBZ公司一不用提供资金，二不用联系客户，三无须进行购货、运输、交货等任何经营行为，其所谓交易成本只有虚开的增值税专用发票，因此，不论以何名义、采取何种形式，TZBL公司、EBZ公司在此过程中获取的“利润”本质上就是通过虚开增值税专用发票所得的好处，就是变相出售增值税专用发票的违法所得。而HHWY公司在此过程中，除了从TZBL公司、EBZ公司处得到了虚开的增值税专用发票外，一无所获，其所支出的费用本质上就是变相购买增值税专用发票所花费的对价。因此，HHWY公司与赵某的行为构成非法购买增值税专用发票罪，TZBL公司、EBZ公司与刘某的行为构成非法出售增值税专用发票罪。

（一）非法购买、购买伪造的增值税专用发票罪的主体范围（Who）

根据《刑法》的规定，本罪的主体是一般主体，任何单位和自然人都能构成本罪。根据相关的法律法规，增值税专用发票只能由增值税一般纳税人领购，并且一般纳税人还应当严格按照规定和程序进行领购，如需在领购专用设备后，凭《最高开票限额申请表》《发票领购簿》到主管税务机关办理初始发行，办理完初始发行后，再凭《发票领购簿》、IC卡和经办人身份证明到主管税务机关领购专用发票。不具备增值税一般纳税人资格非法购买增值税专用发票的或者具备一般纳税人资格但向税务机关以外的单位和个人购买增值税专用发票的，都可以引发非法购买增值税专用发票罪的刑事风险。此外，对于伪造的增值税专用发票，任何单位和自然人进行购买，就会引发购买伪造的增值税专用发票罪的刑事风险。若既购买了真实的增值税专用发票，又购买了伪造的增值税专用发票，可以构成非法购买、购买伪造的增值税专用发票罪。该罪是一个选择性罪名。

（二）非法购买、购买伪造的增值税专用发票罪的行为界限（What）

1. 行为对象

本罪的行为对象既包括真实的增值税专用发票，也包括伪造的增值税专用发票。对于不同的对象，选择适用的罪名是不同的，以真实的增值税专用发票为对象进行购买，构成非法购买增值税专用发票罪；以伪造的增值税专用发票为对象进行购买，构成购买伪造的增值税专用发票罪；既购买了真实的增值税专用发票，又购买了伪造的增值税专用发票，不实行数罪并罚，只构成非法购买、购买伪造的增值税专用发票罪一个罪。购买增值税专用发票以外的其他发票虽然也违反了国家关于发票的管理规定，但目前尚不在刑法规制的范围内，也足见国家对增值税专用发票管理的特殊性。

2. 行为方式

本罪的行为方式表现为购买。所谓购买，是指有偿取得，包括用货币从他人处取得或者以货币以外的其他利益从他人处取得。对于真实的增值税专用发票的领购，《增值税专用发票使用规定》（部分内容废止）对领购条件、程序及其发售主体都作了具体而明确的规定，违反这些规定的购买即属非法购买，具体包括下面几种情形：（1）领购主体不合法的购买。除由税务机关审核确认为增值税一般纳税人以外的任何单位与个人，都不得领购并使用增值税专用发票。不具备领购主体资格的单位和个人无论采取何种手段的购买都属领购主体不合法的非法购买。如果增值税一般纳税人出现法定的购买阻碍事由，而采取欺骗手段购买，也属非法购买。（2）领购程序不合法的购买。即使具备购买主体资格，但未按法定要求的程序购买，亦属非法购买，如提供伪造、变造《发票领购簿》、IC 卡和经办人身份证明进行购买，或通过行贿税务机关工作人员的方式购买，或不依核准的数量超额购买。（3）从税务机关以外的单位和个人处购买。在我国，唯一有权发售增值税专用发票的主体是税务机关，无论是有购买资格的主体还是没有购买资格的主体，如果从税务机关以外的单位和个人处购买，都属于非法购买。如果非法购买真实的增值税专用发票，即可能引发非法购买增值税专用发票罪的风险。对于伪造的增值税专用发票，只要实施了购买行为，即可能引发购买伪造的增值税专用发票罪的风险。

对于购买行为，有人认为只有支付了对价才算完整的购买，才能构成非法购买、购买伪造的增值税专用发票罪的既遂，事实上，只要就购买事宜与出售者进行具体协商，就可以认定为本罪的着手，只要已经取得了增值税专用发票，就构成本罪的既遂，无论实际有无支付对价，都不影响本罪既遂的认定。对于行为人购买真实的增值税专用发票后又虚开的，属于牵连犯，按照虚开增值税专用发票或非法出售增值税专用发票罪定罪处刑。对于行为人购买伪造的增值税专用发票又出售的，则按照非法出售伪造的增值税专用发票罪定罪处罚。

（三）非法购买、购买伪造的增值税专用发票罪的追诉标准（How）

最高人民检察院、公安部《追诉标准的规定（二）》第64条明确了本罪的追诉标准，即“非法购买增值税专用发票或者购买伪造的增值税专用发票二十五份以上或者票面额累计在十万元以上的，应予立案追诉”。可见，不管是购买真实的增值税专用发票还是购买伪造的增值税专用发票，发票的份数和票面额达到了以上任意一项标准，就可以引发本罪的刑事风险。如果购买真、伪两种增值税专用发票，将两种增值税专用发票的份数或票面额累计计算，看是否达到上述标准，达到的，按照非法购买、购买伪造的增值税专用发票罪定罪处罚。

◎法律法规链接

◆《刑法》（2020年修正）第208条

◆《税收征收管理法》（2015年修正）第21条

◆最高人民检察院、公安部《关于公安机关管辖的刑事案件立案追诉标准的规定（二）》（2010年5月7日实施）第64条

◆最高人民法院《关于适用〈全国人民代表大会常务委员会关于惩治虚开、伪造和非法出售增值税专用发票犯罪的决定〉的若干问题的解释》（1996年10月17日实施）第4条

十、持有伪造的发票的风险

◎**案例 4 - 18**①

场景回放

2011 年，榆林市 TD 公司中标修建公路，将其中某段承包给苗某某修建。工程建设期间，苗某某为节省开支而未开具相关发票。此后在与 TD 公司结算工程款时，苗某某因无法提供其修建该公路时购买材料的相关发票，便与办假证人员联系，非法制造发票 6 份，票面金额累计 3,548,470 元，提供给 TD 公司。一审判决认定被告人苗某某犯非法制造发票罪，判处有期徒刑 2 年 6 个月，并处罚金人民币 10 万元。苗某某不服提出上诉，称涉案虚假发票并非由其本人所制造，其购买发票是为了领取应得的工程款项，其行为只是持有伪造的发票。

审理结果

经二审法院经查认为，苗某某通过挂靠榆林市 TD 公司承揽工程项目后，确有购买原材料及修建公路的事实，但因其为节省开支而未曾开具相关发票，致 TD 公司以此为由不能给其即时支付工程款项。其为顺利领取上述款项，持办假证人员所造的虚假发票提供给该公司，方取得部分剩余工程款项，其主观上显然没有非法制造发票之目的。故涉案虚假发票并非由苗某某本人所造，亦无证据证实其参与了假票的制造过程，其仅属虚假发票的持有人和使用者。客观上，其所持的虚假发票确系用于领取其应得的工程款项，没有用于其他违法犯罪活动，其行为依法应属持有伪造的发票。遂改判苗某某犯持有伪造的发票罪，判处有期徒刑 1 年，并处罚金人民币 2 万元。

（一）持有伪造的发票罪的主体范围（Who）

根据《刑法》的规定，本罪的主体是一般主体，任何单位和自然人都能构成本罪。根据我国《发票管理办法》第 24 条的规定，任何单位和个人都应当按照发票管理规定使用发票，对于知道或者应当知道是私自印制、伪造、变

① 参见（2018）陕 08 刑终 82 号刑事判决书。

造、非法取得或者废止的发票，不得受让、开具、存放、携带、邮寄、运输。违反规定持有伪造的发票，会引发本罪的刑事风险。

（二）持有伪造的发票罪的行为界限（What）

1. 行为对象

本罪的行为对象是伪造的发票，既包括伪造的增值税专用发票、用于骗取出口退税、抵扣税款的发票，也包括伪造的普通发票。这里的伪造，既包括无权印制发票的主体仿照制造的虚假发票，也包括有权印制发票的主体超越批准范围和数量擅自制造的发票。

2. 行为方式

本罪的行为方式是持有，包括直接持有和间接持有两种：（1）直接持有是指行为人排除他人的帮助，将伪造的发票处于自己的控制和支配之下。此处的控制和支配，并不是随身携带，没有时空的要求，比如，将伪造的发票藏匿于特定地点，也属于直接持有。（2）间接持有是指行为人将伪造的发票交由不知情的他人保管，在这种情况下，行为人虽然实际上并没有直接持有，但客观上形成了一种法律上的控制支配力。

此外，持有伪造的发票罪是《刑法修正案（八）》新增的罪名。对于那些当场查获的非法持有伪造发票的行为，如果能够查清行为人持有的伪造发票的来源与去向，且有证据证明的，应以相应的发票类犯罪进行定罪处罚，如伪造增值税专用发票罪、购买伪造的增值税专用发票罪、出售伪造的增值税专用发票罪等。如果没有足够的证据证实行为人实施了其他发票类犯罪的行为，非法持有人拒不说明非法持有伪造发票的目的，司法机关又无法查实，这种情况下则以持有伪造的发票罪论处。在案例 4 - 18 中，涉案的虚假发票不是被告人苗某某非法制造的，案例也没有说明这些虚假发票是否是苗某某从办假证人员处购买的，即使其有购买的行为，因为购买伪造的普通发票并未纳入刑法规制的范围，所以只能按照非法持有伪造的发票罪处罚。

（三）持有伪造的发票罪的追诉标准（How）

2011 年 11 月 14 日最高人民检察院、公安部《关于公安机关管辖的刑事案件立案追诉标准的规定（二）的补充规定》第 3 条明确了本罪的追诉标准，明知是伪造的发票而持有，具有下列情形之一的，应予立案追诉：（1）持有伪造的增值税专用发票50份以上或者票面额累计在20万元以上的，应予立案追诉；（2）持有伪造的可以用于骗取出口退税、抵扣税款的其他发票100份以上或者票面额累计在40万元以上的，应予立案追诉；（3）持有伪造的增值税专用发票、可以用于骗取出口退税、抵扣税款的其他发票以外的其他发票200份以上或者票面额累计在80万元以上的，应予立案追诉。由此可见，非法持有的伪造的发票种类不同，追诉标准也是不同的。在案例4－18中，被告人苗某某非法持有的是伪造的普通发票，虽然持有的发票6份，远未达到200份的追诉标准，但票面额达到354万余元，超过了80万元的追诉标准，所以构成了犯罪。

◎法律法规链接

◆《刑法》（2020年修正）第210条之一

◆《税收征收管理法》（2015年修正）第21条

◆最高人民检察院、公安部《关于公安机关管辖的刑事案件立案追诉标准的规定（二）的补充规定》（2011年11月14日实施）第3条

◆《发票管理办法实施细则》（2019年7月24日实施）第33条

◆《发票管理办法》（2019年3月2日实施）第24条、第39条

第三章　税务管理中的刑事合规

企业在经营发展中的重要目标与核心驱动力是追求利益最大化，而税收却增加了企业的成本和支出，所以企业所追求的发展目标与税收工作势必会产生现实的矛盾冲突，这也是各种税收类违法犯罪行为层出不穷的重要原因。要控制和防范税务类刑事风险，除了熟悉和掌握各税收类犯罪的主体范围、行为界限和追诉标准外，还要加强和完善税务风险管理，建立健全企业内部的税务合规体系。

一、形成良好的企业税务文化

形成良好的税务文化，是构建企业内部税务合规体系的先决条件。在企业整体文化形成的过程中，应当重视和发展税务文化，并将其融入至整体的企业文化当中。良好的税务文化体现在企业的决策层、管理层以及涉税业务人员在日常经营活动中均具备完善的税务风险意识。很多企业一般都倾向于在出现税务问题之后再进行纠正，很少主动将税务风险管理纳入日常工作之中。作为日常管理的内容，即使是在关键的业务或安排，对于所涉及的税务风险的考虑也并不完善。因此，加强企业相关工作人员税务风险意识，形成良好的税务文化，从而高效迅速地识别经营过程中的税务风险并依法进行相关工作，对企业构建良好的税务合规体系有至关重要的作用。

二、完善企业相关组织架构

企业应当考虑自身所属行业、企业类型及发展规模等特点，结合生产经营活动中的实际需求，设立税务管理部门，并基于制衡性原则明确相关岗位的责任和权利，进一步完善企业的组织架构。

不同组织规模的企业所对应的涉税业务的复杂性也不尽相同，企业在完善组织架构的过程中应考虑各方因素。对于规模较大及涉税业务繁杂的企业，应该建立与财务部门并列的税务管理部门，由税务总监领导，负责企业涉税业务的处理以及税务风险管理工作；规模稍小或业务复杂度较低的企业可以在企业的财务部门内部设立税务科室，由税务科长领导；对于小企业，可以直接在财务部内设税务岗，负责企业的税务处理事项以及税务风险管理活动。其他部门在发生涉税业务前，应当邀请税务管理人员参与决策。为保证工作效率与责任分配，企业应事先明确需税务团队事先参与的重要涉税业务的范围。

三、加快税务信息化建设

随着企业管理模式进一步现代化，人工智能、机器人技术等高新技术手段已经引入企业税务管理中，以往利用人工模式及纸质文件等方式实现涉税事项的管理、利用 Excel 手工报表对企业的纳税数据进行统计分析已经很难在数据方面和税务管理方面满足现阶段企业的自身经营决策与防控税务风险的需要。在此背景之下，企业提高税务信息化水平势在必行。

税务信息化建设是一个渐进的过程，需要由基础建设到自动化应用，再到大数据分析。首先，不同类型的企业在搭建税务信息化系统时应详细规划，统一部署，避免重复建设。在企业内部，不同部门对于税务信息化的建设需求是不一致的，基层涉税员工的需求是减少工作量；税务管理部门的需求是提高核算精准度和风险识别能力；税务部门管理人员则更加关注企业税务工作的可视化，能够及时、动态的掌握企业不同阶段的税务状况。因此，税务信息化建设既要满足企业管理的统一化需要，又要兼顾企业内部不同部门的差异化需求。

此外，税务管理作为一个长期性不能间断的工作，要求企业在进行税务信息化软件设备选择的过程中需要对软件供应商的实际情况以及资历等进行全方位考核和评估。若企业现有的 ERP 系统比较成熟，可以在现有的信息系统基础之上进行税务板块的扩充；若企业现有的 ERP 系统尚不完善，可以考虑应用独立的税务系统，并做好企业内部各类信息系统的数据连接和共享工作。此外，在建设过程中，还要参考和借鉴类似企业的成功经验，结合企业自身特点，保证税务信息化系统建设的可靠性。通过构建一整套完善的税务信息化系统，快速对接相关业务，从源头处识别和规避税务风险，用精准的数据支撑税务管理，为整体税务风险控制和合规体系提供信息化的专业支撑。

四、制定企业税务风险管控制度

构建税务合规体系，制定完备的税务风险管控制度是至关重要的一步。

（一）建立健全涉税类业务考核机制

实务中产生税务方面的风险有很多原因，其中包括对税收制度理解的偏差和欠缺。比如，“一带一路”中“走出去”的企业所面临的所有问题中，60%都与税务（税收协定、重复征税、转让定价、税收抵免等）有关①，这主要是因为各国税制差异。即使单在中国，税制本身也较复杂，具有税种数量多，税率形式多样化，税收政策更新速度快等特点。这都要求企业中的相关人员不仅要对现有的税收政策做到详细了解与充分运用，还要及时根据最新的政策调整工作目标和工作方向。因此，企业要加强督促内部工作人员深化对各类税收制度的理解和学习，建立健全系统的涉税类业务考核机制，对相关员工依照工作的具体情况采取不同程度的激励措施。

（二）制定税务风险识别制度

税务风险的识别是进行防控的前提条件，精准化的识别可将企业潜在的税务风险扼杀在萌芽状态。结合有效的风险识别方法并将其制度化，成为企业各部门进行涉税类经营业务时的固定工作任务，将有效应对因工作人员缺乏经验和积极性所带来的税务风险。

企业可结合企业日常经营活动的流程，对易发生税务风险的环节进行相应的控制，利用流程图法对其中的税务风险进行识别与提示，如图 4－5 企业材料采购业务流程风险点识别。此外，对于企业的其他日常经营活动，如销售、生产、资产管理、人力资源、资金管理等，也应该结合相关流程识别税务风险，加强对容易出现税务问题的节点的把控力度。

---

① 参见陈有湘、董强：《构建“一带一路”战略下的国际税收风险应对机制》，载《税收经济研究》2015 年第 6 期。

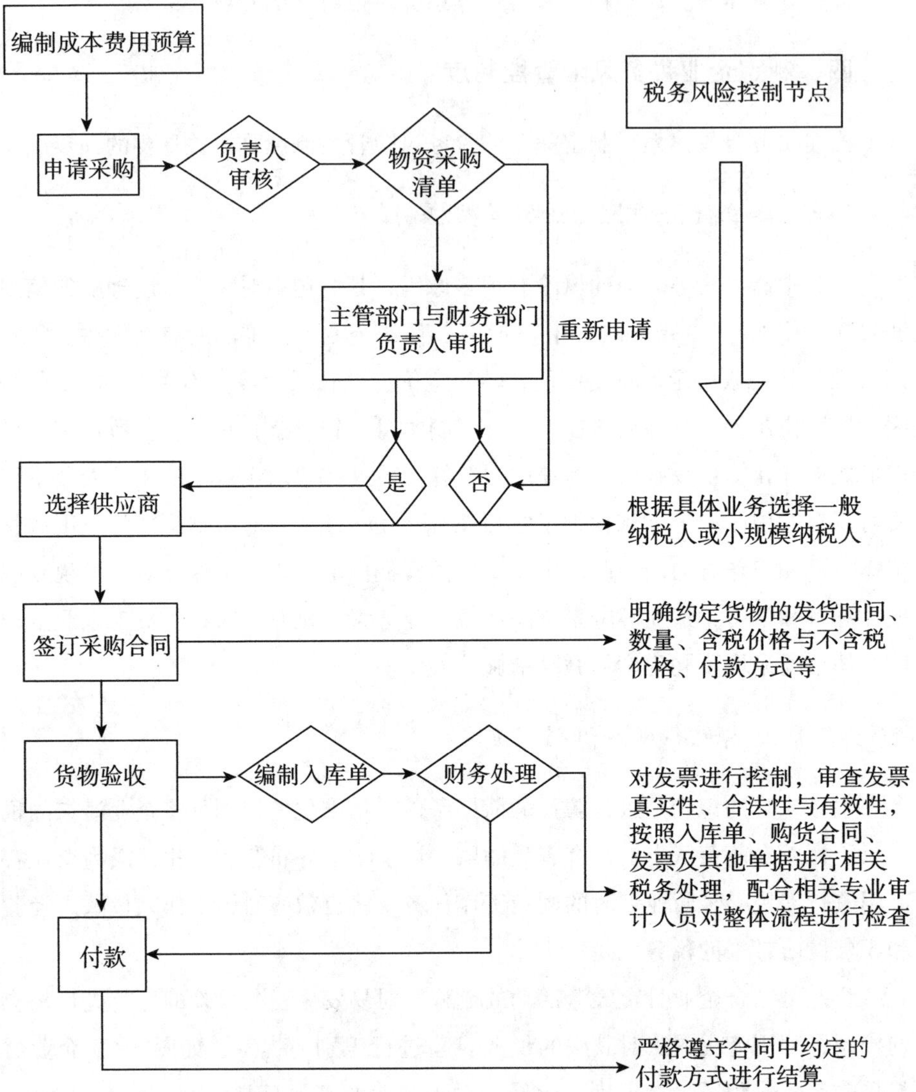

图 4－5　企业材料采购业务流程风险点识别

除流程图法外，数据分析法也是企业识别税务风险的常用手段。表 4－1 简单列举了企业在计算、缴纳增值税与企业所得税环节进行风险评估的常用指标。通过对数据进行比对分析，能够精确地发现风险所在并及时地作出相应调整。

表 4-1　企业风险评估常用指标

类别	相关指标	具体分析
增值税风险评估指标	销项收入比： 本期销项税额 ÷（本期销售收入 + 本期销项税额）×100%	针对业务类型单一的企业，可直接对比本指标与企业适用的增值税率，如存在较大差异，应及时分析成因。其中，纵向分析为对比本指标的当期数据与前期数据，综合考虑企业适用不同增值税率业务结构的变化，分析指标变动是否存在异常；横向分析为对比本指标在本企业和其他同类企业中的差异。通过以上分析，如果发生异常波动，则说明企业在增值税计算环节可能出现误差，应及时调整，避免出现严重的税务风险
	增值税申报差异： 本期利润表营业收入 - 本期增值税申报表销售额	针对单一法人主体，如果利润表营业收入大幅高于增值税申报销售额，则说明企业可能存在增值税申报不足或滞后情况，应及时分析调整，避免出现严重的税务风险
	增值税负税率： 本期应纳增值税税额 ÷ 本期营业收入 ×100%	本指标衡量了企业在一定时期内增值税负担的实际大小，在业务结构和税收政策稳定的情况下，该指标变动较小，通过比较本指标在不同时期的变化，若出现较大差别，则表明企业有可能存在增值税计算或缴纳环节的差错
	进项成本比： 本期进项税额 ÷ 本期营业成本 ×100%	结合增值税率，对比企业这一指标的当期数据与前期数据，若发生改变，则表明企业在增值税计算环节出现误差，应尽快控制税务风险。此外，该项指标需要考虑大额资本性投入、进项税票获取滞后等特殊事件影响
	增值税税负差异率： （本期增值税税负率 - 所属行业税负率）÷ 所属行业税负率 ×100%	本指标旨在将企业的增值税负税率与整个行业的增值税负税率进行比对，若计算结果大于 1，说明企业承担了高于行业平均水平的增值税；若结果小于 1，则表明该企业可能存在税款缴纳不合规的情况。一般来说，增值税税负差异率绝对值越大，表明企业的增值税税务风险越大

续表

类别	相关指标	具体分析
企业所得税风险评估指标	营业利润率： 本期营业利润 ÷ 本期主营业务收入 × 100%	分析这一指标在每个阶段的变化情况，可以观察企业在收入、成本、费用方面核算的异常情况，从而及时采取有效的应对措施，控制企业税务风险
	企业所得税负税率： 本期应纳企业所得税 ÷ 本期利润总额 × 100%	这一指标衡量了企业在一定时期实际所得税税负的大小，观察比较企业不同时期以及同行业不同企业所得税税负率的差异，若出现原因不明的较大差异，说明企业在所得税计算、缴纳方面可能存在疏漏
	企业所得税税负差异率： （本期企业所得税税负率 − 所属行业税负率） ÷ 所属行业税负率 ×100%	本指标与上述增值税税负差异率大体相同，若结果大于 1，说明该企业承担了高于行业平均水平的企业所得税；若结果小于 1，则表明该企业可能存在税款缴纳不合规的情况。一般来说，企业所得税税负差异率绝对值越大，表明企业的增值税税务风险越大。该项指标需要考虑企业享有的所得税优惠政策影响，如高新技术企业所得税率为 15%

（三）完善日常发票管理制度

公司、企业内部发票管理制度不严，相关人员风险意识不强，是公司、企业引发发票类犯罪风险的主要原因。针对国家的发票管理制度，公司、企业也应当在发票的印制、领购、开具、取得和保管等环节制定严格的管理制度，加强对日常经营活动中流转的各类发票进行管控，严防高发的刑事风险。

1. 发票的印制环节。这是发票产生的最初环节，只有省、自治区、直辖市税务机关指定的企业并取得印制发票资格的企业才能印制发票，而增值税专用发票的印制更加严格，只能由国家税务总局统一印制。其他企业禁止私自印制、伪造、变造发票，否则容易引发伪造增值税专用发票罪，非法制造用于骗取出口退税、抵扣税款发票罪和非法制造发票罪的风险。具备发票印制资格的企业，也应当严格按照税务机关批准的式样和数量印制发票，改变式样或者超量印制发票都可能会引发刑事风险。对印制出的发票应当实行严格的保管和监控制度，防范员工非法出售发票。

2. 发票的领购环节。这是已办理税务登记的单位和个人获取发票的环节，任何单位和个人都应当遵守法定程序向主管税务机关申请购领发票，不得违反程序，也不得向税务机关以外的任何单位和个人购买发票，尤其是增值税专用发票，否则可能会构成非法购买增值税专用发票罪。根据法律规定，领购发票一般应当遵循以下程序：（1）提出购票申请。如果申请领购增值税专用发票，还必须具备增值税一般纳税人的资格并经税务机关认定。（2）取得发票购领簿。如果领购增值税专用发票，还必须提供盖有“增值税一般纳税人”确认专章的税务登记证件。在这个环节中，如果行为人不具备一般纳税人资格，并通过伪造、变造有关证件骗取增值税专用发票购领簿的，同样可以构成犯罪。（3）持簿购买发票。依法取得发票领购簿后，应当凭购领簿核准的种类、数量以及购票方式，向主管税务机关领购发票。如果向税务机关以外的任何单位和个人购买增值税专用发票，都会使自己陷入非法购买增值税专用发票罪的风险。

3. 发票的开具环节。这个环节最容易引发虚开增值税专用发票、用于骗取出口退税、抵扣税款发票罪和虚开发票罪的风险，公司、企业应当针对发票开具的环节进行严格管理，杜绝违反法律规定的发票开具行为。在司法实践中，违法开具发票的行为主要表现为：（1）“大头小尾”，是指发票填开人将复写发票分联分别填写，发票或付款报销联开大金额，而存根联、记账联则开小金额。（2）“转借代开”，是指开票单位或个人之间相互转借发票或超越工作职责范围，徇私情违章替别人开具发票。（3）“卖甲开乙”，是指发票填开人为了迎合顾客的要求，故意将甲写成乙，帮助他人弄虚作假。（4）“错位开票”，是指发票填开人未按发票的最高面额开票。例如，开百元的发票不能在千元发票上开具，十元的不能在百元发票上开具。（5）“涂改套用”，是指发票填开人由于填写错误，为了简化工作而自行在原发票上作涂改。（6）开具空白发票。（7）开具公司、企业经营业务范围以外的发票。以上这些违法开票行为如果得不到有效遏制，等积累到一定程度，就容易爆发相应的刑事风险。例如上述第一、二、三种行为就属于“虚开”行为，容易引发虚开类犯罪，上述第五种行为属于“变造”行为，容易引发伪造类犯罪。由此可见，规范开具发票的管理制度，并严格按照法律法规规定开具使用发票至关重要，可以有效控制和防范虚开、伪造等发票犯罪的风险。

4. 发票的保管环节。这个环节容易发生非法出售、伪造、虚开发票等违法行为，引发相应的刑事风险。为了控制和防范这方面的风险，公司、企业应当依法妥善保管发票。具体包括：（1）建立发票使用登记制度，设置发票登记簿，对发票的领购、领用、交回的时间、份数和起止号码进行登记，明确发票使用的来龙去脉。（2）加强财务专用章或者发票专用章的保管，在使用相关专用章时，应该严格把关，严格审查开具的项目是否与实际交易相符，审查发票的开具是否符合法定要求。（3）严格保管空白发票，最好由专人负责。对空白发票的领用要设置严格的审批程序，未经有关领导批准，任何人员不得私自领取空白发票；未经税务机关批准，更不得超越规定的使用区域携带、邮寄、运输空白发票；禁止携带、邮寄或者运输空白发票出入境。（4）发票应当整本使用，未经主管税务机关批准，禁止拆本使用，避免造成发票丢失，不易于发票的统一管理。（5）发票应当按照税务机关的规定进行存放，不得擅自损毁。已经开具的发票存根联和发票登记簿，应当按照顺序号装订成册，保存5年。保存期满，报经税务机关查验后销毁。（6）确定专人负责发票管理、领、退、开具等日常工作，工作交接手续要清，做到各尽其职、各负其责。如果发票不慎丢失、被盗、损毁致无法辨认代码或号码、灭失的，应向主管税务机关报告备案。报告过程中，还必须报送发票挂失或损毁报告表、刊登遗失声明的版面原件和复印件。

值得我们注意的是，纸质发票在当今数字化经济的背景下，已经逐渐不合时宜，与当代生产经营活动追求高效、便捷的理念相违背。此外，传统纸质发票使用成本较高，企业需负担发票的运输、保存及管理的高昂成本，给企业增加了较大的经济负担。因此，国家税务总局于2015年年末开始在全国范围内推广电子发票，和普通发票相比，电子发票可以在线直接认领、查验、开票及入账，极大地方便了企业的会计核算工作和财务管理工作。不过，由于电子发票的标准没有完全的统一，也出现了难辨真伪、重复报账等情况。在此背景下，企业必须加强关于电子发票相关政策的学习，尤其是财务和税务管理部门，要不断地对财务、税务工作进行规范，建立合理的内部管控制度，有效降低税务风险。

（四）完善账簿管理制度

账簿是纳税人和扣缴义务人以会计凭证为依据，全面、连续、系统地登记各种经济业务的账册或簿籍，包括总账、明细账、日记账以及其他辅助性账簿。公司、企业在设置账簿后，应当依法保存和管理账簿，制定详尽的会计账簿规范化管理制度，保证账簿的整齐、清楚、科学，这是企业财务管理中最基本的工作。如果账簿管理混乱，核算失实，可能导致税务机关对其进行税务检查，使企业面临相应的风险。值得注意的是，当税务机关对企业进行账簿的检查时（见表4－2），会主要围绕对总分类账与明细账的检查展开。因此，了解税务机关进行检查时的工作重点，有重点的进行自我检查与纠正，对企业加强各类账簿管理、构建完备的税务风险控制体系有积极作用。

表4－2　总分类账和明细账的检查方法

账户名称	税务机关常见检查方法
总分类账	在总账与其所属明细账核对时，将总账账户余额同其所统驭的二级账户或明细账户同期余额之和进行核对，看其是否相符
	将总账所有账户的期末借方余额同贷方余额进行核对，看是否相符
	将总分类账户中库存现金、银行存款的期末余额与库存现金、银行存款日记账的期末余额进行核对，看其是否相符
明细账	检查所记载的经济业务是否真实，单价、数量、金额的计算、填写是否正确，方向是否一致。必要时应与相关原始凭证或原始凭证汇总表核对
	检查明细账与分类账的记账方向是否相同，记账数额是否相符，本期发生额和期末余额是否相符
	检查实务明细账（如材料、库存商品等）所属各实物明细账的数额相加之和与总分类账余额是否相等

第五篇

企业融资有讲究

——策划要有节制和方法

第一章　企业融资中的风险提示

一、证券融资类犯罪

证券融资是公司、企业融资的一个重要途径，是融资者与投资者之间以有价证券为媒介来实现资金融通的金融活动。所谓“有价证券”，是指具有一定票面金额并能给其持有者带来一定收益的财产所有权凭证或债权凭证，主要包括股票和债券。与银行信贷融资相比，证券融资中的投融资双方都有更大的选择自由，资金供给方通过充分深入地调研资金需求方的真实情况，使资源配置的效率更高，融资成本更加合理。在银行信贷融资成本日益上涨的情况下，证券融资对企业的生存和发展所起的作用不言自明。近10年来，随着我国金融业的快速发展，我国直接融资比例在不断上升，从融资金额来看，据研究报告显示，2019年1～11月A股上市公司从资本市场（包括公司债券、IPO、定向增发和公开增发）合计募资45,673.03亿元，同比增长24.13%（见图5－1）。①

证券的发行，是指发行人以筹措资金或调整股权结构为目的，将证券出售给投资人的行为。证券的发行主要包括股票和债券的发行。股票的发行，是股份有限公司以向社会筹集资本为目的，出售或分派公司股份的行为。股份有限公司通过向社会公开募集股份增加公司的资本额，扩大公司的经营。股票的发行不仅包括发行人向社会公众的招募行为，也包括发行人制作及发售股票的行为。公司在成立前，可以为募集资本而发行股票，成立后可以为扩充资本而发行新股。除发行新股外，公司、企业还可以通过发行债券来筹集资金。相比发行股票，发行债券的公司、企业不需要为投资者分配利润就可以得到比一般金

① 参见陈佳鑫、黄欢欢：《2019年A股上市公司直接融资报告（1—11月）》，载百家号网2019年12月18日，http：//baijiahao. baidu. com/s？id＝1653224735556237294&wfr＝spider&for＝pc。

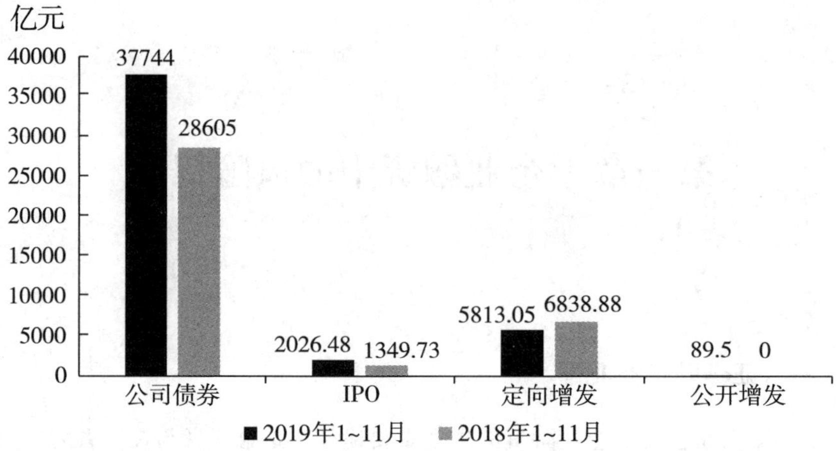

图 5－1　2018 年 1～11 月与 2019 年 1～11 月 A 股上市公司直接融资规模对比
（数据来源：Choice、时代商学院整理）

融机构的贷款更长期、更高额的资金供应，且公司、企业只需按照约定在一定期限内还本付息即可。但不论是股票还是债券，公司、企业都必须按照法定的条件和程序发行，例如，要发行股票或者公司债券，发行人必须先向国家有关主管部门报送发行申请文件，并经有关主管部门批准后才能发行，而且发行人必须保证所报送的发行申请文件真实、准确、完整。违反前者，即未经国家有关部门批准而擅自发行股票、公司债券的；或者违反后者，即在报送的申请文件中隐瞒重要事实或者编造重大虚假内容而发行股票、公司债券的，发行人就存在引发犯罪的风险。因为无论是擅自发行还是欺诈发行，都已被立法者纳入了刑法规制的范围。

（一）擅自发行股票、公司、企业债券罪

依据		罪状	法定刑
《刑法》	第 179 条第 1 款	未经国家有关主管部门批准，擅自发行股票或者公司、企业债券，数额巨大、后果严重或者有其他严重情节的	处 5 年以下有期徒刑或者拘役，并处或者单处非法募集资金金额 1%～5%罚金
	第 179 条第 2 款	单位犯前款罪的	对单位判处罚金，并对其直接负责的主管人员和其他直接责任人员，处 5 年以下有期徒刑或者拘役

（二）欺诈发行证券罪

<table>
<tr><th colspan="2">依据</th><th colspan="2">罪状</th><th>法定刑</th></tr>
<tr><td rowspan="5">《刑法》</td><td rowspan="2">第 160 条第 1 款</td><td rowspan="2">在招股说明书、认股书、公司、企业债券募集办法等发行文件中隐瞒重要事实或者编造重大虚假内容，发行股票或者公司、企业债券、存托凭证或者国务院依法认定的其他证券</td><td>数额巨大、后果严重或者有其他严重情节的</td><td>处 5 年以下有期徒刑或者拘役，并处或者单处罚金</td></tr>
<tr><td>数额特别巨大、后果特别严重或者有其他特别严重情节的</td><td>处 5 年以上有期徒刑，并处罚金</td></tr>
<tr><td rowspan="2">第 160 条第 2 款</td><td rowspan="2">控股股东、实际控制人组织、指使实施前款行为的</td><td>数额巨大、后果严重或者有其他严重情节的</td><td>处 5 年以下有期徒刑或者拘役，并处或者单处非法募集资金金额 20% 以上 1 倍以下罚金</td></tr>
<tr><td>数额特别巨大、后果特别严重或者有其他特别严重情节的</td><td>处 5 年以上有期徒刑，并处非法募集资金金额 20% 以上 1 倍以下罚金</td></tr>
<tr><td>第 160 条第 3 款</td><td colspan="2">单位犯前两款罪的</td><td>对单位判处非法募集资金金额 20% 以上 1 倍以下罚金，并对其直接负责的主管人员和其他直接责任人员，依照第 1 款的规定处罚</td></tr>
</table>

二、贷款融资类犯罪

企业贷款，是指企业为了生产经营的需要，向银行或其他金融机构按照规定利率和期限的一种借款方式，一般的贷款形式包括四种，分别是抵押贷款、信用贷款、担保贷款和贴现贷款。在申请贷款的过程中，借款人应当根据法定条件和程序获取贷款，不得使用欺骗或者欺诈的手段。取得贷款后，借款人还应当严格按照借款合同中约定的借款用途使用贷款，不得挪作他用，更不得转贷他人。一旦违反相关要求，借款人就可能引发相应的刑事风险，具体包括：

（一）贷款诈骗罪

依据		罪状		法定刑
《刑法》	第193条	有下列情形之一，以非法占有为目的，诈骗银行或者其他金融机构的贷款： （1）编造引进资金、项目等虚假理由的； （2）使用虚假的经济合同的； （3）使用虚假的证明文件的； （4）使用虚假的产权证明作担保或者超出抵押物价值重复担保的； （5）以其他方法诈骗贷款的	数额较大的	处5年以下有期徒刑或者拘役，并处2万~20万元罚金
			数额巨大或者有其他严重情节的	处5~10年有期徒刑，并处5万~50万元罚金
			数额特别巨大或者有其他特别严重情节的	处10年以上有期徒刑或者无期徒刑，并处5万~50万元罚金或者没收财产

（二）骗取贷款、票据承兑、金融票证罪

依据		罪状		法定刑
《刑法》	第175条之一第1款	以欺骗手段取得银行或者其他金融机构贷款、票据承兑、信用证、保函等	给银行或者其他金融机构造成重大损失	处3年以下有期徒刑或者拘役，并处或者单处罚金
			给银行或者其他金融机构造成特别重大损失或者有其他特别严重情节的	处3~7年有期徒刑，并处罚金
	第175条之一第2款	单位犯前款罪的		对单位判处罚金，并对其直接负责的主管人员和其他直接责任人员，依照前款的规定处罚

（三）高利转贷罪

依据		罪状		法定刑
《刑法》	第175条第1款	以转贷牟利为目的，套取金融机构信贷资金高利转贷他人	违法所得数额较大的	处3年以下有期徒刑或者拘役，并处违法所得1~5倍罚金
			数额巨大的	处3~7年有期徒刑，并处违法所得1~5倍罚金
	第175条第2款	单位犯前款罪的		对单位判处罚金，并对其直接负责的主管人员和其他直接责任人员，处3年以下有期徒刑或者拘役

三、募集融资类犯罪

除了证券融资、贷款融资，公司、企业还可以采取其他方式，如租赁、联营、合资等，向社会公众（包括公司、企业内部员工）募集资金或吸收存款。但如果是向不特定公众募集资金，则需要经过有权机关的批准，并依据法定条件和程序进行，否则容易构成非法集资，严重的可能涉嫌非法吸收公众存款罪或者集资诈骗罪的风险，具体如下：

（一）非法吸收公众存款罪

<table>
<tr><th colspan="2">依据</th><th colspan="2">罪状</th><th>法定刑</th></tr>
<tr><td rowspan="5">《刑法》</td><td rowspan="3">第 176 条第 1 款</td><td rowspan="3">非法吸收公众存款或者变相吸收公众存款，扰乱金融秩序的</td><td></td><td>处 3 年以下有期徒刑或者拘役，并处或者单处罚金</td></tr>
<tr><td>数额巨大或者有其他严重情节的</td><td>处 3 ~ 10 年有期徒刑，并处罚金</td></tr>
<tr><td>数额特别巨大或者有其他特别严重情节的</td><td>处 10 年以上有期徒刑，并处罚金</td></tr>
<tr><td>第 176 条第 2 款</td><td colspan="2">单位犯前款罪的</td><td>对单位判处罚金，并对其直接负责的主管人员和其他直接责任人员，依照前款的规定处罚</td></tr>
<tr><td>第 176 条第 3 款</td><td colspan="2">有前两款行为</td><td>在提起公诉前积极退赃退赔，减少损害结果发生的，可以从轻或者减轻处罚</td></tr>
</table>

（二）集资诈骗罪

<table>
<tr><th colspan="2">依据</th><th colspan="2">罪状</th><th>法定刑</th></tr>
<tr><td rowspan="3">《刑法》</td><td rowspan="2">第 192 条第 1 款</td><td rowspan="2">以非法占有为目的，使用诈骗方法非法集资</td><td>数额较大的</td><td>处 3 ~ 7 年有期徒刑，并处罚金</td></tr>
<tr><td>数额巨大或者有其他严重情节的</td><td>处 7 年以上有期徒刑或者无期徒刑，并处罚金或者没收财产</td></tr>
<tr><td>第 192 条第 2 款</td><td colspan="2">单位犯前款罪的</td><td>对单位判处罚金，并对其直接负责的主管人员和其他直接责任人员，依照前款的规定处罚</td></tr>
</table>

第二章　企业融资中的风险分析[①]

第一节　证券融资类犯罪的风险

风险提示

△企业通过公开股权众筹融资是否会产生刑事风险?

△一些企业面向社会公众发售“原始股”进行融资，是骗局还是创富神话?

△企业股东对外向不特定对象转让股权进行融资，是否属于发行股票行为?

△企业经营信息纷繁复杂，哪些事实和内容属于企业应在招股说明书，认股书，公司、企业债券募集办法中应予以披露的重要事实和内容?

△股票、债券一般都是由公司、企业进行发行，自然人就一定不会引发擅自发行或者欺诈发行的刑事风险吗?帮助企业发行股票、债券的中介机构是否也会面临相关的刑事风险?

① 引发融资类犯罪刑事风险进入刑事诉讼程序后如何进行辩护，参见娄秋琴在北京大学出版社出版的《常见刑事案件辩护要点》(第4版)新增的第十二章的相关内容。

一、擅自发行股票、公司、企业债券的风险

◎案例5－1①

场景回放

被告单位安基公司成立于1997年4月，注册资金为人民币3400万元，股东包括两家单位和十六名自然人。被告人郑某担任安基公司的董事长、法定代表人，持股比例为44%。安基公司经工商管理部门核准的经营范围为：生物制品加工，化工原料、建筑材料、金属材料销售，本企业自产生物制品和技术出口，本企业进料加工及“三来一补”业务。

2001年12月，被告单位安基公司为筹集研发资金，由被告人郑某提议经股东会集体同意后，委托中介公司及个人向社会不特定公众转让自然人股东的股权。此后直到2007年8月期间，由郑某负责联系并先后委托上海新世纪投资有限公司、上海天成投资实业公司、王某国、周某平、黄某等主体，以随机拨打电话的方式，对外谎称安基公司的股票短期内将在美国纳斯达克上市并能获取高额回报，向不特定社会公众推销郑某及其他自然人股东的股权。郑某和中介人员具体商定每股转让价格为人民币2～4元。安基公司与受让人分别签订《股权转让协议书》和《回购承诺书》（承诺如果3年内公司不能上市就回购股权），并发放自然人股东缴款凭证卡和收款收据。经审计，被告单位安基公司向社会公众260余人发行股票计322万股，筹集资金人民币1109万余元，其中有157人在股权托管中心托管，被列入公司股东名册，并在工商行政管理部门备案。上述募集资金全部用于安基公司的经营活动和支付中介代理费。被告单位安基公司成立后主要从事艾滋病药物的研发，一直处于研发阶段，没有任何生产和销售行为。案发后不能回购股票，不能退还钱款，仅有土地及房产被查封。后检察机关以被告单位安基公司和被告人郑某涉嫌擅自发行股票罪提起公诉。

审理结果

被告单位安基公司、被告人郑某及其辩护人均辩称：（1）国家法律对于

① 参见（2009）浦刑初字第917号刑事判决书。

非上市股份公司能否转让股权没有明确规定，依据“法无明文规定不为罪”的原则，被告单位及被告人的行为不构成刑事犯罪；（2）被告单位及被告人从事的是正常的股权转让业务，本案应属安基公司与受让人之间的民事债权债务纠纷。法院经审理后认为，被告单位安基公司未经证券监管部门批准，擅自发行股票，被告人郑某系安基公司直接负责的主管人员，其行为已构成擅自发行股票，综合自首等情节，判决被告单位安基公司罚金人民币30万元；判决被告人郑某有期徒刑2年，与其之前所犯非法经营罪和挪用公款罪所判处的4年有期徒刑合并执行，决定执行有期徒刑5年6个月。

（一）擅自发行股票、公司、企业债券罪的主体范围（Who）

根据《刑法》的规定，本罪的主体是一般主体，自然人和单位都可以成为本罪的主体。无论是那些不具备发行股票、公司、企业债券条件的单位和个人，还是那些具备发行股票、公司、企业债券条件但还未取得国家有关主管部门的批准而擅自发行股票、公司、企业债券的单位和个人，都是本罪的风险主体。因此，公司、企业即使具备了发行股票、债券的条件，还要关注发行过程中的程序和方式，避免引发刑事风险。对于单位构成犯罪的，直接负责的主管人员和其他直接责任人员也将面临刑事处罚。在案例5－1中，被告人郑某作为安基公司董事长、法定代表人，属于安基公司直接负责的主管人员，亦应承担刑事责任。

（二）擅自发行股票、公司、企业债券罪的行为界限（What）

1. 行为对象

根据《刑法》的规定，本罪的客观方面表现为未经国家有关主管部门批准，擅自发行股票或者公司、企业债券的行为。所以股票和债券是本罪的行为对象，擅自发行股票、债券以外的其他证券，不构成本罪。

（1）股票

这里的股票既可以是上市公司的，也可以是非上市公司的，违法转让非上市公司的股份也会引发本罪的风险。不管是根据2020年修订的《证券法》还是之前的《证券法》，公开发行证券，都必须符合法律、行政法规规定的条件，并依法报经国务院证券监督管理机构或者国务院授权的部门进行核准或者注册。未经依法核准或者注册的，任何单位和个人都不得公开发行证券。对于非公开发行证券，不得采用广告、公开劝诱和变相公开方式。在案例 5－1 中，被告单位安基公司与被告人郑某在 2001 年至 2007 年 8 月，连续不间断地擅自向社会公众转让非上市公司股权，故触犯了本罪。

（2）债券

这里的债券包括公司债券和企业债券，虽然两者都是约定在一定期限还本付息的有价证券，但发行主体、发行条件、发行程序以及发行所依据的法律根据各不相同，但无论是哪一种债券，擅自发行都可能引发本罪的风险。对于上市公司发行可转换为股票的公司债券，除了要符合公司债券一般的发行条件外，还要符合经国务院批准的国务院证券监督管理机构规定的条件。因此，发行可转换为股票的公司债券引发本罪的风险更高。

2. 行为方式

本罪的行为方式体现为擅自发行，根据相关法律的规定，发行股票和债券，应当符合发行条件和发行程序，如果未经国家有关主管部门批准自行发行的，就属于擅自发行。

（1）关于发行条件

一般来说，如果不符合发行条件，就无法获得国家有关主管部门批准。实践中擅自发行股票、债券的公司、企业大多属于不符合发行条件而擅自发行。因此，要防范这一类风险，首先要审查公司、企业是否符合发行条件，做好发行合规的第一步。相比于之前的《证券法》，2020 年 3 月 1 日开始施行的《证券法》对于股票、债券的发行条件已经有所降低，如公司首次发行新股，不再要求公司具有持续盈利能力且财务状况良好，而只需要具有持续经营能力；对于公开发行公司债券，也不再对公司的净资产有最低限额的要求，不再要求累计债券余额不超过公司净资产的 40%，不再要求筹集的资金投向符合国家产业政策，不再要求债券的利率不超过国务院限定的利率水平，而只要求公司具备健全且运行良好的组织机构和最近 3 年平均可分配利润足以支付公司债券 1 年的利息以及国务院规定的其他条件。从这些规定可以看出，公司、企业发行股票、债券的门槛降低了，有利于公司、企业通过发行股票、债券进行融资，同时对应的擅自发行股票，公司、企业债券罪的风险也会降低。

（2）关于发行程序

2020年3月1日开始施行的《证券法》，已经将我国证券发行制度从核准制修改为注册制，相比于核准制，注册制是仅对证券发行人提交的申报材料进行形式审查，而不对证券本身的价值和证券发行人的盈利等情况进行实质审查，将发行时间和发行价格交由企业和市场自主决定，这样的发行程序，显然有利于公司、企业通过发行证券进行融资，也可以使公司、企业擅自发行的概率大大降低。但需要注意的是，一方面，《证券法》规定证券发行注册制的具体范围和实施步骤，是由国务院规定。也就是说，我国目前还没有全面实施注册制，而还只是在部分板块推行，如科创板、创业板等，在其他板块发行证券，仍然需要经过有关部门核准，未经依法核准的而发行的，仍然属于擅自发行；另一方面，即使推行注册制的板块，也并不是简单地取消核准制，并不意味着不需要经过任何审核。例如，在创业板发行证券，需要经过深圳证券交易所审核和证监会注册两个环节；在科创板发行证券，需要经过上海证券交易所审核和证监会注册两个环节。审核的程序仍然存在，只是从原来的证监会放到了交易所，审核的性质从原来的行政审批转为对事实上的问询、判断和把关，如果未经这些审核和注册而发行证券，也仍然属于擅自发行。由此可见，在2020《证券法》实施的背景下，公司、企业擅自发行证券的风险虽然有所降低，但风险仍然存在，公司、企业在发行股票、债券时仍应当严格按照法定程序，避免未经国家有关主管部门批准而擅自发行引发的刑事风险。具体注意以下情况：

第一种情况：未向主管部门报请批准，擅自发行股票或公司、企业债券。不报请批准的公司、企业，大多是不够条件，自知申请了也不会被批准。但是也有的是虽然符合法律规定的条件，却因手续不全而一边准备一边发行，但事实上准备报请并不代表已经报请，更不代表有关部门已经批准，边准备边发行的行为仍属于擅自发行。

第二种情况：已经申请，但未获批准或者申请还未批下来，行为人擅自发行股票。在这里，行为人虽然已经向有关部门报送了法律、法规所规定的文件，但在未批准的条件下发行，仍属于擅自发行。

第三种情况：行为人已经报请审批，而且主管机关也予以批准，但在审批后，审批机关又发现其不符合法定的条件，又予以撤销，撤销之后发行人又发行股票和债券。在这里，有关机关批准后又将其批准行为撤销，实际上是未被批准，此种情形下的发行行为亦属于擅自发行。

第四种情况：行为人报请审批，而且主管机关也批准了，但是行为人不按批准的条件和范围发行。例如，行为人不按有关部门批准的股票、债券总额发行，而是超额、超量发行，在这种情况下，超额发行的部分，就属于擅自发行。

以上四种情况，尽管形式上有所不同，却都属于擅自发行行为，作为公司、企业的经营者，判断发行行为是否经过了有关部门的批准，需要抓住两个字，一个字是“报”，另一个字是“准”，不“报”或虽“报”未“准”的发行行为均应认定为是擅自发行行为。

（3）关于股权众筹

股权众筹融资，主要是指通过互联网形式进行公开小额股权融资的活动，具体而言，是指创新创业者或小微企业通过股权众筹融资中介机构的互联网平台（互联网网站或其他类似的电子媒介）公开募集股本的活动。股权众筹融资方应通过股权众筹融资中介机构向投资人如实披露企业的商业模式、经营管理、财务、资金使用等关键信息，不得误导或欺诈投资者。投资者应当充分了解股权众筹融资活动风险，具备相应风险承受能力，进行小额投资。由于其具有“公开、小额、大众”的特征，涉及社会公众利益和国家金融安全，必须依法监管。未经国务院证券监督管理机构批准，任何单位和个人不得开展股权众筹融资活动。2015 年十部委联合出台的《关于促进互联网金融健康发展的指导意见》明确了股权众筹融资业务由证监会负责监管。因此，如果未经批准进行股权众筹融资，可能会引发擅自发行股票罪的风险。如果企业要选择股权众筹进行融资，应在有资质的股权众筹平台实施，并在项目获得证监会批准后依法实施，才能有效防范相关风险。对于有些冠以“股权众筹”名义的活动，实际上属于通过互联网形式进行的非公开股权融资或私募股权投资基金募集行为，也应当遵守《证券法》《证券投资基金法》《私募投资基金监督管理暂行办法》等有关规定，否则可能会引发非法吸收公众存款罪的风险。

（4）关于发行原始股

原始股指的是公司上市之前发行，上市后在一段时间内可以出售的股票。通常情况下，原始股只会针对不特定对象公开发售，如创始团队、核心高管、风投、私募机构等。他人若想获得公司原始股，只能通过增发扩股的形式获得，增发扩股是私募性质，只面向少数公司和少数人，如合作伙伴、供应商等。如果采取广告、公告、广播、短信、推介会、说明会、互联网以及其他公开劝诱等方式向社会不特定对象销售“原始股”的，则属于非法证券活动，严重的可能引发刑事风险。最高人民法院《关于审理非法集资刑事案件具体应用法律若干问题的解释》第6条就明确规定：“未经国家有关主管部门批准，向社会不特定对象发行、以转让股权等方式变相发行股票或者公司、企业债券，或者向特定对象发行、变相发行股票或者公司、企业债券累计超过200人的，应当认定为刑法第一百七十九条规定的‘擅自发行股票、公司、企业债券’。构成犯罪的，以擅自发行股票、公司、企业债券罪定罪处罚。”由于原始股的持有者在公司上市后，可以以几倍甚至几十倍的价格卖给二级市场的交易者，获利空间较高，公司、企业发行原始股，既有利于融资，也可以以此对特殊群体给予激励，但发行时要注意遵循相应的法律规定，避免引发刑事风险。

（5）关于转让股权进行融资

一般说来，公司、企业股东对外转让股权属于正常的民事交易行为，不属于股票发行，无须经国家主管机关批准，更不会触及刑法规制的问题。但如果公司、企业通过股东对外向不特定公众公开转让股权来为公司、企业进行融资，性质就发生了变化，就可能被认定为股票发行行为。如果未经国家有关主管部门批准，就可能引发擅自发行股票罪的风险。如在案例5－1中，被告单位安基公司及被告人郑某委托中介公司及个人，以公开方式向不特定公众转让股权，获取资金1109万余元。在发放给受让人的自然人股东缴款凭证卡中，记载有公司名称、成立时间、法人代码、股本总额、编号、股东姓名、持股数量及法定代表人印章，符合股票的特征和要件。此外，由于安基公司承诺即将上市且股票能够获利，从受让人的真实意思表示来看，其主观目的是通过先期购买股票，进而等公司上市后依靠股票升值赚钱。简言之，受让人购买的是未上市股份公司的股票，因此，安基公司转让股权的行为实质上就是发行股票。即使有部分受让人到股权托管中心托管登记并报工商部门备案，在形式上被列为股东，但实质上，这些受让人从未参与公司经营管理，不享受股东权利和履行股东义务，本质上仍属于购买股权。根据最高人民法院、最高人民检察院、公安部、证监会《关于整治非法证券活动有关问题的通知》的规定，公司、公司股东违反规定擅自向社会公众转让股票，应当追究擅自发行股票罪的责任。该案例已被选为最高人民法院公报案例，具有一定的指导性。因此，企业在对外公开转让股东股权进行融资时，应履行报批程序，才可有效防范此类风险。

（三）擅自发行股票、公司、企业债券罪的追诉标准（How）

对于擅自发行股票、公司、企业债券的行为，只要在发行数额、后果或者情节上达到其中一个立案标准，如“数额巨大”、“后果严重”或者“有其他严重情节”，即可构成犯罪。最高人民检察院、公安部《追诉标准的规定（二）》第34条明确了具体的标准：（1）发行数额在50万元以上的；（2）虽未达到上述数额标准，但擅自发行致使30人以上的投资者购买了股票或公司、企业债券的；（3）不能及时清偿或清退的；（4）其他后果严重或有其他严重情形的。

如果擅自发行行为没有达到发行数额的最低要求，也没有造成严重后果，也没有造成其他恶劣影响，则不能引发刑事风险。在案例5－1中，安基公司向社会公众260余人发行股票计322万股，筹集资金人民币1109万余元，远远超过了上述立案标准。

◎法律法规链接

◆《刑法》（2020年修正）第179条

◆最高人民检察院、公安部《关于公安机关管辖的刑事案件立案追诉标准的规定（二）》（2010年5月7日起实施）第34条

◆最高人民法院《关于审理非法集资刑事案件具体应用法律若干问题的解释》（2011年1月4日实施）第6条

◆最高人民法院、最高人民检察院、公安部、中国证券监督管理委员会《关于整治非法证券活动有关问题的通知》（2008年1月2日实施）

◆《公司法》（2018年修正）

◆《证券法》（2019年修订）

◆《公司债券发行与交易管理办法》（2015年1月15日实施）

◆《股票发行与交易管理暂行条例》（1993 年 4 月 22 日实施）第 7 ~ 12 条

◆《企业债券管理条例》(2011 年修订)（2011 年 1 月 8 日实施）

◆《金融违法行为处罚办法》(1999 年 2 月 22 日实施)

◆中国人民银行、工业和信息化部、公安部等《关于促进互联网金融健康发展的指导意见》(2015 年 7 月 14 日实施)

二、欺诈发行证券的风险

◎案例 5 – 2①

场景回放

2012 年下半年，为解决建设东台纺机产业园的资金问题，被告单位东飞马佐里纺机有限公司（以下简称东马纺机公司）的法定代表人朱某决定通过长城证券有限责任公司申请发行私募债券以筹集资金。根据长城证券有限责任公司发行私募债券的要求，需要由政府融资平台出具“不可撤销连带责任保证”担保材料，经被告人朱某协调，东台市交通投资建设集团有限公司（以下简称东台交投公司）只同意为被告单位东马纺机公司发行私募债券出具信用评级担保的担保函、担保协议和董事会决议等担保材料。为被告单位东马纺机公司能顺利发行私募债券，被告人朱某产生“变造东台交投公司担保材料、欺诈发行债券”的想法，后被告人朱某自己或安排他人对东台交投公司出具的担保材料进行变造，将东台交投公司出具的“信用评级”担保材料变造为“不可撤销连带责任保证”的担保材料，提供给长城证券有限责任公司的调查人员，报深圳证券交易所审核通过。2013 年 1 月 25 日、3 月 25 日，被告单位东马纺机公司委托长城证券有限责任公司在深圳证券交易所发行期限均为 2 年的“12 东某 201”“12 东某 202”两期中小企业私募债券，额度分别为人民币 1.1 亿元、1.5 亿元，所得资金均被用于公司经营。

2014 年 1 月，被告单位东马纺机公司按期支付了私募债券的 1 年利息，2015 年 3 月 20 日偿还四家“12 东某 201 债”认购商的本金合计人民币 710 万

---

① 参见（2017）苏 09 刑初 10 号刑事判决书。

元。其余部分被告单位东马纺机公司未能再按期还本付息。后检察机关以被告单位东马纺机公司、被告人朱某涉嫌欺诈发行债券罪移送起诉。

审理结果

在庭审过程中，被告人朱某的辩护人提出指控被告人构成欺诈发行债券罪的法律依据不足，1997 年《刑法》中该罪名设立时还没有中小企业私募债券的品种；涉案的募集说明书与《刑法》第 160 条规定的募集办法是两个概念；编造担保文件不属于《刑法》第 160 条规定的编造重大虚假内容。但该意见均未被法院采纳。法院经审理认为，被告单位东马纺机公司在公司债券募集说明书中编造重大虚假内容，发行公司债券，数额巨大；被告人朱某作为被告单位东马纺机公司的负责人，决定并实施上述犯罪行为，其行为均构成欺诈发行债券罪[①]。综合被告人具有坦白、认罪、悔罪态度较好、积极退赃并获得被害人谅解等情节，判决被告单位东马纺机公司罚金人民币 1300 万元；判决被告人朱某有期徒刑 3 年，缓刑 5 年。

（一）欺诈发行证券罪的主体范围（Who）

根据《刑法》的规定，本罪既存在自然人犯罪，也存在单位犯罪，由于欺诈发行证券一般需要具备发行证券的资格，由于自然人通常不具备这样的条件，所以本罪的主体多为公司、企业。但在司法实践中，公司、企业欺诈发行证券，大多是由公司、企业的控股股东或者实际控制人组织、指使实施的，为了打击这种行为，2020 年颁布的《刑法修正案（十一）》专门针对控股股东和实际控制人增设了一个条款，除了自由刑的判处外，还设定了非法募集资金金额 20% 以上 1 倍以下的财产刑，处罚力度很大。因此，公司、企业的控股股东或者实际控制人千万不要认为自己在公司、企业里没有任何任职，不是公司的主管人员或者直接责任人员就不会引发本罪的刑事风险，这些人员，不但可以引发刑事风险，而且刑事风险还非常高，要引起重视，做好合规管理。此外，即使单位构成犯罪，除单位需要承担非法募集资金金额 20% 以上 1 倍以下罚金外，单位直接负责的主管人员和其他直接责任人员也要承担相应的刑事责

---

① 2021 年 3 月 1 日最高人民法院、最高人民检察院《关于执行〈中华人民共和国刑法〉确定罪名的补充规定（七）》已取消欺诈发行股票、债券罪，修改为欺诈发行证券罪。

任，如案例5-2中的被告人朱某就因作为犯罪单位的负责人且决定并实施犯罪行为，最终也被判处刑罚。

另外，由于证券发行涉及众多环节，也涉及很多中介机构，很多欺诈发行最终得以成功，有时是在其他主体的协助共同完成的。例如，招股说明书虽然以发行人名义对外披露，但其实际制作是由保荐机构在尽职调查的基础上完成的，其中的财务数据很大程度上依赖审计师的审计结论，其中的法律问题则依据律师出具的法律意见书。① 如果这些中介机构明知企业欺诈发行却仍为其提供帮助，就有可能构成本罪的共犯，引发本罪的刑事风险。即使无法证实中介机构明知企业欺诈发行，中介机构也可能单独构成提供虚假证明文件罪或者出具证明文件重大失实罪，例如，在中恒通公司欺诈发行债券案中，法院不但对发行人及其高管以欺诈发行债券作出了刑事处罚，还对券商和会计师事务所工作人员的商业受贿及出具证明文件重大失实行为进行了刑事判决。

（二）欺诈发行证券罪的行为界限（What）

根据《刑法》的规定，本罪的客观方面表现为在招股说明书，认股书，公司、企业募集办法等发行文件中隐瞒重要事实或者编造重大虚假内容，发行股票或者公司、企业债券的行为。

1. 介质范围

根据《刑法》的规定，行为人只有在招股说明书，认股书，公司、企业募集办法等发行文件中隐瞒重要事实或者编造重大虚假内容，才是欺诈发行证券的行为。《刑法修正案（十一）》在招股说明书，认股书，公司、企业募集办法之后又增加了“等发行文件”，是因为在这次修订中，发行对象除了股票、债券，还增加了存托凭证和国务院依法认定的其他证券，所以发行文件自然也就不限于招股说明书，认股书，公司、企业募集办法这三种了。但就公司、企业而言，证券融资主要还是发行股票、债券，要避免刑事风险，主要还是审查这三种发行文件，它们是公司、企业为发行股票或债券向主管部门递交的法律文件，是主管部门进行审核的主要依据，也是证券市场投资者了解公司

---

① 参见陶好飞、李培华：《股票欺诈发行及其立法检讨——以〈证券法〉第189条为中心》，载《兰州学刊》2013年第12期。

财务经营状况和发展前景以及判断公司股票和债券价值的重要渠道，在这三类文件中隐瞒重要事实或者编造重大虚假内容可以实现欺诈发行的目的。

（1）招股说明书。所谓招股说明书，是公开发行股票最基本的法律文件，是指申请公开发行股票的申请人向有关主管机关提交的，并于获准公开发行股票后依法在法定的日期和证券主管机关指定的报刊上刊载的全面、真实、详尽、准确地披露发行人的信息，供投资者参考的法律文件。招股说明书具有以下特点：①是向不特定的社会公众投资者发出的，而不是向特定的投资者发出的。这一特点决定了其内容如果存在虚假信息，造成的危害范围是不特定的，危害程度较大。②应当全面、准确、真实地披露与股票发行有关的各种信息，不得有虚假、误导性陈述或者重大遗漏。③是具有法律约束性的文件。一方面，发行人应按法定格式记载的事项制作招股说明书；另一方面，招股说明书一旦公开，发行人不得任意变更、撤销其内容。

（2）认股书。所谓认股书，是指由股份公司制作的用来供认股人认股的书面性文件，由认股人填写认购的股数、金额、住所，并签名、盖章。认股书一般包括两部分内容：①对招股说明书所列事项的转载。因为认股书作为认购人与发行人签订的股票购买合同，招股说明书中所列的发行人的具体情况，理所当然地要载入其中，使认购人了解发行人的情况，以便作出是否购买股票的决定。②由认购人填写的部分，如认购股份数额、金额、住所等事项，还包括认购人的签名、盖章等内容。以认股书为介质隐瞒重要事实或者编造重大虚假内容，是欺诈发行股票行为的一种。

（3）公司、企业债券募集办法。所谓公司、企业债券募集办法，是指公司、企业向社会公众发出的，希望社会公众购买其发行的债券的意思表示，其性质和作用与招股说明书的相类似，是发行债券的公司、企业就债券发行的有关事项按照规定的格式和内容进行说明的法定文件。它不仅是审批机关对公司、企业发行债券进行审批的重要依据，还是投资者购买公司、企业债券的依据。因此，发行人必须保证其披露的法定内容是真实、准确、完整的，不得作虚假陈述。以公司、企业募集办法为介质隐瞒重要事实或者编造重大虚假内容，是欺诈发行债券的一种行为。案例 5－2 涉及的文件是募集说明书，故辩护人提出不属于《刑法》规定的募集办法，但法院认为，募集说明书与募集办法仅是名称不同，实质二者的功能以及内容是相同的，在债券发行过程中两者都是为了向投资者说明债券发行的具体情况。根据我国《公司法》第 154 条第 2 款的规定，公司债券募集办法应当载明的主要事项包括公司名称，债券募集资金的用途，债券总额和债券的票面金额，债券利率的确定方式，还本付息的期限和方式，债券担保情况、债券的发行价格、发行的起止日期，公司净资产额，已发行的尚未到期的公司债券总额，公司债券的承销机构。对照深圳证券交易所《中小企业私募债券业务试点办法》（已失效）第 12 条中对私募债券募集说明书应当载明内容的规定，其中列举的十五项内容基本涵盖了上述公司债券募集办法中的主要事项。所以最终认定辩护人提出募集说明书和募集办法不是一回事的辩护意见不成立。由此可见，对于本罪的介质范围，不能简单地从字面进行理解，重点还是要看实质是不是同一个内容。

2. 行为对象

根据《刑法》的规定，只有隐瞒“重要事实”和编造“重大虚假内容”才成立欺诈发行证券罪。市场环境瞬息万变，企业信息也纷繁复杂，招股说明书、认股书、债券募集办法上的记载内容与事实出现一些偏差，不能一概就认定为构成犯罪，只有隐瞒“重要”事实和编造“重大”虚假内容才是本罪的行为对象。但对于“重要”和“重大”的认定，应从监管机构和投资人两个角度进行分析，要求隐瞒的事实和编造的虚假内容会对监管机构的批准和对投资人的投资决策产生重大影响，即如果发行人没有隐瞒特定事实或者没有编造特定虚假内容，监管机构不会批准发行或者投资人不会作出投资决定。这样的事实或者虚假内容则属于本罪规定的“重要事实”和“重大虚假内容”。在案例 5－2 中，辩护人提出变造担保材料不属于《刑法》所规定的编造重大虚假内容，但法院经查认为，根据深圳证券交易所《中小企业私募债券业务试点办法》（已失效）第 4 条的规定，发行人应当保证发行文件及信息披露内容真实、准确、完整，不得有虚假记载、误导性陈述或重大遗漏。而在案例 5－2 中，被告单位根据承销商长城证券公司的要求准备材料，其中即包括政府平台提供不可撤销连带责任担保材料，并在其备案材料及募集说明书中均作为一个重要内容向投资者披露。如果没有政府融资平台作出不可撤销连带责任担保，发行不会审核通过，认购私募债券的单位如果不是因为有政府平台担保，也可能不会购买涉案的私募债券。因此，变造担保材料属于欺诈发行证券罪中的“编造重大虚假内容”。

3. 行为方式

根据《刑法》的规定，本罪的行为表现为“隐瞒”重要事实或者“编造”重大虚假内容，在明确了哪些是重要事实，哪些是重大虚假内容后，下面对“隐瞒”和“虚构”这两种欺诈行为方式进行分析，以便进一步明确欺诈发行证券罪的行为界限。

一方面，欺诈发行行为表现为隐瞒公司、企业的重要情况或者与发行的证券有关的重要情况。所谓“隐瞒”，是指隐讳其事，不敢表明真相，相对于后面要提到的“虚构”来说，属于一种消极的不作为方式，是对公司、企业的缺陷、不利情况进行掩盖、不报告或者在报告、公开信息时故意遗漏，如隐瞒公司、企业的巨额债务、涉及的重大诉讼，隐瞒公司、企业的财务状况、高级管理人员的变更等。隐瞒重要事实虽然不像虚构重要内容那么主动、积极，但同样剥夺了投资者全面、准确、真实地获知与发行有关的各种信息的权利，直接危害了投资者的切身利益和影响了投资者对证券的选择，是欺诈发行的行为方式。在理解“隐瞒”这种方式时，笔者需要提请读者注意“遗漏”这一情形。“遗漏”，有故意和过失之分，故意遗漏的，当然属于隐瞒的一种，但如果是过失遗漏。也就是说，发行人如果能够证明其在发行股票、债券之前，已经对招股说明书、认股书、公司、企业债券募集办法中的重要事实和内容进行了合理、仔细的调查，但由于疏忽大意或者过于自信，在制作文件时仍然遗漏了有关的重要事实和内容，则不属于欺诈，不能引发欺诈发行证券罪的风险。因为过失遗漏的行为不属于《刑法》的调整范围，但行为人对其过失遗漏行为仍要承担刑事责任以外的其他法律责任。

另一方面，欺诈发行行为表现为虚构公司、企业的重要情况或者与发行的股票、债券有关的重要情况。所谓“虚构”，是指凭想象编造出来，捏造，伪造。它与前文提到的“隐瞒”相比，是一种积极主动的作为方式，是对公司、企业的重要情况以及对与所要发行的证券有关的重要情况进行故意的谎报、虚报，或者故意作出明显不切实际、毫无根据的预测的行为。虚构和隐瞒的不同点在于，隐瞒是应公开的发行人不予公开，而虚构是公开虚假、伪造的信息。可见，“无中生有”的虚构较隐瞒具有更为严重的社会危害性。实践中，虚构行为主要表现为以下三种情况：（1）谎报、虚报公司、企业的重要情况，如对公司、企业的净资产产值进行夸大，对公司、企业的生产经营状况、财务状况进行不切实际的渲染等。(2)谎报、虚报与公司、企业所发行的证券有关的重要情况，如编造所发行的股票、债券的总额、种类、发行地区、发行对象、股票、债券利息的支付方式，对所筹措的资金进行运用的虚假计划或虚假的生产经营项目等。在案例5-2中，发行人将政府融资平台出具的“信用评级”担保材料变造为“不可撤销连带责任保证”的担保材料，就属于谎报、虚报与债券发行有关的重要情况。(3)故意对公司、企业以及证券的情况作出不切实际、脱离事实的预测。实践中多表现为对公司、企业的未来效益、营利情况作出毫无根据的预测或者对证券营利的可能性进行无根据、不符合市场情况的预测，故意夸大营利的可能性和缩小投资者面临的风险，以诱导投资者购买其发行的证券。在这里，笔者着重论述一下“预测”这种特殊的虚构方式。预测公司、企业未来的效益以及证券的营利情况可以分为善意的和恶意两种。其中，善意预测是根据公司、企业现有的经营状况、财务状况以及市场状况对公司、企业的未来效益及发行的证券的营利情况作出的预测和推断，它是有根据的、必要的，有利于进一步说明公司、企业及其所发行的证券的基本情况，有利于投资者对发行人的有关情况进行深度理解，以制定自己的投资策略。而恶意预测则是发行人为了诱导更多的投资者购买本公司、企业的证券而作出的预测，不但在目的上与善意预测有不同之处，更重要的是，恶意预测是一种毫无现实依据的预测。准确地说，恶意预测不是一种预测，而是一种毫无根据的夸大和虚构。正是因为善意预测与恶意预测存在上述本质上的区别，法律对待这两种预测的态度也不一样。对于善意预测，如果不是故意或者重大过失，即使预测失误导致了投资者的损失，也不是刑法所规制和调整的范围，不存在刑事风险问题，因为这是市场固有的风险，发行人并无欺诈投资者的目的、意图。但是对于恶意预测，因为其实际上是一种虚构行为，是一种故意欺诈投资者的行为，可以产生欺诈发行证券罪的风险。

(三)欺诈发行证券罪风险的追诉标准(How)

《刑法修正案(十一)》在颁布之前，欺诈发行证券罪只有一个量刑档次，不管欺诈发行的数额有多大，后果和情节有多严重，最高刑期就是5年有期徒刑，并处或者单处罚金的数额为非法募集资金金额1%~5%，刑事处罚力度较低。2020年《证券法》进行了修改，国家将在资本市场中逐渐推行注册制，从原来的实质审查改为形式审查，如果不对欺诈发行加大打击力度，将不利于保障国家的金融秩序。因此，2020 年颁布的《刑法修正案（十一）》对该罪的量刑进行了修改，增加了一个量刑档次，如果数额特别巨大、后果特别严重或者有其他特别严重情节的，最高可以判处 15 年有期徒刑，且并处罚金，一般犯罪主体的罚金数额没有作出限制性规定，而控股股东、实际控制人的罚金范围规定为非法募集资金金额 20% 以上 1 倍以下，相比于《刑法》修订之前，该罪的刑事处罚力度大幅度提高了，意味着这类犯罪的刑事风险大大增加了，所以想通过证券进行融资的公司、企业以及相关人员要注意法律的变化，转变传统的思维习惯，避免陷入更大的刑事风险。

当然，要构成本罪，同样须达到一定的立案标准，即“数额巨大、后果严重或者有其他严重情节”，最高人民检察院、公安部《追诉标准的规定（二）》规定如果具有以下情形之一的，就应当立案追诉：（1）发行数额在 500 万元以上的；（2）伪造、变造国家机关公文、有效证明文件或者相关凭证、单据的；（3）利用募集的资金进行违法活动的；（4）转移或者隐瞒所募集资金的；（5）其他后果严重或者有其他严重情节的情形。至于可以判处 5 年以上有期徒刑的“数额特别巨大、后果特别严重或者有其他特别严重情节”的标准，目前还没有出台相关的司法解释。

在案例 5 – 2 中，被告单位发行了两期中小企业私募债券，额度分别为人民币 1.1 亿元、1.5 亿元，所得资金均被用于公司经营，在支付了 1 年利息及 710 万元本金后，未能还本付息。由于该案发生在 2012 年至 2015 年，当时该罪的最高刑期只有 5 年有期徒刑，所以被告单位最终被判处罚金人民币 1300 万元，被告人朱某被判处有期徒刑 3 年，缓刑 5 年，如果该案发生在《刑法修正案（十一）》实施之后，以这个数额和情节来看，被告单位和被告人都将面临更严重的法律后果。就单位而言，将面临 2.7 亿元的 20% 以上的罚金，也就是说最低的罚金应该也是 5400 万元，而不可能是 1300 万元；就个人而言，如果没有法定减轻的情节，对被告人有可能在 5 年以上有期徒刑的量刑档次进行量刑，不可能判处缓刑。

◎法律法规链接

◆《刑法》（2020 年修正）第 160 条

◆最高人民检察院、公安部《关于公安机关管辖的刑事案件立案追诉标准的规定（二）》（2010年5月7日起实施）第5条

◆最高人民法院《关于审理非法集资刑事案件具体应用法律若干问题的解释》（2011年1月4日实施）第8条

◆《公司法》（2018年修正）第154条

◆《证券法》（2019年修订）

◆《公司债券发行与交易管理办法》（2015年1月15日实施）

◆《股票发行与交易管理暂行条例》（1993年4月22日实施）第15条

第二节　贷款融资类犯罪的风险

风险提示

△单位不能构成贷款诈骗罪，单位的人员就不会产生贷款诈骗罪的风险了吗？

△贷款诈骗罪在主观心态上要以非法占有为目的，行为人是否只要矢口否认有非法占有的目的就可以脱罪了？

△使用了虚假文件进行贷款是不是就一定构成贷款诈骗罪？

△没有按照贷款合同约定的用途使用贷款，只是违反了合同约定，属于民事合同纠纷，不会引发刑事风险？

△有放贷资格的金融机构高利放贷不会引发刑事风险？

一、贷款诈骗的风险

◎案例5－3[①]

场景回放

LHS公司、SF公司分别于2002年8月、2010年2月成立，陈某明是LHS公司的股东之一、法定代表人，何某莹是SF公司的股东之一、法定代表人。

① 参见（2017）粤刑终93号刑事判决书。

1997年4月至2011年10月，陈某明还先后注册成立另外四家公司从事煤炭经营业务。2012年至2014年，陈某明、何某莹故意隐瞒公司资金链断裂、欠下巨额贷款和高息借款无法归还的事实，以非法占有为目的，通过操控关联公司，伪造相关公司印章及煤炭购销合同、货权转移证明等文件并利用虚开的增值税专用发票，虚构上下游交易，骗取广发银行广州分行、兴业银行广州分行等多家金融机构签订保理合同、授信合同等方式融资人民币33,102万多元。一审法院认为，LHS公司与SF公司骗取银行资金的事实，客观上符合贷款诈骗罪的特征，但因为《刑法》没有规定单位可以构成贷款诈骗罪，故以合同诈骗罪追究陈某国和何某莹的刑事责任。

审理结果

二审法院经审理认为，陈某明、何某莹以非法占有为目的，作为LHS公司、SF公司的控制、管理人员，为了公司的利益，以公司名义实施贷款诈骗行为，数额特别巨大，其作为上述公司贷款诈骗的组织、策划、实施者，均已构成贷款诈骗罪，故对两名被告人贷款诈骗行为单独进行了定罪量刑。

（一）贷款诈骗罪风险的主体范围（Who）

根据《刑法》的规定，本罪的主体是一般主体，仅限自然人，单位不能成为本罪的主体。但这并不意味着公司、企业人员为了单位利益，以单位名义，实施贷款诈骗行为就不会面临刑事风险。在2014年4月24日全国人大常委会通过《关于〈中华人民共和国刑法〉第三十条的解释》之前，对单位实施的贷款诈骗行为，实践中虽然不会以贷款诈骗罪对单位定罪处罚，也不会以贷款诈骗罪追究直接负责的主管人员和其他直接责任人员的刑事责任，但根据2001年1月21日最高人民法院《全国法院审理金融犯罪案件工作座谈会纪要》的精神，可以以合同诈骗罪追究单位及直接负责的主管人员和其他直接责任人员的刑事责任。但2014年全国人大常委会对《刑法》第30条作出解释，即单位实施刑法规定的危害社会的行为，《刑法》分则和其他法律未规定追究单位的刑事责任的，对组织、策划、实施该危害社会行为的人依法追究刑事责任。故在案例5-3中，对于骗取银行金融机构贷款的事实，一审法院是以合同诈骗罪追究两名被告人的刑事责任，而二审法院认为这样的认定虽然符合《全国法院审理金融犯罪案件工作座谈会纪要》的精神，但2014年全国人大常委会已对《刑法》第30条作出解释，所以对陈某明、何某莹以单位名义实施贷款诈骗行为改判以贷款诈骗罪追究其刑事责任。

需要注意的是，如果行为人成立公司、企业等单位的目的就是实施贷款诈骗等犯罪活动；或者成立公司、企业等单位的目的虽然不是实施贷款诈骗等犯罪活动，但在成立后，其主要活动不是生产经营，而是使用诈骗方法，骗取银行或者其他金融机构的贷款；或是自然人直接盗用公司、企业等单位的名义实施贷款诈骗活动，而骗取的贷款由其私分的，则应直接认定为自然人犯罪，构成贷款诈骗罪。

（二）贷款诈骗罪风险的行为界限（What）

1. 行为目的

行为人必须“以非法占有为目的”才能引发贷款诈骗罪，不能仅凭贷款没有及时返还或已根本不可能偿还就推定行为人有非法占有贷款的目的，还要具体分析行为人未偿还贷款的原因，若是因为实际存在的生产经营管理问题或市场行情变化引起贷款所建项目无法产生预期经济效益，就不能认定行为人具有“非法占有的目的”，不会引发贷款诈骗罪的刑事风险。需要注意的是，“以非法占有为目的”虽然是主观上的要件，不是行为人简单否认或者辩解就能脱罪的，司法机关一般还要审查行为人的行为来判断其主观心态，以达到主客观相一致。一般而言，具有下列情形就可以推定行为人具有非法占有的目的：（1）携带贷款逃跑的；（2）假冒他人名义贷款的；（3）为牟取不正当利益，擅自改变贷款用途，造成重大经济损失致使贷款无法偿还的；（4）将贷款用于高风险经济活动或投机行为造成重大损失致使贷款无法偿还的；（5）隐匿贷款去向，转移资金，贷款到期后拒不偿还的；（6）将贷款用于个人挥霍或使用贷款进行违法犯罪活动的；（7）提供虚假的担保申请贷款，期满后拒不偿还或无法偿还的。

在案例5-3中，陈某明辩解公司与涉案的8家银行进行的业务均正常进行，没有非法占有的目的，但法院经审理认为，陈某明所取得的资金虽然绝大部分用于偿还其以往经营中所欠下的巨额债务，没有证据证实其主要或者将巨额资金用于挥霍或者其他与经营无关的用途，现已查实用于非经营性用途的仅占极小的比例。但是，陈某明在资金链断裂、根本无法履行到期债务甚至需要通过借“高利贷”还债的情况下，仍在短时间内采取欺骗手段骗取数亿元资金，造成被害人特别严重的财产损失。陈某明主观上对于自己采取这种饮鸩止渴的手段经营公司，必将导致亏空不断扩大、资金无法归还、必然会对对方当事人造成巨额财产损失的后果应当有清醒的认识，但其为了维持自己公司的运转，不顾后果，连续多次骗取他人巨额资金，本质上是非法占有他人资金为自己应对风险，最终认定其主观上有非法占有的目的。

2. 行为方式

根据《刑法》的规定，贷款诈骗的行为主要表现为以下具体方式：(1) 编造引进资金、项目等虚假理由。所谓“编造”，即捏造，无中生有。这里的虚假理由，除了假引资、假项目外，还有其他类似于引资、立项等虚假理由，如编造某集团扩大经营需要资金。(2) 使用虚假的经济合同的。这里的经济合同涵盖了我国《民法典》所规定的全部合同种类。所谓“虚假的经济合同”主要是指伪造、变造、过期、作废、无效的合同。由于银行等金融机构不可能对借款人出示的所有经济合同进行核实，往往给不法行为人使用虚假合同诈骗贷款以可乘之机。经济合同不仅是合同当事人之间权利义务关系的凭证，也是银行等金融机构发放贷款的依据，使用虚假经济合同骗取金融机构的贷款已成为贷款诈骗的一个常见手段。在案例 5 - 3 中，被告人就是通过伪造煤炭购销合同，虚开增值税发票等方式，虚构实际控制的公司与其他公司有煤炭交易的事实骗取银行贷款。(3) 使用虚假的证明文件。这里的“证明文件”，范围较大，一般包括营业执照、身份证明、存款证明、担保函、划款证明、产品质量证书、验资证明、存单、信用证、委托书等各种证明借款人信誉、偿还能力的文件或者申请贷款时所需的证明材料等。“使用虚假的证明文件”就是指使用伪造、变造、过期、作废或无效的上述证明文件，骗取银行或者其他金融机构的贷款。(4) 使用虚假的产权证明作担保或者超出抵押物价值重复担保。这里的“虚假的产权证明”是指伪造、变造、过期、作废或无效的由产权部门作出的能够证明行为人对房屋、地产等不动产或汽车、货币、可即时兑付的票据等动产而享有所有权的书面文件。使用虚假的产权证明作担保骗取贷款的，可以引发本罪的刑事风险。此外，抵押人所担保的债权不得超出其抵押物的价值。财产抵押后，该财产的价值大于所担保债权的余额部分，可以再次抵押，但不得超出其余额部分。如果行为人超出抵押物价值重复担保，骗取贷款的，同样可以引发本罪的刑事风险。在司法实践中，这种情况通常引发的是民事方面的贷款经济纠纷，很少引发刑事风险。但如果借款人是明知的，主观上具有了非法占有的目的和诈骗的故意，则可以引发本罪的刑事风险。（5）以其他方式诈骗贷款。这是《刑法》的兜底性条款，主要指上述四种情形以外的方式方法，通常包括：伪造或私盖单位公章、印鉴骗贷；以存贷、虚构贷款理由骗贷；以多头贷款、以贷还贷骗贷；以虚报注册资本成立公司骗贷；利用已注销公司骗贷；以私自转移、变卖、藏匿抵押动产骗贷；借款后故意转移财产或拒不归还贷款；以假货币做抵押骗贷；取得贷款后随即以破产诈骗、保险诈骗、兼并等方式转移债务，逃避还款义务等方法。

此外，公司、企业的管理人员还应当进一步了解贷款诈骗与一般的贷款纠纷的区别，掌握两者之间的界限，远离刑事风险。一般来说，两者的区别主要看行为人是否具有非法占有贷款的目的，可以从以下几个方面进行考察：（1）看贷款前行为人对其履约能力的认识。这是判断行为人是否具有非法占有贷款目的的重要依据之一。在实践中，有些公司、企业人员在申请贷款时，由于生产经营的需要，融资心切，对自身的履约能力没有进行周密而全面的考察，对履约能力没有明确的认知，在这种情况下，没有偿还贷款的能力，未能及时还贷，属于一般的贷款纠纷，一般不引发刑事风险。（2）看贷款后贷款的用途。这可以从侧面间接反映行为人的贷款目的。在实践中，有些公司、企业人员取得贷款后积极地将贷款用到指定用途的项目上，但是因为经营管理不善而导致项目失败，未能获取预期效益，最终无法偿还贷款的，由于其主观上缺乏非法占有的目的，一般不会引发刑事风险。（3）看行为人贷款到期后的表现。这也是判断行为人是否具有非法占有贷款目的的重要依据。在实践中，有的公司、企业人员在贷款到期后虽然没有能力偿还贷款，但积极采取措施筹措资金准备偿还，在这种情形下，一般也不能认定为贷款诈骗。但是需要提请广大公司、企业经营者注意的是，如果只是口头上承诺归还贷款而实际上并未采取任何行动，仍然可能会面临刑事风险。

（三）贷款诈骗罪风险的追诉标准（How）

根据《刑法》的规定，贷款诈骗的行为必须达到“数额较大”的程度才能构成贷款诈骗罪。根据 2010 年 5 月 7 日最高人民检察院、公安部《追诉标准的规定（二）》第50条的规定，以非法占有为目的，诈骗银行或者其他金融机构的贷款，数额在2万元以上的，应予立案追诉。

◎法律法规链接

◆《刑法》（2020年修正）第193条

◆最高人民检察院、公安部《关于公安机关管辖的刑事案件立案追诉标准的规定（二）》（2010年5月7日起实施）第50条

◆最高人民法院《全国法院审理金融犯罪案件工作座谈会纪要》（2001年1月21日实施）

◆《商业银行法》（2015年修正）

◆中国人民银行《贷款通则》（1996年8月1日实施）

二、骗取贷款、票据承兑、金融票证的风险

◎案例5－4①

场景回放

2012年至2014年，被告单位QL房地产公司在开发高碑店市乾荣世纪公园小区二期项目时，因资金困难，该公司的时任法定代表人朱某江在其易县会所内召开公司高层会议（以下简称易县高层会议），解决公司资金问题，公司的财务总监李某军、销售经理郄某会、项目经理高某林、监察部部长董某江等人参加了会议。被告人李某军在会上提出，发动公司员工借用亲朋好友的身份证，以虚假的购房交易到银行做按揭贷款，购房首付款以及按揭贷款由公司偿还，贷款到位后用作公司的周转资金，公司给予员工和身份证持有者现金奖励。被告人朱某江同意了该方案。易县高层会议的第二天，被告人高某林按照公司安排，在高碑店市乾荣项目部主持召开了高碑店项目部全体员工会议，传达易县高层会议决定，要求全体员工借用他人身份证件办理住房按揭贷款。公司员工借用身份证件后，将身份证提交给该公司销售部，由被告人郄某会、刘某、刘某双、李某军等人伪造购房合同、收入证明、银行流水、首付款收据、

① 参见（2019）冀0684刑初121号刑事判决书。

个人贷款申请表等资料向银行申请贷款。截至2014年2月25日，被告单位共借用293名人员的身份证，以虚假商品房买卖交易骗取高碑店市工商银行、高碑店市建设银行、高碑店市农商银行贷款314笔，贷款金额共计人民币8248.2万元。截至2019年8月1日，被告单位已经还清高碑店市农商银行的全部贷款金额，尚欠高碑店市建设银行贷款本金人民币25,541,291.72元，欠高碑店市工商银行贷款本金人民币7,991,750.04元。

审理结果

法院经审理认为，被告单位QL房地产公司以欺骗手段骗取银行贷款，给银行造成特别重大损失，其行为已构成骗取贷款罪。被告人李某军、高某林、朱某龙、郄某会、董某江、刘某、张某春、孙某青、刘某双、赵某、蔡某友、刘某猛作为直接责任人员，均应以骗取贷款罪追究刑事责任。故判决被告单位QL房地产公司罚金人民币300万元；判决李某军有期徒刑3年6个月，并处罚金人民币7万元；对其他被告人判处缓刑并处罚金或单处罚金。

（一）骗取贷款、票据承兑、金融票证罪风险的主体范围（Who）

根据《刑法》的规定，本罪的主体包括自然人和单位。对于单位构成犯罪的，单位的主管人员和其他直接责任人员也会被追究刑事责任。需要注意的是，这里的直接责任人员不限于单位的经营管理人员，还包括单位的普通职工，只要具体实施犯罪并起较大作用的人员都可能引发本罪的刑事风险。在案例5-4中，李某军辩称自己不是决策者、指挥者，郄某会辩称自己的行为只是职务行为，董某江辩解只是受公司委派或奉命而参与实施了一定犯罪行为，张某春辩称自己不是被告单位的主要领导，也不是直接责任人，上述主体均提出无罪的辩护意见，但法院认为，李某军作为被告单位的财务总监，为单位骗取贷款出谋划策、联系他人提供身份证件、伪造银行流水；郄某会作为被告单位的销售总监，为骗取贷款，积极联系他人提供身份证件，并伪造购房合同、收入证明以及个人贷款申请表等贷款手续，向银行申请贷款；刘某作为被告单位的销售人员，为骗取贷款，积极联系他人提供身份证件，伪造购房合同、收入证明、银行流水等贷款资料；董某江、张某春作为单位的职工，为骗取贷款，积极联系他人提供身份证件，并将相关身份证件交由销售部伪造贷款资料，以上人员均属于“其他直接责任人员”，均构成骗取贷款罪。由此可见，在单位构成犯罪的情况下，不是只有高管才会承担刑事责任，其他职工仍然可能引发相应的刑事风险，即使其根本未从单位犯罪中获取任何利益。

（二）骗取贷款、票据承兑、金融票证的行为界限（What）

1. 行为目的

本罪的行为目的具有一定的特殊性，并不是以非法占有贷款、票据承兑、信用证、保函等为目的，而只是希望通过骗取贷款、票据承兑、信用证、保函等而获得利益。如果行为人是以非法占有为目的，则可能引发贷款诈骗罪或者其他金融诈骗犯罪的风险，而非本罪。在案例5－4中，被告单位是因为资金困难，为了解决公司资金问题，而采用发动公司员工借用亲朋好友的身份证，以虚假的购房交易到银行做按揭贷款，购房首付款以及按揭贷款由公司偿还，贷款到位后用作公司的周转资金，而并未挥霍或者非法占有，符合骗取贷款罪的目的。如果贷款到位后被被告人挥霍或者卷款潜逃的，则有可能构成贷款诈骗罪。

2. 行为对象

本罪的行为对象仅限于银行或者其他金融机构的贷款和银行或者其他金融机构的信用。贷款是公司、企业进行融资的重要工具，公司、企业在融资中很容易涉及。这里的信用包括票据承兑、信用证、保函等。所谓“票据承兑”，是指银行作为付款人，根据承兑申请人（出票人）的申请，承诺对有效的商业汇票按约定的日期向收款人或被背书人无条件支付汇票款的行为。所谓“信用证”，是指银行用以保证买方或进口方有支付能力的凭证。所谓“保函”，是指银行应商业合约或经济关系中的一方（申请人）的要求，以自身的信誉向商业合约或经济关系中的另一方（受益人）出具的，担保申请人或被担保人履行某种责任或义务的一种具有一定金额、一定期限、承担某种支付责任或经济赔偿责任的书面付款保证承诺。可见，这些信用虽然不能直接为公司、企业达到融资的目的，但最终可以达到融资的效果。因此，公司、企业在融资的过程中，无论是以贷款还是以票据承兑、信用证、保函等为骗取对象，都可以引发本罪的刑事风险。案例5－4中的行为对象就是银行贷款，而下列案例5－5中的对象就是银行票据承兑。

◎案例5－5①

场景回放

2013年3月13日，被告人董某永因其开办的BF公司生产经营的需要，与他人以三户联保的形式同民生银行石家庄分行（以下简称民生银行）签订了联保体授信合同，授信额度使用期限为12个月，用于开展个人贷款业务，并于同日签订银行承兑协议，董某永在向民生银行申请上述业务中，提交了其控制的BF公司虚假的资产负债表、利润及利润分配表及虚假证明，借用他人的个人银行流水，使得民生银行出具承兑汇票、贴现后由董某永使用，承兑汇票6个月到期后，董某永偿还了民生银行相应的款项。2013年9月16日，为了继续获得民生银行资金支持，董某永以BF公司的名义再次与民生银行签订银行承兑协议，向民生银行提交汇票承兑申请书，并提供了由栾城县万盛种植专业合作社作为供方、由BF公司作为需方，签订的虚假购销合同，在没有真实交易的情况下，骗取民生银行向栾城县万盛种植专业合作社出具了两张银行承兑汇票总金额为560万元，董某永以280万元的定期银行存单质押在民生银行，实际骗取民生银行280万元银行承兑汇票。2014年3月13日，到达还款期限后，民生银行将董某永质押的280万元、联保金28万元予以扣划。董某永还款30万元，经民生银行多次催要，董某永尚有218.5998万元未能偿还。

审理结果

法院经审理认为，被告人董某永以向银行提交虚假的贷款材料、购销合同的方式，骗取银行的承兑汇票，给银行造成重大损失，其行为已构成骗取票据承兑罪，判处有期徒刑1年，并处罚金人民币1万元。

3. 行为手段

本罪的行为手段必须是采用欺骗手段。这里的“欺骗手段”，是指提供或者使用虚假交易项目、证明文件、物权证明等市场交易事实，或者虽然不是虚假事实，但对金融机构隐瞒贷款等使用真相的行为。比如，使用伪造银行保函购买大宗商品，把支农贷款项目转变为房地产开发，地产商或者购房个人通过“假按揭”骗取银行贷款从而转嫁风险，套回资金，等等。一般来说，银行或

① 参见（2019）冀01刑终766号刑事裁定书。

者其他金融机构对行为人的欺骗手段应当是不知情的，如果银行或者其他金融机构知情，则阻断犯罪的成立。具体看下面案例5-6。

◎案例5-6①

场景回放

2011年至2013年，原审被告人温某崇以其注册的兴宁鑫旺建材商行、兴宁民众家电商行的名义，以兴宁市福兴61号区兴宁大道黄畿段的土地使用权（价值约800万元）作抵押，分别以其本人、家人、朋友为保证人，先后6次向工商银行兴宁支行申请贷款。因兴宁鑫旺建材商行、兴宁民众家电商行并未实际开展经营活动，不符合银行放贷条件，温某崇便以该两家商行的名义与其他企业签订虚假购销合同，将其提交给工商银行兴宁支行，通过了该行审核，先后获取贷款6笔，每笔400万元，共计2400万元。上述贷款部分被温某崇用于炒房，部分用于其兄温某的生意周转。上述六笔贷款均在贷款合同约定期限内还清。

在审贷过程中，工商银行兴宁支行工作人员对温伟崇前五次申贷提交的购销合同的真实性疏于审查，致使温伟崇获取贷款五笔，每笔400万元，共计2000万元。在第六次贷款过程中，该支行客户经理邹某明知兴宁民众家电商行没有实际经营活动，却帮助温某崇联系裕华五金交电批发部，促使该批发部与兴宁民众家电商行签订虚假购销合同，使温某崇借此获取贷款400万元。

审理结果

法院经审理认为，在2013年4月第六次申贷过程中，银行客户经理邹某为了完成放贷任务，明知兴宁民众家电商行没有实际经营活动，却帮助温某崇联系裕华五金交电批发部，促使该批发部与兴宁民众家电商行签订虚假购销合同，使温某崇借此获取贷款400万元。邹某的身份可能使温某崇误认为其代表了银行、银行对此次贷款知情同意，故不宜认定温某崇有骗贷故意，该笔贷款400万元不应视为温某崇骗取的贷款。综上所述，温某崇骗取贷款的数额应为其前五次贷款总额共计2000万元，而非原判认定的2400万元。此外，法院还认为，骗取贷款罪以“重大损失”或“其他严重情节”为构成要件，“其他严

① 参见（2018）粤刑再21号刑事判决书。

重情节”与“重大损失”在危害性上理应相当。本案中，温某伟崇虽然多次骗贷数额巨大，但在合同约定期限内已还清本息，未给银行造成损失，且其在贷款时提供有真实、足额的抵押担保，自始不存在给银行造成损失的危险，贷款未用于非法活动，其危害性与“重大损失”不相当，亦不能认定为骗取贷款的“其他严重情节”，不符合骗取贷款罪的构成要件，不构成骗取贷款罪。故改判原审被告人温某崇无罪。

在以上案例中，对于第六次400万元的贷款，银行客户经理在明知兴宁民众家电商行没有实际经营活动的情况下，为了完成放贷任务，却帮助温某崇联系裕华五金交电批发部，促使该批发部与兴宁民众家电商行签订虚假购销合同，最终使温某崇借此获取贷款。由于邹某的身份代表了银行，也足以使温某崇认为银行对此次贷款是知情同意的，所以法院认为此次贷款不应视为骗取的贷款。在实务贷款过程中，确实存在银行工作人员对于欺骗手段明知甚至帮助行为人一起“作假”的情况，尤其是在银行出现不良贷款时，有的银行甚至联系企业帮忙倒贷，贷款的手续当然是不真实的，在配合银行进行倒贷的过程中，如果企业超越银行明知的范围，仍然可能引发本罪的风险。

◎案例5－7①

场景回放

2015年，梨树县农村信用合作联社（以下简称梨树农联社）为了将农联社改制成为农商行，需化解吉林省XW集团贷款集中度过高问题，梨树农联社法定代表人、党委书记杜某伟带领班子成员田某兵、李某鹏等相关人员与吉林省荣桦担保有限公司（以下简称荣桦公司）董事长韩某、法定代表人李某某商谈解决此事，最后达成一致意见。即以韩某控股的荣桦公司担保的方式，使用个人贷款来偿还XW集团39,530万元贷款。2015年9月7日，被告人杜某伟组织召开党委会议并提出以荣桦公司担保的方式，使用个人贷款来偿还XW集团39,530万元贷款，党委成员一致同意通过。自2015年9月4日至2016年8月11日，韩某在荣桦公司已欠梨树农联社保证金1461万元，且外欠债务5500万元的情况下，安排人员找到于某等121名自然人作为借款人顶名

① 参见（2019）吉0322刑初71号刑事判决书和（2020）吉03刑终27号刑事判决书。

贷款，通过编造虚假的贷款申请书、工程预算书、建筑工程承包合同、虚开自有资金证明，编造借款人同四平某置业等12家房地产公司签订工程承包合同，以贷款用于购买原材料及支付工人工资为理由，向梨树农联社申请贷款。梨树农联社在明知借款人不具备贷款条件和贷款档案有虚假的情况下，部署下属六个信用社办理发放121笔贷款，经梨树农联社层层审批，最后分六个批次共计发放贷款58,500万元，其中为某集团22名员工提供反担保抵押物的单位长春某家具有限公司是韩某购买用于贷款的空壳公司，没有经营场地和具体业务，其同某地产签订的购房合同和交款收据是虚假的，提供的抵押物已抵押给吉林银行。韩某提供的其他反担保抵押物也系重复抵押。上述贷款除了收回保证金代偿的4270万元，其余贷款54,230万元逾期没有收回。经查，韩某还占用了其中1.5亿余元贷款。后被告单位荣桦公司及韩某等被告人被检察机关以涉嫌骗取贷款罪移送起诉。

审理结果

在庭审过程中，有被告人提出，梨树农联社为化解不良贷款而违规放贷，实质上是一种倒贷行为，荣桦公司的行为是参与、配合梨树农联社的违法放贷，并未骗取梨树农联社的贷款，其本质是借新贷还旧贷，并非真正意义上的贷款。梨树农联社明知贷款资料不实，阻却了欺骗行为与取得贷款之间的因果关系，被告人认为不构成骗取贷款罪。但法院经审理认为，荣桦公司与梨树农联社共同协商，以个贷形式化解XW集团贷款集中度的问题，虽然梨树农联社知晓贷款事宜，但并不知晓荣桦公司无担保能力和其提供的“反担保”系重复担保、抵押物部分虚假，并且不足值的事实。荣桦公司隐瞒上述事实，本身就是对梨树农联社的欺骗，其行为使梨树农联社防范贷款风险的担保目的落空，造成了梨树农联社贷款不能收回的实际损失。而且韩某及荣桦公司为了化解自身贷款担保的风险，增加贷款担保额度，获取保证金，其骗取贷款主观故意明显，不仅韩某自己占用了其中1.5亿余元的贷款，还使自己为吉林某集团担保的贷款风险得以化解，并获得巨额保证金。上述行为情节特别严重，符合骗取贷款罪的构成要件。故判决被告单位荣桦担保公司罚金20万元；判决被告人韩某有期徒刑5年，并处罚金10万元。其他被告人也获得相应的刑事处罚。

（三）骗取贷款、票据承兑、金融票证的追诉标准（How）

根据《刑法》的规定，要引发本罪的刑事风险，必须给银行或者其他金融机构造成重大损失，这是《刑法修正案（十一）》新修订的内容，明确了本罪属于结果犯，如果没有给银行或者其他金融机构造成重大损失的，不管贷款数额多大，也不管使用多少次欺骗手段，都不能构成引发本罪的风险。而在《刑法修正案（十一）》颁布之前，即使没有给银行或者其他金融机构造成重大损失，但有其他严重情节的，也可以构成本罪，如以欺骗手段取得贷款、票据承兑、信用证、保函等，数额在100万元以上的或者多次以欺骗手段取得贷款、票据承兑、信用证、保函等的，在过往司法实践中，没有给银行或者其他金融机构造成重大损失的骗取贷款、票据承兑、金融票证行为被立案追诉的也不少，如案例5-8。

◎案例5-8①

场景回放

2014年5月3日，被告人李某沛以镇平县博石玉业有限公司的名义与镇平县金之玉业玉器有限公司法人韩某签订虚假购销合同。2015年6月29日，被告人李某沛以购买玉器为由向南阳村镇银行镇平支行申请500万元贷款并申请镇平县泰昌信用担保公司为其贷款提供担保，并通过常某找南阳山川皮革制品有限公司、刁某、王某为镇平县泰昌信用担保公司提供反担保。在办理贷款过程中，被告人李某沛向南阳村镇银行镇平支行和镇平县泰昌信用担保公司提供了虚假的购销合同、资产证明等材料，夸大自身实力，骗取南阳村镇银行镇平支行贷款及镇平县泰昌信用担保公司为其贷款提供担保。2015年6月30日南阳村镇银行镇平支行将500万元贷款发放给予镇平县金之玉业玉器有限公司，2015年7月1日镇平县金之玉业玉器有限公司以POS机刷卡的方式将500万元转给镇平县博石玉业有限公司。后李某沛获取500万元贷款后，未按借款合同用于购买玉器，而用于偿还秦某等人的欠款，2016年6月28日该笔贷款到期后李某沛无法偿还，由镇平县泰昌信用担保公司代为偿还完毕。

---

① 参见（2020）豫13刑终62号刑事裁定书。

审理结果

在庭审过程中，李某沛及其辩护人提出贷款已由镇平县泰昌信用担保公司偿还完毕，未给银行造成损失，不应构成犯罪，但法院经审理认为，李某沛为了能顺利审批其在镇平村镇银行的贷款，以镇平县博石玉业有限公司的名义与镇平县金之玉业玉器有限公司法人韩某签订了虚假的购销合同、资产证明等材料，夸大自身实力，骗取了银行的500万元贷款，并在获取贷款后用于偿还其之前的欠款。虽然该500万元贷款由泰昌信用担保公司代为偿还，但骗取贷款罪所保护的客体主要是金融管理秩序，李某沛使用虚假的购销合同，伪造财务报表获得金融机构的信任，贷款资金没有按申请时的用途，而用于归还其他借款，申请贷款时存在虚构事实、隐瞒真相的情节，涉及金额巨大，严重干扰了金融机构正常信用管理体系，符合骗取贷款罪的犯罪构成。故判决被告人李某沛有期徒刑3年，并处罚金人民币10万元。

在案例5－6中，温某崇的行为虽然没有给银行造成损失，但因其多次骗贷数额巨大，被公诉机关认定为具有其他严重情节而被移送起诉，只是法院最终认为其危害性与“重大损失”不相当而最终未被定罪。而案例5－8的被告人则没有那么幸运，贷款虽然由镇平县泰昌信用担保公司偿还完毕，未给银行造成损失，但法院仍然认为骗贷涉及金额巨大，严重干扰了金融机构正常信用管理体系，构成了本罪。《刑法修正案（十一）》对本罪进行了修订，只要没有给银行造成重大损失的，就不能构成本罪。这也提示相关企业和人员，即使实施了该罪的行为，只要积极归还贷款，没有给银行造成重大损失，仍然可以控制住刑事风险。至于具体多少才属于“重大损失”，目前还没有出台相关司法解释，可以关注实务中的判决案例。

◎法律法规链接

◆《刑法》（2020年修正）第175条之一

◆最高人民检察院、公安部《关于公安机关管辖的刑事案件立案追诉标准的规定（二）》（2010年5月7日起实施）第27条

◆《商业银行法》（2015年修正）

◆中国人民银行《贷款通则》（1996年8月1日实施）

三、高利转贷的风险

◎案例5－9[①]

场景回放

2013年1月，沅江某天大酒店老板雷某其因资金短缺，经人介绍认识了湖南东帆公司法定代表人佘某鹏。2013年1月9日，被告人佘某鹏以湖南东帆公司的名义与雷某其、钟某娥夫妇签订协议书，约定雷某其以沅江某天大酒店的八套房产提供抵押担保，被告人佘某鹏负责找银行贷款融资7000万元，7000万元贷款下来后的5000万元归雷某其使用，其中3000万元按银行标准利息月息0.7%支付利息，2000万元按月息2.2%支付利息。另外，被告人佘某鹏借1000万元给罗某栋使用，这1000万元通过雷某其账户转借给罗某栋，按月息3%收取利息。2013年3月，被告人佘某鹏以湖南东帆公司的名义在华融湘江银行贷款7000万元（其中流动资金贷款4000万元，银行承兑汇票3000万元），按之前的协议一次性扣除3000万元6个月利息110万元，扣除2000万元2个月利息88万元，扣除1000万元6个月利息180万元，连带扣除在贷款之前被告人佘某鹏主动借给雷某其的1500万元本金及利息40万元之后，将剩余的4082万元通过湖南东帆公司的账户转到雷某其名下的账户。2013年5月6日，雷某其又通过其妻子钟某娥账号将2000万元第3个月的利息44万元转入佘某鹏指定的账号。在7000万元贷款期限之内，被告人佘某鹏合计收取高额利息共计312万元，除去正当银行利息84万元，违法所得共计228万元。

审理结果

法院经审理认为，湖南东帆公司与雷某其、钟某娥签订融资合作协议后，以牟利为目的，套取金融机构信贷资金高利转贷他人，违法所得数额较大，其行为已构成高利转贷罪。湖南东帆公司于2018年10月被依法吊销，被告人佘某鹏系该公司法定代表人，同时也是高利转贷的直接主管人和直接责任人，其行为已构成高利转贷罪，故判决有期徒刑1年。

---

① 参见（2019）湘0981刑初127号刑事判决书。

（一）高利转贷罪风险的主体范围（Who）

根据《刑法》的规定，本罪的主体包括自然人和单位。通常来讲，公司、企业为了融资向银行等金融机构贷款主要是用于生产、经营或者其他与公司、企业相关的项目，如果公司、企业获取贷款后并没有将贷款用于法定或者约定的用途，而是转贷给他人获取利息且违法所得数额较大时，则会引发本罪的刑事风险。相关的主管人员和直接责任人员也会因此被追究刑事责任。如果构成单位犯罪，即使公司、企业因被吊销或注销而灭失时，相关的主管人员和直接责任人员同样会引发刑事风险。在案例 5 -9 中，法院最终采纳了辩护人关于案件属于湖南东帆公司单位犯罪的辩护意见，即使湖南东帆公司已于 2018 年 10 月被依法吊销，但被告人余某鹏作为公司法定代表人，同时也是高利转贷的直接主管人和直接责任人，其行为也构成高利转贷罪。

那么，金融机构本身能否引发本罪的刑事风险呢？这需要具体问题具体分析，一般认为，没有贷款业务经营权的金融机构，套取有贷款业务经营权的金融机构的信贷资金高利转贷他人的，可以引发本罪的刑事风险；如果是有贷款经营权的金融机构，则一般不能构成本罪，因为法律允许有贷款经营权的商业银行将拆入资金对外发放贷款，这种转贷不会引发本罪的刑事风险。但是，商业银行不得违反规定提高或者降低利率以及采用其他不正当手段吸收存款、发放贷款。如果有贷款经营权的金融机构超过中国人民银行规定的利率高利向他人发放贷款，属于高利放贷行为，也是违法的，只是不能构成高利转贷罪。在司法实践中，金融机构非法高利放贷，情节严重或者数额特别巨大的，可能会面临非法经营罪的风险。

（二）高利转贷罪风险的行为界限（What）

根据《刑法》的规定，本罪的客观方面表现为套取金融机构信贷资金高利转贷给他人的行为。具体而言，包括以下两个要件：

1. 套取金融机构信贷资金

所谓“套取”，就是行为人虚构事实，伪造理由如谎报借款用途，采取担保贷款或者信用贷款的方式，向金融机构贷出人民币或外汇。也就是说，行为人以自己的名义编造借款理由向金融机构申请贷款，但不打算将贷款用于借款合同中所载明的用途，而是要非法高利转贷给他人，表现出行为人贷款理由的虚假性和贷款行为的欺骗性。就目前的情况来看，判断套取行为的标准主要依据的是《贷款通则》第 19 条规定的借款人的义务，如果借款人为了达到获取贷款的目的通过虚构事实和隐瞒真相的方法违背上述法定义务，就可以判定行为人的行为是套取行为。

所谓“信贷资金”，是指金融机构根据中央银行的有关贷款方针、政策，发放给农村和城市的用于发展经济和人民生活开支的贷款资金。金融机构的信贷资金主要由以下三个部分构成：一是吸收的存款；二是国家拨付的自有资金；三是通过拆借得来的资金，包括从中国人民银行贷入的短期贷款、本行系统内借款、金融机构之间的借款。在司法实践中，信贷资金的表现可以是多样的，除担保贷款、信用贷款外，还可以是通过证券公司、信托公司使用资管计划形式进行的委托贷款，但这些资金来源均属于银行及其他金融机构吸收的存款，属于信贷资金，符合本罪的行为对象。

2. 高利转贷他人

所谓“高利”，是指利率高于中国人民银行规定的贷款利率的上限。所谓“高利转贷他人”，既包括高利转贷给自然人，也包括高利转贷给单位，对该处的“他人”，应作广义的理解。无论是转贷给自然人还是单位，都同样违反了有关贷款规定，干扰了贷款的合理使用，可能引发本罪的刑事风险。

在案例 5－8 中，被告人余某鹏以湖南东帆公司的名义从银行贷款 7000 万元，将其中的 3000 万元按银行标准利息月息 0.7% 转给雷某某使用，其中的 2000 万元按月息 2.2% 转给雷某某使用，另还将 1000 万元按月息 3% 借给罗某栋使用，获取了 228 万元的违法所得，属于典型的将银行贷款高利转贷他人的行为。

实践中高利转贷行为的样态是多种多样的，作为公司、企业的管理人员如果不了解具体的行为样态，很有可能将事实上是高利转贷的行为当成是合法的行为，从而使自己和自己的企业面临刑事风险。下面笔者列举一些比较常见和模糊的行为方式，以供公司、企业的管理人员参考：（1）非金融机构或者个人向金融机构借贷后，以高于借入贷款的利率转贷给他人，这是最常见的方式。（2）行为人套取金融机构信贷资金后，以合资合作为名“入股”经商办企业，但行为人既不参与经营，也不承担风险，而只收取利益，如果数额较大，也应视为高利转贷行为。（3）行为人先将自有资金高利贷出以牟取高利息收入，然后又通过各种手段套取金融机构信贷资金来弥补自有资金的不足，并且能够证明行为人在贷出自有资金时就有套用金融机构资金来弥补自有资金不足的动机，如果所得数额较大的，也属于高利转贷行为。（4）行为人套取金融机构信贷资金用于自用，而将自己本来就有的自有资金高利转贷他人，从中获取高利收入，如果能证明行为具有“借鸡下蛋”的动机，也应当以高利转贷行为认定。

（三）高利转贷罪风险的追诉标准（How）

根据《刑法》的规定，要成立高利转贷罪，还必须达到违法所得数额较大的标准。最高人民检察院、公安部《追诉标准的规定（二）》第26条明确了本罪的立案标准：（1）高利转贷，违法所得数额在10万元以上的。这里的违法所得既包括现实的违法所得，也包括期待的违法所得。所谓“期待的违法所得”，是指根据行为人与借款人的协议所计算的违法所得。如果由于各种原因，行为人未能全部获得这些预期的违法所得，甚至血本无归，也不影响本罪的成立。（2）虽未达到上述数额标准，但2年内因高利转贷受过行政处罚2次以上，又高利转贷的。这是对违法所得数额标准的补充，行为人具有这类情形的，表明其主观恶性大，情节严重，也可以引发本罪的刑事风险。

◎法律法规链接

◆《刑法》（2020年修正）第175条

◆最高人民检察院、公安部《关于公安机关管辖的刑事案件立案追诉标准的规定（二）》（2010年5月7日起实施）第26条

◆《商业银行法》（2015年修正）

◆中国人民银行《贷款通则》（1996年8月1日实施）

第三节　募集融资类犯罪的风险

风险提示

△对外借款融资，愿意支付高额利息是自己的事情，不会存在刑事风险？

△单位借款融资是单位的事情，个人不需要承担责任？

△向亲戚朋友借款融资，亲戚朋友又向不特定的多数人再借款，跟自己没有关系，不需要承担责任？

△不管非法集资多少钱，非法吸收公众存款罪最高的刑期就是10年？

△为了减轻责任，成立一家公司进行非法集资可以规避更重的处罚？

△只要没有携款潜逃，将募集的资金用于发放员工奖金等就一定不会构成集资诈骗罪？

一、非法吸收公众存款的风险

◎案例5－10①

场景回放

分宜县好运来公司成立于2011年4月19日，由王某忠、袁某花夫妇投资，王某忠占98%股份，任公司法定代表人、董事长；袁某花占2%的股份，负责公司生产、财务及后勤等工作。2011年至2015年10月，好运来公司为生产经营及偿还高利借款本息，以资金周转、兴建职工宿舍、办理证照、企业经营等理由，以支付高额利息、津贴、分红等为诱饵，以出具借条、公司财产抵押等形式，不断向亲朋好友、公司职工、帮扶单位领导和工作人员借款，并通过以上人员宣传、介绍，变相向社会公众吸收存款。截至2015年10月，好运

① 参见（2019）赣05刑终5号刑事裁定书。

来公司向111名社会公众吸收存款3808.84万元。至案发时止，好运来公司累计归还本金1461.95万元，支付利息1706.15万元，未归还本金2346.89万元。在案的120多张借款凭证中，有近100张加盖了好运来公司的印章。

审理结果

在庭审过程中，王某忠上诉提出好运来公司是分宜县招商引资回来的重点帮扶企业，对外融资完全是为了企业生产经营所需，不应作为刑事案件处理。袁某花的辩护人提出本案应认定为单位犯罪，而非自然人犯罪。好运来公司系合法成立的公司，成立后未向社会公开宣传借款，且借款利息均在法律允许的范围之内，不应成立非法吸收公众存款罪。法院经审理认为，好运来公司在依法成立后，因生产经营所需，违反国家金融管理法律规定，未经金融主管部门批准，通过亲朋等口口相传的方法，以承诺给予高额回报、支付高额利息等方式，向不特定的社会公众吸收资金累计人民币3808.84万元，且至案发时尚有本金人民币2364.89万元未归还，数额巨大。王某忠作为该公司的董事长和生产经营的实际决策者，属单位犯罪中应对其直接负责的主管人员；袁某花作为该公司的股东及参与非法吸收公众存款的人员，属单位犯罪中的其他直接责任人员，对其二人均应以非法吸收公众存款罪定罪处罚。结合案件其他情节，判决王某忠有期徒刑4年2个月，并处罚金人民币50万元；判决袁某花有期徒刑3年，并处罚金人民币30万元。

（一）非法吸收公众存款罪风险的主体范围（Who）

根据《刑法》的规定，本罪的主体包括自然人和单位。单位构成犯罪的，主管人员和直接责任人员亦应承担相应的刑事责任。根据我国目前司法解释的规定，对于非法吸收公众存款的数额、吸收的对象和造成的损失等方面的追诉标准和量刑标准，自然人犯罪都比单位犯罪的要低，如个人非法吸收公众存款20万元就可以构成犯罪，而单位非法吸收公众存款要达到100万元才能构成，因此，实践中认定为单位犯罪更有利于公司、企业人员的定罪和量刑，即使司法机关并未指控单位而只指控自然人的，司法机关也应当依照单位犯罪中的直接负责的主管人员或者其他直接责任人员追究刑事责任，并应引用《刑法》分则关于单位犯罪追究直接负责的主管人员和其他直接责任人员刑事责任的有关条款。在案例5-10中，检察机关只指控了王某忠和袁某花，并未指控好运来公司，但一审法院在查明案件事实的基础上，认为本案本属单位犯罪，并建议公诉机关对好运来公司予以追诉，因公诉机关不予追诉，故对王某忠和袁某花二人按单位犯罪中的主管人员和直接责任人员进行判处。在实践中，也存在很多被告人提出系单位犯罪的辩护理由而未被采纳的案例，大多是因为自然人为了实施非法吸收公众存款罪而设立的公司、企业或者公司、企业设立后，以实施非法吸收公众存款罪为主要活动，在这些情况下，即使是以单位名义，为了单位利益，犯罪所得归属于单位，也不能认为是单位犯罪，而只能认定为自然人犯罪。

（二）非法吸收公众存款罪风险的行为界限（What）

1. 行为对象

本罪的行为对象是公众存款，即不特定多数人的资金。如果是在单位职工或者亲友内部针对特定对象筹集的资金，不能认定为“公众存款”。但如果在向亲友或者单位内部人员吸收资金的过程中，明知亲友或者单位内部人员向不特定对象吸收资金而予以放任，或者将社会人员吸收为单位内部人员并向其吸收的资金，也应当认定为“公众存款”，仍然可以引发本罪的刑事风险。如在案例5－11中，被告人就是以向亲朋借款或通过他们介绍借款为由进行辩解，但法院认定张某明安排公司多名业务员通过发放宣传单、转发微信朋友圈等多种方式向社会公众传播投资可获取高额利息的信息，且明知该信息向公众扩散而予以放任，所以即使是其向亲朋或通过他们介绍的借款数额也不能从总额中予以扣减。

◎案例5－11①

场景回放

张某明于2015年7月2日成立禾美公司，自己任法定代表人，在2015年7月至2018年3月，张某明违反金融制度，以禾美公司加盟同城一贷业务投资可获取高额利息为诱饵，安排公司业务员刘某1、陈某、刘某2、李某、马某、税某等人通过发放宣传单、转发微信朋友圈等方式向社会不特定人群进行宣

---

① 参见（2019）新23刑终60号刑事裁定书。

传，非法吸收玛纳斯县居民韩某等61人委托理财资金878.3万元，张某明将上述资金用于支付投资人员利息及个人承包本县富丽华酒店和巨影咖影院的经营活动，截至案发，尚有719.5896万元未能归还。

审理结果

在庭审过程中，张某明辩称对外借款的行为应认定为单位犯罪而非个人犯罪，其成立禾美公司不是为了吸收资金，而是正常经营；其没有使用宣传单对外宣传，其向亲朋或通过他们介绍借款，不能认定为向不特定人员非法宣传，该部分数额应当从总额中予以扣减。但法院经审查认为，禾美公司成立后并未开展相关经营活动，而是直接采取向不特定人员宣传承诺提供借款可获取高息的方式进行运转，且张某明获取资金后亦未发展禾美公司业务，而是将上述资金用于支付投资人员的利息及个人承包的富丽华酒店和个人的其他支出，故不应认定为单位犯罪。此外，根据本案相关证据能够证实，张某明安排公司多名业务员通过发放宣传单、转发微信朋友圈等多种方式向社会公众传播投资可获取高额利息的信息，且明知该信息向公众扩散而予以放任，张某明上述发动和宣传的客观行为已经产生了不特定的人了解和知道其公司吸收借款并支付高额利息的事实，并造成一定的社会影响，故其通过向亲朋或通过他们介绍的借款数额不能从总额中予以扣减。结合本案其他情节，法院认定张某明违反国家金融管理制度，未经原中国银行业监督管理委员会及相关职能部门的依法批准，通过发放宣传单、口头宣传、主动游说的方式向社会公开宣传，在无从事吸收存款业务资格的情况下，向社会不特定对象吸收资金，并承诺在一定期限内给付存款人高额利率为诱饵，非法吸收公众存款878.3万元，严重扰乱社会金融秩序，且数额巨大，张某明的行为构成非法吸收公众存款罪，判决有期徒刑5年，并处罚金人民币10万元。

2. 行为手段

本罪的行为手段通常表现为行为人实施了非法吸收公众存款或者变相吸收公众存款的行为。公司、企业通过从外界吸收资金进行融资，要避免陷入非法吸收公众存款罪的刑事风险，必须了解成立该罪行为的条件。一般来说，违反国家金融管理法律规定，向社会公众吸收资金的行为同时具备以下四个条件，就可能引发本罪的刑事风险：（1）未经有关部门依法批准或者借用合法经营的形式吸收资金，即非法性。即使是以合法经营的形式，但如果未经有关部门依法批准吸收资金，也具有非法性。（2）通过媒体、推介会、传单、手机短信等途径向社会公开宣传，即公开性。这是非法吸收公众存款罪典型的特征，如果并未采用公开的方式，也不会引发本罪的风险。（3）承诺在一定期限内以货币、实物、股权等方式还本付息或者给付回报，即利诱性。如果没有利诱性，就很难吸收到公众的资金。（4）向社会公众即社会不特定对象吸收资金，即社会性。如果只是向亲友或者单位内部等特定对象吸收资金，就不会引发本罪的风险。在案例5－11中，张某明的行为违反国家金融管理制度，未经原中国银行业监督管理委员会及相关职能部门的依法批准，具有非法性；通过发放宣传单、口头宣传、主动游说的方式向社会公开宣传，具有公开性；承诺在一定期限内给付存款人高额利率，具有利诱性；向社会不特定对象吸收资金，具有社会性。可见，其行为同时满足了四个条件，所以符合非法吸收公众存款罪的行为特征。

3. 行为方式

实践中，非法吸收公众存款或者变相吸收公众存款的行为方式多样，司法解释根据实践经验进行了一些列举，主要包括：（1）不具有房产销售的真实内容或者不以房产销售为主要目的，以返本销售、售后包租、约定回购、销售房产份额等方式非法吸收资金的；（2）以转让林权并代为管护等方式非法吸收资金的；（3）以代种植（养殖）、租种植（养殖）、联合种植（养殖）等方式非法吸收资金的；（4）不具有销售商品、提供服务的真实内容或者不以销售商品、提供服务为主要目的，以商品回购、寄存代售等方式非法吸收资金的；（5）不具有发行股票、债券的真实内容，以虚假转让股权、发售虚构债券等方式非法吸收资金的；（6）不具有募集基金的真实内容，以假借境外基金、发售虚构基金等方式非法吸收资金的；（7）不具有销售保险的真实内容，以假冒保险公司、伪造保险单据等方式非法吸收资金的；（8）以投资入股的方式非法吸收资金的；（9）以委托理财的方式非法吸收资金的；（10）利用民间“会”、“社”等组织非法吸收资金的。除了以上十种方式外，还存在其他非法吸收资金的方式。公司、企业在融资过程中要防范此类风险，主要要把握非法吸收公众存款行为的四个条件，如果符合非法性、公开性、利诱性和社会性这四个条件，无论采用什么方式，也无论是以什么样的由头和名义，都可能引发非法吸收公众存款罪的风险。在采用以上行为方式时，可能还伴随使用虚假理由或者虚假内容，存在“骗”的成分，要注意与量刑更重的集资诈骗行为进行区分。

4. 行为目的

行为人实施非法吸收公众存款行为的目的往往在于获得他人资金的使用权，如供经营使用、投资或者发放贷款等，主观上具有返还的意图，不具有非法占有的目的。如果行为人主观上没有返还的意图而以非法占有集资款为目的，如果在吸收资金的过程中使用了诈骗的方法，则将引发量刑更重的集资诈骗罪的风险。如何认定“以非法占有为目的”将在集资诈骗罪进行分析。

◎案例 5－12①

场景回放

被告人王某明自 2015 年 7 月成立鼎诺公司，实际经营管理该公司，2016 年 7 月 18 日至 2017 年 4 月 6 日，被告人刘某成为鼎诺公司实际控制人，2017 年 4 月 6 日后公司再次由被告人王某明实际控制。2015 年 7 月至 2017 年 12 月，被告人王某明、刘某先后在未经金融管理部门批准的情况下，开设门店，借用经营鼎诺公司的形式，雇用胡某某等人，通过散发传单、口口相传的方式，先后以向“联合一百连锁超市项目”“永盛钢材厂项目”“关口葡萄项目”“恩施识宇酒店”“恩施山特农业项目”“红豆杉种植项目”等项目融资为名，承诺每月给投资人支付本金 1.5% ~1.9% 的利息，向社会不特定对象签订居间服务合同及委托投资协议融资。所融资金除用于“红豆杉种植项目”数十万元之外，绝大部分资金用于偿还债务、支付利息、公司运转支出等，导致 250 余人所融资金人民币 3021.1 万元无法偿还，给投资群众造成特别巨大的损失。截至 2017 年 4 月 6 日，刘某通过鼎诺公司向投资客户融资 1383.5 万元整。

此外，在 2017 年 4 月至 2017 年 12 月，被告人刘某在湖南省龙山县借用经营同立公司的形式，雇用田某某等人，在未经金融管理部门批准的情况下，开设门店，通过散发传单、人人相传的方式，以提供居间服务为名，宣传“红豆杉种植”融资项目，承诺每月给投资人支付本金 1.5% ~1.8% 的利息向社会

① 参见（2018）鄂 2801 刑初 470 号刑事判决书。

不特定人张某某等12人融资117万元。同立公司是以“红豆杉种植”项目进行融资，前期在盛家坝有租地种植的行为，后期的融资款主要用于公司的运作和偿还吴某某的红豆杉欠款，导致所融资金无法偿还，给投资群众造成巨大损失。

审理结果

法院经审理认为，被告人王某明、刘某以非法占有为目的，使用诈骗的方法非法集资，数额特别巨大，其行为均已构成集资诈骗罪；被告人刘某非法吸收公众存款117万元，扰乱金融秩序，数额巨大，其行为已构成非法吸收公众存款罪。判决如下：（1）被告人王某明犯集资诈骗罪，判处有期徒刑14年，并处罚金人民币40万元；（2）被告人刘某犯集资诈骗罪，判处有期徒刑12年，并处罚金人民币30万元；犯非法吸收公众存款罪，判处有期徒刑3年，并处罚金人民币10万元；合并后，决定执行有期徒刑14年，并处罚金人民币40万元。

在案例5－12中，鼎诺公司在经营期间，以各种项目的名义所融资金额高达3000余万元，除数十万元用于红豆杉项目以外，绝大部分资金用于偿还债务、支付利息和公司运转支出等，而非用于融资的“关口葡萄项目”“恩施识宇酒店”“恩施山特农业项目”等项目中。根据最高人民法院《关于审理非法集资刑事案件具体应用法律若干问题的解释》第4条第1款、第2款第1项之规定，集资后的款项虽部分用于生产经营活动，但与筹集资金规模明显不成比例，致使集资款不能返还，其主观上便具有“非法占有的目的”，在客观上虚构了融资项目的事实，所以被告人王某明、刘某的行为构成集资诈骗罪。而同立公司是以“红豆杉种植”项目进行融资，前期在盛家坝有租地种植的行为，后期的融资款主要用于公司的运作和偿还吴某某的红豆杉欠款，应认定其筹集的资金用于了生产经营活动，故其行为被认定为非法吸收公众存款罪。

（三）非法吸收公众存款罪风险的追诉标准（How）

根据《刑法》的规定，非法吸收公众存款或者变相吸收公众存款，只有造成扰乱金融秩序的后果才能构成犯罪。《刑法修正案（十一）》将非法吸收公众存款罪的量刑从两个幅度，提到了三个幅度，从最高10年有期徒刑提高到了15年有期徒刑，对于具体的量刑标准虽然还未出台最新的司法解释，但2010年12月13日最高人民法院发布的《关于审理非法集资刑事案件具体应用法律若干问题的解释》规定的标准仍然可以作为参考（见表5－1）。

表5－1　非法吸收公众存款罪的追诉标准

类型		3年以下有期徒刑或拘役，并处或单处罚金	3～10年有期徒刑，并处罚金	10年以上有期徒刑，并处罚金
吸收存款的数额	个人	≥20万元	≥100万元	—
	单位	≥100万元	≥500万元	—
吸收存款的对象	个人	≥30人	≥100人	—
	单位	≥150人	≥500人	—
造成直接经济损失	个人	≥10万元	≥50万元	—
	单位	≥50万元	≥250万元	—

◎法律法规链接

◆《刑法》（2020年修正）第176条

◆最高人民法院、最高人民检察院、公安部《关于办理非法集资刑事案件适用法律若干问题的意见》（2014年3月25日实施）

◆最高人民法院《关于审理非法集资刑事案件具体应用法律若干问题的解释》（2011年1月4日实施）

◆最高人民检察院、公安部《关于公安机关管辖的刑事案件立案追诉标准的规定（二）》（2010年5月7日起实施）第28条

◆最高人民法院《全国法院审理金融犯罪案件工作座谈会纪要》（2001年1月21日实施）

◆《商业银行法》（2015年修正）第11条、第81条

◆《储蓄管理条例》（2011年1月8日实施）

◆《非法金融机构和非法金融业务活动取缔办法》（2011年1月8日实施）第4条

二、集资诈骗的风险

◎案例5－13[①]

场景回放

2015年7月，通过通达公司和雁城公司在衡阳进行集资的多家企业无法按期归还本金和利息，而提供担保的通达公司也不具备代偿能力。在这种情况下，雁城公司曾某、唐某与通达公司林某等人经商议，决定由通达公司找一家企业“借壳融资”4000万元，其中3000万元用于雁城公司还本付息，另1000万元由林某母亲孙某娟自营创收，所得盈利用于偿还借款企业本息。雁城公司与通达公司达成共识后，通达公司的总经理张某与海桦公司的实际控制人刘某生多次沟通，许诺集资后的款项由通达公司负责偿还，刘某生答应以自己公司名义进行集资，并提出要使用45万元集资款。2015年7月12日，林某、张某将刘某生提供的海桦公司银行账户、公章、法人私章、二个银行U盾带到衡阳。2015年7月13日，雁城公司通过LED广告显示屏向社会公开发布了海桦公司“融资信息”，以需要研发经费和采购原材料为名借款1000万元。2015年7月15日至8月14日，231名集资群众作为出借方、雁城公司为居间方、通达公司为担保方、海桦公司为借款方，签订四方合同，在此期间内，海桦公司账户每天都有几万元至几十万元不等的资金陆续到账，与海桦公司账户绑定的由刘某生使用的手机也会实时收到资金到账短信。雁城公司刘某根据曾某等人的安排，先后向被告人刘某生账户转入资金45万元。经鉴定，海桦公司实际集资3496万元，其中993.62万元转入通达公司账户由林某实际掌控，2496.38万元转账至雁城公司账户被雁城公司用于支付锦林、富金、周航、伊姿园、虹鑫、万汇等公司到期本金或者利息。另查明，刘某生在同意以海桦公司名义对外集资前，其个人及名下企业均无实际生产经营能力和偿还债务能力。后检察机关以刘某生涉嫌集资诈骗移送起诉。

审理结果

在庭审过程中，刘某生提出其对海桦公司集资事先并不知情，不存在主观

---

① 参见（2019）湘04刑终214号刑事裁定书。

故意；并未使用集资款，不具有非法占有的目的；没有任何证据证实其明知融资款是借新还旧而仍为他们提供帮助，因此不构成集资诈骗罪。但法院经审理认为，雁城公司、通达公司未经批准，违反法律、法规，借用海桦公司名义，非法向社会公众募集资金，集资后不用于生产经营活动，致使集资款不能返还，数额特别巨大，其行为已构成集资诈骗罪的单位犯罪；刘某生作为海桦公司的实际控制人，为雁城公司及通达公司实施集资诈骗犯罪提供海桦公司公章、法定代表人私章及公司银行账户 U 盾，帮助实施集资诈骗犯罪，其行为已构成集资诈骗罪的共同犯罪，属于从犯，判决有期徒刑 5 年，并处罚金 15 万元。

（一）集资诈骗罪风险的主体范围（Who）

根据《刑法》的规定，本罪的主体包括自然人和单位，单位构成犯罪的，主管人员和直接责任人员亦应承担相应的刑事责任。在案例 5 – 13 中，雁城公司、通达公司未经批准，违反法律、法规，借用海桦公司名义，非法向社会公众募集资金，集资后不用于生产经营活动，致使集资款不能返还，数额特别巨大，其行为已构成集资诈骗罪的单位犯罪，雁城公司的曾某、唐某与通达公司林某、张某作为主管人员和其他直接责任人员，亦应承担刑事责任。与非法吸收公众存款罪一样，对于集资诈骗罪的追诉标准和量刑标准，自然人犯罪都比单位犯罪的要低，如个人集资诈骗 10 万元以上的就属于数额较大，而单位集资诈骗 50 万元以上的才属于数额较大；个人集资诈骗 30 万元以上的就属于数额巨大，而单位集资诈骗 150 万元以上的才属于数额巨大。因此，实践中认定为单位犯罪更有利于公司、企业人员的定罪和量刑。但自然人为了实施集资诈骗犯罪而设立的公司、企业或者公司、企业设立后，以实施集资诈骗犯罪为主要活动的，不能认定为单位犯罪。如案例 5 – 12 中，王某明就提出案件属于单位犯罪而不是自然人犯罪，因为从形式上看，吸收的资金都是以鼎诺公司的名义出具收据和出借居间服务合同；从实质上看，被告人完全是为单位的利益而不是个人利益，所经手和吸收的资金全部归于公司账户。但法院最终并未采纳这样的辩护意见，认为鼎诺公司成立后，王某明、刘某主要实施的就是非法集资活动而非正常的生产经营活动，因此不属于单位犯罪。

（二）集资诈骗罪风险的行为界限（What）

1. 行为手段

集资诈骗罪的行为表现为“使用诈骗方法”和“非法集资”两个方面。所谓“诈骗方法”，是指行为人采取虚构事实或隐瞒真相的手段骗取集资，比如虚构集资用途，以虚假的证明文件和高回报率为诱饵；“非法集资”是指未经有权机关批准，公开向社会不特定公众募集资金的行为，也必须同时符合非法性、公开性、利诱性和社会性四个特点，与非法吸收公众存款罪中的非法吸收公众存款或变相吸收公众存款行为是相同的，其具体的行为表现也相同，比如以返本销售、售后包租、约定回购、销售房产份额、转让林权、种植养殖、商品回购、寄存代售、虚假转让股权、发售虚假债券、假借境外基金、发售虚构基金、假冒保险公司、伪造保险单据、投资入股、委托理财等方式。就集资诈骗罪而言，“使用诈骗方法”和“非法集资”必须有机结合方符合本罪的行为特征。在案例5－13中，雁城公司、通达公司是借用海桦公司名义，虚构了海桦公司需要研发经费和采购原材料进行融资的信息，非法向社会公众募集资金，既使用了诈骗方法，也进行了非法集资。

2. 行为目的

集资诈骗罪与非法吸收公众存款罪都属于非法集资，在主观上是否“以非法占有为目的”是区分两个罪名的重要标准。由于集资诈骗罪的量刑要重于非法吸收公众存款罪，为了避免引发更重的刑事风险，要准确掌握以非法占有为目的的认定标准。但目的毕竟是主观方面的要件，实践中通常需要通过客观行为的表现进行认定。一般来说，使用诈骗方法非法集资，具有以下情形之一的，就可以认定为“以非法占有为目的”：（1）集资后不用于生产经营活动或者用于生产经营活动与筹集资金规模明显不成比例，致使集资款不能返还的；（2）肆意挥霍集资款，致使集资款不能返还的；（3）携带集资款逃匿的；（4）将集资款用于违法犯罪活动的；（5）抽逃、转移资金、隐匿财产，逃避返还资金的；（6）隐匿、销毁账目，或者搞假破产、假倒闭，逃避返还资金的；（7）拒不交代资金去向，逃避返还资金的；（8）其他可以认定非法占有目的的情形。

对于集资诈骗罪中的非法占有目的，还应当区分情形进行具体认定。行为人部分非法集资行为具有非法占有目的的，对该部分非法集资行为所涉集资款以集资诈骗罪定罪处罚，对没有非法占有目的的其他部分的非法集资行为则按照非法吸收公众存款罪定罪处罚；非法集资共同犯罪中部分行为人具有非法占有目的，其他行为人没有非法占有集资款的共同故意和行为的，对具有非法占有目的的行为人以集资诈骗罪定罪处罚，对没有非法占有目的的行为人则按非法吸收公众存款罪定罪处罚。在案例 5－14 中，许某修和兰某禄在非法集资上属于共同犯罪，但因为许某修具有非法占有集资款的目的，对其认定为集资诈骗罪，而兰某禄没有非法占有集资款的目的，故对其认定为非法吸收公众存款罪。需要注意的是，由于许某修购买聚富源公司是为了便于实施骗取社会公众投资款的犯罪行为，且其在受让聚富源公司后就开始以通过聚富源公司投资河南宜阳力正新型建材有限公司的名义向不特定社会公众非法集资，以实施犯罪为主要活动，该公司除非法集资外，没有其他合法业务和收入，故法院未认定为单位犯罪，但即使如此，兰某禄作为聚富源公司的经理，召集业务员开会、督促业务员发传单及搞接待、给业务员定要求，并在搞不定客户时亲自向客户讲解，系全面负责公司日常管理工作的负责人，故需要对其在职期间在其管理控制下公司所吸收的所有款项承担责任。

◎案例 5－14①

场景回放

2014 年 5 月 26 日，许某修从杨某某受让聚富源公司并担任该公司法定代表人。随后该公司招聘了业务员、前台等工作人员，并进行了相关的业务培训。2014 年 6 月聚富源公司营业后，在未开展正常经营活动且未经依法批准的情况下，组织业务员以发放宣传单等形式，向社会公众宣传该公司为投资管理方，向虚构投资项目投资，并承诺月利率 1.5% 利息回报，吸纳群众投资。2014 年 6 月至 2015 年 2 月，该公司先后吸收了熊某某等多人投资款达 364.9 万元，该投资款最终流向许某修个人控制支配，许某修除将少部分用于支付被害人利息外，其余大部分用于支付公司收购款、偿还自身高额债务及向他人借款等，并未用于其所宣称的投资项目。案发前共计返还群众利息 218，889 元。

① 参见（2018）川 01 刑终 324 号刑事裁定书。

另外，2014年5月至10月，兰某禄受聘担任聚富源公司总经理，负责全面日常管理工作，在此期间该公司吸收公众存款278.7万元。后检察机关以许某修涉嫌集资诈骗罪，以兰某禄涉嫌非法吸收公众存款罪移送起诉。

审理结果

在庭审过程中，许某修提出其主观上不具有非法占有的目的，其行为不构成集资诈骗罪，而系非法吸收公众存款罪。兰某禄提出其主观上没有犯罪的故意，其仅系名义上的总经理，对公司没有实质意义上的管理控制权，不应将其任职期间聚富源公司吸收的所有金额认定为其犯罪金额，而应以其实际经手吸收的金额认定。但法院经审查认为，许某修以非法占有为目的，虚构投资项目及资金用途，以承诺支付高额利息为诱饵，向社会不特定公众非法集资，数额特别巨大，其行为已构成集资诈骗罪。兰某禄明知聚富源公司不具备从事吸收公众存款业务资格，仍帮助许某修经营、管理公司，安排公司人员向社会公众非法吸收存款，扰乱金融秩序，数额巨大，其行为已构成非法吸收公众存款罪。许某修在集资诈骗的部分共同犯罪中，收购聚富源公司，系该公司法定代表人及股东，确定该公司运作模式，虚构投资项目及资料，实际控制资金，起主要作用，系主犯；兰某禄在参与非法吸收公众存款的部分共同犯罪中，在许某修的安排、指使下管理公司，起次要作用，是从犯，依法予以从轻处罚。故判决：(1) 许某修犯集资诈骗罪，判处有期徒刑11年6个月，并处罚金人民币10万元；(2) 兰某禄犯非法吸收公众存款罪，判处有期徒刑1年10个月，并处罚金人民币2万元。

在司法实践中，不能仅凭集资款没有及时返还或已根本不可能偿还就推定行为人有非法占有集资款的目的，而应当认真分析行为人未偿还集资款的原因，若是因为实际存在的生产经营管理问题或市场行情变化引起集资款所建项目无法产生预期经济效益，一般不能认定行为人具有“非法占有的目的”。

（三）集资诈骗罪风险的追诉标准（How）

《刑法修正案（十一）》实施之前，集资诈骗罪以数额较大、数额巨大（严重情节）和数额特别巨大（特别严重情节）为标准划分了三个量刑档次，《刑法修正案（十一）》实施之后，仅以数额较大和数额巨大（严重情节）为标准划分为了两个量刑档次，原来数额较大的可以判处 5 年以下有期徒刑或拘役，而现在数额较大的需要判处 3～7 年有期徒刑，这意味着集资诈骗罪最低的刑期是 3 年有期徒刑，而不再是拘役，加大了对集资诈骗罪的刑事处罚，需要引起注意。《刑法修正案（十一）》实施之后尚未对数额较大和数额巨大的标准出台新的司法解释，2010 年 12 月 13 日最高人民法院《关于审理非法集资刑事案件具体应用法律若干问题的解释》中的数额标准仍可以作为参考（见表5－2）。

表 5－2 集资诈骗罪之前的量刑标准

类型	个人集资诈骗	单位集资诈骗
数额较大	10 万元以上	50 万元以上
数额巨大	30 万元以上	150 万元以上
数额特别巨大	100 万元以上	500 万元以上

集资诈骗的数额以行为人实际骗取的数额计算，案发前已归还的数额应予扣除。行为人为实施集资诈骗活动而支付的广告费、中介费、手续费、回扣，或者用于行贿、赠与等费用，不予扣除。行为人为实施集资诈骗活动而支付的利息，除本金未归还可予折抵本金以外，应当计入诈骗数额。

◎法律法规链接

◆《刑法》（2020 年修正）第 192 条

◆最高人民法院、最高人民检察院、公安部《关于办理非法集资刑事案件适用法律若干问题的意见》（2014 年 3 月 25 日实施）

◆最高人民法院《关于审理非法集资刑事案件具体应用法律若干问题的解释》（2011 年 1 月 4 日实施）

◆最高人民检察院、公安部《关于公安机关管辖的刑事案件立案追诉标准的规定（二）》（2010 年 5 月 7 日实施）第 49 条

◆最高人民法院《全国法院审理金融犯罪案件工作座谈会纪要》（2001 年 1 月 21 日实施）

◆《商业银行法》（2015 年修正）

◆《储蓄管理条例》（2011 年 1 月 8 日实施）

◆《非法金融机构和非法金融业务活动取缔办法》（2011 年 1 月 8 日实施）

第三章　企业融资中的刑事合规

一、证券融资中的刑事合规

（一）关注市场发展，合理利用证券融资

就公司、企业融资而言，相比于贷款融资和募集融资，证券融资具有一定的优势。例如，通过发行股票融资，筹集的资金具有永久性，没有到期日，不需要归还，且没有固定股利的负担，如果业绩和股票表现良好，还可以增发新股再次融资，获得持续发展的资金支持。再如，发行债券融资，公司、企业可以根据自身融资需求发行不同期限的产品，期限比较灵活，且不管发行人盈利状况如何，只需支付固定的利息，由于投资者结构比较广泛，不像贷款融资那么单一，所以融资规模可以更大，对于筹集到的资金，可以补充营运资金，也可以偿还银行贷款，或者进行项目投资，资金用途更广。但证券融资虽然有很多优势，但同样也存在劣势。例如，发行股票会导致股东持股比例下降，控制权被削弱，上市后会加大监管的力度及经营、商业等信息的披露的力度，另外上市还要付出一定的成本，而发行债券则存在一定的发行风险，因为我国债券市场相对不活跃，且面临利率风险较大。因此，公司、企业在利用证券进行融资时，要关注市场的发展，结合自身融资需求，合理选择融资途径。

（二）提高合规意识，认真审查发行条件

由于证券融资具有一定的优势，公司、企业都更愿意采用发行证券的方法进行融资，但证券发行对社会资金流动、固定资产投资规模、资源配置等方面都会产生影响，且涉及成千上万投资者的利益，为了维护社会公共利益和良好秩序，保障投资者利益，提高证券发行质量，促进证券市场健康有序发展，国

家对证券发行设置了严格的审批制度，无论是实行核准制还是注册制，都要求发行主体必须符合法定的条件规则和程序规则。由于我国法律对不同情形、不同类型的公司、企业发行股票、债券都作了不同的规定，发行条件和发行程序也略有区别。因此，公司、企业进行证券融资时，一定要提高合规意识，认真学习相关法律、法规，了解并掌握证券发行的法定条件和程序，然后对照自己公司、企业的实际情况，从各个方面，如主体资格、独立性、规范性、财务与会计、募集资金的运用等，衡量自己是否符合法定发行条件。在满足发行条件的前提下，还要严格按照法定的程序向有关主管机关报送审批，如果未经批准发行，则可能引发擅自发行股票、公司、企业债券罪的刑事风险；如果不符合发行条件而采用欺诈的方式发行，则可能引发欺诈发行证券罪的刑事风险。即使没有达到犯罪的程度，也可能面临严厉的行政处罚。比如，对于欺诈发行，即使是尚未发行证券，也要处以 200 万～2000 万元的罚款；对于已经发行证券的，则要处以非法所募集资金金额 10% 以上 1 倍以下罚款，相比于《证券法》修订之前最高 60 万元的罚款，处罚力度明显大幅度提高。因此，不管是从哪类法律风险来看，证券发行过程中都应当做好合规管理。

（三）加强内部管理，规范使用筹集资金

对于发行证券所筹集到的资金，必须按照招股说明书、债券募集办法或者其他公开发行募集文件所列资金用途进行使用，不得随意改变用途，如果要改变资金用途，必须经过股东大会或债券持有人会议作出决议。发行人擅自改变公开发行证券所筹集资金的用途的，除了不得公开发行新股或者不得再次发行债券外，还将遭受行政处罚，国家有关主管机关可以责令发行人改正，处以 50 万～500 万元的罚款；对直接负责的主管人员和其他直接责任人员也要给予警告，并处以 10 万～100 万元的罚款。在司法实践中，擅自改变资金用途除了会引发行政处罚外，还可能导致有关机关倒查招股说明书、债券募集办法或者其他公开发行募集文件所列的内容，如果认为所列资金用途存在隐瞒重要事实或者编造重大虚假内容，还有可能引发欺诈发行证券罪的刑事风险。因此，即使在通过证券发行成功募集到资金后，仍然需要加强内部管理，规范使用资金，不得擅自改变资金用途。

（四）防范违约风险，全面排查风险隐患

债券是发行人向债权人承诺在指定日期还本付息的有价证券，所以债券发行人应当按规定或约定完成债券付息、回售与兑付。在债券即将到期或回售之前，发行人就应及时做好兑付资金安排，做好存续期信用风险管理，避免发生实质违约或技术性违约。如出现不能按时还本付息或其他重大风险等情形，应制定风险预案，采取有效措施防范并化解可能影响偿债能力及还本付息的风险事项，及时披露违约风险化解和处置进展情况，保护债券持有人权益。此外，还要通过自查等方式，全面排查风险隐患，对于不合规的地方，及时采取整改、补救措施，这样可以避免不合规风险，避免产生严重损害后果，有利于防范刑事风险。

二、贷款融资中的刑事合规

公司、企业在进行贷款融资的过程中，要避免引发贷款诈骗罪，骗取贷款、票据承兑、金融票证罪，高利转贷罪的刑事风险，就要做到贷款融资中的刑事合规。一方面，要严格遵守《商业银行法》《贷款通则》等法律、法规中关于贷款方面的规定，严格按照法定条件和程序申请贷款，并按照约定的用途使用贷款，按照约定的利率、期限、方式归还贷款。另一方面，还要学习和掌握《刑法》中有关罪名的主体范围、行为界限和追诉标准，自觉规范贷款中的风险行为。在2006年6月29日之前，只有那些以非法占有贷款为目的，用虚构事实或隐瞒真相的方法，骗取银行或其他金融机构贷款的行为才会引发刑事风险；不具有非法占有的目的，因不符合贷款条件而采取欺骗手段取得贷款，意图通过贷款营利的行为，只需承担民事责任，不会引发刑事风险。但《刑法修正案（六）》实施之后，这类行为可能引发骗取贷款、票据承兑、金融票证罪的刑事风险。目前《刑法修正案（十一）》对该罪又作了调整，只打击那些对金融机构造成重大损失的骗贷行为，所以即使贷款过程中存在不合规的地方，但及时归还贷款，只要不造成重大损失，刑事风险仍然可以得到控制。可见，公司、企业及其管理人员在贷款融资中，不但要树立守法意识，还应当关注立法前沿，加强对相关领域法律、法规的学习，避免因法律变更或者不懂法律而引发刑事风险或丧失弥补机会。

与此同时，在贷款融资过程中，无论是贷款诈骗还是骗取贷款，或是高利转贷，一旦借款方引发以上刑事风险，作为贷款人的银行或者其他金融机构就可能会遭受严重经济损失的后果。因此，银行或者其他金融机构在接到贷款申请时应当严格审查，并严格按照法律、法规以及机构内部的规章制度发放贷款，避免被骗并遭受损失。目前我国对银行贷款业务也出台了相应的法律法规，明确要求贷款人在贷前、贷中和贷后都要建立有效风险管理机制，规范和推动贷款业务健康发展。公司、企业进行贷款融资，也应当了解相应的贷款环节和流程，以做好相应的合规工作。

（一）贷款申请

贷款申请是公司、企业进行贷款融资的第一步，也是最容易引发刑事风险的环节。公司、企业作为借款方，应当按照贷款方要求的方式和内容提出贷款申请，贷款申请的基本内容通常包括借款人名称、企业性质、经营范围、申请贷款的种类、期限、金额、方式、用途、用款计划、还本付息计划等。借款人应当根据贷款人要求如实提供相关资料，并承诺所提供材料真实完整，不得采用虚构事实、隐瞒真相等欺骗手段。如果以非法占有贷款为目的采用欺骗手段，可能引发贷款诈骗罪的风险；如果以占用贷款为目的采用欺骗手段，可能引发骗取贷款罪的风险；如果以转贷牟利为目的采用欺骗手段，则可能引发高利转贷罪的风险。因此，如实进行贷款申请，是控制和防范以上刑事风险的根本。

（二）受理与调查

贷款人受理贷款申请后，应落实具体的责任部门和岗位，履行尽职调查，并重点从以下三个方面入手：（1）借款人及其关系人的情况：借款人及其关系人的情况是指公司治理、领导人素质、行业地位、专业能力、企业资质、信用状况、财务状况、经营情况等。通过调查分析评定资信等级，评估项目效益和还本付息能力。（2）项目本身情况：项目本身情况是指项目的规模、技术水平、市场竞争力、政策合规性、环境影响、产品市场容量、潜在市场竞争等。（3）贷款担保情况：贷款担保情况包括但不限于对于担保的合法性，抵（质）押物价值及可变现能力等，并就具体贷款条件进行初步洽谈。

贷款人通过评估和调查，分析借款人的商业信誉和还贷能力，尽可能将贷款风险降到最低。“商业信誉”是指借款人在长期的经济交往活动中遵守信用，履行合约的社会评价。“还贷能力”是指借款人用资产偿还贷款的实际能力。无论是以非法占有还是占用贷款或是转贷牟利为目的，借款人都必须最终骗取银行或者其他金融机构的信任，这种信任，主要就是基于采用欺骗手段让贷款人误认为自己具有良好的商业信誉和还贷能力而产生的。借款人除了在提出贷款申请时应当如实提供相关材料，在贷款人进行贷前调查时也应当积极配合，无论是现场调查还是非现场调查，都应当根据要求如实回答贷款人的问题，如果贷款人要求补充提供材料的，也应当如实补充提供相关材料。

（三）风险评估

为了控制风险，银行一般会将尽职调查岗位与贷款风险评估岗位分离，先由尽职调查岗位人员对贷款申请进行调查并出具调查结论和初步贷款意见，再提交贷款风险评估岗位人员对借款人情况、项目情况、担保情况等进行审查，设置定量和定性的指标和标准，进行全面风险评估。风险评价隶属于贷款决策过程，是贷款风险管理中关键环节之一。因为有这个环节的存在，很多公司、企业担心贷款申请无法通过风险评估，把较高风险的项目编造为较低风险的项目，为引发刑事风险埋下了隐患。

（四）贷款审批

贷款人要按照“审贷分离，分级审批”的原则对贷款资金的投向、金额、期限、利率和其他内容进行最终决策。所谓“审贷分离”，是指贷款审批部门必须独立于贷款经营部门，所谓“分级审批”，根据业务量的大小、管理水平和贷款风险度确定各级分支机构的审批权限，超过审批权限的贷款，应当报上级审批。贷款审批环节是贷款程序中的把关环节，也是银行或者其他金融机构控制和防范遭受损失的关键环节。有的借款人为了成功获取贷款，会使用向相关审批岗位的人员进行行贿的方式，容易诱发行贿类犯罪的刑事风险。

（五）合同签订

贷款人审批决定发放贷款后，应当与借款人签订借款合同。合同是记载当事人权利义务的重要法律凭证。借款合同应当约定借款种类，借款用途、金额、利率，借款期限，还款方式，借贷双方的权利、义务，违约责任和双方认为需要约定的其他事项。在借款合同中，借款人需要承诺申请贷款材料信息的真实有效、承诺贷款的真实用途、承诺贷款资金的支付方式及承诺借贷双方的权利义务。如果借款人在之前的贷款申请资料中存在不实内容，在这个环节还可以及时纠正，避免进一步扩大风险。

（六）贷款发放

银行必须贷放分控、实贷实付。从国际经验来看，银行都有独立的放款部门，这些部门完全独立于贷款调查、审批部门，对贷款使用和发放的合规性与借款合同是否相符独立负责，且通常与贷款调查和审批部门的分管领导分开。这种做法的主要目的就是确保贷款的批准和实际发放、支用环节分别得到有效控制和科学制衡。按照信贷“三个办法一个指引”对发放和支付管理的要求，在贷款发放和支付的过程中仍有一定的审核工作量，需要对发放条件进行审核。

（七）贷款支付

为了监控贷款按用途使用，贷款人通过贷款人受托支付或借款人自主支付的方式对贷款资金的支付进行管理与控制。贷款人设立独立的责任部门或岗位，负责贷款支付审核和支付操作。采用贷款人受托支付的，贷款人应审核交易资料是否符合合同约定条件，在审核通过后将贷款资金通过借款人账户支付给借款人交易对象；采用借款人自主支付的，贷款人应要求借款人定期汇总报告贷款资金支付状况，并通过账户分析、凭证查验、现场调查等方式核查贷款支付是否符合约定用途。如果借款人未按照约定用途使用资金，将资金转到其他项目或者转贷给他人或者进行挥霍的，就有可能引发相应的刑事风险。所以，做到资金使用合规，才能防范相应的风险。

（八）贷后管理

贷后管理是控制风险、防止不良贷款发生的重要一环。通过加强贷后管理，一方面有助于精确甄别客户的风险度，提升资产质量，是防范风险的重要屏障。另一方面有助于及时根据行业和客户不利变化采取应对措施，贷后管理要求针对借款人所属行业及经营特点通过定期与不定期的现场检查与非现场监测，分析借款人经营、财务、信用、支付、担保及融资数量和渠道变化等情况，监测贷款资金的用途及流向，适时掌握各种影响借款人偿债能力的风险因素及有可能导致贷款资金出现违约的因素。贷后管理要覆盖贷款审批之后的整个流程，包括贷款重组、贷款转让和贷款回收。银行为实施有效的贷后管理，需要建立贷款质量监控制度、贷款风险预警体系及贷后动态监测和重估制度；借款人现金流出异常的，要控制借款人的资金支付；贷款人要参与借款人的贷款重组，维护贷款人的债权。

（九）回收与处置

贷款回收与处置直接关系银行预期收益的实现和资金的安全，贷款到期后按合同约定足额归还本息，是借款人履行借款合同、维护信用关系当事人各方权益的基本要求。银行应提前提示借款人到期还本付息，对于确因借款人暂时经营困难不能按期还款的贷款人可与借款人协商贷款重组；对于不良贷款，贷款人要按照有关规定和方式予以保全处置。这个环节也是借款人最容易引发刑事风险的环节。因为在实践中，无论是贷款诈骗罪、骗取贷款罪还是高利转贷罪，一般都是由于借款人不能按照借款合同的规定按时足额归还贷款本息而引发的。如果借款人能够按时、足额地归还贷款，一般不会引发相关的刑事风险。

三、募集融资中的刑事合规

相比于证券融资和贷款融资，公司、企业从社会直接募集资金属于民间借贷，不用像证券融资那样受国家有关管理机关的审批，也不用像贷款融资那样受银行等金融机构层层部门的审查。但公司、企业如果是向社会不特定公众公开进行募集资金，性质就产生了变化，属于集资行为，应当经国家有关部门的批准，《刑法修正案（十一）》对非法吸收公众存款罪和集资诈骗罪都大幅度加大了处罚力度，将非法吸收公众存款罪的最高刑期从 10 年有期徒刑提高到了 15 年有期徒刑，将集资诈骗罪最低的刑期从拘役提高到了 3 年有期徒刑。因此，在募集融资中做好刑事合规，对企业或者企业家来说是非常必要的。

（一）确保融资主体的合法性

对于募集融资中最容易引发的两个罪名，无论是非法吸收公众存款罪还是集资诈骗罪，单位犯罪立案和量刑的标准都比自然人犯罪要高，一般是自然人犯罪的5倍，如个人非法吸收公众存款20万元的达到立案标准，而单位非法吸收公众存款100万元的才达到立案标准；如个人集资诈骗10万元的达到立案标准，而单位集资诈骗50万元的才达到立案标准。因此，在被指控为自然人犯罪的集资案件中，很多公司、企业人员以案件系单位犯罪作为一个重要的辩护理由。但在司法实践中，这类的辩护理由有时没有被采纳，主要原因是作为融资主体的公司、企业在成立后并未开展其他合法业务，却以非法集资为主要活动，或者作为融资主体的公司、企业就是为了进行非法集资活动而设立的。因此，公司、企业在进行融资时，首先要保障其主体的合法性，即为了合法目的而依法设立且设立后开展过合法经营活动。这是募集融资中刑事合规的第一步，虽然还不能完全避免引发刑事风险，但至少在引发刑事风险时，为公司、企业利益进行融资的个人无须承担自然人犯罪的责任，可以降低一部分刑事风险。

（二）避免公开向社会公众募资

集资类犯罪最本质的特征就是向社会不特定公众进行集资，在募资的方式上采用了通过媒体、推介会、传单、手机短信等途径向社会公开宣传，在募资的对象上针对社会不特定公众。如果没有采用公开的方式，也没有针对社会不特定公众，则不会引发非法吸收公众存款罪或集资诈骗罪的风险，即使未能及时归还相关款项，也只能成为民间借贷纠纷或相关领域的合同纠纷。因此，公司、企业在进行募集融资的过程中，一定要避免公开向社会公众募资，将募集限定在特定范围内，如亲友或者单位内部职工，但如果明知亲友或者单位内部人员向不特定对象募集资金而予以放任，就又具有了公开性和不特定性，仍然会引发刑事风险。还有为了规避不特定性，将社会人员吸收为单位内部人员进行募资的，属于以合法形式掩盖非法目的，也无法规避刑事风险。

（三）杜绝使用诈骗手段募资

公司、企业在募集融资过程中，融资的理由、项目或者所融资金的投向应当真实，不得虚构事实或者隐瞒真相，让投资者在未受到欺骗的情况下作出投资决策，否则就可能引发相应的刑事风险。对于募得的资金，还要依约合理使用，如果没有投入生产经营或相关项目，而是挥霍或者携款逃匿或者采用其他手段逃避归还资金的，就有可能构成集资诈骗罪，集资诈骗罪的量刑要重于非法吸收公众存款罪。因此，对于募集融资所获得的资金，应当及时记录资金使用用途，即使引发刑事风险，也能提供相关证据证明没有非法占有目的，避免陷入量刑较重的集资诈骗罪的风险中。

第六篇

市场运作要得当

——助企业发展一臂之力

第一章　市场运作中的风险提示

公司、企业的生存和发展，离不开对市场的开发和运营，如何收集市场信息，如何进行广告宣传，如何与他人签订并履行合同，如何评价竞争对手，以及如何开展经营活动，是公司、企业市场运作的核心。但无论是创业初期的野蛮生长，还是做大做强后的持续经营，公司、企业要生存、要发展，都必须平衡好市场运作与国家的市场监管间的关系，如果违反了相关法规，扰乱了社会秩序和市场经济秩序，就可能引发相应的刑事法律风险。

一、信息类犯罪

（一）侵犯公民个人信息罪

<table>
<tr><th colspan="2">依据</th><th colspan="2">罪状</th><th>法定刑</th></tr>
<tr><td rowspan="3">《刑法》</td><td rowspan="2">第 253 条之一第 1 款、第 3 款</td><td rowspan="2">1. 违反国家有关规定，向他人出售或者提供公民个人信息；
2. 窃取或者以其他方法非法获取公民个人信息的</td><td>情节严重的</td><td>处 3 年以下有期徒刑或者拘役，并处或者单处罚金</td></tr>
<tr><td>情节特别严重的</td><td>处 3 ~ 7 年有期徒刑，并处罚金</td></tr>
<tr><td>第 253 条之一第 2 款</td><td colspan="2">违反国家有关规定，将在履行职责或者提供服务过程中获得的公民个人信息，出售或者提供给他人的</td><td>从重处罚</td></tr>
</table>

（二）侵犯商业秘密罪

依据		罪状		法定刑
《刑法》	第 219 条第 1 款	有下列侵犯商业秘密行为之一：1. 以盗窃、贿赂、欺诈、胁迫、电子侵入或者其他不正当手段获取权利人的商业秘密的；2. 披露、使用或者允许他人使用以前项手段获取的权利人的商业秘密的；3. 违反保密义务或者违反权利人有关保守商业秘密的要求，披露、使用或者允许他人使用其所掌握的商业秘密的	情节严重的	处 3 年以下有期徒刑或者拘役，并处或者单处罚金
			情节特别严重的	处 3 ~ 10 年有期徒刑，并处罚金
	第 219 条第 2 款	明知前款所列行为，获取、披露、使用或者允许他人使用该商业秘密的	以侵犯商业秘密论	

（三）为境外窃取、刺探、收买、非法提供商业秘密罪

依据		罪状		法定刑
《刑法》	第 219 条之一	为境外的机构、组织、人员窃取、刺探、收买、非法提供商业秘密		处 5 年以下有期徒刑，并处或者单处罚金
			情节严重的	处 5 年以上有期徒刑，并处罚金

二、合同类犯罪

（一）合同诈骗罪

依据		罪状		法定刑
《刑法》	第 224 条	有下列情形之一，以非法占有为目的，在签订、履行合同过程中，骗取对方当事人财物：1. 以虚构的单位或者冒用他人名义签订合同的；2. 以伪造、变造、作废的票据或者其他虚假的产权证明担保的；3. 没有实际履约能力，以先履行小额合同或者部分履行合同的方法，诱骗对方当事人继续签订和履行合同的；4. 收受对方当事人给付的货物、货款、预付款或者担保财产后逃匿的；5. 以其他方法骗取对方当事人财物的	数额较大的	处 3 年以下有期徒刑或者拘役，并处或者单处罚金
			数额巨大或者有其他严重情节的	处 3 ~ 10 年有期徒刑，并处罚金
			数额特别巨大或者有其他特别严重情节的	处 10 年以上有期徒刑或者无期徒刑，并处罚金或者没收财产

（二）签订、履行合同失职被骗罪

依据		罪状		法定刑
《刑法》	第 167 条	国有公司、企业、事业单位直接负责的主管人员，在签订、履行合同过程中，因严重不负责任被诈骗	致使国家利益遭受重大损失的	处 3 年以下有期徒刑或者拘役
			致使国家利益遭受特别重大损失的	处 3 ~ 7 年有期徒刑

三、宣传类犯罪

（一）虚假广告罪

依据		罪状		法定刑
《刑法》	第 222 条	广告主、广告经营者、广告发布者违反国家规定，利用广告对商品或者服务作虚假宣传	情节严重的	处 2 年以下有期徒刑或者拘役，并处或者单处罚金

（二）损害商业信誉、商品声誉罪

依据		罪状		法定刑
《刑法》	第221条	捏造并散布虚伪事实，损害他人的商业信誉、商品声誉	给他人造成重大损失或者有其他严重情节的	处2年以下有期徒刑或者拘役，并处或者单处罚金

四、经营类犯罪

（一）非法经营罪

依据		罪状		法定刑
《刑法》	第225条	违反国家规定，有下列非法经营行为之一，扰乱市场秩序：1. 未经许可经营法律、行政法规规定的专营、专卖物品或者其他限制买卖的物品的；2. 买卖进出口许可证、进出口原产地证明以及其他法律、行政法规规定的经营许可证或者批准文件的；3. 未经国家有关主管部门批准非法经营证券、期货、保险业务的，或者非法从事资金支付结算业务的；4. 其他严重扰乱市场秩序的非法经营行为	情节严重的	处5年以下有期徒刑或者拘役，并处或者单处违法所得1~5倍罚金
			情节特别严重的	处5年以上有期徒刑，并处违法所得1~5倍罚金或者没收财产

（二）组织、领导传销活动罪

依据		罪状		法定刑
《刑法》	第224条之一	组织、领导以推销商品、提供服务等经营活动为名，要求参加者以缴纳费用或者购买商品、服务等方式获得加入资格，并按照一定顺序组成层级，直接或者间接以发展人员的数量作为计酬或者返利依据，引诱、胁迫参加者继续发展他人参加，骗取财物，扰乱经济社会秩序的传销活动的		处5年以下有期徒刑或者拘役，并处罚金
			情节严重的	处5年以上有期徒刑，并处罚金

（三）强迫交易罪

依据		罪状		法定刑
《刑法》	第 226 条	以暴力、威胁手段，实施下列行为之一：1. 强买强卖商品的；2. 强迫他人提供或者接受服务的；3. 强迫他人参与或者退出投标、拍卖的；4. 强迫他人转让或者收购公司、企业的股份、债券或者其他资产的；5. 强迫他人参与或者退出特定的经营活动的	情节严重的	处 3 年以下有期徒刑或者拘役，并处或者单处罚金
			情节特别严重的	处 3 ~ 7 年有期徒刑，并处罚金

（四）串通投标罪

依据		罪状		法定刑
《刑法》	第 223 条第 1 款	投标人相互串通投标报价，损害招标人或者其他投标人利益	情节严重的	处 3 年以下有期徒刑或者拘役，并处或者单处罚金
	第 223 条第 2 款	投标人与招标人串通投标，损害国家、集体、公民的合法利益的		依照前款的规定处罚

第二章　市场运作中的风险分析

第一节　信息类犯罪的风险

风险提示

△公司、企业通过 APP 等渠道收集用户个人信息然后提供给其他人没有刑事风险?

△可以随意使用网络爬虫采集的数据信息吗?

△客户信息被窃取，如何迅速、有效地通过法律途径制止不法侵害，维护自身利益?

△员工私自对外提供工作中获悉的公民个人信息，是员工个人的事，单位不用承担责任?

△员工擅自使用前雇主的商业秘密，现雇主不用承担责任?

一、侵犯公民个人信息的风险

◎案例 6－1[①]

场景回放

2016 年 3 月，陈某某（已判决）注册成立浙江感恩公司，设置“套路”，以网络“借贷”之名骗取他人财产，并通过他人对“逾期”未还款人员强行索债。其公司话务部、审核部、财务部、催收部等部门成员组成恶势力犯罪集团，各成员之间分工明确，配合严密，共同实施诈骗、敲诈勒索、侵犯公民个

① 参见（2019）浙 0602 刑初 151 号刑事判决书。

人信息等犯罪活动。以陈某某为首的犯罪集团先后向数万人实施诈骗、敲诈勒索行为，造成众多被害人正常家庭、生活秩序受到影响。

2017 年 7 月，被告人阮某豪、薛某卫等人出资成立上海显佳公司，被告人阮某豪系显佳公司股东及法定代表人，负责公司总体经营，被告人薛某卫亦系显佳公司股东之一，负责公司内部管理。显佳公司在未依法取得网络现金贷款资质，亦不实际从事借贷业务的情况下，先后上线运营“借来花”和“掌上花”APP，对外以提供网络借贷为名，并付费通过第三方进行网络推广，吸引具有借贷需求的被害人在 APP 上注册、提交个人信息数据或授权其查询、获取个人信息数据，后被告人阮某豪等人将收集的被害人个人信息数据保存于网络服务器，并开放端口有偿提供给实施网络套路贷业务的前述陈某某等恶势力犯罪集团使用，被告人阮某豪等人据此从陈某某处获利人民币 230 余万元。至案发，“借来花”“掌上花”APP 后台数据库中记录有包括前述被害人梁某在内的 170 余万人的注册信息。在显佳公司运营过程中，被告人宋某军系技术总监，被告人高某艺系运营总监，被告人王某主管客服工作，被告人钱某、金某、曲某锋均作为运营人员负责推广显佳公司运营的 APP，被告人胡某、吴某林、汪某、吴某龙、张某荣、陆某杰、陈某、崔某彬、侯某波、杨某波、龚某均作为技术人员负责显佳公司运营 APP 的开发、维护工作。上述被告人在工作过程中对显佳公司不具有网络现金贷款资质、不实际从事借贷业务以及大量收集公民个人信息数据的事实均有明确的认知。

审理结果

法院审理认为，被告人阮某豪、薛某卫、宋某军、高某艺、钱某、胡某、吴某林、汪某、吴某龙、王某、张某荣、陆某杰、陈某、崔某彬、曲某锋、金某、侯某波、杨某波、龚某违反国家规定，非法获取公民个人信息并有偿提供给他人使用，情节特别严重，其行为均已构成侵犯公民个人信息罪。据此判决：被告人阮某豪犯侵犯公民个人信息罪，判处有期徒刑 6 年，并处罚金人民币 200 万元；被告人薛某卫犯侵犯公民个人信息罪，判处有期徒刑 5 年 10 个月，并处罚金人民币 150 万元；其他被告人犯侵犯公民个人信息罪，分别被判处有期徒刑 2 年 6 个月到 3 年 6 个月，并处罚金人民币 8 万元到 20 万元。

（一）侵犯公民个人信息罪的主体范围（Who）

1. 自然人和单位

侵犯公民个人信息罪系《刑法修正案（九）》新修订的罪名，此前相关行为分别由出售、非法提供公民个人信息罪和非法获取公民个人信息罪两个罪名调整，现已合并为一。根据《刑法》的规定，本罪是一般主体，且既可以是个人犯罪，也可以是单位犯罪，即任何公司、企业或者其他组织、个人，均可能构成本罪。而通过最高人民法院裁判文书网上公布的2015年至2019年的4000余份刑事判决文书来看，侵犯公民个人信息主要涉及金融、电信、交通、教育、医疗、网络购物、物流快递、房产以及保险等多个领域，上述行业本身掌握了大量的公民信息，并且有利用客户信息进行市场推广及通过大数据等对客户征信等进行核验的需求，因此，相关公司、企业容易成为本罪的侵害对象或者犯罪主体，作为侵害对象是所保存的用户数据被泄露，作为犯罪主体是非法获取、出售、提供公民的个人信息，其中金融信贷、教育医疗等行业较为突出。虽然《刑法》及相关的司法解释对于个人犯罪与单位犯罪在定罪量刑上未作区分，但由于金融机构信用评级、上市公司信息披露等因素的影响，区分公司犯罪、公司的分支机构或内设部门犯罪以及个人犯罪仍有重要的意义，前两者属单位犯罪，后者为个人犯罪。

单位成立侵犯公民个人信息犯罪，应当满足以下四个条件：一是侵犯公民个人信息的犯罪是以单位的名义实施的，这与公司、企业的法定代表人为公司利益而以个人名义实施的行为相区分；二是出售、非法提供公民个人信息或非法获取公民个人信息是单位集体意志的体现，是由公司的负责人或领导层决策并实施的，或经过其许可，这与公司、企业的员工乃至于分支机构、内设部门擅自实施的犯罪行为相区分；三是侵犯公民个人犯罪的收益归于单位，这与公司、企业领导层或全体成员集体决策，假借公司、企业的名义实施犯罪，但犯罪所得由参与人员自行私分的情形相区分；四是该公司、企业不是为了实施违法犯罪活动而专门设立的或者以违法犯罪行为为其主要经营手段，案例6-1中的显佳公司之所以未被认定为单位犯罪，系因该公司所从事的就是非法获取公民个人信息并有偿提供给他人的非法业务，即使其满足前三个条件，也不能认定为单位犯罪。

需要注意的是，与民商事领域中公司、企业不具有独立法人资格的分支机构或者内设机构、部门不能对外独立承担民事责任不同，假如该分支机构或者内设机构、部门独自实施的侵犯公民个人信息行为，且犯罪所得归分支机构或者内设机构、部门所有，即使没有可供执行罚金的财产，根据最高人民法院《全国法院审理金融犯罪案件工作座谈会纪要》和最高人民检察院《关于办理涉互联网金融犯罪案件有关问题座谈会纪要》的规定，也应当以单位犯罪追究该分支机构或者内设机构、部门的刑事责任；而对于不知情的上级单位，则不构成单位犯罪。公司、企业不具有独立法人资格的分支机构或者内设机构、部门能单独成立单位犯罪，这对于严格区分责任主体，避免刑事打击面过度扩张具有重要作用。

2. 公司、企业的股东、高级管理人员及普通员工

根据《刑法》的规定，单位犯罪的，应当追究其直接负责的主管人员和其他直接责任人员的刑事责任，而即使未被认定为单位犯罪的，也应当根据各行为人在犯罪中的具体作用、地位而追究刑事责任。因此，公司、企业中的股东、高级管理人员以及普通员工，根据其各自在公司中的权限、地位不同，而承担不同的法律风险。

首先，关于股东。公司、企业的股东是公司、企业的出资人，也是其名义上的所有者，是能够通过股权对公司实施控制的人。但是，由于现代公司制度下企业经营权与所有权的分离，股东并不因其持有的股份而必然参与公司的经营管理。由于《刑法》秉持无过错则无责任的追责原则，故只有实际参与了公司的决策、实施了违法犯罪行为的股东，才会因为其对公司行为负有过错而承担刑事责任；而如果某股东仅参与分红但并不参与实际的经营、管理，即使其是该公司、企业的大股东，其也因为在公司的经营管理中不具有过错而不必承担刑事责任，但是，如果该股东是公司的控股股东，且知道公司实施了侵犯公民身份信息的行为，则可能会因默许、不作为而被追究刑事责任。

其次，关于高级管理人员。公司、企业的高级管理人员根据股东大会的决议或公司章程等的授权而直接参与到企业经营、管理之中，并全部或部分地对公司事务享有决策权。如企业的董事长、副总经理对公司的全部业务负责，公司的董事、副总经理对其分管的业务负责。而董事会、总经理办公会等又对公司的业务集体负责。因此，公司、企业实施了侵犯公民个人信息的犯罪，通常

会以直接负责的主管人员的身份，追究上述人员的刑事责任，即使未认定为单位犯罪的，相关的管理人员也会以个人犯罪而被追责。需要说明的是，公司、企业的高级管理人员违背股东大会决议、超出公司章程授权而实施的违法犯罪行为，通常不阻却其单位犯罪的成立。

最后，普通员工。一方面，公司、企业的普通员工根据其管理权限而区分为管理岗和非管理岗，其中，管理岗通常被视为企业高级管理人员的延伸，是公司、企业的骨干力量，对于公司的运营、违法犯罪行为的实施具有显著的帮助作用，司法实践中通常以其他直接责任人员的身份追究其刑事责任，如案例6－1中的被告人宋某军、高某艺、王某三人，分别作为显佳公司的技术总监、运营总监和客服主管而追究刑事责任，且责任要重于非管理岗的工作人员。另一方面，因为与违法犯罪行为的关联性大小，司法机关也会对各部门、各岗位作区别对待，如案例6－1中的运营人员和技术人员，分别负责涉案APP的推广和技术支持，对侵犯公民个人信息犯罪的实施有重要帮助作用，两部门中的所有人员均被追究刑事责任；而客服部则只追究了其主管王某，对于其他的普通客服人员，司法机关认为其仅提供简单的机械劳务，犯罪情节显著轻微而未作刑事处理。

（二）侵犯公民个人信息罪的行为界限（What）

1. 行为对象

根据2017年最高人民法院、最高人民检察院《关于办理侵犯公民个人信息刑事案件适用法律若干问题的解释》（以下简称《公民信息解释》）第1条的规定，侵犯公民个人信息罪的行为对象是以电子或者其他方式记录的能够单独或者与其他信息结合识别特定自然人身份或者反映特定自然人活动情况的各种信息，包括姓名、身份证件号码、通信通讯联系方式、住址、账号密码、财产状况、行踪轨迹等。上述信息应当具有可识别性，可以与具体个人相关联，如果信息经过处理无法识别特定个人且不能复原的，则不属于本罪的行为对象。

根据上述信息的敏感程度不同，又可以分为三个等级：（1）高度敏感信息，包括能够个人的行踪轨迹、通信内容、征信信息、财产信息等，上述信息通常与公民的人身安全、财产安全直接相关；（2）普通敏感信息，包括住宿信息、通讯记录、健康生理信息和交易信息等其他可能影响人身、财产安全的个人信息；(3) 一般信息，除前述敏感信息以外的其他信息，如姓名、电话、房产、车辆等。因信息的敏感程度不同，刑法的保护力度也并不相同。

2. 行为前提

本罪属行政犯，根据《公民信息解释》第 2 条的规定，只有违反法律、行政法规、部门规章有关公民个人信息保护的规定的，才能构成侵犯公民个人信息罪。相关的法律、行政法规和规章包括《民法典》《网络安全法》《居民身份证法》《护照法》《消费者权益保护法》《执业医师法》《律师法》《社会救助暂行办法》《规范互联网信息服务市场秩序若干规定》《信息安全技术公共及商用服务信息系统个人信息保护指南》《征信业管理条例》《快递暂行条例》《通信短信息服务管理规定》《网络预约出租汽车经营服务管理暂行办法》《网络借贷信息中介机构业务活动管理暂行办法》等。如果是合法的收集并使用公民个人信息，则不构成本罪。

3. 行为手段

根据《刑法》的规定，侵犯公民个人信息包括两个层面：一是通过窃取或其他方法非法获取公民个人信息；二是违反国家有关规定，向他人出售或者提供公民个人信息，也就是说，在公民个人信息的“进口”和“出口”两端，只要一端违反国家的有关规定，即可能构成本罪。

(1) 非法获取公民个人信息

非法获取公民个人信息，是指违反国家的有关规定，通过窃取、购买、收受、交换等方式获取公民个人信息，或者在履行职责、提供服务过程中收集公民个人信息。我国实际上并不禁止通过合法的手段获取公民个人信息，根据《网络安全法》等的有关规定，收集、使用个人信息，应当遵循合法、正当、必要的原则，公开收集、使用规则，明示收集、使用信息的目的、方式和范围，并经被收集者同意，且不得收集与其提供的服务无关的个人信息，违反上述规定的，即构成非法获取公民个人信息。而根据 2019 年国家互联网信息办公室、工业和信息化部、公安部、市场监管总局发布的《App 违法违规收集使用个人信息行为认定方法》，对于利用 App 等程序、软件非法收集公民个人信息作了细化说明，实施下列行为之一的，即属非法获取公民个人信息：

其一，未公开收集使用规则，包括在 App 中没有隐私政策，或者隐私政策中没有收集使用个人信息规则；在App首次运行时未通过弹窗等明显方式提示用户阅读隐私政策等收集使用规则；隐私政策等收集使用规则难以访问，如进入App主界面后，需多于4次点击等操作才能访问到；隐私政策等收集使用规则难以阅读，如文字过小过密、颜色过淡、模糊不清，或未提供简体中文版等。

其二，未明示收集使用个人信息的目的、方式和范围，包括未逐一列出App（包括委托的第三方或嵌入的第三方代码、插件）收集使用个人信息的目的、方式、范围等；收集使用个人信息的目的、方式、范围发生变化时，未以适当方式通知用户，适当方式包括更新隐私政策等收集使用规则并提醒用户阅读等；在申请打开可收集个人信息的权限，或申请收集用户身份证号、银行账号、行踪轨迹等个人敏感信息时，未同步告知用户其目的，或者目的不明确、难以理解；有关收集使用规则的内容晦涩难懂、冗长烦琐，用户难以理解，如使用大量专业术语等。

其三，未经用户同意收集使用个人信息，包括征得用户同意前就开始收集个人信息或打开可收集个人信息的权限；用户明确表示不同意后，仍收集个人信息或打开可收集个人信息的权限，或频繁征求用户同意、干扰用户正常使用；实际收集的个人信息或打开的可收集个人信息权限超出用户授权范围；以默认选择同意隐私政策等非明示方式征求用户同意；未经用户同意更改其设置的可收集个人信息权限状态，如App更新时自动将用户设置的权限恢复到默认状态；利用用户个人信息和算法定向推送信息，未提供非定向推送信息的选项；以欺诈、诱骗等不正当方式误导用户同意收集个人信息或打开可收集个人信息的权限，如故意欺瞒、掩饰收集使用个人信息的真实目的；未向用户提供撤回同意收集个人信息的途径、方式；违反其所声明的收集使用规则，收集使用个人信息。

其四，违反必要原则，收集与其提供的服务无关的个人信息，包括收集的个人信息类型或打开的可收集个人信息权限与现有业务功能无关；因用户不同意收集非必要个人信息或打开非必要权限，拒绝提供业务功能；App新增业务功能申请收集的个人信息超出用户原有同意范围，若用户不同意，则拒绝提供原有业务功能，新增业务功能取代原有业务功能的除外；收集个人信息的频度等超出业务功能实际需要；仅以改善服务质量、提升用户体验、定向推送信息、研发新产品等为由，强制要求用户同意收集个人信息；要求用户一次性同意打开多个可收集个人信息的权限，用户不同意则无法使用。

其五，未按法律规定提供删除或更正个人信息功能或未公布投诉、举报方式等信息，包括未提供有效的更正、删除个人信息及注销用户账号功能；为更正、删除个人信息或注销用户账号设置不必要或不合理条件；虽提供了更正、删除个人信息及注销用户账号功能，但未及时响应用户相应操作，需人工处理的，未在承诺时限内（承诺时限不得超过15个工作日，无承诺时限的，以15个工作日为限）完成核查和处理；更正、删除个人信息或注销用户账号等用户操作已执行完毕，但App后台并未完成的；未建立并公布个人信息安全投诉、举报渠道，或未在承诺时限内（承诺时限不得超过15个工作日，无承诺时限的，以15个工作日为限）受理并处理的。

（2）非法出售、提供公民个人信息

根据《网络安全法》的规定，合法提供公民个人信息包括两种情形：一是经得被收集者同意；二是做匿名化处理，剔除信息的可识别性。不符合上述两种情形的，属于违反国家有关规定，出售或者向特定人提供公民个人信息，以及通过信息网络等途径发布公民个人信息的，属于非法出售、提供公民个人信息。本项包括三种行为方式：

其一，非法获取的公民个人信息再向他人出售或提供的。非法获得的公民个人信息，即使自身用于合法的经营活动，也依然可能构成侵犯公民个人信息罪，如果再向他人出售或提供的，举轻以明重，同样属于侵犯公民个人信息。

其二，合法获取的公民个人信息向特定人出售、提供或通过信息网络等途径发布公民个人信息的。前者向特定人出售、提供，主要是指向利用公民个人信息实施违法犯罪的特定人员出售、提供公民个人信息；后者则主要是指向不特定的对象公开发布公民个人信息，如“人肉搜索”案件中，行为人未经权利人同意即将其姓名、身份证号、照片、居住地址、通讯方式、生活细节等个人信息公布于众，对权利人的工作、生活造成恶劣影响，甚至可能为不法分子所利用。

其三，合法取得的公民个人信息未经公民同意或超出授权范围而向他人出售、提供。根据《App违法违规收集使用个人信息行为认定方法》的规定，具体包括：既未经用户同意，也未做匿名化处理，App客户端直接向第三方提供个人信息，包括通过客户端嵌入的第三方代码、插件等方式向第三方提供个人信息；既未经用户同意，也未做匿名化处理，数据传输至App后台服务器后，向第三方提供其收集的个人信息；App接入第三方应用，未经用户同意，向第三方应用提供个人信息。

区分第二种、第三种行为方式的意义在于，虽然公民个人在理论上不可能同意将其个人信息提供给他人用于犯罪，但是在实践中，部分人员迫于经济压力、急需资金周转或其他原因，可能会授权同意P2P平台等向第三方提供自己的个人信息，而这样的授权行为容易给“套路贷”等犯罪分子可乘之机，如案例6-1中，有借贷需求的被害人在显佳公司的“借来花”和“掌上花”App上注册、提交个人信息数据，并在形式上取得了被害人的授权，但被告人阮某豪将所获取的信息转卖给实施“套路贷”的陈某某团伙，因此无须再考察其获取授权合法性或是否作技术处理，在“出口端”上的违法直接构成侵犯公民个人信息罪。

（三）侵犯公民个人信息罪的追诉标准（How）

根据《刑法》的规定，本罪属于“情节犯”，只有情节严重的才构成本罪，根据《公民信息解释》第5条、第6条的规定，其情节严重的标准如下：

1. 非法获取、出售或者提供公民个人信息的，以下情节属情节严重：(1) 出售或者提供行踪轨迹信息，被他人用于犯罪的；(2) 知道或者应当知道他人利用公民个人信息实施犯罪，向其出售或者提供的；(3) 非法获取、出售或者提供行踪轨迹信息、通信内容、征信信息、财产信息50条以上的；(4) 非法获取、出售或者提供住宿信息、通信记录、健康生理信息、交易信息等其他可能影响人身、财产安全的公民个人信息500条以上的；(5) 非法获取、出售或者提供第三项、第四项规定以外的公民个人信息5000条以上的；(6) 数量未达到第三项至第五项规定标准，但是按相应比例合计达到有关数量标准的；(7) 违法所得5000元以上的；(8) 将在履行职责或者提供服务过程中获得的公民个人信息出售或者提供给他人，数量或者数额达到第三项至第七项规定标准一半以上的；(9) 曾因侵犯公民个人信息受过刑事处罚或者2年内受过行政处罚，又非法获取、出售或者提供公民个人信息的；(10) 其他情节严重的情形。

2. 对于为合法经营活动而购买公民个人一般信息的，且未非法出售或提供给他人的，以下情节属情节严重：（1）利用非法购买、收受的公民个人信息获利5万元以上的；（2）曾因侵犯公民个人信息受过刑事处罚或者2年内受过行政处罚，又非法购买、收受公民个人信息的；（3）其他情节严重的情形。

案例6-1中，被告人阮某豪等人非法获取公民个人信息170万余条，并出售给他人用于犯罪，已经严重超出本罪的追诉标准，故法院以侵犯公民个人信息罪追究其刑事责任。

◎**法律法规链接**

◆《刑法》（2020年修正）第253条之一

◆最高人民法院《全国法院审理金融犯罪案件工作座谈会纪要》（2001年1月21日实施）

◆最高人民检察院公诉厅《关于办理涉互联网金融犯罪案件有关问题座谈会纪要》（2017年6月2日实施）第24条

◆最高人民法院、最高人民检察院《关于办理侵犯公民个人信息刑事案件适用法律若干问题的解释》（2017年6月1日实施）

◆《网络安全法》第41～46条、第64条、第76条

◆国家互联网信息办公室、工业和信息化部、公安部、市场监管总局《App违法违规收集使用个人信息行为认定方法》（2019年11月28日实施）

二、侵犯商业秘密的风险

在公司、企业收集市场信息的过程中，有可能会涉及其他公司、企业的商业秘密，容易引发侵犯商业秘密罪的刑事风险。尤其是公司、企业在社会招聘的过程中，如果招募到竞争对手公司的离职人员，若聘用的离职人员在为企业工作的过程中使用了上家的商业秘密，就容易给企业带来侵犯商业秘密的法律风险。由于侵犯商业秘密罪的主体范围、行为界限和追诉标准等将在第八章“知识产权要重视——永葆市场核心竞争力”中将作详细阐述，在此先不论述。

仅需要说明的是，公司、企业保存的用户个人信息，有可能也属于公司、企业的商业秘密，如果发生泄露的情况，可以向公安机关报案，但是以侵犯公

民个人信息罪还是以侵犯商业秘密罪定罪处罚，要根据实际情况来决定，因为两者各有利弊：侵犯公民个人信息罪，无须企业证明所泄露的用户信息属于商业秘密，可以减轻企业的证明责任，减少报案难度，及时获得司法帮助，迅速制止不法侵害，但弊端是经济损失无法通过刑事审判直接确认，且司法机关可能将信息主体（公民个人）认定为被害人，不利于公司、企业参与刑事诉讼并向加害人索赔；而侵犯商业秘密罪的弊端主要在于需要证明其用户信息构成商业秘密，提高了诉讼成本。

三、为境外窃取、刺探、售卖、非法提供商业秘密的风险

为境外窃取、刺探、售卖、非法提供商业秘密罪是《刑法修正案(十一)》新增加的罪名，都是广义上侵犯商业秘密的行为，但由于向境外的机构、组织、人员进行窃取、刺探、收买、非法提供，社会危害性更严重，所以量刑比侵犯商业秘密罪更重，最高可以判处15年有期徒刑。由于该罪的主体范围、行为界限和追诉标准等将在第八章“知识产权要重视——永葆市场核心竞争力”中将作详细的阐述，在此先不论述。

第二节　合同类犯罪的风险

风险提示

△因签订、履行合同产生的纠纷，最多是民事合同纠纷，不会引发刑事风险?

△企业在签订、履行合同的过程中如何识别合同诈骗的风险，合同诈骗又有哪些典型的手法?

△实际控制公司，但不登记为公司的法定代表人，就可以不承担刑事责任?

△因为合同纠纷被对方控告为合同诈骗的，该如何化解随之而来的刑事风险?

△可能遭遇合同诈骗时，是采用民事手段还是刑事手段来维护自

身的合法权益，两种手段的优劣各有什么不同？

△在签订、履行合同的过程中被骗了，自己还会承担刑事风险吗？

一、合同诈骗的风险

◎案例6－2[①]

场景回放

被告单位湖北滋光实业有限公司，被告人陈某光系湖北滋光实业有限公司（以下简称滋光公司）法定代表人、董事长。2012年9月15日，被告人陈某光以宜昌市金桥科技有限责任公司法定代表人身份与松滋市政府签订了《优级淀粉和变性淀粉项目投资协议书》，协议约定：项目内容为年产20万吨工业优级淀粉和变性淀粉，项目投资总额3.6亿元，总占地面积不超过360亩，项目分二期，一期投资1.2亿元，占地120亩，于2013年4月30日之前建成投产；二期于2015年5月底前全面建成投产；关于二期项目用地，松滋市人民政府承诺在一期项目用地东边预留二期项目用地150亩左右，预留时间自协议签订起1年内有效，若超过预留期未能开始建设，松滋市人民政府无偿收回预留用地。协议还约定，金桥公司应在签订协议后20个工作日内在松滋市注册成立具有独立法人资格的公司。陈某光遂向宜昌三信建设工程有限责任公司（以下简称三信公司）借款1000万元，并于2012年10月8日在松滋市工商行政管理局注册登记滋光公司，法定代表人为陈某光；同年11月2日金桥公司将首次注册资本1000万元转还给三信公司。对滋光淀粉项目二期用地，松滋市人民政府要求待第一期建成并产生效益后按合同规定落实。2012年年底，湖北枝江宏宇建设有限责任公司（以下简称宏宇公司）竞标取得滋光公司《年产20万吨工业优级淀粉和变性淀粉项目》一期工程施工权，宏宇公司与滋光公司口头约定，由宏宇公司先垫付一期项目建设费用。宏宇公司在垫资约60多万元进行活动板房、水电管道施工后，觉得风险太大便退出。此后，宏宇公司多次催促陈某光要求滋光公司兑付工程款及工人工资。2013年年底滋

① 参见（2018）鄂0582刑初63号刑事判决书和（2019）鄂05刑终207号刑事判决书。

光公司向宏宇公司转款50万元，余款未付。宏宇公司退出一期项目施工后，2013年3月，滋光公司又与北龙建设集团有限公司（以下简称北龙公司）签订建设工程施工合同，由北龙公司继续承建一期项目。至2013年年底，北龙公司垫付工程款2000余万元后，因滋光公司无资金给付工程款，北龙公司停止施工，并不断索要工程款，滋光公司支付200余万元后，对余下工程款未能支付，导致一期项目处于停工状态未建成效益。

2013年10月至2014年4月，滋光公司以二期项目土石方工程对外进行招标，分别收取宜昌方正建设集团有限公司（以下简称方正公司）投标保证金200万元，宜昌瑞天建设工程有限公司（以下简称瑞天公司）投标保证金100万元，湖北中民建筑有限公司投标保证金50万元，彭某、曹某、黄某三人投标保证金130万元，共计480万元。上述保证金入公司财务账后，大部分用于支付一期项目工程款和其他债务。后滋光公司因各种理由不通知开标，为此，当事人多次到松滋要求陈某光退还保证金，2014年9月，滋光公司向瑞天公司退还保证金10万元；2014年10月，方正公司向松滋市人民法院提起民事诉讼，经法院调解，方正公司与滋光公司就200万元投标保证金达成定期还款付息的调解协议，但截至案发，滋光公司仍未向方正公司支付上述保证金。后检察院以涉嫌合同诈骗罪将被告单位滋光公司及被告人陈某光移送起诉。

审理结果

法院审理认为，被告单位滋光公司因缺乏资金，在一期项目停工未取得二期项目预留地的情况下，为达到非法占有的目的，虚构二期项目土石方工程对外招标，骗取他人工程投标保证金470万元拒不归还，数额巨大，且将骗得的资金绝大部分用于支付了公司所欠工程款及日常支出，故滋光公司的行为已构成合同诈骗罪。被告人陈某光作为公司直接负责的主管人员，依法应承担刑事责任。据此法院作出判决：被告单位滋光公司犯合同诈骗罪，判处罚金50万元；被告人陈自光犯合同诈骗罪，判处有期徒刑5年，并处罚金30万元。

（一）合同诈骗罪的主体范围（Who）

1. 自然人和单位

根据《刑法》的规定，本罪的主体是一般主体，既可以是自然人，也可以是单位。单位犯本罪的，对单位判处罚金，对单位直接负责的主管人员和其他直接责任人员追究刑事责任。认定为单位合同诈骗，应当具体以下三个条件：一是合同系以单位的名义签订；二是合同系由能够代表单位意志的组织或个人签订；三是合同诈骗的利益应当归于单位，三者缺一不可。如果公司、企业人员以单位名义签订合同，利用欺骗手段骗取对方当事人的财物，并非法占为己有，不是为了单位的利益，仍属于自然人犯罪。在案例6－2中，被告人陈某光作为滋光公司当时的法定代表人，以滋光公司的名义收取保证金，并将上述保证金用于支付滋光公司的工程款及其他债务，利益归于单位，故属于单位犯罪。

需要注意的是，如前文所示，假如分支机构或者内设机构、部门独自实施合同诈骗行为，且犯罪所得归分支机构或者内设机构、部门所有，即使没有可供执行罚金的财产，也应当以单位犯罪追究该分支机构或者内设机构、部门的刑事责任；而对于不知情的上级单位，则不构成单位犯罪。

2. 法定代表人与实际控制人

公司、企业的法定代表人是单位犯罪的高风险人群，该风险表现在两个方面：一方面，公司的法定代表人是依据法律或公司章程的规定代表法人行使职权的人，即使其超出内部授权对外签订合同，产生的不利后果也常归责于单位，假如该法定代表人在此过程中以单位名义实施合同诈骗行为，公司、企业也往往需要承担合同诈骗罪的刑事责任；另一方面，公司、企业成立单位犯罪的，也要追究其直接负责的主管人员和其他直接责任人员的刑事责任，根据《公司法》的规定，法定代表人应当由董事长、执行董事或经理等高级管理人员担任，因此，公司的法定代表人通常会被认定为单位直接负责的主管人员，而且往往会被认定为单位犯罪内部的主犯。

在实践中，因股权代持或其他原因，部分公司、企业的法定代表人并非实质上的控股股东，而是由公司、企业的普通员工或者实际控制人的亲属、朋友担任。此时在公司具有管理职权，并能决策、实施合同诈骗行为的，可能不是注册登记的法定代表人而是另外的实际控制人。因此，在实际控制人与法定代表人不一致的情况下，无论该实际控制人在公司、企业内部是否正式担任职务，如果其是对犯罪行为直接负责的主管人员，就要承担相应的刑事责任，不注册登记为法定代表人并不能规避刑事风险。

3. 公司的股东、高管及员工

根据现代公司制度，具有法人资格的公司、企业与其股东之间彼此人格独立，且股东并不直接参与公司、企业的日常运营，因此无论是控股股东还是小股东，并不必然因以其股东身份参与了分红而承担公司、企业的刑事责任。但是，假如股东同时参与企业的经营管理、参与决策、实施了具体的合同诈骗犯罪，则应当根据其具体的参与程度而承担相应的刑事责任。

企业的管理人员，应分为可以代表单位意志的高级管理人员和普通管理人员，单位成立合同诈骗的前提，就是合同诈骗行为体现了单位的意志，如果系能够代表单位意志的高级管理人员批准、决策甚至亲自实施的合同诈骗行为，通常容易认定为单位犯罪，在实践中，通常认为公司的董事长、总经理能全权代表单位的意志，而董事、副总经理在其具体分管的领域代表单位意志，在单位构成犯罪的情况下，这些高级管理人员将作为单位犯罪直接负责的主管人员而承担责任；而普通的管理人员，如果是在上级要求下具体实施合同诈骗行为，一般作为单位犯罪中的其他责任人员而承担责任，如果是其自主实施的，则可能作为分支机构、内设机构、部门犯罪的直接负责的主管人员或直接以个人犯罪追究刑事责任。

普通的公司、企业员工实施的合同诈骗行为，如果只是受单位领导指派或者奉命参与实施了一定的犯罪行为，一般不宜追究其刑事责任，但如果参与较深，具有一定的社会危害性，则以单位犯罪中其他直接责任人员承担刑事责任。

需要说明的是，单位中直接负责的主管人员、其他直接责任人员身份与主犯、从犯的认定并不具有必然联系，前者主要以单位中的层级、权限为认定基础，而后者则以在犯罪中的作用、地位为划分依据。

（二）合同诈骗罪的行为界限（What）

1. 行为时间

行为人实施合同诈骗的行为必须发生在签订、履行合同的过程中，这是引发合同诈骗罪风险的时间条件。只要在合同签订、履行的过程中实施诈骗行为，即使合同最终未成功签订或者合同无效或被撤销，也不影响合同诈骗罪的成立，如案例 6－2，被告单位滋光公司二期项目的招标并未完成，其与方正公司等的合同关系尚未真正确立，但因招标宣传及收取保证金是合同签订行为的组成部分，滋光公司仍成立合同诈骗罪；反之，如果不是在签订、履行合同的过程中使用诈骗手段，则不能构成合同诈骗罪，但仍可能构成其他种类的诈骗罪，如集资诈骗、贷款诈骗、票据诈骗、金融凭证诈骗、信用证诈骗、信用卡诈骗、有价证券诈骗、保险诈骗等。

2. 行为目的

“以非法占有为目的”是合同诈骗罪在主观方面的要件。推断行为人是否具有非法占有的目的，可以从以下几个方面来考虑：（1）行为人的履约能力；（2）行为人的履约行为；（3）行为人对取得财物的处置情况；（4）行为人的事后态度。如果行为人没有履约能力，却隐瞒真相谎称自己有履约能力；或者行为人虽有履约能力，却自始至终没有任何履约行为；或者将取得财物的全部或者大部分用以挥霍或者携款逃匿；或者在事发后不积极采取措施，不积极承担赔偿责任的，一般可以认定行为人具有非法占有的目的，可能会引发本罪的刑事风险。

在司法实践中，判断行为人是否具有非法占有他人财物的目的，也是区别合同诈骗罪与因欺诈引起的合同纠纷的关键。如果行为人以非法占有对方财物为目的，无论该目的是签订合同前固有的还是在签订合同后、履行合同的过程中临时起意的，本身都没有切实履行合同的意愿，合同仅是其非法占有他人财物的手段、名目；而没有非法占有的目的，仅仅是为了成功地签订合同或为了谋取高于合同的利益而采取欺诈手段的，其本质还是要通过合同的履行来取得利益，只能属于一般的合同纠纷，由民事法律进行调整，不应追究刑事责任。

3. 行为手段

合同诈骗的手法千奇百变，但追根溯源，在刑法上合同诈骗主要表现为以下五种样态：

（1）以虚构的单位或者冒用他人名义签订合同。在此过程中，行为人通常通过伪造或使用其他公司、企业的公文、印章，伪造相关单位的介绍信、授权书等方式，来骗取被害人对其身份的信任。

（2）以伪造、变造、作废的票据或者其他虚假的产权证明作担保。行为人通常使用伪造、变造、作废的票据或者虚假的房产证、土地使用权证以及股权、债券文书等以夸耀自己的经济实力，并以之作为担保，来骗取被害人对其履约能力的信任。

（3）没有实际履行能力，以先履行小额合同或者部分履行合同的方法，诱骗对方当事人继续签订和履行合同的。行为人在签订合同后，以支付部分货款、货物，开始履行合同为诱饵，骗取全部货物、货款后，在合同规定的期限内或者双方另行约定的付款期限内，无正当理由拒不交付其余货物或者拒不支付其余货款。需要说明的是，此种情况下如果行为人自始就没有履行合同的能力且在履行的过程中正常也不可能取得相关能力的，行为人的理由均无法被认定为“正当”。

（4）收受对方当事人给付的货物、货款、预付款或者担保财产后逃匿的。卷款潜逃是《刑法》中直接规定的合同诈骗的典型形式，此外，如隐匿或挥霍对方给付的货物、货款、预付款或者担保财产，或者将之用于违法活动等，均可能导致合同不能履行或预付款、担保财产等不能得到返还的危害后果，其危害与卷款潜逃具有相当性。

（5）以其他方法骗取对方当事人财物的。

实施了以上手段之一，并骗取合同对方当事人财物的，就可能引发合同诈骗罪的风险。在案例6-2中，滋光公司系在2013年10月至2014年4月以二期项目为名对外招标，但当时其并未完成第一期工程的建设，未满足取得二期项目预留地的条件，且当时已经超过二期预留地的保留时限，根据其与松滋市政府签订的协议，即使未来一期项目建成并投产，其也无法取得该预留地的使用权，滋光公司、陈某光根本就没有履行合同的可能性，故其借招标为名收取方正公司等保证金470万元，最终被认定为具有非法占有的目的，构成合同诈骗罪。

需要注意的是，被告单位滋光公司收取的保证金主要用于公司的一期项目建设及偿还其他欠款，退赔了瑞天公司10万元且与方正公司达成了民事调解协议，很多人会认为这样的情况至多也只是属于合同纠纷，不应该追究刑事责任。但经过一审和二审，法院最终认定合同诈骗罪成立。首先，被告单位在没有二期项目预留地使用权且缺乏偿还能力的情况下将保证金挪作他用，被害人既不能成功签订并履行合同，又不能在合同无法成立时收回保证金，虽然被告单位及被告人并未将保证金用于个人消费或卷款潜逃，但仍然非法占有上述财产，给被害人造成了损失；其次，被告单位虽返还瑞天公司10万元保证金，但相对于非法占有的480万元，仅仅只是小额的履行退赔义务，并非积极地弥补损失、承担违约责任，而且，该10万元在认定犯罪金额时已经予以扣除，不影响对剩余的470万元犯罪数额的认定；最后，被告单位虽然与方正公司签订了民事调解协议，但截至案发该调解协议仍未得到履行，属于系假借民事途径逃避刑事责任。

（三）合同诈骗罪的追诉标准（How）

根据《刑法》的规定，本罪属于“数额犯”，行为人骗取合同对方当事人财物，必须达到“数额较大”才能构成犯罪。2001年最高人民检察院、公安部《关于经济犯罪案件追诉标准的规定》（已失效）中表明：合同诈骗的个人犯罪和单位犯罪适用不同的追诉标准，个人犯罪起刑点低，5000元至2万元以上即可构成犯罪，单位犯罪起刑点更高，需要5万元至20万元以上才能构成犯罪。但2010年施行的最高人民检察院、公安部《追诉标准的规定（二）》第77条对合同诈骗罪的立案标准没有再进行个人和单位的区分，合同诈骗数额在2万元以上的，均应予立案追诉。但区分单位犯罪还是个人犯罪在实务中对于合同诈骗罪的量刑仍然具有重大影响。我国《刑法》根据“数额较大”、“数额巨大”以及“数额特别巨大”将合同诈骗罪分为三个量刑档次，《追诉标准的规定（二）》只规定了“数额较大”的标准，对单位犯罪和个人犯罪没有进行区分，但对“数额巨大”以及“数额特别巨大”未作统一规范，导致各省市在“数额巨大”和“数额特别巨大”的认定上出现分歧：如上海在其2011年《关于本市办理部分诈骗类犯罪案件具体数额标准的意见》第2条中规定：合同诈骗财物价值2万元以上不满20万元，属于“数额较大”；合同诈骗财物价值20万元以上不满100万元，属于“数额巨大”；合同诈骗财物价值100万元以上，属于“数额特别巨大”，不再区分单位犯罪与个人犯罪；但广东在其2014年《关于办理破坏社会主义市场经济秩序犯罪案件座谈会纪要》第12条中规定，单位犯合同诈骗罪的标准应按照个人犯罪的5倍掌握，仍然将单位犯罪与个人犯罪区别对待。

◎法律法规链接

◆《刑法》（2020年修正）第224条、第231条

◆最高人民法院《全国法院审理金融犯罪案件工作座谈会纪要》(2001 年 1 月 21 日实施)

◆最高人民检察院《关于办理涉互联网金融犯罪案件有关问题座谈会纪要》(2017 年 6 月 2 日实施) 第 24 条

◆最高人民检察院、公安部《关于公安机关管辖的刑事案件立案追诉标准的规定(二)》(2010 年 5 月 7 日实施) 第 77 条

◆上海市高级人民法院、上海市人民检察院、上海市公安局、上海市司法局《关于本市办理部分诈骗类犯罪案件具体数额标准的意见》(2011 年 7 月 21 日实施) 第 2 条

◆广东省高级人民法院印发《关于办理破坏社会主义市场经济秩序犯罪案件座谈会纪要》(2014 年 11 月 1 日实施) 第 11 条、第 12 条

二、签订履行合同失职被骗的风险

在签订、履行合同的过程中，行骗方可以构成合同诈骗罪，受骗方属于被害方，承担财产损害的后果，但在特殊情况下，受骗一方的人员也可能存在刑事风险，那就是签订履行合同失职被骗罪，但引发该罪风险的主体只能是国有公司、企业、事业单位直接负责的主管人员，承担风险的原因是其在签订、履行合同过程中因严重不负责任被诈骗，致使国家利益遭受重大损失。本罪的主体范围、行为界限和追诉标准在第三章“人员治理最关键——警惕企业的贪官污吏”中已经作了详细的阐述，在此不再赘述。

第三节　宣传类犯罪的风险

风险提示

△如何区分广告宣传中的夸大宣传与虚假宣传，界限何在?

△虚假广告行为与诈骗行为如何区分?

△广告经营者、发布者不明知广告内容存在虚假宣传，是否可以免除刑事责任?

△在新兴的自媒体时代，如何界定新的宣传模式，是否也有虚假广告罪的刑事风险？

△媒体工作者，为吸引眼球能否“制造”新闻？

△公司、企业能否通过贬低竞争对手来取得竞争优势？

△商誉被他人侵害时，能采取何种措施维护自身权益？

一、虚假广告的风险

◎案例6－3①

场景回放

2014年，李某某成立北京XX健康管理公司，并担任法定代表人。公司成立后，李某某在武汉BLK生物科技公司陆续购进牡蛎参草、蚕蛹玛咖、牡蛎秋葵、鹿血金花、玛咖牡蛎等包装食品（包装由李某某自行订制），并先后在辽宁省、内蒙古自治区等地租赁房屋，招聘电话销售人员，以其成立的公司名义对外销售相关产品。为推销产品，被告人李某某在明知玛咖牡蛎产品系食品，没有增强男性性功能等功效的情况下，仍然指使其公司广告设计人员栾某某设计、制作玛咖牡蛎产品的网络广告，宣传玛咖牡蛎有补肾、治疗男性前列腺疾病、增强男性性功能等功效，并联系广告公司将该广告发布到互联网相关网站进行虚假宣传。栾某某在未核对玛咖牡蛎产品是否具有相关功效的情况下，按照李某某的授意，设计、制作玛咖牡蛎产品的网络广告，并在广告页面设置“免费领取”字样，当浏览者进入相关网站浏览该广告时，点击“免费领取”后，需要在广告页面的空框栏内输入姓名、邮寄地址和联系电话等个人信息，之后，点击广告链接者的IP地址信息和点击“免费领取”者登记的个人信息就会自动上传到相关网络服务器，李某某利用获取的上述信息再安排电话销售人员通过预先设计的话术向客户推销玛咖牡蛎等产品。

2016年3月，李某某委托HT广告公司实际经营者陈某某在互联网相关网站为其公司发布玛咖牡蛎产品的虚假广告，并指派栾某某从事与陈某某的具体业务对接工作。陈某某在未核实广告内容真实性的情况下，委托深圳ZZ传媒

① 参见（2018）辽1322刑初174号刑事判决书。

公司法定代表人胡某某及他人发布该广告。胡某某在未核实广告内容真实性的情况下，将该广告投放到互联网网站后通过手机微信进行推广，并将通过该广告获取的点击“免费领取”者登记的个人信息提供给陈某某，陈某某再通过栾某某提供给李某某。李某某、陈某某、胡某某之间先按点击广告链接的IP地址数量结算费用，后按点击“免费领取”者登记的个人信息条数结算费用，胡某某并与推广该广告的手机微信工作室结算费用。至2017年3月，陈某某以该种方式向李某某提供公民个人信息159,808条。自2016年5月至2017年3月，李某某通过涉案银行卡共转给被告人陈某某工行账户6,033,587.00元；陈某某通过工行账户转给胡某某招行账户3,338,100.00元，其他涉案银行卡转给胡某某招行账户180,000.00元。栾某某未收取工资外收入。后李某某、陈某某、胡某某、栾某某因涉嫌虚假广告罪被提起公诉。

审理结果

法院经审理认为，被告人李某某违反国家规定，明知所销售的玛咖牡蛎产品系食品，不具有增强男性性功能等功效，仍发布网络广告对产品作虚假宣传，情节严重，其行为构成虚假广告罪。被告人栾某某违反有关规定，在未核实广告内容真实性的情况下，为被告人李某某设计、制作网络虚假广告，情节严重，其行为构成虚假广告罪。被告人陈某某、胡某某违反有关规定，在未核实广告内容真实性的情况下，为被告人李某某发布虚假广告，情节严重，二被告人的行为均构成虚假广告罪。据此法院判决：被告人李某某犯虚假广告罪，判处有期徒刑1年10个月，并处罚金人民币300万元；被告人陈某某犯虚假广告罪，判处有期徒刑1年5个月，缓刑2年，并处罚金人民币80万元；被告人胡某某犯虚假广告罪，判处有期徒刑1年，缓刑2年，并处罚金人民币56万元；被告人栾某某犯虚假广告罪，免予刑事处罚。

（一）虚假广告罪风险的主体范围（Who）

1. 广告主、广告经营者与广告发布者

根据《刑法》的规定，本罪的主体是特殊主体，仅限于广告主、广告经营者和广告发布者。根据2018年《广告法》第2条的规定，这里的广告主，是指为推销商品或者服务，自行或者委托他人设计、制作、发布广告的自然人、法人或者其他组织；广告经营者，是指接受委托提供广告设计、制作、代

理服务的自然人、法人或者其他组织；广告发布者，是指为广告主或者广告主委托的广告经营者发布广告的自然人、法人或者其他组织。由此可知，本罪既可以是自然人犯罪，也可以是单位犯罪，无论是自然人、法人还是其他组织，均可以被认定为广告主、广告经营者和广告发布者。如案例 6－3 中，虽然被告人李某某、陈某某和胡某某分别系各自公司的法定代表人或实际控制人，但由于李某某的公司主要系以非法的方式销售产品，而陈某某、胡某某均系以个人的账户收取好处费，公司并未获利，故均未被认定为单位犯罪，其三人系以个人身份分别被认定为广告主和广告发布者而承担刑事责任。

2. 自媒体运营者、搜索引擎服务商、网络推手和网络水军

随着网络信息技术的发展及大数据的广泛应用，广告也由传统的纸质广告、电视广告等走向信息时代的“互联网式”广告，互联网技术令广告可以突破时间、地域的限制而快速地传播，大数据的应用反映出的受众需求、偏好等信息可以帮助广告主锁定目标人群，而广告主、广告经营者、广告发布者之间也可以根据引流数据等来判断广告的作用大小并进行费用结算，案例 6－3 中的李某某虽然是利用互联网发布虚假广告，但仍然是通过有资质的广告公司进行的发布，而随着自媒体的发展，越来越多没有广告资质的主体加入广告市场之中，这些主体仍然可能构成虚假广告罪的风险主体。

（1）自媒体运营者。微信公众号、微博等自媒体平台的发展，使广告形式也发生了重大变化，自媒体通过在作者文章中添加文字、图片、链接以推销商品或者服务，并通过订阅用户的推送、朋友圈的分享、微信群的传播等方式进行扩散，有偿发布的好物笔记、美食博文、淘宝主播等均可归入此类，根据原国家工商行政管理总局 2016 年出台的《互联网广告管理暂行办法》第 3 条规定，通过网站、网页、互联网应用程序等互联网媒介，以文字、图片、音频、视频或者其他形式直接或者间接地推销商品或者服务的属互联网广告。因此，相关的自媒体个人或组织也可以被认定为广告经营者或广告发布者。

（2）搜索引擎服务商。搜索引擎服务商是不是网络广告主体曾经存在争

议，2016 年 4 月的魏某西事件[①]引发了大家对于竞价排名业务的思考。为规制相关行为，同年 7 月原国家工商行政管理总局发布了《互联网广告管理暂行办法》，区分了竞价排名与自然排序的不同性，明确将付费搜索认定为商业广告，搜索引擎服务商在某些条件下可以成为互联网广告的主体，也是虚假广告罪的风险主体。

（3）网络推手和网络水军。网络推手根据企业或个人的委托，通过事件营销、“病毒式”营销等对企业、品牌进行推广，使之产生影响力和知名度，包括公关公司、发帖公司、网站社区及个人；网络水军则是指根据网络推手的指挥进行发帖，一般是普通网民，两者虽然形式上不同于传统的广告经营者或广告发布者，也没有相应的资质要求，但其行为在广告的发布中起到了实质作用。因此，虽然网络推手和网络水军并非有资质的广告经营者或广告发布者，但在注重实质审查的刑事领域，如果其推动的广告内容存在虚假成分，仍然可能构成虚假广告罪的风险主体。

（二）虚假广告罪风险的行为界限（What）

1. 行为条件

违反国家规定是引发虚假广告罪的前提条件。所谓“违反国家规定”，是指违反全国人民代表大会及其常务委员会制定的法律和决定，国务院制定的行政法规、规定的行政措施、发布的决定和命令。就本罪而言，“违反国家规定”主要指违反我国法律、法规对广告管理的规定，具体包括《广告法》《消费者权益保护法》《反不正当竞争法》《产品质量法》《食品安全法》《广告管理条例》《城市房地产开发经营管理条例》《医疗广告管理办法》《证券发行与承销管理办法》等。没有违反国家规定，不能构成虚假广告罪。

---

① 魏某西事件：在校学生魏某西被查出患有滑膜肉瘤。2014 年 9 月，其父母通过百度搜索得知武警北京总队第二医院（以下简称武警二院）有一种肿瘤生物免疫疗法可治疗此病，此后魏某西进行了先后四次的治疗。2016 年 2 月，魏某西才了解到该院所称的免疫疗法已被国外淘汰。同年 4 月 12 日，魏某西治疗失败去世。后经调查，为魏某西治病的科室是武警二院外包出去的，并且此科室与百度推广进行合作通过竞价排名宣传的生物免疫疗法（DC－CIK 细胞免疫治疗）在国外已经被淘汰，而且武警二院与斯坦福大学并没有医疗技术合作。魏某西事件引起了全国的广泛关注，但因为当时竞价排名服务是否属于广告服务仍有争议，且百度仅提供了链接而未被认定为《广告法》第 2 条规定的广告经营者、广告发布者，最终其的处理结果是要求整改竞价排名机制。

2. 行为方式

虚假广告罪的客观方面表现为利用广告对商品和服务作虚假宣传的行为。因此，是否存在虚假宣传，是区分虚假广告罪与普通广告的夸大宣传的重要依据，是判断罪与非罪的重要标准。我国《广告法》第28条第1款规定，广告以虚假或者引人误解的内容欺骗、误导消费者的，构成虚假广告。同时，该条通过列举的方式，对虚假广告的典型形式作了规定，广告中符合下列情形之一的，即为虚假广告：（1）商品或者服务不存在的；（2）商品的性能、功能、产地、用途、质量、规格、成分、价格、生产者、有效期限、销售状况、曾获荣誉等信息，或者服务的内容、提供者、形式、质量、价格、销售状况、曾获荣誉等信息，以及与商品或者服务有关的允诺等信息与实际情况不符，对购买行为有实质性影响的；（3）使用虚构、伪造或者无法验证的科研成果、统计资料、调查结果、文摘、引用语等信息作证明材料的；（4）虚构使用商品或者接受服务的效果的；（5）以虚假或者引人误解的内容欺骗、误导消费者的其他情形。由此可知，如果说广告中宣传的内容与事实不符，且容易导致广告的受众产生误解，并基于此误解对企业、品牌或产品产生过高的评价或预期，进而影响其消费行为，则该宣传行为构成虚假宣传。在案例6-3中，有被告人和辩护人辩称李某某公司销售的玛咖牡蛎、蚕蛹玛咖等产品经鉴定含有玛咖酰胺成分，而玛咖酰胺有利于勃起，有提高精子数量和活跃能力；玛咖的多种生物碱作用于下丘脑和脑垂体，有调节肾上腺、胰腺、睾丸等功能，达到平衡荷尔蒙水平；对于女性，还可以改善气血和缓解更年期症状。李某某公司制作的广告虽然夸大了产品功效，但没有达到构成虚假广告罪的程度。但法院认为李某某明知玛咖牡蛎产品系食品，没有增强男性性功能等功效，却在广告中宣传对前列腺疾病等有治疗作用，对消费者具有明显的误导，属于虚假宣传。

3. 主观明知

根据《刑法》的规定，虚假广告罪是故意犯罪。实践中常有广告经营者、广告发布者以其不知道广告内容的虚假作为辩解，以此来规避自身的刑事责任。例如，在案例6-3中，被告人栾某某就辩称不构成虚假广告罪，其辩护人认为栾某某的行为系受李某某指挥、支配、安排，属于正常履行公司岗位工作职责，其不明知自己的虚假广告行为违反了广告管理法规规定的广告内容的真实性，其在本案当中实施的这种行为，不是为了做引人误解的虚假宣传、欺骗用户和消费者，以达到自身牟取巨额非法利益的目的，其只是在老板的支配下从事本职工作，不具有主观故意。再如，被告人胡某某也辩解，其是在陈某某主动联系后，以为是陈某某经销的产品，并不知道广告宣传的是食品，也不知道陈某某提供的广告属于虚假广告。但法院最终以两名被告人在未核实广告内容真实性的情况下，设计、制作、发布网络虚假广告而认定他们构成虚假广告罪。其实，虚假广告罪中的故意不但包括直接故意，也包括间接故意，即应当审查而未履行审查义务，放任虚假广告发布的，也会引发本罪的风险。

4. 虚假广告与其他行为的界限

虚假广告罪和诈骗罪主观上都可能是为了非法获利，在客观上都可能采用了虚构事实、隐瞒真相的方式，有诸多相似之处，但可以从以下几个方面进行区分：首先，虚假广告罪是特殊主体，只能由广告主、广告经营者和广告发布者构成，而且除了实质上对消费者权益的损害以外，还表现为对国家广告管理制度的违反，而诈骗罪不以违反国家广告管理制度为前提；其次，广告主发布虚假广告是为了通过广告来诱使消费者购买其商品或者服务，虽然实际交易与广告宣传的内容不符，但市场交易行为本身客观存在，而诈骗罪却是无中生有，通过欺骗被害人而非市场交易行为来非法占有他人财物；最后，虚假广告的经营者、发布者系以赚取广告主支付的广告费用进行牟利，法律上彼此是独立的关系，犯罪所得分别计算，形式上并不参与广告主非法所得的分成，而诈骗罪中各行为人之间是一个整体，共同实施诈骗行为并共同分配财物。由于虚假广告罪法定刑的最高上限为2年有期徒刑，而诈骗罪最高可达无期徒刑，因此区分虚假广告罪和诈骗罪对于降低刑事法律风险有重要的意义。

需要说明的是，虚假广告行为如果同时有假冒注册商标、销售伪劣产品等行为或确系以广告形式发送诈骗信息的，如发布重金求子的广告，则虚假广告罪与假冒注册商标罪、销售伪劣产品罪以及诈骗罪之间根据具体情况将成立牵连或竞合的关系，根据《刑法》理论，一般将按照其中处罚较重的罪名定罪量刑。

（三）虚假广告罪风险的追诉标准（How）

根据《刑法》的规定，本罪是情节犯，虚假广告的行为必须达到“情节严重”的程度，才能构成犯罪。最高人民检察院、公安部《追诉标准的规定

（二）》第75条进一步明确和细化了“情节严重”的标准，包括：（1）违法所得数额在10万元以上的；（2）给单个消费者造成直接经济损失数额在5万元以上的，或者给多个消费者造成直接经济损失数额累计在20万元以上的；（3）假借预防、控制突发事件的名义，利用广告作虚假宣传，致使多人上当受骗，违法所得数额在3万元以上的；（4）虽未达到上述数额标准，但2年内因利用广告作虚假宣传，受过行政处罚2次以上，又利用广告作虚假宣传的；（5）造成人身伤残的；（6）其他情节严重的情形。

在案例6－3中，被告人李某某、陈某某、胡某某违反国家规定，进行虚假广告，违法所得均在数百万元，足以引发刑事风险。被告人栾某某仅根据李某某的指令设计广告并领取基本工资等，情节相对轻微，故虽定罪但免予刑事处罚。

◎法律法规链接

◆《刑法》（2020年修正）第222条

◆最高人民检察院、公安部《关于公安机关管辖的刑事案件立案追诉标准的规定（二）》（2010年5月7日实施）第75条

◆最高人民法院《关于审理非法集资刑事案件具体应用法律若干问题的解释》（2011年1月4日实施）第8条

◆《广告法》（2018年修订）第8～28条、第55～71条

◆《反不正当竞争法》（2019年修正）第8条、第20条

◆国家工商行政管理总局《互联网广告管理暂行办法》（2016年9月1日实施）第3条

二、损害商业信誉、商品声誉的风险

◎案例6－4①

场景回放

许某限于2015年4月注册成立了泉州江鸿公司，其本人为法定代表人，

① 参见（2017）内0123刑初83号刑事判决书。

主要经营微信公众号相关业务。2016年10月27日，许某限为扩大江鸿公司微信公众号知名度，增加点击量，从网上下载了2011年12月26日“蒙牛纯牛奶被检出致癌物超标140%”的视频，后采用遮挡视频发布时间、添加微信等方式对原始视频作了实质性修改，先发布在腾讯视频中，并于10月27日、28日发布在江鸿公司经营管理的5个微信公众号上（闽南第一手、石狮视、一手、时事爆料、热门街拍），该修改后的视频随即被大量点击并转发，2016年10月29日至11月10日，该视频被1073个微信公众号转发，转发微信公众号遍布全国，使人误以为是最近刚发生的事件，其中数个微信公众号转发视频的浏览次数达10万以上。该视频的大量扩散引发了蒙牛公司乳品经销商产品积压、大量退货，给蒙牛公司造成的直接经济损失为833,672.8元人民币，此外，蒙牛公司为此紧急发布辟谣声明并制作企业形象正面宣传的广告、启动网络舆情检测亦支付了大量费用。后被告单位泉州江鸿公司和被告人许某限被检察机关以涉嫌损害商业信誉、商品声誉罪移送起诉。

审理结果

法院经审理认为，被告单位泉州江鸿公司、被告人许某限利用互联网故意修改并发布传播有损他人商业信誉、商品声誉的视频，给被害单位造成重大经济损失，构成损害商业信誉、商品声誉罪。据此法院判决：判处被告单位泉州江鸿公司罚金5万元；判处被告人许某限有期徒刑10个月，并处罚金2万元。

（一）损害商业信誉、商品声誉罪风险的主体范围（Who）

根据《刑法》的规定，本罪的主体是一般主体，既包括自然人，也包括单位。在司法实践中，容易引发本罪刑事风险的单位通常是那些商业信誉、商品声誉主体的竞争对手，或者是处于不利地位的同行或者其他生产者、经营者，相关公司、企业通过捏造并散布虚假事实的方式，来贬低对手的商誉，从而在竞争中取得优势地位。另外，报社、杂志社、电视台、广播电台、微信公众号等媒体，为了获得关注度、流量、阅读量、点击量等或者帮助其他企业获得竞争优势，也是本罪的风险主体。在案例6-4中，被告单位江鸿公司作为新媒体运营单位就是为了扩大微信公众号的知名度，增加点击量而成为犯罪主体，被告人许某限是作为直接负责的主管人员而承担的刑事责任。

（二）损害商业信誉、商品声誉罪风险的行为界限（What）

1. 行为手段

本罪的行为手段就是捏造并散布虚伪事实。所谓捏造，既包括是完全虚构，无中生有，虚构、编造不存在的、虚假的事实，也可以是在真实情况的基础上进行部分篡改，歪曲事实真相。所谓散布，就是将捏造的虚伪事实加以宣扬、流传，让人知悉，既可以采用口头形式，也可以采用书面形式。捏造和散布必须同时具备，才会引发本罪的风险。只捏造没有散布，或者只是将其他人捏造的事实予以散布，不符合本罪的行为要件。

2. 行为目的

行为人捏造并散布虚伪的事实，目的是损害他人的商业信誉、商品声誉，如果不是基于这种目的，而是为了侮辱他人人格或者进行报复陷害的，可以构成其他犯罪，但不能构成本罪。所谓“商业信誉”，是指商业行为与经济能力在经济活动中所受到的信赖，是社会对其生产、经营状况及其效益所作出的一种肯定性和称赞性的综合评价，是一种无形资产。所谓“商品声誉”，是指商品对社会、对他人在商业活动中的价值和地位的评价和赞誉，包括商品价格、质量、性能、效用等的可信赖程度在社会尤其是消费者心目中所获得的好的评价和赞誉。①

实践中，损害他人商业信誉、商品声誉的非法目的经常隐藏在企业恶意竞争或媒体制作新闻、扩大影响力等目的之中，在案例 6－4 中，被告单位虽然是为了扩大公司微信号的知名度、扩大点击量，但故意修改并发布传播有损他人商业信誉、商品声誉的视频，主观上应当知道该视频可能导致的损害蒙牛公司商业信誉和商品声誉的不良影响和不利后果，符合本罪的行为目的。

（三）损害商业信誉、商品声誉罪风险的追诉标准（How）

根据《刑法》的规定，损害他人商业信誉、商品声誉的行为必须给他人造成“重大损失”的结果或者达到“情节严重”的程度，才能构成犯罪。最

---

① 参见赵秉志主编：《中国刑法案例与学理研究》（分则篇），法律出版社 2001 年版，第 313 页。

高人民检察院、公安部《追诉标准的规定（二）》第74条确定了本罪的追诉标准，即涉嫌下列情形之一的，应予立案：（1）给他人造成的直接经济损失数额在50万元以上的。（2）虽未达到上述数额标准，但具有下列情形之一的：①利用互联网或者其他媒体公开损害他人商业信誉、商品声誉的；②造成公司、企业等单位停业、停产6个月以上，或者破产的。（3）其他给他人造成重大损失或者有其他严重情节的情形。在案例6－4中，被告单位江鸿公司的行为给蒙牛公司造成直接经济损失80万余元，已经达到本罪的追诉标准。

需要注意的是，本罪所要求的直接经济损失与损害商业信誉、商品声誉的行为之间应当具有直接的因果关系，因商誉损失而导致的商品销售额降低或者利润减少，企业丧失的原本已确定的并可以估值的合作机会，上市公司股票价格的下跌等均可以计入直接经济损失的范围；而被害企业为制止不法侵害、重塑企业形象而另外支出的费用，则系被害人后续增加的开支，受被害人主观因素的影响较大，不具有确定性，与商誉损害行为并无直接因果关系，一般不能计入直接经济损失的范围。因此，案例6－4中蒙牛公司乳品经销商产品积压、大量退货造成的损失属本罪认可的直接经济损失，而其发布辟谣声明、制作企业形象正面宣传的广告、启动网络舆情检测的费用则不计入损失之中。

◎法律法规链接

◆《刑法》（2020年修正）第221条

◆最高人民检察院、公安部《关于公安机关管辖的刑事案件立案追诉标准的规定（二）》（2010年5月7日实施）第74条

第四节　经营类犯罪的风险

风险提示

△将产品卖给没有经营资质的人，是否构成犯罪？

△超出行政许可的范围经营，是否也是非法经营？

△为他人在网上删帖，是否会引发刑事风险？

△直销和传销有何区别，如何避免踏入传销陷阱？

△拉朋友注册 App 得红包返现，是否涉及传销犯罪？这与传销活动“拉人头”有何区别？

△强买强卖，是抢劫还是强迫交易？

△先消费、后买单，酒吧“吊模宰客”、理发店收取天价理发款是否构成犯罪？

△千方百计垄断市场后，抬高价格销售商品是否构成犯罪？

△哪种行为属于串通投标？在招投标过程中有哪些刑事红线？

△如何确定串通投标中行政违法与刑事犯罪的界限？

一、非法经营的风险

◎案例 6－5[1]

场景回放

深圳 DY 投资公司系吴某2设立的，李某建担任该公司总监兼讲师，2017年10月至2018年4月，被告人李某建伙同他人在该公司内，未经主管部门批准，利用“星耀”“汇耀”等交易平台，以有教师指导能够获利为诱饵，通过微信加好友等方式扩展业务，诱使投资人在非法平台上买卖香港恒生指数，涉案金额共计人民币4,233,727.28元。李某建作为总监，下设经理和队员两级成员，负责带领团队通过微信加好友等方式吸收、引诱客户投资；李某建作为讲师，负责向投资人讲授股票信息，进一步诱使投资人投资。后李某建被检察机关以涉嫌非法经营罪移送起诉。

审理结果

在法庭审理过程中，辩护人提出本案应当属于单位犯罪。但法院经审理认为深圳 DY 投资公司系吴某2为进行违法犯罪活动而成立的，且该公司以非法经营证券业务为主要活动，所以不应以单位犯罪论处，但认定李某建系从犯，最终判处其判处有期徒刑2年6个月，并处罚金人民币10万元。

---

① 参见（2019）辽0105刑初573号刑事判决书。

（一）非法经营罪风险的主体范围（Who）

根据《刑法》的规定，本罪的主体是一般主体，既包括自然人，也包括单位。单位构成犯罪的情况下，单位直接负责的主管人员和直接责任人员也要承担相应的刑事风险。但就非法经营罪而言，认定单位犯罪的追诉标准要高于自然人犯罪的追诉标准，有的是3倍的差距（如出版、印刷、复制、发行非法出版物的非法经营行为），有的是5倍的差距（如非法放贷的非法经营行为），有的甚至是10倍的差距（如非法生产、销售赌博机的非法经营行为），具体可以参见后文中的追诉标准。换句话说，同样的非法经营数额，个人犯罪可能达到了立案标准，但单位犯罪则有可能还没有达到立案标准，即使都达到了立案标准，同样的数额，认定为单位犯罪时，量刑可能比认定为个人犯罪要轻。因此，在司法实践中，为了出罪或者获得更轻的处罚，很多人都会以单位犯罪作为辩解的理由。但要成立单位，必须同时满足单位名义、单位意志和单位收益这三个基本条件，但如果是为进行违法犯罪活动而设立的单位或者单位设立后以实施犯罪为主要活动的，即使符合以上三个基本条件，也不能以单位犯罪论处。案例6-5中的李某建以及案例6-8中的冉某强都被检察机关以自然人犯罪移送起诉，辩护人都提出了是单位犯罪的辩解，但意见都没有被审判机关采纳，认为其所在的两公司都是以非法经营作为主要活动，所以不能认定为单位犯罪。在案例6-6中，虽然检察机关以侯马鑫盛源石油化工有限公司为被告单位移送起诉，但法院最终也以该公司成立后只从事了非法购销柴油的活动而未认定为单位犯罪，对该公司的实际控制人和法定代表人以自然人犯罪进行了判决。

（二）非法经营罪风险的行为界限（What）

1. 行为条件

违反国家规定是引发非法经营罪的前提条件。按照《刑法》的规定，这里的国家规定应该是指全国人民代表大会及其常务委员会制定的法律和决定，国务院制定的行政法规、规定的行政措施、发布的决定和命令，如果只是违反部门规章或者地方性法规或者行业规范，不会引发非法经营罪的刑事风险。但实践中，很多地方的司法机关在司法过程中并未遵循这样的标准，对于违反较低位阶的法规，也有进行追诉的案例，导致非法经营罪刑事风险不当扩大。因此，公司、企业在经营过程中应当尽量做到合法合规，避免不合法不合规而引发风险。

此外，从《刑法》第225条各项的规定来看，非法经营罪违反的国家规定应该限指国家关于专营、专卖物品或者其他限制买卖的物品，关于经营许可证或者批准文件，关于证券、期货、保险、资金支付结算业务等的法律、法规、规章、决定或者命令，主要包括《烟草专卖法》《药品管理法》《矿产资源法》《证券法》《保险法》等。但由于《刑法》第225条第4项是堵漏条款，没有明确具体的行为方式，在实务中需要司法机关根据前三项的规定把握第四项中“国家规定”的内容和范围。

2. 行为方式

根据《刑法》的规定，从事非法经营活动，扰乱市场秩序的行为具体体现为：

（1）未经许可经营法律、行政法规规定的专营、专卖物品或者其他限制买卖的物品的。

根据国家规定，经营专营、专卖物品或者其他限制买卖的物品，如食盐、烟草、药品等，必须经有关主管部门的批准并发给经营许可证后方可经营，任何单位和个人不得擅自经营，否则容易引发刑事风险。何种商品属于专营、专卖物品或者其他限制买卖的物品，则要根据相关规定来确定。由于社会不断发生发展，国家规定也处于不断变化中，要防范此类刑事风险，应当适时掌握立法动态。此外，还要准确理解法律的相关规定。在案例6-6中，被告人的辩护律师提出柴油来源合法，符合国家标准，不是危险化学品，不属于法律和行政法规规定的专营、专卖和其他限制买卖的物品的辩解理由并没有得到法院的采纳，法院认为柴油属于成品油的范围，必须在办理成品油批发、零售许可证的情况下才能经营。所以，企业在经营过程中，还要避免因对法律理解偏差而产生一定的刑事风险。

◎**案例6－6**①

场景回放

2017年7月24日，被告人尹某使用被告人任某平的身份信息注册成立了侯马鑫盛源石油化工有限公司。被告人尹某、任某平分别作为该公司的实际控制人、法定代表人，明知该公司未取得成品油批发、零售许可证，仍以该公司名义分别从山东中油胜利石油销售有限公司、中国石油天然气股份有限公司山西销售侯马分公司、中国石化销售有限公司山西临汾石油分公司、新绛县利军加油站大量采购柴油，预约并联系客户进行销售，2017年8月至2018年8月，累计购进柴油金额为22,163,553.2元，销售柴油价值22,275,088.55元。其中被告人尹某作为该公司实际控制人负责收集购油资金、联系购销柴油客户、管理公司人事财务等事宜；被告人任某平作为该公司法定代表人负责给客户汇款、协助被告人尹某管理公司，共获利111,535.35元（其中包括因购销柴油缴纳税款22,001.09元，给会计兰某发工资13,000元。）后检察机关以被告单位侯马鑫盛源石油化工有限公司、被告人尹某、被告人任某平涉嫌非法经营罪移送起诉。

审理结果

在庭审过程中，被告人尹某的辩护人认为涉案销售的柴油来源合法，符合国家标准，不是危险化学品，不属于法律和行政法规规定的专营、专卖和其他限制买卖的物品，不应按《刑法》第225条第1项的规定处罚，但法院认为，柴油属于成品油，是国务院决定的确需保留的行政许可审批项目，国家对成品油经营实行许可制度，在未办理成品油批发、零售许可证的情况下经营，属于非法经营行为。此外，由于被告单位侯马鑫盛源石油化工有限公司成立后只从事了非法购销柴油的活动，根据最高人民法院《关于审理单位犯罪案件具体应用法律有关问题的解释》第2条的规定，本案不应以单位犯罪论处，对被告人尹某、任某平应按自然人犯罪论处。故判定被告单位侯马鑫盛源石油化工有限公司无罪，以非法经营罪判决被告人尹某有期徒刑3年，缓刑5年，并处罚金人民币10万元；判决被告人任某平有期徒刑3年，缓刑5年，并处罚金人

① 参见（2019）晋1081刑初182号刑事判决书。

民币5万元。

另外，在获得经营许可的情况下，企业还应当注意许可的范围和许可的期限，如果许可期限已经到期而没有办理续期的情况下继续经营的，属于未经许可的经营，仍然可能引发非法经营罪的风险。但如果超范围和地域经营，一般可评价为并未从根本上破坏国家的专营、专卖制度，如2011年5月6日最高人民法院《关于被告人李明华非法经营请示一案的批复》就指出："被告人李明华持有烟草专卖零售许可证，但多次实施批发业务，而且从非指定烟草专卖部门进货的行为，属于超范围和地域经营的情形，不宜按照非法经营罪处理，应由相关主管部门进行处理。"可见，这种情况虽然可以不作为犯罪处理，但是仍然需要承担其他法律责任。所以对于已经获得经营许可的公司、企业，在经营专营、专卖物品或者其他限制买卖的物品时，也要注意。

◎案例6－7①

场景回放

2005年9月15日，被告单位蚌埠市皖淮器化玻有限公司由被告人孙某注册成立，主要从事腐蚀品、氧化剂、易燃液体、毒害品的批发等业务。被告人孙某作为法定代表人全面负责公司经营，被告人周某作为公司销售员，主要负责销售。自2014年7月15日，蚌埠市皖淮器化玻有限公司办理的危险化学品经营许可证到期，2015年11月10日办理的非药品类易制毒化学品经营备案证明到期，其在未进行续期办理的情况下，继续向蚌埠市金坤化工有限公司、国能蒙城生物发电有限公司等销售硫酸、盐酸、甲苯等易制毒化学品，累计经营数额2,003,349.4元。

审理结果

法院经审理认为，被告单位蚌埠市皖淮器化玻有限公司违法国家规定，从事非法经营，扰乱市场秩序，情节严重，其行为已触犯刑律，构成非法经营罪；被告人孙某作为被告单位直接负责的主管人员，被告人周某作为被告单位直接责任人员，在共同经营期间，从事非法经营活动，亦构成非法经营罪，应依法对单位犯罪承担相应的刑事责任。故以非法经营罪判处被告单位蚌埠市皖

① 参见（2020）皖0304刑初48号刑事判决书。

准器化玻有限公司罚金人民币30万元；判处被告人孙某有期徒刑3年，缓刑4年，并处罚金人民币3万元；判处被告人周某有期徒刑1年，缓刑2年，并处罚金人民币1万元。

（2）买卖进出口许可证、进出口原产地证明以及其他法律、行政法规规定的经营许可证或者批准文件的。

所谓“进出口许可证”，主要是指进出口配额的批件和允许进出口货物、物品的凭据。所谓“进出口原产地证明”，主要是指用来证明进出口货物、技术的原产地的有效证明。所谓“其他法律、行政法规的经营许可证或者批准文件”，是指国家有关主管机关批准经营前述的专营、专卖物品或者其他限制买卖物品的证明文件，批准经营某些特定行业或特定商品颁发的许可证和批准文件等。它们都是对市场经济进行管理的文件，对它们进行买卖，必然侵犯了市场经济秩序。

（3）未经国家有关主管部门批准，非法经营证券、期货或者保险业务，或者非法从事资金支付结算业务的。

根据国家的有关规定，从事证券、期货、保险或者资金支付结算业务都必须经过国家有关主管部门的批准，未经批准从事的，就可能引发刑事风险。根据2019年最高人民法院、最高人民检察院《关于办理非法从事资金支付结算业务、非法买卖外汇刑事案件适用法律若干问题的解释》第1条的规定，以下四种方式属于非法从事资金支付结算业务：①使用受理终端或者网络支付接口等方法，以虚构交易、虚开价格、交易退款等非法方式向指定付款方支付货币资金的；②非法为他人提供单位银行结算账户套现或者单位银行结算账户转个人账户服务的；③非法为他人提供支票套现服务的；④其他非法从事资金支付结算业务的情形。

◎案例6－8①

场景回放

被告人冉某强出资并借用他人名义申请注册四川川商商品交易中心有限公司（以下简称川商公司）。2015年5月15日，川商公司经四川省政府批复同

① 参见（2018）川0181刑初506号刑事判决书。

意，于2015年6月17日在都江堰市正式注册成立，注册资金1.2亿元，法定代表人为赵某1，实际控制人为被告人冉某强。公司的经营范围是开展有色金属（不含黄金）、矿产品等现货电子交易和相关商品的结算、交收、物流等业务（期货交易、权益类交易、其他标准化合约交易除外）。川商公司成立后，被告人冉某强聘请被告人蒲某轩担任总裁，负责公司日常管理和网上交易系统的运营、维护等工作；聘请王某担任副总裁，负责发展会员单位并管理、对接。2015年下半年，冉某强、蒲某轩向深圳金某1汇公司购买“金诚现货订购系统交易所版软件”，向香港ODS公司购买油、铜、白银三种商品的国际价格接入该软件，建立“四川川商商品交易中心交易平台系统”。通过网络宣传发展会员单位，由会员单位吸纳全国范围内不同地区的个人或企业作为川商公司客户进行川商燃料油、川商铜、川商白银三种物品的集中交易，客户可以通过电脑或手机App进入该软件，开户绑定银行卡入金后进行网上交易。交易采用保证金制度和“T+0”模式，设置5~50倍杠杆，客户可以买涨买跌，不必进行现货实物交割。川商公司通过发展会员单位，会员单位发展终端客户，利用终端客户在平台的交易收取手续费的方式获取非法利益。手续费由会员单位和川商公司按比例分配，其中川商公司收取0.2‰。2017年9月8日，经中国证券监督管理委员会四川监管局川证监函（2017）288号复函对川商公司的相关行为进行认定：（1）川商公司非中国证监会批准设立的期货交易场所，也非中国证监会批准设立的期货经营机构。（2）根据《期货交易管理条例》、国务院《关于清理整顿各类交易场所切实防范金融风险的决定》、国务院办公厅《关于清理整顿各类交易场所的实施意见》等文件的有关规定，川商公司组织的交易活动，采用保证金制度，以集中交易的方式，进行不必要交割实物的标准化合约交易，允许投资者以对冲平仓的方式完成交易，具备期货交易的特征，构成非法期货交易活动。经鉴定，2015~2017年川商公司大宗商品交易平台资金池的流入资金总额为761,097.62万元。在此期间，交易平台资金池向川商公司其他银行账户净转出5813.87万元；交易平台资金池向张某3等五人收到交易平台资金池净转入21,853.53万元。综合这两项，被告人冉某强违法所得总计27,667.4万元。被告人蒲某轩、王某二人的违法所得分别为300万元、200万元。后检察机关以被告人冉某强、蒲某轩、王某涉嫌非法经营罪移送起诉。

审理结果

在庭审过程中，被告人冉某强的辩护人提出本案属于单位犯罪，还提出三点无罪辩护意见：（1）冉某强不具有犯罪的故意，不明知自己的行为有社会危害性，因为川商公司是经过政府相关部门审批成立的，被告人冉某强无法认识到川商公司的经营行为是非法的。（2）从各交易所的清理整顿的情况来看，其他的都通过行政和民事手段解决，没有要求通过刑事手段处理。（3）川商公司的交易模式并非集中交易模式，交易的标的并非期货合约。法院经审理认为，本案被告人冉某强成立川商公司之后，以实施非法经营犯罪为主要活动，川商公司只是被告人实施非法经营犯罪的平台，故本案不以单位犯罪论处，根据各被告人的行为认定为自然人犯罪。另外，川商公司仅有现货交易的批准文件，但其实质上进行的是未经批准的期货交易，并以此收取手续费非法获利，被告人冉某强主观上具有非法经营的直接故意。综合各被告人的自首、退赃、主从犯等情节，法院最终以非法经营罪判处被告人冉某强有期徒刑9年，并处罚金人民币2.8亿元；判处被告人蒲某轩有期徒刑3年，缓刑4年，并处罚金人民币300万元；判处被告人王某有期徒刑3年，缓刑4年，并处罚金人民币200万元。

◎案例6－9①

场景回放

被告人孟某在北京某投资顾问有限公司任职期间，伙同该公司的杨某等人，于2005年4月至2006年9月，在公司的经营活动中，为使本公司获取非法利益，未经中国证券监督管理委员会核准，非法接受某国际数据股份有限公司、某生物医药科技股份有限公司、某医疗信息技术股份有限公司自然人股东的委托，在北京市朝阳区等地及河北省向社会群众公开代理销售上述股东持有的未上市原始股股权，已查明共计销售未上市原始股6000余万股，非法经营数额达人民币2亿余元。

审理结果

法院经审理认为，北京某投资顾问有限公司未经国家有关主管部门核准，

① 参见（2019）京03刑终46号刑事判决书。

非法经营证券业务，扰乱市场秩序，情节特别严重，被告人孟某作为上述单位犯罪中的其他直接责任人员，其行为已构成非法经营罪，判处有期徒刑2年，并处罚金人民币50万元。

(4) 其他严重扰乱市场秩序的非法经营行为。

由于市场经营活动种类繁多，而且变化莫测，《刑法》不可能对非法经营行为一一列举，所以设定了堵漏条款，为了正确适用该堵漏条款，国家通过立法解释和司法解释对非法经营行为进行明确化，具体包括：①违反国家规定，出版、印刷、复制、发行其他严重危害社会秩序和扰乱市场秩序的非法出版物；②非法从事出版物的出版、印刷、复制、发行业务；③违反国家规定，采取租用国际专线、私设转接设备或者其他方法，擅自经营国际电信业务或者涉港澳台电信业务进行营利活动；④违反国家规定，未经监管部门批准，或者超越经营范围，以营利为目的，经常性地向社会不特定对象发放贷款，扰乱金融市场秩序；⑤非法生产、销售“黑广播”“伪基站”、无线电干扰器等无线电设备；⑥违反国家药品管理法律法规，未取得或者使用伪造、变造的药品经营许可证，非法经营药品或者以提供给他人生产、销售药品为目的，违反国家规定，生产、销售不符合药用要求的非药品原料、辅料；⑦以提供给他人开设赌场为目的，违反国家规定，非法生产、销售具有退币、退分、退钢珠等赌博功能的电子游戏设施设备或者其专用软件；⑧违反国家规定，以营利为目的，通过信息网络有偿提供删除信息服务，或者明知是虚假信息，通过信息网络有偿提供发布信息等服务，扰乱市场秩序；⑨在生产、销售的饲料中添加盐酸克仑特罗等禁止在饲料和动物饮用水中使用的药品，或者销售明知是添加有该类药品的饲料；⑩违反国家在预防、控制突发传染病疫情等灾害期间有关市场经营、价格管理等规定，哄抬物价、牟取暴利；等等。

虽然最高人民法院在2011年4月8日发布了《关于理解和适用刑法中“国家规定”的有关问题的通知》要求各级人民法院审理非法经营犯罪案件，要依法严格把握《刑法》第225条第4项的适用范围，对于有关司法解释未作明确规定的，应当作为法律适用问题，逐级向最高人民法院请示。但在司法实践中，仍存在未被司法解释规定的行为被以非法经营罪追究刑事责任的案件，导致非法经营罪受到已经成为“口袋罪”的非议，也使该罪成为公司、企业面临较大的风险。但就公司、企业而言，首先至少应当掌握现在已被司法解释明确规定为非法经营罪的行为方式，避免实施相关行为引发刑事风险。

◎案例6－10①

场景回放

2015年11月至2017年9月，被告人杨某强违反国家城市建筑垃圾管理规定，在未取得处置建筑垃圾资质的情况下，雇用被告人王某成给车队发放土票、记账，平整渣土；雇用被告人焦某忠负责土场现场安保工作；雇佣被告人陈某在土场门口收取土票，在太原市迎泽区孟家井村307国道旁私设渣土倾倒场地。经鉴定，共倾倒建筑垃圾30,239车，涉及非法经营收入金额的区间为人民币985,895～1,058,365元。

2018年11月至2019年4月，被告人杨某强违反国家城市建筑垃圾管理规定，在未取得处置建筑垃圾资质的情况下，雇用被告人焦某忠负责土场现场安保工作；雇用被告人陈某在土场门口收取土票，雇用被告人任某良开铲车平整渣土，在太原市迎泽区孟家井村307国道旁私设渣土倾倒场地，非法经营数额合计人民币98,500元。

审理结果

法院经审理认为，被告人杨某强、焦某忠、陈某、王某成、任某良违反国家规定，私自设立渣土倾倒场所，扰乱市场秩序，情节严重，其行为已构成非法经营罪。对于辩护人提出本案属于单位犯罪的辩护意见，法院认为，单位犯罪必须是按照整体研究、单位获利事实获利的，本案中系被告人杨某强一人决定，不符合单位犯罪的相关规定。故判决被告人杨某强犯非法经营罪，判处有期徒刑3年，缓刑5年，并处罚金人民币110万元。

（三）非法经营罪风险的追诉标准（How）

根据最高人民检察院、公安部《追诉标准的规定（二）》第75条和其他相关司法解释的规定，不同种类的非法经营行为的追诉标准各不相同，下面分别阐述（见表6－1）：

---

① 参见（2019）晋0106刑初795号刑事判决书。

表 6－1　非法经营行为的追诉标准

非法经营行为	“情节严重”的标准 (5 年以下有期徒刑或拘役＋罚金)	“情节特别严重”的标准 (5 年以上有期徒刑＋罚金)
非法经营食盐[1]	(1) 非法经营食盐数量在 20 吨以上的； (2) 曾因非法经营食盐行为受过 2 次以上行政处罚又非法经营食盐，数量在 10 吨以上的	
非法经营烟草专卖品	(1) 非法经营数额在 5 万元以上，或者违法所得数额在 2 万元以上的； (2) 非法经营卷烟 20 万支以上的； (3) 曾因非法经营烟草专卖品 3 年内受过 2 次以上行政处罚，又非法经营烟草专卖品且数额在 3 万元以上的	(1) 非法经营数额在 25 万元以上，或者违法所得数额在 10 万元以上的； (2) 非法经营卷烟 100 万支以上的
非法经营证券、期货、保险业务	(1) 非法经营证券、期货、保险业务，数额在 30 万元以上的； (2) 违法所得数额在 5 万元以上的	
非法从事资金支付结算业务或者非法经营外汇	(1) 非法经营数额在 500 万元以上的； (2) 违法所得数额在 10 万元以上的； (3) 非法经营数额在 250 万元以上，或者违法所得数额在 5 万元以上，曾因非法从事资金支付结算业务或者非法买卖外汇犯罪行为受过刑事追究的； (4) 非法经营数额在 250 万元以上，或者违法所得数额在 5 万元以上，2 年内因非法从事资金支付结算业务或者非法买卖外汇违法行为受过行政处罚的； (5) 非法经营数额在 250 万元以上，或者违法所得数额在 5 万元以上，拒不交代涉案资金去向或者拒不配合追缴工作，致使赃款无法追缴的； (6) 造成其他严重后果的	(1) 非法经营数额在 2500 万元以上的； (2) 违法所得数额在 50 万元以上的； (3) 非法经营数额在 1250 万元以上，或者违法所得数额在 25 万元以上，曾因非法从事资金支付结算业务或者非法买卖外汇犯罪行为受过刑事追究的； (4) 非法经营数额在 1250 万元以上，或者违法所得数额在 25 万元以上，2 年内因非法从事资金支付结算业务或者非法买卖外汇违法行为受过行政处罚的； (5) 非法经营数额在 1250 万元以上，或者违法所得数额在 25 万元以上，拒不交代涉案资金去向或者拒不配合追缴工作，致使赃款无法追缴的； (6) 造成其他严重后果的

续表

非法经营行为	"情节严重"的标准（5年以下有期徒刑或拘役+罚金）	"情节特别严重"的标准（5年以上有期徒刑+罚金）
使用POS机等方法，以虚构交易、虚开价格、现金退货等方式向信用卡持卡人直接支付现金	（1）数额在100万元以上的； （2）造成金融机构资金20万元以上逾期未还的； （3）造成金融机构经济损失10万元以上的	（1）数额在500万元以上的； （2）造成金融机构资金100万元以上逾期未还的； （3）造成金融机构经济损失50万元以上的
出版、印刷、复制、发行非法出版物	（1）个人非法经营数额在5万元以上的，单位非法经营数额在15万元以上的； （2）个人违法所得数额在2万元以上的，单位违法所得数额在5万元以上的； （3）个人非法经营报纸5000份或者期刊5000本或者图书2000册或者音像制品、电子出版物500张（盒）以上的，单位非法经营报纸15,000份或者期刊15,000本或者图书5000册或者音像制品、电子出版物1500张（盒）以上的； （4）虽未达到上述数额标准，但具有下列情形之一的： ①2年内因出版、印刷、复制、发行非法出版物受过行政处罚2次以上的，又出版、印刷、复制、发行非法出版物的； ②因出版、印刷、复制、发行非法出版物造成恶劣社会影响或者其他严重后果的	（1）个人非法经营数额在15万～30万元以上的，单位非法经营数额在50万～100万元以上的； （2）个人违法所得数额在5万～10万元以上的，单位违法所得数额在15万～30万元以上的； （3）个人非法经营报纸15,000份或者期刊15,000本或者图书5000册或者音像制品、电子出版物1500张（盒）以上的，单位非法经营报纸5万份或者期刊5万本或者图书15,000册或者音像制品、电子出版物5000张（盒）以上的； （4）虽未达到上述数额标准，但具有下列情形之一的： ①2年内因出版、印刷、复制、发行非法出版物受过行政处罚2次以上的，又出版、印刷、复制、发行非法出版物的； ②因出版、印刷、复制、发行非法出版物造成恶劣社会影响或者其他严重后果的

续表

非法经营行为	“情节严重”的标准（5年以下有期徒刑或拘役+罚金）	“情节特别严重”的标准（5年以上有期徒刑+罚金）
非法从事出版物的出版、印刷、复制、发行业务	(1) 个人非法经营数额在15万元以上的，单位非法经营数额在50万元以上的； (2) 个人违法所得数额在5万元以上的，单位违法所得数额在15万元以上的； (3) 个人非法经营报纸15,000份或者期刊15,000本或者图书5000册或者音像制品、电子出版物1500张（盒）以上的，单位非法经营报纸5万份或者期刊5万本或者图书15,000册或者音像制品、电子出版物5000张（盒）以上的； (4) 虽未达到上述数额标准，2年内因非法从事出版物的出版、印刷、复制、发行业务受过行政处罚2次以上的，又非法从事出版物的出版、印刷、复制、发行业务的	
非法经营国际或我国港澳台地区电信业务[2]	(1) 经营去话业务数额在100万元以上的； (2) 经营来话业务造成电信资费损失数额在100万元以上的； (3) 虽未达到上述数额标准，但具有下列情形之一的： ①2年内因非法经营国际电信业务或者涉我国港澳台地区电信业务行为受过行政处罚2次以上，又非法经营国际电信业务或者涉我国港澳台地区电信业务的； ②因非法经营国际电信业务或者涉我国港澳台地区电信业务行为造成其他严重后果的	
非法放贷[3]	以超过36%的实际年利率实施非法放贷行为，具有下列情形之一的： (1) 个人非法放贷数额累计在200万元以上的，单位非法放贷数额累计在1000万元以上的； (2) 个人违法所得数额累计在80万元以上的，单位违法所得数额累计在400万元以上的； (3) 个人非法放贷对象累计在50人以上	

续表

非法经营行为	“情节严重”的标准 （5年以下有期徒刑或拘役+罚金）	“情节特别严重”的标准 （5年以上有期徒刑+罚金）
	的，单位非法放贷对象累计在150人以上的； （4）造成借款人或者其近亲属自杀、死亡或者精神失常等严重后果的（但单次非法放贷行为实际年利率未超过36%的，定罪量刑时不得计入）	
非法生产、销售“黑广播”、“伪基站”、无线电干扰器等无线电设备	（1）非法生产、销售无线电设备3套以上的； （2）非法经营数额5万元以上的； （3）其他情节严重的情形	（1）非法生产、销售无线电设备15套以上的； （2）非法经营数额25万元以上的； （3）其他情节特别严重的情形
非法经营药品[4]	（1）非法经营数额在10万元以上； （2）违法所得数额在5万元以上的	（1）非法经营数额在50万元以上； （2）违法所得数额在25万元以上的
非法生产、销售赌博机[5]	（1）个人非法经营数额在5万元以上，或者违法所得数额在1万元以上的； （2）单位非法经营数额在50万元以上，或者违法所得数额在10万元以上的； （3）虽未达到上述数额标准，但2年内因非法生产、销售赌博机行为受过2次以上行政处罚，又进行同种非法经营行为的； （4）其他情节严重的情形	
非法有偿提供删除或发布信息服务[6]	（1）个人非法经营数额在5万元以上，或者违法所得数额在2万元以上的； （2）单位非法经营数额在15万元以上，或者违法所得数额在5万元以上的	（1）个人非法经营数额在25万元以上，或者违法所得数额在10万元以上的； （2）单位非法经营数额在75万元以上，或者违法所得数额在25万元以上的

续表

非法经营行为	“情节严重”的标准（5年以下有期徒刑或拘役+罚金）	“情节特别严重”的标准（5年以上有期徒刑+罚金）
其他非法经营活动	（1）个人非法经营数额在5万元以上，或者违法所得数额在1万元以上的； （2）单位非法经营数额在50万元以上，或者违法所得数额在10万元以上的； （3）虽未达到上述数额标准，但2年内因同种非法经营行为受过2次以上行政处罚，又进行同种非法经营行为的； （4）其他情节严重的情形	

〔1〕具体是指：违反国家有关盐业管理规定，非法生产、储运、销售食盐，扰乱市场秩序的行为。

〔2〕具体是指：采取租用国际专线、私设转接设备或者其他方法，擅自经营国际电信业务或者涉我国港澳台地区电信业务进行营利活动，扰乱电信市场管理秩序的行为。

〔3〕具体是指：违反国家规定，未经监管部门批准，或者超越经营范围，以营利为目的，经常性地向社会不特定对象发放贷款，扰乱金融市场秩序的行为。

〔4〕具体是指：违反国家药品管理法律法规，未取得或者使用伪造、变造的药品经营许可证，非法经营药品或者以提供给他人生产、销售药品为目的，违反国家规定，生产、销售不符合药用要求的非药品原料、辅料的行为。

〔5〕具体是指：以提供给他人开设赌场为目的，违反国家规定，非法生产、销售具有退币、退分、退钢珠等赌博功能的电子游戏设施设备或者其专用软件的行为。

〔6〕具体是指：违反国家规定，以营利为目的，通过信息网络有偿提供删除信息服务，或者明知是虚假信息，通过信息网络有偿提供发布信息等服务，扰乱市场秩序的行为。

◎法律法规链接

◆《刑法》（2020年修正）第225条

◆最高人民检察院、公安部《关于公安机关管辖的刑事案件立案追诉标准的规定（二）》（2010年5月7日实施）第79条

◆最高人民法院《关于审理走私、非法经营、非法使用兴奋剂刑事案件适用法律若干问题的解释》（2020年1月1日实施）第2条

◆最高人民法院、最高人民检察院、公安部、司法部《关于办理非法放贷刑事案件若干问题的意见》（2019年10月21日实施）第1条

◆最高人民法院、最高人民检察院《关于办理非法从事资金支付结算业务、非法买卖外汇刑事案件适用法律若干问题的解释》（2019年2月1日实施）第1～3条

◆最高人民法院、最高人民检察院《关于办理妨害信用卡管理刑事案件

具体应用法律若干问题的解释》(2018 年 12 月 1 日实施) 第 12 条

◆最高人民法院、最高人民检察院《关于办理扰乱无线电通讯管理秩序等刑事案件适用法律若干问题的解释》(2017 年 7 月 1 日实施) 第 4 条

◆最高人民法院、最高人民检察院《关于办理环境污染刑事案件适用法律若干问题的解释》(2017 年 1 月 1 日实施) 第 6 条

◆最高人民法院《全国法院毒品犯罪审判工作座谈会纪要》(2015 年 5 月 18 日实施) 第 2 条第 7 项

◆最高人民法院、最高人民检察院《关于办理危害药品安全刑事案件适用法律若干问题的解释》(2014 年 12 月 1 日实施) 第 7 条

◆最高人民法院、最高人民检察院、公安部《关于办理利用赌博机开设赌场案件适用法律若干问题的意见》(2014 年 3 月 26 日实施) 第 4 条

◆最高人民法院、最高人民检察院、公安部、国家安全部《关于依法办理非法生产销售使用"伪基站"设备案件的意见》(2014 年 3 月 14 日实施)

◆最高人民法院、最高人民检察院《关于办理利用信息网络实施诽谤等刑事案件适用法律若干问题的解释》(2013 年 9 月 10 日实施) 第 7 条

◆最高人民法院、最高人民检察院《关于办理危害食品安全刑事案件适用法律若干问题的解释》(2013 年 5 月 4 日实施) 第 11 条、第 12 条

◆最高人民法院、最高人民检察院、公安部《关于办理走私、非法买卖麻黄碱类复方制剂等刑事案件适用法律若干问题的意见》(2012 年 6 月 18 日实施) 第 1 条第 4 款

◆最高人民法院《关于准确理解和适用刑法中"国家规定"的有关问题的通知》(2011 年 4 月 8 日实施)

◆最高人民法院《关于审理非法集资刑事案件具体应用法律若干问题的解释》(2011 年 1 月 4 日实施) 第 7 条

◆最高人民法院、最高人民检察院《关于办理非法生产、销售烟草专卖品等刑事案件具体应用法律若干问题的解释》(2010 年 3 月 26 日实施) 第 1 条第 5 款

◆最高人民法院、最高人民检察院、公安部、中国证券监督管理委员会《关于整治非法证券活动有关问题的通知》(2008 年 1 月 2 日实施)

◆最高人民法院、最高人民检察院《关于办理赌博刑事案件具体应用法

律若干问题的解释》(2005年5月13日实施)第6条

◆最高人民法院、最高人民检察院、公安部《关于依法开展打击淫秽色情网站专项行动有关工作的通知》(2004年7月16日实施)

◆最高人民法院、最高人民检察院《关于办理妨害预防、控制突发传染病疫情等灾害的刑事案件具体应用法律若干问题的解释》(2003年5月15日实施)第6条

◆最高人民法院、最高人民检察院《关于办理非法生产、销售、使用禁止在饲料和动物饮用水中使用的药品等刑事案件具体应用法律若干问题的解释》(2002年8月23日实施)第1条、第2条

◆最高人民检察院《关于非法经营国际或港澳台地区电信业务行为法律适用问题的批复》(2002年1月11日实施)

◆最高人民法院《关于审理扰乱电信市场管理秩序案件具体应用法律若干问题的解释》(2000年5月24日实施)第1~4条、第10条

◆全国人民代表大会常务委员会《关于惩治骗购外汇、逃汇和非法买卖外汇犯罪的决定》(1998年12月29日实施)第4条

◆最高人民法院《关于审理骗购外汇、非法买卖外汇刑事案件具体应用法律若干问题的解释》(1998年9月1日实施)第3条、第7条

◆最高人民法院《关于审理非法出版物刑事案件具体应用法律若干问题的解释》(1998年12月23日实施)第11~17条

二、组织、领导传销活动的风险

◎案例6-11[①]

场景回放

湖南金某3生物技术有限公司(以下简称金某3公司)于2011年9月28日注册成立，公司的经营范围为生物技术开发、电子产品研发、养殖业、种植业的技术开发等，实际中主要经营“天蚩湖”茶楼、销售安化黑茶。因公司持续亏损，公司实际控制人、董事长被告人彭某清于2012年6月聘请被告人

① 参见(2018)湘13刑终294号刑事判决。

张某愚为执行总裁，并外出考察，决定改变原来的经营模式，通过朋友在深圳找人设计了一套公司的茶友会员网站软件。2013年1月4日，网站设计好后，被告人彭某清与张某愚决定正式启用以人际网络发展来赚取利润的销售模式，并陆续引入何某文、郭某2、吴某2、张某愚为实际股东。设置了运营、物流、财务、市场等10个部门。其中，市场部负责人系执行总裁张某愚，主要负责产品销售；运营部负责人为何某锋，负责行政和后勤；财务部由会计曾某1、出纳肖某1负责；杨某系公司网管员，负责金某3公司网站的维护、管理。

2012年12月，被告人彭某清、张某愚召集何某文、吴某2、郭某2等开会并征求李某2、被告人胡某军、孙某胜等市场人员的意见，大家都同意采用新模式经营。即当个人在公司购买一份单价为600元的黑茶后可成为会员，在公司网站获得一个会员编号。每个会员编号有两个密码：一级密码用来登录公司的会员网站和申请领取茶叶，二级密码用来查看自己发展的下线和申请兑换人民币。该编号可以继续购买黑茶产品发展会员编号，每个会员编号代表600元的销售业绩，每个会员编号只能直接发展两个直接下线会员编号，且两个下线会员编号必须平行发展。公司以该会员编号下所发展的销售业绩作为会员晋升依据，从低至高分为主任、高级主任、经理、高级经理、一星至五星商务董事九个级别。当两个直接下线编号销售额达到4800元以上为主任级别（每个下线均不少于2400元）；达到48,000元以上为高级主任；20万元以上为经理；100万元以上为高级经理；当两个直接下线编号均成为高级经理时升为一星商务董事，以此类推，直至成为五星商务董事。会员可以直接购买一定数量的茶叶升级至对应级别。

主任及以上级别会员有电子币返利，返利情况为：主任级别每次享受公司新增业绩的30%除以主任人数，领满5000元止；高级主任每次享受公司新增业绩的15%除以高级主任人数，领满5万元止；经理、高级经理的返利比例均为5%，分别领满30万元、150万元止；一星至五星商务董事分别按1%~5%的比例返利，返利总额没有限制。高级经理以上还设有旅游奖，董事以上会员还有房车奖。会员在天蚩湖茶楼喝茶、消费可享受折扣。

如有会员发展编号，则通过上线会员向金某3公司账户支付资金，运营总监何某锋核实资金到账后，通知杨某向会员编号拨付电子币，杨某按100∶103的比例给发展新会员编号的编号拨付电子币，该编号可以用600个电子币在它下面注册一个新的会员编号，余下的3%作为对该编号的奖励。公司每月在网站上对主任以上级别会员按前述返利方式返利6次电子币，返利由网站自动统计和返回。只有奖励及返利的电子币可以兑换现金，会员通过网站提交兑换申请，经杨某统计后报被告人彭某清审核，再由曾某1按100∶90（公司收取10%的手续费）的比例将电子币兑换成现金，汇款至会员在网站预留的银行账户，或由被告人张某愚直接转款给各会员。另一种兑换模式是会员私下里用电子币兑换人民币，即将新会员交的加盟费以电子币的形式给新会员注册，交3%的手续费即可。

金某3公司销售的茶叶有数十种，配套此种销售模式的茶叶有五种，其规格、名称、对外标价分别为：400克小金茯600元；900克荷香茯砖1200元；2千克天尖茶1200元；3.625千克百两茶2000元；36.25千克千两茶18,000元，五种茶叶的裸茶成本、包装费均远低于标价。

在实际操作中，各上线会员平时通过口头介绍，购买金某3公司600元黑茶就能成为会员，并告诉他们公司有专门返利的规定，有时也会邀集会员到龙泰上品A座605的办公点喝茶。被告人组织会员到金某3公司参观培训、组织会员参加新茶厂奠基仪式等途径，宣传金某3公司的经营模式，介绍黑茶功效作用、黑茶是政府扶持产业等内容，再重点介绍公司前述经营模式的返利情况，称约3个月可以回本，还介绍返利来自公司投资茶楼、销售黑茶产生的利润和直销节约的成本。被告人还同当事人介绍，公司准备在当地开茶楼，会员可成为茶楼股东，公司将来要上市。同时，大部分下线会员自己只需做一条线，即缴纳3000元、2.58万元即可成为主任、高级主任，另一条线由该上线负责做好。

在该经营模式下，被告人彭某清、张某愚控制金某3公司顶级编号00001，其余所有编号均为该编号下线，通过编号可查看所有下线情况。金某3公司在全国的发展都是从某一区域延伸至其他地方，2013年1月至6月17日在湖南省、安徽省等多个省份共128个县市区发展肖某3、谢某1、邹某（已被隆回法院判决）、肖某4、吴某1、徐某、唐某、邓某、曾某2、黄某1、胡某辉、胡某2、王某5、文某、陈某3等1088名会员，发展层级超过16级。金某3公司累计发送77,657个编号所代表的货值共计4659.42万元的茶叶，实际收取会员资金1825.88万元。彭某清、张某愚等5名股东共计骗取会员财物150

万元。

被告人胡某军、孙某胜自2013年1月开始参与前述经营活动，胡某军系孙某胜上线，在娄底发展会员，截至案发，胡某军拥有二星商务董事会员编号一个，其下线超过15级55人，下线编号代表的金额超过400万元。孙某胜拥有二星商务董事、高级经理会员编号各一个，其下线超过14级54人，下线编号代表的金额超过400万元。

审理结果

法院审理认为，彭某清、张某愚组织、领导以推销黑茶产品为名，要求参加者以购买黑茶产品的方式获得加入和发展会员的资格，按照一个上线会员编号发展两个下线会员编号的方式组成“金字塔式”的层级，间接以发展人员的数量作为计酬或者返利依据，夸大黑茶功效和盈利前景，引诱参加者继续发展他人参加，其真实目的不是销售茶叶，而是掩饰了返利的真实来源，返利其实来自会员缴纳的费用，据此骗取财物，扰乱经济与社会秩序，彭某清、张某愚的行为构成组织、领导传销活动罪。胡某军、孙某胜作为传销组织的积极参加者，对传销活动的实施、传销组织的建立、扩大等起了关键作用，根据相关法律规定，可以认定为传销活动的组织者、领导者，亦构成组织、领导传销活动罪。综合案件其他情节，法院以组织、领导传销活动罪判决彭某清有期徒刑5年，并处罚金20万元；张某愚有期徒刑6年，并处罚金20万元；胡某军有期徒刑4年6个月，并处罚金12万元；孙某胜有期徒刑4年5个月，并处罚金10万元。

（一）组织、领导传销活动罪风险的主体范围（Who）

根据《刑法》的规定，本罪的主体是一般主体，既包括自然人，也包括单位，就自然人而言，只有传销活动的组织者、领导者才应当承担本罪的刑事责任。传销活动的组织者、领导者，是指在传销活动中起组织、领导作用的发起人、决策人、操纵人，以及在传销活动中担负策划、指挥、布置、协调等重要职责，或者在传销活动实施中起到关键作用的人员。根据最高人民法院、最高人民检察院、公安部《关于办理组织领导传销活动刑事案件适用法律若干问题的意见》（以下简称《传销意见》）的规定，以下人员可以认定为传销活动的组织者和领导者：（1）在传销活动中起发起、策划、操纵作用的人员；

(2) 在传销活动中承担管理、协调等职责的人员；(3) 在传销活动中承担宣传、培训等职责的人员；(4) 曾因组织、领导传销活动受过刑事处罚，或者1年以内因组织、领导传销活动受过行政处罚，又直接或者间接发展参与传销活动人员在15人以上且层级在三级以上的人员；(5) 其他对传销活动的实施、传销组织的建立、扩大等起关键作用的人员。同时，《传销意见》还规定，以单位名义实施组织、领导传销活动犯罪的，对于受单位指派，仅从事劳务性工作的人员，一般不予追究刑事责任。在案例6-10中，胡某军辩称其既不是组织者、领导者，也未在本案中起到"关键性"的作用，但法院根据胡某军直接或间接发展的下线人数、层级数以及下线缴纳的传销资金等事实，认定其对传销活动的实施、传销组织的建立、扩大等起了关键作用，最终将其认定为传销活动的组织者、领导者。此外，对于胡某军、孙某胜及其辩护人提出本案系单位犯罪的辩护意见，法院经查认为本案被告人虽是以单位名义进行传销，但该单位以实施犯罪为主要活动，依法不以单位犯罪论处。

(二) 组织、领导传销活动罪风险的行为界限 (What)

1. 行为特征

根据《刑法》的规定，本罪的客观方面表现为组织、领导以推销商品、提供服务等经营活动为名，要求参加者以缴纳费用或者购买商品、服务等方式获得加入资格，并按照一定顺序组成层级，直接或者间接以发展人员的数量作为计酬或者返利依据，引诱、胁迫参加者继续发展他人参加，骗取财物，扰乱经济社会秩序的传销活动的行为。因此，传销活动具有以下特征：(1) 需要以缴纳费用或者购买商品、服务等方式获得加入资格；(2) 发展他人成为自己的下线，形成层级网络，并引诱、胁迫他人继续发展下线；(3) 以直接或间接发展人员的数量或销售业绩为依据计算报酬、奖金；(4) 参加人员所获得的收益并非源于销售商品或服务等所得的合理利润，而是他人加入时所交纳的费用。

在案例6-10中，对于被告人提出其行为不符合组织、领导传销活动罪的犯罪构成的辩护意见，法院经查认为，本案中系以推销安化黑茶产品为名，要求参加者以购买600元黑茶产品的方式获得加入和发展会员的资格。按照一个上线会员编号发展两个下线会员编号的方式组成"金字塔式"的层级。新会员以600元的一定倍率加入就是新增业绩，主任以上的级别每次享受公司全国范围内新增业绩的一定比例作为返利。这是间接以发展人员的数量作为计酬或者返利依据。参加者向发展对象着重介绍这种模式的盈利前景，称3个月可以回本，以此引诱参加者继续发展他人参加。被告人的行为符合组织、领导传销活动罪的构成要件。

2. 罪与非罪

（1）直销。根据国务院《直销管理条例》的规定，所谓直销，是指直销企业招募直销员，由直销员在固定营业场所之外直接向最终消费者推销产品的经销方式。直销本身是合法的销售手段，但在实践中，常有传销人员利用“网络直销”“厂家直销”等名义欺骗消费者，从事传销活动。两者的主要区别在于：其一，直销是以销售产品为目的，凭销售行为获得企业收益，有实际的商品，且仅限保健食品、化妆品、保洁用品、小型厨具、保健器材、家用电器六大类，而传销并无实质的经营行为，不产生经营收入，其商品只是其收取入门费的名义，大部分无实质商品或商品品质不佳、商品价格虚高；其二，直销企业需要合规经营，须经过国务院商务主管部门的批准并取得直销经营许可证，在工商查询网站上可查询，同时建立完备的售后服务体系、消费者购买了货物可以退换货，同时需要向有关部门缴纳保证金，以备向直销员支付报酬和向消费者承担赔偿责任，而传销组织“卖出”的商品，一旦售出概不退换；其三，直销员并不需要通过购买商品、缴纳高额保证金等形式获取直销员资格，而传销人员参加传销活动需要缴纳入门费；其四，直销员根据其销售情况获得收入，获得的报酬总额不超出其本人直接向消费者销售产品收入的30%，其本人销售越多则获利越多，无须其发展下线，而传销人员则是以拉人头获取报酬，发展的下线越多则获利越高，且形成明显的层级结构，同样可以从下线拉的人头处可以获利；其五，企业针对直销人员的合规意识、销售技能、商品性能等进行培训，发给其资格证书并对其销售行为严格管理，而传销组织的培训则侧重于精神洗脑，常常以“快速致富”“投资创业”“奋斗向上”等为口号引诱、欺骗被害人，其对成员的管理也多为人身控制，常伴有非法拘禁、故意伤害等其他刑事犯罪行为。

（2）团队计酬。根据《传销意见》第5条第1款的规定，所谓“团队计酬”式传销活动，是指传销活动的组织者或者领导者通过发展人员，要求传销活动的被发展人员再发展其他人员加入，形成上下线关系，并以下线的销售业绩为依据计算和给付上线报酬，牟取非法利益的传销活动，因此，“团队计酬”式传销活动是传销活动的一种重要形式。但是，该条第2款同样规定，以商品销售为目的、以销售业绩为计酬依据的单纯的“团队计酬”式传销活动，不作为犯罪处理，之所以如此规定，是因为此种单纯的团队计酬并非以发展人员的数量来作为计酬和返利的依据，已不符合组织、领导传销活动罪的基本行为要件；反之，如果只是形式上采取团队计酬的方式，但实质上以发展人员的数量作为计酬和返利的依据的，仍然构成组织、领导传销活动罪。需要注意的是，虽然《传销意见》对团队计酬是否构成犯罪作了出罪的规定，但是根据国务院的《禁止传销条例》的相关规定，团队计酬仍属于国家明令禁止的传销方式之一，仍然有行政违法的风险。

在案例6－10中，对于被告人提出的本案系以销售商品为目的、以销售业绩为计酬依据的单纯的“团队计酬”式传销活动，不应作为犯罪处理的辩护意见，法院经查认为，“团队计酬”需要以下线的销售业绩为依据计算和给付上线报酬。从是否缴纳入门费来看，“团队计酬”式传销的销售人员在获取从业资格时没有被要求缴纳高额入门费。从经营对象来看，“团队计酬”式传销是以销售产品为导向，商品定价基本合理，且有退货保障。从人员的收入来源来看，“团队计酬”式传销主要根据从业人员的销售业绩和奖金。从组织存在和维系的条件来看，“团队计酬”式传销的直销公司的生存与发展取决于产品销售业绩和利润。但本案并不符合“团队计酬”式传销的相关特征，不属于以销售商品为目的、以销售业绩为计酬依据的单纯的“团队计酬”式传销活动。

（3）拉好友返红包。“推荐好友下载App返红包”“推荐好友注册会员返红包”等，已成为商家常见的营销模式，同样有“拉人头”的嫌疑。其与传销活动的区别在于：其一，提供上述“返红包”的商家有实质的生产经营活动，其目的是要进行市场推广、扩大其市场占有份额；其二，商家给予“上线”的返利不是来自“下线”缴纳的入门费，而是商家正常的生产经营所得（包括获得的投资）；其三，消费者下载程序或注册会员，并不需要为此支付入门费；其四，不存在层级结构，“上线”不能从“下线”的行为中再次获得提成；其五，所获得的“红包”价值一般不高，不存在高额利益。

因此，公司、企业在市场运作过程中，尤其是在设计销售模式时，要注意合法销售模式与非法传销之间的界限，避免进行销售创新等陷入传销的刑事风险。

（三）组织、领导传销活动罪风险的追诉标准（How）

2013 年 11 月 14 日最高人民法院、最高人民检察院、公安部《关于办理组织领导传销活动刑事案件适用法律若干问题的意见》第 1 条和第 4 条明确了本罪立案的标准和情节严重的认定标准（见表 6－2）。

表 6－2　组织、领导传销活动罪的追诉标准

立案标准 （5 年以下有期徒刑或拘役＋罚金）	“情节严重”标准 （5 年以上有期徒刑＋罚金）
传销组织内部参与传销活动人员在 30 人以上且层级在 3 级以上的	（1）组织、领导的参与传销活动人员累计达 120 人以上的； （2）直接或者间接收取参与传销活动人员缴纳的传销资金数额累计达 250 万元以上的； （3）曾因组织、领导传销活动受过刑事处罚，或者一年以内因组织、领导传销活动受过行政处罚，又直接或者间接发展参与传销活动人员累计达 60 人以上的； （4）造成参与传销活动人员精神失常、自杀等严重后果的； （5）造成其他严重后果或者恶劣社会影响的

如果行为人组织、领导多个传销组织且单个或多个组织中的层级已达 3 级以上的，各组织中的人数合并计算；如果组织者、领导者形式上脱离原传销组织后，继续从原传销组织获取报酬或者返利的，原传销组织在其脱离后发展人员的层级数和人数，应当计算为其发展的层级数和人数。

需要注意的是，司法机关在办理组织、领导传销活动刑事案件中，如果因客观条件的限制而即使无法逐一收集参与传销活动人员的言辞证据的，也可以结合依法收集并查证属实的缴纳、支付费用及计酬、返利记录，视听资料，传销人员关系图，银行账户交易记录，互联网电子数据，鉴定意见等证据，综合认定参与传销的人数、层级数等犯罪事实。所以不要认为司法人员无法逐一收集参与传销活动人员的言辞证据就抱有不会被追诉的侥幸心理。

◎**法律法规链接**

◆《刑法》(2020年修正)第224条之一

◆最高人民检察院、公安部《关于公安机关管辖的刑事案件立案追诉标准的规定(二)》(2010年5月7日实施)第78条

◆最高人民法院、最高人民检察院、公安部《关于办理组织领导传销活动刑事案件适用法律若干问题的意见》(2013年11月14日实施)

◆国务院《禁止传销条例》(2005年11月1日实施)

三、强迫交易的风险

◎**案例6-12**[①]

场景回放

2014年11月，济南市国土资源局历城分局、济南市历城区财政局、济南市历城区人力资源、社会保障局与济南市历城区唐冶街道章灵丘一村、二村、三村村民委员会签订了土地征收补偿安置协议，拟征收上述三个村的土地为建设用地。2016年1月14日，被告人王某文以王某瑞名义申请注册成立山东振旺机械化施工有限公司(以下简称振旺公司)，登记的法定代表人系王某瑞，王某文是公司的实际控制者。章灵丘一村的村支部书记、被告人耿某泉以及章灵丘一村的村委会主任、被告人赵某军等7人希望借章灵丘地区开发的机会承揽该地区的土石方等工程，经与王某文商议，合伙以振旺公司的名义承揽工程。上述8人达成如下共识：章灵丘村地区的土石方工程都要由其8人承揽，如果承包给他人，就以补偿款未到位的名义，组织村民阻挠施工，迫使发包方将工程发包给振旺公司。在实际经营过程中，耿某泉、赵某军等7人每人投资3万元。

2016年2月至2017年3月，在济南中融置业发展有限公司承建中新国际城项目、中国建筑第八工程局有限公司承建的中建锦绣天地项目、济南盛雪置

① 参见(2018)鲁0112刑初12号刑事判决书。

业有限公司开发的湖春江郦城项目、济南城建集团有限公司承包的蒋山东路市政道路项目中，因开发商未将土石工程发包给振旺公司，由被告人耿某泉、赵某军等人利用其村干部身份，以补偿款未到位为名组织村民到工地以静坐、语言威胁、围堵施工机械等暴力威胁手段，强行阻止中标公司施工，最终迫使中标中新国际城项目的山东稳泰基础工程有限公司、中标中建锦绣天地项目的广东润民建安有限公司退出各自项目，发包方被迫将工程交振旺公司承揽，同时，所有项目工期均大幅度延误，在当地造成恶劣影响。

审理结果

法院经审理认为，被告人王某文等人为了达到强揽工程的目的，先后预谋、组织村民至施工现场以围挡施工机械、语言威胁、谩骂等暴力威胁手段阻挠施工，强迫他人退出特定的经营活动，情节特别严重。被告人王某文、耿某泉、赵某军与他人为实施强迫交易犯罪组成了固定的犯罪组织，是犯罪集团，该三人是犯罪集团的主要成员，在共同犯罪中起主要作用，均系主犯。据此，法院以强迫交易罪，判决被告人王某文有期徒刑5年，并处罚金12万元；判决被告人赵某军有期徒刑4年，并处罚金10万元；判决被告人耿某泉有期徒刑3年9个月，并处罚金10万元。

（一）强迫交易罪风险的主体范围（Who）

根据《刑法》的规定，本罪的主体是一般主体，既包括自然人，也包括单位。单位构成犯罪的情况下，单位直接负责的主管人员和直接责任人员也要承担相应的刑事风险。在司法实践中，工程承揽、矿产开采等基建、资源领域以及美容院、发廊等服务类行业是触犯本罪的高发地带。

在案例6－12中，被告人王某文虽然是振旺公司的实际控制人，最终也是以振旺公司的名义承揽了工程，但具体阻止施工的并非以振旺公司的名义，而是被告人耿某泉、赵某军等人利用其村干部身份，以补偿款未到位为名组织村民到工地强行阻止中标公司施工。此外，被告人王某文与耿某泉、赵某军等7人达成协议和共识合伙以振旺公司的名义承揽工程也是以个人身份，所以本案不能成立单位犯罪。

（二）强迫交易罪风险的行为界限（What）

本罪的客观方面表现为以暴力、威胁手段强买、强卖商品，强迫他人提供服务或者强迫他人接受服务的行为。

1. 行为手段

必须采用暴力或者威胁的手段。所谓暴力，是指对身体进行打击或者强制，如拳打脚踢、捆绑殴打、强拉硬拽等。所谓威胁，是指以人身、财产、名誉损害等相威胁，对他人实行精神强制，这种强制只要足以使他人屈服从而不得不交易，就属于本罪规制的手段。需要说明的是，上述手段并不必然要求达到令他人产生恐惧的程度，只要足以使他人产生恐惧、恐慌进而形成心理强制或者足以影响、限制人身自由、危及人身财产安全或者影响正常生产、工作、生活就够了。在案例 6－12 中，被告人耿某泉等人以补偿款未到位为名，组织村民到现场阻止施工，实施了围挡施工机械、语言威胁、谩骂等行为，客观上影响了正常的生产、工作，导致中标的企业无法进行正常的生产、工作而被迫退出各自项目，发包方者为了保证工程进度而被迫同意将工程交给振旺公司承揽，符合强迫交易罪的行为手段。

2. 行为表现

根据《刑法》规定，强迫交易主要表现为五种情形：（1）强买强卖商品；（2）强迫他人提供或者接受服务；（3）强迫他人参与或退出投标、拍卖；（4）强迫他人转让或者收购公司、企业的股份、债券或者其他资产的；（5）强迫他人参与或者退出特定的经营活动的。行为人只要实施其中一种即可。在上述案例 6－12 中，被告人王某文等人的行为强迫中标公司退出工程项目，迫使发包方接受其服务，同时满足上述第 2 项和第 5 项。

交易是市场运作过程中常见的行为，公司、企业要特别加以注意，避免因强迫交易而陷入刑事风险，尤其要注意以下几类情形：

（1）以过低的价格强买商品或以过高的价格强卖商品。根据最高人民法院《关于审理抢劫、抢夺刑事案件适用法律若干问题的意见》的规定，从事正常商品买卖、交易或者劳动服务的人，以暴力、胁迫手段迫使他人交出与合理价钱、费用相差不大钱物，情节严重的，以强迫交易罪定罪处罚；以非法占有为目的，以买卖、交易、服务为幌子采用暴力、胁迫手段迫使他人交出与合理价钱、费用相差悬殊的钱物的，以抢劫罪定罪处刑。在具体认定时，既要考虑超出合理价钱、费用的绝对数额，还要考虑超出合理价钱、费用的比例，加以综合判断。

（2）事先未明确告知价格，诱使他人消费后，再使用暴力、威胁等方式追讨。以上情形常见于酒吧、KTV 等娱乐行业及美容美发、养生保健等服务行业之中，前者俗称“吊模宰客”，而后者的代表则是“天价头”。以“天价头”叶某文案为例，叶某文等人系理发店工作人员，其在被害人接受服务前未明示价格，引诱被告人接受多种服务，并在事后通过暴力、威胁等手段进行追讨，该案当时是构成抢劫罪还是强制交易罪争议较大。由于美容美发市场确实价格相差悬殊，且被害人接受了多种服务，不能完全排除叶某文等人收费的合理性，故不能认定叶某文等人构成抢劫罪，但是由于叶某文等人存在事先未明确告知，事后以暴力、威胁的方式予以追讨的情况，最终以强迫交易罪追究刑事责任。

（3）通过不正当手段垄断市场，或者哄抬价格。根据 2016 年国务院《退耕还林条例》第 59 条的规定，不正当手段垄断种苗市场，或者哄抬种苗价格，构成犯罪的，可以非法经营罪或强迫交易罪等追究刑事责任。虽然《退耕还林条例》为行政法规，但该条反映了经济领域的垄断行为与黑恶势力的欺行霸市行为的关联。根据最高人民法院、最高人民检察院、公安部《办理黑社会性质组织犯罪案件座谈会纪要》及最高人民法院《全国部分法院审理黑社会性质组织犯罪案件工作座谈会纪要》的规定，所谓欺行霸市可以操控、左右、决定与一定行业相关的准入、退出、经营、竞争等经济活动，对市场形成一定的垄断。因此，垄断市场或者哄抬价格本身可以是由经济法调整，但如果使用了暴力、威胁等不正当手段，则有构成强迫交易罪的刑事风险。

（4）根据相关规定，以暴力、胁迫手段强迫他人借贷及利用信息网络威胁他人，强迫交易，情节严重的，以强迫交易罪追究刑事责任。如果是以借贷、交易为名采用暴力、胁迫手段非法占有他人财物的，以抢劫罪或敲诈勒索罪追究刑事责任。

（三）强迫交易罪风险的追诉标准（How）

根据《刑法》的规定，本罪是情节犯，强迫交易的行为必须达到“情节严重”的程度，才能构成犯罪。根据 2017 年最高人民检察院、公安部《关于公安机关管辖的刑事案件立案追诉标准的规定（一）的补充规定》第 5 条的规定，以下情形属于“情节严重”：

1. 造成被害人轻微伤的；

2. 造成直接经济损失 2000 元以上的；

3. 强迫交易 3 次以上或者强迫 3 人以上交易的；

4. 强迫交易数额 1 万元以上，或者违法所得数额 2000 元以上的；

5. 强迫他人购买伪劣商品数额 5000 元以上，或者违法所得数额 1000 元以上的；

6. 以暴力、威胁手段强迫他人参与或者退出投标、拍卖，强迫他人转让或者收购公司、企业的股份、债券或者其他资产，强迫他人参与或者退出特定的经营活动，具有多次实施、手段恶劣、造成严重后果或者恶劣社会影响等情形之一的；

7. 其他情节严重的情形。

在案例 6－12 中，被告人赵某军及被告人王某文、耿某泉的辩护人提出案件不属于情节特别严重的辩解及辩护意见，但法院经查认为，被告人王某文、耿某泉、赵某军等人为达到强迫中标单位退场，自己强揽涉案工程的目的，先后组织数百人次到施工现场阻挠中标单位施工，实施强迫交易犯罪 4 起，阻挠施工持续时间长，涉案标的额达 1000 万元以上，在当地造成了恶劣的社会影响，故认定案件情节特别严重。

◎法律法规链接

◆《刑法》（2020 年修正）第 226 条

◆最高人民法院、最高人民检察院、公安部、司法部《关于办理利用信息网络实施黑恶势力犯罪刑事案件若干问题的意见》（2019 年 10 月 21 日实施）第 2 条

◆最高人民检察院、公安部《关于公安机关管辖的刑事案件立案追诉标准的规定（一）的补充规定》（2017 年 4 月 27 日印发）第 5 条

◆最高人民法院《全国部分法院审理黑社会性质组织犯罪案件工作座谈会纪要》（2015 年 10 月 13 日实施）

◆最高人民检察院《关于强迫借贷行为适用法律问题的批复》（2014 年 4 月 17 日实施）

◆最高人民法院《关于审理抢劫、抢夺刑事案件适用法律若干问题的意见》（2005 年 6 月 8 日实施）第 9 条

◆最高人民法院、最高人民检察院、公安部《办理黑社会性质组织犯罪案件座谈会纪要》（2009 年 12 月 9 日实施）

◆国务院《退耕还林条例》（2016 年 2 月 6 日实施）第 59 条

四、串通投标的风险

◎案例 6－13[①]

场景回放

2016 年 11 月，被告人周某阳得知襄阳市庞公大桥 PPP 项目监理要进行二次招标，遂与上海 X 工程项目管理有限公司襄阳分公司法定代表人陈某军预谋寻找公司参与投标，从中获取帮助中标的好处费。陈某军联系被告单位厦门港湾公司武汉分公司工程部技术负责吴某，提出可帮助厦门港湾公司中标，但是，厦门港湾公司中标后要支付好处费。吴某向厦门港湾公司副总经理被告人王某潭汇报后，王某潭表示同意。同时，周某阳联系被告单位襄阳华罡公司董事长被告人王某刚，以厦门港湾公司名义与被告人王某刚、宋某滨、董某旺多次商量，由两家公司相互配合竞标，并约定无论哪一方中标，都要给未中标方经济补偿人民币 60 万元。

2016 年 11 月 8 日，襄阳市庞公大桥 PPP 项目监理报名截止，仅有被告单位厦门港湾公司、襄阳华罡公司和中铁武汉大桥工程咨询监理有限公司报名。投标截止前，分别由被告人陈某军与厦门港湾公司的被告人王某潭、吴某联系，被告人周某阳与襄阳华罡公司的被告人王某刚、宋某滨、董某旺联系，多次串通投标报价。2016 年 11 月 25 日投标当日，厦门港湾公司、襄阳华罡公司分别以人民币 975. 55 万元、974. 88 万元标的投递标书。同年 11 月 30 日，中标结果公示，厦门港湾公司为第一中标候选人，襄阳华罡公司为第二中标候选

① 参见（2018）鄂 0606 刑初 277 号刑事判决书。

人。陈某军遂按照周某阳的要求，找吴某索要帮助中标的好处费，吴某向王某潭汇报，经王某潭同意后，厦门港湾公司于2016年12月2日向武汉分公司汇款人民币10万元。当天，吴某从武汉分公司财务领取现金人民币10万元交给陈某军，陈某军又将此款交给周某阳。

2016年12月初，被告人王某潭、吴某与被告人王某刚、宋某滨、董某旺见面，商议中标后的补偿支付方案。王某刚提出厦门港湾公司弃标，由襄阳华罡公司中标，给予厦门港湾公司一定的经济补偿，王某潭不同意。后经过双方多次协商，王某潭考虑与业主洽谈未果，遂表示同意弃标，但要求襄阳华罡公司给予补偿。2016年12月7日，厦门港湾公司提交弃标声明，王某刚安排董某旺从襄阳华罡公司财务部领取现金人民币50万元交给吴某，吴某将此款给王某潭，由王某潭上交到厦门港湾公司。2016年12月20日，襄阳市政府投资工程建设管理中心向襄阳华罡公司发出中标通知书。2017年1月，王某刚安排宋某滨分两次从襄阳华罡公司财务部领取现金人民币60万元，支付给被告人周某阳。

审理结果

法院经审理认为，被告单位厦门港湾公司、襄阳华罡公司和被告人周某阳、陈某军，在招投标过程中相互串通投标报价，损害招标人或者其他投标人利益，情节严重，被告人王某潭、王某刚作为主管负责人、被告人宋某滨、董某旺、吴某作为直接责任人，其行为均已构成串通投标罪。据此，法院以串通投标罪判处被告单位厦门港湾公司罚金人民币20万元；判处被告人王某潭有期徒刑1年，并处罚金人民币2万元；判处被告人吴某有期徒刑10个月，并处罚金人民币2万元；判决被告单位襄阳华罡公司罚金人民币15万元；判处被告人王某刚有期徒刑10个月，并处罚金人民币2万元；判处被告人宋某滨有期徒刑10个月，并处罚金人民币2万元；判处被告人董某旺有期徒刑10个月，并处罚金人民币2万元；判处被告人周某阳判处有期徒刑1年，并处罚金人民币2万元；判处被告人陈某军有期徒刑11个月，并处罚金人民币2万元。

（一）串通投标罪风险的主体范围（Who）

根据《刑法》的规定，本罪的主体是特殊主体，仅限于投标人和招标人。它们都既可以是自然人，也可以是单位。此外，本罪的主体还必须是两人以上，单个主体不能引发本罪的风险。在市场运作的过程中，任何公司、企业都有可能成为投标人或者招标人，有可能成为本罪的风险主体。案例6－13中，被告单位厦门港湾公司、襄阳华罡公司分别以自身名义参与投标，被告人王某潭和被告人王某刚分别以厦门港湾公司由其分管负责的副总经理和襄阳华罡公司由其全面负责的董事长身份决策、实施了串通投标的行为，且中标利益与放弃投标的利益均归各自公司所有，符合单位名义、单位意志、单位获益的条件，构成单位犯罪。被告人王某潭和被告人王某刚分别作为二被告单位直接负责的主管人员，被追究刑事责任；被告人吴某和宋某滨、董某旺虽非主管人员，但均参与其中，分别作为二被告单位的直接责任人员而承担刑事责任。

（二）串通投标罪风险的行为界限（What）

1. 行为方式

本罪的客观方面表现为投标人互相串通投标报价，损害招标人或者其他投标人的利益，情节严重的行为或者投标人与招标人串通投标损害国家、集体、公民的合法利益的行为。这两种行为的实施主体、行为表现和情节要求有所区别。

（1）投标人互相串通投标报价，损害招标人或者其他投标人的利益，情节严重的行为

该行为的实施主体是投标人，而且必须是两个投标人以上。投标人互相串通投标报价通常表现为：相互约定一致抬高投标报价，或者一致压低投标报价，或者轮流以高价或低价中标，或者给其他未中标的投标人以“失标补偿费”等。这种串通投标报价的行为，实质上是一种协议限制竞争行为，必然会损害招标人的利益，在一定场合下，也损害了其他投标人的利益，其中情节严重的构成串通投标罪。根据《招标投标法实施条例》第39条和第40条的规定，以下情形构成投标人之间串通投标：①投标人之间协商投标报价等投标文件的实质性内容；②投标人之间约定中标人；③投标人之间约定部分投标人放弃投标或者中标；④属于同一集团、协会、商会等组织成员的投标人按照该组织要求协同投标；⑤投标人之间为谋取中标或者排斥特定投标人而采取的其他联合行动；⑥不同投标人的投标文件由同一单位或者个人编制；⑦不同投标人委托同一单位或者个人办理投标事宜；⑧不同投标人的投标文件载明的项目管

理成员为同一人；⑨不同投标人的投标文件异常一致或者投标报价呈规律性差异；⑩不同投标人的投标文件相互混装；⑪不同投标人的投标保证金从同一单位或者个人的账户转出。

（2）投标人与招标人串通投标损害国家、集体、公民的合法利益的行为

该行为的实施主体是投标人与招标人，他们之间互相串通投标的行为损害国家、集体、公民的合法利益即可构成犯罪。根据《招标投标法实施条例》第41条的规定，以下情形属于投标人与招标人串通投标：①招标人在开标前开启投标文件并将有关信息泄露给其他投标人；②招标人直接或者间接向投标人泄露标底、评标委员会成员等信息；③招标人明示或者暗示投标人压低或者抬高投标报价；④招标人授意投标人撤换、修改投标文件；⑤招标人明示或者暗示投标人为特定投标人中标提供方便；⑥招标人与投标人为谋求特定投标人中标而采取的其他串通行为。

2. 行为表现

在实践中，串通投标的行为通常表现为：招标人私下向特定投标人泄露招标底价；招标人开标前私下开启投标者标书并告知尚未送标书的投标人；招标人故意引导促使某投标人中标；招标人在审标、评标时实行差别对待；投标人在开标前从招标人处获取投标报价或者投标条件；投标人在竞标时故意压低价格，中标后再给招标人额外补偿；投标人在竞标时故意抬高价格，中标后再由招标人给予其额外补偿等。这些行为都有可能引发串通投标罪的刑事风险。对于常见的以下六种违法投标行为，[①] 也要特别加以重视，避免陷入刑事风险。

（1）限制投标。行为人采用物质利诱或者暴力威胁的方法，使其他潜在投标人不参与投标或者已经参与投标的撤回投标，从而达到自身中标的目的。其中，如果是以物质利诱的，则可能成立串通投标罪；如果是以暴力威胁的，则可能成立强迫交易罪。

（2）围标。即各投标人之间共同商量投标策略，串通投标报价，排斥竞争，以获取中标。通过围标，投标人之间还可以相约共同提高投标报价，使最后的中标价格高于标底价格，从而获取高额利润。此种情形情节严重的，各投

---

① 参见《〈中华人民共和国反垄断法〉学习问答》编写组编：《〈中华人民共和国反垄断法〉学习问答》，中国民主法制出版社2012年版，第65~66页。

标人均可能引发串通投标罪的风险。

（3）陪标。根据《招标投标法》第3条的规定，大型基础设施、公用事业等项目的勘察、设计、施工、监理以及与工程建设有关的重要设备、材料等必须进行招标，且投标人不得少于三家，否则不能开标。部分投标人为了顺利中标或单纯为了招投标程序的进行，找来没有真正投标意愿的企业共同参与投标，陪标的企业以招标人不可能接受的价格报价，从而使该投标人可以顺利中标。陪标同样属《刑法》中投标人相互串通的情形，情节严重的，可以引发串通投标罪的风险，而对于陪标者，如果没有从中取得犯罪收益或收益不大的，司法实践中通常不作为犯罪处理。

（4）轮标。即投标人约定各自轮流成为某一次招标活动中的内定中标人，其他企业在投标活动中予以配合以促使其中标，即甲公司这次中标，乙公司下次中标，依次类推。此情形同样属于《刑法》领域中的串通投标，且不属于陪标者，一般也会引发串通投标罪的风险。

（5）分标。即投标人之间事先约定，无论哪个投标人最后中标，都要把所获得的合同部分分给其他未中标的投标人，使参与投标的企业无论是否中标，都能够从该次投标活动中获得利益。在这种情形下，投标人没有投标失败的压力，但同样可以引发串通投标罪的风险。

（6）内定中标。即在招标投标活动中，投标人与招标人相互串通，招标人私下将标底或者其他信息秘密透露给其内定的投标人，以使该投标人中标。内定中标行为往往发生在公共工程建设等政府采购活动中，并伴有行贿受贿等违法犯罪行为，同时损害国家、集体、公民的合法利益，易引发串通投标罪的风险。

（三）串通投标罪风险的追诉标准（How）

根据最高人民检察院、公安部《追诉标准的规定（二）》第76条的规定，投标人相互串通投标报价，或者投标人与招标人串通投标，涉嫌下列情形之一的，应予立案追诉：

1. 损害招标人、投标人或者国家、集体、公民的合法利益，造成直接经济损失数额在50万元以上的；

2. 违法所得数额在10万元以上的；

3. 中标项目金额在200万元以上的；

4. 采取威胁、欺骗或者贿赂等非法手段的；

5. 虽未达到上述数额标准，但2年内因串通投标，受过行政处罚2次以上，又串通投标的；

6. 其他情节严重的情形。

◎**法律法规链接**

◆《刑法》（2020年修正）第223条

◆最高人民检察院、公安部《关于公安机关管辖的刑事案件立案追诉标准的规定（二）》（2010年5月7日实施）第76条

◆《招标投标法》（2017年修正）

◆《招标投标法实施条例》（2019年3月2日实施）

第三章　市场运作中的刑事合规

一、依法收集信息，合规开展业务

在公司、企业的经营过程中，涉及大量的用户数据、信息，无论是通过大数据分析市场行情还是通过信息核验服务查询用户征信，均需要收集相关的用户信息，其中就包含公民的个人信息，因此，要避免侵犯公民个人信息的风险，应从以下几个方面着手：

（一）严守必要原则，收集有用信息

根据《网络安全法》及《消费者权益保护法》的规定，公司、企业仅能收集与其业务相关的必要信息。因此，首先，应当对公司的现有业务进行梳理，明确收集了哪些信息；其次，对收集的信息进行分类，明确哪些是开展业务所必需的，哪些是可以进行技术处理降低其可识别性的，哪些是多余非必要的，并分别作出处理；再次，检视业务与收集的用户信息之间的关联性，业务是否可作拆分，业务拆分后不同的功能、服务所需收集的信息是否相互独立，给用户以选择权限，允许其在不同意某项功能、服务所必需的信息授权时仍可以使用其他功能、服务；最后，避免因业务升级、更新而重复收集用户信息，降低其重复率。

（二）正规渠道获取，确保有效授权

为开展正规业务而需要查询、获取客户信息时，应尽量通过正规渠道获取相关信息。例如，公民的个人身份信息，应通过合法渠道向公安机关进行查询；如果是企业法定代表人、高管的，可以通过工商管理机关进行查询；如果是涉及征信查询的，应通过银保监会授权的平台进行查询，而不应该自行在市

场上通过其他主体获取或查询公民个人信息，如确实需要通过上述方式获取公民个人信息的，应审查其是否取得了权利人的有效授权，或者其是否取得了国家有关部门的许可。

对于需要自行收集用户信息的，应确保取得了用户的有效授权，而用户有效授权的先决条件是其明确知道自己授权的内容和范围，该授权是其真实的意思表示。要取得有效授权，应当保证以下几点：首先，行为人切实履行了自己的告知义务，在内容上应当说明收集使用个人信息的目的、方式和范围，在形式上应当通过醒目、直接的方式进行提醒，在程序上提前进行告知；其次，行为人应确保授权人授权内容的清晰、具体，通常情况下，用户在隐私政策、个人信息规则部分进行勾选即可，但在必要时，应当有其亲笔签名，甚至于让客户对其授权的内容通过文字或录音的方式进行复核、确认，对于涉及用户身份证号、银行账号、行踪轨迹等个人敏感信息时，还应当逐次、同步告知，不允许概况授权；最后，注意证据保留，避免后期与用户产生法律纠纷或受到行政机关和司法机关的处理。

需要说明的是，如果需要通过网络爬虫技术收集信息，同样应当注意权利人的有效授权，如果权利人设置了防火墙或访问密码，则系权利人明确拒绝他人阅览或通过网络爬虫等技术获取相关信息，故在使用时应当注意使用不具有防火墙功能的脚本、程序，以避免取得未经授权的公民个人信息，同时应科学设置检索内容，只收集必要信息，并避免涉及公民的敏感信息。

（三）妥善保管使用，避免泄露风险

公司、企业获取公民个人信息后，应妥善保管使用，避免公民的个人信息被非法使用或受到损害。首先，公司、企业收集公民个人信息后只能用于公民授权的业务，尤其不得使用收集的公民个人信息用于非法活动，并应当确保自身不对收集的公民个人信息进行篡改；其次，采取技术措施和其他必要措施，确保收集的个人信息安全，防止信息泄露、毁损、丢失，在物理上采取密钥等手段，保证信息安全，在技术上对信息作匿名处理，只保留必需内容，在制度上对信息及企业人员进行分级、分类管理，减少信息的接触面；再次，应当允许用户删除或更正其个人信息，用户端操作与数据库应当同步更新，并且建立沟通反馈机制，对遇到的问题及时沟通、解决；最后，如果在发生或者可能发

生个人信息泄露、毁损、丢失的情况时，应当立即采取补救措施，按照规定及时告知用户并向有关主管部门报告。

（四）查明信息去向，杜绝违法风险

企业需要将合法获取的公民个人信息再对外出售或提供给他人的，应当注意以下几点：首先，应当是在用户的授权范围之内，包括用户授权将信息提供给他人以及确保他人在用户的授权范围之内使用公民个人信息；其次，对于未经过授权的，应当经过匿名处理，并确保不可恢复，同时，应当对信息进行分级，避免提供公民的银行账号、行踪轨迹等敏感信息；最后，应当查明下家的资质情况及其收集公民个人信息的目的、用途，对于可能用于犯罪的，一律不得提供。需要注意的是，对于一般的公民个人信息，对下家可以是形式审查，但对于行踪轨迹信息、征信信息等高度敏感信息，应当作实质审查。

二、认真签署合同，防止骗和被骗

合同是公司、企业对外进行民事交往最基本的法律文书，是确定公司、企业以及相对方之间权利义务的法律文件，认真签署并依约履行合同，不仅可以保障民事活动顺利、安全地进行，还能控制和防范发生纠纷时引发的法律风险，包括前面提到的合同诈骗的刑事风险和签订、履行合同失职被骗的刑事风险。一般说来，企业及其工作人员应当注意以下问题：

（一）健全合同审批制度，提高人员素质素能

如前所述，合同是公司、企业对外进行民事交往最基本的法律文书，因此企业应当建立健全一整套的合同审批机制。具体体现为：对企业经营过程中常见的合同，针对企业高管、中层干部及基层员工设立完备的权利义务清单，如不同标的额的合同，由不同层级的公司人员批准方才能够对外确认；不同标的类型的合同，由不同部门同意才能对外签署。同时，在权利义务清单中应明确不同人员需要审查的内容及审查不利的后果，通过多级、分层的审批制度，来限制合同风险的产生及扩散。此外，对审批的过程要全程留痕，以便事后责任的追查，区分各级人员在相应案件中的责任大小，对于明确反对且未参与其中的人员，不应追究其刑事责任。

与此同时，企业还要强化相关人员的素质素能。素质方面，主要是加强守法宣传，加强企业的道德建设与诚信教育，使员工在合法合规的前提下为公司开展业务；素能方面，则是通过发布合同诈骗典型案例，提取并警示常见诈骗手法，普及合同审查的基础知识，增强员工防范合同诈骗的能力。

需要说明的是，建立健全合同审批制度，并不意味着降低企业的决策、反应效力，而是要通过权责分明的管理制度，促进企业高效有序地运行；提高人员的素质素能，也并非要把每一个员工均训练成专门的合同专家，除合规守信是对每一个员工的基本要求外，在具体能力方面，可以由法务部门或外部律师对企业业务中常见的合同类型制定标准化模板及操作规范，使简单的风险在一线即可被识别和化解，而法务部门则专注于解决疑难、复杂的法律问题。

（二）严格合同审查，强化追踪管理

合同的签订和履行，应当从事前、事中和事后三个角度加强管理。首先，在合同签订前即要审查对方的主体身份，是否具备相应的资质或能力，这就是通常所说的事先的“尽职调查”，如果当事人不具备合同缔约的主体资格或不具备相应的资质、条件，可能导致合同无效，甚至被诈骗。公司、企业在签订合同时，如果合同相对方是企业，应要求其提供营业执照等证照的复印件，看是否过期，或是否已被吊销；如果合同相对方是自然人，应要求其提供身份证复印件；如果是代理人签订合同的，应查明其代理权限和期间；如果是针对特定事项的合同，应要求提供相应的权利证明。同时，公司、企业及其工作人员还应当对上述情况进行必要的复核、调查，如到工商行政管理部门查询企业登记、变更情况、注册资本、股东状况、经营范围、成立时间等信息，到土地管理部门查询土地规划许可证和土地使用权证的真实性等，如果可能，还应当尽量了解企业的财产状况、经营状况和信誉程度，了解企业是否处于停产、解散状态或是已经进入了破产程序，审查订立的合同是否在企业正常的经营范围内，标的是否在现有资产状况承受能力下等，这不但有利于合同的顺利履行，也有利于降低被骗的风险。

其次，在合同签订过程中，要严格审查合同的内容。对合同内容的审查主要从合同的内容是否合法，条款约定是否明确，权利义务是否对等，对其中关键性的条款，如交货方式、结算方式、货物价格、违约条款等，一定要逐字逐

句地进行详细的审查，有条件的企业应当尽量提交法务人员或外部律师等法律专业人员进行审查，防止不必要的纠纷和法律风险。

最后，在合同履行过程中，要加强对合同履行情况的追踪管理。合同并非一签了事，而是要通过合同的履行达成双方签订合同的目的、目标。对合同的事后管理应包含两个方面：一方面，加强对自身合同履行情况的自查，包括自身对履行合同的人力、物力准备，员工对合同内容的贯彻、履行情况，遇到问题应积极地与对方沟通解决，采取有效的方式化解问题，保障合同的继续履行，如果确因自身原因无法履行合同，应当主动承担违约责任，以避免被认定为合同诈骗的刑事风险。需要注意的是，在沟通过程中应尽量采取电子邮件、信函等有形形式，以保存对自己有利的证据。另一方面，是加强对对方合同履行情况的追踪管理，如发生对方逾期的情况，应迅速作出反应，督促对方履行，同时关注对方的资信情况和市场行情变化。例如，对方出现资金链断裂、拖欠员工工资、面临重大诉讼风险等情况或行业、市场发生重大转折时，将极大地增加其在合同履行过程中实施合同诈骗行为的可能性，对此应当尽早采取措施，及时行使不安抗辩权，避免不利后果的发生或蔓延。

（三）依法维护权益，降低刑事风险

合同诈骗属于民刑交织的重点区域，在实践中的边界远没有立法或理论中那么明晰，因此，公司、企业在签订、履行合同的过程中，如果遭遇合同诈骗，那么将有可能同时通过民事或刑事的途径维护自身的权益，前者的优势在于可以要求对方继续履行合同，以避免因合同无效等导致的不利后果；而后者则可以通过司法机关直接要求对方退赔违法所得，节约自身的诉讼成本并以刑罚迫使对方弥补自身的损失。需要说明的是，选择民事途径并不意味着必然放弃了刑事救济。

此外，如果公司、企业或相关人员被认定为涉嫌合同诈骗，则需要提供证据，如前文提到的沟通往来邮件等以证实自己没有非法占有的目的，仅是普通的民事纠纷；或者提供相应的权力清单、合同审批记录等，以区分犯罪主体究竟是公司、企业本身或者是其外设机构、内设部门，或者仅仅是员工的个人行为，避免公司部分人员、部分机构的过错影响公司整体的信用、形象，同时也可以避免单位犯罪被误定为个人犯罪，使相关得人员承担过重的刑事责任。

三、善于运用广告，避免虚假宣传

在市场经济的发展过程中，广告对于公司、企业的对外宣传和市场运作具有十分重要的作用。广告运用得好，可以帮助企业树立品牌，拓展知名度，刺激销售量、推荐新产品以及传递其他信息，要达到以上效果，就要求企业发布的广告真实、合法，符合社会主义精神文明建设的要求，不得含有虚假的内容，不得欺骗和误导消费者，否则，不但会给企业造成声誉、名誉上的损失，引发民事赔偿或者行政处罚的风险，还可能引发诸如虚假广告罪的刑事风险。因此，从事广告宣传，避免虚假广告罪的法律风险，应注意以下要点：

（一）熟悉广告准则，了解法律后果

2018 年《广告法》对广告的行为规范作了最直接的规定，是一切广告从业者开展业务活动的前提，从业者应当熟悉并遵守其中的法律规定（见表 6-3）。

表 6-3　《广告法》对广告内容真实性的规范

广告类型	广告准则的具体内容
一般规定	（1）广告中对商品的性能、功能、产地、用途、质量、成分、价格、生产者、有效期限、允诺等或者对服务的内容、提供者、形式、质量、价格、允诺等有表示的，应当准确、清楚、明白；（2）涉及行政许可、专利的，应当明确许可内容及专利号、专利种类等；（3）广告使用数据、统计资料、调查结果、文摘、引用语等引证内容的，应当真实、准确，并表明出处，引证内容有适用范围和有效期限的，应当明确表示；（4）不得使用“国家级”“最高级”“最佳”等用语；（5）法律、行政法规规定禁止的其他内容
医疗、药品、医疗器械广告	不得含有以下内容：（1）表示功效、安全性的断言或者保证；（2）说明治愈率或者有效率；（3）与其他药品、医疗器械的功效和安全性或者其他医疗机构比较；（4）利用广告代言人作推荐、证明；（5）与国务院药品监督管理部门批准的说明书不一致；（6）未显著标明禁忌、不良反应；（7）法律、行政法规规定禁止的其他内容

续表

广告类型	广告准则的具体内容
保健食品广告	不得含有以下内容：（1）表示功效、安全性的断言或者保证；（2）涉及疾病预防、治疗功能；（3）声称或者暗示广告商品为保障健康所必需；（4）与药品、其他保健食品进行比较；（5）利用广告代言人作推荐、证明；（6）法律、行政法规规定禁止的其他内容 保健食品广告应当显著标明“本品不能代替药物”
农药、兽药、饲料和饲料添加剂广告	不得含有以下内容：（1）表示功效、安全性的断言或者保证；（2）利用科研单位、学术机构、技术推广机构、行业协会或者专业人士、用户的名义或者形象作推荐、证明；（3）说明有效率；（4）违反安全使用规程的文字、语言或者画面；（5）法律、行政法规规定禁止的其他内容
酒类广告	不得含有以下内容：（1）诱导、怂恿饮酒或者宣传无节制饮酒；（2）出现饮酒的动作；（3）表现驾驶车、船、飞机等活动；（4）明示或者暗示饮酒有消除紧张和焦虑、增加体力等功效
教育、培训广告	不得含有下列内容：（1）对升学、通过考试、获得学位学历或者合格证书，或者对教育、培训的效果作出明示或者暗示的保证性承诺；（2）明示或者暗示有相关考试机构或者其工作人员、考试命题人员参与教育、培训；（3）利用科研单位、学术机构、教育机构、行业协会、专业人士、受益者的名义或者形象作推荐、证明
招商等有投资回报预期的商品或者服务广告	应当对可能存在的风险以及风险责任承担有合理提示或者警示，并不得含有下列内容：（1）对未来效果、收益或者与其相关的情况作出保证性承诺，明示或者暗示保本、无风险或者保收益等，国家另有规定的除外；（2）利用学术机构、行业协会、专业人士、受益者的名义或者形象作推荐、证明
房地产广告	房源信息应当真实，面积应当表明为建筑面积或者套内建筑面积，并不得含有下列内容：（1）升值或者投资回报的承诺；（2）以项目到达某一具体参照物的所需时间表示项目位置；（3）违反国家有关价格管理的规定；（4）对规划或者建设中的交通、商业、文化教育设施以及其他市政条件作误导宣传

续表

广告类型	广告准则的具体内容
农作物种子、林木种子、草种子、种畜禽、水产苗种和种养殖广告	关于品种名称、生产性能、生长量或者产量、品质、抗性、特殊使用价值、经济价值、适宜种植或者养殖的范围和条件等方面的表述应当真实、清楚、明白，并不得含有下列内容：(1) 作科学上无法验证的断言；(2) 表示功效的断言或者保证；(3) 对经济效益进行分析、预测或者作保证性承诺；(4) 利用科研单位、学术机构、技术推广机构、行业协会或者专业人士、用户的名义或者形象作推荐、证明
虚假广告	广告有下列情形之一的，为虚假广告：(1) 商品或者服务不存在的；(2) 商品的性能、功能、产地、用途、质量、规格、成分、价格、生产者、有效期限、销售状况、曾获荣誉等信息，或者服务的内容、提供者、形式、质量、价格、销售状况、曾获荣誉等信息，以及与商品或者服务有关的允诺等信息与实际情况不符，对购买行为有实质性影响的；(3) 使用虚构、伪造或者无法验证的科研成果、统计资料、调查结果、文摘、引用语等信息作证明材料的；(4) 虚构使用商品或者接受服务的效果的；(5) 以虚假或者引人误解的内容欺骗、误导消费者的其他情形

发布虚假广告，将承担如下法律后果（见表6－4）：

表6－4 发布虚假广告的法律责任

责任类型	具体规定
民事责任	违反本法规定，发布虚假广告，欺骗、误导消费者，使购买商品或者接受服务的消费者的合法权益受到损害的，由广告主依法承担民事责任。广告经营者、广告发布者不能提供广告主的真实名称、地址和有效联系方式的，消费者可以要求广告经营者、广告发布者先行赔偿。 关系消费者生命健康的商品或者服务的虚假广告，造成消费者损害的，其广告经营者、广告发布者、广告代言人应当与广告主承担连带责任。 前款规定以外的商品或者服务的虚假广告，造成消费者损害的，其广告经营者、广告发布者、广告代言人，明知或者应知广告虚假仍设计、制作、代理、发布或者作推荐、证明的，应当与广告主承担连带责任

续表

责任类型	具体规定
行政责任	违反本法规定，发布虚假广告的，由市场监督管理部门责令停止发布广告，责令广告主在相应范围内消除影响，处广告费用3倍以上5倍以下的罚款，广告费用无法计算或者明显偏低的，处20万～100万元的罚款；2年内有3次以上违法行为或者有其他严重情节的，处广告费用5倍以上10倍以下的罚款，广告费用无法计算或者明显偏低的，处100万～200万元的罚款，可以吊销营业执照，并由广告审查机关撤销广告审查批准文件、1年内不受理其广告审查申请。 医疗机构有前款规定违法行为，情节严重的，除由市场监督管理部门依照本法处罚外，卫生行政部门可以吊销诊疗科目或者吊销医疗机构执业许可证。 广告经营者、广告发布者明知或者应知广告虚假仍设计、制作、代理、发布的，由市场监督管理部门没收广告费用，并处广告费用3倍以上5倍以下的罚款，广告费用无法计算或者明显偏低的，处20万～100万元的罚款；2年内有3次以上违法行为或者有其他严重情节的，处广告费用5倍以上10倍以下的罚款，广告费用无法计算或者明显偏低的，处100万～200万元的罚款，并可以由有关部门暂停广告发布业务、吊销营业执照、吊销广告发布登记证件。 经营者违反本法第8条规定对其商品作虚假或者引人误解的商业宣传，或者通过组织虚假交易等方式帮助其他经营者进行虚假或者引人误解的商业宣传的，由监督检查部门责令停止违法行为，处20万～100万元的罚款；情节严重的，处100万～200万元的罚款，可以吊销营业执照。 经营者违反本法第8条规定，属于发布虚假广告的，依照《广告法》的规定处罚
刑事责任	情节严重的，处2年以下有期徒刑或者拘役，并处或者单处罚金

（二）依法发布广告，严格进行审查

广告主、广告经营者和广告发布者均应当对广告的内容进行审查，确保广告内容的客观、真实。广告经营者、广告发布者在设计、发布广告时，应当要求广告主提供其工商登记资料以及其商品相关的实验数据、资料、许可文书等证明文件，以证实其商品的性能、功能、产地、用途、质量、成分、价格、生产者、有效期限、允诺等的真实性，并确保在造成消费者损害时，可以提供广告主的真实名称、地址和有效联系方式，同时，在广告正式发布前应切实履行审查程序，对广告的内容、发布场所等进行复核，必要时报请广告审查部门进行审查。需要注意的是，受专业领域所限，广告经营者、广告发布者通常不具备商品专业领域的知识，故仅要求对广告主提供的商品信息作形式审查即可。

如果广告经营者、广告发布者切实履行了自己的审查义务，但由于广告主提供虚假的证明文件而确属被蒙蔽的，其主观上对于虚假广告没有过错，无须承担刑事责任，但是，对于其确被蒙蔽的事实应当由其自身承担举证责任，至少应当向司法机关提供可供查询的证据线索；同理，如果广告主可以证实自己对于产品的功能、成分等系受供货商蒙蔽而向广告经营者、广告发布者提供错误信息的，同样无须再承担相应的刑事责任，但是广告主的审查应当是实质审查，即应当确保自身商品及服务内容的真实性。

四、正当评价对手，尊重他人商誉

公司、企业在市场运作的过程中，难免也会参与对其他企业经营现状、服务水平、产品质量以及对比广告等的监督与评价，但这些评价必须是真实的、正当的，这些监督必须是合法的、合理的。如果是为了削弱对手的竞争力，为了争夺市场和顾客，为了给自己取得竞争优势，而捏造、散布虚伪事实，损害竞争对手的商业信誉、商品声誉的，则属于一种不正当竞争行为，根据2019年《反不正当竞争法》第23条的规定，经营者损害竞争对手商业信誉、商品声誉的，由监督检查部门责令停止违法行为、消除影响，处10万～50万元的罚款；情节严重的，处50万～300万元的罚款。同时，根据《反不正当竞争法》第17条和《民法典》的规定，经营者应当对其给他人造成的损害承担民事责任，包括消除影响、赔偿损失、赔礼道歉等。如果给商誉主体造成重大损失，或者具有其他严重情节，还可能引发损害商业信誉、商品声誉罪的刑事风险，最高可判2年法定刑，并处罚金。

五、合法运作经营，注意方式手段

公司、企业在市场运作的过程中，应当严格按照法律法规进行经营，自觉维护社会主义市场经济秩序。市场经济虽然具有自主、平等、竞争、开放等属性，但也必须在法律法规的规范下进行。具体而言，合法经营应做到以下几个方面：

（一）熟悉国家专营制度，谨慎避免“雷区”

企业在选择从事的业务领域的时候，应当关注国家对于专营专卖等制度的规定，熟悉政府有关部门的监管要求，并注意刑事合规。虽然《刑法》不可能对非法经营行为一一列举，但根据法律、行政法规、司法解释和判决，截至2019年12月可以确定涉及非法经营罪的包括：进出口许可证、进出口原产地证明、限制进出口技术、证券、期货、基金、保险、资金支付结算（含POS机套现）、无真实交易办理票据贴现、外汇、征信、高利贷、讨债公司、出版物、国际电信业务、食盐、预防和控制传染病期间哄抬物价、提供互联网上网服务、网吧、利用外挂软件代练升级、经营彩票业务、生产赌博设备和软件、烟草、麻黄草、麻黄碱复方制剂、麻醉品或精神药品、兴奋剂、药品（含疫苗）、医疗器械、医保卡套药销售、瘦肉精等添加剂、非食品原料及生猪屠宰销售、烟花爆竹、有偿删除信息和发布信息服务、卫星地面接收设施、“伪基站”和黑广播等无线电设备、电视网络接收设备、危险废物、危险化学品、可用于制毒的化学品、民用爆炸物品、粮食、种子、农药、兽药、民办学校、中外合资办学、房地产服务、违法建设和销售房屋、城区违章搭建商铺并收取租金、报废机动车、国际劳务、燃气、石油和成品油、营业性演出、电影、道路运输、国际海运、保安服务、特种设备、导弹相关物项和技术、生物两用品、军用产品、行业评选活动、骨灰存放格位、有偿运作招投标、私设收费路障等，对于以上行业和产品，企业从事相关业务应当尤为注意相关的法律规定和司法动态。

（二）合理设置销售制度，避免传销风险

首先，企业在建立销售团队时，不得要求销售人员以购买商品或缴纳会费等方式取得加入资格。销售人员是企业商品和服务的销售者，录用与否的核心应该是其所具有的销售能力，其并没有自行购买商品或缴纳会费的义务，如果企业以销售人员购买商品或缴纳会费作为其加入的前提，则可能被认定为传销组织的“入门费”，从而提高企业被认定为传销组织的风险。需要注意的是，部分企业存在要求外聘的销售人员缴纳保证金的情况，如果该保证金不是出于保证商品安全之必要，则存在被认定为变相“入门费”的风险。

其次，对销售人员制定激励政策时不得以发展人员的数量作为计酬或者返利依据。“拉人头”计酬是传销活动的显著特征，发展下线越多，则相关人员的获利越多，此种激励政策已经严重超出了销售活动的正常范围，属于法律明

令禁止的范畴。而合规的激励政策，应当始终是以销售人员的业绩为核心，此时应注意以下几个方面：（1）对于销售人员应当以其直接销售的业绩作为计酬的基础条件；（2）对于销售人员再发展下线扩大销售团队或自行组建销售团队的情况，对于其内部的薪酬结构应加强监管，限制其从下线获得分成比例；（3）对于销售人员的全部薪酬、奖金，应当在合理的比例范围内，根据《直销管理条例》的规定，该比例不得超出其直接销售金额的30%。

再次，对销售人员进行事先教育，对其实际的活动加强监管。在聘请销售人员之前，应当对其就合规、产品性能等方面进行培训，在其实际销售过程当中，应当对其销售行为进行监管，如果存在组建传销组织、欺骗消费者或者强迫交易的，应当予以制止。

最后，关注产品本身，提高产品质量，不生产、销售假冒伪劣产品，同时建立完备的售后服务体系，以实质的生产经营避免传销犯罪的法律风险。

（三）坚持公平交易，不得强迫威胁

企业在生产、经营的过程中，应当遵守公平交易、诚实守信的基本原则，不得采用暴力或者威胁的方式，避免实施《刑法》第226条规定的五种行为。如美容美发行业不得强制客户办卡，应当尊重客户的选择权，对客户接受的服务均在事先明确告知其价格，对于达到一定上限的应及时告知其总价；对于餐饮酒吧等行业，应当明码标价，不得采用“阴阳菜单”等方式欺骗消费者；对于旅游行业，应当为客户提供可选择的路线，不得强制消费，对于客户拒绝进入指定或推荐的礼品店的，应当允许其留在大巴车上或提供其他场所，对于住宿、餐饮应同样允许游客自行选择，除非存在安全隐患；对于医疗行业，不得在手术过程中临时加价，所有费用应当事先说明并由患者进行选择，如确遇突发情况需要临时采取其他医疗措施的，应当先予以治疗，事后再行结算，但需要说明其必要性。

（四）遵守招投标法，合法争取项目

对于招投标活动，我国《招标投标法》和《招标投标法实施条例》已有详细规定，企业根据其自身经营情况参与投标，在此过程中，除自身不与其他投标人或招标人串通外，也应当避免以下六种情形：（1）避免与其他投标人

委托同一单位或者个人编制投标文件；（2）避免与其他投标人委托同一单位或者个人办理投标事宜；（3）避免雇用或委派兼职人员担任项目管理成员，尤其是在其他投标人或关联公司处兼职；（4）避免关联公司参与同一项目的投标，当然对于分段招标的，可以各自参与不同段的投标；（5）避免与其他投标人从同一投资人处获得资金来源，避免投标保证金与其他投标人由从同一单位或者个人的账户转出；（6）避免容易使他人误解串通投标的其他情形。

第七篇

产品质量关天下

——避免害人害己害企业

第一章　质量管理中的风险提示

“三鹿”问题奶粉事件的爆发，再次将企业产品质量尤其是食品安全问题展现在公众视野之中，相关责任人被陆续处以刑罚，这也使企业空前关注产品质量管理问题。众所周知，产品质量问题不但关系企业的生存和发展，而且也关乎整个社会的安全与秩序。如果企业在生产运作的过程中，违反国家产品质量法规，放松对产品质量的管理和监控，生产或者销售不符合质量标准的伪劣产品，损害消费者的合法权益，不但要进行民事赔偿或者受到行政处罚，严重的还可能使自己面临刑事风险，深陷囹圄。比如，在三鹿奶粉引发的系列案件中，三鹿集团原董事长田某华就因犯生产、销售伪劣产品罪被一审法院判处无期徒刑，其他三名高管王某良（原副总经理）、杭某奇（原副总经理）、吴某生（原集团奶源事业部经理）则分别被判处有期徒刑15年、8年和5年；向原奶中添加含有三聚氰胺的“蛋白粉”的奶站负责人耿某平及其送奶司机耿某珠等构成生产、销售有毒食品罪，分别被判处死刑和8年有期徒刑；生产、销售“蛋白粉”的张某军、张某章、高某杰、张某军等人构成以危险方法危害公共安全罪，分别被判处死刑、无期徒刑和5年至15年有期徒刑。就此，三鹿奶粉曾经的辉煌一夜倾塌。这也对所有企业是一个警示，面对产品质量问题不能马虎，产品质量是企业的生存之本，做好质量管理合规关乎着企业的生死存亡，要避免害人害己又害了企业。

一般来说，生产、销售伪劣产品，只要销售金额达到5万元以上就可以构成生产、销售伪劣产品罪。但是对于那些可能危及人体健康和人身、财产安全的产品以及影响国计民生的重要工业产品，如药品、医用器材、食品、电器、压力容器、易燃易爆产品、农药、兽药、化肥、种子、化妆品等，国家相关部门不但出台了专业的质量标准，还专门制定了监督管理办法。企业如果放松对产品质量的监管，生产、销售的上述产品不符合规定的标准，即使销售金额未达到5万元，仍可能会引发生产、销售特定伪劣产品的刑事风险；金额达到5万元以上的，则可能发生生产、销售伪劣产品罪与生产、销售特定伪劣产品罪的竞合，按照处罚较重的罪名定罪处刑。除此之外，《刑法修正案（十一）》还增设了妨害药品管理罪，把一些违反药品管理法规的行为也纳入了刑法规制的范围，因此，做好质量管理中的刑事合规是非常必要的。

一、生产、销售伪劣产品罪

<table>
<tr><th colspan="2">依据</th><th colspan="2">罪状</th><th>法定刑</th></tr>
<tr><td rowspan="4">《刑法》</td><td rowspan="4">第140条</td><td rowspan="4">生产者、销售者在产品中掺杂、掺假，以假充真，以次充好或者以不合格产品冒充合格产品</td><td>销售金额5万~20万元</td><td>处2年以下有期徒刑或者拘役，并处或者单处销售金额50%~2倍罚金</td></tr>
<tr><td>销售金额20万~50万元</td><td>处2~7年有期徒刑，并处销售金额50%~2倍罚金</td></tr>
<tr><td>销售金额50万~200万元</td><td>处7年以上有期徒刑，并处销售金额50%~2倍罚金</td></tr>
<tr><td>销售金额200万元以上的</td><td>处15年有期徒刑或者无期徒刑，并处销售金额50%~2倍罚金或者没收财产</td></tr>
</table>

二、生产、销售假药罪

<table>
<tr><th colspan="2">依据</th><th colspan="2">罪状</th><th>法定刑</th></tr>
<tr><td rowspan="4">《刑法》</td><td rowspan="3">第141条第1款</td><td rowspan="3">生产、销售假药的</td><td></td><td>处3年以下有期徒刑或者拘役，并处罚金</td></tr>
<tr><td>对人体健康造成严重危害或者有其他严重情节的</td><td>处3~10年有期徒刑，并处罚金</td></tr>
<tr><td>致人死亡或者有其他特别严重情节的</td><td>处10年以上有期徒刑、无期徒刑或者死刑，并处罚金或者没收财产</td></tr>
<tr><td>第141条第2款</td><td colspan="2">药品使用单位的人员明知是假药而提供给他人使用的</td><td>依照前款的规定处罚</td></tr>
</table>

三、生产、销售劣药罪

<table>
<tr><th colspan="2">依据</th><th colspan="2">罪状</th><th>法定刑</th></tr>
<tr><td rowspan="3">《刑法》</td><td rowspan="2">第 142 条第 1 款</td><td rowspan="2">生产、销售劣药</td><td>对人体健康造成严重危害的</td><td>处 3～10 年有期徒刑，并处罚金</td></tr>
<tr><td>后果特别严重的</td><td>处 10 年以上有期徒刑或者无期徒刑，并处罚金或者没收财产</td></tr>
<tr><td>第 142 条第 2 款</td><td colspan="2">药品使用单位的人员明知是劣药而提供给他人使用的</td><td>依照前款的规定处罚</td></tr>
</table>

四、妨害药品管理罪

<table>
<tr><th colspan="2">依据</th><th colspan="2">罪状</th><th>法定刑</th></tr>
<tr><td rowspan="3">《刑法》</td><td rowspan="2">第 142 条之一第 1 款</td><td rowspan="2">违反药品管理法规，有下列情形之一：（1）生产、销售国务院药品监督管理部门禁止使用的药品的；（2）未取得药品相关批准证明文件生产、进口药品或者明知是上述药品而销售的；（3）药品申请注册中提供虚假的证明、数据、资料、样品或者采取其他欺骗手段的；（4）编造生产、检验记录的</td><td>足以严重危害人体健康</td><td>处 3 年以下有期徒刑或者拘役，并处或者单处罚金</td></tr>
<tr><td>对人体健康造成严重危害或者有其他严重情节的</td><td>处 3～7 年有期徒刑，并处罚金</td></tr>
<tr><td>第 142 条之一第 2 款</td><td colspan="2">有前款行为，同时又构成本法第 141 条、第 142 条规定之罪的</td><td>依照处罚较重的规定定罪处罚</td></tr>
</table>

五、生产、销售不符合安全标准的食品罪

<table>
<tr><th colspan="2">依据</th><th colspan="2">罪状</th><th>法定刑</th></tr>
<tr><td rowspan="3">《刑法》</td><td rowspan="3">第 143 条</td><td rowspan="3">生产、销售不符合食品安全标准的食品</td><td>足以造成严重食物中毒事故或者其他严重食源性疾病的</td><td>处 3 年以下有期徒刑或者拘役，并处罚金</td></tr>
<tr><td>对人体健康造成严重危害或者有其他严重情节的</td><td>处 3～7 年有期徒刑，并处罚金</td></tr>
<tr><td>后果特别严重的</td><td>处 7 年以上有期徒刑或者无期徒刑，并处罚金或者没收财产</td></tr>
</table>

六、生产、销售有毒、有害食品罪

依据		罪状		法定刑
《刑法》	第 144 条	在生产、销售的食品中掺入有毒、有害的非食品原料的，或者销售明知掺有有毒、有害的非食品原料的食品的		处 5 年以下有期徒刑，并处罚金
			对人体健康造成严重危害或者有其他严重情节的	处 5～10 年有期徒刑，并处罚金
			致人死亡或者有其他特别严重情节的	依照本法第 141 条的规定处罚

七、生产、销售不符合标准的医用器材罪

依据		罪状		法定刑
《刑法》	第 145 条	生产不符合保障人体健康的国家标准、行业标准的医疗器械、医用卫生材料，或者销售明知是不符合保障人体健康的国家标准、行业标准的医疗器械、医用卫生材料	足以严重危害人体健康的	处 3 年以下有期徒刑或者拘役，并处销售金额 50%～2 倍罚金
			对人体健康造成严重危害的	处 3～10 年有期徒刑，并处销售金额 50%～2 倍罚金
			后果特别严重的	处 10 年以上有期徒刑或者无期徒刑，并处销售金额 50%～2 倍罚金或者没收财产

八、生产、销售不符合安全标准的产品罪

依据		罪状		法定刑
《刑法》	第 146 条	生产不符合保障人身、财产安全的国家标准、行业标准的电器、压力容器、易燃易爆产品或者其他不符合保障人身、财产安全的国家标准、行业标准的产品，或者销售明知是以上不符合保障人身、财产安全的国家标准、行业标准的产品	造成严重后果的	处 5 年以下有期徒刑，并处销售金额 50%～2 倍罚金
			后果特别严重的	处 5 年以上有期徒刑，并处销售金额 50%～2 倍罚金

九、生产、销售伪劣农药、兽药、化肥、种子罪

依据		罪状		法定刑
《刑法》	第147条	生产假农药、假兽药、假化肥，销售明知是假的或者失去使用效能的农药、兽药、化肥、种子，或者生产者、销售者以不合格的农药、兽药、化肥、种子冒充合格的农药、兽药、化肥、种子	使生产遭受较大损失的	处3年以下有期徒刑或者拘役，并处或者单处销售金额50%～2倍罚金
			使生产遭受重大损失的	处3～7年有期徒刑，并处销售金额50%～2倍罚金
			使生产遭受特别重大损失的	处7年以上有期徒刑或者无期徒刑，并处销售金额50%～2倍罚金或者没收财产

十、生产、销售不符合卫生标准的化妆品罪

依据		罪状	法定刑
《刑法》	第148条	生产不符合卫生标准的化妆品，或者销售明知是不符合卫生标准的化妆品，造成严重后果的	处3年以下有期徒刑或者拘役，并处或者单处销售金额50%～2倍罚金

第二章　质量管理中的风险分析

风险提示

△只要自己不生产、销售伪劣产品，为他人提供生产、经营场所或者运输、仓储、保管、邮寄等便利条件，或者提供制假生产技术，是不会引发刑事风险的?

△使用低档白酒进行勾兑假冒高档白酒，反正生产出来的都是白酒，不会引发刑事风险?

△民间版“药神”陆某购买和帮助他人购买未经批准进口的抗癌药品的行为未被起诉，是否表明这类行为就没有任何法律风险了?

△未取得药品相关批准证明文件生产或者进口药品，只是行政违法，不构成犯罪?

△骗取药品申请注册或者编造生产、检验记录，只是行政违法，不会引发刑事风险?

△联系制作假药销售网站的行为是否构成生产、销售假药罪的共犯?

△早餐店生产、销售含铝泡打粉包子等餐食的行为是否会引发刑事风险?

△违法分装如将大桶装硫丹分装成小瓶装硫丹是否会触发生产伪劣农药罪的风险?

一、生产、销售伪劣产品的风险

◎案例7－1①

场景回放

田洋公司和服务公司分别是食品添加剂的生产、销售企业，谭某棠担任两家公司的法定代表人、总经理，负责公司产品的研究、开发，冯某华担任两家公司的总经理助理，协助谭某棠的工作。2002年3月，谭某棠在研制生产复合食品添加剂的过程中，为了使生产的复合食品添加剂颜色更加鲜艳，产品更加畅销，便让冯某华到广东华颜化工有限公司购买化工色素油溶黄、油溶红，作为其调制食品添加剂“辣椒红一号”的配方。购得化工原料油溶黄、油溶红后，两人在未经有关部门对该化工色素进行安全检测和取得使用许可的情况下，就将油溶黄、油溶红作为配料加入食品添加剂当中，生产出田洋牌“辣椒红一号”食品添加剂；后又以“辣椒红一号”为基础，加入辣椒精、姜黄等成分生产出“辣椒红二号”“饼四号”“天然巧克力色素一号”等食品添加剂并予以销售。经审查，2002年4月至2005年3月，田洋公司生产上述食品添加剂共计243,571.9公斤，田洋公司和服务公司销售上述产品共计239,354.9公斤，销售金额共计人民币4,449,045.13元。经检验鉴定，上述“辣椒红一号”“辣椒红二号”“天然巧克力色素一号”“饼四号”均属不合格产品。

审理结果

法院经审理认为，被告人谭某棠、冯某华在生产食品添加剂的过程中掺入不在国家规定的食品添加剂目录之内、不能加入食品添加剂中的化工色素油溶黄、油溶红并予以销售，销售金额达人民币4,449,045.13元，其行为已构成生产、销售伪劣产品罪，最后判处被告人谭某棠有期徒刑15年，并处罚金人民币230万元；判处被告人冯某华有期徒刑10年，并处罚金人民币100万元。

（一）生产、销售伪劣产品罪的主体范围（Who）

根据《刑法》的规定，本罪的主体是生产者、销售者，他们既可以是自

① 参见北大法意网。

然人，也可以是单位。其中，生产者既包括产品的制造者，也包括产品的加工者；销售者包括批量销售者、零散销售者以及生产后的直接销售者等任何从事销售行为的主体。公司、企业在生产运作的过程中，经常扮演生产者和销售者的角色，如果不注重产品质量，把好质量关，就容易引发本罪的刑事风险。如果单位构成犯罪，除单位被判处罚金外，单位直接负责的主管人员和其他直接责任人员也会面临被追究刑事责任的风险。在案例 7－1 中，公诉机关虽然没有起诉田洋公司和服务公司，但对被告人谭某棠和冯某华定罪处罚就是因为他们是田洋公司和服务公司两家公司的总经理及总经理助理，是对生产、销售直接负责的主管人员和直接责任人员，符合本罪的主体要求。

值得注意的是，公司、企业或其他自然人虽未参与实施具体的生产、销售伪劣产品行为，但知道或者应当知道他人在实施生产、销售伪劣产品的行为，而为其提供贷款、资金、账号、发票、证明、许可证件，或者提供生产、经营场所或者运输、仓储、保管、邮寄等便利条件，或者提供制假生产技术的，以生产、销售伪劣产品罪的共犯论处，本章后文阐述的刑事风险都存在类似情况，不再一一赘述。因此，公司、企业不但应当严格管理和监控本单位的产品质量，也不得为他人生产、销售伪劣产品提供便利条件，陷自己于刑事风险之中。

（二）生产、销售伪劣产品罪的行为界限（What）

根据《刑法》的规定，本罪的行为表现是：在生产的产品中掺杂、掺假，以假充真，以次充好或者以不合格产品冒充合格产品或者明知是上述产品而予以销售。

1. 行为方式

生产、销售伪劣产品行为，一般是通过作为的方式实施的，既可以是自己主动亲自实施具体的生产、销售行为，也可以是通过与他人签订承揽加工合同或者其他形式，利用他人的生产行为实现自己生产、销售伪劣产品，牟取非法利益的目的。从具体行为方式上来看，生产、销售伪劣产品行为主要有以下四种方式：

（1）掺杂、掺假行为

通常而言，受生产工艺水平等客观因素的制约，产品中或多或少地都会含有少许杂质成分，只要在合理的范围内，不直接影响产品性能的正常发挥和使用，生产者和销售者就不存在刑事方面的风险。但若逾越法律所允许的尺度，在产品中大肆添加杂物、异物，致使产品质量不符合国家法律、法规或者产品明示的质量标准所规定的质量要求，降低或失去其应有使用性能的，刑事风险也就悄然而至。具体而言，“掺杂”，是指在产品中掺入本产品一般情况下不会含有的非本产品组成成分的物质，如在粮食中添加石子、尘土、糠皮等。“掺假”，是指在产品中掺入与原产品所含有的成分在外形、颜色上比较一致，通常情况下不会被发觉，但原产品在一般情况下不会含有的物质，如在磷肥中添加与磷肥颜色一致的工业废料。本罪所规制的“掺杂、掺假行为”，是指在产品中掺入杂质或者异物，致使产品的质量不符合国家法律、法规或者产品明示质量标准规定的质量要求，降低、失去其应有使用性能的行为。

在案例7－1中，被告人谭某棠、冯某华为达到非法牟利的目的，在生产食品添加剂的过程中掺入主要用于皮鞋油、地板蜡生产的化学色素，是典型的掺杂、掺假行为，满足本罪的行为要求。在案件审理过程中，被告人和辩护人提出其产品已经送交质检部门抽查合格，因而不属于不合格产品。经法庭查明，案发前，被告人的确曾向质检部门提交过质检申请，但只是对几个单独的项目进行审查，而不是对整个产品进行整体性能审查，不能因此得出属于合格产品的结论。案发后，根据权威部门的检测，被告人生产、销售的四种食品添加剂的整体性能均不符合国家的产品质量要求，都属于不合格产品。由此可见，认定产品是否合格，不能只看几个项目的指标，而应当看产品的整体性能。

（2）以假充真行为

所谓“以假充真”，是指以不具有某种使用性能的产品冒充具有该种使用性能的产品的行为。比如，将玻璃冒充天然宝石，将党参冒充人参，将猪皮鞋冒充牛皮鞋等。伪造产地或者冒用他人公司名称、地址的，虽然形式上具有“以假充真”的特征，但不必然影响产品的使用性能，不能简单地认为系《刑法》所规制的“以假充真”的行为。

（3）以次充好行为

所谓“以次充好”，是指以低等级、低档次产品冒充高等级、高档次产品，或者以残次、废旧零配件组合、拼装后冒充正品或者新产品的行为。通俗地讲，“次”就是指“次品”，它既包括质量上虽存在瑕疵但仍属于合格范畴的产品，也包括质量上存在严重问题的不合格产品。这里的“以次充好”，可以是以同种品质较差的合格产品冒充品质较好的合格产品；也可以是以同种品质较差的不合格产品冒充品质较好的不合格产品。在实践中，有些企业容易意识到第二种冒充情形的风险，却容易忽视第一种冒充情形存在的风险隐患，需要引起足够的重视。比如实践中，有些行为主体使用低档次、低价格白酒勾兑生产假冒高档次、高价格白酒，属于以次充好的行为，也可以构成生产、销售伪劣产品罪。

（4）以不合格产品冒充合格产品行为

所谓“以不合格产品冒充合格产品”，是指以不符合特定要求和标准的产品冒充符合该要求和标准的同种产品。这里的“不合格产品”，是指不符合《产品质量法》第26条第2款规定的质量要求的产品。具体来说，“不合格产品”包括以下产品：①不具备安全性的产品，即存在危及人身、财产安全的不合理的危险，有保障人体健康和人身、财产安全的国家标准、行业标准的，没有符合该标准。②不具备适用性的产品，即不具备产品应当具备的使用性能，并且对产品存在使用性能的瑕疵未作出说明。例如，保温瓶作为一种产品必须具有保温的性能，若失去保温性能，就是不符合产品质量要求。③不具备担保性的产品，即不符合在产品或者其包装上注明采用的产品标准，不符合以产品说明、实物样品等方式表明的质量状况。生产者的说明或者实物都是生产者对产品质量的明示或者默示的担保，产品如果不符合其担保，就应被认定为不符合质量要求。

为了明确各行业产品所应当具备的使用性能，即产品应达到何种标准，我国早在1988年就制定了《标准化法》，并根据《标准化法》制定了包括《行业标准管理办法》《化学工业产品标准化工作管理办法》在内的多部行政法规、规章，建立了包括国家标准、行业标准、地方标准和团体标准、企业标准在内的完善的产品标准监控体系。其中，国家标准分为强制性标准和推荐性标准，行业标准、地方标准多为推荐性标准。

另外，对于没有直接实施生产、销售伪劣产品行为的人，也要注意防止因提供帮助而成为共犯的风险。以生产销售假冒伪劣烟草制品为例，直接参与生产、销售假冒伪劣烟草制品或者销售假冒烟用注册商标的烟草制品或直接参与非法经营烟草制品的属于直接的生产者和销售者；而提供房屋、场地、设备、车辆、贷款、资金、账号、发票、证明、技术等设施和条件，用于帮助生产、销售、储存、运输假冒伪劣烟草制品、非法经营烟草制品的，以及运输假冒伪劣烟草制品的，都可以构成共犯，同样面临被追究刑事责任的可能。

2. 行为对象

我国《刑法》对本罪的行为对象采取了抽象的规定方法，没有列举产品的具体范围。我国《产品质量法》对产品的定义是经过加工、制作，用于销售的产品。如果销售的物品是天然形成的，或者生产的物品并不是用于交换的，就不能引发本罪的刑事风险。对伪劣产品难以确定的，应当委托法律、行政法规规定的产品质量检验机构进行鉴定。产品质量检验机构必须具备相应的检测条件和能力，经省级以上人民政府市场监督管理部门或者其授权的部门考核合格后，方可承担产品质量检验工作。从事产品质量检验、认证的社会中介机构必须依法设立，不得与行政机关和其他国家机关存在隶属关系或者其他利益关系。

特别需要注意的是，对于一些特别的对象，需要以本罪追究刑事责任的，我国相关法律法规及司法解释予以了明示。例如，生产、销售不符合食品安全标准的食品添加剂，用于食品的包装材料、容器、洗涤剂、消毒剂，或者用于食品生产经营的工具、设备等，构成犯罪的，以生产、销售伪劣产品罪定罪处罚；生产、销售伪劣烟草制品，销售金额在5万元以上的，构成生产、销售伪劣产品罪；非法生产、拼装、销售烟草专用机械行为，以生产、销售伪劣产品罪追究刑事责任；非法生产、经营烟花爆竹及相关行为涉及生产、销售伪劣产品或不符合安全标准产品，构成生产、销售伪劣产品罪或生产、销售不符合安全标准产品罪的，应当依照相关规定定罪处罚。

3. 主观责任

本罪的主观责任是故意，过失不会引发本罪的风险。若生产者在生产过程中因疏忽大意生产出伪劣产品，如产品配方出错、数据失误等，则不构成本罪。但是，当生产者疏忽大意生产出伪劣产品后，明知该产品是伪劣的，依然予以销售的，则会触发销售伪劣产品罪的风险。销售者也同样如此，若销售者购入产品时不知道是伪劣产品而予以销售的，不构成本罪。但是，如果销售者在知道自己购买的系伪劣产品而继续销售的，则会触发销售伪劣产品罪的风险。提醒企业和相关人员在生产、销售产品的过程中，一定要注意留存产品证明、来源等证据材料，以佐证自己主观上并无犯罪故意。

4. 竞合问题

生产、销售伪劣产品的同时可能与其他犯罪产生竞合，一般来说，以择一重罪论处。在此特别提示一些法律或司法解释中明确列举的竞合规定：(1) 实施生产、销售伪劣商品犯罪，同时构成侵犯知识产权、非法经营等其他犯罪的，依照处罚较重的规定处罚。(2) 实施生产、销售伪劣商品犯罪，又以暴力、威胁方法抗拒查处，构成其他犯罪的，依照数罪并罚的规定处罚。(3) 以非碘盐充当碘盐或者以工业用盐等非食盐充当食盐进行非法经营，同时构成非法经营罪和生产、销售伪劣产品罪，生产、销售不符合安全标准的食品罪，生产、销售有毒、有害食品罪等其他犯罪的，依照处罚较重的规定追究刑事责任。(4) 实施生产、销售假药、劣药犯罪，同时构成生产、销售伪劣产品、侵犯知识产权、非法经营、非法行医、非法采供血等犯罪的，依照处罚较重的规定定罪处罚。(5) 以提供给他人生产、销售药品为目的，违反国家规定，生产、销售不符合药用要求的非药品原料、辅料，情节严重的，以非法经营罪定罪处罚；同时又构成生产、销售伪劣产品罪、以危险方法危害公共安全罪等犯罪的，依照处罚较重的规定定罪处罚。(6) 实施生产、销售假药、劣药犯罪，同时构成生产、销售伪劣产品、侵犯知识产权、非法经营、非法行医、非法采供血等犯罪的，依照处罚较重的规定定罪处罚。

(三) 生产、销售伪劣产品罪的追诉标准 (How)

根据《刑法》的规定，生产、销售伪劣产品，销售金额必须达到 5 万元以上，才能予以刑事处罚。现行有效的立案追诉标准如下，该标准同样适用于单位犯罪：(1) 伪劣产品销售金额 5 万元以上的；(2) 伪劣产品尚未销售，货值金额 15 万元以上的；(3) 伪劣产品销售金额不满 5 万元，但将已销售金额乘以 3 倍后，与尚未销售的伪劣产品货值金额合计 15 万元以上的。对上述标准难以确定的，应当委托法律、行政法规规定的产品质量检验机构进行鉴定。具体量刑标准如下（见表 7－1）：

表 7-1　生产、销售伪劣产品罪量刑标准

销售金额	量刑幅度
5 万~20 万元	处 2 年以下有期徒刑或者拘役，并处或者单处销售金额 50%~2 倍罚金
20 万~50 万元	处 2~7 年有期徒刑，并处销售金额 50%~2 倍罚金
50 万~200 万元	处 7 年以上有期徒刑，并处销售金额 50%~2 倍罚金
200 万元以上	处 15 年有期徒刑或者无期徒刑，并处销售金额 50%~2 倍罚金或者没收财产

其中，“销售金额”，是指生产者、销售者出售伪劣产品后所得和应得的全部违法收入；具体而言，销售金额是指出售伪劣产品后没有扣除成本、税收等的全部违法收入。所谓“应得”，是指出售伪劣产品后依据其买卖合同的约定所应该取得的收入；“所得”是指出售伪劣产品后已经获得的实际收入。“货值金额”，以违法生产、销售的伪劣产品的标价计算；没有标价的，按照同类合格产品的市场中间价格计算。货值金额难以确定的，按照《扣押、追缴、没收物品估价管理办法》的规定，委托估价机构进行确定。多次实施生产、销售伪劣产品行为，未经处理的，伪劣产品的销售金额或者货值金额累计计算。

在案例 7-1 中，两被告人生产、销售的伪劣产品，销售金额已高达 4,449,045.13 元，超过了 200 万元，应当适用“处十五年有期徒刑或者无期徒刑，并处销售金额百分之五十以上二倍以下罚金或者没收财产”的量刑幅度。

一般来说，销售金额未达到 5 万元，不会引发本罪的刑事风险。但如果伪劣产品的货值金额达到 15 万元以上，但销售金额尚未达到 5 万元的，仍可按生产、销售伪劣产品罪（未遂）定罪处罚。对于一些特殊商品，可能对于相关的数量有具体的规定的，依其规定。例如，生产伪劣烟草制品尚未销售，无法计算货值金额，有下列情形之一的，以生产、销售伪劣产品罪（未遂）定罪处罚：（1）生产伪劣烟用烟丝数量在 1000 公斤以上的；（2）生产伪劣烟用烟叶数量在 1500 公斤以上的。

◎**法律法规链接**

◆《刑法》（2020 年修正）第 140 条

◆《产品质量法》（2018 年修正）第 2 条、第 26 条

◆最高人民法院、最高人民检察院、公安部、国家安全监管总局《关于依法加强对涉嫌犯罪的非法生产经营烟花爆竹行为刑事责任追究的通知》（2012 年 9 月 6 日实施）第 1 条

◆最高人民检察院、公安部《关于公安机关管辖的刑事案件立案追诉标准的规定（一）》（2008 年 6 月 25 日实施）第 16 条

◆最高人民法院、最高人民检察院、公安部、国家烟草专卖局《关于办理假冒伪劣烟草制品等刑事案件适用法律问题座谈会纪要》（2003 年 12 月 23 日实施）

◆最高人民法院、最高人民检察院《关于办理妨害预防、控制突发传染病疫情等灾害的刑事案件具体应用法律若干问题的解释》（2003 年 5 月 15 日实施）第 2 条

◆最高人民法院《关于审理生产、销售伪劣商品刑事案件有关鉴定问题的通知》（2001 年 5 月 21 日实施）第 1 条、第 3 条

◆最高人民法院、最高人民检察院《关于办理生产、销售伪劣商品刑事案件具体应用法律若干问题的解释》（2001 年 4 月 10 日实施）第 1 条、第 2 条、第 9～12 条

二、生产、销售假药、劣药、不符合标准的医用器材的风险

◎案例 7－2①

场景回放

2008 年 6 月，被告人杨某强在河南省渑池县城关镇里河村注册成立立康公司。2010 年至 2012 年，立康公司使用豫卫食新字（2008）第 0247 号的食品批准文号，采用私自在生产的中药中添加治疗糖尿病的格列苯脲、苯乙双瓜等西药的方法，大量生产胰复康、消糖康、百草清糖等黄精苦瓜胶囊系列产品，并利用网络虚假宣传药品疗效，在全国范围内招聘代理商，将生产的假药通过物流快递等方式销往 20 多个省的代理商及糖尿病患者，通过银行转账、汇款

① 参见（2013）三刑二终字第 57 号刑事裁定书。

等方式结算货款，销售金额达人民币 1,834,753 元。公司经营期间，杨某强指挥生产、销售假药，负责提供生产假药的配方；被告人杨某平按照杨某强提供的假药配方配置原料进行生产；被告人马某烦帮助照看门市，协助销售假药；被告人杨某勇联系制作销售宣传网站。另查明，河南省卫生厅协查情况复函证实，该厅从未批准过豫卫食新字（2008）第 0247 号批文，该批文系虚假批准文号。

审理结果

法院经审理认为，被告人杨某强、杨某勇、杨某平、马某烦违反国家药品管理法律规定，生产、销售假药，销售范围广，销售金额达 183 万余元，其中杨某强的行为已构成生产、销售假药罪；杨某勇的行为已构成销售假药罪；杨某平的行为已构成生产假药罪；马某烦的行为已构成生产假药罪。在共同犯罪中，杨某强指挥生产、销售假药，系主犯；杨某勇明知杨某强生产、销售假药仍负责联系制作销售宣传网站，帮助销售假药，杨某平明知杨某强生产假药仍帮助配制生产，马某烦明知杨某强生产、销售假药仍协助销售，均系从犯，依法应对杨某勇从轻处罚，对杨某平、马某烦减轻处罚。各被告人均有坦白情节，均依法可以从轻处罚。判决如下：被告人杨某强犯生产、销售假药罪，判处有期徒刑 8 年，并处罚金人民币 10 万元；被告人杨某勇犯销售假药罪，判处有期徒刑 3 年 6 个月，并处罚金人民币 5 万元；被告人杨某平犯生产假药罪，判处有期徒刑 2 年 6 个月，并处罚金人民币 2 万元；被告人马某烦犯销售假药罪，判处有期徒刑 2 年 6 个月，并处罚金人民币 2 万元。

在医药领域，因生产、销售伪劣医药产品引发刑事风险所涉及的对象有假药、劣药以及不符合标准的医用器材，涉及的罪名分别为生产、销售假药罪，生产、销售劣药罪以及生产、销售不符合标准的医用器材罪。《刑法修正案（十一）》还增加了一个妨害药品管理罪，由于该罪的客观方面与这三个罪名有很大不同，所以单独分析。鉴于上述这三个罪名在主体范围和行为界限上大致相同，只是行为对象不同，故放在一起进行分析。

（一）生产、销售假药、劣药、不符合标准的医用器材等罪的主体范围（Who）

要引发上述三个罪名的刑事风险，其主体只能是假药、劣药或者不符合标准的医用器材的生产者、销售者。这里的生产者、销售者包括自然人和单位。单位构成犯罪的，单位内对生产、销售直接负责的主管人员和其他直接责任人员也会面临被追究刑事责任的风险。这里的单位，无论其是否具有法人资格，也不论其是否具有从事医疗产品生产经营的资格以及其生产规模、资产组成性质、经营方式如何，只要实施了生产、销售假药、劣药或者不符合标准的医用器材，都可能引发相应的刑事风险。

（二）生产、销售假药、劣药、不符合标准的医用器材等罪的行为界限（What）

1. 行为方式

生产、销售假药罪，生产、销售劣药罪以及生产、销售不符合标准的医用器材罪在行为方式上同生产、销售伪劣产品一样，都是作为，在行为方式上也都主要表现为掺杂、掺假，以假充真，以次充好和以不合格产品冒充合格产品这四种方式，在此不再赘述。一般来说，只有生产或者销售行为才能引发本罪的刑事风险。但是对于特殊的机构或企业，其购买、使用行为也可能存在一定的刑事风险。例如，医疗机构、医疗机构工作人员明知是假药、劣药而提供给他人使用，或者为出售而购买、储存的行为，都可以引发刑事风险。再如，医疗机构或者个人，知道或者应当知道是不符合保障人体健康的国家标准、行业标准的医疗器械、医用卫生材料而购买、使用，对人体健康造成严重危害的，以销售不符合标准的医用器材罪定罪处罚。

在司法实践中，实施下列行为之一的，应当认定为生产行为：（1）合成、精制、提取、储存、加工炮制药品原料的行为；（2）将药品原料、辅料、包装材料制成成品过程中，进行配料、混合、制剂、储存、包装的行为；（3）印制包装材料、标签、说明书的行为。另外，医疗机构或者个人知道或者应当知道是不符合保障人体健康的国家标准、行业标准的医疗器械、医用卫生材料而购买并有偿使用的，视为“销售行为”。

除了生产、销售假药、劣药的实行行为，还需要特别注意构成共犯的风险。明知他人生产、销售假药、劣药，而实施下列行为的，以共同犯罪论处：（1）提供资金、贷款、账号、发票、证明、许可证件的；（2）提供生产、经营场所、设备或者运输、储存、保管、邮寄、网络销售渠道等便利条件的；

(3) 提供生产技术或者原料、辅料、包装材料、标签、说明书的；(4) 提供广告宣传等帮助行为的。

在案例 7－2 中，杨某勇联系制作宣传网站的目的是宣传和展销立康公司所生产的假药，而涉案网站除提供了大量关于立康公司“药品”功效的文字说明和实物图片等宣传内容外，还提供了联系人、联系电话、QQ 号等多种联系方式，最终一些消费者正是通过该网站了解立康公司的“药品”，并最终购买了该“药品”。所以，杨某勇明知杨某强等人制作假药，仍然联系制作企业宣传网站，可以认定为借助互联网为销售假药提供广告宣传，属于销售假药的帮助犯，可以构成销售假药罪。

2. 行为对象

(1) 假药——生产、销售假药罪的对象

所谓“假药”，是指依照《药品管理法》第 98 条的规定属于假药和按假药处理的药品、非药品，包括：①药品所含成分与国家药品标准规定的成分不符；②以非药品冒充药品或者以他种药品冒充此种药品；③变质的药品；④药品所标明的适应症或者功能主治超出规定范围。这是《药品管理法》在 2019 年最新修订的内容，不再将国务院药品监督管理部门规定禁止使用的；依照本法必须批准而未经批准生产、进口，或者依照本法必须检验而未经检验即销售的；使用依照本法必须取得批准文号而未取得批准文号的原料药生产的药品、非药品列为假药的范围，生产、销售假药罪的风险有所降低。但生产、销售了上述四种情形之一的药品，并不意味着就没有任何刑事风险，可能引发妨害药品管理罪。药品，是指用于预防、治疗、诊断人的疾病，有目的地调节人的生理机能并规定有适应症或者功能主治、用法和用量的物质，包括中药、化学药和生物制品等。所以，上述假药的范围限于用于人体的药品与非药品。另外，对于假药的鉴定需要具备相应资质的省级以上的药品监督管理部门设置或者确定的药品检验机构进行。

根据《药品管理法》的规定，血液或血液制品也属于药品范畴，如果生产、销售的血液或血液制品符合上述假药的标准，也可以构成本罪。但由于血液、血液制品的重要性，我国对血液的采集、供应以及对血液制品的制作、供应的资格、程序和质量要求都进行了详细的限定，此时需要注意与非法采集、供应血液、制作、供应血液制品罪，采集、供应血液、制作、供应血液制品事故罪风险的竞合。

◎**案例7－3**①

场景回放

陆某系无锡市振生针织品有限公司老板，在2002年被查出患有慢粒性白血病，需要长期服用抗癌药品。我国国内对症治疗白血病的正规抗癌药品“格列卫”系列系瑞士进口，每盒需人民币23,500元，陆某曾服用该药品。为了进行同病患者之间的交流，相互传递寻医问药信息，通过增加购同一药品的人数降低药品价格，陆某从2004年4月开始建立了白血病患者病友网络QQ群。2004年9月，陆某通过他人从日本购买由印度生产的同类药品，价格每盒约为人民币4000元，服用效果与瑞士进口的“格列卫”相同。之后，陆某使用药品说明书中提供的联系方式，直接联系到了印度抗癌药物的经销商印度赛诺公司，并开始直接从印度赛诺公司购买抗癌药物。陆某通过自己服用一段时间后，觉得印度同类药物疗效好、价格便宜，遂通过网络QQ群等方式向病友推荐。网络QQ群的病友也加入向印度赛诺公司购买该药品的行列。陆某及病友首先是通过西联汇款等国际汇款方式向印度赛诺公司支付购药款。在此过程中，陆某还利用其懂英文的特长免费为白血病等癌症患者翻译与印度赛诺公司的往来电子邮件等资料。随着病友间的传播，从印度赛诺公司购买该抗癌药品的国内白血病患者逐渐增多，药品价格逐渐降低，直至每盒为人民币200余元。为了便于付款，2013年8月，陆某通过淘宝网从郭某彪处以500元每套的价格购买了3张用他人身份信息开设的银行借记卡，其中2张因密码无法激活而不能用，仅使用了其中1张借记卡。有证据证明被查证属实的共有21名白血病等癌症患者通过陆某先后提供并管理的银行账户向印度赛诺公司购买了价值约12万元的10余种抗癌药品。陆某为病友们提供的帮助全是无偿的。对所购买的10余种抗癌药品，有“VEENAT100”“IMATINIB400”“IMATINIB100”3种药品经益阳市食品药品监督管理局出具的相关鉴定，系未经我国批准进口的药品。后公安机关以陆某涉嫌妨害信用卡管理罪、销售假药罪移送检察机关审查起诉。

① 参见沅检公刑不诉〔2015〕1号不起诉决定书。

处理结果

检察机关经审查认为，陆某的购买和帮助他人购买未经批准进口的抗癌药品的行为，违反了《药品管理法》的相关规定，但陆某的行为不是销售行为，不符合《刑法》第141条的规定，不构成销售假药罪。陆某通过淘宝网从郭某彪处购买3张以他人身份信息开设的借记卡，并使用其中户名为夏某雨的借记卡的行为，违反了金融管理法规，但其目的和用途完全是白血病患者支付自服药品而购买抗癌药品款项，且仅使用1张，情节显著轻微，危害不大，不认为是犯罪。沅江市人民检察院于2015年2月26日决定对陆某不起诉。

在案例7－3中，检察院对陆某涉嫌销售假药罪作出不起诉决定，是以其行为不是销售行为为由而认定其不构成销售假药罪，因为其代购行为是无偿为病友们提供的帮助。但因为该案的发生，2016年最高人民检察院《关于全面履行检察职能为推进健康中国建设提供有力司法保障的意见》指出，对于销售少量根据民间传统配方私自加工的药品，或者销售少量未经批准进口的国外、境外药品，没有造成他人伤害后果或者延误诊治的行为，以及病患者实施的不以营利为目的带有自救、互助性质的制售药品行为，不作为犯罪处理。2019年《药品管理法》的修订将未获国家有关部门批准的进口药拟制为假药的规定删除，亦与该案有很大关系。因此，在《药品管理法》修订后，涉案药品不再属于假药，即使有销售行为，也不再构成销售假药罪。但2020年《刑法修正案（十一）》又增设了一个妨害药品管理罪，生产、销售国务院药品监督管理部门禁止使用的药品仍然会引发刑事风险，只是量刑比生产、销售假药罪要轻一些。因此，涉及药品的问题一定要做好刑事合规，避免刑事风险。

（2）劣药——生产、销售劣药罪的对象

所谓“劣药”，是指依据《药品管理法》的规定，属于劣药的药品。劣药不同于假药，劣药在本质上仍具有药效，是药品，非药品不能构成劣药。根据《药品管理法》第98条的规定，有下列情形之一的，为劣药：①药品成分的含量不符合国家药品标准；②被污染的药品；③未标明或者更改有效期的药品；④未注明或者更改产品批号的药品；⑤超过有效期的药品；⑥擅自添加防腐剂、辅料的药品；⑦其他不符合药品标准的药品。与修订前的《药品管理法》相比，新法没有再作劣药和准劣药的区分，以上七种情形都直接规定为是劣药，所以在适用时不会再有相关争议。同假药一样，上述劣药的范围限于用于人体的药品。对劣药难以确定的，司法机关可以根据地市级以上药品监督管理部门出具的意见进行认定。必要时，可以委托省级以上药品监督管理部门设置或者确定的药品检验机构进行检验。

（3）不符合标准的医用器材——生产、销售不符合标准的医用器材罪的对象

生产、销售不符合标准的医用器材罪的行为对象是不符合保障人体健康的国家标准、行业标准的医用器材，包括医疗器械和医用卫生材料。医疗器械，是指直接或者间接用于人体的仪器、设备、器具、体外诊断试剂及校准物、材料以及其他类似或者相关的物品，包括所需要的计算机软件；其效用主要通过物理等方式获得，不是通过药理学、免疫学或者代谢的方式获得，或者虽然有这些方式参与但是只起辅助作用。我国对医疗器械按照风险程度实行分类管理。第一类是低度风险，实行常规管理可以保证其安全、有效的医疗器械；第二类是具有中度风险，需要严格控制管理以保证其安全、有效的医疗器械；第三类是具有较高风险，需要采取特别措施严格控制管理以保证其安全、有效的医疗器械。医用卫生材料，一般是指医疗卫生机构在医疗、预防、保健以及其他相关活动中使用的消耗型辅助用品，包括纱布、药棉、滑石粉、胶皮手套、橡皮管等。另外，医用卫生材料及敷料产品均按医疗器械进行监督管理。

为了保证医疗器械的安全、有效，保障人体健康和生命安全，我国法律、法规明确规定医疗器械的研制、生产、经营和使用应当符合相应的国家标准、行业标准或注册产品标准，无相应标准的医疗器械，不得生产、经营和使用。医疗器械标准，是指由国家市场监督管理总局依据职责组织制修订，依法定程序发布，在医疗器械研制、生产、经营、使用、监督管理等活动中遵循的统一的技术要求。

根据 2017 年 7 月 1 日《医疗器械标准管理办法》的规定，医疗器械标准按照其效力分为强制性标准和推荐性标准。为保障人体健康和生命安全，应当制定医疗器械强制性国家标准和强制性行业标准。对满足基础通用、与强制性标准配套、对医疗器械产业起引领作用等需要的技术要求，可以制定医疗器械推荐性国家标准和推荐性行业标准。医疗器械研制机构、生产经营企业和使用

单位应当严格执行医疗器械强制性标准；鼓励医疗器械研制机构、生产经营企业和使用单位积极研制和采用医疗器械推荐性标准。国家市场监督管理总局依法编制医疗器械标准规划，建立医疗器械标准管理工作制度，健全医疗器械标准管理体系。一般说来，医疗器械的注册产品标准通常要高于国家标准和行业标准，如果生产、销售的医疗器械符合国家标准或行业标准，但不符合注册产品标准的，不会引发刑事风险。注册产品标准只有在没有国家标准和行业标准的情形下，才能被视为“保障人体健康的行业标准”；这时，如果生产、销售的医疗器械不符合注册产品标准的，就可能引发本罪刑事风险。

3. 主观责任

生产、销售假药、劣药、不符合标准的医用器材罪的主观责任均为故意，在此仅以生产、销售假药罪为例进行说明。生产、销售假药罪中的“主观明知”，既包括有证据证明行为人知道生产、销售的是假药，也包括有证据证明行为人应当知道生产、销售的是假药。司法实践中，生产、销售假药的行为人认为只要以不明知生产、销售的药品系假药为由进行抗辩就可以逃避刑事风险，但事实上，司法机关在判断行为人是否具有主观明知，除了行为人自己的供述和辩解，还会结合行为人具体实施的行为以及涉案各环节其他行为人的供述、相关证人证言和鉴定意见等证据进行全面分析和综合认定。例如，（1）对药品生产、经营资格准入制度的认知；（2）自身对药品真假的鉴别能力和资质的认知；（3）行为人在制售假药过程中违法追逐暴利的思想和行为表现；（4）单纯销售环节行为人对药品真实性的怀疑以及正常认知能力下的应当怀疑所表现出的态度；（5）行为人涉足药品行业的时间和对药品常识、管理制度及假药危害的知晓；（6）违法制售假药过程中各行为人供述及相关证人证言对犯罪事实的相互印证；（7）行为人的年龄、文化程度、职业、阅历等。

在案例7-2中，杨某勇对于销售假药不明知的辩解，法院从以下几个方面认定属于“知道和应当知道”：（1）同案被告人关于被告人杨某勇参与销售假药行为的供述。同案被告人证实杨某勇负责假药的宣传联系工作，对非法添加西药成分的事情是知道的，并曾提出反对添加西药成分的主张。（2）销售网站的制作情况。证实为实现宣传企业和产品展销的目的，杨某勇联系他人制作了宣传网站，网站所需图片和药品批文是由杨某勇提供给制作人的，网站宣传联系人署名为杨某勇。（3）杨某勇的知识背景和从业经历。杨某勇系高中学历，在北京注册有北京御华康生科技有限责任公司，其父亲杨某强曾是渑池县城关医院医生，长期从事糖尿病的药品研究。杨某勇对于药品常识、管理制度及假药危害是有一定认知的。

4. 从重情节

在预防、控制突发传染病疫情等灾害期间，生产、销售伪劣的防治、防护产品、物资，或者生产、销售用于防治传染病的假药、劣药，构成犯罪的，以生产、销售伪劣产品罪，生产、销售假药罪或者生产、销售劣药罪定罪，依法从重处罚。

在预防、控制突发传染病疫情等灾害期间，生产用于防治传染病的不符合保障人体健康的国家标准、行业标准的医疗器械、医用卫生材料，或者销售明知是用于防治传染病的不符合保障人体健康的国家标准、行业标准的医疗器械、医用卫生材料，不具有防护、救治功能，足以严重危害人体健康的，以生产、销售不符合标准的医用器材罪定罪，依法从重处罚。

医疗机构或者个人，知道或者应当知道系不符合保障人体健康的国家标准、行业标准的医疗器械、医用卫生材料而购买并有偿使用的，以销售不符合标准的医用器材罪定罪，依法从重处罚。

（三）生产、销售假药、劣药、不符合标准的医用器材等罪的追诉标准（How）

1. 生产、销售假药罪

根据《刑法》的规定，生产、销售假药罪是抽象危险犯，只要生产、销售假药的，就可以引发本罪的刑事风险。根据2008年6月25日最高人民检察院、公安部《关于公安机关管辖的刑事案件立案追诉标准的规定（一）》和2014年12月1日最高人民法院、最高人民检察院《关于办理危害药品安全刑事案件适用法律若干问题的解释》的规定，现行有效的追诉标准如下，该标准同样适用于单位犯罪（见表7－2）：

表7-2　生产、销售假药罪追诉标准

情节分类		认定标准	量刑幅度
立案标准		(1) 含有超标准的有毒有害物质的； (2) 不含所标明的有效成分，可能贻误诊治的； (3) 所标明的适应症或者功能主治超出规定范围，可能造成贻误诊治的； (4) 缺乏所标明的急救必需的有效成分的； (5) 其他足以严重危害人体健康或者对人体健康造成严重危害的情形	处3年以下有期徒刑或者拘役，并处罚金
对人体健康造成严重危害或者有其他严重情节	对人体健康造成严重危害	(1) 造成轻伤或者重伤的； (2) 造成轻度残疾或者中度残疾的； (3) 造成器官组织损伤导致一般功能障碍或者严重功能障碍的； (4) 其他对人体健康造成严重危害的情形	处3～10年有期徒刑，并处罚金
	有其他严重情节	(1) 造成较大突发公共卫生事件的； (2) 生产、销售金额20万～50万元的； (3) 生产、销售金额10万～20万元，并具有本解释第1条规定情形之一的； (4) 根据生产、销售的时间、数量、假药种类等，应当认定为情节严重的	
致人死亡或者有其他特别严重情节	致人死亡	致人死亡	处10年以上有期徒刑、无期徒刑或者死刑，并处罚金或者没收财产
	有其他特别严重情节	(1) 致人重度残疾的； (2) 造成3人以上重伤、中度残疾或者器官组织损伤导致严重功能障碍的； (3) 造成5人以上轻度残疾或者器官组织损伤导致一般功能障碍的； (4) 造成10人以上轻伤的； (5) 造成重大、特别重大突发公共卫生事件的； (6) 生产、销售金额50万元以上的； (7) 生产、销售金额20万～50万元，并具有本解释第1条规定情形之一的； (8) 根据生产、销售的时间、数量、假药种类等，应当认定为情节特别严重的	

续表

情节分类	认定标准	量刑幅度
酌情从重处罚的情节	(1) 生产、销售的假药以孕产妇、婴幼儿、儿童或者危重病人为主要使用对象的; (2) 生产、销售的假药属于麻醉药品、精神药品、医疗用毒性药品、放射性药品、避孕药品、血液制品、疫苗的; (3) 生产、销售的假药属于注射剂药品、急救药品的; (4) 医疗机构、医疗机构工作人员生产、销售假药的; (5) 在自然灾害、事故灾难、公共卫生事件、社会安全事件等突发事件期间, 生产、销售用于应对突发事件的假药的; (6) 2年内曾因危害药品安全违法犯罪活动受过行政处罚或者刑事处罚的; 其他应当酌情从重处罚的情形	从重处罚

2. 生产、销售劣药罪

根据《刑法》的规定, 生产、销售劣药罪是结果犯, 生产、销售劣药, 只有对人体健康造成严重危害结果的, 才能构成本罪。所谓"对人体健康造成严重危害", 是指造成人员轻伤、重伤或者死亡的, 以及其他对人体健康造成严重危害的情形, 如致人肢体残废、毁人容貌、使人丧失视觉、听觉或者其他器官机能受到损害或者导致其他严重后遗症的。根据2008年6月25日最高人民检察院、公安部《关于公安机关管辖的刑事案件立案追诉标准的规定(一)》和2014年12月1日最高人民法院、最高人民检察院《关于办理危害药品安全刑事案件适用法律若干问题的解释》的规定, 现行有效的追诉标准如下, 该标准同样适用于单位犯罪 (见表7-3):

表7-3 生产、销售劣药罪追诉标准

情节分类	认定标准	量刑幅度
对人体健康造成严重危害(立案标准)	(1) 造成轻伤或者重伤的; (2) 造成轻度残疾或者中度残疾的; (3) 造成器官组织损伤导致一般功能障碍或者严重功能障碍的; (4) 其他对人体健康造成严重危害的情形	处3~10年有期徒刑, 并处罚金

续表

情节分类	认定标准	量刑幅度
后果特别严重	（1）致人死亡； （2）致人重度残疾的； （3）造成3人以上重伤、中度残疾或者器官组织损伤导致严重功能障碍的； （4）造成5人以上轻度残疾或者器官组织损伤导致一般功能障碍的； （5）造成10人以上轻伤的； （6）造成重大、特别重大突发公共卫生事件的	处10年以上有期徒刑或者无期徒刑，并处罚金或者没收财产
酌情从重处罚的情节	（1）生产、销售的劣药以孕产妇、婴幼儿、儿童或者危重病人为主要使用对象的； （2）生产、销售的劣药属于麻醉药品、精神药品、医疗用毒性药品、放射性药品、避孕药品、血液制品、疫苗的； （3）生产、销售的劣药属于注射剂药品、急救药品的； （4）医疗机构、医疗机构工作人员生产、销售劣药的； （5）在自然灾害、事故灾难、公共卫生事件、社会安全事件等突发事件期间，生产、销售用于应对突发事件的劣药的； （6）2年内曾因危害药品安全违法犯罪活动受过行政处罚或者刑事处罚的； （7）其他应当酌情从重处罚的情形	从重处罚

3. 生产、销售不符合标准的医用器材罪

根据《刑法》的规定，生产、销售不符合标准的医用器材罪，只要达到足以严重危害人体健康的危险程度就可以引发本罪的刑事风险，而不要求造成实际的危害结果。根据2008年6月25日最高人民检察院、公安部《关于公安机关管辖的刑事案件立案追诉标准的规定（一）》和2014年12月1日最高人民法院、最高人民检察院《关于办理危害药品安全刑事案件适用法律若干问题的解释》的规定，现行有效的追诉标准如下，该标准同样适用于单位犯罪（见表7－4）：

表7-4　生产、销售不符合标准的医用器材罪的追诉标准

情节分类	认定标准	量刑幅度
足以严重危害人体健康的（立案标准）	(1) 进入人体的医疗器械的材料中含有超过标准的有毒有害物质的； (2) 进入人体的医疗器械的有效性指标不符合标准要求，导致治疗、替代、调节、补偿功能部分或者全部丧失，可能造成贻误诊治或者人体严重损伤的； (3) 用于诊断、监护、治疗的有源医疗器械的安全指标不符合强制性标准要求，可能对人体构成伤害或者潜在危害的； (4) 用于诊断、监护、治疗的有源医疗器械的主要性能指标不合格，可能造成贻误诊治或者人体严重损伤的； (5) 未经批准，擅自增加功能或者适用范围，可能造成贻误诊治或者人体严重损伤的； (6) 其他足以严重危害人体健康或者对人体健康造成严重危害的情形	处3年以下有期徒刑或者拘役，并处销售金额50%～2倍罚金
对人体健康造成严重危害的	致人轻伤或者其他严重后果的	处3～10年有期徒刑，并处销售金额50%～2倍罚金
后果特别严重的	生产、销售不符合标准的医疗器械、医用卫生材料，造成感染病毒性肝炎等难以治愈的疾病、1人以上重伤、3人以上轻伤或者其他严重后果的	处10年以上有期徒刑或者无期徒刑，并处销售金额50%～2倍罚金或者没收财产

其中，“生产、销售金额”是指生产、销售假药、劣药所得和可得的全部违法收入。“轻伤”“重伤”按照《人体损伤程度鉴定标准》进行鉴定；“轻度残疾”“中度残疾”“重度残疾”按照相关伤残等级评定标准进行评定。

需要注意的是，对于生产、销售伪劣医药产品的犯罪分子，被严格适用缓刑、免予刑事处罚。对于适用缓刑的，会被同时宣告禁止令，禁止犯罪分子在缓刑考验期内从事药品生产、销售及相关活动。然而，销售少量根据民间传统配方私自加工的药品，或者销售少量未经批准进口的国外、境外药品，没有造成他人伤害后果或者延误诊治，情节显著轻微危害不大的，不认为是犯罪。由此可见，我国法律对待生产、销售假药、劣药罪还是以宽严相济为原则。

◎**法律法规链接**

◆《刑法》(2020 年修正) 第 141 条、第 142 条、第 145 条

◆《药品管理法》(2018 年修正) 第 2 条、第 98 条

◆《医疗器械标准管理办法》(2017 年修正) 第 4 条

◆《医疗器械监督管理条例》(2017 年 7 月 1 日实施) 第 4 条、第 76 条

◆最高人民法院、最高人民检察院《关于办理危害药品安全刑事案件适用法律若干问题的解释》(2014 年 12 月 1 日实施)

◆最高人民检察院、公安部《关于公安机关管辖的刑事案件立案追诉标准的规定（一）》(2008 年 6 月 25 日实施) 第 17 条、第 18 条、第 21 条

◆最高人民法院、最高人民检察院《关于办理妨害预防、控制突发传染病疫情等灾害的刑事案件具体应用法律若干问题的解释》(2003 年 5 月 15 日实施) 第 2 条、第 3 条

◆最高人民法院、最高人民检察院《关于办理生产、销售伪劣商品刑事案件具体应用法律若干问题的解释》(2001 年 4 月 10 日实施) 第 3 条、第 6 条、第 9～12 条

三、妨害药品管理的风险

（一）妨害药品管理罪的主体范围（Who）

本罪是《刑法修正案（十一）》新增的罪名，主体是一般主体，既包括自然人，也包括单位。单位构成犯罪的，单位内对妨害药品管理的直接负责的主管人员和其他直接责任人员也会被追究刑事责任。这里的单位，无论其是否具有法人资格，也不论其是否具有从事药品生产经营的资格以及其生产规模、资产组成性质、经营方式如何，只要具有法律规定的妨害药品管理的行为，就可能引发相应的刑事风险。

（二）妨害药品管理罪行为界限（What）

1. 行为条件

对于药品的生产、销售企业，在质量管理过程中，除了要避免引发生产、销售假药罪和生产、销售劣药罪，还要注意严格遵守相关药品的管理法规，特

别是2019年12月1日开始施行的《药品管理法》，如果违反药品管理法规，即使生产、销售的不是假药、劣药，也有可能引发本罪刑事风险。

2. 行为方式

不是所有违反药品管理法规的行为都会引发本罪的刑事风险，《刑法修正案（十一）》只规定了四种可以引发刑事风险的行为：（1）生产、销售国务院药品监督管理部门禁止使用的药品；（2）未取得药品相关批准证明文件生产、进口药品或者明知是上述药品而销售的；（3）药品申请注册中提供虚假的证明数据、资料、样品或者采取其他欺骗手段的；（4）编造生产、检验记录的。对于其他违反药品管理法规的行为，《刑法》虽然没有规定构成犯罪，但亦可能遭受行政处罚，因此，药品的生产、销售企业一定要注意合规管理。

（三）妨害药品管理罪的追诉标准（How）

从《刑法修正案（十一）》的规定来看，违反药品管理法规，且实施了法定的四种行为之一的，也不必然就引发本罪的刑事风险，还必须达到足以严重危害人体健康的程度。如果足以严重危害人体健康，将会被判处三年以下有期徒刑或者拘役。如果已经对人体健康造成严重危害后果或者有其他严重情节，则会受到更重的刑事处罚，将会被判处3～7年有期徒刑。

需要注意的是，如果妨碍药品管理的行为，同时又构成了生产、销售假药罪或者生产、销售劣药罪，则依照处罚较重的那个罪名进行定罪处罚。

四、生产、销售不符合安全标准、有毒、有害食品的风险

◎案例7－4①

场景回放

2019年1月，被告人杨某夸在无营业执照、无食品经营许可证的情况下，在其经营的早点店内，明知发酵面制品中禁止使用含有硫酸铝钾和硫酸铝铵食品添加剂的泡打粉，仍在生产、销售的包子中使用含硫酸铝钾成分的泡打粉。经检测，被告人杨某夸于2019年1月15日被查获当日出售的包子中铝残留量

① 参见（2019）京0114刑初342号刑事判决书。

为 1002mg/kg。

审理结果

法院经审理认为，被告人杨某夸生产、销售不符合安全标准的食品，足以造成严重食物中毒事故或其他严重食源性疾病，其行为已构成生产、销售不符合安全标准的食品罪，判处有期徒刑 6 个月，罚金人民币 2000 元。

食品是供人食用或饮用的成品和原料，食品安全直接关系广大人民群众的身体健康和生命安全。党的十九大报告明确提出实施食品安全战略，让人民吃得放心。为了保证食品安全，防止食品污染和有害因素对人体的危害，保障人民的身体健康，我国对食品卫生实行监督制度。生产、销售食品者，应当保证食品无毒、无害，并符合相关的卫生标准，否则不但可能遭受民事赔偿、行政处罚，还可能引发刑事风险。

（一）生产、销售不符合安全标准的食品和有毒、有害食品罪的主体范围（Who）

引发以上两种刑事风险的主体，是不符合安全标准的食品或有毒、有害食品的生产者、销售者。这里的生产者、销售者，既包括自然人，也包括单位。在实践中，生产、销售食品的公司、企业应当严格遵守《食品安全法》等关于食品卫生、食品安全方面的法律、法规，在生产、销售食品的过程中，严格遵循食品安全标准，把好质量关，避免生产、销售不符合安全标准或有毒、有害的食品。在案例 7－4 中，杨某夸既是生产者、也是销售者，符合本罪的主体要求。

（二）生产、销售不符合安全标准的食品和有毒、有害食品等罪的行为界限（What）

1. 行为方式

上述两种犯罪在行为上主要也是表现为掺杂、掺假，以假充真，以次充好和以不合格产品冒充合格产品这四种方式，在此不再赘述。生产、销售不符合安全标准的食品罪主要表现为在食品加工、销售、运输、贮存等过程中，违反食品安全标准，超限量或者超范围滥用食品添加剂；在食用农产品种植、养殖、销售、运输、贮存等过程中，违反食品安全标准，超限量或者超范围滥用添加剂、农药、兽药等。生产、销售有毒、有害食品罪主要表现为在食品加工、销售、运输、贮存等过程中，掺入或使用有毒、有害的非食品原料；在食用农产品种植、养殖、销售、运输、贮存等过程中，使用禁用农药、兽药等禁用物质或者其他有毒、有害物质。使用盐酸克仑特罗（“瘦肉精”）等禁止在饲料和动物饮用水中使用的药品或者含有该类药品的饲料养殖供人食用的动物，或者销售明知是使用该类药品或者含有该类药品的饲料养殖的供人食用的动物的，或者明知是使用盐酸克仑特罗等禁止在饲料和动物饮用水中使用的药品或者含有该类药品的饲料养殖的供人食用的动物，而提供屠宰等加工服务或销售其制品的，以生产、销售有毒、有害食品罪追究刑事责任。

在案例 7－4 中，被告人在生产、销售的包子中使用含硫酸铝钾成分的泡打粉，既实施了掺入行为，又实施了销售行为，符合生产、销售不符合安全标准的食品罪的行为方式。

另外，需要特别注意构成共犯的风险。明知他人生产、销售不符合食品安全标准的食品，有毒、有害食品，具有下列情形之一的，以共犯论处：（1）提供资金、贷款、账号、发票、证明、许可证件的；（2）提供生产、经营场所或者运输、贮存、保管、邮寄、网络销售渠道等便利条件的；（3）提供生产技术或者食品原料、食品添加剂、食品相关产品的；（4）提供广告等宣传的。

2. 行为对象

两种犯罪的行为对象都与食品有关，食品是指各种供人食用或者饮用的成品和原料以及按照传统既是食品又是中药材的物品，但是不包括以治疗为目的的物品，可以包括两大类：第一类是供人食用或饮用的成品和原料；第二类是按照传统既是食品又是药品的物品。对于第二类食品，要注意与药品进行区分。药品也是供人食用或者饮用的，主要是以治疗为目的，但食品的功效主要在于向人体供应能量和营养，而不以治疗为目的。随着社会物质生活水平的提高，食品的范围变得越来越广泛，容易与其他产品领域交叉融合。以当前市场上琳琅满目的保健品为例，如果保健品只具有保健、增加和改善体质的作用，不具有治疗疾病的功效，则只属于营养补充性的食品，可以划归为食品的行列；如果保健品是以治疗为主要目的，则应当划归药品的行列。

了解了食品的范畴，我们再来看看以上两种犯罪具体的行为对象。毫无疑问，生产、销售不符合安全标准的食品罪的对象是不符合安全标准的食品，生产、销售有毒、有害食品罪的对象是有毒、有害的食品。

所谓“不符合安全标准”的食品，是指不符合我国《食品安全法》规定的安全标准的食品。食品安全，是指食品无毒、无害，符合应当有的营养要求，对人体健康不造成任何急性、亚急性或者慢性危害。根据《食品安全法》的第26条的规定，食品安全标准应当包括下列内容：（1）食品、食品添加剂、食品相关产品中的致病性微生物，农药残留、兽药残留、生物毒素、重金属等污染物质以及其他危害人体健康物质的限量规定；（2）食品添加剂的品种、使用范围、用量；（3）专供婴幼儿和其他特定人群的主辅食品的营养成分要求；（4）对与卫生、营养等食品安全要求有关的标签、标志、说明书的要求；（5）食品生产经营过程的卫生要求；（6）与食品安全有关的质量要求；（7）与食品安全有关的食品检验方法与规程；（8）其他需要制定为食品安全标准的内容。食品安全国家标准由国务院卫生行政部门会同国务院食品安全监督管理部门制定、公布，国务院标准化行政部门提供国家标准编号。对地方特色食品，没有食品安全国家标准的，省、自治区、直辖市人民政府卫生行政部门可以制定并公布食品安全地方标准，报国务院卫生行政部门备案。随着我国物流行业及网络销售的迅速发展，几乎各地的特色小吃均能实现全国共享，故对于地方特色食品的安全标准也会逐渐出台相关的国家标准，而在国家标准出台后，地方标准即行废止。此外，企业可以制定食品的企业标准，食品生产企业不得制定低于食品安全国家标准或者地方标准要求的企业标准。

所谓“有毒、有害食品”，是指掺入了有毒、有害的非食品原料的食品。非食品原料，是指不能作为食品原料的物质，目前食品中使用最普遍的非食品原料是各种食品添加剂；食品添加剂，是指为改善食品品质和色、香、味以及为防腐、保鲜和加工工艺的需要而加入食品中的人工合成或者天然物质，包括营养强化剂。由于食品工业的快速发展，食品添加剂已经成为现代食品工业的重要组成部分，并且已经成为食品工业技术进步和科技创新的重要推动力。在食品添加剂的使用中，除保证其发挥应有的功能和作用外，最重要的应是保证食品的安全卫生。为了规范食品添加剂的使用、保障食品添加剂使用的安全性，原国家卫生和计划生育委员会根据《食品安全法》的有关规定，制定颁布了《食品安全国家标准　食品添加剂使用标准》（GB 2760—2014）。该标准规定了食品中允许使用的添加剂品种，并详细规定了使用范围、使用量。目前，我国食品添加剂有23个类别，2000多个品种，包括酸度调节剂、抗结剂、消泡剂、抗氧化剂、漂白剂、膨松剂、着色剂、护色剂、酶制剂、增味剂、营养强化剂、防腐剂、甜味剂、增稠剂、香料等。使用这些添加剂，可以防止食品腐败，或者增加食品的稳定性，或者使食品的感官性状更好，或者满足食品加工工艺的需要。食品添加剂多是化学合成物质，具有一定的毒性，在一定范围内使用一定剂量对人体无害，但使用不当或过量使用就会给人体健康带来损害，从而引发生产、销售有毒、有害食品罪的风险。除添加剂外，在食品中掺入任何有毒、有害的非食品原料或者掺入过量的非食品原料，都可能构成生产、销售有毒、有害食品罪。

◎**案例7－5**

场景回放

2007年10月，河北省正定县金河奶源基地负责人耿某平与该基地送奶司机耿某珠分别从河北省正定县赵某超（另案处理）处及行唐县赵某花（另案处理）的化工剂门市部购买含有三聚氰胺的混合物（“蛋白粉”）28袋共计560千克。自2007年10月至2008年8月，耿某平、耿某珠在明知该混合物为非食品原料、人不能食用的情况下，多次按每1000千克原牛奶添加0.5千克该混合物的比例，将含有三聚氰胺的混合物（“蛋白粉”）约434千克添加到其收购的90余万千克原牛奶中，销售到石家庄三鹿集团股份有限公司等处，销售金额280余万元。2008年9月12日，正定县公安局在耿某平处查获剩余含有三聚氰胺的混合物（“蛋白粉”）126公斤。

公诉机关提出，耿某平、耿某珠将含有三聚氰胺混合物（“蛋白粉”）的原牛奶销售到石家庄三鹿集团股份有限公司后，被用于生产婴幼儿奶粉等奶制品。含有三聚氰胺的婴幼儿奶粉流入全国市场后，对广大消费者特别是婴幼儿的身体健康、生命安全造成了严重损害，应当以生产、销售有毒、有害食品罪追究二人刑事责任。

审理结果

2009年1月22日，石家庄市中级人民法院作出一审判决：（1）被告人耿某平犯生产、销售有毒、有害食品罪，判处死刑，剥夺政治权利终身；（2）被告人耿某珠犯生产、销售有毒、有害食品罪，判处有期徒刑8年，并处罚金50万元。

根据2011年4月6日原卫生部、工业和信息化部、原农业部、原国家工商行政管理总局、原国家质量监督检验检疫总局《关于三聚氰胺在食品中的限量值的公告》的规定，三聚氰胺既不是食品原料，也不是食品添加剂，禁止人为添加到食品中。三聚氰胺作为化工原料，可用于塑料、涂料、黏合剂、食品包装材料的生产，所以可能从环境、食品包装材料等途径进入食品中，但含量是很低的。为确保人体健康和食品安全，我国制定了三聚氰胺在食品中的限量值，婴儿配方食品中三聚氰胺的限量值为1mg/kg，其他食品中三聚氰胺的限量值为2.5mg/kg，高于上述限量的食品一律不得销售。2012年7月5日，联合国负责制定食品安全标准的国际食品法典委员会为牛奶中三聚氰胺含量设定了新标准，以后每公斤液态牛奶中三聚氰胺含量不得超过0.15毫克。这说明关于三聚氰胺含量的国际标准越来越严格，相关企业在生产、销售过程中要特别注意对三聚氰胺含量的检测，一旦超出限量，相关食品就有可能成为有害、有害食品，从而引发刑事风险。在案例7-5中，两被告人在原牛奶中掺入对人体有毒、有害的非食品原料的含有三聚氰胺混合物，生产、销售的牛奶属于有毒、有害的食品。

（三）生产、销售不符合安全标准的食品和有毒、有害食品等罪的追诉标准（How）

1. 生产、销售不符合安全标准的食品罪

根据《刑法》的规定，生产、销售不符合安全标准的食品罪是危险犯，其行为必须达到足以造成严重食物中毒事故或者其他严重食源性疾病的危险程度，才能引发刑事风险。如果对人体健康造成严重危害的或者后果特别严重的，将引发更高量刑幅度的刑事风险。具体而言，“食物中毒”是指食用了各种含有毒素的食物而引起的，以急性过程为主的疾病。最常见的症状表现为剧烈地呕吐、腹泻，同时伴有中上腹部疼痛等，严重者，可直接导致残疾或死亡。“食源性疾病”，是指通过食用含致病性寄生虫和致病性微生物的食品，或者食品中微生物毒素含量超过国家的限定标准而引起的人体病变或造成诸如伤寒、肝炎等传染病的传染和蔓延。根据 2013 年 5 月 4 日最高人民法院、最高人民检察院《关于办理危害食品安全刑事案件适用法律若干问题的解释》的规定，现行有效的追诉标准如下，该标准同样适用于单位犯罪（见表 7－5）：

表 7－5　生产、销售不符合安全标准的食品罪的追诉标准

<table>
<tr><th colspan="2">情节分类</th><th>认定标准</th><th>量刑幅度</th></tr>
<tr><td colspan="2">足以造成严重食物中毒事故或者其他严重食源性疾病（立案标准）</td><td>（1）含有严重超出标准限量的致病性微生物、农药残留、兽药残留、重金属、污染物质以及其他危害人体健康的物质的；
（2）属于病死、死因不明或者检验检疫不合格的畜、禽、兽、水产动物及其肉类、肉类制品的；
（3）属于国家为防控疾病等特殊需要明令禁止生产、销售的；
（4）婴幼儿食品中生长发育所需营养成分严重不符合食品安全标准的；
（5）其他足以造成严重食物中毒事故或者严重食源性疾病的情形</td><td>处 3 年以下有期徒刑或者拘役，并处罚金</td></tr>
<tr><td rowspan="2">对人体健康造成严重危害或者有其他严重情节的</td><td>对人体健康造成严重危害</td><td>（1）造成轻伤以上伤害的；
（2）造成轻度残疾或者中度残疾的；
（3）造成器官组织损伤导致一般功能障碍或者严重功能障碍的；
（4）造成十人以上严重食物中毒或者其他严重食源性疾病的；
（5）其他对人体健康造成严重危害的情形</td><td rowspan="2">处 3 ~ 7 年有期徒刑，并处罚金</td></tr>
<tr><td>其他严重情节的</td><td>（1）生产、销售金额 20 万元以上的；
（2）生产、销售金额 10 万 ~20 万元，不符合食品安全标准的食品数量较大或者生产、销售持续时间较长的；
（3）生产、销售金额 10 万 ~20 万元，属于婴幼儿食品的；
（4）生产、销售金额 10 万 ~20 万元，1 年内曾因危害食品安全违法犯罪活动受过行政处罚或者刑事处罚的；
（5）其他情节严重的情形</td></tr>
</table>

续表

情节分类	认定标准	量刑幅度
后果特别严重的	（1）致人死亡或者重度残疾的； （2）造成3人以上重伤、中度残疾或者器官组织损伤导致严重功能障碍的； （3）造成10人以上轻伤、5人以上轻度残疾或者器官组织损伤导致一般功能障碍的； （4）造成30人以上严重食物中毒或者其他严重食源性疾病的； （5）其他特别严重的后果	处7年以上有期徒刑或者无期徒刑，并处罚金或者没收财产

2. 生产、销售有毒、有害食品罪

根据《刑法》的规定，生产、销售有毒、有害食品罪是行为犯，只要实施了生产、销售有毒、有害食品的行为，就可以构成生产、销售有毒、有害食品罪，对人体健康是否造成实际的危害结果，不影响罪名的成立。但造成实际危害结果的，可以引发更高量刑的刑事风险。根据2008年6月25日最高人民检察院、公安部《关于公安机关管辖的刑事案件立案追诉标准的规定（一）》和2013年5月4日最高人民法院、最高人民检察院《关于办理危害食品安全刑事案件适用法律若干问题的解释》，现行有效的追诉标准如下，该标准同样适用于单位犯罪（见表7-6）：

表7-6　生产、销售有毒、有害食品罪的追诉标准

情节分类	认定标准	量刑幅度
立案标准	（1）在生产、销售的食品中掺入有毒、有害的非食品原料的，或者销售明知掺有有毒、有害的非食品原料的食品的； （2）使用盐酸克仑特罗（俗称“瘦肉精”）等禁止在饲料和动物饮用水中使用的药品或者含有该类药品的饲料养殖供人食用的动物，或者销售明知是使用该类药品或者含有该类药品的饲料养殖的供人食用的动物的； （3）明知是使用盐酸克仑特罗等禁止在饲料和动物饮用水中使用的药品或者含有该类药品的饲料养殖的供人食用的动物，而提供屠宰等加工服务，或者销售其制品的	处5年以下有期徒刑，并处罚金

续表

<table>
<tr><th colspan="2">情节分类</th><th>认定标准</th><th>量刑幅度</th></tr>
<tr><td rowspan="2">对人体健康造成严重危害或者有其他严重情节的</td><td>对人体健康造成严重危害</td><td>（1）造成轻伤以上伤害的；
（2）造成轻度残疾或者中度残疾的；
（3）造成器官组织损伤导致一般功能障碍或者严重功能障碍的；
（4）造成10人以上严重食物中毒或者其他严重食源性疾病的；
（5）其他对人体健康造成严重危害的情形</td><td rowspan="2">处5～10年有期徒刑，并处罚金</td></tr>
<tr><td>其他严重情节的</td><td>（1）生产、销售金额20万～50万元的；
（2）生产、销售金额10万～20万元，有毒、有害食品的数量较大或者生产、销售持续时间较长的；
（3）生产、销售金额10万～20万元，属于婴幼儿食品的；
（4）生产、销售金额10万～20万元，1年内曾因危害食品安全违法犯罪活动受过行政处罚或者刑事处罚的；
（5）有毒、有害的非食品原料毒害性强或者含量高的；
（6）其他情节严重的情形</td></tr>
<tr><td colspan="2">致人死亡或者有其他特别严重情节的</td><td>（1）生产、销售有毒、有害食品，生产、销售金额50万元以上；
（2）致人死亡或者重度残疾的；
（3）造成3人以上重伤、中度残疾或者器官组织损伤导致严重功能障碍的；
（4）造成10人以上轻伤、5人以上轻度残疾或者器官组织损伤导致一般功能障碍的；
（5）造成30人以上严重食物中毒或者其他严重食源性疾病的；
（6）其他特别严重的后果</td><td>处10年以上有期徒刑、无期徒刑或者死刑，并处罚金或者没收财产</td></tr>
</table>

◎法律法规链接

◆《刑法》（2020年修正）第143条、第144条

◆《食品安全法》（2018年修正）第26条、第33条、第150条

◆最高人民法院、最高人民检察院《关于办理危害食品安全刑事案件适用法律若干问题的解释》（2013年5月4日实施）

◆卫生部、工业和信息化部、农业部、国家工商行政管理总局、国家质量监督检验检疫总局《关于三聚氰胺在食品中的限量值的公告》（2011年4月6

日实施）

◆最高人民检察院、公安部《关于公安机关管辖的刑事案件立案追诉标准的规定（一）》（2008年6月25日实施）第20条

◆最高人民法院、最高人民检察院《关于办理非法生产、销售、使用禁止在饲料和动物饮用水中使用的药品等刑事案件具体应用法律若干问题的解释》（2002年8月23日实施）第3条、第4条

◆最高人民法院、最高人民检察院《关于办理生产、销售伪劣商品刑事案件具体应用法律若干问题的解释》（2001年4月10日实施）第4条、第5条、第9～12条

五、生产、销售不符合安全标准的产品的风险

◎案例7－6①

场景回放

被告单位江苏ZS液压升降设备有限公司成立于2013年5月，经营范围为升降平台、简易升降机、电梯、液压货梯、电动叉车、液压搬运车制造、安装、销售。被告人叶某系单位法定代表人，被告人陈某进系单位销售人员，在被告人叶某的允许下，开设淘宝店铺，销售升降设备，网页上载明：上门测量、设计、安装家用液压载人电梯。

2017年年底，淮安市上海路玫瑰苑单身公寓512室业主付某决定在512室内5楼与阁楼之间安装电梯，通过淘宝与被告人陈某进联系，由被告人陈某进至现场实地观测后，双方于2017年11月17日签订家用升降设备供销合同，约定价款为34,000元，合同中未约定产品合格等相关情况，未载明设备严禁载人。合同签订后，被告人陈某进将现场数据及房主的要求带回公司，经被告人叶某同意后，安排技术人员制图后生产、制作升降设备。2017年年底，被告人叶某安排人员至现场完成初步安装，因房主付某尚有尾款未支付，被告人叶某、陈某进未向房主交付检验合格证，名牌、警示标牌及说明书。

2018年2月3日，“玫瑰苑512室”仍处于装修施工作业中，上午10时

① 参见（2019）苏0812刑初81号刑事判决书。

40分左右，现场工人准备离开时听见楼上有哭声，发现升降设备异常立刻报警。经消防人员现场施救，自升降设备货厢顶部与房顶之间救出伤者张某平、张某博（系祖孙关系），后二人经抢救无效死亡。经淮安市公安局物证鉴定所鉴定，张某平符合胸部遭长时间挤压致窒息死亡，张某博符合遭钝性物体压迫头部致颅脑损伤死亡。

另经江苏省特种设备安全监督检验研究院鉴定，涉案升降设备结构上符合简易升降机的定义，属于简易升降机，但多处不符合《简易升降机安全规程》（GB 28755—2012）的要求，存在很多隐患。其中，货厢顶部空间不符合《简易升降机安全规程》要求、设备现场无标记、标牌与安全标志均系事故原因之一。

审理结果

法院经审理认为，被告单位江苏ZS液压升降设备有限公司生产、销售不符合保障人身安全的国家标准的产品，造成严重后果，其行为构成生产、销售不符合安全标准的产品罪。被告人叶某作为被告单位直接负责的主管人员、被告人陈某进作为被告单位直接责任人员均构成生产、销售不符合安全标准的产品罪。判决如下：(1) 被告单位江苏ZS液压升降设备有限公司犯生产、销售不符合安全标准的产品罪，判处罚金5万元。(2) 被告人叶某犯生产、销售不符合安全标准的产品罪，判处有期徒刑3年，缓刑4年，并处罚金人民币3万元。(3) 被告人陈某进犯生产、销售不符合安全标准的产品罪，判处有期徒刑3年，缓刑4年，并处罚金人民币3万元。

在工业产品领域，电器、压力容器、易燃易爆产品等都可能直接危及人体健康和人身、财产安全，因此，生产、销售这些重要的工业产品，必须使产品符合保障人体健康、人身、财产安全的国家标准、行业标准；未制定国家标准、行业标准的，也必须符合保障人体健康和人身、财产安全的要求。如果生产、销售的上述工业产品不符合相关的标准和要求，则有可能陷入刑法规制的范围，引发生产、销售不符合安全标准的产品罪的风险。

（一）生产、销售不符合安全标准的产品罪的主体范围（Who）

根据《刑法》的规定，引发本罪风险的主体，通常是不符合安全标准的电器、压力容器、易燃易爆产品和其他产品的生产者、销售者。这里的生产者、销售者，既包括自然人，也包括单位。在实践中，生产、销售可能危及人体健康和人身、财产安全的工业产品的公司、企业，应当严格遵守《产品质量法》，在生产和销售环节中，严把质量关，避免生产、销售的工业产品不符合保障人身、财产安全的标准和要求。

（二）生产、销售不符合安全标准的产品罪的行为界限（What）

1. 行为方式

同生产、销售伪劣产品罪一样，生产、销售不符合安全标准的产品罪在行为方式上也主要表现为掺杂、掺假，以假充真，以次充好和以不合格产品冒充合格产品这四种方式，在此不再赘述。

2. 行为对象

本罪的行为对象是不符合保障人身、财产安全的国家标准、行业标准的电器、压力容器、易燃易爆产品和其他产品。具体包括：（1）电器，即各种电讯、电力器材和家用电器，如电视机、电冰箱、电暖器、电饭煲、电淋浴器、洗衣机、空调等；（2）压力容器，即能够产生或者承受、储存高压物品的坚固器具，如氧气瓶、高压锅、压力机、锅炉等；（3）易燃易爆产品，即易于引起燃烧或者爆炸的产品，如煤气灶、煤气罐、炸药、雷管以及各种烟花爆竹等；（4）其他产品，即上述电器、压力容器、易燃易爆产品之外的其他与人身、财产安全密切相关的产品，如啤酒瓶、电梯、交通设施、游乐设施等产品。

在实践中，生产、销售上述工业产品的公司、企业，不但要不断创新，也要注重产品的安全性。对于尚没有制定国家标准、行业标准的新型产品，生产者、销售者也必须充分利用现有的技术水平检测产品可能存在的安全隐患。如果置显而易见的或者利用现有技术可以探测出的质量问题而不顾，造成严重后果的，也会引发本罪的刑事风险。

判断产品是否符合国家标准、行业标准，是判断引发本罪风险的一个重要因素。一般来说，各工业产品均有相应的国家标准或行业标准，以此判断是否符合安全标准。在案例 7 - 6 中，对于涉案升降设备出具有相应的鉴定意见。根据鉴定意见，对照《简易升降机安全规程》（GB 28755—2012），涉案简易升降机存在较多不符合安全标准的地方，其中下列主要不符合项，是造成本案事故的原因之一：（1）该设备货厢内设置操作按钮，不符合规程要求的“简易升降机的操作装置必须设置在货厢外，货厢内不得设置任何操作按钮”。该规定实际上在要求简易升降机只能运货而不能载人，而本案中的简易升降机却用于载人。（2）该设备当柱塞伸出到达极限位置时货厢顶部站人平面至井道顶只有0.17m，货厢顶部空间不符合要求强制性的两个要求：①货厢顶部站人平面与井道顶的对应位置之间的距离不应小于1.0m；②货厢上面应有足够的空间，该空间的大小以能容纳一个0.5m×0.6m×0.8m的长方体为准，任一平面朝下放置即可。（3）该设备未装设货厢门，层门未设置机械连锁装置，不符合要求。（4）该设备各层站、底坑和货厢顶部未设置停止装置，不符合要求。（5）设备现场无标记、标牌与安全标志，未在每层明显部位设置“严禁载人运行”的警示标志和额定起重标志。综上所述，被告单位江苏ZS液压升降设备有限公司所生产、销售的涉案简易升降机本不应作为载人使用，却为载人目的而进行生产、销售，其设备有多处不符合国家强制标准的要求，存在事故隐患，尤其是其轿厢顶部未按安全要求留足空间，是造成事故的重要原因之一。故应认定该涉案简易升降机为不符合安全标准的产品。

3. 主观责任

本罪的主观责任是故意，自然人或单位只有故意生产、销售不符合安全标准的产品，才能引发本罪的风险。在实践中，要求行为人即生产者、销售者明知其所生产、销售的产品是保障人身、财产安全的产品，且没有达到国家标准、行业标准。

在案例7-6中，被告人叶某、陈某进均供认明知其公司生产、销售的涉案升降设备不应载人，而江苏ZS液压升降设备有限公司开设的淘宝店仍对外宣传为家用电梯。被告人陈某进在明知付某家要求安装的是用于载人的家用电梯仍然与之签订合同，并报告给叶某，由叶某安排技术人员根据付某的要求进行设计，后安排工人现场安装并交付使用。二被告人将严禁载人使用的升降设备包装成家用电梯，并且在签订合同时就知道按照付某家的上下两层的层高及订制的具体要求，不可能在轿厢顶部预留足够的安全空间，也就是二被告人明知涉案升降设备不应载人，未在轿厢顶部留足安全空间，不符合安全标准，仍然进行生产、销售。据此，二被告人对于生产、销售不符合安全标准的产品主观上有明确的认知且积极追求该结果，显然具有生产、销售不符合安全标准的产品的故意。

4. 因果关系

本罪是结果犯，其成立要求造成严重后果，所以行为与结果之间是否具有因果关系是认定成立本罪的一个重要因素。一般来说，因果关系的认定主要取决于产品是否符合国家标准、行业标准。

在案例7－6中，本案被害人是在案发现场使用该升降机时发生事故，二人进入轿厢顶部而不是正常的轿厢内部，此时升降机上升将二被害人挤压在轿厢顶部与屋顶之间，造成死亡。虽然造成被害人死亡可能存在多种因素，但不可否认的是简易升降机不符合安全标准的缺陷及质量问题是造成事故的重要原因。具体来说，首先，该简易升降机已由被告单位安排工人安装到位并交付使用，正常情况下，所停靠的位置在外边门打开后，人所看见及进入的是轿厢内部，而被害人却进入了轿厢顶部，这说明当时该简易升降机打开门后所处在的位置是不正常的状态，应当是设备出现了质量问题；其次，即使被害人误入了轿厢顶部，如果该简易升降机能够按照安全标准，在轿厢顶部和井道顶之间留足安全空间，被害人也不会被挤压致死。所以，该升降设备不符合安全标准与二被害人死亡有直接因果关系。

（三）生产、销售不符合安全标准的产品罪的追诉标准（How）

根据《刑法》的规定，本罪属于结果犯，生产、销售不符合保障人身、财产安全的国家标准、行业标准的电器、压力容器、易燃易爆产品或者其他产品，必须造成实际的严重后果，才能构成本罪。根据2008年6月25日最高人民检察院、公安部《关于公安机关管辖的刑事案件立案追诉标准的规定（一）》的规定，现行有效的追诉标准如下，该标准同样适用于单位犯罪（见表7－7）：

表7-7　生产、销售不符合安全标准的产品罪的追诉标准

情节分类	认定标准	量刑幅度
造成严重后果的	(1) 造成人员重伤或者死亡的； (2) 造成直接经济损失10万元以上的； (3) 其他造成严重后果的情形	处5年以下有期徒刑，并处销售金额50%~2倍罚金
后果特别严重的	无具体规定	处5年以上有期徒刑，并处销售金额50%~2倍罚金

◎**法律法规链接**

◆《刑法》(2020年修正) 第146条

◆《产品质量法》(2018年修正)

◆最高人民检察院、公安部《关于公安机关管辖的刑事案件立案追诉标准的规定 (一)》(2008年6月25日实施) 第22条

◆最高人民法院、最高人民检察院《关于办理生产、销售伪劣商品刑事案件具体应用法律若干问题的解释》(2001年4月10日实施) 第9~12条

六、生产、销售伪劣农药、兽药、化肥、种子的风险

◎**案例7-7**[①]

场景回放

2017年3月，喀什市农药经销商武某强让被告人樊某威帮助联系一批硫丹乳油。被告人樊某威通过朋友介绍找到西安的陈某杰购买。双方通过电话商议，陈某杰以每吨3300元的价格给被告人樊某威提供大桶装的硫丹乳油3吨(200公斤每桶，共15桶)。2017年4月25日，陈某杰按照被告人樊某威提供的地址通过物流向新疆呼图壁县发送15个大桶装硫丹乳油共计3吨，被告人樊某威在收到陈某杰的大桶硫丹乳油后，在未取得农药分装登记的情况下，安排呼图壁县不具备分装资质和条件的高某君对该批硫丹乳油进行分装，即分装成1千克小瓶装。高某君又将此业务转包给孙某虎办理，孙某虎在市场召集散工并购买了简易工具（漏斗、抽子、提子、桶）对3吨硫丹乳油进行了非法

① 参见(2019)新30刑终63号刑事裁定书。

分装。其间被告人樊某威联系山东济南的庞某佳并提供陕西先农生物科技有限公司生产的“安消”牌硫丹商标标签图样。庞某佳根据被告人樊某威的安排将陕西先农公司“安消”牌硫丹商标图样伪造为“安某”牌硫丹商标，后庞某佳将制作好的5000份“安某”牌硫丹商标通过快递的方式发到新疆呼图壁县88千米处。被告人樊某威安排人员进行贴标并套用陕西先农公司“安消”牌硫丹的农药三证后，将“安某”牌硫丹装箱发到新疆喀什武某强处。

2017年6月，武某强将被告人樊某威提供的“安某”牌硫丹销售给喀什叶城县、岳普湖县、疏勒县、克州阿克陶县的农药经销商。经销商将“安某”牌硫丹销售给棉农种植户使用，发生大面积的药害情况，造成上述四个县的棉农所种植的棉花绝产或减产情况。经新疆维吾尔自治区司法鉴定科学技术研究所农牧林司法鉴定中心鉴定，喀什叶城、岳普湖、疏勒、阿克陶县棉农喷施了“安某”牌杀虫剂硫丹受到药害，致使棉花大幅度减产，造成经济损失18,472,384元。经新疆维吾尔自治区农药检定所鉴定，被告人樊某威非法分装的“安某”牌硫丹为不合格农药。

审理结果

法院经审理认为，被告人樊某威违反《农药管理条例》规定，在未取得农药登记证或者农药临时登记证的情况下，非法分装生产不合格农药，伪造“安某”牌硫丹商标，并套用陕西先农公司“安消”牌硫丹的农药三证，冒充合格农药予以销售，使生产遭受特别重大损失，其行为已构成生产、销售伪劣农药罪。被告人樊某威犯生产、销售伪劣农药罪，判处有期徒刑7年3个月，并处罚金人民币10万元。

农业生产资料，是人们在进行农业生产过程中所需要和使用的物质，其质量的好坏，直接关系农业生产和农民的利益，关系国民经济的协调发展。因此，农业生产资料的生产者、销售者应当对其生产、销售的产品质量负责，尤其是农药、兽药、化肥、种子等可能危害人畜安全的农业生产资料。如果生产、销售伪劣的农药、兽药、化肥、种子，不但可能遭受行政处罚，还可能陷入刑法规制的范围，构成生产、销售伪劣农药、兽药、化肥、种子罪。

（一）生产、销售伪劣农药、兽药、化肥、种子罪的主体范围（Who）

根据《刑法》的规定，引发本罪风险的主体，通常是那些伪劣农药、兽药、化肥、种子的生产者、销售者。这里的生产者、销售者，既包括自然人，也包括单位。在实践中，生产、销售农药、兽药、化肥、种子的公司、企业，应当严格遵守相关的法律法规，在生产、销售这些农业生产资料的过程中，严把质量关，避免生产、销售的农药、兽药、化肥、种子不符合质量标准和要求。

（二）生产、销售伪劣农药、兽药、化肥、种子罪的行为界限（What）

1. 行为方式

同生产、销售伪劣产品罪一样，生产、销售伪劣农药、兽药、化肥、种子罪在行为方式上也主要表现为掺杂、掺假，以假充真，以次充好和以不合格产品冒充合格产品这四种方式，具体来说，包括生产假农药、假兽药、假化肥，销售明知是假的或者失去使用效能的农药、兽药、化肥、种子，或者生产者、销售者以不合格的农药、兽药、化肥、种子冒充合格的农药、兽药、化肥、种子等行为。

在此需要注意的是，我国对不同的农业生产资料采取不同的管理制度。例如，我国实行农药登记制度。根据我国《农药管理条例》第 19 条第 1 款的规定，委托加工、分装农药的，委托人应当取得相应的农药登记证，受托人应当取得农药生产许可证。所谓分装农药，是指将大包装农药，不加入任何其他成分，直接分装成指定规格的小包装产品，从而流向市场的行为。很多人认为这种分装行为只是一个物理过程，不是化学合成的生产过程，只能发生在销售环节，而不会发生在生产环节。在案例 7 - 7 中，辩护人就提出樊某威的分装属于销售环节的分装行为，而非生产的分装，因为我国《农药管理条例》第 28 条同样规定了农药经营者不得加工、分装农药。法院认为，农药经营者不得加工、分装农药有两层意思：一是农药经营者不得在未取得农药生产许可、登记证的情况下加工、分装农药，此为生产环节的分装；二是不得在购买了具有包装、标签、产品质量检验合格证以及相关许可证明文件的农药后再将该农药加工、分装，此为销售环节的分装。辩护人认为樊某威的分装行为属于销售环节的分装，却忽视了农药产品在流入市场前需要正规包装、标签及产品质量检验合格证等手续。本案中，樊某威就是在分装完成后假冒“安某”标签，并套用陕西先农公司的“安消”农药三证。因此，依据《农药管理条例》，应将樊某威的分装行为认定为生产环节的分装。

2. 行为对象

本罪的行为对象为伪劣的农药、兽药、化肥、种子，具体包括假农药、假兽药、假化肥、假种子，或劣农药、劣兽药、劣化肥、劣种子。

农药，是指用于预防、控制危害农业、林业的病、虫、草、鼠和其他有害生物以及有目的地调节植物、昆虫生长的化学合成或者来自生物、其他天然物质的一种物质或者几种物质的混合物及其制剂。根据我国《农药管理条例》第44条的规定，有下列情形之一的，认定为假农药：（1）以非农药冒充农药；（2）以此种农药冒充他种农药；（3）农药所含有效成分种类与农药的标签、说明书标注的有效成分不符。禁用的农药，未依法取得农药登记证而生产、进口的农药，以及未附具标签的农药，按照假农药处理。第45条规定，有下列情形之一的，认定为劣质农药：（1）不符合农药产品质量标准；（2）混有导致药害等有害成分。超过农药质量保证期的农药，按照劣质农药处理。在案例7-7中，樊某威分装的小瓶装硫丹就属于不合格农药。首先，樊某威雇用不具备分装资质和条件的人员进行分装；其次，对分装后的产品未进行任何质量检测，便在贴上假冒的标签流向市场；最后，经过鉴定，流向市场的硫丹中检测出2，4-D丁酯和2，4-D甲酯等除草剂成分，被认定为不合格农药。故樊某威分装的小瓶装硫丹属于不合格农药。另外，其违法分装的农药属于未依法取得农药登记证而生产的农药，应按照假农药处理。

兽药，是指用于预防、治疗、诊断动物疾病或者有目的地调节动物生理机能的物质（含药物饲料添加剂），主要包括：血清制品、疫苗、诊断制品、微生态制品、中药材、中成药、化学药品、抗生素、生化药品、放射性药品及外用杀虫剂、消毒剂等。根据我国《兽药管理条例》第47条的规定，有下列情形之一的，为假兽药：（1）以非兽药冒充兽药或者以他种兽药冒充此种兽药的；（2）兽药所含成分的种类、名称与兽药国家标准不符合的。有下列情形之一的，按照假兽药处理：（1）国务院兽医行政管理部门规定禁止使用的；（2）依照本条例规定应当经审查批准而未经审查批准即生产、进口的，或者依照本条例规定应当经抽查检验、审查核对而未经抽查检验、审查核对即销售、进口的；（3）变质的；（4）被污染的；（5）所标明的适应症或者功能主治超出规定范围的。第48条规定，有下列情形之一的，为劣兽药：（1）成分含量不符合兽药国家标准或者不标明有效成分的；（2）不标明或者更改有效期或者超过有效期的；（3）不标明或者更改产品批号的；（4）其他不符合兽药国家标准，但不属于假兽药的。

化肥，是指经化学或者机械加工制成的各种化学原料，用于为农业、林业生产提供一种或者一种以上植物必需的营养元素或者兼可改善土壤性质、提高土壤肥力的一类物质，如各种化学氮肥、磷肥、钾肥、复合肥、微量元素肥及其他废料。假化肥，具体包括以下两种情形：（1）以非化肥冒充化肥或者以此种化肥冒充他种化肥的；（2）所含有效成分的种类、名称与产品标签或者说明书上注明的化肥有效成分的种类、名称不符的。

种子，是指农作物和林木的种植材料或者繁殖材料，包括籽粒、果实、根、茎、苗、芽、叶、花等。根据我国《种子法》第49条的规定，下列种子为假种子：（1）以非种子冒充种子或者以此种品种种子冒充其他品种种子的；（2）种子种类、品种与标签标注的内容不符或者没有标签的。第50条的规定，下列种子为劣种子：（1）质量低于国家规定标准的；（2）质量低于标签标注指标的；（3）带有国家规定的检疫性有害生物的。

3. 因果关系

本罪是结果犯，其成立要求使生产遭受较大损失，所以行为与结果之间是否具有因果关系是认定成立本罪的一个重要因素。一般来说，因果关系的认定主要取决于农药、兽药、化肥、种子等农业生产资料是否合格。在案例7－7中，樊某威分装的行为与棉农受损18,472,384元有直接的因果关系。经鉴定，最终流向市场的该批“安某”硫丹检测出2，4－D丁酯和2，4－D甲酯等除草剂成分，是造成棉花发生药害、棉农受损的直接原因。按照《农药管理条例》规定，正规的分装流程，不仅需要分装人有相应的资质，还需要对分装后的农药流向市场前进行质量检测，确保农药质量符合要求，樊某威的分装及贴“假标”行为显然不符合规定，属于违法分装。如前所述，樊某威违法分装行为与棉花发生药害、棉农受损有直接的因果关系。

（三）生产、销售伪劣农药、兽药、化肥、种子罪的追诉标准（How）

根据《刑法》的规定，本罪属于结果犯，生产、销售伪劣的农药、兽药、化肥、种子，必须使生产遭受较大损失，才能构成本罪。如果生产、销售伪劣农药、兽药、化肥、种子，使生产遭受了损失，但损失在2万元以内的，不会引发本罪的风险。根据2008年6月25日最高人民检察院、公安部《关于公安机关管辖的刑事案件立案追诉标准的规定（一）》和2001年4月10日最高人民法院、最高人民检察院《关于办理生产、销售伪劣商品刑事案件具体应用法律若干问题的解释》的规定，现行有效的追诉标准如下，该标准同样适用于单位犯罪（见表7－8）：

表7－8　生产、销售伪劣农药、兽药、化肥、种子罪的追诉标准

情节分类	认定标准	量刑幅度
使生产遭受较大损失	2万元以上	处3年以下有期徒刑或者拘役，并处或者单独销售金额50%～2倍罚金
使生产遭受重大损失	10万元以上	处3～7年有期徒刑，并处销售金额50%～2倍罚金
使生产遭受特别重大损失	50万元以上	处7年以上有期徒刑或者无期徒刑，并处销售金额50%～2倍罚金或者没收财产

◎法律法规链接

◆《刑法》（2020年修正）第147条

◆《农产品质量安全法》（2018年修正）

◆《农药管理条例》（2017年6月1日实施）第44条、第45条

◆《兽药管理条例》（2020年3月27日实施）第47条、第48条

◆《种子法》（2015年修订）第49条、第50条

◆最高人民检察院、公安部《关于公安机关管辖的刑事案件立案追诉标准的规定（一）》（2008年6月25日实施）第23条

◆最高人民法院、最高人民检察院《关于办理生产、销售伪劣商品刑事案件具体应用法律若干问题的解释》（2001年4月10日实施）第7条、第9～12条

七、生产、销售不符合卫生标准的化妆品的风险

◎案例7-8①

场景回放

2019年1月，被告人朱某以非法营利为目的，在其未取得化妆品生产企业卫生许可证的情况下，私下印制了塑料软管和包装盒，并委托广州兴发化妆品批发市场的王某为其灌装"茱莉娜（JULINA）"系列化妆品，以人民币56,750元的价格（零售价人民币283,750元）销售给本市的"郭某某、李某某"二人所经营的赛罕区馥伦美容美体中心、如意开发区广鑫馥伦美容美体中心和加盟店呼和浩特长城奥能养生减肥有限公司，从中牟取暴利。2015年5月20日，深圳市龙华区食药局在深圳市涵韵化妆品有限公司当场查获库存的"茱莉娜（JULINA）"系列化妆品585支（零售价人民币220,710元）。

被害人黄某在赛罕区馥伦美容美体中心使用了"茱莉娜（JULINA）"系列产品后出现腿肿、脚肿等症状的"汞中毒，膜性肾病"，经北京通达首诚司法鉴定所鉴定，被害人黄某"汞中毒，膜性肾病"与使用了汞量严重超标的"茱莉娜（JULINA）"莹白净肤爽B，莹白净肤焕颜霜存在因果关系，损伤程度符合《劳动能力鉴定职工工伤与职业病致残等级》第5.6.70条之规定，符合六级伤残。

审理结果

法院经审理认为，被告人朱某以营利为目的，在未取得化妆品生产企业卫生许可证情况下，销售"茱莉娜（JULINA）"系列化妆品，导致一人出现"汞中毒，膜性肾病"的损害后果，其行为构成销售不符合卫生标准的化妆品罪，判处有期徒刑8个月，并处罚金人民币8万元。

（一）生产、销售不符合卫生标准的化妆品罪的主体范围（Who）

根据《刑法》的规定，引发本罪风险的主体，通常是那些不符合卫生标准的化妆品的生产者、销售者。这里的生产者、销售者，既包括自然人，也包

① 参见（2016）内0105刑初85号刑事判决书。

括单位。在实践中，生产、销售化妆品的公司、企业，应当严格遵守有关化妆品的法律法规，在生产、销售化妆品的过程中，严把质量关，避免生产、销售的化妆品不符合卫生标准。

（二）生产、销售不符合卫生标准的化妆品罪的行为界限（What）

1. 行为方式

同生产、销售伪劣产品罪一样，生产、销售不符合卫生标准的化妆品罪在行为方式上也主要表现为掺杂、掺假，以假充真，以次充好和以不合格产品冒充合格产品这四种方式，在此不再赘述。

2. 行为对象

本罪的行为对象为不符合卫生标准的化妆品。化妆品，是指以涂擦、喷洒或者其他类似的方法，散布于人体表面任何部位（皮肤、毛发、指甲、口唇等），以达到清洁、消除不良气味、护肤、美容和修饰目的的日用化学工业产品。为向广大消费者提供符合卫生要求的化妆品，确保化妆品的卫生质量和使用安全，加强化妆品的卫生监督管理，保障人民身体健康，我国相继制定了《化妆品卫生标准》《化妆品卫生监督条例实施细则》等多部行政法规规章。根据《化妆品卫生标准》的规定，化妆品必须达到以下一般要求：（1）必须外观良好，不得有异臭；（2）不得对皮肤和黏膜产生刺激和损伤作用；（3）必须无感染性，使用安全。除了上述一般要求外，《化妆品卫生标准》还对化妆品的原料、包装材料、标签以及化妆品产品的微生物学质量和所含有毒物质的限量进行了细致的规定。如果生产、销售的化妆品不符合上述卫生标准，则可能引发本罪的刑事风险。

值得注意的是，根据2007年4月18日原卫生部《关于对化妆品非卖品有关监管问题的批复》，单独包装或者与销售的其他产品组合包装后免费供消费者使用的化妆品，也应当符合化妆品卫生标准。所以，不符合卫生标准的，同样可能面临本罪的刑事风险。

（三）生产、销售不符合卫生标准的化妆品罪的追诉标准（How）

根据《刑法》的规定，本罪属于结果犯，生产、销售不符合卫生标准的化妆品，必须造成严重后果，才能构成本罪。如果生产、销售不符合卫生标准的化妆品，没有实际造成严重后果，不会引发本罪的刑事风险。根据2008年6月25日最高人民检察院、公安部《关于公安机关管辖的刑事案件立案追诉标准的规定（一）》的规定，现行有效的追诉标准如下，该标准同样适用于单位犯罪：生产不符合卫生标准的化妆品，或者销售明知是不符合卫生标准的化妆品，涉嫌下列情形之一的，应予立案追诉：（1）造成他人容貌毁损或者皮肤严重损伤的；（2）造成他人器官组织损伤导致严重功能障碍的；（3）致使他人精神失常或者自杀、自残造成重伤、死亡的；（4）其他造成严重后果的情形。

◎法律法规链接

◆《刑法》（2020年修正）第148条

◆《化妆品卫生监督条例实施细则》（2005年6月1日实施）

◆最高人民检察院、公安部《关于公安机关管辖的刑事案件立案追诉标准的规定（一）》（2008年6月25日实施）第24条

◆最高人民法院、最高人民检察院《关于办理生产、销售伪劣商品刑事案件具体应用法律若干问题的解释》（2001年4月10日实施）第9～12条

第三章　产品质量管理中的刑事合规

要控制和防范公司、企业产品质量管理中的刑事风险，公司、企业的工作人员，尤其是管理人员，应当熟悉和掌握相关罪名的主体范围、行为界限和追诉标准，从这三个方面杜绝刑事风险的产生。除此之外，做好产品质量管理中的刑事合规，更是防范产品质量方面刑事风险的治本之策。

一、树立依法经营的意识和以质取胜的理念

产品质量责任是我国每一个生产者、销售者都应当承担的责任，从事生产、销售活动的公司、企业自觉遵守产品质量方面的法律、法规及规章，严格执行质量规范，这不仅是公司、企业的社会责任，也是公司、企业健康、合法经营的表现。由于投入成本小，生产、销售不符合质量标准的伪劣产品，虽然可能会获取一时的暴利，但绝不是长久之计。公司、企业要在市场上真正站稳脚跟，就需要不断增强自身竞争力，树立以质取胜的理念，自觉规范自身的生产、销售行为。从国家政策层面来看，国家鼓励推行科学的质量管理方法，采用先进的科学技术，鼓励企业产品质量达到并且超过行业标准、国家标准和国际标准。对产品质量管理先进和产品质量达到国际先进水平、成绩显著的单位和个人，给予奖励。所以，企业树立以质取胜的理念，并以此制定一系列的质量标准不但有利于防范刑事风险，还能促进企业的持续稳定发展。

二、掌握产品的质量标准和要求

从事生产、销售活动的公司、企业应当加强法律学习，掌握自己生产、销售的产品应当符合的国家标准、行业标准或者其他质量要求，尤其是那些可能危及人体健康、财产安全以及可能直接影响经济发展的产品，避免生产、销售

的产品不符合质量标准和要求而引发刑事风险。

产品质量应当检验合格，不得以不合格产品冒充合格产品。可能危及人体健康和人身、财产安全的工业产品，必须符合保障人体健康和人身、财产安全的国家标准、行业标准；未制定国家标准、行业标准的，必须符合保障人体健康和人身、财产安全的要求。禁止生产、销售不符合保障人体健康和人身、财产安全的标准和要求的工业产品。

三、建立健全产品质量管理制度

生产者、销售者应当建立健全内部产品质量管理制度，严格实施岗位质量规范、质量责任以及相应的考核办法。另外，企业应当特别注意材料留存的问题，防止后续出现质量问题时缺乏证据证明自己无过错或无责任。例如，销售者对于自己销售的产品进货来源的材料进行留存以证明自己不具备销售伪劣产品的故意。

（一）采购环节

这里的采购，不仅包括经营企业对销售产品的采购，还包括生产企业对生产产品所需的原材料的采购。要控制和防范生产、销售伪劣商品罪的刑事风险，公司、企业应当在采购环节建立并严格执行进货检查验收制度。

（二）仓储环节

对生产企业和销售企业来说，仓储环节是保障产品质量的一个重要环节。为了控制和防范生产、销售伪劣商品，公司、企业应当具备保证产品或原材料质量的仓储条件、仓储设施和仓储场所。同时，还应当根据产品的特性，建立和执行仓储保管制度，必要时还应采取防护措施，如冷藏、防冻、防潮、防虫、防鼠、防锈、防腐、防霉烂、防变形等，以确保产品或原材料在仓储过程中不损坏、不变质、不变形，确保其质量和安全。

（三）生产环节

生产环节是产品出现质量问题的重要环节，所以制定保证产品质量的生产规章制度是非常必要的。企业应当严格按照国家关于产品质量方面的法律、法规、政策和有效的产品标准来组织生产。具体来说，可以通过以下几个方面建立企业生产环节的质量制度。

第一，具备保证产品质量安全的环境条件、卫生要求、生产设备、工艺装备和相关的辅助设备，具有与产品质量安全相适应的原料处理、加工、包装和检验等厂房或者场所。

第二，定期对直接从事特殊产品（如食品、药品、化妆品等）的生产人员（包括临时工）进行健康检查，对不符合卫生要求的人员不得录用其直接从事产品的生产活动。例如，患有手癣、指甲癣、手部湿疹、发生于手部的银屑病或者鳞屑、渗出性皮肤病以及患有痢疾、伤寒、病毒性肝炎、活动性肺结核等传染病的人员，不得直接从事化妆品的生产活动。

第三，在具体的生产过程中，加强管理，强化纪律，严格贯彻执行操作规程，组织有序的文明生产，保持环境卫生，对产品质量进行全程监控，做到不合格的材料不投产，不合格的制品不转序，不合格的成品不入库，从根本上预防和减少不合格产品，控制和预防刑事风险的发生。

第四，为了保证产品质量，不断提高产品质量，避免刑事风险的发生，公司、企业应当随时接受国家技术、质检部门的质量监督和技术指导，积极协助有关部门为提高产品质量而进行的技术改造工作。

第五，在生产过程中如果发现质量问题，应当及时汇报，迅速处理，切不可为了眼前小利益而将错就错，防止损失的进一步扩大，避免陷入刑事风险。

第六，在生产环节，公司、企业还应当加强对生产人员的质量管理教育，进行“质量第一”的思想教育，组织员工参加技术学习和培训，提高员工的技术水平和业务能力。同时，公司、企业还应当建立员工质量责任制，重点提高影响产品质量关键岗位的工作水平，落实好产品质量的奖惩工作。

另外，对产品生产者来说，生产者应当对其生产的产品质量负责。还需要注意以下问题：

第一，产品质量应当符合下列要求：（1）不存在危及人身、财产安全的不合理的危险，有保障人体健康和人身、财产安全的国家标准、行业标准的，应当符合该标准；（2）具备产品应当具备的使用性能，但是，对产品存在使用性能的瑕疵作出说明的除外；（3）符合在产品或者其包装上注明采用的产品标准，符合以产品说明、实物样品等方式表明的质量状况。

第二，产品或者其包装上的标识必须真实，并符合下列要求：（1）有产品质量检验合格证明；（2）有中文标明的产品名称、生产厂厂名和厂址；（3）根据产品的特点和使用要求，需要标明产品规格、等级、所含主要成分的名称和含量的，用中文相应予以标明；需要事先让消费者知晓的，应当在外包装上标明，或者预先向消费者提供有关资料；（4）限期使用的产品，应当在显著位置清晰地标明生产日期和安全使用期或者失效日期；（5）使用不当，容易造成产品本身损坏或者可能危及人身、财产安全的产品，应当有警示标志或者中文警示说明；（6）裸装的食品和其他根据产品的特点难以附加标识的裸装产品，可以不附加产品标识。

第三，易碎、易燃、易爆、有毒、有腐蚀性、有放射性等危险物品以及储运中不能倒置和其他有特殊要求的产品，其包装质量必须符合相应要求，依照国家有关规定作出警示标志或者中文警示说明，标明储运注意事项。

第四，生产者要特别注意禁止行为。例如，生产者不得生产国家明令淘汰的产品；生产者不得伪造产地，不得伪造或者冒用他人的厂名、厂址；生产者不得伪造或者冒用认证标志等质量标志；生产者生产产品，不得掺杂、掺假，不得以假充真、以次充好，不得以不合格产品冒充合格产品。

（四）出品环节

出品环节，是指生产企业在生产出成品后投放到市场前的环节，是生产企业对产品质量进行把关的最后环节。在这个环节中，生产企业对成品应当按照国家有关规定和质量标准的要求进行卫生质量检验，对质量合格的产品附上合格标记；未经检验或者不符合质量标准的产品不得出厂，不得投入市场。部分特殊用途的产品在投放市场之前还必须进行产品卫生安全性评价。

（五）销售环节

销售环节，既包括生产企业对产品的销售，也包括销售企业对产品的销售。无论是在哪个销售环节，都应当对销售的产品进行质量控制，不符合质量标准的产品不得销售。从产品销售者的角度来说，销售者具有以下产品质量义务：

1. 进货检查验收义务。销售者应当建立并执行进货检查验收制度，验明产品合格证明和其他标识，以防假冒伪劣产品进入流通领域。

2. 销售产品质量保持义务。销售者应当采取措施，保持销售产品的质量。此外，还应建立一套完备的保管、维修制度，配置必要的产品保护设备，培训保管人员。

3. 销售者应当对产品的标识负责。销售者销售的产品的标识和生产者的标识要求一样。

4. 销售者要特别注意禁止行为。例如，销售者不得销售国家明令淘汰并停止销售的产品和失效、变质的产品；销售者不得伪造产地，不得伪造或者冒用他人的厂名、厂址；销售者不得伪造或者冒用认证标志等质量标志；销售者销售产品，不得掺杂、掺假，不得以假充真、以次充好，不得以不合格产品冒充合格产品。

（六）售后环节

为了提升企业和产品的声誉，企业应当做好产品售后质量调查和服务工作，认真对待和处理客户关于质量的投诉事件。另外，要特别注意我国设置了产品召回法律制度，针对特别的产品领域，产品召回制度的设立更有利于保护消费者。但是站在企业的角度，如果产品面临召回，无疑会对企业的市场、经营、声誉等各方面产生巨大的影响，所以一定要针对产品召回制定适合企业自身的售后制度。

具体来说，我国目前设定有明确召回制度的产品有汽车、食品、药品医疗器械产品、儿童玩具产品。另外，随着 2007 年 7 月 26 日国务院《关于加强食品等产品安全监督管理的特别规定》的颁布，我国所有有安全隐患的产品都有着原则性的召回规定，这意味着我国召回制度会越来越完善。对此，我国相关企业有必要建立内部的产品召回制度，增加产品质量意识，提高产品质量，从而提高自己的声誉和市场影响力。我国目前设定有明确召回制度的产品情况见表 7 - 9，企业可以进行参考：

表 7-9 产品召回制度的规定

产品领域	产品问题	管理主体	召回程序	法律责任	法律依据
汽车	(1) 经检验机构检验安全性能存在不符合有关汽车安全的国家标准、行业标准; (2) 因缺陷已给车主或他人造成人身或财产损害; (3) 虽未造成车主或他人人身或财产损害，但经检测、实验和认证，在特定条件下缺陷仍可能引发人身或财产损害	国务院产品质量监督部门负责全国缺陷汽车产品召回的监督管理工作	(1) 缺陷调查; (2) 实施召回和备案; (3) 生产者提交召回阶段性报告和召回总结报告; (4) 监督与评估	汽车生产者是第一责任人，面临行政处罚。另外，生产者召回缺陷汽车产品，不免除其承担其他法律责任	《缺陷汽车产品召回管理条例》(2019 年 3 月 2 日实施)
食品	不安全食品，即食品安全法律法规规定禁止生产经营的食品以及其他有证据证明可能危害人体健康的食品	国家市场监督管理总局负责指导全国不安全食品停止生产经营、召回和处置的监督管理工作	(1) 进行食品安全危害调查和食品安全危害评估; (2) 根据食品安全危害的严重程度，确定召回级别; (3) 实施召回; (4) 召回评估和监督	食品生产者是第一责任人，生产者如未依法履行义务要承担警告、限期改正、罚款等责任。另外，食品生产者在召回的同时，不免除其承担其他法律责任	《食品召回管理办法》(2020 年 10 月 23 日实施)

续表

产品领域	产品问题	管理主体	召回程序	法律责任	法律依据
药品医疗器械产品	存在安全隐患的药品，即由于研发、生产等原因可能使药品具有的危及人体健康和生命安全的不合理危险	国家药品监督管理局监督全国药品召回的管理工作	（1）应当进行药品安全隐患的调查与药品安全隐患的评估，判定药品是否属于存在安全隐患； （2）根据药品安全隐患的严重程度确定召回等级； （3）实施召回； （4）进行召回评估和监督	药品生产企业要面临责令改正，罚款，造成严重后果的撤销药品批准证明文件，吊销药品生产许可证等行政处罚	《药品召回管理办法》（2007年12月10日实施）
消费品	存在缺陷的消费品，即因设计、制造、警示等原因，致使同一批次、型号或者类别的消费品中普遍存在的危及人身、财产安全的不合理危险	国家市场监督管理总局负责指导协调、监督管理全国缺陷消费品召回工作	（1）生产者、经营者或者其他单位和个人发现或反映消费品存在缺陷的信息； （2）生产者组织调查分析或市场监督管理部门组织缺陷调查； （3）报告召回计划； （4）实施召回	生产者违反相关规定，将面临责令限期改正、警告、没收违法所得、罚款、责令停业整顿、吊销营业执照等行政处罚	《消费品召回管理暂行规定》（2020年1月1日实施）

四、建立健全产品质量责任体系

产品质量责任包括民事责任、行政责任和刑事责任。相关企业应该针对不同产品责任建立健全企业内部产品质量责任制度，从而杜绝相关的法律风险。所以，应当了解和把握企业产品质量责任相关的法律制度。

（一）民事责任

从民事责任来看，产品责任包括产品缺陷损害赔偿责任和产品瑕疵担保责任。产品缺陷损害赔偿责任，是指因产品缺陷而致人身或财产受损的赔偿责任，主要包括对人身损害的赔偿、对财产的赔偿及对精神损害的赔偿。产品瑕疵担保责任，是指在产品买卖关系中，一方当事人为了全面履行买卖关系中所承担的义务，向对方当事人作出保证和承诺，如果产品存在瑕疵，担保人应当承担由此引发的法律后果。具体来说，生产者和销售者的民事责任如下（见表7－10）：

表7－10　生产者和销售者的民事责任

产品责任	产品问题	追偿问题	免责事由
产品缺陷损害赔偿责任	因产品存在缺陷造成人身、他人财产损害的，生产者应当承担赔偿责任。由于销售者的过错使产品存在缺陷，造成人身、他人财产损害的，销售者应当承担赔偿责任。销售者不能指明缺陷产品的生产者也不能指明缺陷产品的供货者的，销售者应当承担赔偿责任	因产品存在缺陷造成人身、他人财产损害的，受害人可以向产品的生产者要求赔偿，也可以向产品的销售者要求赔偿。属于产品的生产者的责任，产品的销售者赔偿的，产品的销售者有权向产品的生产者追偿。属于产品的销售者的责任，产品的生产者赔偿的，产品的生产者有权向产品的销售者追偿	生产者能够证明有下列情形之一的，不承担赔偿责任： （1）未将产品投入流通的； （2）产品投入流通时，引起损害的缺陷尚不存在的； （3）将产品投入流通时的科学技术水平尚不能发现缺陷的存在的
产品瑕疵担保责任	售出的产品有下列情形之一的，销售者应当负责修理、更换、退货；给购买产品的消费者造成损失的，销售者应当赔偿损失： （1）不具备产品应当具备的使用性能而事先未作说明的； （2）不符合在产品或者其包装上注明采用的产品标准的； （3）不符合以产品说明、实物样品等方式表明的质量状况的	销售者依照规定负责修理、更换、退货、赔偿损失后，属于生产者的责任或者属于供货者责任的，销售者有权向生产者、供货者追偿	

（二）行政责任

若生产者生产的产品、销售者销售的产品出现问题，不仅会面临民事责任，还会面临行政处罚的行政责任。具体来说，生产者和销售者的行政责任简单列举几种情况如下（见表7－11）：

表7－11 生产者和销售者的行政责任

产品问题	行政责任
生产、销售不符合保障人体健康和人身、财产安全的国家标准、行业标准的产品	责令停止生产、销售，没收违法生产、销售的产品，并处违法生产、销售产品（包括已售出和未售出的产品，下同）货值金额等值以上3倍以下的罚款；有违法所得的，并处没收违法所得；情节严重的，吊销营业执照；构成犯罪的，依法追究刑事责任
在产品中掺杂、掺假，以假充真，以次充好，或者以不合格产品冒充合格产品	责令停止生产、销售，没收违法生产、销售的产品，并处违法生产、销售产品货值金额50%以上3倍以下的罚款；有违法所得的，并处没收违法所得；情节严重的，吊销营业执照；构成犯罪的，依法追究刑事责任
生产国家明令淘汰的产品的，销售国家明令淘汰并停止销售的产品	责令停止生产、销售，没收违法生产、销售的产品，并处违法生产、销售产品货值金额等值以下的罚款；有违法所得的，并处没收违法所得；情节严重的，吊销营业执照
销售失效、变质的产品	责令停止销售，没收违法销售的产品，并处违法销售产品货值金额2倍以下的罚款；有违法所得的，并处没收违法所得；情节严重的，吊销营业执照；构成犯罪的，依法追究刑事责任
伪造产品产地的，伪造或者冒用他人厂名、厂址的，伪造或者冒用认证标志等质量标志	责令改正，没收违法生产、销售的产品，并处违法生产、销售产品货值金额等值以下的罚款；有违法所得的，并处没收违法所得；情节严重的，吊销营业执照
产品标识不符合规定	责令改正
包装的产品标识不符合规定，情节严重	责令停止生产、销售，并处违法生产、销售产品货值金额30%以下的罚款；有违法所得的，并处没收违法所得

五、产品质量认证和企业质量体系认证

我国参照国际先进的产品标准和技术要求，推行产品质量认证制度；根据

国际通用的质量管理标准，推行企业质量体系认证制度。为了做好质量管理方面的合规，企业可以根据自愿原则向国务院市场监督管理部门认可的或者国务院市场监督管理部门授权的部门认可的认证机构申请产品质量认证和企业质量体系认证。经认证合格的，由认证机构颁发产品质量认证证书和企业质量体系认证证书，准许企业在产品或者其包装上使用产品质量认证标志。企业产品质量认证包括安全认证和合格认证，经过认证的产品表明企业的产品是符合要求的，更有利于企业产品质量的合规性审查。获得企业质量体系认证表明有关部门对企业的产品质量保证能力和质量管理水平的认可，有利于树立企业正面形象，提高企业声誉和信誉，同时还有利于企业长远发展。

第八篇

知识产权要重视

——永葆市场核心竞争力

第一章　知识产权管理中的风险提示

随着人类文明的进步，特别是科学技术的迅猛发展和市场经济的普遍建立，商标、专利、版权、商业秘密等发挥越来越重要的作用，人们对商标、专利、版权、商业秘密所享有的专有权利，称为商标权、专利权、著作权、商业秘密权，它们都属于知识产权的范畴。从广义上看，知识产权除了上述权利外，还包括商号权、地理标志权、植物品种权、集成电路布图设计专有权。知识产权作为具有财产权价值的非物质信息，其本身具有巨大的价值，一旦投入生产，就会转化为有形的物质产品，产生收益。随着知识经济的迅速发展，作为知识产权对象的信息在经济发展中的作用越来越重要，因此法律赋予知识产权的权利人对其智力成果享有排他性权利，任何人未经权利人同意，都不得使用，公司、企业也不例外。曾有人将成功的国有和民营企业家排名前10位的素质特征进行对比，发现创新能力作为共同特点排在首位，这也能够说明知识产权作为创新产业，在公司、企业中被看重的程度非常高，说明知识产权管理在公司、企业中占据非常重要的位置。如果基于利益的驱动，侵犯他人的知识产权，不但会遭受民事赔偿和行政处罚，严重的还可能会引发刑事风险，尤其是《刑法修正案（十一）》施行之后，很多侵犯知识产权的犯罪都加大了处罚力度，比如，假冒注册商标罪，销售假冒注册商标的商品罪，非法制造、销售非法制造的注册商标标识罪，侵犯著作权罪，侵犯商业秘密罪的最高刑期都从原来的7年有期徒刑提高到了10年有期徒刑，销售侵权复制品罪的最高刑期从原来的3年有期徒刑提高到了5年有期徒刑，并且还增设了为境外窃取、刺探、收买、非法提供商业秘密罪，最高刑期可以达到15年有期徒刑，具体情况如下：

一、假冒注册商标罪

依据		罪状		法定刑
《刑法》	第213条	未经注册商标所有人许可，在同一种商品、服务上使用与其注册商标相同的商标	情节严重的	处3年以下有期徒刑或者拘役，并处或者单处罚金
			情节特别严重的	处3~10年有期徒刑，并处罚金

二、销售假冒注册商标的商品罪

依据		罪状		法定刑
《刑法》	第214条	销售明知是假冒注册商标的商品	违法所得数额较大或者有其他严重情节的	处3年以下有期徒刑，并处或者单处罚金
			违法所得数额巨大或者有其他特别严重情节的	处3~10年有期徒刑，并处罚金

三、非法制造、销售非法制造的注册商标标识罪

依据		罪状		法定刑
《刑法》	第215条	伪造、擅自制造他人注册商标标识或者销售伪造、擅自制造的注册商标标识	情节严重的	处3年以下有期徒刑，并处或者单处罚金
			情节特别严重的	处3~10年有期徒刑，并处罚金

四、假冒专利罪

依据		罪状		法定刑
《刑法》	第216条	假冒他人专利	情节严重的	处3年以下有期徒刑或者拘役，并处或者单处罚金

五、侵犯著作权罪

<table>
<tr><th colspan="2">依据</th><th colspan="2">罪状</th><th>法定刑</th></tr>
<tr><td rowspan="2">《刑法》</td><td rowspan="2">第 217 条</td><td rowspan="2">以营利为目的，有下列侵犯著作权或者与著作权有关的权利的情形之一：
（1）未经著作权人许可，复制发行、通过信息网络向公众传播其文字作品、音乐、美术、视听作品、计算机软件及法律、行政法规规定的其他作品的；
（2）出版他人享有专有出版权的图书的；
（3）未经录音录像制作者许可，复制发行、通过信息网络向公众传播其制作的录音录像的；
（4）未经表演者许可，复制发行录有其表演的录音录像制品，或者通过信息网络向公众传播其表演的；
（5）制作、出售假冒他人署名的美术作品的；
（6）未经著作权人或者与著作权有关的权利人许可，故意避开或者破坏权利人为其作品、录音录像制品等采取的保护著作权或者与著作权有关的权利的技术措施的</td><td>违法所得数额较大或者有其他严重情节的</td><td>处 3 年以下有期徒刑，并处或者单处罚金</td></tr>
<tr><td>违法所得数额巨大或者有其他特别严重情节的</td><td>处 3 ~ 10 年有期徒刑，并处罚金</td></tr>
</table>

六、销售侵权复制品罪

<table>
<tr><th colspan="2">依据</th><th colspan="2">罪状</th><th>法定刑</th></tr>
<tr><td>《刑法》</td><td>第 218 条</td><td>以营利为目的，销售明知是本法第 217 条规定的侵权复制品</td><td>违法所得数额巨大的或者有其他严重情节的</td><td>处 5 年以下有期徒刑，并处或者单处罚金</td></tr>
</table>

七、侵犯商业秘密罪

<table>
<tr><th colspan="2">依据</th><th colspan="2">罪状</th><th>法定刑</th></tr>
<tr><td rowspan="3">《刑法》</td><td rowspan="2">第 219 条第 1 款</td><td rowspan="2">有下列侵犯商业秘密行为之一：
（1）以盗窃、贿赂、欺诈、胁迫、电子侵入或者其他不正当手段获取权利人的商业秘密的；
（2）披露、使用或者允许他人使用以前项手段获取的权利人的商业秘密的；
（3）违反保密义务或者违反权利人有关保守商业秘密的要求，披露、使用或者允许他人使用其所掌握的商业秘密的</td><td>情节严重的</td><td>处 3 年以下有期徒刑，并处或者单处罚金</td></tr>
<tr><td>情节特别严重的</td><td>处 3 ~ 10 年有期徒刑，并处罚金</td></tr>
<tr><td>第 219 条第 2 款</td><td colspan="2">明知前款所列行为，获取、披露、使用或者允许他人使用该商业秘密的</td><td>以侵犯商业秘密论</td></tr>
</table>

八、为境外窃取、刺探、收买、非法提供商业秘密罪

依据		罪状		法定刑
《刑法》	第 219 条之一	为境外的机构、组织、人员窃取、刺探、收买、非法提供商业秘密		处 5 年以下有期徒刑，并处或者单处罚金
			情节严重的	处 5 年以上有期徒刑，并处罚金

第二章　知识产权管理中的风险分析

风险提示

△他人用企业的生产线生产假冒注册商标的产品，企业也要承担刑事责任吗?

△在联营合作中取得注册商标所有人许可而使用注册商标是否就一定不会引发刑事风险?

△侵权产品没有标价或无法查清其实际销售价格就无法认定犯罪数额了吗?

△搭送假冒注册商标的商品，又不是销售行为，也会构成销售假冒注册商标的商品罪吗?

△只要辩解不知道所销售的商品是假冒注册商标的商品就可以规避刑事风险了吗?

△回收废弃的酒瓶、塑料盒、外包装、防伪标识也会有刑事风险吗?

△出租侵权复制品不存在刑事风险吗?

△通过微信微博等平台传播他人的文字作品或视听作品不存在刑事风险吗?

△为境外和为境内的组织、机构、人员非法提供商业秘密的刑事风险是一样的吗?

一、假冒注册商标的风险

◎案例8-1[①]

场景回放

2008年8月，武某乙与邓某、赵某、政某四人共同出资140万元注册成立斯维奇公司，并担任公司法定代表人，注册了“海之莹”和“斯维奇”两种商标，主要生产果粒橙、雪露、莹碧、非常可口、姜汁可乐、非常酷等饮料。2012年2月，陈某某租赁该公司的生产车间、设备等全部生产资料从事饮料生产，约定每年交给该公司租金52万元。为了非法牟利，陈某某从老乡方某某处购买假冒的饮料商标标识和瓶盖，利用斯维奇公司饮料生产线生产饮料，并假冒百事可乐、非常可乐、可口可乐、雪碧、营养快线等注册商标对外销售。自2012年2月至案发，陈某某生产各种类型和规格的假冒注册商标的饮料共计10余万件，按其销售价计算，货值136余万元。武某乙作为斯维奇公司的法定代表人，将公司厂房、设备租给陈某某使用后，得知陈某某使用公司生产设备生产假冒注册商标的饮料而不制止，并收取陈某某租金49.5万元，扣减该期间的机器修理支出7.2万元和厂地租金支出近13万元，斯维奇公司违法所得29.3余万元。经鉴定，襄州区公安分局在斯维奇公司查获的非常可乐、营养快线、雪碧系列饮料、可口可乐、百事可乐、农夫山泉、汇源橙汁等产品均系假冒注册商标的产品。后襄阳市襄州区人民检察院以陈某某、武某乙等个人涉嫌假冒注册商标罪移送起诉，并未指控斯维奇公司涉嫌假冒注册商标罪。襄阳市襄州区人民法院一审认定案件属于斯维奇公司单位犯罪，并对公司的主管人员武某乙追究刑事责任，判处罚金人民币60万元。后检察院提起抗诉。

审理结果

二审法院经审理认为，根据陈某某、武某乙的供述、租赁期间斯维奇公司支出设备维修费和土地承租费的收据等证据，能够证实斯维奇公司在经营期间为追求非法利益而实施了危害社会的行为，且收取的租金亦用于设备维修、土

① 参见（2014）鄂襄阳中刑终字第00094号刑事判决书。

地承租等方面，原判认定属斯维奇公司单位犯罪，且对公司的主管人员武某乙追究刑事责任并无不当。原判考虑武某乙在共同犯罪中系从犯的法定从轻处罚情节，结合犯罪所得对其判处罚金人民币60万元量刑适当。该抗诉理由不能成立，不予支持。抗诉机关又提出，原判未追缴武某乙违法所得错误。经查，对犯罪分子违法所得的财物，依法应当予以追缴。但本案系单位犯罪，所收租金属斯维奇公司的违法所得，并非武某乙个人所得，应向斯维奇公司追缴。由于公诉机关决定不予起诉斯维奇公司，原判未判决追缴并无不当。该抗诉理由不能成立，不予支持。故二审法院维持了一审法院对武某乙的判决。

（一）假冒注册商标罪的主体范围（Who）

根据《刑法》的规定，本罪的主体是一般主体，包括自然人和单位。自我国1979年《刑法》规制假冒注册商标罪以来，该罪的主体要件经历了一个由特殊主体到一般主体的发展过程，即从“工商企业的直接责任人员”到“企业事业单位或个人”再到“一切自然人和单位”。自1997年《刑法》实施以来，理论上虽然任何自然人和单位均可构成本罪，但是在司法实践中，风险的高发人群仍为公司、企业或其工作人员。从2014年至2017年的《中国企业家刑事风险分析报告》来看，假冒注册商标罪一直榜上有名，作为触发频率较高的罪名出现。例如，2014年的报告显示，假冒注册商标罪被触发频率排名第五，而犯罪主体主要是民营企业家。再如，2017年的报告显示，假冒注册商标罪占比1%，而主要的犯罪主体依然是民营企业家。因为在单位构成犯罪的情况下，除了对单位判处罚金，单位直接负责的主管人员和其他直接责任人员也要面临被刑事处罚的风险。主管人员一般包括法定代表人、董事长、执行董事或者总经理。一般来说，法定代表人在法人内部负责组织和领导生产经营活动，对外代表法人全权处理一切民事活动。但在刑事领域，单位犯罪并不必然意味着单位的法定代表人就一定要承担刑事责任。如果单位的法定代表人只是挂名，并不实际参与具体的单位犯罪行为，对单位实施假冒注册商标行为并不知情，则不能追究法定代表人的刑事责任。

在案例8-1中，斯维奇公司将厂房、设备等租给陈某某使用，原本属于正常的商业行为，但武某乙作为斯维奇公司的法定代表人，在得知陈某某使用公司生产设备生产假冒注册商标的饮料仍不制止，并继续收取陈某某租金，就成为假冒注册商标行为的帮助犯，斯维奇公司虽然自身并未假冒他人的注册商标，但为他人假冒注册商标提供了帮助，并从中获取了租金等收益，也可以构成假冒注册商标罪，其法定代表人武某乙个人虽然从中未获取任何利益，但其作为斯维奇公司的主管人员，也要承担假冒注册商标罪的刑事责任。在本案中，综合考虑各项因素，法院并未对武某乙判处自由刑，而只是单处罚金60万元。需要注意的是，在上述案例中，公诉机关认为武某乙参与假冒注册商标犯罪属自然人犯罪，所以并未起诉斯维奇公司，最后法院认为案件属于斯维奇公司单位犯罪，那么在公诉机关并未将斯维奇公司列为被告单位的状况下，法院仍然可以对武某乙进行定罪处罚。根据《全国法院审理金融犯罪案件工作座谈会纪要》，对于应当认定为单位犯罪的案件，检察机关只作为自然人犯罪案件起诉的，人民法院应当及时与检察机关协商，建议检察机关对犯罪单位补充起诉。如检察机关不补充起诉的，人民法院仍应依法审理，对被起诉的自然人根据指控的犯罪事实、证据及庭审查明的事实，依法按单位犯罪中的直接负责的主管人员或者其他直接责任人员追究刑事责任，并应引用《刑法》分则关于单位犯罪追究直接负责的主管人员和其他直接责任人员刑事责任的有关条款。

（二）假冒注册商标罪的行为界限（What）

1. 行为条件

未经注册商标所有人许可是引发本罪风险的前提条件。所谓“注册商标所有人”，是指对注册商标享有占有、使用、收益、处分的人。在我国，一般可以通过以下途径成为注册商标所有人：（1）申请获准注册的方式；（2）商标转让的方式；（3）继承、受赠等方式；（4）合并、兼并、分立后承受的方式。如果经过注册商标所有人许可使用他人的注册商标，不会引发任何法律风险，更谈不上刑事风险。我国《商标法》第43条规定，商标注册人可以通过签订商标使用许可合同，许可他人使用其注册商标。所以经过商标注册人许可，行为人对该注册商标的使用行为就是合法的行为，不会触发刑事法律风险。需要注意的是，我国《商标法》规定，经许可使用他人注册商标的，必须在使用该注册商标的商品上标明被许可人的名称和商品产地。但如果未标明被许可人的名称和商品产地，属于不规范使用注册商标的行为，不能据此认定假冒注册商标。

2. 行为对象

本罪的行为对象是注册商标。商标是商品或服务的提供者为了将自己的商品或服务与他人的商品或服务相区别而使用的标记。我国《商标法》第 8 条规定，任何能够将自然人、法人或者其他组织的商品与他人的商品区别开的标志，包括文字、图形、字母、数字、三维标志、颜色组合和声音等，以及上述要素的组合，均可以作为商标申请注册。取得商标权意味着商标所有人能够依法排斥他人在相同或类似商品上使用相同或近似商标。而我国商标权的取得方式有两种，一种方式是通过使用取得商标权，即使商标尚未注册，只要商标使用者已经在商业活动中用于识别某种商品或服务的来源，其就能取得商标权；另一种方式则是通过注册取得商标权，自然人、法人或者其他组织在生产经营活动中，对其商品或者服务需要取得商标专用权的，应当向商标局申请商标注册，商标局对核准登记注册的商标颁发商标注册证，作为注册商标所有人对其所注册商标享有专用权。本罪假冒注册商标罪中假冒的对象仅限于注册的商标，假冒未经注册的商标虽然也侵权，但不会引发假冒注册商标罪的刑事风险。

3. 行为方式

在司法实践中，假冒他人注册商标的行为方式多种多样，但是能够触发刑事法律风险的行为方式只有一种，即在同一种商品、服务上使用与注册商标相同的商标。虽然我国《刑法》对可以引发刑事风险的假冒注册商标的行为进行了外延上的界定，但对其具体内涵，如“同一种商品、服务”“相同的商标”“使用”的界定语焉不详。在法律术语与公众言语存在词义差异的情况下，公司、企业的决策者如果发生理解上的偏差，陷入认识的误区，无法辨清自身行为的法律性质，则容易引发相应的刑事风险。

首先，对“同一种商品、服务”的界定。“同一种商品、服务”不同于“类似商品、服务”，也不是指完全一样的相同商品、服务，在本质上是指性质和用途相同的商品、服务。“服务”是《刑法修正案（十一）》增加的内容，有利于保护服务上的商标，但如何界定同一种服务，还需要通过相关司法解释进行明确。实务中出现假冒注册商标的更多还是发生在商品上，所以知悉如何界定同一种商品，有利于防控这类刑事风险。根据最高人民法院、最高人民检察院、公安部《关于办理侵犯知识产权刑事案件适用法律若干问题的意见》

第5条的规定，名称相同的商品以及名称不同但指同一事物的商品，可以认定为“同一种商品”。“名称”是指国家知识产权局商标局在商标注册工作中对商品使用的名称，通常是《商标注册用商品和服务国际分类》（尼斯分类）中规定的商品名称。实际上，商标局根据尼斯分类，结合我国实际情况，制定了《类似商品和服务区分表》，而该表中所列举的商品和服务项目的名称即为标准名称。“名称不同但指同一事物的商品”是指在功能、用途、主要原料、消费对象、销售渠道等方面相同或者基本相同，相关公众一般认为是同一种事物的商品。认定同一种商品，应当在权利人注册商标核定使用的商品和行为人实际生产销售的商品之间进行比较。也就是说，在确定属于同一类别的商品的情况下，结合商品的名称、用途是否一致来判断商品是否属于“同一种商品”。

其次，对“相同的商标”的界定。“相同的商标”，是指与被假冒的注册商标完全相同，或者与被假冒的注册商标在视觉上基本无差别、足以对公众产生误导的商标，包括商标的音、形、意完全相同或基本相同。这里的“基本相同”不同于“相近似”，要求“基本无差别”。具体来说，根据最高人民法院、最高人民检察院《关于办理侵犯知识产权刑事案件具体应用法律若干问题的解释（三）》第1条的规定，只要具有下列情形之一的，就可以认定为“与其注册商标相同的商标”：（1）改变注册商标的字体、字母大小写或者文字横竖排列，与注册商标之间基本无差别的；（2）改变注册商标的文字、字母、数字等之间的间距，与注册商标之间基本无差别的；（3）改变注册商标颜色，不影响体现注册商标显著特征的；（4）在注册商标上仅增加商品通用名称、型号等缺乏显著特征要素，不影响体现注册商标显著特征的；（5）与立体注册商标的三维标志及平面要素基本无差别的；（6）其他与注册商标基本无差别、足以对公众产生误导的商标。

最后，对“使用”的界定。“使用”，是指将注册商标或者假冒的注册商标用于商品、商品包装或者容器以及产品说明书、商品交易文书，或者将注册商标或者假冒的注册商标用于广告宣传、展览以及其他商业活动等行为。这里的使用，范围非常广泛，使用的载体几乎容纳了商业活动中的所有媒介。

实践中，还存在一些由“合法使用”转化为“假冒注册商标”，从而引发刑事风险的情形，通常发生在联营合作的过程中，企业应当加以重视。当前，一些效益好、知名度高的企业为了不断壮大业务，往往通过低成本的联营方式来扩大生产和销售规模。在这种联营模式下，一些企业依约获得了某个或某类注册商标的使用权，使自身的经济效益得到了提升。但随着联营合同的届满，或者因其他事由导致联营关系终止，这些企业便丧失了合法使用他人注册商标的依据，如果此时企业仍继续在其商品上使用原联营方的注册商标，也会引发本罪的刑事风险。这些商标可能是原先超出合同约定的数量超量印刷的，或者是虽在合同约定的数量内印刷但未使用完毕的；也有可能是依据先前保留的模板让印刷企业进行非法印刷的，或者是通过其他不正当途径获取的，无论商标的来源，均不影响本罪的成立。

另外，在实施假冒注册商标犯罪中，还有构成共犯的风险需要特别注意。明知他人实施假冒注册商标犯罪，而为其提供生产、制造侵权产品的主要原材料、辅助材料、半成品、包装材料、机械设备、标签标识、生产技术、配方等帮助，或者提供互联网接入、服务器托管、网络存储空间、通讯传输通道、代收费、费用结算等服务的；以及明知他人实施假冒注册商标犯罪，而为其提供贷款、奖金、账号、发票、证明、许可证件，或者提供生产、经营场所或运输、储存、代理进出口等便利条件、帮助的，以假冒注册商标犯罪的共犯论处。在案例 8－1 中，斯维奇公司就是因为明知陈某某生产假冒注册商标的饮料而不制止，仍然提供生产设备并收取租金而引发刑事风险。

（三）假冒注册商标罪的追诉标准（How）

根据《刑法》的规定，本罪属于情节犯，只有假冒他人注册商标的行为达到情节严重的程度，才能引发本罪的刑事风险。关于“情节严重”“情节特别严重”的认定标准，我国在 2001 年、2004 年、2007 年和 2010 年出台过 4 个司法解释，分别是 2001 年 4 月 18 日最高人民检察院、公安部《关于经济犯罪案件追诉标准的规定》（已失效）、2004 年 12 月 22 日最高人民法院、最高人民检察院《关于办理侵犯知识产权刑事案件具体应用法律若干问题的解释》、2007 年 4 月 5 日最高人民法院、最高人民检察院《关于办理侵犯知识产权刑事案件具体应用法律若干问题的解释（二）》和 2010 年 5 月 7 日最高人民检察院、公安部《追诉标准的规定（二）》，其中对于本罪的认定标准、是否区分单位犯罪和个人犯罪等方面都发生了变化。现行有效的追诉标准具体如下（见表 8－1），该标准同样适用于单位犯罪：

表 8 –1　假冒注册商标罪的追诉标准

情节分类	认定标准
情节严重	（1）非法经营数额在 5 万元以上或者违法所得数额在 3 万元以上的； （2）假冒两种以上注册商标，非法经营数额在 3 万元以上或者违法所得数额在 2 万元以上的； （3）其他情节严重的情形
情节特别严重	（1）非法经营数额在 25 万元以上或者违法所得数额在 15 万元以上的； （2）假冒两种以上注册商标，非法经营数额在 15 万元以上或者违法所得数额在 10 万元以上的； （3）其他情节特别严重的情形

其中，“非法经营数额”，是指行为人在实施侵犯知识产权行为过程中，制造、储存、运输、销售侵权产品的价值。已销售的侵权产品的价值，按照实际销售的价格计算。制造、储存、运输和未销售的侵权产品的价值，按照标价或者已经查清的侵权产品的实际销售平均价格计算。侵权产品没有标价或者无法查清其实际销售价格的，按照被侵权产品的市场中间价格计算。“违法所得”，是指将假冒注册商标的商品实际销售出去后所得的收入。多次实施假冒注册商标的行为，未经行政处理或者刑事处罚的，非法经营数额、违法所得数额累计计算。

从“2001 年规定”到“2010 年规定”，假冒注册商标在近十年间进行过立案追诉标准的几经变更（见表 8 –2）。从非法经营数额的设置，到个人与单位的区分等，都有不同程度的变更。总体来说，尤其是对单位犯罪来说，构成假冒注册商标罪的入罪门槛变低了，而相应的刑事风险提高了。

表 8 –2　假冒注册商标罪的立案追诉标准变化

追诉标准	2001 年司法解释	2004 年司法解释	2007 年司法解释	2010 年司法解释
个人追诉标准	非法经营数额在 10 万元以上	非法经营数额在 5 万元以上或者违法所得数额在 3 万元以上	自然人犯罪和单位犯罪适用统一的量刑标准，不作区分	自然人犯罪和单位犯罪适用统一的量刑标准，非法经营数额在 5 万元以上或者违法所得数额在 3 万元以上，同时增加了假冒两种以上注册商标的追诉标准
单位追诉标准	非法经营数额在 50 万元以上	非法经营数额在 15 万元以上或者违法所得数额在 9 万元以上		

随着知识经济的到来和经济全球化进程的不断深入，知识产权日益成为国家发展的战略性资源和国际竞争力的核心要素，成为建设创新型国家的重要支撑、掌握发展主动权的关键。随着2009年以“国际化背景下知识产权的刑事法保护”为主题的第三届“当代刑法国际论坛”的召开，我国对于知识产权的保护进入了一个高度发展时期，而在刑法实践中的显著表现就是知识产权犯罪门槛的降低以及对知识产权犯罪的打击力度的加大，2020年《刑法修正案(十一)》已经提高了各类知识产权犯罪的最高刑期。这也就意味着，公司、企业及其工作人员在进行发展创新的过程中，更应当增强风险意识，以防触线。

◎法律法规链接

◆《刑法》（2020年修正）第213条

◆《商标法》（2013年修正）第4条、第8条、第43条、第48条、第57条

◆最高人民法院、最高人民检察院、公安部《关于办理侵犯知识产权刑事案件适用法律若干问题的意见》（2011年1月10日实施）第5条、第6条、第14条

◆最高人民检察院、公安部《关于公安机关管辖的刑事案件立案追诉标准的规定（二）》（2010年5月7日实施）第69条

◆最高人民法院、最高人民检察院《关于办理侵犯知识产权刑事案件具体应用法律若干问题的解释（三）》（2020年9月14日实施）第1条

◆最高人民法院、最高人民检察院《关于办理侵犯知识产权刑事案件具体应用法律若干问题的解释（二）》（2007年4月5日实施）第6条

◆最高人民法院、最高人民检察院《关于办理侵犯知识产权刑事案件具体应用法律若干问题的解释》（2004年12月22日实施）第1条、第8条、第12条、第15条

二、销售假冒注册商标的商品的风险

◎案例8－2①

场景回放

2014年3月起，陈某某租赁上海市嘉定区江桥镇万达广场7号写字楼某室作为仓库，对外销售假冒名牌的箱包、腰带等商品。2014年4月16日，被告人陈某某在上海市闵行区浦涛路其暂住处通过微信朋友圈兜售假冒名牌的商品，后在前述仓库向他人销售时被公安机关抓获，并查获待销售的标有PRADA、DIOR、BV等商标的包袋、腰带等商品328件。上述查获的商品经鉴定，均系假冒注册商标的商品，有对应型号的256件被侵权产品的市场价格为人民币269万余元。被告人陈某某辩解，以其实际出售的价格计算，达不到起诉书所指控的货值金额。

审理结果

法院经审理认为，侵权产品没有标价或无法查清其实际销售价格的，应按照被侵权产品的市场中间价格计算，对被告人的辩解不予采纳，判定被告人陈某某为牟取非法利益，明知是假冒注册商标的商品而予以销售，待销售金额达269万余元，属数额巨大，其行为已构成销售假冒注册商标的商品罪，依法应予惩处。被告人陈某某已着手实行犯罪，由于意志以外的原因而未得逞，是犯罪未遂，可以比照既遂犯减轻处罚。被告人陈某某如实供述自己的罪行，可以依法从轻处罚。最终认定被告人陈某某犯销售假冒注册商标的商品罪，判处有期徒刑10个月，并处罚金人民币35,000元；查获的假冒注册商标的商品予以没收。

（一）销售假冒注册商标的商品罪的主体范围（Who）

根据《刑法》的规定，本罪的主体是一般主体，包括自然人和单位，与假冒注册商标罪的主体相同，不再赘述，可直接参考假冒注册商标罪的相关内容。案例8－2虽然是自然人犯罪的案例，但实践中有很多公司、企业也存在相同的情况，在利益的驱动下，直接销售假冒名牌的商品，或者在其他销售的

① 参见（2014）闵刑（知）初字第33号刑事判决书。

商品中夹着假冒名牌的商品一起销售，公司、企业可以构成单位犯罪，单位直接负责的主管人员和其他直接责任人员也要面临刑事处罚的风险。这里的主管人员包括法定代表人、董事长、执行董事、总经理、销售主管等，其他直接责任人员包括销售人员等。从《中国企业家刑事风险分析报告》来看，销售假冒注册商标的商品罪的发生频率虽然没有假冒注册商标罪那么高，但也是榜上有名，中国企业家引发本罪的刑事风险也是较高的。

（二）销售假冒注册商标的商品罪的行为界限（What）

1. 行为对象

本罪的行为对象是假冒注册商标的商品，这里的假冒注册商标与《刑法》第213条所规制的范围一致。假冒注册商标的商品，是指未经注册商标所有人许可，使用与注册商标相同的商品。至于这种商品的质量与真正注册商标的商品质量有无差异，则在所不问。此外，这里的商品必须是他人生产或提供的，而不是行为人自己生产的。如果行为人在自己生产、加工的同一种商品上使用与他人注册商标相同的商标，再拿去销售，构成的不是销售假冒注册商标的商品罪，而是假冒注册商标罪。例如，在案例8－1中，陈某某等人销售的是自己生产的假冒“可口可乐”“百事可乐”饮料，因此构成的不是销售假冒注册商标的商品罪，而是假冒注册商标罪；而在案例8－2中，陈某某销售的PRADA、DIOR、BV等商标的商品并不是自己生产、制造的，所以只构成销售假冒注册商标的商品罪，而不是假冒注册商标罪。

2. 行为方式

本罪的行为方式表现为销售，这里的“销售”包括零售、批发、代销、经销、贩卖等多种形式。简言之，以任何有偿方式出卖、转让假冒注册商标商品的行为，都属于销售行为，但不包括生产和制作。可见，本罪的风险只发生在商品流通领域，不涉及生产领域。如果行为人既生产假冒注册商标的商品，又销售这种商品的，应当以假冒注册商标罪论处，而不构成本罪。

实践中为了促销而“搭送商品”的行为，也存在引发本罪风险的可能。随着时代的发展和商业竞争的日益激烈，商家销售商品的手段越来越多样化，搭送商品的让利促销成为诸多商家热衷的选择。随着这种促销手段趋同性的不断增大，部分商家为了脱颖而出，开始在搭送商品上大做文章，如搭送具有注册商标甚至是驰名商标的商品。但出于成本的考虑，有些商家甚至不惜折损商誉，以假冒注册商标的商品进行搭送。在这些商家看来，搭送只是一种免费赠送行为，不是销售，因而不会引发法律风险。殊不知，这是对法律风险认识上的误区。搭送假冒注册商标商品的，同样可以构成销售假冒注册商标的商品罪。因为搭送行为不是一个完全独立的行为，商家虽然表面上没有直接从中获利，甚至亏本，但由于消费者往往为了额外获取搭送商品而购买被搭送的商品，因此，搭送行为是销售行为的一部分，该行为促进了销售，增加了商家的收益，具有销售的性质。因而，搭送的商品如果系假冒注册商标的商品，也会引发本罪的风险。

3. 主观认知

本罪要求主观认知是故意，即明知是假冒注册商标的商品，却仍然予以销售。如果行为人不知道其销售的商品是假冒注册商标的商品或者过失销售了假冒注册商标的商品，不会引发本罪的刑事风险。“明知”是指行为人的主观心理态度，即行为人在主观上对自己所实施的行为的性质和后果有明确的认识。然而，由于这种“明知”是一种主观上的感知，为了避免行为人事后以“不明知”为抗辩理由，相关部门对于明知进行了可以推定的相关规定。因此，销售者如果单纯以不明知作为抗辩理由，很难达到规避刑事风险的目的。

例如，2004 年 12 月 8 日最高人民法院、最高人民检察院《关于办理侵犯知识产权刑事案件具体应用法律若干问题的解释》第 9 条第 2 款对“明知”作出了界定。该条规定，具有以下情形之一的，应当认定为明知：（1）知道自己销售的商品上的注册商标被涂改、调换或者覆盖的；（2）因销售假冒注册商标的商品受到过行政处罚或者承担过民事责任，又销售同一种假冒注册商标的商品的；（3）伪造、涂改商标注册人授权文件或者知道该文件被伪造、涂改的；（4）其他知道或者应当知道是假冒注册商标的商品的情形。

再如，根据 2003 年 12 月 23 日最高人民法院、最高人民检察院、公安部、国家烟草专卖局《关于办理假冒伪劣烟草制品等刑事案件适用法律问题座谈会纪要》第 2 条的规定，明知是指知道或应当知道，具有以下情形之一的，可以认定为明知：（1）以明显低于市场价格进货的；（2）以明显低于市场价格销售的；（3）销售假冒烟用注册商标的烟草制品被发现后转移、销毁物证或者提供虚假证明、虚假情况的；（4）其他可以认定为明知的情形。

（三）销售假冒注册商标的商品罪的追诉标准（How）

《刑法修正案（十一）》施行之前，本罪是以销售金额作为追诉标准的，但修改后的《刑法》则是以违法所得和情节作为本罪的追诉标准，要求达到违法所得数额较大或者有其他严重情节，而具体的标准需要国家出台相关司法解释进行明确。

◎法律法规链接

◆《刑法》（2020年修正）第214条

◆《商标法》（2019年修正）第60条、第67条

◆最高人民法院、最高人民检察院、公安部《关于办理侵犯知识产权刑事案件适用法律若干问题的意见》（2011年1月10日实施）第8条

◆最高人民检察院、公安部《关于公安机关管辖的刑事案件立案追诉标准的规定（二）》（2010年5月7日实施）第70条

◆最高人民法院、最高人民检察院《关于办理侵犯知识产权刑事案件具体应用法律若干问题的解释（三）》（2020年9月14日实施）第1条

◆最高人民法院、最高人民检察院《关于办理侵犯知识产权刑事案件具体应用法律若干问题的解释（二）》（2007年4月5日实施）第6条

◆最高人民法院、最高人民检察院、公安部、国家烟草专卖局《关于办理假冒伪劣烟草制品等刑事案件适用法律问题座谈会纪要》（2003年12月23日实施）第2条

◆最高人民法院、最高人民检察院《关于办理侵犯知识产权刑事案件具体应用法律若干问题的解释》（2004年12月22日实施）第2条、第9条、第15条

三、非法制造、销售非法制造的注册商标标识的风险

◎案例8－3①

场景回放

2009年8月至2010年3月，被告人王某某从宜兴市部分酒店回收五粮液、

① 参见（2010）宜知刑初字第2号刑事判决书。

剑南春、水井坊、茅台、老作坊等白酒的酒瓶、塑料盒及外包装，分类整理后存放于租赁房屋内，并向他人购买假冒的五粮液、剑南春等酒的注册商标标识，与回收的酒瓶及外包装进行组装后成套销售给他人，以获取非法利益。公安机关在其租赁房屋内查获未经合法授权而回收的附着有注册商标标识的五粮液、剑南春、水井坊、茅台酒瓶合计5348个，包装盒、袋、箱等合计19,418个以及购买来的假冒注册商标标识4593个，且王某某利用上述物品已经组装了成套的水井坊包装110套（每套包括酒瓶、包装盒、手提袋各6个）、五粮液包装49套（每套包括酒瓶、防伪标识各1个，6套放在1个包装箱内）。经宜兴市价格认证中心估价，鉴定价值为203,582.24元人民币。后人民检察院以王某某涉嫌非法制造注册商标标识罪（既遂）提起公诉。

辩护人对指控的罪名和犯罪金额提出了异议，认为：（1）王某某是从他人处购得的涉案注册商标标识和防伪标识，并没有自己制造；王某某只是简单地将回收来的酒品和包装盒、箱、袋等进行整理，然后将买来的标识放在箱中卖出，行为简单，并没有任何技术含量和工艺流程，不应认定为非法制造注册商标标识罪；（2）涉案物品均未卖出，应认定为销售非法制造的注册商标标识罪（未遂）比较妥当；（3）王某某回收的酒瓶及外包装大部分都是当废品卖出，从中赚取差价的，只有少部分另作他用，不能将所有酒瓶、外包装都认定为王某某的犯罪金额；已经包装好的110套装水井坊在王某某回收时就保持了原样，并未进行任何拼装、加工，该笔金额不应计入其犯罪金额；王某某组装成套的只有五粮液49套，只能将该笔金额认定为犯罪数额。

审理结果

法院经审理认为，酒类商品商标和酒、酒瓶、包装盒、箱、袋等物密不可分，作为一个整体进入流通环节成为一种商品，体现其价值，而当酒瓶中的酒消耗后，酒瓶、包装盒、袋、箱等物均报废，即为待处理的废品，不能再进入正常的流通环节，从而酒瓶、包装盒、袋、箱等商标标识也丧失了其存在的意义，变得无价值。但是，若将本应作为废品的酒瓶包装盒、袋、箱等物回收，在未经商标权人同意的情形下，使其重新进入流通环节，再次赋予其商标标识功能的行为应属非法制造，且属既遂。公诉机关还指控涉案物品经评估价值203,582.24元，因本案无法确定其非法经营数额，应当按照非法制造的商标标识数量定罪量刑，而不能按照鉴定价值进行定罪。故认定王某某的行为构成非法制造注册商标标识罪，且系既遂。综合被告人王某某曾因犯非法制造注册商标标识罪而被判处刑罚，现又实施同类犯罪行为，应酌情从重处罚以及其在庭审中能自愿认罪，态度较好，可以从轻处罚等情节，判决王某某犯非法制造注册商标标识罪，判处有期徒刑1年，并处罚金人民币2万元。

（一）非法制造、销售非法制造的注册商标标识罪的主体范围（Who）

根据《刑法》的规定，本罪的主体为一般主体，包括自然人和单位。但从实践中主体的行业特征来看，引发非法制造注册商标标识罪风险的，以从事印刷行业的单位或个体工商户居多，这与上述单位具备的生产能力密切相关。其中，擅自制造注册商标标识的犯罪主体通常是有印制资格的单位或个体工商户；伪造注册商标标识的犯罪主体通常是没有取得印制资格的单位或个人。但非法制造注册商标标识罪的主体并不限于从事印刷行业的单位或个体工商户。在案例8-3中，王某某虽然自己没有直接制造，但其回收注册商标标识也被认定为非法制造，所以引发非法制造注册商标标识罪的主体是非常宽泛的。销售非法制造的注册商标标识罪的主体没有资格上的限制，通常与非法制造注册商标标识的主体有联系，范围也很广。

（二）非法制造、销售非法制造的注册商标标识罪风险的行为界限（What）

1. 行为对象

本罪的行为对象是注册商标标识。商标标识是商标所依附的载体，是由文字、图形或者文字图形的组合所构成的商标图样的商标专用权的物质载体，一般包括在商品上、包装上、说明书上或在服务场所中、服务用品上等处标明的注册商标标记，如商标纸、商标织带、带有商标的包装等，既是商标专用权的重要体现，也是注册商标商品显著特征的认识标识。注册商标标识作为注册商标的物质体现，同注册商标一样，也具有表明商品来源、体现商品质量、寓示商品生产者与商品之间特定关系的功能。因此，任何未经注册商标所有权人许可而制造、销售注册商标标识的行为，都可能引发本罪的刑事风险。

2. 行为方式

（1）非法制造行为

非法制造行为包括伪造和擅自制造两种行为方式。“伪造”是指未经注册商标权利人许可，通过临摹、绘制、复印、翻拍、扫描及上述手段的结合等方法仿照他人注册商标标识的式样、文字、图形、色彩、质地及其制作技术手段，非法制造假的注册商标标识。伪造的主体一般是没有取得“指定商标印制单位”资格，不具有指定印制单位证书的单位或个人。“擅自制造”是指取得“指定商标印制单位”资格，具有指定印制单位证书的企业或个体工商户，未经注册商标标识合法使用人的授权，或者超出授权范围，制造他人注册商标标识的行为，其制造的商标标识本身是真的。从具体行为方式上来看，非法制造注册商标标识的行为方式包括印制、印染、制版、刻字、贴花、烫版、晒蚀、冲压等多种手段。擅自制造通常表现为与注册商标所有人委托加工合同期满后继续加工，或在合同期限内超越授权委托数量额外加工，或以不正当手段获取商标标识原版而私自印制他人注册商标标识的行为。

在案例 8－3 中，王某某回收的空酒瓶、包装物及购买的假标识均为用于制造的原材料，其用人工将这些原材料组合拼装成为可供再次使用的附有注册商标标识的酒类商品包装，虽然实施的是简单的物理组合行为，但仍符合制造的本质特征，由于原材料里包括购买的假标识，在整体上属于伪造行为。这个案例提醒大家，不要认为只有那些从无到有才是制造，回收及拼凑组合的行为也存在刑事风险。

（2）销售行为

这里的销售行为包括多种行为方式，如零售、批发、代销、贩卖等。销售的对象包括伪造的注册商标标识和擅自制造的注册商标标识。如果销售的注册商标标识不是伪造的，也不是擅自制造的，则不会引发本罪的刑事风险。

（三）非法制造、销售非法制造的注册商标标识罪的追诉标准（How）

根据《刑法》的规定，本罪属于情节犯，只有伪造、擅自制造他人注册商标标识或者销售伪造、擅自制造的注册商标标识，达到情节严重的程度，才能构成本罪。关于“情节严重”“情节特别严重”的认定标准，我国在 2001 年、2004 年、2010 年和 2011 年出台过 4 个司法解释，分别是 2001 年 4 月 18

日最高人民检察院、公安部《关于经济犯罪案件追诉标准的规定》（已失效）、2004年12月22日最高人民法院、最高人民检察院《关于办理侵犯知识产权刑事案件具体应用法律若干问题的解释》、2010年5月7日最高人民检察院、公安部《追诉标准的规定（二）》和2011年1月10日最高人民法院、最高人民检察院、公安部《关于办理侵犯知识产权刑事案件适用法律若干问题的意见》，认定的标准也发生了变化，且针对已经销售、尚未销售以及部分已销售和部分未销售的追诉标准分别作了不同的规定，现行有效的追诉标准具体如下，该标准同样适用于单位犯罪（见表8－3）：

表8－3　非法制造、销售非法制造的注册商标标识罪的追诉标准

情节分类	是否既遂	认定标准
情节严重	既遂	（1）伪造、擅自制造或者销售伪造、擅自制造的注册商标标识数量在2万件以上，或者非法经营数额在5万元以上，或者违法所得数额在3万元以上的； （2）伪造、擅自制造或者销售伪造、擅自制造两种以上注册商标标识数量在1万件以上，或者非法经营数额在3万元以上，或者违法所得数额在2万元以上的； （3）其他情节严重的情形
	未遂	（1）尚未销售他人伪造、擅自制造的注册商标标识数量在6万件以上的； （2）尚未销售他人伪造、擅自制造的两种以上注册商标标识数量在3万件以上的； （3）部分销售他人伪造、擅自制造的注册商标标识，已销售标识数量不满2万件，但与尚未销售标识数量合计在6万件以上的； （4）部分销售他人伪造、擅自制造的两种以上注册商标标识，已销售标识数量不满1万件，但与尚未销售标识数量合计在3万件以上的
情节特别严重	既遂	（1）伪造、擅自制造或者销售伪造、擅自制造的注册商标标识数量在10万件以上，或者非法经营数额在25万元以上，或者违法所得数额在15万元以上的； （2）伪造、擅自制造或者销售伪造、擅自制造两种以上注册商标标识数量在5万件以上，或者非法经营数额在15万元以上，或者违法所得数额在10万元以上的； （3）其他情节特别严重的情形

同其他商标类犯罪一样，本罪的立案追诉标准也历经变动（见表8－4）。与其他商标类犯罪不同的是，本罪的立案标准从2001年规定，到2004年解释、2010年规定，商标标识数量、违法所得、非法经营数额的入刑标准有所提高，删除了非法制造、销售非法制造的驰名商标标识及利用贿赂等非法手段推销非法制造的注册商标标识两种入刑的情形，与此同时，本罪的量刑标准对自然人和单位不再作区分，适用统一的标准，并对既遂和未遂规定了不同的标准。

表8－4　非法制造、销售非法制造的注册商标标识罪的立案追诉标准变化

<table>
<tr><th>追诉标准</th><th>2001年
司法解释</th><th>2004年
司法解释</th><th>2010年
司法解释</th><th>2011年
司法解释</th></tr>
<tr><td>个人追诉标准</td><td rowspan="2">（1）非法制造、销售非法制造的注册商标标识，数量在2万件（套）以上，或者违法所得数额在2万元以上，或者非法经营数额在20万元以上的；
（2）非法制造、销售非法制造的驰名商标标识的；
（3）虽未达到上述数额标准，但因非法制造、销售非法制造的注册商标标识，受过行政处罚2次以上，又非法制造、销售非法制造的注册商标标识的；
（4）利用贿赂等非法手段推销非法制造的注册商标标识的</td><td>（1）伪造、擅自制造或者销售伪造、擅自制造的注册商标标识数量在2万件以上，或者非法经营数额在5万元以上，或者违法所得数额在3万元以上的；
（2）伪造、擅自制造或者销售伪造、擅自制造两种以上注册商标标识数量在1万件以上，或者非法经营数额在3万元以上，或者违法所得数额在2万元以上的；
（3）其他情节严重的情形</td><td rowspan="2">不作自然人和单位的区分</td><td rowspan="2">不作自然人和单位的区分，对未遂标准作出规定</td></tr>
<tr><td>单位追诉标准</td><td>单位实施上述行为的，以个人标准的3倍定罪</td></tr>
</table>

◎**法律法规链接**

◆《刑法》（2020年修正）第215条

◆《商标法》（2019年修正）第57条

◆最高人民法院、最高人民检察院、公安部《关于办理侵犯知识产权刑事案件适用法律若干问题的意见》（2011年1月10日实施）第9条

◆最高人民检察院、公安部《关于公安机关管辖刑事案件立案追诉标准

的规定（二）》（2010年5月7日实施）第71条

◆最高人民法院、最高人民检察院《关于办理侵犯知识产权刑事案件具体应用法律若干问题的解释》（2004年12月22日实施）第3条、第15条

四、假冒专利的风险

◎案例8－4①

场景回放

熊某于2012年7月20日注册成立北京德力视贸易有限公司，于2013年3月8日以该公司名义在天猫商城注册成立“某旗舰店”并开始销售眼镜。某旗舰店由熊某独自经营，经营收入由其个人支配。为了提升某旗舰店的眼镜销量，2015年6月1日至同年11月4日，熊某未经专利权人某（漳州）光学科技有限公司授权许可，盗用该公司“一种防蓝光光学镜片”的专利申请文件，将专利号“X1”篡改为“X2”，并用于某旗舰店销售的防蓝光眼镜产品广告宣传页面，误导消费者。经审计鉴定：某旗舰店于2015年6月1日至同年11月4日，销售防蓝光眼镜产品经营数额为人民币883,273.93元。此外，熊某为了提升某旗舰店的信誉，得到消费者的好评，以此增加眼镜的销量，获取利润，于2015年7月至11月，分别在“聚者良品”“众划算”第三方网络平台开展“0元购”“6.9元购”的虚假刷单交易。消费者通过第三方网络平台在某旗舰店购买眼镜后，熊某实际发送给消费者的物品为小礼品或廉价眼镜，而非本案中假冒专利的眼镜。消费者在予以好评后，将获得现金返还。该部分虚假刷单的交易数额共计人民币298,410元。

审理结果

法院经审理认为，被告人熊某为牟取非法利益，违反国家专利管理法规，未经专利权人许可，擅自篡改专利权人的专利号，变造专利申请文件并在其销售的产品宣传资料上使用，侵害专利权人的合法权益，非法经营数额达584,863.93元，情节严重，其行为已构成假冒专利罪，依法应予追究其刑事责任。被告人熊某到案后如实供述自己的犯罪事实，依法可以从轻处罚；已赔

① 参见（2016）闽0603刑初139号刑事判决书。

偿被害单位某（漳州）光学科技有限公司部分经济损失并取得谅解，酌情予以从轻处罚，最终认定被告人熊某犯假冒专利罪，判处有期徒刑1年，缓刑2年，并处罚金人民币30万元。

（一）假冒专利罪的主体范围（Who）

根据《刑法》的规定，本罪的主体是一般主体，既包括自然人，也包括单位。引发本罪风险的以公司、企业居多，当然，随着网络购物的迅速发展，越来越多的公司选择在网络平台建立自己的旗舰店，这也意味着网店作为犯罪主体的可能性越来越大。在案例8－4中，“某旗舰店”虽然是熊某以其注册的北京德力视贸易有限公司的名义在天猫商城注册成立的，但实际是由熊某独自经营，经营收入并未进入北京德力视贸易有限公司，而是由熊某个人支配，因此法院没有认定为单位犯罪，而是认定为熊某个人犯罪。如果“某旗舰店”是由北京德力视贸易有限公司实际经营，经营收入也进入公司账户，那么，本案则应当认定为单位犯罪，熊某则作为单位犯罪的主管人员承担责任。从单位犯罪的层面来说，引发假冒专利刑事风险的公司、企业，并没有具体的要求。也就是说，无论是从事生产的制造类公司、企业，还是从事流通的销售类公司、企业；无论是国有性质，还是非国有性质；无论是否具有法人资格，只要实施了假冒他人专利的行为，都可能引发本罪的刑事风险。

（二）假冒专利罪的行为界限（What）

1. 行为对象

本罪的行为对象是专利。所谓“专利”，是指通过法定程序申请，并经国家批准，国家法律在一定期限内予以保护的，由申请人独自享有其利益的智力成果，包括发明、实用新型和外观设计三种。“发明”是指对产品、方法或者其改进提出的新的技术方案；“实用新型”是指对产品的形状、构造或者其结合提出的适于实用的新的技术方案；“外观设计”是指对产品的整体或者局部形状、图案或者其结合以及色彩与形状、图案的结合作出的富有美感并适于工业应用的新设计。这三者在保护的范围，对新颖性、创造性与实用性的要求，保护的期限和审批的程序等方面都或多或少地存在差异。

本罪的行为对象是专利，但侵犯的客体不仅包括国家专利管理秩序，还包括专利权人对专利所享有的专利权。专利权是国家根据专利权人的申请，以向社会公开发明创造的内容，以及发明创造对社会具有符合法律规定的利益为前提，根据法定程序在一定期限内授予专利权人的一种排他性的独占权。这些权利包括独占实施权、许可实施权、转让权、标记权、禁止实施权或者出口权等。本罪侵犯的专利权必须是在保护期限内的专利权。为了促进社会技术的快速发展，防止专利权人实行技术上的垄断，降低成本，提高效率，国家对专利权的保护都规定了一定的期限，如发明专利权的保护期限为 20 年，实用新型和外观设计专利权的保护期限为 10 年。专利权只有在保护期限内才是有效的，一旦过了保护期限，该专利就会进入公知公有的领域，不能成为本罪的对象。

2. 行为方式

《刑法》中“假冒专利行为”是指以下四种行为：（1）未经许可，在其制造或者销售的产品、产品的包装上标注他人专利号的；（2）未经许可，在广告或者其他宣传材料中使用他人的专利号，使人将所涉及的技术误认为是使用人专利技术的；（3）未经许可，在合同中使用他人的专利号，使人将合同涉及的技术误认为是合同签订人专利技术的；（4）伪造或者变造他人的专利证书、专利文件或者专利申请文件的。这里的“未经许可”是指行为人是在专利权人不知情的情况下，秘密使用他人专利的情形。为了促进专利技术的流通，实现专利技术市场价值的转化，国家鼓励专利技术的许可实施和专利权的转让。只要专利权人或者专利权转让人与被许可实施专利人或者专利权受让人之间就许可实施或者转让事宜达成了一致协议并符合法律规定，无论采取何种方式使用该专利，都不会引发假冒专利罪的风险。

（三）假冒专利罪的追诉标准（How）

根据《刑法》的规定，本罪属于情节犯，只有假冒他人专利的行为达到情节严重的程度，才能引发本罪的刑事风险。关于“情节严重”的认定标准，我国在 2001 年、2004 年和 2010 年出台过 3 个司法解释，分别是 2001 年 4 月 18 日最高人民检察院、公安部《关于经济犯罪案件追诉标准的规定》（已失效）、2004 年 12 月 22 日最高人民法院、最高人民检察院《关于办理侵犯知识产权刑事案件具体应用法律若干问题的解释》和 2010 年 5 月 7 日最高人民检察院、公安部《追诉标准的规定（二）》，认定的标准也发生了变化。

现行有效的立案追诉标准如下，该标准同样适用于单位犯罪：（1）非法经营数额在20万元以上或者违法所得数额在10万元以上的；（2）给专利权人造成直接经济损失在50万元以上的；（3）假冒两项以上他人专利，非法经营数额在10万元以上或者违法所得数额在5万元以上的；（4）其他情节严重的情形。

同商标类犯罪一样，本罪的立案追诉标准也经历过几次变更，相较于2001年规定的追诉标准，数额上虽然没有明显的变化，但在入刑情节上有所删减和增加；相比于2004年的解释，自然人犯罪和单位犯罪在追诉标准上不再作区分，而是适用统一的标准，具体情况如下（见表8-5）：

表8-5　假冒专利罪的立案追诉标准变化

<table>
<tr><th>追诉标准</th><th>2001年
司法解释</th><th>2004年
司法解释</th><th>2010年
司法解释</th></tr>
<tr><td>个人追诉标准</td><td rowspan="2">（1）违法所得数额在10万元以上的；
（2）给专利权人造成直接经济损失数额在50万元以上的；
（3）虽未达到上述数额标准，但因假冒他人专利，受过行政处罚2次以上，又假冒他人专利的；
（4）造成恶劣影响的</td><td>（1）非法经营数额在20万元以上或者违法所得数额在10万元以上的；
（2）给专利权人造成直接经济损失50万元以上的；
（3）假冒两项以上他人专利，非法经营数额在10万元以上或者违法所得数额在5万元以上的；
（4）其他情节严重的情形</td><td rowspan="2">不作自然人和单位的区分</td></tr>
<tr><td>单位追诉标准</td><td>单位实施上述行为的，以个人标准的3倍定罪</td></tr>
</table>

◎**法律法规链接**

◆《刑法》（2020年修正）第216条

◆《专利法》（2020年修正）第2条、第68条

◆《专利法实施细则》（2010年2月1日实施）第2条、第84条

◆最高人民检察院、公安部《关于公安机关管辖刑事案件立案追诉标准的规定（二）》（2010年5月7日实施）第72条

◆最高人民法院、最高人民检察院《关于办理侵犯知识产权刑事案件具体应用法律若干问题的解释（二）》（2007年4月5日实施）第4条

◆最高人民法院、最高人民检察院《关于办理侵犯知识产权刑事案件具

体应用法律若干问题的解释》(2004 年 12 月 22 日实施) 第 4 条、第 10 条

五、侵犯著作权的风险

◎案例 8 – 5[①]

场景回放

2013 年 9 月，被告人袁某某、吴某某、徐某某、高某某、颜某某 5 人共同成立四海公司，公司地址位于深圳市龙华新区，上述五名被告人分别占公司股份的 25%、24%、22%、21%、8%，该公司成立后主要生产和销售“搜粉智能广告机”。袁某某为公司法定代表人，负责公司的日常管理及销售；吴某某和高某某负责公司的软件研发和技术培训；徐某某负责公司市场部。四海公司作为著作权人对高某某、吴某某开发的“微邻友”“微聚粉”“微群聊”“微友备”“微点赞”“微友聊”“微聚友”“微群友”等计算机软件进行了著作权登记。在未经腾讯公司授权、许可的情况下，吴某某和高某某将上述软件连同腾讯公司研发的“微信”软件一起集合成刷机包“ROM”并制作刷机软件“flashtool”。吴某某、高某某将刷机方法传授给公司技术支持人员被告人邢某，邢某再传授给彭某某，由二人将刷机包“ROM”安装在公司从台电科技公司统一采购的平板电脑中，经测试后再交由被告人郑某某等公司其他人员销售给客户。该广告机主要利用腾讯公司微信软件的定位、群发、添加好友等功能，通过上述软件自动添加一定范围内的微信用户好友并推送广告信息。

2014 年 10 月 15 日，公安民警在四海公司现场查获并扣押尚未销售的搜粉智能广告机三台及涉案电脑、银行卡等物，并抓获被告人若干人员。经鉴定，涉案搜粉智能广告机中有 12 个“微系列”软件。其中“微邻友”可对任意地理位置为中心的周边微信号实现自动检测和发送消息，“微邻友无验证”可对任意地理位置为中心的周边微信号实现自动查看微信用户的详细信息，而“微邻友”必须结合微信才能正常使用，其余“微系列”软件无法正常工作。通过分析“微系列”中 11 个软件的源代码得出该源代码具有实现对微信软件进行自动化的批量操作功能。

---

① 参见 (2015) 深中法知刑终字第 133 号刑事判决书。

经查，2014 年 4 月 16 日至案发，根据销售记录，四海公司共销售搜粉智能广告机 4482 台，其中既包含微系列软件又包含微信软件的广告机的具体数量未有明确记载，而被告人供述销售一百台以上的可能是将微信软件连同微系列软件作为刷机包、连同平板广告机直接销售给客户，公诉机关认为无法查清该部分广告机中是否已安装刷机包软件，根据有利于被告人原则对一百台以上的数量进行扣减，确定 2014 年 4 月 16 日至案发前，四海公司销售搜粉智能广告机数量为 2076 台。

审理结果

法院经审理认为，被告人袁某某、徐某某、高某某、吴某某、颜某某、邢某、郑某某、彭某某以营利为目的，未经著作权人许可，复制发行其计算机软件作品，情节严重，已构成侵犯著作权罪。

关于是否构成侵犯著作权的问题。根据《著作权法》第 10 条第 1 款第 5 项的规定，著作权包括复制权，即以印刷、复印、拓印、录音、录像、翻录、翻拍数字化等方式将作品制作一份或多份的权利。微信软件作为新型社交软件确实可供大众免费下载和使用，但腾讯公司作为著作权人通过《腾讯微信软件许可及服务协议》对用户的复制行为进行了相关约束：第 2.3.1 条“腾讯给予微信用户一项个人的、不可转让及非排他性的许可，可使用本软件。您可以为非商业目的在单一台终端设备上安装、使用、显示、运行本软件”、第 8.2 条“除非法律允许或腾讯书面许可，不得从事下列行为：……8.2.5　通过修改或伪造软件允许中的指令、数据，增加、删减、变动软件的功能或运行效果，或者将用于上述用途的软件、方法进行运营或向公众传播，无论这些行为是否为商业目的；8.2.6　通过非腾讯开发、授权的第三方软件、插件、外挂、系统，登录或使用腾讯软件及服务，或制作、发布、传播上述工具”，故用户不得违反上述约定，超过许可使用范围的下载和使用，就是对微信软件著作权的侵害。本案中，四海公司自主开发的“微系列”软件即腾讯公司所说的未经授权的第三方软件，必须在已下载安装微信软件、登录使用微信服务的前提下，才能实现搜粉智能广告机的功能，即搜粉智能广告机必须使用微信软件才能保证微系列软件实现其运行功能，故四海公司将自主研发的“微系列”软件与微信软件一同安装进搜粉智能广告机，以营利为目的向不特定人群公开销售搜粉智能广告机的行为违反上述服务协议第 8.2.6 条的内容，属于未经著作权人许可复制发行其计算机软件作品的行为，已侵犯腾讯公司著作权。至于辩护人所称的微信软件可公开、免费下载，四海公司的“微系列”软件依法享有著作权保护等，均不影响上述定性。

关于认定数量的问题。根据被告人供述，四海公司销售的搜粉智能广告机中存在部分未安装微信软件及微系列软件刷机包的情况，根据被告人袁某某供述的已售搜粉广告机数量及销售额、负责刷机的被告人邢某供述的在技术部总共生产的已销售广告机数量，结合销售记录，公诉机关指控的2076台已根据有利于被告人原则，对未安装微信软件及微系列软件刷机包广告机的存疑数量予以最大限度的扣减，原审予以确认。

关于各被告人的犯罪地位问题。被告人袁某某、吴某某、徐某某、高某某系四海公司股东，袁某某系法定代表人，负责公司日常管理及销售，吴某某和高某某负责软件研发并制作刷机包，徐某某负责销售，上述四被告人在共同犯罪中起主要作用，应认定为主犯；被告人颜某某亦占有公司较少股份，不直接参与公司生产管理或研发，被告人邢某、郑某某、彭某某均属公司受薪工作人员，上述四被告人在共同犯罪中起次要作用，是从犯，应从轻处罚；各被告人归案后均如实供述自己的罪行，认罪态度好，法院依法对其予以从轻处罚；被告人郑某某、彭某某犯罪情节较轻，有悔罪表现，没有再犯罪的危险，对其宣告缓刑对所居住社区没有重大不良影响，法院决定对被告人郑某某、彭某某宣告缓刑。

综上所述，判决如下：(1) 被告人袁某某、吴某某、徐某某、高某某犯侵犯著作权罪，均判处有期徒刑1年零6个月，并处罚金人民币100万元。(2) 被告人颜某某犯侵犯著作权罪，判处有期徒刑1年，并处罚金人民币50万元。(3) 被告人邢某犯侵犯著作权罪，判处有期徒刑10个月，并处罚金人民币5万元。(4) 被告人郑某某犯侵犯著作权罪，判处有期徒刑10个月缓刑1年，并处罚金人民币1万元。(5) 被告人彭某某犯侵犯著作权罪，判处有期徒刑10个月缓刑1年，并处罚金人民币5000元。

（一）侵犯著作权罪的主体范围（Who）

根据《刑法》的规定，本罪的主体为一般主体，既包括自然人，也包括单位，对主体的身份没有特殊限定。如果认定为单位犯罪，不但要对单位判处罚金，还要对其直接负责的主管人员和其他直接责任人员判处刑罚。在司法实践中，与自然人犯罪相比，对单位犯罪中的直接负责的主管人员和其他直接责任人员的处罚要更轻，所以有些被告人通常以单位犯罪作为自己的抗辩理由。根据《刑法》的规定，单位犯罪是公司、企业、事业单位、机关、团体实施的，危害社会的，法律规定为单位犯罪的行为。但是，如果个人是为进行违法犯罪活动而设立的公司、企业、事业单位实施犯罪的，或者公司、企业、事业单位设立后，以实施犯罪为主要活动的，则不能以单位犯罪论处。案例 8 – 5 就是一个典型的例子，虽然涉案行为是四海公司实施的，但袁某某和徐某某等人成立四海公司的主要目的就是研发、营销“搜粉智能广告机”，事实上，四海公司成立后也主要生产销售“搜粉智能广告机”以非法获利，所以法院最终以自然人犯罪而不是以单位犯罪论处。

就公司、企业而言，无论其是否具有法人资格，也无论其资产组成性质如何，都可能引发本罪的刑事风险。从司法实践来看，以文化经营和传播或者创作科学作品为主要业务的公司、企业是本罪风险的高发地带，但是随着科技的不断发展、对计算机软件侵权的日益增加，新兴的科技公司越发在意对本单位的知识产权进行保护，所以未经著作权人许可，复制发行其计算机软件作品的刑事风险也随之加大，本罪的主体从传统的文化传播类公司蔓延到科技类、创新型的公司、企业。

（二）侵犯著作权罪的行为界限（What）

1. 行为对象

本罪的行为对象是著作权物质表现形式的作品，主要包括文字作品；口述作品；音乐、戏剧、曲艺、舞蹈、杂技艺术作品；美术、建筑作品；摄影作品；电影作品和以类似摄制电影的方法创作的作品；工程设计图、产品设计图、地图、示意图等图形作品和模型作品；计算机软件；法律、行政法规规定的其他作品。这些作品既可以是原件，也可以是复印件。

这些作品体现的是他人的著作权和与著作权有关的权益。著作权，又称版权，是法律赋予公民、个人或者单位因创作文学艺术作品和科学作品而在一定期限内享有的专有权利，包括人身权和财产权，具体包括发表权、署名权、修改权、保护作品完整权、复制权、发行权、出租权、展览权、表演权、放映权、广播权、信息网络传播权、摄制权、改编权、翻译权、汇编权和应当由著作权人享有的其他权利。与著作权有关的权益，即著作邻接权，具体包括表演者权、录制者权、广播电视组织权和图书、报刊出版者的权利。以上这些权利和权益均是《刑法》所保护的范围。

2. 行为方式

《刑法修正案（十一）》对本罪的行为方式做了较大的调整，从原来的四种行为增加到了六种。

第一，未经著作权人许可，复制发行、通过信息网络向公众传播其文字作品、音乐、美术、视听作品、计算机软件及法律、行政法规规定的其他作品。

著作权人，是指享有著作权的人，包括作者本人和其他依照《著作权法》享有著作权的公民、法人或者非法人组织。根据《著作权法》第 11 条的规定，著作权属于作者，作者就是著作权人。作者包括创作作品的公民、法人和非法人组织。一般而言，如无相反证明，在作品上署名的公民、法人或者非法人组织即为著作权人。

“未经著作权人许可”，是指没有得到著作权人授权或者伪造、涂改著作权人授权许可文件或者超出授权许可范围的情形。一般应当依据著作权人或其授权的代理人、著作权集中管理组织、国家著作权行政管理部门指定的著作权认证机构出具的涉案作品版权认证文书，或者证明出版者、复制发行者伪造、涂改授权许可文件或者超出授权许可范围的证据，结合其他证据综合予以认定。

“复制发行”，包括复制、发行或者既复制又发行的行为。具体而言，“复制”的手段包括下列三种情形：（1）采用复印、临摹、拓印、印刷等不改变原作品载体的方式进行的复制；（2）采取录音、录像的方式进行复制，该种复制主要针对口头作品以及表演者现场表演活动；（3）采用将平面图纸上的建筑物设计图转换成立体的建筑物的复制方式或者对立体性的建筑作品进行拍摄的反向复制转换方式。“发行”的手段则包括出售、出借、出租、散发、批发、通过信息网络传播以及展销、总发行等方式。此外，未经著作权人许可，通过信息网络向公众传播的行为也属于本罪规制的范围，这是此次《刑法修正案（十一）》在条文中增设的内容，在公众号、微信、微博等平台传播同样可能会引发相应的风险，需要引起重视。

第二，出版他人享有专有出版权的图书。图书专有出版权，是指图书出版者对著作权人交付的作品，在合同有效期间内以及在约定的地区内，享有以同种文字的原版、修订版和缩编本的方式出版图书的独占权利。

“出版”是指将作品编辑加工后，通过复制向公众发行，通常包括编辑、复制、发行三种行为。值得注意的是，在该项行为中，出版的对象仅限于图书，图书以外的出版物如报纸、杂志，不能成为本项的行为对象。

第三，未经录音录像制作者许可，复制发行、通过信息网络向公众传播其制作的录音录像。录音录像制作者对其制作的录音录像制品，享有许可他人复制、发行、出租、通过信息网络向公众传播并获得报酬的权利。

这里的“未经许可”与第 1 项行为中的“未经许可”一样，表现为伪造许可文件或者超出许可范围来复制、发行他人制作的录音录像。这里的“复制发行”与第 1 项行为中的“复制发行”一样，包括复制、发行或者既复制又发行的行为。但这里的“录音录像制品”与第 1 项行为中的“录像制品”不同，是指录音录像制作者将他人创作的作品或表演的节目机械地录制而成的，或者只是对已有作品进行了一些必要的技术加工，但不参与作品的创作。在这里，录音录像制作者对录音录像享有的是邻接权。如果录音录像制作者参与作品创造，并且通过录音录像或者类似的手法首次将作品固定在载体之上而形成的录音录像作品，其著作权由制作者享有，行为人未经许可，擅自复制发行录音录像作品的，就属于第 1 项中的侵犯著作权的行为。

第四，未经表演者许可，复制发行录有其表演的录音录像制品，或者通过信息网络向公众传播其表演。表演者对录有其表演的录音录像制品，享有许可他人复制、发行、出租、通过信息网络向公众传播并获得报酬的权利。这里的“未经许可”“复制发行”“通过信息网络向公众传播”与第 1 项里的是一样的，不再赘述。

第五，制作、出售假冒他人署名的美术作品。美术作品，具体包括塑像、绘画、建筑艺术、工艺美术、剪纸、书法和篆刻艺术作品等。

署名权包含正反两方面的权利，一方面，作者有权以任何善意的方式在自己的作品上署名，以表明自己的作者身份；另一方面，作者有权禁止他人在并非自己的作品上署上自己的名字。一般认为，假冒他人署名的美术作品包括以下三种形式：（1）临摹他人的美术作品，然后署上他人的姓名，假冒他人的作品出售，牟取非法利益。(2) 以自己的美术作品，署上他人的姓名，假冒他人的作品出售牟利。(3) 在他人的美术作品上署上名家的姓名，然后假冒名家的作品出售，以牟取非法利益。如果临摹他人美术作品，在作品上既署上临摹者的姓名，又署上原作者的姓名，予以销售的，不会引发本罪的刑事风险。这里的“制作”和“出售”，属于选择性行为，既可以表现为制作并出售的情形，也可以表现为仅仅制作但并未出售或仅仅出售但并未制作的情形。

第六，未经著作权人或者与著作权有关的权利人许可，故意避开或者破坏权利人为其作品、录音录像制品等采取的保护著作权或者与著作权有关的权利的技术措施。这是《刑法修正案（十一）》新增的行为方式，是对保护著作权及有关权利技术措施的一种保护，彰显了国家对著作权保护的进一步加强。

行为人实施上述侵犯著作权的行为，又销售该侵权复制品，违法所得数额较大或者有其他严重情节的，只定侵犯著作权罪，不实行数罪并罚。但如果既实施了侵犯著作权的行为，又销售其他人侵权的复制品，则应当既构成侵犯著作权罪又构成销售侵权复制品罪，两罪并罚。

3. 主观认知

本罪的主观方面必须出于直接故意，而且还必须同时具有营利的目的。如果行为人侵犯他人著作权，但主观上不是为了营利，只是为了自用或者为了报复，虽然本质上属于侵犯著作权的行为，可以提起民事侵权诉讼，但不能构成侵犯著作权罪。

“以营利为目的”虽然是一种主观上的动机，实践中这种动机除了以销售的方式体现外，还可以通过其他收费行为体现，比如，(1) 以在他人作品中刊登收费广告、捆绑第三方作品等方式直接或者间接收取费用的；(2) 通过信息网络传播他人作品，或者利用他人上传的侵权作品，在网站或者网页上提供刊登收费广告服务，直接或者间接收取费用的；(3) 以会员制方式通过信息网络传播他人作品，收取会员注册费或者其他费用的；(4) 其他利用他人作品牟利的情形。存在以上这些行为，就可以认定为具有营利的目的。

（三）侵犯著作权罪的追诉标准（How）

根据《刑法》的规定，以营利为目的，侵犯他人著作权的，必须达到违法所得数额较大或者具有其他严重情节的程度，才能引发本罪的刑事风险。关于“违法所得数额较大或者有其他严重情节”“违法所得数额巨大或者有其他特别严重情节”的认定标准，我国在1998年、2004年、2007年、2008年和2011年出台过5个司法解释，分别是1998年12月23日最高人民法院《关于审理非法出版物刑事案件具体应用法律若干问题的解释》、2004年12月22日最高人民法院、最高人民检察院《关于办理侵犯知识产权刑事案件具体应用法律若干问题的解释》、2007年4月5日最高人民法院、最高人民检察院《关于办理侵犯知识产权刑事案件具体应用法律若干问题的解释（二）》、2008年6月25日最高人民检察院、公安部《关于公安机关管辖刑事案件立案追诉标准的规定（一）》、2011年1月10日最高人民法院、最高人民检察院、公安部《关于办理侵犯知识产权刑事案件适用法律若干问题的意见》。现行有效的追诉标准如下，该标准同样适用于单位犯罪（见表8－6）：

表8－6　侵犯著作权罪的追诉标准

认定情形	严重情节	特别严重情节
一般侵权	（1）违法所得数额3万元以上的； （2）非法经营数额5万元以上的； （3）未经著作权人许可，复制品数量合计500张（份）以上的； （4）未经录音录像制作者许可，复制发行其制作的录音录像制品，复制品数量合计500张（份）以上的； （5）其他情节严重的情形	（1）违法所得数额在15万元以上的； （2）非法经营数额在25万元以上的； （3）未经著作权人许可，复制发行其文字作品、音乐、电影、电视、录像作品、计算机软件及其他作品，复制品数量在2500张（份）以上的； （4）其他特别严重情节的情形
通过信息网络向公众传播	（1）非法经营数额在5万元以上的； （2）传播他人作品的数量合计在500件（部）以上的； （3）传播他人作品的实际被点击数达到5万次以上的； （4）以会员制方式传播他人作品，注册会员达到1000人以上的； （5）数额或者数量虽未达到第1项至第4项规定标准，但分别达到其中两项以上标准一半以上的； （6）其他严重情节的情形	（1）非法经营数额在25万元以上的； （2）传播他人作品的数量合计在2500件（部）以上的； （3）传播他人作品的实际被点击数达到25万次以上的； （4）以会员制方式传播他人作品，注册会员达到5000人以上的； （5）数额或者数量虽未达到第1项至第4项规定标准，但分别达到其中两项以上标准一半以上的； （6）其他特别严重情节的情形

其中，“非法经营数额”，是指行为人在实施侵犯知识产权行为的过程中，制造、储存、运输、销售侵权产品的价值。已销售的侵权产品的价值，按照实际销售的价格计算。制造、储存、运输和未销售的侵权产品的价值，按照标价或者已经查清的侵权产品的实际销售平均价格计算。侵权产品没有标价或者无法查清其实际销售价格的，按照被侵权产品的市场中间价格计算。

从1998年、2004年、2007年、2008年的司法解释来看，对于个人构成本罪的关于违法所得的立案追诉标准变化不太大，但单位犯罪关于违法所得的入罪门槛却是一再降低。在2011年出台的意见中，还增加了通过信息网络传播侵权作品行为的量刑标准，这意味着本罪随着网络的兴起和发展，触犯该罪的风险随之加大（见表8-7）。

表8-7　侵犯著作权罪的立案追诉标准变化

追诉标准	1998年司法解释	2004年司法解释	2007年司法解释	2008年司法解释	2011年司法解释
个人违法所得	5万元以上	3万元以上	3万元以上	不区分单位和个人，均为3万元以上	不区分单位和个人，均为3万元以上，同时增加了网络传播侵权作品行为的追诉标准，为5万元以上
单位违法所得	20万元以上	9万元以上	3万元以上		

◎**法律法规链接**

◆《刑法》（2020年修正）第217条

◆《著作权法》（2020年修正）第53条

◆《著作权法实施条例》（2013年3月1日实施）第2条

◆最高人民法院、最高人民检察院、公安部《关于办理侵犯知识产权刑事案件适用法律若干问题的意见》（2011年1月10日实施）第11条、第13条

◆最高人民检察院、公安部《关于公安机关管辖刑事案件立案追诉标准的规定（一）》（2008年6月25日实施）第26条

◆最高人民法院、最高人民检察院《关于办理侵犯知识产权刑事案件具体应用法律若干问题的解释（三）》（2020年9月14日实施）第2条

◆最高人民法院、最高人民检察院《关于办理侵犯知识产权刑事案件具体应用法律若干问题的解释（二）》（2007年4月5日实施）第1条、第2条

◆最高人民法院、最高人民检察院《关于办理侵犯知识产权刑事案件具体应用法律若干问题的解释》(2004 年 12 月 22 日实施) 第 5 条、第 11 条、第 14 条

◆最高人民法院《关于审理非法出版物刑事案件具体应用法律若干问题的解释》(1998 年 12 月 23 日实施) 第 2 ~5 条

六、销售侵权复制品的风险

◎案例 8 -6①

场景回放

周某于2010 年通过在互联网上的一个叫“GPS 技术论坛”里学了许多有关 GPS 导航的知识，并将该论坛提供的已经破解好并可提供下载的“凯立德”公司的 GPS 数据下载到其购买的数据卡内。2012 年 4 月，周某在淘宝网店内开了一家叫“路顺 GPS 导航服务站”的店铺，在未经“凯立德”公司授权的情况下，将其擅自复制的 GPS 电子数据出售。当淘宝买家在网上拍下“凯立德 GPS 导航系统”后，周某根据买家需求下载“凯立德”等公司的地图到数据卡中，并且调试好相应的端口参数，通过快递公司把数据卡速递到买家手中，2013 年 1 月至 5 月，周某利用上述方法销售侵权的“凯立德”公司地图复制品达 1796 余份，非法获利 124, 918 元。周某辩解称应当扣减掉其购买卡的费用和快递费用等成本才是其获利的数额。

审理结果

法院经审理认为，被告人周某购买卡的费用和快递费用实际是周某用于销售侵权复制品的犯罪成本，不应当从其非法获利金额中扣除。被告人周某以营利为目的，销售明知是侵犯著作权的侵权复制品，违法所得数额巨大，其行为构成销售侵权复制品罪。被告人周某到案后如实供述其犯罪事实，并退缴违法所得 10 万元，依法予以从轻处罚。最终认定被告人周某犯销售侵权复制品罪，判处有期徒刑 1 年，缓刑 1 年，并处罚金人民币 2 万元。

(一) 销售侵权复制品罪的主体范围 (Who)

根据《刑法》的规定，本罪的主体为一般主体，既可以是自然人，也可

---

① 参见 (2014) 娄星刑初字第 616 号刑事判决书。

以是单位，对主体身份没有特殊要求，但必须是侵权复制品的制作者以外的其他自然人和单位，如果行为人制作了侵权复制品后又进行销售的，直接构成侵犯著作权罪，而不是销售侵权复制品罪。对于公司、企业来说，无论其是否具有法人资格，也无论其资产的组成性质如何，都有可能引发本罪的刑事风险。与侵犯著作权罪的司法实践类似，本罪的主体从以经营文学作品或者科学作品为主要业务的公司、企业，逐渐蔓延到科技类和创新型公司、企业，涉嫌计算机软件作品的公司成为本罪风险的高发地带。在案例 8－6 中，涉案主体虽为自然人，但其所销售的侵权复制品也不是传统的图书类产品，而是 GPS 电子数据。随着网络的日益普及，能够接触并引发相应知识产权犯罪的主体范围也越来越广。

（二）销售侵权复制品罪的行为界限（What）

1. 行为对象

本罪的行为对象是侵权复制品，所谓“侵权复制品”，是指《刑法》第 217 条所规定的侵犯他人著作权的作品，包括侵权的文字作品、音乐、电影、电视、录像作品、计算机软件及其他作品及侵权图书、侵权音像制品和假冒他人署名的美术作品。案例 8－6 中侵犯的对象是 GPS 电子数据，属于计算机软件类作品。

2. 行为方式

要引发本罪的刑事风险，必须要有销售行为。销售是指出售或者倒卖，在具体的销售手段上，可以多种多样，如零售、批发、代销。只要其本质上具有以营利为目的，转移侵权复制品的所有权的特征即可。如果不是销售，而是赠送、出借或者买回自用的，不能引发本罪的刑事风险。此外，这里的销售是一种单一的行为，仅指行为人销售他人侵权复制品的行为，而不包括自产自销的情形。如果自产自销侵权复制品，可能构成侵犯著作权罪。

那么，以营利为目的而出租侵权复制品是否就完全没有刑事风险呢？销售行为转移的是所有权，而出租行为转移的是使用权，两者是完全不同的两种行为。按照罪刑法定原则，出租侵权复制品当然不能构成销售侵权复制品罪。但需要注意的是，出租侵权复制品也侵犯了他人的著作权，要承担民事上的侵权责任或面临行政法律的制裁。在某些特殊状况下，比如，以租代售，虽然名义上是出租，但租金畸高，并不期待承租人返还租赁的侵权复制品，实质上相当于销售，仍然有可能引发本罪的刑事风险。

（三）销售侵权复制品罪的追诉标准（How）

根据《刑法》的规定，以营利为目的，销售侵权复制品的，违法所得必须达到“数额巨大”的标准或者具有其他严重情节，才能引发本罪的刑事风险。“其他严重情节”是《刑法修正案（十一）》新增的内容，目前还未出台相关司法解释予以明确。关于“数额巨大”的认定标准，我国在 1998 年、2004 年、2007 年和 2008 年出台过 4 个司法解释，分别是 1998 年 12 月 23 日最高人民法院《关于审理非法出版物刑事案件具体应用法律若干问题的解释》、2004 年 12 月 22 日最高人民法院、最高人民检察院《关于办理侵犯知识产权刑事案件具体应用法律若干问题的解释》、2007 年 4 月 5 日最高人民法院、最高人民检察院《关于办理侵犯知识产权刑事案件具体应用法律若干问题的解释（二）》、2008 年 6 月 25 日最高人民检察院、公安部《关于公安机关管辖刑事案件立案追诉标准的规定（一）》。

现行有效的立案追诉标准如下，该标准同样适用于单位犯罪：（1）违法所得数额 10 万元以上的；（2）违法所得数额虽未达到上述数额标准，但尚未销售的侵权复制品货值金额达到 30 万元以上的。

从 1998 年、2004 年、2007 年和 2008 年的解释来看，对于个人犯本罪的立案追诉标准并没有明显的变化，即个人违法所得数额均为 10 万元以上。然而，对于单位犯本罪的立案追诉标准却一降再降，即违法所得数额从 50 万元以上到 30 万元以上，再到现在单位犯罪和个人犯罪适用同一标准，均为 10 万元以上，这说明单位构成销售侵权复制品罪的门槛变低了，刑事风险在增加（见表 8－8）。

表 8－8　销售侵犯复制品罪的立案追诉标准变化

追诉标准	1998 年司法解释	2004 年司法解释	2007 年司法解释	2008 年司法解释
个人违法所得	10 万元以上	10 万元以上	单位犯罪和个人犯罪适用同一标准，均为 10 万元以上	单位犯罪和个人犯罪适用同一标准，均为 10 万元以上
单位违法所得	50 万元以上	30 万元以上		

◎法律法规链接

◆《刑法》（2020年修正）第218条

◆《著作权法》（2020年修正）

◆《著作权法实施条例》（2013年3月1日实施）

◆最高人民检察院、公安部《关于公安机关管辖刑事案件立案追诉标准的规定（一）》（2008年6月25日实施）第27条

◆最高人民法院、最高人民检察院《关于办理侵犯知识产权刑事案件具体应用法律若干问题的解释（二）》（2007年4月5日实施）第6条

◆最高人民法院、最高人民检察院《关于办理侵犯知识产权刑事案件具体应用法律若干问题的解释》（2004年12月22日实施）第6条、第15条

◆最高人民法院《关于审理非法出版物刑事案件具体应用法律若干问题的解释》（1998年12月23日实施）第4条

七、侵犯商业秘密的风险

◎案例8－7①

场景回放

2014年11月10日，罗某任神月公司法定代表人，出资120万元，占股60%；邓某某任神月公司股东，出资40万元，占股20%；刘某1出资40万元，空挂占股20%。神月公司的业务范围是工业自动化控制系统设备的制造、安装、销售等。罗某通过邀请镭目公司在职人员刘某某全家外出云南旅游、微信转账及给付现金和加油卡等方式收买刘某某，让刘某某为其提供镭目公司专利产品的技术图纸等商业秘密资料；2015年1月，神月公司招聘在镭目公司离职后未超过保密协议约定期限的涂某某和李某某为公司的技术人员。罗某和邓某某利用镭目公司专利产品技术图纸，组织涂某某、李某某等人，仿制镭目公司的专利产品，销售给各地的钢铁及铝业公司，为其牟利。经鉴定：2015年1月至2016年11月，神月公司仿制镭目公司专利产品57套，给镭目公司造成损失为950,794.03元。

---

①　参见（2017）湘0408刑初208号刑事判决书。

2016年12月22日，经湖南大学司法鉴定中心鉴定：镭目公司的专有技术均属于镭目公司的技术性商业秘密。镭目公司研制的各型号的全套技术图纸等技术资料均属于镭目公司的技术性商业秘密。镭目公司国内主要客户名录是该公司的经营信息，属于镭目公司的经营性商业秘密。

在庭审过程中，被告人罗某的辩护人提出涉案技术不是商业秘密，鉴定意见缺乏合法性，即便犯罪事实存在，犯罪行为人是神月公司，但未到犯罪立案金额，亦不构成单位犯罪，被告人罗某犯罪不成立。被告人邓某某的辩护人提出邓某某的行为是公司的经营行为，不是犯罪行为，邓某某传递的镭目公司图纸没有秘密等级的标识，不构成侵犯商业秘密，邓某某不构成犯罪。被告人涂某某辩称不知道其行为是否构成犯罪，构成什么罪，其只是一个打工的，技术图纸不是其提供的，其只会对产品进行使用。被告人李某某辩称其只是帮罗某修些仪表，及抄一份图纸给她，不构成犯罪；其辩护人提出李某某不是神月公司员工，其只是帮朋友维修产品，并找了一块电路板，其所实施的是反向工程，是合法的，不构成犯罪，本案所有行为均是以神月公司为主体，即使构成犯罪，也是单位犯罪，但单位犯罪的犯罪标准是150万元，神月公司没有达到构罪标准。

审理结果

法院经审理查明，镭目公司的“结晶器钢水液面测控系统”“电动非正弦振动控制系统”“全自动涡流柱塞控制系统”等专有技术具备了构成技术性商业秘密的全部要件，即秘密性、实用性、价值性、保密性，属于商业秘密。刘某某违反保密协议从镭目公司内网中下载属于该公司商业秘密的图纸，李某某违反保密协议约定绘制镭目公司铯源传感器的电路图给邓某某或罗某，罗某组织邓某某、涂某某（亦违反保密协议约定）等人根据上述图纸仿制出镭目公司多种产品进行销售，非法牟取利益950,794.03元；各被告人在犯罪行为中均有明确分工，所实施的行为损害了商业秘密权利人镭目公司的合法利益，其行为已构成侵犯商业秘密罪的主客观要件；另神月公司成立后以实施本案的犯罪为主要活动，根据最高人民法院《关于审理单位犯罪案件具体应用法律有关问题的解释》第2条规定，不以单位犯罪论处。故作出如下判决：以侵犯商业秘密罪，判处罗某有期徒刑1年3个月，并处罚金20万元；判处邓某某有期徒刑1年2个月，并处罚金15万元；判处刘某某有期徒刑7个月，并处罚金5万元；判处涂某某有期徒刑7个月，并处罚金5万元；判处李某某有期徒刑7个月，并处罚金3万元；继续追缴各被告人违法所得650,794.03元，返还给镭目公司。

（一）侵犯商业秘密罪风险的主体范围（Who）

根据《刑法》的规定，本罪的主体是一般主体，包括自然人和单位。在司法实践中，容易引发本罪风险的主体主要有以下两类：一类是与商业秘密的权利人之间具有同业竞争关系的公司、企业以及工作人员，如上述案例中的涉案单位神月公司以及罗某、邓某某；另一类是公司、企业内部知晓商业秘密的人员跳槽或者辞退后在保密期限内违规披露、使用商业秘密的人，如上述案例中的被告人刘某某、涂某某、李某某。通常情况下，这两类主体之间还可能存在相互勾结的情形。如果公司、企业在不知情的状况下，比如不知道新加入的员工所带来的客户名单是他人的商业秘密而加以使用，给商业秘密的权利人造成重大损失的，由于缺乏主观故意，不会引发侵犯商业秘密罪的刑事风险，但由于其生产出的产品属于侵权产品，仍然要承担民事侵权的责任，因此，公司、企业在挖人或者接受跳槽人员时，更需要做好合规工作。

（二）侵犯商业秘密罪的行为界限（What）

1. 行为对象

本罪的行为对象是商业秘密。所谓“商业秘密”，是指不为公众所知悉，能为权利人带来经济利益，具有实用性并经权利人采取保密措施的技术信息和经营信息。从性质上来说，商业秘密是一种技术信息和经营信息。所谓“技术信息”，是人们从生产实践经验或者技艺中得来的技术知识；所谓“经营信息”，是指一切与经营活动有关的经营方法或者与经营管理密切相关的信息及情报。在实践中，公司、企业的技术信息和经营信息所涵盖的内容非常广泛，包括产品的设计方案、开发程序、产品配方、制作工艺、制作方法、管理诀窍、客户名单、货源情报、产销策略、招投标中的标底及标书内容等信息。判断某一信息是否属于本罪所说的商业秘密，关键要看该信息是否同时具备以下三个特征。

（1）不为公众所知悉，即同时具有新颖性和秘密性，不能从公开渠道直接获取。

具体而言，“新颖性”，是指该信息相对于同行业内的其他普通信息来说，具有独特性，至于新颖程度的高低，不影响新颖性的认定。所谓“秘密性”，是指该信息仅限于一定范围内的人知悉，而不为公众所知悉。这里的公众不是指一切自然人，而是指某一行业或准备涉足某一行业的、有可能从该信息中取得经济利益的人。

在上述案例中，镭目公司的商业秘密与核心技术进入市场后从未通过公开出版物或者其他媒体披露，产品涉及的尺寸、结构、材料、部件组合等内容无法通过公开渠道直接获取；经鉴定，涡流传感器和铯源传感器都是镭目公司结晶器钢水液面测控系统中的测量部分，其技术资料均属于镭目公司的技术性商业秘密，不能从公开渠道直接获取，属于非公知技术，亦不能通过反向工程取得相关技术数据，具备商业秘密构成要件中的秘密性要件。从查获的神月公司技术图纸同镭目公司技术图纸的对比情况来看，足以证明神月公司通过直接窃取镭目公司技术图纸、受订单、货品物料配方表等商业秘密，进行仿制、加工、销售镭目公司相关专利产品。所以涉案技术信息和经营信息具备新颖性和秘密性。

（2）该信息能为权利人带来经济利益，具有实用性，即同时具有“价值性”和“实用性”。

具体而言，“价值性”是指该信息能为权利人带来经济利益，使权利人比不知道或没有使用该信息的竞争者处于更有利的地位，这里的经济利益既包括现实的经济利益也包括潜在的竞争优势。有的信息所涵盖的内容已经研制成功，只要加以使用进行投产运营，就可以获得现实的经济效益，而有的信息所涉及的内容可能还处在研究开发阶段，虽然尚不能产生直接现实的经济利益，但却可以带来潜在的竞争优势，只要研制成功后就能产生直接的经济效益。行为人如果认为他人信息处在研制阶段就不具有“价值性”，而加以侵犯，仍会引发本罪的刑事风险。所谓“实用性”，是指将该信息运用于生产、经营活动中，能够解决生产、经营中的现实问题。这里的实用性，并不要求已经被生产经营活动所采用，无论权利人是否已经实际运用该信息，均不影响“实用性”的成立。

在上述案例中，罗某等人通过镭目公司员工刘某某大量窃取镭目公司的专利产品技术图纸获取该公司的商业秘密资料，利用刘某某、涂某某、李某某等人在镭目公司所掌握的专利技术和业务资源，加工、仿制、销售镭目公司的接收器、传感器、电动缸、二次仪表等专利产品进行牟利，这充分说明涉案的商业秘密信息都是能够为公司带来实际的经济利益的。所以，上述案例中的信息具备价值性和实用性。

(3) 权利人对该信息采取了保密措施，即保密性。

这就要求权利人主观上将该信息视为商业秘密，并具有保密的意思，客观上采取了相应的保密措施。如果权利人对该信息不采取任何保密措施，使任何人都有可能知悉，从而加以运用，那么该信息就不具有保密性。至于权利人采取的保密措施是否严密，是否万无一失，不影响“保密性”的认定。

在上述案例中，大部分涉案人员均与镭目公司签订过保密协议。例如，刘某某身为镭目公司员工，与镭目公司签订有保密协议，未经镭目公司许可，其私自下载大量涉及镭目公司核心秘密的技术图纸，并提供给神月公司使用，造成镭目公司经济损失，侵犯了镭目公司的商业秘密。再如，涂某某与镭目公司签订了劳动合同书，劳动合同书规定了商业秘密、竞业禁止、侵犯商业秘密的处理办法等条款。又如，李某某与镭目公司签订了竞业限制和保密协议，其中约定“离职后严格履行保守甲方（镭目公司）机密，绝不泄露和私自应用甲方机密，不在与甲方项目有关的单位及与甲方有竞争关系和有竞争可能的单位工作，及不研究、开发、生产甲方的项目等”内容。由此可见，镭目公司与关键技术人员都签订过保密协议等相关条款，对公司的涉密信息都采取了一定的保密措施。

政策解读

随着中美第一阶段经济贸易协议的签订，本罪的行为对象即商业秘密不应再限于技术信息和经营信息，还应包括商务信息，诸如任何自然人或法人的商业秘密、流程、经营，作品风格或设备；或生产、商业交易；或物流、客户信息、库存；或收入、利润、损失或费用的金额或来源；或其他具有商业价值的信息，如果披露这些信息可能会对该信息的自然人和法人的竞争地位造成极大的损害，都属于商业秘密的范畴。这显然扩大了我国《刑法》和《反不正当竞争法》对商业秘密范围的解释，虽然我国《刑法》现并未将商务信息纳入制约范畴，但随着中美协议的签订和履行，在不久的将来，并不能排除将商务信息纳入《刑法》保护的可能，所以在此特别提醒相关的企业和人员，企业在构建合规体系的过程中，应当将可能影响竞争地位的商务信息纳入保护的范围内，同时也应当尽量避免使用其他企业的商务信息，从而防范相应的法律风险。

2. 行为方式

（1）以盗窃、贿赂、欺诈、胁迫、电子侵入或者其他不正当手段获取权利人的商业秘密。

“盗窃”，即秘密窃取，采取非法复制、未经授权或者超越授权使用计算机信息系统等方式窃取，属于盗窃。“贿赂”，是给予一定的物质利益或其他好处。“欺诈”，即虚构事实或隐瞒真相骗取。“胁迫”，是指以人身、财产、名誉损害相威胁。“电子入侵”，是使用技术手段非法侵入计算机信息系统。“其他不正当手段”，是指以盗窃、贿赂、欺诈、胁迫、电子侵入以外的其他不法手段。

在上述案例中，罗某就是通过邀请镭目公司在职人员刘某某全家外出云南旅游、微信转账及给付现金和加油卡等方式将刘某某收买，让刘某某为其提供镭目公司专利产品的技术图纸等商业秘密资料，使用的是贿赂手段。

（2）披露、使用或者允许他人使用以前项手段获取的权利人的商业秘密。

“披露”，是指告知权利人以外的第三人或者公布于众。“使用”，是指自己将商业秘密运用于生产或经营之中。“允许他人使用”，是指允许权利人以外的第三人将商业秘密运用于生产或经营中，包括有偿使用与无偿使用两种。不管是披露、使用还是允许他人使用，其对象都是通过盗窃、贿赂、欺诈、胁迫、电子侵入或者其他不正当手段获取的权利人的商业秘密。

在上述案例中，被告人罗某、邓某某设立公司，通过非法手段获取了镭目公司的商业秘密，随后非法使用了其获取的商业秘密。具体来说，罗某和邓某某利用镭目公司专利产品技术图纸，组织涂某某、李某某等人，仿制镭目公司的专利产品，销售给各地的钢铁及铝业公司，为其牟利。

（3）违反保密义务或者违反权利人有关保守商业秘密的要求，披露、使用或者允许他人使用其所掌握的商业秘密。

这里“披露、使用或者允许他人使用”的含义与前项行为中的“披露、使用或者允许他人使用”的含义完全相同，但对象不同，该项行为的对象是行为人通过合法手段掌握的权利人的商业秘密，而非通过盗窃、贿赂、欺诈、胁迫、电子侵入或者其他不正当手段获取的商业秘密。因此，该行为要引发本罪的刑事风险，还必须具备一个前提，即违反保密义务或者违反权利人有关保守商业秘密的要求。如果没有违反保密义务或者相关的保密要求，就不会引发本罪的刑事风险。在实践中，容易实施本项行为引发刑事风险的主体大多是拥有商业秘密许可使用合同的当事人或者公司、企业内部知悉商业秘密的工作人员或者从公司、企业调出、离退休并与单位签有保密协议的人员。

上述案例中，被告人刘某某、涂某某、李某某就属于该种情形，他们三人都曾为镭目公司的员工，签有保密协议，但都违反了其有关保守商业秘密的条款，披露、使用或者允许他人使用其所掌握的商业秘密。

（4）在明知前述三种情形下获取的商业秘密，仍获取、披露、使用或者允许他人使用的。

这是一种间接侵犯商业秘密的行为。行为人没有直接采取不正当手段从权利人处获得商业秘密，而是由直接侵权人向其提供而获得。要引发本罪的刑事风险，该项行为人在主观上还必须明知他人提供的商业秘密是通过上述三种非法手段获取的。如果直接侵权人故意隐瞒或虚构商业秘密的来源，行为人不知道商业秘密的来源，而获取、披露、使用或者允许他人使用的，则不能构成本罪。

政策解读

《中华人民共和国政府和美利坚合众国政府经济贸易协议》第1.4条具体列举了以下四种侵犯商业秘密的行为方式：（1）电子入侵；（2）违反或诱导违反不披露秘密信息或意图保密的信息的义务；（3）对于在有义务保护商业秘密不被披露或有义务限制使用商业秘密的情形下获得的商业秘密，未经授权予以披露或使用。另外，针对商业秘密的刑事犯罪，协议还规定了一种行为方式：出于非法目的，通过盗窃、欺诈、实体或电子入侵的形式侵犯商业秘密的行为，以及未经授权或不当使用计算机系统的行为列为禁止行为。虽然协议只列举了以上“3+1”的行为方式，但是其所涵盖的范围要比我国司法实践所禁止的范围广得多。

2021年3月1日施行的《刑法修正案（十一）》明确将贿赂、欺诈、电子入侵写入《刑法》，虽然对诱导违反保密义务的方式规定还不是很明确，但随着中美协议的履行，我国企业在保护商业秘密，或引入商业秘密的时候需要更加细致周全，制定完善的保护制度。例如，在以往的商业秘密刑案中，被判的只是侵犯商业秘密的跳槽人员，但随着中美协议的进一步履行，未来诱导违反保密义务的行为人也有可能引发一定的风险，因此，公司、企业在“挖人”时应当要做好合规管理。

（三）侵犯商业秘密罪的追诉标准（How）

本罪原来属于结果犯，侵犯商业秘密的行为必须给商业秘密权利人造成重大损失才能构成犯罪。但《刑法修正案（十一）》进行了修改，将结果犯改为了情节犯，《中华人民共和国政府和美利坚合众国政府经济贸易协议》取消了任何将商业秘密权利人确定发生实际损失作为启动侵犯商业秘密刑事调查前提的要求。因此，自 2021 年 3 月 1 日开始，侵犯商业秘密的行为只要达到情节严重的程度，即可构成犯罪，这意味着即使侵犯商业秘密的行为没有给权利人造成重大损失，也有可能引发刑事风险。至于“情节严重”的标准，还需要等待司法解释予以明确。

商业秘密作为一种无形财产，与其他有形财产存在明确的价值相比，其价值不确定，且受多种因素的影响，权利人因商业秘密被侵犯而遭受损失的计算标准也很难确定。所以以往司法实践中，容易因无法计算损失而使得一些侵犯商业秘密的行为无法得到刑事处罚。《刑法修正案（十一）》施行之后，不再以给权利人造成重大损失作为追诉标准，也就意味着对侵犯商业秘密行为的刑事打击会更加容易，侵犯商业秘密的刑事风险加大，这需要引起相关公司、企业的重视。

◎法律法规链接

◆《刑法》（2020 年修正）第 219 条

◆《反不正常竞争法》（2019 年修正）第 9 条、第 17 条、第 21 条

◆最高人民检察院、公安部《关于修改侵犯商业秘密刑事案件立案追诉标准的规定》（2020 年 9 月 17 日实施）

◆最高人民法院、最高人民检察院《关于办理侵犯知识产权刑事案件具

体应用法律若干问题的解释（三）》（2020 年 9 月 14 日实施）第 3 ~ 5 条

◆最高人民法院、最高人民检察院《关于办理侵犯知识产权刑事案件具体应用法律若干问题的解释（二）》（2007 年 4 月 5 日实施）第 6 条

◆最高人民法院、最高人民检察院《关于办理侵犯知识产权刑事案件具体应用法律若干问题的解释》（2004 年 12 月 22 日实施）第 6 条

◆国家工商行政管理局《关于禁止侵犯商业秘密行为的若干规定》（1998 年 12 月 3 日实施）第 2 条、第 3 条

八、为境外窃取、刺探、收买、非法提供商业秘密的风险

（一）为境外窃取、刺探、收买、非法提供商业秘密罪的主体范围（Who）

这是《刑法修正案（十一）》新增的罪名，主体是一般主体，既包括个人，也包括单位，单位构成犯罪的，其主管人员和直接责任人员亦要承担刑事责任。

（二）为境外窃取、刺探、收买、非法提供商业秘密罪的行为界限（What）

本罪的行为对象是商业秘密，其认定的标准与侵犯商业秘密罪中的商业秘密是一样的，在此不再赘述。本罪的行为方式包括窃取、刺探、收买、非法提供这四种。“窃取”，是指秘密盗取商业秘密。“刺探”，是指使用探听、搜集、骗取等方式获得商业秘密。“收买”，是指利用金钱、物质或者其他利益换取商业秘密。“非法提供”，是指违反法律规定，通过各种途径进行提供。本罪要求行为人明知是商业秘密而为境外组织、机构、人员窃取、刺探、收买、非法提供。如果行为人不知道是商业秘密的，不应当引发本罪的刑事风险。

（三）为境外窃取、刺探、收买、非法提供商业秘密罪的行为界限（How）

根据《刑法修正案（十一）》的规定，本罪属于行为犯，没有情节和结果上的要求，只要实施了为境外的机构、组织、人员窃取、刺探、收买、非法提

供商业秘密的行为，就有可能引发本罪的风险，如果情节严重，可以处5年以上有期徒刑并处罚金。刑事风险是比较大的，因此，公司、企业及其人员在与境外的机构、组织、人员交往的过程中，要注意对商业秘密的保护，做好合规管理。

◎法律法规链接

◆《刑法》（2020年修正）第219条之一

第三章　知识产权管理中的刑事合规

从前面两章的风险提示和风险分析来看，公司、企业及其人员在商标、专利、著作权、商业秘密这四大板块都有触犯《刑法》进而引发犯罪的风险，与此同时，公司、企业所拥有的商标、专利、著作权、商业秘密也存在被他人侵犯而引发被害的风险。引发犯罪的风险，公司、企业将遭受巨额罚金，相关人员将丧失自由；引发被害的风险，公司、企业将遭受巨额的直接损失或间接损失，有时即使赢得了官司，却可能丧失了市场。因此，无论是引发哪种风险，后果都是非常严重的。此外，随着社会的不断进步和发展，知识产权作为战略资源的地位日益凸显，知识产权日益成为企业核心竞争力和企业经营战略的核心，关系着企业能否在行业占据领先地位。

因此，知识产权管理对企业而言是非常重要的，尤其是那些科技型和创新型企业，既要避免违法“侵犯他人的知识产权”，也要关注“自身的发明创造成果不被他人侵犯”。由于刑法是所有法律的后盾法，刑事处罚是最严重的制裁手段，知识产权犯罪不但触犯了《刑法》，同时也必然违反了其他知识产权领域的法律法规。比如，假冒注册商标和销售假冒注册商标的商品的商标类犯罪行为，必然也违反了《商标法》。反过来，如果行为人的行为遵守了《商标法》的规定，符合《商标法》的规定，也就不会触犯商标类的犯罪，同时还能防范民事侵权和行政处罚等其他法律风险。因此，企业有必要针对知识产权管理构建完整的合规体系，使企业及工作人员的行为符合知识产权相关的法律、规则和准则，这样不但可以防范刑事法律风险，还可以防范民事和行政等法律风险。但由于刑事法律风险爆发所产生的危害性是最严重的，企业应当清楚哪些举措和内容是防范刑事法律风险的，优先做好刑事合规。

一、建立健全知识产权管理制度

所谓知识产权合规，是指企业与知识产权相关的活动要符合法律、规则和准则的要求，由于与知识产权相关的法律、规则和准则繁杂众多，要使企业行为合规，需要企业结合自身的组织构架、业务流程和知识产权现状制定合理的知识产权管理制度，确保企业的经营和研发行为在涉及他人知识产权时能在合法合规的前提下开展，确保企业自身研发和拥有的知识产权不受他人侵犯。因此，建立健全知识产权管理制度，首要的是建立健全知识产权保护制度，不但要构建保护自身知识产权的制度，还要构建第三方知识产权保护的制度，前者用以防范自身知识产权被侵犯，后者用以防范侵犯他人知识产权。

（一）关于商标的管理制度

商标是知识产权的一大领域，大部分企业都会涉及商标的使用，商标的使用也关系企业自身的信誉和经济效益，所以企业应当加强对商标的管理，对商标的设计、申请、使用都要建立严格的工作制度，使企业的商标行为合法合规。比如，商标的设计要有严格的内部审核程序，以审核商标是否有显著性和识别性，避免与他人的注册商标相同。如果以与他人注册商标相同的商标申请注册，这种申请无法获得批准；如果在商品上使用与他人注册商标相同的商标，则会引发假冒注册商标罪。比如，商标的注册申请，要迅速及时，因为《刑法》保护的商标限于注册商标，未注册的商标虽然也受《商标法》的保护，但丧失了使用刑事手段进行保护的机会。另外，在申请注册商标时，除了将主品牌注册为商标，还应有选择地对相近商标进行注册，除了在本类别注册商标外，还应在相关类别进行注册，这样虽然损失了一部分的注册费用，但有利于保护具有商业价值的注册商标，精准打击假冒注册商标的行为，应当在多大范围内进行注册申请则需要通过制度综合权衡。比如，对商标的使用，一方面在使用不是自己企业注册的商标时，要进行严格的审查，审查该商标是否已被他人所注册，审查商标使用的商品类别，避免引发假冒注册商标罪的风险；另一方面，将自己注册商标或注册商标标识许可或转让给他人使用时，要认真签署许可合同，避免他人超越许可范围或者期限使用，避免因为合同签署不明而产生自己注册的商标被他人假冒的风险，避免注册商标被侵权但却无法进行刑事追诉的风险。再如，商标标识的印制，要对商标标识尤其是注册商标标识的印制和生产实行严格的责任制度，选择有资质、信誉好、相对固定的印制单位，认真签署相应的合同，对印制中的残次、废旧商标标识作出一律予以销毁等规定，避免他人非法制造注册商标标识或销售这些非法制造的标识。又如，商标标识的领用，要建立登记领域制度，明确两名以上的保管人员，负责清点数量，建立完整的出入库登记台账。总体而言，这些制度应当根据企业自身的特点和实际状况将相应的法律、法规、规则落实到企业的实际运行之中。除了要对具体的商标行为制定严格的工作制度外，还要建立健全商标档案，包括商标注册、商标使用、商标管理和商标保护等相关资料，包括商标注册证、商标的设计、注册申请、受理、核准、驳回复审、异议答辩、异议复审及答辩、争议答辩、转让、续展、变更、商标使用时间、商标许可使用、印制、商标质押、评估、商标争议的法律文书和裁判文书等资料，企业商标档案是否完整和管理好坏，关系到商标能否切实得到有效的保护。如两个申请人同日在同一种商品上申请同一注册商标，根据《商标法》的规定，同日申请注册的商标依据使用在先为主的原则，这时企业设计使用过的商标原始资料就成为关键证据。另外，良好的档案管理，有利于及时提供证据打击他人的侵权行为，也有利于为自己没有侵权的辩解及时提供证据。

（二）关于专利的管理制度

专利对于很多企业而言也是非常重要的产权，尤其是对技术创新企业而言，拥有多少专利成了企业的核心竞争力。比如，我国的华为公司，截至2018年年底，累计获得授权专利就有87,805项，其中有11,152项是美国专利，这是其能占据行业领先地位的制胜法宝。因此，企业应当制定适应本企业情况的覆盖企业各相关环节的专利产权管理制度，内容包括：（1）专利技术开发；（2）专利申请、维持、放弃的确定，职务与非职务发明的审查；（3）专利评价、评估；（4）专利资产运营，包括专利权转让、许可贸易、运用实施，专利作价投资、专利权质押等；（5）企业技术活动中形成的与专利申请相关技术档案的管理及对技术人员业务活动的规范；（6）对涉及专利技术开发权益的流动人员相关活动的规范；（7）专利权保护，包括专利侵权监视、专利诉讼及专利权边境保护等；（8）其他企业专利产权管理事项。此外，企业还要建立职工发明创造、申请专利的申报与审查制度，制定具体申报、审查程序和办法，建立适合本企业的专利信息利用机制，建立企业内部合理的专利考核评价、利益分配、奖励和责任追究制度，通过相关的制度，使企业的专利行为符合《专利法》和国家相关规定的要求，合法合规。在我国《刑法》中，涉及专利的罪名只有假冒专利罪，包括四种假冒专利行为，多为未经许可使用他人的专利号或伪造或者变造他人的专利证书、专利文件或者专利申请文件的。因此，只有经申请获得专利权的专利才是《刑法》所保护的对象，为了避免丧失通过刑事手段追诉责任，企业应当及时申请专利，否则专利即使被假冒，也无法追究侵权人假冒专利罪的刑事责任。同样的，在产品、包装、宣传材料、合同中如果要使用他人的专利号，要审核是否经过许可，审核专利许可合同，避免超越许可的使用范围，避免引发假冒专利罪的刑事风险。

（三）关于著作权的管理制度

就文化、软件等产业的企业而言，著作权是企业的命脉与核心，随着网络等新兴媒体平台的逐渐普及，著作权方面又出现了很多新的合规问题，有的企业侵犯他人的著作权不自知，有的企业自身的著作权遭受侵犯却不知道如何进行维权保护，为了使企业实施的著作权行为合法合规，应当加强著作权管理，制定相应的著作权管理制度，对著作权登记、使用、许可、转让、保护等方面进行规范，做好著作权归属管理，著作权、领接权合同管理，著作权纠纷管理，著作权经营管理，计算机软件著作权管理、网络著作权管理等，防止他人侵犯企业的著作权或者避免侵犯他人的著作权，特别注意防范著作权涉及的两个罪名：一个是侵犯著作权罪，另一个是销售侵权复制品罪。

（四）关于商业秘密的管理制度

商业秘密是具有商业价值的技术信息和经营信息，相比于其他知识产权，商业秘密具有一定的特殊性，比如，商标和专利需要通过申请，由国家授权，具有独占性和排他性，但都有保护时效，而商业秘密不需要申请也不需要授权，且无期限保护的期限优势是其他知识产权无法比拟的，它的保护方式主要在于采取保密措施，严格控制知悉范围，一旦被泄露，损失是无可估量的。对于商标、专利、著作权，我国有对应的《商标法》、《专利法》和《著作权法》

以及相应的实施细则，企业即使没有制定相应的管理制度，仍可以依据相应的法律法规进行管理，但商业秘密规定在《反不正当竞争法》中，我国没有专门的商业秘密法，而且对于商业秘密的范围和保密措施，需要根据企业具体情况予以规定，企业具有很大的自主性，而这些规定又直接影响对商业秘密的界定，进而影响是否引发刑事风险，因此，企业制定商业秘密管理制度显得尤为重要。通常而言，企业应当根据自身实际情况，对商业秘密的技术信息和经营信息的范围予以界定，并明确保护商业秘密的措施，如在车间设置保密区、对商业秘密资料和文件进行标记与管理、对计算机设置秘密口令等，制定严格的保密制度，明确企业员工的保密义务和竞业限制义务，在招聘和离职环节把好关口，防止商业秘密泄露或者侵犯他人的商业秘密。需要注意的是，制定商业秘密的管理制度，不但有利于保护商业秘密，而且有利于增加商业秘密的价值。一般来说，商业秘密的价值＝得到/保护该商业秘密的投入成本。因此，日常投入商业秘密的精力越多，商业秘密估值就会越大。

二、建立健全知识产权管理组织

再好的知识产权管理制度，也需要有人贯彻落实。因此，做好合规，除了要搭制度外，还要建组织，通过良好的组织构架进行分工合作，并推进实施。由于知识产权具有较强的专业性，对知识产权在企业战略中占据重要地位的企业来说，在有条件的情况下，应当专门设立知识产权管理的职能部门，全权负责知识产权的管理与决策，包括制定战略、宣传培训、提供咨询、办理注册申请、解决知识产权纠纷等与知识产权有关的事务，这样可以避免职能分散，有利于集中进行合规管理。对于知识产权事务较广的企业，还可以根据知识产权种类再划分商标管理部门、专利管理部分、著作权管理部门或商业秘密管理部门等。对于规模较小的企业，即使不单独设置专门的职能部门，也应当配备具有知识产权专业知识的人员进行专门管理。从实践来看，无论是老牌的企业还是新型的跨国公司，如美国的IBM、可口可乐、苹果、微软、高通，德国的西门子、博世、奔驰，荷兰的飞利浦，日本的松下、索尼、日立、丰田，韩国的三星、LG，中国的中兴、华为等公司，都十分重视企业知识产权管理，普遍设立专门的知识产权管理部门，配备专业的人员，使知识产权战略全面融入企业经营战略，形成企业创新发展的不竭动力和市场竞争的强大优势。

三、建立健全知识产权管理流程

相比于法务工作，知识产权合规管理是一个系统工程，不是一个知识产权管理职能部门就能全部解决的，还需要构建覆盖全公司各个业务领域和其他职能部门的合规管理流程，形成一整套分工协作的合规体系，在各项业务流程和项目中确保企业的经营活动，尤其是在研发活动涉及他人知识产权时，能够合法合规地开展。因此，知识产权合规管理虽然由知识产权管理部门牵头负责，但需要辐射到技术、经营、生产、法律、财务、人力资源等各个部门，有条件的企业，还可以在各个部门设置知识产权管理责任人，然后根据业务流程掌握合规控制点，尤其是刑事合规控制点，并根据业务运作中发现的问题结合相关案例持续开展管理改进。华为是一家被外界高度关注的公司，他们在知识产权与商业秘密的保护上采用了非常严格的标准来要求员工，并建立了体系化的管理制度。根据其在2019年6月27日发布的《华为创新与知识产权白皮书》，华为自成立以来陆续颁布了多项关于第三方知识产权保护的管理规定，如《关于尊重第三方知识产权及其它合法权益的管理规定》《华为员工商业行为准则》《关于尊重与保护他人商业秘密的管理规定》《第三方软件管理办法》《开源软件及软件开源管理办法》《华为公司商标管理办法》等管理制度，对员工在经营活动中获取的第三方保密信息、商业软件、专利、商标等各类知识产权有明确和详细的要求。华为要求所有候选人在招聘面试入职环节签署《知识产权和商业秘密保护承诺书》，让候选人明确知晓华为尊重其他公司和个人保密信息的基本政策。华为的《员工聘用协议书》明确要求，雇员不得向华为披露或者在工作中使用第三方的技术秘密、商业秘密或其他知识产权，也不得在华为办公场所、工作电脑等中持有第三方保密信息。员工入职后，还要继续参加知识产权合法合规课程培训。华为每年例行组织员工进行华为员工商业行为准则（BCG）学习和承诺签署、开展自查自纠，并严格查处违规行为，努力保障各项制度得到落实。华为通过采取这些合规举措，确保员工尊重他人知识产权，也保护了自有的知识产权，是知识产权合规管理的典范，值得借鉴学习。

四、重视刑事追诉和防范刑事风险

应该说，所有的知识产权犯罪都是广义的知识产权侵权，两者的行为表现有时是一样的，差别在于情节和产生的危害后果，前文分析了每一个知识产权犯罪的追诉标准，达到了那些立案标准就构成了刑事犯罪，可以进行刑事追诉，没有达到那些立案标准，就是侵权行为，可以进行行政处罚和承担民事赔偿责任。下面罗列了各类侵犯知识产权行为的民事、行政和刑事法律责任（见表8－9、表8－10、表8－11、表8－12）。

（1）商标类侵权行为

表8－9　商标类侵权责任

责任类型	法律依据	内容
民事责任	《商标法》第63条	侵犯商标专用权的赔偿数额，按照权利人因被侵权所受到的实际损失确定；实际损失难以确定的，可以按照侵权人因侵权所获得的利益确定；权利人的损失或者侵权人获得的利益难以确定的，参照该商标许可使用费的倍数合理确定。对恶意侵犯商标专用权，情节严重的，可以在按照上述方法确定数额的1～5倍确定赔偿数额。赔偿数额应当包括权利人为制止侵权行为所支付的合理开支
行政责任	《商标法》第60条第2款	工商行政管理部门处理时，认定侵权行为成立的，责令立即停止侵权行为，没收、销毁侵权商品和主要用于制造侵权商品、伪造注册商标标识的工具，违法经营额5万元以上的，可以处违法经营额5倍以下的罚款，没有违法经营额或者违法经营额不足5万元的，可以处25万元以下的罚款。对5年内实施两次以上商标侵权行为或者有其他严重情节的，应当从重处罚。销售不知道是侵犯注册商标专用权的商品，能证明该商品是自己合法取得并说明提供者的，由工商行政管理部门责令停止销售
刑事责任	《刑法》第213条	未经注册商标所有人许可，在同一种商品、服务上使用与其注册商标相同的商标，情节严重的，处3年以下有期徒刑或者拘役，并处或者单处罚金；情节特别严重的，处3～10年有期徒刑，并处罚金
	《刑法》第214条	销售明知是假冒注册商标的商品，违法所得数额较大或者有其他严重情节的，处3年以下有期徒刑，并处或者单处罚金；违法所得数额巨大或者有其他特别严重情节的，处3～10年有期徒刑，并处罚金

续表

责任类型	法律依据	内容
刑事责任	《刑法》第215条	伪造、擅自制造他人注册商标标识或者销售伪造、擅自制造的注册商标标识，情节严重的，处3年以下有期徒刑，并处或者单处罚金；情节特别严重的，处3~10年有期徒刑，并处罚金

（2）专利类侵权行为

表8-10　专利类侵权责任

责任类型	法律依据	内容
民事责任	《专利法》第71条	侵犯专利权的赔偿数额按照权利人因被侵权所受到的实际损失或者侵权人因侵权所获得的利益确定；权利人的损失或者侵权人获得的利益难以确定的，参照该专利许可使用费的倍数合理确定。对故意侵犯专利权，情节严重的，可以在按照上述方法确定数额的1~5倍确定赔偿数额。权利人的损失、侵权人获得的利益和专利许可使用费均难以确定的，人民法院可以根据专利权的类型、侵权行为的性质和情节等因素，确定给予3万~500万元的赔偿。赔偿数额还应当包括权利人为制止侵权行为所支付的合理开支
行政责任	《专利法》第68条	假冒专利的，除依法承担民事责任外，由负责专利执法的部门责令改正并予公告，没收违法所得，可以处违法所得5倍以下的罚款；没有违法所得的或者违法所得在5万元以下，可以处25万元以下的罚款，构成犯罪的，依法追究刑事责任
刑事责任	《刑法》第216条	假冒他人专利，情节严重的，处3年以下有期徒刑或者拘役，并处或者单处罚金

（3）著作权类侵权行为

表8-11　著作权类侵权责任

责任类型	法律依据	内容
民事责任	《著作权法》第54条	侵犯著作权或者与著作权有关的权利的，侵权人应当按照权利人因此受到的实际损失或者侵权人的违法所得给予赔偿；权利人的实际损失或者侵权人的违法所得难以计算的，可以参照该权利使用费给予赔偿。对故意侵犯著作权或者与著作权有关的权利，情节严重的，可以在按照上述方法确定数额的1~5倍给予赔偿。权利人的实际损失、侵权人的违法所得、权利使用费难以计算的，由人民法院根据侵权行为的情节，判决给予500元~500万元赔偿。赔偿数额还应当包括权利人为制止侵权行为所支付的合理开支

续表

责任类型	法律依据	内容
行政责任	《著作权法》第53条	损害公共利益的，由主管著作权的部门责令停止侵权行为，予以警告，没收违法所得，没收、无害化销毁处理侵权复制品以及主要用于制作侵权复制品的材料、工具、设备等，违法经营额5万元以上的，可以并处违法经营额1～5倍罚款；没有违法经营额、违法经营额难以计算或者不足5万元的，可以并处25万元以下的罚款；构成犯罪的，依法追究刑事责任
刑事责任	《刑法》第217条	以营利为目的，侵犯著作权或者与著作权有关的权利，违法所得数额较大或者有其他严重情节的，处3年以下有期徒刑，并处或者单处罚金；违法所得数额巨大或者有其他特别严重情节的，处3～10年有期徒刑，并处罚金
	《刑法》第218条	以营利为目的，销售明知是本法第217条规定的侵权复制品，违法所得数额巨大或者有其他严重情节的，处5年以下有期徒刑，并处或者单处罚金

（4）商业秘密类侵权行为

表8－12　商业秘密类侵权责任

责任类型	法律依据	内容
民事责任	《反不正当竞争法》第17条	经营者恶意实施侵犯商业秘密行为，情节严重的，可以按照被侵权所受到的实际损失数额（实际损失难以计算的，按照侵权人因侵权所获得的利益确定）的1～5倍确定赔偿数额。赔偿数额还应当包括经营者为制止侵权行为所支付的合理开支。如果实际损失和所获得的利益都难以确定的，由人民法院根据侵权行为的情节判决给予权利人500万元以下的赔偿
行政责任	《反不正当竞争法》第21条	侵犯商业秘密的，由监督检查部门责令停止违法行为，没收违法所得，处10万～100万元罚款；情节严重的，处50万～500万元的罚款
刑事责任	《刑法》第219条	侵犯商业秘密，情节严重的，处3年以下有期徒刑，并处或者单处罚金；情节特别严重的，处3～10年有期徒刑，并处罚金
	《刑法》第219条之一	为境外的机构、组织、人员窃取、刺探、收买、非法提供商业秘密的，处5年以下有期徒刑，并处或者单处罚金；情节严重的，处5年以上有期徒刑，并处罚金

从以上内容可以看出，对于知识产权民事和行政案件来说，侵权成本低是企业知识产权保护面临的一大问题，虽然有些地方法院探索建立知识产权侵权惩罚性赔偿制度，将市场价值作为知识产权赔偿数额计算的参考，通过对律师费、公证费等维权合理支出在赔偿额中单独计算等措施，提高知识产权侵权赔偿数额，希望通过让侵权者付出巨大代价以减少侵权行为，但实际效果并不理想。与此同时，很多企业在知识产权被侵犯后，往往面临着“赢了官司、输了市场”的困境。在知识产权合规管理过程中，如果熟练掌握各类知识产权犯罪的追诉标准，在侵权行为的情节和后果达到标准后，可以及时运用刑事控告手段积极维权，有利于提高效率。反过来，如果企业侵犯到他人的知识产权，也要积极对照各类知识产权犯罪的追诉标准，评估侵权行为的情节和后果，及时采取相应的措施进行补救，消除某些后果或者将损失降到最低，有效控制和防范知识产权犯罪的刑事风险。

第九篇

清算破产须谨慎

——要让企业有始又有终

第一章　清算破产中的风险提示

所谓“清算”，是指公司、企业因某种原因终止时，由清算组或清算人实施的对公司、企业财产、债权、债务及未了结的事务进行最后清理、变卖、处理和分配的法律行为。公司、企业出现法定的解散事由，就进入清算程序。在清算期间，清算组或者清算人应当严格依法行使职权、履行清算义务，企业及相关人员也应当积极配合，不得故意隐匿财产、不得对资产负债表或者财产清单作虚伪记载或者在未清偿债务前分配企业财产。否则，这些行为不但会遭受行政处罚，严重的还可能会构成犯罪。

所谓“破产”，是指公司、企业因不能清偿到期债务或出现资不抵债，而通过法定程序清偿财产、偿还债权而终止其法人资格的法律活动。可见，公司、企业不能清偿到期债务或者出现资不抵债是申请破产的前提条件，这个前提必须是真实、客观存在的。如果故意隐匿财产、承担虚构的债务或者以其他方法转移、处分财产，试图通过破产程序逃避债务，上述行为是法律所禁止的，严重的也会引发刑事风险，具体包括以下两类：

一、妨害清算罪

依据		罪状	法定刑
《刑法》	第 162 条	公司、企业进行清算时，隐匿财产，对资产负债表或者财产清单作虚伪记载或者在未清偿债务前分配公司、企业财产，严重损害债权人或者其他人利益的	对其直接负责的主管人员和其他直接责任人员，处 5 年以下有期徒刑或者拘役，并处或者单处 2 万 ~ 20 万元罚金

二、虚假破产罪

依据		罪状	法定刑
《刑法》	第162条之二	公司、企业通过隐匿财产、承担虚构的债务或者以其他方法转移、处分财产，实施虚假破产，严重损害债权人或者其他人利益的	对其直接负责的主管人员和其他直接责任人员，处5年以下有期徒刑或者拘役，并处或者单处2万~20万元罚金

第二章　清算破产中的风险分析

风险提示

△公司的分支机构能否构成妨害清算罪的主体?

△公司内部成立清算小组对公司进行整合的行为是否属于公司清算?

△公司真实破产是否就不会引发虚假破产罪的刑事风险?

一、妨害清算的风险

◎案例 9－1①

场景回放

中山公司原系长宁区建委管辖下的一个国有公司，和城公司系长宁区市政公司的子公司。和城公司专门设立五金工具部，交由沈某国、徐某华、汪某涛共同负责经营。1996 年 10 月至 1997 年 7 月 31 日，和城公司以广告费、橱窗、代发工资、打字费、自行车、拨款等方式，逐步向五金工具部投入资金约人民币 316,369.78 元。1997 年 8 月，和城公司成立五金分公司，取得了非独立核算、非企业法人的营业执照，任命沈某国为负责人，采用赊账方式经营。1997 年 9 月底，长宁区建委宣布由中山公司接管和城公司。中山公司经过调查决定对市政公司下属的全部三产企业进行自我清理和整顿，并于 1998 年 4 月 7 日成立清理小组负责和城公司日常工作，召开和城公司全体职工会议，要求和城

① 参见《刑事审判参考》第 269 号：沈某国等挪用资金、妨害清算案，载张军主编，中华人民共和国最高人民法院刑事审判第一庭、第二庭编：《刑事审判参考》（第 6 辑，总第 35 辑），法律出版社 2003 年版。

公司所属企业的印章全部移交清理小组。因考虑五金分公司经营情况较好，清理小组同意五金分公司继续经营，但要求五金分公司1万元以上的货款支付必须得到清理小组同意，并收缴了五金分公司的支票印鉴章。

1998年5月到6月，清理小组从月份报表上发现五金分公司出现亏损现象，要求沈某国说明亏损原因。沈某国、徐某华、汪某涛无视清理小组的要求，不愿如实汇报五金分公司的经营状况，且五金分公司账册开设混乱。中山公司经研究认为，五金工具项目与中山公司经营的内容不相符，决定关闭五金分公司，并于7月28日将该决定告诉沈某国。沈某国向清理小组提出由沈某国、徐某华、汪某涛3人买断五金分公司，将自己的劳动关系先行调入和城公司，再转入街道的要求，清理小组表示可以考虑，让沈某国提出书面申请。之后，沈某国等人以落实劳动关系和对中山公司要求其支付承包费47万余元的数额有异议为由，一方面与清理小组进行交涉，另一方面开设富劳公司第二门市部，将五金分公司的大部分库存物资转移隐匿到该门市部仓库内，并对所转移的商品部分作退货处理，部分与供货单位重新签订销售合同。同年9月底，清理小组得知上述情况。于10月9日向沈某国发出在7日内移交五金分公司全部资产、账册的书面通知；10月13日清理小组与沈某国、徐某华面谈时再次强调了7天内移交的决定，两人答应办理移交。嗣后，3人将账册全部转移，并成立富劳公司第三门市部，由沈某国负责，然后将分公司剩余的库存物资全部搬空。为此，中山公司于1999年4月向警方报案。

审理结果

一审法院认为，被告人沈某国、徐某华、汪某涛作为五金分公司直接负责的主管人员和直接责任人员，在明知清理小组已进驻和城公司依法履行对公司资产的清算，且对分公司的清算作出明确规定的情况下，为牟私利，未经清理小组的许可，在五金分公司未清偿债务前，隐匿财产，并擅自处分五金分公司资产，妨害清算程序的正常进行，并严重损害了债权人和其他人利益，行为已经构成妨害清算罪。故认定被告人沈某国犯妨害清算罪，判处有期徒刑3年，并处罚金人民币4万元，认定被告人徐某华和汪某涛犯妨害清算罪，均判处有期徒刑2年，并处罚金人民币3万元。

在二审过程中，上诉人提出和城公司没有依法进入破产程序或歇业程序，不能对分公司进行清算，二审法院则认为，中山公司根据长宁区建委的决定，在接管市政公司及其下属管理的企业之后，对所属企业进行内部调整和清理，派遣清理小组进驻和城公司进行清理整顿，决定关闭、清算和城公司下属分公司等行为，均属于企业内部的资产调整，合法有据。尽管和城公司没有进入破产程序，但法律规定公司、企业的关闭、合并或破产均可以进行清算，除有破产清算的特殊程序外，还有非破产清算程序。中山公司作为上级主管单位，有权对本公司内部进行清算。

此外，沈某国、徐某华、汪某涛三被告人在清理小组已经进驻和城公司，依法对分公司进行清算，要求移交分公司资金、账册的情况下，仍有意隐匿公司的财会账册，擅自处置公司财产，将库存商品转移至私营企业，或作退货处理或进行债权债务转移，其行为客观上妨害了清算程序的正常进行。但认定该行为严重损害了债权人或者其他人利益的证据不足。首先，分公司采用的是赊账经营方式，库存物资的所有权并不属于和城公司，只有所赊账的物资被卖出或处置后，和城公司与供货单位才能形成债权和债务关系。而三被告人将分公司库存商品逐步搬入富劳公司后，及时对库存商品分别作了退货或重新开具发票等处理，与供货单位建立了新的债权债务关系；也正因为此，至今未发生赊账单位与和城公司因为沈某国等人的上述行为而引起的债权债务纠纷和诉讼。因此，根据现有证据，无法认定沈某国、徐某华、汪某涛实施的转移库存商品的行为，造成了债权无法偿还等严重损害债权人利益的后果。其次，分公司成立之初，和城公司以帮助支付广告费、打字费、招聘费、拨款等形式向分公司进行了316,369.78元的投资，但这些投资基本上都消耗于五金分公司经营活动中，且和城公司已陆续从分公司提回现金5.8万元，因而，投资款不能简单地加减认定25万余元，实际情况应当考虑消耗因素的存在；另外，据会计鉴定显示，分公司在案发前已经营亏损人民币5.4万余元。因此，认定沈某国、徐某华、汪某涛在清算期间转移财产等行为造成了和城公司巨额财产损失的证据也不充分。故原判认定沈某国、徐某华、汪某涛三人构成妨害清算罪不当，二审应予纠正。

（一）妨害清算罪的主体范围（Who）

1. 单位与自然人

根据《刑法》的规定，本罪的主体是特殊主体，只能是公司、企业，但这里的公司、企业不以法人资格为要件，不具有法人资格的分支机构也可以构成本罪的主体。例如，在案例9-1中，沈某国等3人的行为因以五金分公司的名义实施，体现了五金分公司的意志，犯罪主体是五金分公司，该公司不具有独立的法人资格并不影响单位犯罪的成立，2001年1月21日最高人民法院《全国法院审理金融犯罪案件工作座谈会纪要》有明确规定，以单位的分支机构或者内设机构、部门的名义实施犯罪，违法所得亦归分支机构或者内设机构、部门所有的，应认定为单位犯罪。

本罪虽然只能是单位犯罪，但接受刑事处罚的却是自然人，是对妨害清算行为直接负责的主管人员和其他直接责任人员，这在刑法理论上称为“代罚制”。采取这种做法，是为了更好地保护债权人或者其他权利人的合法利益。这里说的直接负责的主管人员和其他直接责任人员，除了公司、企业里的管理人员，还包括清算组成员、法院指定的管理人以及清算组、管理人聘请的必要工作人员。如果部分债权人与其他第三人以逃避债务为目的，与上述人员共同实施妨害清算的行为，也可以引发本罪的刑事风险。

2. 原法定代表人

公司清算前已被宣告破产，也经依法指定成立了破产清算组，公司的原法定代表人不能再代表单位实施具有法律意义的行为，所以有人认为原法定代表人即使实施妨害清算的行为也无法体现单位意志，不能构成妨害清算罪。实际上，根据相关的法律规定，公司进行清算时，对于公司财产的清理、未了结业务的处理清算、所欠税款的清缴、债权债务的清理、清偿债务后对剩余财产的处理、民事诉讼的参与等活动虽然均应由清算组代表单位实施，但公司的法定代表人、财务管理人员以及其他经营管理人员自人民法院受理破产申请的裁定送达债务人之日起至破产程序终结之日，均应当妥善保管其占有和管理的财产、印章和账簿、文书等资料并根据人民法院、管理人的要求进行工作，如实回答询问，这是他们法定应当承担的义务。所以，法定代表人对其所在公司的资产负有全部移交清算组的义务，且其在对该资产未移交前仍负有以其原有身份进行管理公司资产的责任。因此，其在公司破产清算期间对公司资产所作的处理行为仍认定为履行职务的单位行为，代表的是单位的意志，仍可以引发妨害清算罪的风险。

（二）妨害清算罪的行为界限（What）

1. 行为时间

妨害清算的行为必须发生在公司、企业进行清算的过程中。“清算过程中”是引发妨害清算罪的时间限定条件。一般来说，“清算过程”始于清算组成立，终于公司、企业剩余财产分配完毕。需要特别注意的是，这里的清算并不限于破产清算，根据《公司法》第180条的规定，只要出现诸如公司章程规定的营业期限届满或者公司章程规定的其他解散事由、股东会或者股东大会决议解散、因公司合并或者分立需要解散、人民法院依照《公司法》第182条的规定予以解散等事由时，就可以成立清算组，进入清算过程。案例9－1的被告人以和城公司没有依法进入破产程序或歇业程序，不能对分公司进行清算为由进行抗辩是不能成立的，中山公司对所属企业进行内部调整和清理，决定关闭、清算和城公司下属分公司，并派遣清理小组进驻和城公司进行清理整顿就属于清算过程中，符合该罪的时间要求。

2. 行为方式

行为人客观上实施了妨害清算的行为，具体包括以下三种方式：

（1）隐匿公司、企业财产

隐匿财产，是指将公司、企业的财产予以隐瞒、转移、藏匿的行为。这里的财产既包括资金，也包括机器、设备、货物、产品、工具等各种财物；既包括动产，也包括不动产。实践中，隐匿财产通常表现为擅自隐藏公司、企业的动产与不动产，使其不被列入公司、企业资产的范围，比如，企业投资建设或购买的职工宿舍，文化福利设施以及对外长期投资的设备等。需要特别注意的是，公司、企业的资产不以有无列入财务账册而影响其性质，如“小金库”现金或者以“小金库”现金购买的股票，以应收租金直接购买的轿车以及废旧电机所得的款项等，如果误认为这些没有入账的财产就不是公司资产而进行隐匿、转移或者挪用，仍会陷入妨害清算罪的风险。

（2）对资产负债表或者财产清单作虚伪记载

对资产负债表或者财产清单作虚伪记载，是指公司、企业在清算组编制资产负债表或者财产清单时，故意采取隐瞒或者欺骗等方法，对资产负债或者财产清单进行虚报虚记，以达到逃避公司、企业债务的目的。资产负债表，是指反映公司、企业在某一特定时期内财务状况的会计报表，主要记载公司、企业的实有资产和现实负债情况。财产清单，是指公司、企业现有各类财产的统计汇总明细表。这里的虚伪记载既可以采用少报、低报的手段，故意隐瞒或者缩小公司、企业实际财产的数额，使资产负债表、财产清单上的资产比公司、企业实际拥有的财产少，从而使债权人无法获得实际财产的抵偿；也可以夸大、多报公司、企业的实际资产，进行超出原有价值的虚报，如对公司、企业的厂房、设备、产品的实际价值高估高报，欺骗债权人，用以抵债或偿还债务；还可以是对现实的债权债务状况进行不实记载，如虚构或者夸大债务、少报债权；等等。

（3）在未清偿债务前分配公司、企业财产

在未清偿债务前分配公司、企业财产，是指在清算过程中，违反法律规定，在还未清偿债务前，将公司、企业的财产擅自予以分配。根据《公司法》第 186 条第 2 款的规定，公司财产在分别支付清算费用、职工的工资、社会保险费用和法定补偿金，缴纳所欠税款，清偿公司债务后，有剩余财产的，才能向股东分配。如果在未支付费用或者清偿债务前，就向股东或者其他人分配公司、企业财产，必然会损害债权人或者其他权利人的利益，属于妨害清算的行为方式。

无论实施何种行为，行为人都是为了单位利益故意实施的，如果是过失，则不会引发本罪的刑事风险；如果单纯是为了牟取个人私利，利用清算的职权徇私舞弊，牟取非法收入或者侵占公司财产，可以引发侵占类犯罪的风险，而不是本罪。

在案例 9 - 1 中，沈某国等 3 人在清理小组已经进驻和城公司，依法对分公司进行清算，要求移交分公司资金、账册的情况下，仍有意隐匿公司的财会账册，擅自处置公司财产，将库存商品转移至私营企业，作退货处理或进行债权债务转移，其行为客观上妨害了清算程序的正常进行，属于妨害清算行为。

（三）妨害清算罪的追诉标准（How）

根据《刑法》的规定，本罪属于结果犯，妨害清算的行为必须造成严重损害债权人或者其他人利益的危害结果，才能构成犯罪。根据 2010 年 5 月 7 日最高人民检察院、公安部《追诉标准的规定（二）》第 7 条的规定，公司、企业进行清算时，隐匿财产，对资产负债表或者财产清单作虚伪记载或者在未清偿债务前分配公司、企业财产，涉嫌下列情形之一的，应予立案追诉：（1）隐匿财产价值在50万元以上的；（2）对资产负债表或者财产清单作虚伪记载涉及金额在50万元以上的；（3）在未清偿债务前分配公司、企业财产价值在50万元以上的；（4）造成债权人或者其他人直接经济损失数额累计在10万元以上的；（5）虽未达到上述数额标准，但应清偿的职工的工资、社会保险费用和法定补偿金得不到及时清偿，造成恶劣社会影响的；（6）其他严重损害债权人或者其他人利益的情形。

在案例9－1中，二审法院认为沈某国等3人的行为属于妨害清算行为，但认定其行为严重损害了债权人或者其他人利益的证据不足。比如，二审法院认为现有证据无法认定沈某国等3人实施的转移库存商品的行为，造成了债权无法偿还等严重损害债权人利益的后果，或者造成和城公司巨额财产损失的后果，因尚未达到妨害清算罪的追诉标准，故认定沈某国等3人不构成妨害清算罪。

◎法律法规链接

◆《刑法》（2020年修正）第162条

◆《公司法》（2018年修正）第180～190条

◆《合伙企业法》（2006年修订）第87～90条

◆最高人民检察院、公安部《关于公安机关管辖的刑事案件立案追诉标准的规定（二）》（2010年5月7日实施）第7条

二、虚假破产的风险

◎案例9－2①

场景回放

1998年3月，吉林市龙潭山制药厂和美国建成公司共同出资成立鹿王制药公司，注册资本金1250万元。其中，龙潭山制药厂以“龙潭山”商标权作

① 参见（2019）吉0581刑初366号刑事判决书。

价250万元入股，占股20%，崔某、姜某、萧某共同出资1000万元，占股80%，萧某担任法定代表人和董事长，崔某实际控制该公司的人、财、物及公司的发展经营等重大决策事项，其先后聘请王某波、吴某翘等人管理企业生产经营。鹿王制药公司成立后，承接了龙潭山制药厂在农行吉林市分行的2000万元贷款，并一直在该行继续办理抵押贷款，截至2009年9月，鹿王制药公司欠农行贷款本息合计8329万余元。

2007年年初，崔某、吴某翘等人经过多次预谋，企图借农行股改上市的机会，通过非法手段将上述贷款列入不良，并注册成立新公司，将抵押资产通过拍卖转移至新公司，将未抵押资产及无形资产通过非法途径转移至新公司，致使鹿王制药公司成为“空壳”，再通过破产程序宣告公司破产，从而达到核销贷款的目的。在操作过程中，由崔某负责协调有关部门及人员，吴某翘负责实施具体违法行为，王某波等人负责提供资金等帮助。为此，崔某找到时任农行吉林市分行行长帮忙违规将企业贷款列入不良，同时吴某翘指使尹某鸿等人向银行提供虚假财务报表等材料，造成鹿王制药公司亏损假象。2008年11月，农行吉林市分行将鹿王制药公司的贷款剥离处理。2009年10月15日，农行吉林市分行依据“执行证书”向吉林市中级人民法院申请强制执行双方在9月签订的还款协议；同时崔某找到时任吉林市龙潭区工商局局长段某提供帮助，指使吴某翘、尹某鸿违规注册成立吉林市鹿王股份公司，用于购买接手鹿王制药公司的相关财产，吴某翘等人授意评估公司低评抵押资产，崔某之妻王某2找人作为陪衬参与竞买，最终鹿王股份公司以2005万元的低价购买抵押资产。执行后，农行吉林市分行保留债权6400余万元，未予追偿。2009年1月至2014年7月，崔某、王某2指使倪某燕为鹿王制药公司私设个人账户，管理账外资金，用于转移鹿王制药公司销售收入。王某2、王某波指使尹某鸿、倪某燕等财务人员采取虚开发票、虚增成本等方式向账外转移资金，隐瞒鹿王制药公司真实盈利情况。王某2以鹿王制药公司安置职工为名，安排吴某翘将该企业未抵押资产及无形资产（清查时已作为第二还款来源）等无偿转移至鹿王股份公司。

2011年9月，鹿王制药公司向吉林市龙潭区人民法院申请破产，崔某通过时任龙潭区委书记魏某授意龙潭区人民法院副院长刘某办理鹿王制药公司破产案，帮助崔某尽快完成企业破产。在崔某的主导协调、吴某翘、王某波、尹某鸿、倪某燕等人的具体实施、农行吉林市分行工作人员及相关涉事部门人员违法违规配合下，致使鹿王制药公司在持续营利性生产经营的情况下，通过隐匿、转移资产，于2014年8月破产终结，予以注销，农行吉林市分行101,918,760.1元的贷款被核销。

经对鹿王制药公司（鹿王股份公司）2009年至2014年7月的账内账外银行可收回资产进行审计和评估：鹿王制药公司抵押的房产价值43,990,697元；抵押的机器设备价值4,405,660.18元；未抵押的资产评估价值35,087,208.22元，该部分资产除在建工程外，全部转移至鹿王股份公司。2009年至2014年7月，鹿王制药公司（鹿王股份公司）经营利润65,064,113.57元。鹿王制药公司（鹿王股份公司）在2009年至2014年7月，转移到账外资金264,610,803.31元，计入账外账资金178,340,670.84元，尚有86,270,132.47元没有记账，支付王某2、王某波分红款3690余万元，用于鹿王股份公司注册资本金2000万元。鹿王制药公司（鹿王股份公司）2009年至2017年7月，账外账累计结余4,409,363.85元。

审理结果

法院经审理认为，被告人吴某翘、王某波、尹某鸿、倪某燕身为吉林市鹿王制药公司直接负责的主管人员和其他责任人员，通过隐匿、转移公司财产，实施虚假破产，严重损害债权人利益，其行为已构成虚假破产罪。遂根据各被告人的具体情节判决如下：(1) 被告人吴某翘犯虚假破产罪，判处有期徒刑1年6个月，并处罚金人民币5万元。(2) 被告人王某波犯虚假破产罪，判处有期徒刑1年1个月，并处罚金人民币3万元。(3) 被告人尹某鸿犯虚假破产罪，判处有期徒刑1年1个月，并处罚金人民币3万元。(4) 被告人倪某燕犯虚假破产罪，免予刑事处罚。

（一）虚假破产罪的主体范围（Who）

根据《刑法》的规定，本罪的主体，仅限于公司、企业，自然人不能单独引发本罪的刑事风险。与妨害清算罪相同，本罪的犯罪主体是单位，而接受刑事处罚的是单位直接负责的主管人员和其他直接责任人员，采用这种代罚制的立法目的是保护债权人或者其他利害关系人的合法利益。

在案例9-2中，进行虚假破产的是吉林市鹿王制药公司，吴某翘、王某波、尹某鸿、倪某燕是作为吉林市鹿王制药公司直接负责的主管人员和其他责任人员承担的刑事责任。当然，崔某是犯意的提起者且在虚假破产过程中起决定性作用，系主犯，即使其另案处理，法院也考虑了吴某翘等人所起的次要和辅助作用而认定四被告人为从犯。

（二）虚假破产罪的行为界限（What）

我国《刑法》对公司、企业在清算时隐匿财产或者在未清偿债务前分配财产，损害债权人或者其他人利益的行为规定为妨害清算罪，进行刑事处罚。但近年来一些公司、企业为逃避债务，在破产清算前就非法转移、隐匿或处分财产，或根本不具备破产条件，通过非法转移、隐匿或处分财产、虚构债务等方式造成资不抵债的假象，申请进入破产程序，以达到逃债目的。这些行为不仅违背社会诚信，严重损害债权人利益，而且妨害公司、企业管理秩序，破坏社会经济秩序，影响社会稳定。因此，2006 年《刑法修正案（六）》将这种虚假破产的行为纳入《刑法》调整的范围，规定了虚假破产罪。所谓虚假破产，是指通过隐匿财产、承担虚构的债务或者以其他方法转移、处分财产，虚构破产的原因和条件，然后启动破产程序的行为。

1. 虚构破产的原因和条件

“虚假破产”一般来说包括两种情形：一是实体上并没有真实的破产，以假破产的方式严重损害债权人或者其他人的利益，如公司、企业实施非法转移、处分财产的行为从而造成公司、企业资不抵债的状态，即公司、企业不能清偿到期债务，并且资产不足以清偿全部债务或者明显缺乏清偿能力，因此被人民法院实际上宣告破产，从而严重损害债权人或者其他人的利益的情形；二是实体上真实破产，但在破产程序中实施了严重损害债权人或者其他人利益的行为。

“虚假破产”通常采用隐匿财产、承担虚构的债务或者以其他方法转移、处分财产等手段。所谓“隐匿财产”，是指将公司、企业的资金、设备、产品、货物等财产全部或部分予以隐瞒、转移、藏匿，或者对公司、企业的资产负债表、财产清单作虚假记载，或者采用少报、低报的手段，故意隐瞒、缩小企业财产的实际数额，总之就是为逃避债务而将财产隐藏起来不让债权人、人民法院、破产管理人等知晓。所谓“承担虚构的债务”，是指捏造、承认不真实或不存在的债务，或夸大公司、企业的负债状况，目的是造成公司、企业资不抵债的假象。所谓“以其他方法转移、处分财产”，是指采用隐匿财产、承担虚构的债务以外的方法转移、处分财产，如在未清偿债务之前将公司、企业财产无偿转让、以明显不合理的低价转让或者以明显高于市场的价格受让财产、对原来没有财产担保的债务提供财产担保、放弃债权、对财产进行分配等情形。根据《企业破产法》的相关规定，其他方法主要包括以逃避债务为目的而实施下列行为：（1）无偿转让财产的；（2）以明显不合理的价格进行交易的；（3）对没有财产担保的债务提供财产担保的；（4）对未到期的债务提前清偿的；（5）放弃债权的；（6）为逃避债务而隐匿、转移财产的；（7）虚构债务或者承认不真实的债务的。

在案例9-2中，崔某等人的目的就是企图借农行股改上市的机会，通过非法手段将贷款列入不良，并注册成立新公司，将抵押资产通过拍卖转移至新公司，将未抵押资产及无形资产通过非法途径转移至新公司，致使鹿王制药公司成为“空壳”，再通过破产程序宣告公司破产，从而达到核销贷款的目的。也就是说，鹿王制药公司并没有真实的破产，而是通过提供虚假财务报表、低价转让抵押资产以及通过虚开发票、虚增成本、设立个人账户转移销售收入等方式，造成鹿王制药公司亏损的假象，致使鹿王制药公司在持续营利性生产经营的情况下，于2014年8月破产终结，予以注销，农行吉林市分行101,918,760.1元的贷款被核销。上述一系列操作均满足虚假破产的客观行为。

2. 启动破产程序

除了要虚假破产的原因和条件，还要启动破产的程序，即向法院提出破产申请。如果没有启动破产程序，不能引发本罪的风险。案例9-2中，鹿王制药公司于2011年9月申请破产，启动了破产程序，符合该条件。

（三）虚假破产罪的追诉标准（How）

虚假破产罪和妨害清算罪一样，都是结果犯，没有造成严重损害债权人或者其他人利益的危害结果，不会引发刑事风险。根据2010年5月7日最高人民检察院、公安部《追诉标准的规定（二）》第9条的规定，公司、企业通过隐匿财产、承担虚构的债务或者以其他方法转移、处分财产，实施虚假破产，涉嫌下列情形之一的，应予立案追诉：（1）隐匿财产价值在50万元以上的；

（2）承担虚构的债务涉及金额在50万元以上的；（3）以其他方法转移、处分财产价值在50万元以上的；（4）造成债权人或者其他人直接经济损失数额累计在10万元以上的；（5）虽未达到上述数额标准，但应清偿的职工的工资、社会保险费用和法定补偿金得不到及时清偿，造成恶劣社会影响的；（6）其他严重损害债权人或者其他人利益的情形。

◎法律法规链接

◆《刑法》（2020年修正）第162条之二

◆《公司法》（2018年修正）第187条

◆《企业破产法》第2条、第7条、第15条、第17条、第31～33条

◆最高人民检察院、公安部《关于公安机关管辖的刑事案件立案追诉标准的规定（二）》（2010年5月7日实施）第9条

第三章　清算破产中的刑事合规

公司清算，是指解散的公司清理债权债务，分配剩余财产，了结公司的法律关系，从而归于消灭的程序。公司清算包括普通清算（公司解散清算）和破产清算，无论是哪一种清算，都可以导致最终消灭公司主体资格的结果。一般来说，当公司资大于债时，债权人能够获得完全清偿，公司进行普通清算，由公司自行组成的清算组或法院指定的清算组接管公司财产，负责清算事务的执行；当公司资不抵债时，公司则会进入破产程序，由法院指定的破产管理人接管公司财产，负责财产的管理和处分。

无论是妨害清算还是虚假破产，都是行为人有意为之的行为，要控制和防范因此引发的刑事风险。一方面，行为人应当了解相关的《刑法》规定，掌握妨害清算罪和虚假破产罪的主体范围、行为界限和追诉标准，防范因不懂法而陷入刑事风险；另一方面，无论是清算还是破产，公司、企业都将面临终止的结局，在终止之前，公司、企业直接负责的主管人员和其他直接责任人员应当将守法理念贯彻到底，学习有关清算、破产的规定，掌握清算、破产的程序和要求，明确自己在清算、破产中的义务，合法合规地终结公司、企业。

一、普通清算中的合规管理

（一）确定清算期间

妨害清算罪的风险只发生在清算期间内，确定清算期间可以从时间上防范风险。清算分为普通清算和破产清算两种，一般来说，普通清算从清算组成立之日开始；而破产清算从法院裁定受理破产申请时开始。从清算开始后，不得擅自隐匿、转移、处分财产。

（二）成立清算组织

清算组织是代表公司、企业执行清算事务的机构或者个人，有限责任公司的清算组由股东组成，股份有限公司的清算组由董事或者股东大会确定的人员组成。逾期不成立清算组进行清算的，债权人可以申请人民法院指定有关人员组成清算组进行清算。这里的有关人员可以包括：（1）公司股东、董事、监事、高级管理人员；（2）依法设立的会计师事务所、律师事务所、破产清算事务所等社会中介机构；（3）依法设立的会计师事务所、律师事务所、破产清算事务所等社会中介机构中具备相关专业知识并取得执业资格的人员。不管是何身份，只要是清算组的成员，都应当忠于职守，不得利用职权牟取私利，也不得为了单位利益实施妨害清算的行为，否则就容易引发妨害清算罪的风险。

另外，清算组还应当及时备案，以获得合法的清算资格。根据相关的规定，公司应于成立清算组之日起 10 日内向工商登记机关提交备案资料。清算组只有经过备案后才具备合法的清算资格。在实践中，很多公司、企业并不重视清算环节，在解散时不进行清算或不按规定进行清算，这不仅影响了债权人的利益，也影响了社会信用和经济秩序，即使不引发刑事风险，也可能引发行政处罚的风险。

（三）清算组的职权

1. 清理财产、编制资产负债表和财产清单

这是清算组进行清算时行使的最重要的职责，也是刑事风险的高发环节。在这个环节，清算组织应当如实地清理公司、企业财产，如实记载、编制资产负债表和财产清单，不得弄虚作假，更不得隐匿、转移财产。

具体来说，清算组应对公司财产进行清理、分类，按照房屋、土地使用权、机器设备、无形资产、办公设备、现金等类别编制财产清单，核实每一类别项下标明资产的权利人，核查是否有相应的产权证书以及是否存在抵押、质押、租赁等权利受到限制的情形等。同时，清算组应核对公司账面记载的财产与实有财产是否一致，现有财产是否都是公司的财产、是否有他人的财产等情况。如有他人财产，应妥善处理，以免在公司清算结束后，财产权利人与公司

股东发生纠纷。清算组确定财产清理基准日及确定清算价值后，可按清算价值编制清查结束会计报表、资产负债表。

在清算组行使上述职权时，公司、企业的法定代表人、财务管理人员和其他经营管理人员具有配合的法定义务，应当妥善保管其占有和管理的财产、印章和账簿、文书等资料并如实回答询问。这些人员违反上述义务，隐匿、转移、处分财产的，也可以引发刑事风险。也是在这个环节中，清算组如果发现公司、企业财产不足清偿债务的，应当或者可以依法向人民法院申请宣告破产，从而进入破产清算。

2. 通知、公告债权人

清算组应当自成立之日起10日内通知债权人，并于60日内在报纸上公告。上述通知和公告的内容应当包括以下内容：（1）公司名称、清算原因、成立清算组的时间、清算组成员地址以及联系电话等；（2）申报债权的期限及需提交材料；（3）逾期申报的法律后果，债权人应当自接到通知书之日起30日内，未接到通知书的自公告之日起45日内，向清算组申报其债权。债权人申报债权，应当说明债权的有关事项，并提供证明材料。清算组应当对债权进行登记。在申报债权期间，清算组不得有选择地对部分债权人提前进行清偿，这有可能被认定为在未清偿债务前分配财产，也容易引发妨害清算罪的刑事风险。

3. 处理公司人员和财产、清理债权债务

首先，清算组需要处理的职工问题包括与全体职工解除劳动合同，并开具解除劳动合同的证明，办理档案及社保转移手续。而职工的工资、社会保险费用、工伤赔偿金和法定补偿金等职工债权在财产分配时支付。其次，清算组需处置公司资产，包括出售公司资产，协助买受人办理移交、过户等交割手续。公司解散清算过程中对于资产的处置无须经过资产评估，但需要申报税务的国有公司以及公司清算方案中另有规定的除外。最后，清算组需清理债权、债务，包括催收应收款；收回债权，包括股东尚未缴纳的出资；对应付账款进行登记造册。对于财产、债权和债务，都应当如实进行记载，不得进行虚假记载，否则也容易引发刑事风险。此外，在对资产进行处置时，应当按照合理的市场价进行，不得低价贱卖，不当处置资产，否则也会存在相应的风险。

4. 制定清算方案，并报股东会确认

根据《公司法》、公司章程以及解散清算的决议，清算组应当清理公司财产，在分别编制资产负债表和财产清单后立即制定清算方案。清算方案主要包括以下内容：（1）清算原因说明及清算原则；（2）清算组的组成及分工；（3）清算组会议的召开及表决机制；（4）清算组的职权范围；（5）清算的工作规程及进度安排；（6）清偿顺序；（7）结合案件特点，说明清算过程中的重点工作，如职工安置问题、中小股东所持股权的处理事宜、清算中处置资产和债权债务问题所引起的税务负担问题；（8）发现公司财产不足清偿债务的处理方式；（9）申请注销公司登记事宜。另外，清算方案应当报股东会决议或者人民法院确认。清算方案是分配财产的依据，不得弄虚作假。

5. 执行经确认的清算方案，分配财产

清算组执行确认的清算方案，依法分配财产。具体包括支付清算费用、职工的工资、社会保险费用、工伤赔偿金和法定补偿金，缴纳所欠税款，偿还对外的债务。清偿公司全部对外债务后的剩余财产，有限责任公司按照股东的出资比例分配，股份有限公司按照股东持有的股份比例分配。可见，将财产分配给股东或合伙人必须在清偿债务之后，如果是在清偿债务之前进行分配，不但会损害债权人利益，还会妨害清算的秩序，容易引发刑事风险。

6. 编制清算报告、办理注销登记

公司清算结束后，清算组应当制作清算报告，报股东会、股东大会或者人民法院确认，并报送公司登记机关，申请注销公司登记，公告公司终止。这是清算的最后环节，为了避免再生枝节，应当做到有始有终，依法办理注销登记。

二、破产清算中的合规要求

我国破产程序包括破产清算、和解程序、重整程序，旨在通过对债务人的财产进行变价和分配，从而实现对债权人的清偿。破产清算属法定强制清算，又称司法清算。一般情形下，公司、企业只有启动破产程序后才能进入破产清算。

（一）提出破产申请

1. 具备破产条件

公司、企业只有在不能清偿到期债务，并且资产不足以清偿全部债务或者明显缺乏清偿能力的情况下，才能启动破产程序，使用破产清算清理债务。这个条件必须是客观存在的。是否存在破产条件，必须经法院认定，符合条件的，法院裁定受理，启动破产程序；不符合条件的，法院裁定驳回申请，不启动破产程序。公司、企业如果为了逃避债务，故意隐匿财产、承担虚构的债务或者以其他方法转移、处分财产，造成资不抵债的假象，人为制造破产条件，则可能会引发虚假破产罪的风险。

2. 向法院申请破产

破产程序必须经申请并经法院裁定受理才能启动，即公司、企业必须提交破产申请书和有关证据。破产申请书应当载明下列事项：（1）申请人、被申请人的基本情况；（2）申请目的；（3）申请的事实和理由；（4）法院认为应当载明的其他事项。除了破产申请书外，公司、企业为了证明其具备破产条件，还应当向法院提交相关的证据，如财产状况说明、债务清册、债权清册、有关财务会计报告、职工安置预案以及职工工资的支付和社会保险费用的缴纳情况。对于提交的这些证据，应当客观真实，不得提供虚假的证据，如提供虚假记载的财产状况说明、债务清册或债权清册，制造虚假的破产条件，也容易引发刑事风险。在司法实践中，无论是债务人申请破产还是债权人申请破产，也不管是债务人主动制造虚假破产条件申请破产还是债务人在被债权人申请破产后隐匿、转移或处分财产，都可能引发虚假破产罪的刑事风险。

（二）破产申请的受理

人民法院收到破产申请后，应当就破产的形式要件和实质要件进行审查。

形式审查是对申请人提交的书面材料进行审查，除审查破产申请是否向有管辖权法院提出、是否以书面形式提出外，还要根据主体的不同进行审查。第一，就债权人来说，一般应提交下列证据材料：（1）债权发生的事实及有关证据；（2）债权的性质、数额、发生时间的证据；（3）债权有无担保，有担保的应提供担保证据；（4）债权已经到期的证据及债务人不能清偿到期债务的证据；（5）债务人和债权人的企业法人资格证明及其他身份证明。第二，就债务人来说，一般应提交下列证据：（1）破产申请书，如果是国有企业，还应提交主管部门的准予破产批准书；（2）企业营业执照和企业负责人名单；（3）企业亏损情况说明和有关财务会计报告；（4）企业至破产申请日的财产状况明细表；（5）职工名册及工资的支付和社会保险费用的缴纳情况。实质审查是对申请人是否符合破产程序开始条件的判断，主要包括申请人主体资格、债务人主体资格以及债务人是否具有破产原因三项内容。

对于债务人提出申请的，法院在审查债务人提交的相关材料后作出是否受理的裁定；对于债权人提出申请的，符合受理条件的，法院则会要求债务人在一定期限内向法院提交财产状况说明、债务清册、债权清册、有关财务会计报告以及职工工资的支付和社会保险费用的缴纳情况等材料。可见，不管是债务人主动申请破产还是被债权人被动申请破产，债务人都有向法院提交证明是否具备破产条件的材料的义务，故债务人应当谨慎提交，确保材料真实，否则就容易引发相应的刑事风险。

（三）破产宣告

破产宣告，是指法院作出的认定债务人已经丧失清偿能力，应当依照破产清算程序清理债务关系的裁定，是法院对债务人具备破产条件的事实作出具有法律效力的认定。破产宣告是一种司法行为，标志着破产清算程序的开始，对债务人和债权人均具有法律效力。

（四）变价和分配破产财产

1. 破产财产变价

破产财产变价，是指在破产清算程序中，将债务人的非货币财产，以拍卖或者债权人会议决议等形式，转变为货币财产的行为，即将非货币的破产财产转化货币。为了避免相应的刑事风险，破产财产变价也应当做到合规。首先，要做好市场调查，避免不合理的变价。因为不合理的变价，可能会引发隐匿、转移、处分财产的怀疑，进而引发相应的刑事风险。其次，应及时拟订破产财产变价方案，提交债权人会议讨论，并按照债权人会议通过的或者法院裁定的破产财产变价方案，适时变价出售破产财产。破产财产变价方案，应当对应予变价的财产范围、类别、评估价值，变价的方式和时间，变价费用支付标准等有关破产财产变价的重要事项作出规定和必要的说明。破产财产变价方案是财产价值的分配依据之一，所以在制作方案时一定要真实，以防触发相应的法律风险。最后，破产财产变价出售。除国家规定不能拍卖或者限制转让的财产以及债权人会议另有决议的以外，变价出售破产财产应当通过拍卖进行。

2. 破产财产的分配

分配破产财产即破产分配，是指管理人将变价后的破产财产，根据符合法定程序并经合法程序确定的分配方案，对全体破产债权人进行公平清偿的程序，破产财产分配是破产清算程序的实质性阶段，公司、企业如果在未清偿前分配财产的，可能构成妨害清算罪；所以，对于财产分配、债务清偿一定要严格依照法律规定进行。

首先，破产财产在变价后，最优先清偿的是别除权，在别除权清偿后，再清偿破产费用和共益债务，之后才是可供分配的破产财产。根据我国《企业破产法》的相关规定，破产财产的清偿顺序如下：（1）破产人所欠职工的工资和医疗、伤残补助、抚恤费用，所欠的应当划入职工个人账户的基本养老保险、基本医疗保险费用，以及法律、行政法规规定应当支付给职工的补偿金；破产企业的董事、监事和高级管理人员的工资按照该企业职工的平均工资计算。（2）破产人欠缴的除前项规定以外的社会保险费用和破产人所欠税款。（3）普通破产债权。破产财产不足以清偿同一顺序的，按照比例分配。若破产财产清偿后仍有剩余的，可依次用于清偿破产受理前产生的民事惩罚性赔偿金、行政罚款、刑事罚金等惩罚性债权（见图9－1）。

其次，及时拟订破产财产分配方案，提交债权人会议讨论；破产财产分配方案经法院裁定认可后，由管理人执行。破产财产分配方案应当载明下列事项：（1）参加破产财产分配的债权人名称或者姓名、住所；（2）参加破产财产分配的债权额；（3）可供分配的破产财产数额；（4）破产财产分配的顺序、比例及数额；（5）实施破产财产分配的方法。

考虑到破产财产的分配方案是破产清算分配的基础，是破产清算的关键环节，更是容易引发民事、行政、刑事法律责任的触因，所以在制定及执行财产分配方案时既要依法制定，又要充分听取债权人的诉求，制订为大多数人所接受的方案，以减弱矛盾的产生，避免冲突性事件及犯罪事件。

第一步：债务人所有财产金额-别除权清偿的金额=破产财产总额

↓

第二步：破产财产总额-破产费用和共益债务=可供分配的破产财产数额

↓

第三步：可供分配的破产财产数额-劳动债权可清偿金额=A

↓

第四步：A-税收等债权可清偿金额=普通破产债权可清偿金额（B）

↓

第五步：B÷普通破产债权总额=普通破产债权分配比例

↓

第六步：普通债权破产财产分配金额=个体普通破产债权×普通破产债权分配比例

图 9-1　破产财产清偿顺序

（五）破产程序的终结

破产程序终结即破产程序终止，是指法院受理破产案件后，因某种法律事实的存在而依法裁定结束破产程序的司法行为。终结破产程序是由管理人根据破产案件的实际情况向法院提出书面申请，后经法院审查后作出裁定。

具体来说，法律明确规定可申请破产程序终结的情况包括三种：（1）破产财产分配完毕。这是最常见的情况，即债务人被依法宣告破产后，破产财产被依法变价，并按债权人会议通过破产财产分配方案，向各债权人分配，以清偿债务；而管理人在最后分配完结后，应当及时向法院提交破产财产分配报告，并提请法院裁定终结破产程序。（2）和解、重整程序顺利完成。该情形其实属于破产清算与和解、重整之间的转换，当然，转换是在债务人被宣告破产前进行的。例如，债务人与全体债权人就债权债务的处理自行达成协议的，可以请求法院裁定认可，并终结破产程序。（3）无财产可供分配有两种情形：一种是破产人无财产可供分配的，管理人应当请求法院裁定终结破产程序；另一种是债务人财产不足以清偿破产费用的，管理人应当提请法院终结破产程序。

无论是哪种情况产生的破产程序终结，管理人都应当向法院提出书面申请，申请的内容必须对请求裁定终结破产程序的事实、理由和法律依据作出说明；法院裁定终结破产程序的，应当予以公告。

（六）后续事务

管理人在破产程序终结后，需处理一些后续事务性工作，一般包括以下内容：（1）办理注销登记，一般包括营业执照、组织机构代码证、税务登记证、社会保险登记证、统计登记证。（2）印章的销毁，包括破产企业的公章、财务章、法定代表人章、合同专用章、发票专用章，管理人公章、财产章、负责人章等。（3）对破产档案进行归档保存。

娄秋琴专访文章

娄秋琴：走心是办案模式　情怀是行业坚守①

一个涉嫌贪污3000余万元和挪用公款1200余万元的大案，历经6年时间，终于在2018年年底一审宣告无罪。而这个案件的辩护律师，就是娄秋琴。

在水果界，榴梿是一个比较特殊的存在，爱之者赞其香，厌之者怨其味。而娄秋琴曾说过，她想做刑事辩护领域的"榴莲"，让不喜欢她的人避而远之，让喜欢她的人爱不释手。

如果你和朋友谈起娄秋琴，会收到诸如可爱、率真、简单、温柔、随和、"傻白甜"、正能量等评价；如果你和律师同行、企业客户聊起娄秋琴，会收到诸如沉着、干练、强势、精力充沛、魅力四射等评价。不要怀疑，这些看似相互矛盾的评价，都指向同一个人——娄秋琴。

生活中，她简单、率真，但只要一进入专业领域，她就会原地"变身"。总的来说，她有着一张足以"蒙骗"大多数人的面孔。从外表看，你会误以为她是一个"90后"，时光流逝，岁月并没有在她脸上留下多少痕迹；一番交流之后，你又开始怀疑自己刚才的判断，随着经验的累积，她有着超越"70后"这个年龄的睿智与豁达。这一点，让无数成功的企业家、律师为之折服。

她有着江西人特有的勤奋，也有着江西人的才情；她有着处女座强烈的求知欲，也有着处女座近乎偏执的完美主义。

底色：走心用情办案

律师圈内，娄秋琴被称为"女律师中的小太阳"，她总能给周围人带来快乐、欢笑与正能量，标志性的酒窝像是嵌在了那张充满活力的脸颊上，让人怀疑在她的世界里，烦恼无处可匿。而她却说，"我的底色是悲凉的"。这种悲凉的底色赋予了她强烈的悲悯心与同情心，让她得以与当事人共情，感知当事人的主观心理，从而洞悉案件的症结所在，以最有利于当事人、最适宜司法人员接受的方式说服检察官、说服法官。

真正的乐观主义，是在看见了人性的丑恶、看透了世态的炎凉之后，能够

---

① 参见宋韬：《〈刑辩五朵金花〉系列报道之四　娄秋琴：专心是办案模式　情怀是行业坚守》，载《民主与法制》2019年第23期。

从另一个角度寻求解决问题的方法，从而笑看花开花落、笑对人生风雨。而这，正是一位律师、一位刑辩律师、一位女刑辩律师的基本素养。在这一点上，娄秋琴无疑是一个“女汉子”。

传统观念中，社会大众普遍认为，刑辩律师就是为坏人辩护的，他们日常面对的是暴力、是危险，是人性的恶。而凡此种种，都与我们观念中温婉可人的女性形象格格不入。那么，娄秋琴是怎么一步步走上刑事辩护这条“不归路”的呢？

从事刑事辩护，相比其他人来说，她有着天然的优势。1997 年，娄秋琴以优异的成绩考入中南财经政法大学，攻读刑事侦查学，这为她日后从事刑事辩护业务打下了深厚而宝贵的基础。宝贵之处在于，4 年的刑事侦查专业训练让她得以在从事刑事辩护业务时换位思考，以侦查人员的思维方式思考问题，进而选择适宜对方接受的方式予以辩护。这简直相当于“以彼之道，还施彼身”。

“除了提高办案技能需要换位思考，办案过程的沟通更需要换位思考。因为只有换位于委托人、当事人、侦查人员、检察人员、审判人员，我们才能知道对方最需要什么，最喜欢什么，最能听进去什么，然后运用执业技能‘投其所好’，达到最佳的沟通效果。”娄秋琴这样认为。

这种善于换位思考的思维模式，也赋予了她与当事人共情的能力。面对一个案件，与其说是在代理一个案子，娄秋琴更愿意说，她是在陪伴当事人走过一段人生，走过他们人生的低谷期。因此，她主张，要走心、用情来办案。

开篇提到的这个案件，在经过长达 6 年的漫长等待后，2018 年年底，终于等来了一审的无罪判决。与此同时，娄秋琴律师还收到了另外一个对非国家工作人员行贿 1000 余万元的二审改判无罪的判决。在这两个案件的代理过程中，她运用了很多律师并不看好的程序性辩护，通过提起管辖权异议、申请回避、启动非法证据排除程序等方法，动摇了公诉方的证据体系，排除了非法证据，最终收获了无罪的判决。“中国历来有重实体轻程序的司法传统，律师有时自己也不重视程序性辩护，认为既耽误时间又得罪司法机关，更不利于当事人。但司法在进步，理念在进步，律师应当不断提升辩护的技能和方法，才能跟得上历史的潮流，为当事人提供更好的法律服务。”

娄秋琴认为，刑事辩护不但是一门对抗的艺术，也是一门协商的艺术。

“我们不能也不应期待所办的每一起案件都可以作无罪辩护，都要进行激烈的对抗，毕竟目前我国的刑事案件中有80%左右的案件是认罪认罚的案件，在这些案件中，律师的参与，要在程序上帮当事人做好选择，在实体上为当事人最大限度地争取从宽处罚。”但不管是进行无罪辩护的案件还是认罪认罚的案件，娄秋琴认为，都应当走“心”。只有走了心，你才能拥有对抗的勇气；只有走了心，你才能拥有协商的智慧；只有走了心，你才能达到最终说服的目的。此外，除了走“心”，还要用“情”。娄秋琴认为，在代理案件的过程中，律师最有条件和渠道了解和接触案件以外的“情”与“理”，所以律师应当努力让司法人员感知当事人的“情非得已”，感知当事人的“情有可原”。所以，只有用了情，才能感同身受，抓住细微；只有用了情，才能激活法律的温度，将人性融入法律的适用当中。

一个案子历经6年，案情之复杂、形势之艰难可想而知。“六年的时间对我而言没有春夏只有寒冬，在绝望和无尽的寒夜中是娄律师给了我温暖和信心，是娄律师的坚持和坚守才有了今天完美的结局。”正如当事人在感谢信中所言，自己是不幸的，不幸的是摊上了官司，但又是幸运的，幸运的是遇上了娄秋琴这样的好律师。“娄律师对我的帮助不仅仅局限于案件本身，还有精神上的引领和人生的指引，是她鼓励我从梦魇中走出来积极乐观地面对人生，在她身上看到和感受到的是永远的激情和正能量。”

历来，无罪判决被称为是刑辩领域的“皇冠”，而娄秋琴律师却在执业期间10次捧起桂冠，其中不乏将死刑改判为无罪的案例。但是，她却说，拿到一个无罪判决，虽然属于一次成功的辩护，但这绝对不是评判律师辩护是否成功的唯一标准，辩护律师运用自己的专业技能，进行罪轻辩护，维护了当事人的诉讼权利和合法权益，让当事人切实感受到了法律服务带来的成效，也是成功辩护的一种。辩护律师应当积极追求良好的辩护结果，但更应当注重辩护的过程，律师无法把控结果，但可以把控过程，过程把控好了，有时便是水到渠成了。

刑事辩护是一项充满挑战但彰显人格魅力的职业，走了心用了情，可以让律师将专业和智慧发挥到极致。人生与时间同行，不可逆转。娄秋琴律师表示，如果我们选择介入了别人的人生，至少应当在自己的能力范围内让这样的介入不留遗憾！刑辩律师最大的幸福，在于当事人的认可，更在于当事人通过认可你而认可整个律师行业！

暖色：用心为行业鼓与呼

在整个的交流过程中，娄秋琴律师表述问题的出发点，都是立足于整个行业，而不是聚焦于个体。这种境界，从去年的看守所周末会见问卷调查事件中也可窥一斑。

我们知道，马拉松跑友通过跑步来丈量一个城市，而律师，则是通过看守所来窥探一座城市的法治建设。俗话说：刑辩律师不是在看守所，就是在去看守所的路上。对很多刑辩律师来说，下了高铁不进城直奔看守所，已是多年执业的常态。“记不清楚自己已经走过多少看守所，但对看守所地标的熟悉程度远超过对看守所所在城市的了解。”这些看守所，有的地处荒漠、有的背靠青山；有的偏于郊区、有的居于城中闹市一隅；有的设有层层关卡、有的简陋易行。透过一个看守所的硬件和软件设施，大体可以判断出所在城市的经济状况、法治理念以及当地的风土人情。

众所周知，律师会见权是律师在刑事诉讼活动中的一项极为重要的权利，是律师实现其他诉讼权利的前提，也是犯罪嫌疑人、被告人实现辩护权的一项最基础的权利。但会见难一直是一个老生常谈的问题，在2012年《刑事诉讼法》修改之前，侦查阶段的律师会见一直受办案机关批准的限制，即使《刑事诉讼法》修改后规定了除三类案件需要批准之外，其他案件均可持“三证”进行会见，但有些案件的会见仍然受到变相或者不当的限制。司法实践中，除了办案人员主观上造成律师会见难的问题，也存在因硬件设施等客观因素造成律师会见难的问题。现实的情况是，有的地方律师会见排队时间长达4小时甚至更长，有的地方甚至无法给律师提供一个等待的场所，律师只能在烈日或者暴雨中等待。

鉴于此，2018年8月开始，娄秋琴律师针对会见难的问题在全国范围内进行了两次问卷调研，一次是针对看守所设施的硬件调研，另一次是针对限制会见的“软件”调研，她利用自己的人脉、资源和影响力，总共收回了1400余份问卷，涵盖31个省、区、市。经过对问卷调查数据的深入分析，娄秋琴律师随后提出了诸如增加看守所会见室数量、提高看守所会见室使用效率、增加视频会见方式、激活和完善通信权、降低羁押率、对违法人员进行惩戒、排除限制律师会见期间取得的口供等建议。“没有调查就没有发言权，我希望我提出的建议和意见都是现实基础之上能实实在在落地的，希望通过构建完善的法律体系和改善硬件设施缓解会见难问题，维护和保障律师执业权利，真正推动法治进程。”娄秋琴表示。

“虽然现在自己每年办的案件量没有年轻时候那么多，不需要天天跑看守所了，但每次看到律师同行起早排队、冒雨赶路、涉水会见的消息，就特别痛心。当你在暴晒之下因为排队先后而争执时，这个行业还有什么尊严可言？更别提职业尊荣感了。当一个律师对自己的职业都没尊严可言的时候，还谈何去维护当事人的权益?!”诚然，这一次，她是站在整个行业的立场上在发声。

有人问，什么样的人值得尊重？哲人说，一个吃饱了还知道饿是什么滋味的人，就是值得尊重的。而娄秋琴律师，多年来，一直坚持站在行业的立场上，不断为同行的利益鼓与呼，为推动行业的发展而四处奔走，无疑是值得尊重的。这种格局让她成为大成律师事务所北京刑事部唯一的女性高级合伙人、中南财经政法大学刑事辩护研究院副院长。

出色：专心展现法律智慧

娄秋琴律师似乎天然就有一种能力，能够在短时间内适应新的身份，并且能够在多重身份间随时转换，平衡好多种角色。她坦言，自己的秘诀就是：懂得分享和放弃。

在生活中，她是两个孩子的妈妈，在与两个孩子相处过程中，她希望孩子们从小学会分享。“有些家长为了避免孩子之间产生纷争，买礼物买吃的通常会买双份一样的，但我经常给她们买不同的，比如，给她们买不同口味的冰激凌，然后告诉她们如果分享了，她们就能得到双份的收获，既能尝到香草味的也能尝到巧克力味的，当她们发现了分享的甜头，分享就从被动转为了主动。”她说，这样，孩子们在分享的过程中，学会了包容、学会了理解、学会了换位思考。

同样，她也将这种分享的智慧运用在了工作中。我们在很多场合，从北京大学、清华大学、中国人民大学、中国政法大学、中南财经政法大学等高校的课堂到全国各省、区、市律师协会和各地律师事务所举办的讲堂和论坛，从中央党校国资委分校、航天科工集团、赛迪集团、云南建工集团、国投电力等机构和企业到各地公安局等司法行政机关，都能看到娄秋琴律师演讲的身影，她侃侃而谈，意气风发，在各个场合总能圈粉无数。“学术与实践之乐趣从来不在于独自欣赏，而在于与人分享。”娄秋琴坦言。

“其实分享的过程也是学习的过程，可以不断系统梳理自己的知识体系，我从来不单纯为了讲课而讲课，必须做到每一次的分享都有新的思考和内容。另外，我也只接受面对面的分享，因为我需要从听众的眼神中得到反馈，及时调整我的状况和方式，这对自己是一种锻炼。如果只是一味地输出，这种分享是不可持续的。”

这种同行间不间断、无保留的分享、切磋，让她的功力在短时间内得到了快速提升。从业十几年，她先后代理了大量具有社会影响力的案件，如原铁道部部长刘某军受贿、滥用职权案以及其他部级、局级及企业高管的案件。与此同时，她还利用休息时间总结、沉淀，先后出版了 8 本著作、发表了 10 余篇论文。

随着案件影响力、授课影响力的不断扩大，娄秋琴律师的专业能力得到了业内的认可，各种各样的学术会议邀请、授课邀请接踵而来。但是，身处镁光灯之下，她依然坚守着放弃的智慧，而且在处于巅峰之时，选择“隐退”来暂时“充电”。

2017 年，娄秋琴律师选择前往中国政法大学继续深造，攻读诉讼法学博士学位。“本科学了刑事侦查，硕士研究生读了刑法学，做了十几年的刑事辩护，仍觉得自己在程序法的知识和理论体系上有所欠缺，为了遇到更好的自己，就得学会放弃一部分东西，有舍才能有得。”

人生的每一个选择、每一次放弃，不断重构着娄秋琴。在专业知识结构上，从刑事侦查学到刑法学、刑事诉讼法学，从实体法到程序法；在执业方向上，从传统犯罪辩护到职务犯罪辩护、经济犯罪辩护、金融犯罪辩护，从刑事辩护业务到企业刑事合规非诉业务，娄秋琴律师的每一步都走得坚定而踏实。

这几年来，刑事合规业务兴起，很多律师认为这是一项业务拓展机会。其实娄秋琴律师早在 2008 年就开始研究企业刑事法律风险防控，并先后在法律出版社出版了《企业管理人员刑事法律风险与防控》和《商界警示》2 本专著。对于刑事合规，娄秋琴律师有自己独特的看法。

娄秋琴律师认为，企业刑事风险防控业务，不能仅仅依赖于某个或几个律师的单打独斗，一定要有一支强大团队的支持。“刑法是后盾法，涉及社会的方方面面，不仅需要其他部门法的支持，还需要其他社会学科的支持。而企业刑事风险防控，不但要懂法律，而且还要懂企业的业务。”

同时，娄秋琴律师并没有把刑事合规作为一项业务来源。近年来，有不少的官员、高管由于涉嫌犯罪而身陷囹圄，不少企业面临着刑事法律风险。“其实这些人不少都是企业的高级管理人，是企业的业务骨干，在自己的业务领域都是非常能干优秀的，有的确实是因为法律意识淡薄而葬送了自己的大好前程最后导致家庭破碎，这让我非常痛心。”“经历了那么多血淋淋的案件，我只希望把刑事辩护前置进行风险防控，让企业高管看清红线并止于那条红线，这是我认为做刑事合规最大的价值。”娄秋琴律师说。

执业方向的不断调整，是个人的兴趣使然，也是自己对于未来行业趋势的判断。对于行业趋势的把握，也是娄秋琴律师最想和青年律师分享的一点感悟。“作为律师，你只有对行业趋势有一个整体的判断之后，才能做好这方面的准备，才能应对未来社会所产生的变化。如果我们永远都只是被社会潮流推着走，那么，相当多的时候，都是非常被动的。”

刑辩律师天生就具有对抗性，而女人的逻辑思维严谨细腻，所以当女人选择了刑事辩护这个职业，容易锋芒毕露，咄咄逼人。但是，娄秋琴律师认为，不管女人选什么职业，她首先是女人，这是自然属性，然后才是工作，那是社会属性，应当努力将工作和生活平衡好。终究，女人的幸福是来自家庭的，女律师的幸福也是来自家庭的。

正是这种“陪伴式”的办案风格、走心用情的做事原则、勇于放弃的人生智慧、无私分享的开源理念、超脱的思想境界、为同行竭力鼓与呼的行业情怀、积极乐观向上的性格构成了娄秋琴，培育了这个刑事辩护领域个性鲜明的“榴莲”。

娄秋琴：为学日益，为道日损①

“刑辩女律师”“博士”“学院副院长”“好妈妈”……这是一张美丽且充满魅力的名片。

---

① 参见王文雅：《刑辩女侠娄秋琴：为学日益　为道日损》，郭倍倍指导，载中南财经政法大学网，http：//alumni. zuel. edu. cn/2020/1123/c10379a25 7643/pagem. htm。

见到她以前，你会以为她只是一个认真干练、不苟言笑的人；见到她以后，你会发现她亦是一个简单随和、率性可爱的人。她似乎有着一种与生俱来的神奇魔力，让你见到她就会不自觉地喜欢上她，或许这就是她口中所说的魅力吧。

她，就是娄秋琴律师，一个“可甜可盐”的人，在世界的纷繁复杂中始终保持着真实与立体的人格体现。

除了关注她令人羡慕的人生与成就之外，我更在意的是她如何使自己活得如此精彩。当天的交流活动以问答形式展开，娄律师在交流现场用3个小时与大家分享了关于人生选择、时间管理、技巧与实践、职业理想、人生态度等方面的经验与心得。

魄力：两次转身，另辟天地

王先谦对《荀子》中“杨朱哭衢涂”解读说：“喻人一念得失，可知毕生，不必果至千里而觉其差也。”杜甫也曾写下过“茫然阮籍途，更洒杨朱泣”的凄美诗句。人生，是一个不断做选择的过程，而这个过程往往都不尽洒脱，我们对娄律师的职业选择充满好奇。

娄律师在解答的言语之间透露出坚定，在娄律师身上，似乎不存在这种世人的困惑。娄律师的人生里，随便一个片段都是故事。两次漂亮的转身，一次发生在高考填报志愿，一次在事业正红时，每一次，她都有魄力。

“如果没有去中南财经政法大学攻读刑事侦查专业，我现在就是一名理工女。”因为对刑侦充满好奇，当年在父母不知情的情况下决然填报提前批志愿，一纸高考录取通知，将分数本可以上清华的娄律师带到长江之滨。一刹那，人生轨迹被改变，这是娄律师刑辩之路的起点。

第二次转身是在2017年，正值事业风生水起之时，娄律师不顾劝阻毅然选择师从顾永忠教授继续读博深造，沉淀自我。她说相比于刀光剑影的刑辩之路，孤灯黄卷的学海之涯也很难熬，但既然选择了，就要义无反顾，正如其作诗所言：“花开花落复春秋，云卷云舒伤情怀。刀光剑影展侠义，笔困纸穷蓄薄发。无意闯入无涯海，月浅灯深何处寻？待到来年傲枝头，任尔东南西北风。”

人生的痛苦莫过于选择一条道路之后，又纠结于另一条未选择的路。而她，永远知道当下的自己要什么。

笃定：认准目标，义无反顾

《老子·有无相生》中有句话叫“为无为”，道家讲的无为，就是按照道的方式来作为，想要有为，先要懂得无为的道理，有所舍才能有所得，所以为无为。

代理案件、著书立说、照顾家庭、读博深造、讲座分享……娄律师将多线条工作处理地有条不紊，如何进行时间管理是大家关注最多的问题，她用“统筹”“专注”“放弃”六个字来总结。人生最难的不是得到，而是放弃，一直以来，娄律师每个阶段的人生目标都非常清楚。

读研期间，娄律师就有着一种异于同龄人的笃定与坚持，她从一进校就计划自己毕业后要做律师。在研三，她没有像大家那样都在疲于奔命地准备各种考试，而是选择直接去北京大成律所实习，毕业就拿到 offer，她说，那为她节省出很多时间。

工作期间，在事业与家庭两难之中她依然保持着清醒的认知。“钱可以等孩子长大了再赚，但孩子的成长不会等你。”她说在孩子 10 岁以前，希望尽可能多陪伴孩子，因为孩子从小到大养成的习惯，有些是在学校里、在书本上学不到的，而是来自大人们的以身作则和耳濡目染。在她看来，事业与家庭的平衡之道在于懂得舍弃。

知道自己想要什么，就知道自己该舍弃什么，这是前提。但真正难的是，我们很多人并不清楚自己想要什么。

我们要做的，就是找到自己在这个世界上的独有坐标。认准目标之后，懂得舍弃，剩下的便是义无反顾。

睿智：由人及事，理直气柔

在日常的工作、学习、生活场景中，我们习惯于遵守就事论事的原则，针对事情本身讨论可行的解决方案，绝不掺杂其他因素。美国著名的潜能开发专家托尼·罗宾斯则认为：不妨先论人，再论事。

柔中带刚，让你不得不自愿让步。并不刻意强调自己的干练与理性，而是清楚自己的分寸所在。娄律师执业以来成功办理过多起无罪辩护案件，在我国目前无罪判决率极低的司法环境下，她又是如何做到的呢？

尤为公众所熟知的甘肃陈某琴故意杀人案，从死刑改判无罪，该案的辩护律师正是娄秋琴。多年之后，她与当年该案的合议庭成员之一在公众场合上相遇，法官仍然记得她，并且向她表示了敬意。

“做得对的未必一定是做得好的，做刑辩律师除了专业技能之外，还应当要有一定的格局，我们通过为个案辩护维护了个案的正义，但如果能通过个案去推动司法的进步，那会更有价值。一个无罪案件辩护的成功，不仅仅只有律师的功劳，也有法官、检察官各方面的努力。”在与娄律师的交谈中，发现她总是从别人身上去找闪光点，感恩她所遇到的人，这也是娄律师即使做了那么多无罪辩护的案件，多年后却仍然能让法官对她起敬意的原因吧。

一提及刑事辩护，娄律师的眼神都是亢奋的，她说，作为律师，每次和法官、检察官的交流都是智慧的交锋，刑事辩护归根结底是一门说服的艺术，不但需要专业能力而且需要各方面的知识储备和其他综合能力。用她的话说，就是动用全身的智慧，去阐释法律的精髓和原理，去激发法官、检察官内心的认同，甚至还要通过说服主办法官、检察官去说服更多的人。

这个问题不只是在法庭上，在人生当中同样如此。度的把握非常重要，既能坚持自己的原则和初心，又不让他人心生隔阂，这是一件非常难的事。正确的立场，也需要妥当的表达。就像《周易》里讲的“曲成万物而不遗”，用迂回的方式奔向自己的目标。

把事情做成，绝非就事论事这么简单，一定是由人及事，通过说服人去把事情解决。

格局：立足行业，用心呼吁

律师应该怎样面对刑辩道路的艰难，娄律师提出了自己的见解。

比如，律师会见难，一直都是一个老生常谈的问题。2018 年，娄律师针对看守所会见问题在全国范围内做了调研，并且根据调研结果，提出了增加会见室、提高使用效率、增加视频会见、激活通信权、减低羁押率、惩戒违法人员、排除限制律师会见期间取得的口供等具体的建议，并呼吁推行看守所周末会见制度，以时间换空间。

这些建议在全国各地引起了很大反响，允许周末会见的看守所越来越多，切实化解了部分会见难的问题。

“取得这样的成果也绝非是我个人的功劳，我只是通过调研引起了大家对这个问题的关注，中国很多问题都不可能一蹴而就地解决，需要一步一步来，有些先进的可行的经验，我们通过呼吁引发关注，关于看守所周末会见制度的推行，很多地方律协、司法局、公安局发挥了重大的作用。作为律师，关注行业的问题，这本身就是我们的职责。”

因为，行业有了尊严，身在其中的个体才有尊严，娄律师说。

从容：减法生活，少即是多

老子所谓“为学日益，为道日损”，说的是人要想得道，就要不停地做减法。

如何将事情做到极致？娄律师说，到了不惑之年，她开始减少每年代理的案件量。“为道日损”是一个自然而然的过程，无须刻意。娄律师在减少自己社交、工作的同时，也将精力更集中地投入到论文写作和金融领域。她说，人的精力是有限的，尤其是刑事辩护业务，不像非诉业务，需要亲力亲为，要想把案件做到极致，要投入很多精力，何况案件是做不完的，倘若毫无保留地把自己的执业经验和技能传播分享给更多的人，也许比办理个案更有利于这个社会。

虽然娄律师说每年办的案件少了，但我们却常常发现她在金融领域活跃的身影，在各地举办的金融与刑事的私享会上，她与金融界的人士进行思想的碰撞，对此，她兴致盎然。她说，“金融领域的知识壁垒较高，刑事律师平时接触的并不多，每次与他们交流，都能激发我继续学习的动力”。所以“为道日损”其实是学习的另外一个层级和方向，这个层级的学习是以“为学日益”为前提的，没有任何人可以跨过“为学日益”直接进行“为道日损”。

少则得，多则惑，减法的另一端，是往更需要专注的方向做加法。

结语

知其雄，守其雌，锋芒内敛，然则魅力四射。正如娄律师所说：“发自己的光，别灭他人的灯。”

娄秋琴：保持初心，坚守品质①

在见到娄秋琴师姐前，我曾无数次想象过一名全球知名大所大成律所的高

① 本篇文章为作者在中国政法大学接受专访时，由刑事司法学院整理形成并首发，采访人：林纬晋、黄馨、黄静怡，整理人：李贵柠。

级合伙人、一位总是听说过传闻的刑辩女律师、一位中国政法大学知名校友可能的样子。直到在采访地点真正见到了娄秋琴师姐，她认真、飒爽、博学、亲切……我想再多的词都无法真正完美展现出这样一位“女强人”的全部。当天的采访过程，通过问答的形式，娄秋琴师姐与我们分享了她对于复合成长、输出表达、实践理论、时间管理等方面的经验与看法，向我们展示了“保持初心，坚守品质”的意蕴。

多维发展，复合成长

“法学领域应该关注复合型人才的培养，刑事法学更是如此”。这是娄秋琴师姐对于新背景下法学学生发展方向的独到理解。她从本科攻读刑事侦查学，后来又在中国政法大学攻读了刑法学硕士和诉讼法学博士，从事了十几年的刑事辩护工作，办理了各种各样的刑事案件，一直深耕在刑事领域。除此之外，娄秋琴师姐还对企业刑事合规研究投入了大量的经历，她广泛到各类企业进行调研，给各类企业进行合规培训。现如今，她还广泛参与到金融等领域的工作中，将她自身所掌握的专业的法学知识与金融领域各个行业相融合并为行业赋能，赢得了广泛的认可。随着现代市场经济的发展、新兴科技的进步，侵犯知识产权、信用卡诈骗、人体基因编辑等新型犯罪不断涌现，跨学科成为刑法学学生必须要面对的问题。十几年的学习与工作经历让她深刻意识到，刑法作为包容万千、维护社会方方面面的后盾法，其性质地位就决定了要想真正学好刑法，就必须兼具掌握其他领域的行业行规、行业术语。

当谈及在学生阶段如何培养跨学科思维和多学科能力时，娄秋琴师姐强调：“跨学科的学习是一个终身学习的过程，在学生阶段要结合自己的兴趣和时间精力进行，做好匹配和权衡。”《刑法》的罪名有400多条，涉及社会生活的方方面面，与很多学科都有交织，但学生阶段的时间是有限的，在有限的时间里，我们在完成学校基本课程之外，还可以尽量多选择自己所感兴趣的、社会所关注的、法界所着重的热点和常用罪名，在取舍权衡后投入时间精力进行跨学科学习，在所选择的领域学精做精，让跨学科思维和多学科能力成为自己相对于其他法学学生的优势。在研究生阶段，娄秋琴师姐就重点研究经济犯罪和职务犯罪，硕士毕业论文是针对非法经营罪的研究，毕业后不到3年的时间，她便在法律出版社出版了《商界警示》和《从政警示》2本著作，她说研究这两大类犯罪的罪名，单纯学习《刑法》还是远远不够的，必须同时涉猎其他部门法，还要了解企业和机关的运作，相信正是因为娄秋琴师姐一直本着跨学科的思维，才让她能在相关领域的刑事辩护工作中如此得心应手，不但办理了大量具有重大社会影响力的经典案例，还取得了近十起无罪辩护成功的骄人成绩。

“机遇只会偏爱那些有准备的头脑的人”，相信跨学科的学习将让我们更容易撬开机遇的大门。

提升表达，输出分享

娄秋琴师姐不但是一位优秀的律师，而且还是一位学识、经历丰富的老师，兼任中南财经政法大学刑事辩护研究院副院长，她经常出入各大高校的讲台，包括北京大学、清华大学、中国人民大学、中国政法大学、北京师范大学、中南财经政法大学等，也经常给各大企业、协会、司法机关进行培训。她说将自己的经验进行分享是一件特别快乐的事情，就自己而言，也是一个不断提升自我和学习的过程。我们从事后一些报道中发现娄秋琴师姐分享主题涉猎的范围非常广泛，不但讲辩护，还讲侦查；不但讲实体辩护，也讲程序辩护；不但讲刑事辩护经验，还讲企业刑事合规；而且针对不同行业不同领域不同模块。她说那是因为她把每一次授课都当成一次系统梳理自己思路的锻炼机会，不是为了讲而讲，“读和听是一种输入学习法，而写和说则是一种输出的学习法，几个方面必须结合起来”。她认为，就诉讼律师而言，表达是一项非常重要的能力，刑事辩护的魅力就在于如何说服司法裁判者接纳律师的辩护观点，需要不断地练习，不断地换位思考。即使是同样的内容，针对不同的对象，我们的表达方式都应该是不同的。

但表达的提升是一个日积月累的过程。娄秋琴师姐坦言，在研究生阶段，她不算是一个非常善于表达的人，刚执业去开庭之前也非常紧张，庭前需要不断地演练，庭后需要不断地复盘，从最初的紧张到最后的自如，是经验的积累，也是不断刻意锤炼自己表达能力的过程。她鼓励同学们在校期间，不但要刻苦学习专业，还要努力抓住机会将自己所学不断输出，通过输出发现自己的不足，然后再去输入，一定会得到很大的提升。“不管未来走向任何岗位，善于沟通表达都非常重要。”在采访过程中，我们也深深感受到娄秋琴师姐的语言魅力，相信这也是成就她辩才无碍的原因之一。

实践探索，理论研究

“坐而论道不如起而行之。”理论与实践的关系问题自古以来就是值得解决的哲学问题，对法学的学习与应用也不例外。娄秋琴师姐用“法学本身就是一个经验学科，从理论到实践，再从实践到理论，周而复始、不断挖掘、不断升华”来总结她在二十几年的学习和工作中的经验。十几年的刑事辩护工作实践，让她不断发现在研究生阶段没有能发现的问题。她说缺乏实践的经验，有些法条即使读100遍也可能无法发现任何问题，到实践中我们才发现法律解释的重要价值。所以在硕士研究生毕业后在工作过程中，娄秋琴师姐一直还坚持理论的学习，阅读各类著作和论文，同时还不断进行总结，笔耕不辍，在各大出版社出版了8本著作，尝试深层次地理解问题并寻求解决之道，甚至放弃手头的很多工作，重新回到中国政法大学进行博士学位的进修，在第一学年，她基本住在学校，出入教室和图书馆，海量阅读文章，发表了近20篇文章，其中包括2篇核心，她的文章大部分都是围绕刑事辩护和企业合规的主题，她说写论文不是目的，而是通过理论的学习和研究去解决实践问题，掌握了理论学习的方法，也有利于更好地解决日后在实践中遇到的新问题。

“不能仅在海量的论文中去找所谓的问题，因为这些问题可能是实践中已经解决的问题，有些问题可能是伪命题”。娄秋琴师姐的这句话给我留下了极大的印象。她说她当年的硕士论文就是因为研三去大成律师事务所实习接触了一个非法经营罪的案子，才发现这个罪名堵漏条款在实践中运用存在的问题，然后回到学校通过搜集海量的论文及相关的司法解释进行深度研究，最终既把论文完成了，而且还对案件的处理提供了很好的建议。这让我想到，如果我们学生绝大多数时间花在理论的高空楼阁中构建自己的知识体系，去获取、去吸收、去掌握，然后惯性地在其中寻找自己所希望研究的问题，但如果这些问题缺乏实践的土壤，研究的价值就可能大打折扣。“读万卷书，行万里路”，娄秋琴师姐的经验告诉我们，在文献查找、专注阅读的同时还要关注社会热点、参加法律实践，在实践中不断发现问题，再通过理论学习去解决问题，才能指导法学实践的进步，实现我们成为“法治之光”的愿景。

时间管理，智慧统筹

出差、办案、会见、开会、授课、写作、锻炼、陪伴家人……娄秋琴师姐的工作与生活每天安排得都是满满当当。在谈及如何处理学习、工作、家庭三者的关系时，娄秋琴师姐用“统筹”两个字来概括自己的时间管理哲学。“既要进行时空统筹，也要进行事务统筹。”如在出差的旅途中，在跑步锻炼的时候，这些时间都不能浪费了，可以充分利用起来进行构思或者自我反思，坐高铁和乘飞机也可以阅卷或者写作，安排的航班和车次甚至住宿的宾馆也尽可能合理，可以节省等待的时间或者路途时间，这些都是娄师姐的时空管理策略。除了时空统筹外，还要进行事务统筹，办一个疑难复杂的案件，要查阅大量文献，有时就会发现一些理论问题，在阅读的基础上，可以撰写并发表文章，这也有助于办理案件，然后再将总结的共性问题进行分享输出，这样就可以将办案、写作、开会、授课进行了统筹，看似办了很多件事，但基础内容是可以融会贯通的，在办案过程中还能学习到很多为人处世的学问，然后传导给孩子们。“世间万事万物事实上都是相通的，不要割裂地对待，当我们通盘进行统筹安排时，可以节省大量的时间，让自己忙而不乱。”这是娄秋琴师姐的总结，也给了我们很大的启迪。

但即使再忙碌，娄秋琴师姐也一直强调“不能因为赶路而忽略了沿途的风景”。从娄师姐的朋友圈里，我们发现她同时也是一个非常具有生活情趣的人，她热爱运动，热爱摄影，善于发现美的事物，享受当下的每个时刻。“如果因为赶路而忽略了沿途的风景，就失去了赶路本来的意义。”接受采访的时间是娄秋琴师姐在一个月之前定的，说她这天应邀要回研究生院授课，虽然前一天刚从沈阳出差回来，她也很早赶到了校园，她说很久没有吃到食堂的早餐，要回来尝一尝，她也很想念校园的银杏树，早餐后漫步在熟悉的大道上，“品一味的秋，解一抹相思”。求学博取的路程是艰苦漫长的、职以问道的生活是重复单调的，但我们可以向师姐学习，用身边一份份的“小确幸”，让人生之旅变得更加多姿多彩。

结语

娄秋琴师姐的执业信条是“穷尽全身智慧，走心用情地办好每一起案件”。这让我们看到了法律人的执着。临近采访结束，我们问能否给师弟师妹们送一句话，她说“保持初心，坚守品质”是她近期在思考的一句话，送给大家，也用以自勉，希望我们每个人都能保持成为法律人的初心，坚守做好法律人的品质！

娄秋琴：掌控自己方能掌控人生①

一系列的title意味着闪闪发光的人生，法纳与娄律师的首次相遇和了解在美好的下午茶时间，一起品尝了“蛋糕界的爱马仕”，也让我们开启了了解“刑辩界的爱马仕”娄秋琴律师的故事。

智者无惑

人生只有走出来的精彩，没有等出来的辉煌。这句话用在娄律师的刑辩之路恰到好处。

娄律师在高中读的是理科，原本与法律专业并没有交集，追溯到23年前，中南财经政法大学的刑事侦查专业在江西省只招收一名理科生，天生热爱挑战和充满好奇的她在瞒着父母填报了提前批志愿并被录取。一次意外的拐点，打开了娄律师的刑事辩护之路。

优秀不仅是因为专业，还有努力，优秀的人不放过任何时间提高自己的思维、专业和技能。

也许与娄律师是处女座有关，苛求完美的特质，严格的自我要求，经常性复盘是娄律师从入行来就养成的习惯，日积月累逐渐沉淀，从小的感悟到文章写作再到书籍出版，文字的积累彰显着娄律师专业上的成熟，也见证着她从不松懈的坚持。

8本著作的出版，其中不乏历经多次修订再版的经典之作，《常见刑事案件辩护要点》就是其中一本，它不只是刑事律师手头必备的工具书，而且还成为公安、检察院、法院系统力推的著作，甚至受到在押犯罪嫌疑人、被告人的追捧。

压缩休息和娱乐时间，提高学习和工作效率，娄律师认为这是管理时间的最佳途径。除了自我学习，娄律师也积极参与各类行业之间的交流。法纳有幸邀请到娄律师来所深入交流，并向娄律师详细介绍了从管理案件、管理裁判、管理客户几个维度，标准化、流程化刑辩的作业模式，将大数据引入办案，用

① 参见法纳君：《娄秋琴律师：掌控自己方能掌控人生》，载微信公众号“法纳刑辩”2020年5月14日，http：//mp. weixin. qq. com/S/I4S1 COFbjSe 7P1 Scr WA4kA。

案例大数据分析法，预测个案的定罪量刑，通过竞合思维，制定庭审办案策略，把办案过程和结果，通过文字报告的形式展示给客户，形成了会见报告—证据审查报告—庭审报告—结案报告等增加客户安全感和信任感的办案模式。

娄律师非常认可精细化的刑辩作业模式，表示除了要达到良好的辩护效果，辩护过程的精细化以及良好的客户体验一样非常的重要，想要把案件做到极致，每一个环节都不容有失。渴望强大，不懈的追求成长，追求极致，不知疲倦，源自一种内在动力。

越是有造诣的人，越懂得克制，越爱惜羽毛。

十几年的刑辩之路，娄律师取得了卓越的成绩，近10个无罪案例，其中不乏死刑改判为无罪和巨额经济犯罪案件的一审宣告无罪和二审改判无罪案件，除此之外，娄律师还办理了大量有影响力的职务犯罪案件，如原铁道部部长刘志军受贿、滥用职权案等。

许多当事人慕名而来，希望娄律师能够帮助他们。娄律师会对案件进行严格筛选，她说每年的刑事案件量很多，需要帮助的人也很多，但我们律师的精力毕竟是有限的，刑事辩护的亲力亲为性，也决定了我们要真正办好每一个案件，就一定要有所选择，选择利用自己的能力为真正帮得上的案件和客户服务，然后把每一个案件做“精”做“细”，让客户体验到专业的刑事辩护所发挥的作用和效果。

人生旅途，岔路很多，智慧的人永远会选择最笔直的那一条。

勇者无畏

强大的人不是能征服什么，而是能承受什么。

女律师不单是位优秀的职业女性，同时也是位坚韧的母亲。

娄律师几近生产时间去参加庭审辩护，充分的准备、激烈的对抗，她的努力不但取得良好的结果，更赢得了法官的尊重。在现实社会的铁蹄下，面对困难，要想突围而出，付出的绝对不仅仅是智慧与努力，还需要付出更多的坚强和韧性。

跨出舒适圈，人生的圆圈才能变大。

近些年金融犯罪高发，也有越来越多的金融犯罪案件找到娄律师，金融知识和行业情况的复杂，也让她对金融领域产生了浓厚的兴趣，除了日常的业务研究，把更多的时间投入研究金融专业知识、思维方式、行业情况、内部运作习惯。

“金融＋刑事”私享会，是她这么多年坚持举办的活动，她秉承“物质上极简，精神上极奢”的理念，力争每一次私享会只交流干货并推出有见地的研究成果。如何把专业做到极致，优秀的人会不断地探索方法。

刑事侦查学本科、刑法学研究生，十几年的刑事辩护的沉淀，娄律师仍然觉得对于专业上的研究还需要更加的深入，正值事业风生水起时，她转身投入学校继续深造，攻读诉讼法学博士，她认为实体辩护与程序辩护必须结合起来，才能更好地维护当事人的合法权益。

每个杰出的人都可能拥有一段从平凡到不平凡的经历，通过主动构建自己的优势，可以预见每一次转身终将是华丽的归来。

选择一条通往强大的路，一路狂奔，只为奔跑，不为到达。

仁者无忧

留着干净的短发，素净而坚定的面容，眼神里透着锐利，开口说话必定含笑，声音清脆而爽朗，有的人只一眼就让人心生欢喜，她就是其中之一。有的人走到哪里都受欢迎，因为心怀善意，胸中有山水，心中有慈悲。

到访法纳，娄律师主动与律所的青年律师见面交流。从执业经验、办案方法、客户沟通、时间管理和人生态度，毫无保留的分享，一而再再而三的加时，她总是说特别喜欢跟年轻人在一起，因为年轻人代表着未来，她希望能把自己更多的贡献给未来。

没有人要求她一定要帮助别人什么，善良的人总是会用一种让人舒服的方式感受她的善意，内心欢喜，所以传递欢喜。

聊到如何取得客户的信任，特别是在客户咨询过很多行业大咖的时候，她给的回答是，打动人最好的方式就是真诚，不管案件最终是否会接受委托，她都会把她对于案件的专业分析以及应对策略毫无保留地告诉客户，会用她能想到的对于客户来说最优的帮助。与人相处最美好之处就是真诚。

菜根谭说：“文章做到极处，无有他奇，只是恰好；人品做到极处，无有他异，只是本然。”

子曰：“智者不惑，勇者不惧，仁者不忧。”

她知世故而不世故，历圆滑而弥天真。

她叫娄秋琴～

预防胜于治疗

（代后记）

2007年，是我攻读刑法硕士研究生毕业后从事刑事辩护工作独立办案的第一个年头，经同事引荐，我代理了北京某五金水暖产品质量监督检验站（以下简称质检站）涉嫌单位受贿一案，这是一家经费自理、自收自支的事业单位，与上级单位签署了目标责任书，不但每年有向上级单位、向国家上缴销售收入、技术发展基金、净利润、检测业务收入等任务外，还要自行解决单位员工的工资、福利待遇等各项问题。当年该质检站的站长姓肖，是一位快要退休的老太太，在其接手并带领下，质检站总算扭亏为盈，不但得到了上级单位及质检站的广泛认可，也在下游的客户单位获得了良好的口碑。因国家改革要求，建筑外窗和幕墙产品的生产企业必须配备膜厚仪、硬度计、角强度仪等检测设备才能取得生产许可证，但这些企业不知道到哪并如何选购以上检测设备，所以质检站为了服务好这些客户，就帮助他们挑选设备生产企业并进行采购代销。为此，质检站不但为产品提供仓储和管理，还安排职工夜里加班、搬卸产品、对产品进行调试以及为买家提供咨询和进行指导，此外还雇用了农民工、租用了叉车，并因此支付了大量的费用。由于检验机构不得从事与其检验的列入目录产品相关的销售活动，不得从事与其指定检验任务相关的产品的销售活动，所以质检站无法将代销质检设备的行为在正规账目中进行处理，因此，设备生产企业将代销的利润在账外支付给了质检站，质检站再用这些利润向职工及雇用的农民工支付劳务费用及相关开支，最终该行为被认定为单位受贿罪，肖站长作为单位的主管人员被判处刑罚。在代理案件的过程中，她多次向我哭诉，她完全是出于公心，是为了单位利益，为了帮助下游企业，根本不知道这种账外暗中收受款项会构成犯罪，如果知道这是犯罪，她是不可能这么做的。我相信她说得是肺腑之言，她拥有高级技术职称，马上就要退休，退休后的待遇很好，如果她知道会因此而被判刑，她是断然没有可能以身犯险的。可惜，“不知者不罪”的辩解在我国的刑法中并不管用，国家不会因为你不知道或者不了解法律而免除你的责任。我无数次想过，如果他们早一点找律师咨询，早一点做好刑事犯罪预防，质检站和肖站长就不会落入被判刑的厄运，质检站还能创造更多的业绩，服务更多的企业。在庭审过程中，肖站长落泪了，是无限的悔恨，我也落泪了，是无限的惋惜。

老实说，这个案件对于我而言，当时的冲击和影响都是巨大的，以致时隔十几年后的现在，我在很多授课的场合提起这个案件时，依旧深感遗憾。由于切身感受到事前预防比事后辩护更能有效地帮助企业和企业家，我从 2008 年开始着手研究企业的刑事法律风险防控，鉴于我国目前诉讼制度的设置，案件一旦进入刑事诉讼程序，企业和企业家将面临一系列的人身限制和财产处置措施，陷入极其不利的境地，最终想要出罪还是比较困难的，我国这么多年以来极低的无罪判决率和不起诉率也印证了这一点。我也由此不断反思，律师的刑事法律服务不应当仅局限于立案之后的刑事辩护，还可以提前到立案之前的风险防控，刑事律师除了要有诉讼业务思维，也要有刑事非诉业务思维。但这在当时，很多企业和企业家并没有这样的意识，谈刑色变，认为进行刑事风险防控就是为了规避犯罪，是一件不齿的事情，更别说委托律师提供这样的法律服务了。所以我认为唤起企业和企业家这方面的法律意识才是关键，于是，我于 2008 年和 2009 年分别在法律出版社出版了《公司企业管理人员刑事法律风险与防范》《商界警示——企业管理人员不可不知的 88 种刑事法律风险》，并与各大央企、国企、上市公司、金融机构、民营企业、高校进行了有关刑事风险防控的授课培训，希望能帮助企业和企业家树立事前预防的意识，止于刑事犯罪的红线。

近几年，在“一带一路”倡议的引领下，越来越多的中国企业走出国门，在海外面临着越来越严格的合规要求，在因不合规遭受制裁的压力之下，中国企业和中国政府开始重视合规问题，由此在国内掀起了合规研究的浪潮，检察机关也在试点合规不起诉制度，但目前的研究主要还是聚焦在如何在程序上激励企业构建合规体系，对于如何识别刑事法律风险以及如何进行刑事合规管理的阐述并不多。在这样的大背景下，我重新梳理了以往的研究成果，将企业可能涉及的刑事法律风险按照企业管理运转的流程和业务环节进行了归类，对企业设立、劳动用工、人员治理、税务管理、企业融资、市场运作、质量管理、知识产权、清算破产等环节的刑事风险不但进行了风险提示，还对每一类风险从主体范围、行为界限和追诉标准三个维度进行了风险分析，然后提出具体的防范措施，帮助企业和企业家做好刑事合规管理。在写作的过程中，我虽然试图摆脱刑法教学的影响，尝试着用企业界人士更能接受或者更能理解的结构和方式，但书中的用语和逻辑可能仍然留有本科、硕士、博士加在一起近 10 年法学教育和近 16 年刑事辩护工作思维习惯的印记，为了突破自我的局限，在正式成书之前，我曾经将书稿交给不同企业、不同领域的朋友，让他们帮助提出修改意见和建议，力图让本书能融入更多人的思维，汲取更多人的经验，在此要特别感谢几位记者朋友的建议，感谢王旻昊、高佩洁、魏淑蕊、闫欢、李鑫悦、王博文等各界朋友根据自己的经验对本书提出有见地的修改，感谢吴汉东、陈玮、赵晓海三位老师中肯的建议、鼓励和推荐，感谢冯雨春、杨大康、张颖等各位老师和编辑的精心策划、辛劳工作和倾情打造，感谢对本书和本人有过影响或有着影响的读者、朋友、同事和家人，在此，我一并向他们致以最诚挚的谢意！

娄秋琴

2021 年 6 月 1 日

本书推荐语

在合规全球化的大背景下，我国企业逐步开始建立、强化、完善合规管理体系，在众多法律风险中，刑事法律风险无疑是对企业发展最大的掣肘，因此刑事合规必然会成为企业合规管理中的重要一环。建立企业刑事合规体系、防范企业刑事风险目前已成为理论界与实务界共同关注的热点话题。从微观层面上来看，建立企业刑事合规，降低企业在设立、运行、发展等各个环节中所面临的刑事风险，这是从为企业风险做减法的视角上所产生的效应；从中观层面来看，强化企业刑事合规，不仅有利于企业管理体系的再造，更有利于企业合规文化的重构，前者决定企业发展的高度，后者则决定企业发展的深度，这是从为企业发展做加法的视角上所产生的效应；从宏观层面来看，形成企业刑事合规共识，秉承合规经营理念，是我国企业“走出去”、服务国家战略的必然选择，这是从助力企业、社会、国家高质量发展、实现多赢共赢的视角上所产生的效应。善于学习的努力、勇于坚持的定力、敢于人先的魄力、乐于分享的活力，这是我所认识的娄秋琴律师，她很早关注并致力研究这一热点话题，相信本书的出版能助力企业健康的发展。

——魏淑蕊　上海市浦东新区人民检察院

合规是一种现实的解决方案。虽然很多行业是强监管，如食品、医药以及金融，有很多来自监管机构的合规压力，但一套好的合规体系绝对不仅仅是对监管或对司法机关的交代，它更多的是通过制度的建构与执行，现实的帮助企业解决自己的问题、减少可能遭受的损失。如医药行业的可追溯体系，除了监管部门进行药品溯源外，也是打击假药、防止串货的现实解决方案；而在金融领域，大额交易监控、客户信息真实性识别等合规要求，除了是配合国家反洗钱的基本政策外，也是在帮助金融机构降低自身的欺诈风险。因此，合规是一种现实的解决方案，它的价值不是在于迎合监管的需要，而是在于为企业解决生产经营中所实际遭遇的问题。

——王旻昊　中美联泰人寿保险有限公司合规部经理

企业刑事合规主要从刑事法律角度来防范企业相关合规风险，其在合规管理体系中板块较小，但却是企业合规管理体系中最后一道“生命线”，其作用不容小觑，因为刑事风险一旦引发，可能使个人身限囹圄，企业彻底消亡。在我国，银行作为金融企业的主力军，对金融秩序乃至国民经济发展有着重要影响，更应特别重视刑事合规问题。银行与员工、外部供应商、金融企业、政府之间，如何建立刑事合规风险点有效隔离的“防火墙”是摆在所有银行面前的重要问题，是值得整个行业、监管机构和司法机关认真思考的问题。本书除了旨在助力企业合理构建刑事合规体系，更希望法律圈能站在更高的视野去发现并关注企业刑事合规问题，以专业能力提供优质的法律服务，共同助力企业发展。

——闫欢　平安银行广州分行特管经理

企业管理人员对企业刑事合规工作的态度往往表现为“爱恨交织”：“恨”的是落实企业刑事合规会消耗人力、物力等机会成本，并对业务发展产生掣肘。“爱”的是企业刑事合规既能够帮助企业行稳致远，长治久安，又能让企业家安心经营，免于“飞来横祸”。然而，就当前而言，中国企业刑事合规工作仍旧面临相关法律滞后、重视程度不高、管理机制僵化等一系列问题，从长远来看，这些问题将严重阻碍中国企业和企业家的发展。本书出版于 2021 年，恰逢中国十四五开局之年以及中国企业转型升级的关键之年，作者以案说法，出书立论，规章建制，倡议法律界加强对企业刑事合规的重视，构建企业刑事合规体系，助力推动企业合规经营，可谓是恰逢其势，恰当其时，相信本书必将在中国企业刑事合规的历史进程中璀璨发光。道阻且长，行则必至。谨此向本书的作者娄秋琴致敬。

——王博文　广发银行总行战略客户部

实践不断证明，合规是企业业务连续性的基础，也是企业持续发展的基石。如果企业能够及时建立一套完备的刑事风险合规架构，将外部的合规义务内化为日常规章制度，不仅能够促使内部成员自发远离违法违规的红线，还可以更好地将单位责任与个人责任、母公司责任与子公司责任、企业责任与第三方责任进行确定和切割，使合规事由成为单位犯罪的阻却事由。对于企业刑事风险而言，除了在业务、运营及管理等板块普遍存在的共性化风险外，还存在因企业所处行业、经营模式以及工作流程不同而产生的个性化风险。因此，及时了解各类刑事犯罪的现行规范和司法趋势，是所有企业进行合规体系建设的必由之路。感佩娄秋琴老师对作品字斟句酌、精益求精的严谨态度，同时真诚地期待本书能够帮助中国企业叩开刑事合规现代化建设的大门！

——李鑫悦　北京大学法制信息中心

企业的刑事合规，其实质在于帮助企业建构足以抵御刑事风险的内控机制，为企业的良性发展提供制度性保障。2018 年的中兴制裁事件，引发国内对刑事合规问题的研究，最高人民检察院开展了合规不起诉制度试点工作。目前，刑事合规不起诉尚处于探索阶段，需要一个动态的完善过程，虽然各地的试点存在差异，如监管人的名称不同、监管人的报酬来源不同、不起诉的形式不同，但构建和实施合规计划可以获得从宽处理，这激励企业进行自我监管，同时还能预防犯罪。故合规计划的构建和实施是大势所趋，企业应当提前做好应对。为了支持民营经济健康发展，最高人民检察院虽然提出要切实做到依法能不捕的不捕、能不诉的不诉、能不判实刑的就提出适用缓刑的建议，但这种“厚爱”不是终点，促进企业吸取教训、合规经营、完善现代企业管理制度才是目的。本书作者娄秋琴博士结合自己多年的经验，为企业提供了一本从设立到终止的各个环节的刑事合规指南大全，相信能够助力企业走合规经营之路，为企业保驾护航。

——高佩洁　广东维庭律师事务所